***ACCESO GRATIS** a la Lectura en la Nube + Actualizaciones*

Para visualizar el libro electrónico en la nube de lectura envíe junto a su nombre y apellidos una fotografía del código de barras situado en la contraportada del libro y otra del ticket de compra a la dirección:

ebooktirant@tirant.com

En un máximo de 72 horas laborables le enviaremos el código de acceso con sus instrucciones.

Ley de Enjuiciamiento Criminal

Ley de Enjuiciamiento Criminal

Estatuto de la Víctima del Delito
Ley del Jurado

35ª Edición anotada y concordada

JUAN MONTERO AROCA
Catedrático Emérito
Universidad de Valencia

JUAN LUIS GÓMEZ COLOMER
Catedrático de Derecho Procesal
Universidad Jaume I de Castellón

tirant lo blanch
Valencia, Noviembre 2024

EDITA: TIRANT LO BLANCH
C/ Artes Gráficas, 14 - 46010 - Valencia
TELFS.: 96/361 00 48 - 50
FAX: 96/369 41 51
Email: tlb@tirant.com
www.tirant.com
Librería virtual: www.tirant.es
DEPÓSITO LEGAL: V-4258-2024
ISBN: 978-84-1095-294-2

Si tiene alguna queja o sugerencia, envíenos un mail a: *atencioncliente@tirant.com*. En caso de no ser atendida su sugerencia, por favor, lea en *www.tirant.net/index.php/empresa/politicas-de-empresa* nuestro procedimiento de quejas.

Responsabilidad Social Corporativa: http://www.tirant.net/Docs/RSCTirant.pdf

ÍNDICE

CONSTITUCIÓN ESPAÑOLA DE 1978 (Selección de las disposiciones procesales aplicables en el proceso penal) 15

LEY DE ENJUICIAMIENTO CRIMINAL

EXPOSICIÓN DE MOTIVOS 21

REAL DECRETO APROBATORIO 38

LIBRO PRIMERO
DISPOSICIONES GENERALES

TÍTULO PRIMERO. Preliminares 40
CAPÍTULO PRIMERO. Reglas generales 40
CAPÍTULO II. Cuestiones prejudiciales 41

TÍTULO II. De la competencia de los Jueces y Tribunales en lo criminal 42
CAPÍTULO PRIMERO. De las reglas por donde se determina la competencia 42
CAPÍTULO II. De las cuestiones de competencia entre los Jueces y Tribunales ordinarios 48
CAPÍTULO III. De las competencias negativas y de las que se promueven con Jueces o Tribunales especiales y de los recursos de queja contra las autoridades administrativas 54

TÍTULO III. De las recusaciones y excusas de los Magistrados, Jueces, Asesores y Auxiliares de los Juzgados y Tribunales y de la abstención del Ministerio fiscal 55
CAPÍTULO PRIMERO. Disposiciones generales 55
CAPÍTULO II. De la sustanciación de las recusaciones de los Jueces de Instrucción y de los Magistrados 57
CAPÍTULO III. De la sustanciación de las recusaciones de los Jueces Municipales 61
CAPÍTULO IV. De la recusación de los auxiliares de los Juzgados y Tribunales 63
CAPÍTULO V. De las excusas y recusaciones de los Asesores 65
CAPÍTULO VI. De la abstención del Ministerio Fiscal 65

TÍTULO IV. De las personas a quienes corresponde el ejercicio de las acciones que nacen de los delitos y las faltas 66

TÍTULO V. Del derecho de defensa, a la asistencia jurídica gratuita y a la traducción e interpretación en los juicios criminales 74
CAPÍTULO I. Del derecho de defensa y a la asistencia jurídica gratuita .. 74
CAPÍTULO II. Del derecho a la traducción e interpretación 79

TÍTULO VI. De la forma de dictar resoluciones y del modo de dirimir las discordias 83
CAPÍTULO PRIMERO. De las resoluciones procesales 83
CAPÍTULO II. Del modo de dirimir las discordias 91

TÍTULO VII. De las notificaciones, citaciones y emplazamientos 92

TÍTULO VIII. De los suplicatorios, exhortos y mandamientos 96

TÍTULO IX. De los términos judiciales 99

TÍTULO X. De los recursos contra las resoluciones procesales 102
CAPÍTULO I. De los recursos contra las resoluciones de los Jueces y Tribunales 102
CAPÍTULO II. Del recurso de revisión contra las resoluciones de los Letrados de la Administración de Justicia 107

TÍTULO XI. De la costas procesales 108

TÍTULO XII. De las obligaciones de los Jueces y Tribunales relativas a la estadística judicial 111

TÍTULO XIII. De las correcciones disciplinarias 113

TÍTULO XIV. De los actos procesales mediante presencia telemática 113

LIBRO II
DEL SUMARIO

TÍTULO PRIMERO. De la denuncia 115

TÍTULO II. De la querella 120

TÍTULO III. De la Policía judicial 123

TÍTULO IV. De la instrucción 132
CAPÍTULO PRIMERO. Del sumario y de las autoridades competentes para instruirlo 132

CAPÍTULO II. De la formación del sumario 135

TÍTULO V. De la comprobación del delito y averiguación del delincuente 141
CAPÍTULO PRIMERO. De la inspección ocular 141
CAPÍTULO II. Del cuerpo del delito 143
CAPITULO II BIS. De la destrucción y la realización anticipada de los efectos judiciales 152
CAPÍTULO III. De la identidad del delincuente y de sus circunstancias personales 156
CAPÍTULO IV. De las declaraciones de los procesados 162
CAPÍTULO V. De las declaraciones de los testigos 166
CAPÍTULO VI. Del careo de los testigos y procesados 180
CAPÍTULO VII. Del informe pericial 181

TÍTULO VI. De la citación, de la detención y de la prisión provisional . 186
CAPÍTULO PRIMERO. De la citación 186
CAPÍTULO II. De la detención 187
CAPÍTULO III. De la prisión provisional 191
CAPÍTULO IV. Del ejercicio del derecho de defensa, de la asistencia de Abogado y del tratamiento de los detenidos y presos 200

TÍTULO VII. De la libertad provisional del procesado 207

TÍTULO VIII. De las medidas de investigación limitativas de los derechos reconocidos en el artículo 18 de la Constitución 217
CAPÍTULO I. De la entrada y registro en lugar cerrado 217
CAPÍTULO II. Del registro de libros y papeles 224
CAPÍTULO III. De la detención y apertura de la correspondencia escrita y telegráfica 225
CAPÍTULO IV. Disposiciones comunes a la interceptación de las comunicaciones telefónicas y telemáticas, la captación y grabación de comunicaciones orales mediante la utilización de dispositivos electrónicos, la utilización de dispositivos técnicos de seguimiento, localización y captación de la imagen, el registro de dispositivos de almacenamiento masivo de información y los registros remotos sobre equipos informáticos 229
CAPÍTULO V. La interceptación de las comunicaciones telefónicas y telemáticas 233
SECCIÓN 1.ª Disposiciones generales 233
SECCIÓN 2.ª Incorporación al proceso de datos electrónicos de tráfico o asociados 236

SECCIÓN 3.ª Acceso a los datos necesarios para la identificación de usuarios, terminales y dispositivos de conectividad 237
CAPÍTULO VI. Captación y grabación de comunicaciones orales mediante la utilización de dispositivos electrónicos 238
CAPÍTULO VII. Utilización de dispositivos técnicos de captación de la imagen, de seguimiento y de localización 240
CAPÍTULO VIII. Registro de dispositivos de almacenamiento masivo de información 241
CAPÍTULO IX. Registros remotos sobre equipos informáticos 243
CAPÍTULO X. Medidas de aseguramiento 245

TÍTULO IX. De las fianzas y embargos 245

TÍTULO X. De la responsabilidad civil de terceras personas 250

TÍTULO X BIS. De las especialidades en los delitos contra la Hacienda Pública 251

TÍTULO XI. De la conclusión del sumario y del sobreseimiento 253
CAPÍTULO PRIMERO. De la conclusión del sumario 253
CAPÍTULO II. Del sobreseimiento 257

TÍTULO XII. Disposiciones generales referentes a los anteriores títulos .. 260

LIBRO III
DEL JUICIO ORAL

TÍTULO PRIMERO. De la calificación del delito 261

TÍTULO II. De los artículos de previo pronunciamiento 267

TÍTULO III. De la celebración del juicio oral 270
CAPÍTULO PRIMERO. De la publicidad de los debates 270
CAPÍTULO II. De las facultades del Presidente del Tribunal 272
CAPÍTULO III. Del modo de practicar las pruebas durante el juicio oral . 273
SECCIÓN 1ª. De la confesión de los procesados y personas civilmente responsables 273
SECCIÓN 2ª. Del examen de los testigos 275
SECCIÓN 3ª. Del informe pericial 281
SECCIÓN 4ª. De la prueba documental y de la inspección ocular 281
SECCIÓN 5ª. Disposiciones comunes a las cuatro secciones anteriores 282
CAPÍTULO IV. De la acusación, de la defensa y de la sentencia 283
CAPÍTULO V. De la suspensión del juicio oral 287

LIBRO IV. DE LOS PROCEDIMIENTOS ESPECIALES

TÍTULO PRIMERO. Del modo de proceder cuando fuere procesado un Senador o Diputado a Cortes 289

TÍTULO II. Del procedimiento abreviado 291
CAPÍTULO PRIMERO. Disposiciones generales 291
CAPÍTULO II. De las actuaciones de la Policía Judicial y del Ministerio Fiscal 298
CAPÍTULO III. De las diligencias previas 301
CAPÍTULO IV. De la preparación del juicio oral 305
CAPÍTULO V. Del juicio oral y de la sentencia 309
CAPÍTULO VI. De la impugnación de la sentencia 316
CAPÍTULO VII. De la ejecución de sentencias 319

TÍTULO III. Del procedimiento para el enjuiciamiento rápido de determinados delitos 320
CAPÍTULO PRIMERO. Ámbito de aplicación 320
CAPÍTULO II. De las actuaciones de la Policía Judicial 322
CAPÍTULO III. De las diligencias urgentes ante el Juzgado de guardia... 324
CAPÍTULO IV. De la preparación del juicio oral 328
CAPÍTULO V. Del juicio oral y de la sentencia 331
CAPÍTULO VI. De la impugnación de la sentencia 331

TÍTULO III bis. Proceso por aceptación de decreto 332

TÍTULO III ter. De la intervención de terceros afectados por el decomiso y del procedimiento de decomiso autónomo 335
CAPÍTULO I. De la intervención en el proceso penal de los terceros que puedan resultar afectados por el decomiso 335
CAPÍTULO II. Procedimiento de decomiso autónomo 337

TÍTULO IV. Del procedimiento por delitos de injuria y calumnia contra particulares 342

TÍTULO V. Del procedimiento por delitos cometidos por medio de la imprenta, el grabado u otro medio mecánico de publicación 344

TÍTULO VI. Del procedimiento para la extradición 346

TÍTULO VII. Del procedimiento contra reos ausentes 348

LIBRO V
DE LOS RECURSOS DE APELACIÓN, CASACIÓN Y DE REVISIÓN

TÍTULO PRIMERO. Del recurso de apelación contra las sentencias y determinados autos 351

TÍTULO II. Del recurso de casación 354

CAPÍTULO PRIMERO. De los recursos de casación por infracción de ley y por quebrantamiento de forma 354

SECCIÓN 1ª. De la procedencia del recurso 354

SECCIÓN 2ª. De la preparación del recurso 357

SECCIÓN 3ª. Del recurso de queja por denegación del testimonio pedido para interponer el de casación 361

SECCIÓN 4ª. De la interposición del recurso 363

SECCIÓN 5ª. De la sustanciación del recurso 365

SECCIÓN 6ª. De la decisión del recurso 369

CAPÍTULO II. De los recursos de casación por quebrantamiento de forma 373

CAPÍTULO III. De la interposición, sustanciación y resolución del recurso de casación por infracción de ley y por quebrantamiento de forma.... 373

CAPÍTULO IV. Del recurso de casación en las causas de muerte........ 373

TÍTULO III. Del recurso de revisión 373

LIBRO VI
DEL PROCEDIMIENTO PARA EL JUICIO SOBRE DELITOS LEVES 376

LIBRO VII
DE LA EJECUCIÓN DE LAS SENTENCIAS

DISPOSICIONES ADICIONALES 390

DISPOSICIÓN FINAL 395

APÉNDICES

1. Sustitución de términos........ 395
2. Sustitución de la denominación "Secretario Judicial" por "Letrado de la Administración de Justicia"........ 396

3. ESTATUTO JURÍDICO DE LA VÍCTIMA DEL DELITO

PREÁMBULO 397

TÍTULO PRELIMINAR. Disposiciones generales 406

TÍTULO I. Derechos básicos 408

TÍTULO II. Participación de la víctima en el proceso penal 413

TÍTULO III. Protección de las víctimas 417

TÍTULO IV. Disposiciones comunes 422
CAPÍTULO I. Oficinas de Asistencia a las Víctimas 422
CAPÍTULO II. Formación 424
CAPÍTULO III. Cooperación y buenas prácticas 425
CAPÍTULO IV. Obligación de reembolso 425

DISPOSICIONES ADICIONALES 426

DISPOSICIÓN TRANSITORIA ÚNICA 426

DISPOSICIÓN DEROGATORIA ÚNICA 426

DISPOSICIONES FINALES 427

4. LEY DEL JURADO

EXPOSICIÓN DE MOTIVOS 429

I. FUNDAMENTO CONSTITUCIONAL 429
CAPÍTULO I. Disposiciones generales 447
CAPÍTULO II. Los jurados 450
SECCIÓN 1ª. Disposiciones generales 450
SECCIÓN 2ª. Requisitos, incapacidades, incompatibilidades, prohibiciones y excusas 451
SECCIÓN 3ª. Designación de los jurados 454
CAPÍTULO III. Del procedimiento para las causas ante el Tribunal del Jurado 459
SECCIÓN 1ª. Incoación e instrucción complementaria 459
SECCIÓN 2ª. Audiencia preliminar 462
SECCIÓN 3ª Cuestiones previas al juicio ante el Tribunal del Jurado... 464
SECCIÓN 4ª. Constitución del Tribunal del Jurado 466
SECCIÓN 5ª. El juicio oral 469
CAPÍTULO IV. Del veredicto 472

SECCIÓN 1ª. Determinación del objeto del veredicto 472
SECCIÓN 2ª. Deliberación y veredicto 474
CAPÍTULO V. De la sentencia 479

DISPOSICIONES ADICIONALES 480

DISPOSICIONES TRANSITORIAS 480

DISPOSICIONES FINALES 481

ÍNDICE ANALÍTICO 483

CONSTITUCIÓN ESPAÑOLA DE 1978
(Selección de las disposiciones procesales aplicables en el proceso penal)

Artículo 1. 1. España se constituye en un Estado social y democrático de Derecho, que propugna como valores superiores de su ordenamiento jurídico la libertad, la justicia, la igualdad y el pluralismo político.

2. La soberanía nacional reside en el pueblo español, del que emanan los poderes del Estado.

3. La forma política del Estado español es la Monarquía parlamentaria.

....

Artículo 9. 1. Los ciudadanos y los poderes públicos están sujetos a la Constitución y al resto del ordenamiento jurídico.

2. Corresponde a los poderes públicos promover las condiciones para que la libertad y la igualdad del individuo y de los grupos en que se integra sean reales y efectivas; remover los obstáculos que impidan o dificulten su plenitud y facilitar la participación de todos los ciudadanos en la vida política, económica, cultural y social.

3. La Constitución garantiza el principio de legalidad, la jerarquía normativa, la publicidad de las normas, la irretroactividad de las disposiciones sancionadoras no favorables o restrictivas de derechos individuales, la seguridad jurídica, la responsabilidad y la interdicción de la arbitrariedad de los poderes públicos.

TÍTULO I. DE LOS DERECHOS Y DEBERES FUNDAMENTALES

Artículo 10. 1. La dignidad de la persona, los derechos inviolables que le son inherentes, el libre desarrollo de la personalidad, el respeto a la ley y a los derechos de los demás son fundamento del orden político y de la paz social.

2. Las normas relativas a los derechos fundamentales y a las libertades que la Constitución reconoce se interpretarán de conformidad con la Declaración Universal de Derechos Humanos y los tratados y acuerdos internacionales sobre las mismas materias ratificados por España.

....

Artículo 13. 1. Los extranjeros gozarán en España de las libertades públicas que garantiza el presente Título en los términos que establezcan los tratados y la ley.

2. Solamente los españoles serán titulares de los derechos reconocidos en el artículo 23, salvo lo que, atendiendo a criterios de reciprocidad, pueda establecerse por tratado o ley para el derecho de sufragio activo y pasivo en las elecciones municipales.

3. La extradición sólo se concederá en cumplimiento de un tratado o de la ley, atendiendo al principio de reciprocidad. Quedan excluidos de la extradición los delitos políticos, no considerándose como tales los actos de terrorismo.

4. La ley establecerá los términos en que los ciudadanos de otros países y los apátridas podrán gozar del derecho de asilo en España.

CAPÍTULO SEGUNDO. Derechos y libertades

Artículo 14. Los españoles son iguales ante la ley, sin que pueda prevalecer discriminación alguna por razón de nacimiento, raza, sexo, religión, opinión o cualquier otra condición o circunstancia personal o social.

Sección 1.ª De los derechos fundamentales y de las libertades públicas

Artículo 15. Todos tienen derecho a la vida y a la integridad física y moral, sin que, en ningún caso, puedan ser sometidos a tortura ni a penas o tratos inhumanos o degradantes. Queda abolida la pena de muerte, salvo lo que puedan disponer las leyes penales militares para tiempos de guerra.

Artículo 16. 1. Se garantiza la libertad ideológica, religiosa y de culto de los individuos y las comunidades sin más limitación, en sus manifestaciones, que la necesaria para el mantenimiento del orden público protegido por la ley.

2. Nadie podrá ser obligado a declarar sobre su ideología, religión o creencias.

3. Ninguna confesión tendrá carácter estatal. Los poderes públicos tendrán en cuenta las creencias religiosas de la sociedad española y mantendrán las consiguientes relaciones de cooperación con la Iglesia Católica y las demás confesiones.

Artículo 17. 1. Toda persona tiene derecho a la libertad y a la seguridad. Nadie puede ser privado de su libertad, sino con la observancia de lo establecido en este artículo y en los casos y en la forma previstos en la ley.

2. La detención preventiva no podrá durar más del tiempo estrictamente necesario para la realización de las averiguaciones tendentes al esclarecimiento de los hechos, y, en todo caso, en el plazo máximo de setenta y dos horas, el detenido deberá ser puesto en libertad o a disposición de la autoridad judicial.

3. Toda persona detenida debe ser informada de forma inmediata, y de modo que le sea comprensible, de sus derechos y de las razones de su detención, no pudiendo ser obligada a declarar. Se garantiza la asistencia de abogado al detenido en las diligencias policiales y judiciales, en los términos que la ley establezca.

4. La ley regulará un procedimiento de «habeas corpus» para producir la inmediata puesta a disposición judicial de toda persona detenida ilegalmente. Asimismo, por ley se determinará el plazo máximo de duración de la prisión provisional.

Artículo 18. 1. Se garantiza el derecho al honor, a la intimidad personal y familiar y a la propia imagen.

2. El domicilio es inviolable. Ninguna entrada o registro podrá hacerse en él sin consentimiento del titular o resolución judicial, salvo en caso de flagrante delito.

3. Se garantiza el secreto de las comunicaciones y, en especial, de las postales, telegráficas y telefónicas, salvo resolución judicial.

4. La ley limitará el uso de la informática para garantizar el honor y la intimidad personal y familiar de los ciudadanos y el pleno ejercicio de sus derechos.

Artículo 19. Los españoles tienen derecho a elegir libremente su residencia y a circular por el territorio nacional.

Asimismo, tienen derecho a entrar y salir libremente de España en los términos que la ley establezca. Este derecho no podrá ser limitado por motivos políticos o ideológicos.

Artículo 20. 1. Se reconocen y protegen los derechos:

a) A expresar y difundir libremente los pensamientos, ideas y opiniones mediante la palabra, el escrito o cualquier otro medio de reproducción.

b) A la producción y creación literaria, artística, científica y técnica.

c) A la libertad de cátedra.

d) A comunicar o recibir libremente información veraz por cualquier medio de difusión. La ley regulará el derecho a la cláusula de conciencia y al secreto profesional en el ejercicio de estas libertades.

2. El ejercicio de estos derechos no puede restringirse mediante ningún tipo de censura previa.

3. La ley regulará la organización y el control parlamentario de los medios de comunicación social dependientes del Estado o de cualquier ente público y garantizará el acceso a dichos medios de los grupos sociales y políticos significativos, respetando el pluralismo de la sociedad y de las diversas lenguas de España.

4. Estas libertades tienen su límite en el respeto a los derechos reconocidos en este Título, en los preceptos de las leyes que lo desarrollen y, especialmente, en el derecho al honor, a la intimidad, a la propia imagen y a la protección de la juventud y de la infancia.

5. Sólo podrá acordarse el secuestro de publicaciones, grabaciones y otros medios de información en virtud de resolución judicial.

Artículo 21. 1. Se reconoce el derecho de reunión pacífica y sin armas. El ejercicio de este derecho no necesitará autorización previa.

2. En los casos de reuniones en lugares de tránsito público y manifestaciones se dará comunicación previa a la autoridad, que sólo podrá prohibirlas cuando existan razones fundadas de alteración del orden público, con peligro para personas o bienes.

Artículo 22. 1. Se reconoce el derecho de asociación.

2. Las asociaciones que persigan fines o utilicen medios tipificados como delito son ilegales.

3. Las asociaciones constituidas al amparo de este artículo deberán inscribirse en un registro a los solos efectos de publicidad.

4. Las asociaciones sólo podrán ser disueltas o suspendidas en sus actividades en virtud de resolución judicial motivada.

5. Se prohíben las asociaciones secretas y las de carácter paramilitar.

Artículo 23. 1. Los ciudadanos tienen el derecho a participar en los asuntos públicos, directamente o por medio de representantes, libremente elegidos en elecciones periódicas por sufragio universal.

2. Asimismo, tienen derecho a acceder en condiciones de igualdad a las funciones y cargos públicos, con los requisitos que señalen las leyes.

Artículo 24. 1. Todas las personas tienen derecho a obtener la tutela efectiva de los jueces y tribunales en el ejercicio de sus derechos e intereses legítimos, sin que, en ningún caso, pueda producirse indefensión.

2. Asimismo, todos tienen derecho al Juez ordinario predeterminado por la ley, a la defensa y a la asistencia de letrado, a ser informados de la acusación formulada contra ellos, a un proceso público sin dilaciones indebidas y con todas las garantías, a utilizar los medios de prueba pertinentes para su defensa, a no declarar contra sí mismos, a no confesarse culpables y a la presunción de inocencia.

La ley regulará los casos en que, por razón de parentesco o de secreto profesional, no se estará obligado a declarar sobre hechos presuntamente delictivos.

Artículo 25. 1. Nadie puede ser condenado o sancionado por acciones u omisiones que en el momento de producirse no constituyan delito, falta o infracción administrativa, según la legislación vigente en aquel momento.

2. Las penas privativas de libertad y las medidas de seguridad estarán orientadas hacia la reeducación y reinserción social y no podrán consistir en trabajos forzados. El condenado a pena de prisión que estuviere cumpliendo la misma gozará de los derechos fundamentales de este Capítulo, a excepción de los que se vean expresamente limitados por el contenido del fallo condenatorio, el sentido de la pena y la ley penitenciaria. En todo caso, tendrá derecho a un trabajo remunerado y a los beneficios correspondientes de la Seguridad Social, así como al acceso a la cultura y al desarrollo integral de su personalidad.

3. La Administración civil no podrá imponer sanciones que, directa o subsidiariamente, impliquen privación de libertad.

Artículo 26. Se prohíben los Tribunales de Honor en el ámbito de la Administración civil y de las organizaciones profesionales.

....

CAPÍTULO CUARTO. De las garantías de las libertades y derechos fundamentales

Artículo 53. 1. Los derechos y libertades reconocidos en el Capítulo segundo del presente Título vinculan a todos los poderes públicos. Sólo por ley, que en todo caso deberá respetar su contenido esencial, podrá regularse el ejercicio de tales derechos y libertades, que se tutelarán de acuerdo con lo previsto en el artículo 161, 1, a).

2. Cualquier ciudadano podrá recabar la tutela de las libertades y derechos reconocidos en el artículo 14 y la Sección primera del Capítulo segundo ante los Tribunales ordinarios por un procedimiento basado en los principios de preferencia y sumariedad y, en su caso, a través del recurso de amparo ante el Tribunal Constitucional. Este último recurso será aplicable a la objeción de conciencia reconocida en el artículo 30.

3. El reconocimiento, el respeto y la protección de los principios reconocidos en el Capítulo tercero informarán la legislación positiva, la práctica judicial y la actuación de los poderes públicos. Sólo podrán ser alegados ante la Jurisdicción ordinaria de acuerdo con lo que dispongan las leyes que los desarrollen.

....

CAPÍTULO QUINTO. De la suspensión de los derechos y libertades

Artículo 55. 1. Los derechos reconocidos en los artículos 17, 18, apartados 2 y 3, artículos 19, 20, apartados 1, a) y d), y 5, artículos 21, 28, apartado 2, y artículo 37, apartado 2, podrán ser suspendidos cuando se acuerde la declaración del estado de excepción o de sitio en los términos previstos en la Constitución. Se exceptúa de lo establecido anteriormente el apartado 3 del artículo 17 para el supuesto de declaración de estado de excepción.

2. Una ley orgánica podrá determinar la forma y los casos en los que, de forma individual y con la necesaria intervención judicial y el adecuado control parlamentario, los derechos reconocidos en los artículos 17, apartado 2, y 18, apartados 2 y 3, pueden ser suspendidos para personas determinadas, en relación con las investigaciones correspondientes a la actuación de bandas armadas o elementos terroristas.

La utilización injustificada o abusiva de las facultades reconocidas en dicha ley orgánica producirá responsabilidad penal, como violación de los derechos y libertades reconocidos por las leyes.

LEY DE ENJUICIAMIENTO CRIMINAL

Promulgada por RD de 14 de septiembre de 1882

EXPOSICIÓN DE MOTIVOS[1]

I

Señor: La ejecución de las dos Leyes promulgadas en virtud de Reales Decretos de 22 de junio de este año, presupone un nuevo Código de Enjuiciamiento penal, una modificación profunda en la Ley Orgánica del Poder Judicial de 15 de septiembre de 1870, la determinación del número y residencia de los Tribunales colegiados que han de conocer en única instancia y en juicio oral y público de los delitos que se cometan dentro de su respectivo territorio y, por último, la formación de los cuadros de personal de esos mismos Tribunales, cuyos Presidentes deben estar adornados de condiciones especiales de capacidad para la dirección y resumen de los debates.

II

Basta la mera enumeración de estos trabajos preparatorios para comprender que, ni por su índole y naturaleza, ni por su extensión y excepcional importancia, podían terminarse en breve plazo. Cábele, sin embargo, al infrascrito la satisfacción de anunciar hoy a V. M. que todos ellos pueden darse por ultimados, gracias al patriótico concurso que han prestado al Gobierno hombres eminentes, no sólo en la ciencia del Derecho, sino también en el conocimiento especial de la topografía, censo de población, vías de comunicación y estadística criminal del territorio de la Península e islas adyacentes.

III

El Gobierno de V. M. no se propone publicar todos estos trabajos a la vez; antes al contrario cree conveniente anticipar la promulgación del Código de Enjuiciamiento para que, mientras se instalan las Audiencias de lo criminal,

---

1 Hemos procedido a numerar los párrafos para una mejor identificación.

puedan estudiarle y conocerle los Magistrados, Jueces, Fiscales, Letrados y demás personas que por modo más o menos directo y eficaz han de concurrir a su planteamiento y aplicación.

IV

No será su estudio muy difícil ni prolijo, porque al cabo el proyecto que el Ministro que suscribe somete hoy a la aprobación de V. M. está basado en la Compilación general de 16 de octubre de 1879, de conformidad con lo preceptuado en la autorización votada por las Cortes; pero así y todo son tan radicales las reformas en él introducidas, que bien podían pasar por un Código completamente nuevo y de carácter tan liberal y progresivo como el más adelantado de los Códigos de procedimiento criminal del continente europeo.

V

Entre esas reformas son sin duda las menos importantes aquellas que, sugeridas por la experiencia, tienen por objeto, ya aclarar varios preceptos más o menos oscuros y dudosos de la Compilación vigente, ya uniformar la jurisprudencia, o ya, en fin, facilitar la sustanciación de algunos recursos, y muy especialmente el de casación, acerca del cual ha hecho observaciones muy oportunas y discretas el Tribunal Supremo, que, naturalmente, han sido acogidas con el respeto que merece una Corporación que está a la cabeza de la Magistratura española y que es por la Ley intérprete y guardián de la doctrina jurídica.

VI

Las de verdadera importancia y trascendencia son aquellas otras que se encaminan a suplir, como en las cuestiones prejudiciales, algún vacío sustancial por donde era frecuente el arbitrio un tanto desmedido y, más que desmedido, contradictorio de la jurisprudencia, a corregir los vicios crónicos de nuestro sistema de enjuiciar tradicional y a rodear al ciudadano de las garantías necesarias para que en ningún caso sean sacrificados los derechos individuales al interés mal entendido del Estado.

VII

Sin desconocer que la Constitución de 1812, el Reglamento provisional para la Administración de Justicia de 1835 y otras disposiciones posteriores, mejoraron considerablemente el procedimiento criminal, sería temerario negar que aún bajo la legislación vigente no es raro que un sumario dure ocho o más años, y es frecuente que no dure menos de dos, prolongándose en ocasiones por todo este tiempo la prisión preventiva de los acusados; y aún podría añadirse, para completar el cuadro, que tan escandalosos procesos solían no ha mucho terminar por una «absolución de la instancia», sin que nadie indemnizara en este caso a los procesados de las vejaciones sufridas en tan dilatado periodo, y lo que es más, dejándoles por todo el resto de su vida en situación incómoda y deshonrosa, bajo la amenaza perenne de abrir de nuevo el procedimiento el día en que por malquerencia se prestaba a declarar contra ellos cualquier vecino rencoroso y vengativo. Esta práctica abusiva y atentadora a los derechos del individuo pugna todavía por mantenerse, con este o el otro disfraz, en nuestras costumbres judiciales; y es menester que cese para siempre, porque el ciudadano de un pueblo libre no debe expiar faltas que no son suyas, ni ser víctima de la impotencia o del egoísmo del Estado.

VIII

Con ser estos dos vicios tan capitales, no son, sin embargo, los únicos, ni acaso los más graves de nuestro procedimiento. Lo peor de todo es que en él no se da intervención alguna al inculpado en el sumario, que el Juez que instruye éste es el mismo que pronuncia la sentencia con todas las preocupaciones y prejuicios que ha hecho nacer en su ánimo la instrucción, que, confundido lo civil con lo criminal y abrumados los Jueces de primera instancia por el cúmulo de sus múltiples y variadas atenciones, delegan frecuentemente la práctica de muchas diligencias en el Escribano, quien, a solas con el procesado y los testigos, no siempre interpreta bien el pensamiento, ni retrata con perfecta fidelidad las impresiones de cada uno por grande que sea su celo y recta su voluntad, que, por la naturaleza misma de las cosas y la lógica del sistema, nuestros Jueces y Magistrados han adquirido el hábito de dar escasa importancia a las pruebas del plenario, formando su juicio por el resultado de las diligencias sumariales y no parando mientes en la ratificación de los testigos, convertida en vana formalidad; que, en ausencia del inculpado y su defensor, los funcionarios que intervienen en la instrucción del sumario, animados de un espíritu receloso y hostil que se engendra en su mismo patriótico celo por la causa de la sociedad que representan, recogen con preferencia los datos adversos al procesado, descuidando a las veces consignar los que pueden favorecerle; y que, en fin, de este conjunto de errores, anejos a nuestro sistema de enjuiciar, y no imputable, por tanto, a los funcionarios del orden judicial y fiscal, resultan dos cosas a cual más funestas al ciudadano: una, que al compás que adelanta el sumario se va fabricando inadvertidamente una verdad de artificio que más tarde se convierte en verdad legal, pero que es contraria a la realidad de los hechos y subleva la conciencia del procesado; y otra, que cuando éste, llegado al plenario, quiere defenderse, no hace más que forcejear inútilmente, porque entra en el palenque ya vencido o por lo menos desarmado. Hay, pues, que restablecer la igualdad de condiciones en esta contienda jurídica, hasta donde lo consientan los fines esenciales de la sociedad humana.

IX

Quizá se tache de exagerada e injusta esta crítica de la organización de nuestra justicia criminal. ¡Ojalá que lo fuera! pero el Ministro que suscribe no manda en su razón y está obligado a decir a V. M. la verdad tal como la siente, que las llagas sociales no se curan ocultándolas, sino al revés, midiendo su extensión y profundidad y estudiando su origen y naturaleza para aplicar el oportuno remedio. En sentir del que suscribe, sólo por la costumbre se puede explicar que el pueblo español, tan civilizado y culto y que tantos progresos ha hecho en lo que va de siglo, en la ciencia, en el arte, en la industria y en su educación política, se resigne a un sistema semejante, mostrándose indiferente o desconociendo sus vicios y peligros, como no los aprecia ni mide el que, habituado a respirar en atmósfera malsana, llega hasta la asfixia sin sentirla. El extranjero que estudia la organización de nuestra justicia criminal, al vernos apegados a un sistema ya caduco y desacreditado en Europa y en América, tiene por necesidad que formar una idea injusta y falsa de la civilización y cultura españolas.

X

Lo que hay que examinar, por tanto, es si el adjunto proyecto de Código remedia, si no todos, al menos los más capitales defectos de que adolece la vigente organización de la justicia criminal. Es preciso en primer término sustituir la marcha perezosa y lenta del actual procedimiento por un sistema que, dando amplitud a la defensa y garantía de acierto al fallo, asegure, sin embargo, la celeridad del juicio para la realización de dos fines a cual más importantes: uno, que la suerte del ciudadano no esté indefinidamente en lo incierto, ni se le causen más vejaciones que las absolutamente indispensables para la averiguación del delito y el descubrimiento del verdadero delincuente; y otro, que la pena siga de cerca a la culpa para su debida eficacia y ejemplaridad.

XI

Pues bien, Señor, he aquí el conjunto de medios que el nuevo sistema ofrece para el logro de resultado tan trascendental: la sustitución de los dos grados de jurisdicción por la instancia única; la oralidad del juicio; la separación de lo civil y lo criminal en cuanto al Tribunal sentenciador; igual separación en cuanto a los Jueces instructores en ciertas ciudades populosas en donde hay más de un Juez de primera instancia y es mucha la criminalidad; un alivio considerable de trabajo en cuanto a los demás Jueces, a quienes se descarga del plenario y del pronunciamiento y motivación de la sentencia, ya que razones indeclinables de economía no permiten extender a ellos dicha separación; multitud de reglas de detalle, esparcidas aquí y allá en el adjunto Código y singularmente en sus dos primeros libros, para que los Jueces instructores en el examen de los testigos y en la práctica de los demás medios de investigación se ciñan a sólo lo que sea útil y pertinente; y, por último, la intervención del procesado en todas las diligencias del sumario tan pronto como el Juez estime que la publicidad de las actuaciones no compromete la causa pública, ni estorba el descubrimiento de la verdad. Por regla general nadie tiene más interés que el procesado en activar el procedimiento; y si alguna vez su propósito fuera prolongarlo se lo impediría el Juez y sobre todo el Fiscal, a quien se da el derecho de pedir la terminación del sumario y la apertura del juicio oral ante el Tribunal colegiado. Concurrirán también al propio fin la inspección, continua y sistemáticamente organizada en la Ley, de la Audiencia de lo criminal y del Ministerio público sobre la marcha de los procesos en el período de instrucción y la conducta de los Jueces instructores. No es, finalmente, para echarlo en olvido, cuando de la brevedad del juicio se trata, el libro 4.º donde se establecen procedimientos especiales y sumarios para los delitos in fraganti, para los de injuria y calumnia y para los cometidos por medio de la imprenta.

XII

Podrá ser que ni la Comisión de Códigos ni el Gobierno hayan acertado en la elección de los medios en este punto tan interesante de la ciencia procesal; pero la verdad es que no han encontrado otros, ni se los ha sugerido el examen de los Códigos modernos atentamente estudiados con tal fin.

XIII

La Ley de 11 de febrero, en la base referente a la prisión preventiva, permite, por la flexibilidad de sus términos, mejorar considerablemente esta parte de nuestra legislación sin necesidad de pedir su reforma a las Cortes. El texto legal bien analizado resulta tan elástico, que lo mismo se presta al desenvolvimiento de la base en un sentido tirante y restrictivo, que en otro más amplio, expansivo y liberal.

XIV

Ocioso parece añadir que el Gobierno de V. M. se ha decidido por lo último, toda vez que podía hacerlo sin cometer una transgresión de la Ley; como en la materia de fianzas, tan íntimamente ligada con todo lo referente a la prisión preventiva, ha procurado armonizar los fines de la justicia con los derechos del procesado, poniendo coto a la posible arbitrariedad judicial y estableciendo reglas equitativas y prudentes que permitan mayor amplitud que hasta ahora, así en los medios y formas de las fianzas como en la entidad de ellas.

XV

Es igualmente inútil decir que la absolución de la instancia, esta corruptela que hacía del ciudadano a quien el Estado no había podido convencer de culpable una especie de «liberto» de por vida, verdadero «siervo» de la curia marcado con el estigma del deshonor, está proscrita y expresamente prohibida por el nuevo Código, como había sido antes condenada por la ciencia, por la Ley de 1872 y por la Compilación vigente. De esperar es que las disposiciones de la nueva Ley sean bastante eficaces para impedir que semejante práctica vuelva de nuevo a injerirse en forma más o menos disimulada en nuestras costumbres judiciales.

XVI

Los demás vicios del Enjuiciamiento vigente quedarán sin duda corregidos con el planteamiento del juicio oral y público y la introducción del sistema acusatorio en la Ley Procesal.

XVII

El Reglamento provisional de 26 de septiembre de 1835, y las disposiciones posteriores publicadas durante el reinado de la Augusta Madre de V. M., introdujeron, como ya se ha dicho, evidentes mejoras en el procedimiento criminal, pero no alteraron su índole esencialmente «inquisitiva». Las Leyes de 15 de septiembre de 1870 y 22 de diciembre de 1872, inspirándose en las ideas de libertad proclamadas por la revolución de 1868, realizaron una reforma radical en nuestro sistema de enjuiciar con el establecimiento del juicio oral y público; pero mantuvieron el principio «inquisitivo» y el carácter «secreto» del procedimiento en el periodo de instrucción, siguiendo el ejemplo de Francia, Bélgica y otras naciones del continente europeo.

XVIII

El Ministro que suscribe, de acuerdo con sus colegas, no ha vacilado en aconsejar a V. M. que dé un paso más en el camino del progreso, llevando en cierta medida el sistema «acusatorio» al sumario mismo, que es, después de todo, la piedra angular del juicio y la sentencia. En adelante, el Juez instructor, por su propia iniciativa y de oficio, podrá, o mejor dicho, deberá acordar que se comuniquen los autos al procesado desde el momento en que la publicidad y la contradicción no sean un peligro para la sociedad interesada en el descubrimiento de los delitos y en el castigo de los culpables. Si no se hace espontáneamente en el plazo de dos meses, contados desde que se incoó la causa, la Ley da al acusado el derecho de solicitarlo, ya para preparar los elementos de su defensa, ya también para impedir con su vigilante intervención y el empleo de los recursos legales la prolongación indefinida del sumario. En todo caso, antes y después de los dos meses, el que tenga la inmensa desgracia de verse sometido a un procedimiento criminal gozará en absoluto de dos derechos preciosos, que no pueden menos de ser grandemente estimados donde quiera que se rinda culto a la personalidad humana: uno, el de nombrar defensor que le asista con sus consejos y su inteligente dirección desde el instante en que se dicte el auto de procesamiento; y otro, el de concurrir, por sí o debidamente representado, a todo reconocimiento judicial, a toda inspección ocular, a las autopsias, a los análisis químicos y, en suma, a la práctica de todas las diligencias periciales que se decreten y puedan influir así sobre la determinación de la índole y gravedad del delito como sobre los indicios de su presunta culpabilidad.

XIX

Subsiste, pues, el secreto del sumario; pero sólo en cuanto es necesario para impedir que desaparezcan las huellas del delito, para recoger e inventariar los datos que basten a comprobar su existencia y reunir los elementos que más tarde han de utilizarse y depurarse en el crisol de la contradicción durante los solemnes debates del juicio oral y público. Y a tal punto lleva la nueva Ley su espíritu favorable a los fueros sagrados de la defensa, que proscribe y condena una preocupación hasta ahora muy extendida, que, si pudo ser excusable cuando el procedimiento inquisitivo estaba en auge, implicaría hoy el desconocimiento de la índole y naturaleza del sistema acusatorio con el cual es incompatible. Alude el infrascrito a la costumbre, tan arraigada de nuestros Jueces y Tribunales, de dar escaso o ningún valor a las pruebas del plenario, buscando principal o casi exclusivamente la verdad en las diligencias sumariales practicadas a espaldas del acusado. No; de hoy más las investigaciones del Juez instructor no serán sino una simple preparación del juicio. El juicio verdadero no comienza sino con la calificación provisional y la apertura de los debates delante del Tribunal que, extraño a la instrucción, va a juzgar imparcialmente y a dar el triunfo a aquel de los contendientes que tenga la razón y la justicia de su parte. La calificación jurídica provisional del hecho justiciable y de la persona del delincuente, hecha por el acusador y el acusado una vez concluso el sumario, es en el procedimiento criminal lo que en el civil la demanda y su contestación, la acción y las excepciones. Al formularlas empieza realmente la contienda jurídica, y ya entonces sería indisculpable que la Ley no estableciera la perfecta igualdad de condiciones entre el acusador y el acusado. Están enfrente uno de otro, el ciudadano y el Estado. Sagrada es, sin duda, la causa de la sociedad; pero no lo son menos los derechos individuales. En los pueblos verdaderamente libres el ciudadano debe tener en su mano medios eficaces de defender y conservar su vida, su libertad, su fortuna, su dignidad, su honor; y si el interés de los habitantes del territorio es ayudar al Estado para que ejerza libérrimamente una de sus funciones más esenciales, cual es la de castigar la infracción de la ley penal para restablecer, allí donde se turbe la armonía del derecho, no por esto deben sacrificarse jamás los fueros de la inocencia porque al cabo el orden social bien entendido no es más que el mantenimiento de la libertad de todos y el respeto recíproco de los derechos individuales.

XX

Mirando las cosas por este prisma y aceptada la idea fundamental de que en el juicio oral y público es donde ha de desarrollarse con amplitud la prueba, donde las partes deben hacer valer en igualdad de condiciones los elementos de cargo y descargo, y donde los Magistrados han de formar su convicción para pronunciar su veredicto con abstracción de la parte del sumario susceptible de ser reproducida en el juicio, surgía, natural y lógicamente, una cuestión por todo extremo grave y delicada; es, a saber: la de si la contradicción de un testigo entre su declaración en el juicio oral y las dadas ante el Juez instructor en el sumario sería por sí sola fundamento suficiente para someterle a un procedimiento criminal por el delito de falso testimonio. El Gobierno, después de madura deliberación, ha optado por la negativa. Al adoptar esta resolución ha cedido en primer término a las exigencias de la lógica, que no permite atribuir a los datos recogidos en el sumario, para la preparación del juicio, una validez y eficacia incompatibles con la índole y naturaleza del sistema acusatorio. No es esto, ciertamente, autorizar, ni menos santificar, el engaño y la mentira en el período de instrucción; esa misma contradicción en las declaraciones testificales podrá ser libremente apreciada por los Jueces y penetrar en el santuario de su conciencia como un elemento de convicción, si llega el caso de juzgar el perjurio del testigo; lo que únicamente quiere la Ley es que éste no sea procesado como autor de falso testimonio por la sola razón de aparecer en contradicción con sus declaraciones sumariales, debiendo serlo no más cuando haya motivos para presumir que faltó a la verdad en el acto del juicio; porque, siendo éste el arsenal donde el acusador y el acusado deben tomar sus armas de combate y de defensa y el Tribunal los fundamentos de su veredicto, claro es que, en definitiva, sólo en este trámite puede el testigo favorecer o perjudicar injustamente al procesado y ser leal o traidor a la sociedad y a sus deberes de ciudadano. A esta razón puramente lógica agrégase otra de mayor trascendencia, cual es la de facilitar la investigación de la verdad y asegurar el acierto de los fallos.

XXI

Inútil sería rendir culto a los progresos de la ciencia, rompiendo con el procedimiento escrito, inquisitivo y secreto, para sustituirle con los principios tutelares de libertad, de contradicción, igualdad de condiciones entre las partes contendientes, publicidad y oralidad, si el testigo, cuyas primeras impresiones ha recogido calladamente el Juez instructor trasladándolas a los autos con más o menos fidelidad, se presentara en el acto del juicio delante del Tribunal sentenciador y del público que asiste a los debates cohibido y maniatado por el recuerdo o la lectura de sus declaraciones sumariales. Medroso de la responsabilidad criminal que podría exigírsele a la menor contradicción, en vez de contestar con soltura y perfecta tranquilidad a las preguntas del Presidente, del Ministerio público y de los defensores, limitaríase a ratificar pura y simplemente sus declaraciones, convirtiéndose entonces su examen en el acto solemne del juicio en vana formalidad. Si no han faltado escritores distinguidos y jurisconsultos eminentes que al analizar las condiciones del procedimiento inquisitivo han censurado acerbamente que se obligara a los testigos del sumario a ratificarse en el plenario con la seguridad de ser castigados como perjuros y caso de apartarse en la diligencia de ratificación de lo que antes habían declarado; si esta fundadísima crítica iba dirigida a un sistema en el que el sumario era el alma de todo el organismo procesal, por no decir el proceso entero, tratándose en la hora presente de un método de enjuiciar en el cual el sumario es una mera preparación del juicio, siendo en éste donde deben esclarecerse todos los hechos y discutirse todas las cuestiones que jueguen en la causa, no es posible sostener aquella antigua legislación, tan inflexible y rigurosa, que, sobre anular la libertad y espontaneidad de los testigos, expuestos a una persecución originada en una traducción infiel de su pensamiento, pugnaría hoy abiertamente con la índole del sistema acusatorio y con la esencia y los altos fines del juicio público y oral.

XXII

Todas estas concesiones al principio de libertad, que a una parte de nuestros Jueces y Magistrados parecerán sin duda exorbitantes, no contentarán aún probablemente a ciertas escuelas radicales que intentan extender al sumario, desde el momento mismo en que se inicia, las reglas de publicidad, contradicción e igualdad que el proyecto de Código establece desde que se abre el juicio hasta que se dicta la sentencia firme. No niega el infrascrito que insignes escritores mantienen esta tesis con ardor y con fe; pero hasta ahora no puede considerársela más que como un «ideal» de la ciencia, al cual tiende a acercarse progresivamente la legislación positiva de los pueblos modernos. ¿Se realizará algún día por completo? El Ministro que suscribe lo duda mucho. Es difícil establecer la igualdad absoluta de condiciones jurídicas entre el individuo y el Estado en el comienzo mismo del procedimiento, por la desigualdad real que en momento tan crítico existe entre uno y otro; desigualdad calculadamente introducida por el criminal y de que éste sólo es responsable. Desde que surge en su mente la idea del delito, o por lo menos desde que, pervertida su conciencia, forma el propósito deliberado de cometerlo estudia cauteloso un conjunto de precauciones para sustraerse a la acción de la Justicia y coloca al Poder público en una posición análoga a la de la víctima, la cual sufre el golpe por sorpresa, indefensa y desprevenida. Para restablecer, pues, la igualdad en las condiciones de la lucha, ya que se pretende por los aludidos escritores que el procedimiento criminal no debe ser más que un duelo noblemente sostenido por ambos combatientes, menester es que el Estado tenga alguna ventaja en los primeros momentos, siquiera para recoger los vestigios del crimen y los indicios de la culpabilidad de su autor. Pero sea de esto lo que quiera, la verdad es que sólo el porvenir puede resolver el problema de si llegará o no a realizarse aquel ideal. Entretanto, los que tienen la honra de dirigir los destinos de un pueblo están obligados a ser prudentes y a no dar carta de naturaleza en los Códigos a ideas que están todavía en el periodo de propaganda, que no han madurado en la opinión ni menos encarnado en las costumbres, ni se han probado en la piedra de toque de la experiencia.

XXIII

El Gobierno de V. M. cree ser consecuente con el espíritu liberal que informa su política introduciendo, dentro de ciertos límites racionales, el sistema acusatorio en el sumario, lo cual constituye un gran progreso sobre la Ley de 22 de diciembre de 1872. No hay tampoco una sola nación en el continente europeo que vaya en esto más allá que el adjunto proyecto de Código, ni siquiera la Alemana en cuyas leyes procesales quedó impreso como en roca de granito el sello característico del individualismo germánico, sin que hayan alcanzado a borrarle ni la autoridad prepotente de sus Monarcas, ni sus grandes glorias militares, ni su reciente y portentoso engrandecimiento territorial.

XXIV

Con idéntico criterio resuelve el nuevo Código las demás cuestiones fundamentales del Enjuiciamiento. En materia penal hay siempre dos intereses rivales y contrapuestos: el de la sociedad, que tiene el derecho de castigar, y el del acusado, que tiene el derecho de defenderse. El carácter individualista del derecho se ostenta en el sistema acusatorio, en el cual se encarna el respeto a la personalidad del hombre y a la libertad de la conciencia, mientras que el procedimiento de oficio e inquisitivo representa el principio social y se encamina preferentemente a la restauración del orden jurídico perturbado por el delito, apaciguando al propio tiempo la alarma popular. Por lo tanto, el problema de la organización de la justicia criminal no se resuelve sino definiendo claramente los derechos de la acusación y de la defensa, sin sacrificar ninguno de los dos, ni subordinar el uno al otro, antes bien, armonizándolos en una síntesis superior.

XXV

Formado de oficio o a instancia de parte el sumario por un funcionario independiente del Tribunal que ha de sentenciar; obligado por la Ley este instructor a recoger así los datos adversos como los favorables al procesado bajo la inspección inmediata del Fiscal, del acusador particular y, hasta donde es posible, del acusado o su Letrado defensor; otorgada una acción pública y popular para acusar, en vez de limitarla al ofendido y sus herederos; reconocida y sancionada la existencia del Ministerio fiscal, a quien se encomienda la misión de promover la averiguación de los delitos y el castigo de los culpables, sin dejar por esto de defender a la vez al inculpado inocente, resulta que puede, sin peligro de los intereses públicos y particulares, ceñirse el Tribunal al ejercicio de una sola atribución, la de fallar como Juez imparcial del campo sin sujetarse a una prueba tasada de antemano por la Ley; antes bien, siguiendo libremente las inspiraciones de su conciencia, exento de las pasiones que enciende siempre la lucha en el ánimo de los contendientes y sin el aguijón del amor propio excitado en el Juez instructor por las estratagemas que en ocasiones emplean el acusado y el acusador privado para burlar sus investigaciones y, aun sin esto, por las mismas dificultades inherentes de ordinario a la instrucción.

XXVI

Para mantener al Tribunal en esta serena y elevada esfera y no desvirtuar el principio acusatorio que informa el nuevo Código, ha creído el que suscribe que únicamente al Ministerio fiscal o al acusador particular, si le hubiere, corresponde formular el acta de acusación comprensiva de los puntos sobre que en adelante deben girar los debates, siguiendo en esto al Código de instrucción criminal austríaco, que es acaso, de los actualmente vigentes en la Europa continental, el que ha desarrollado con más lógica y extensión el sistema acusatorio. Así es como se logra que la cuestión criminal que en el proceso se agita o discute vaya intacta al Tribunal a quien corresponde decidirla; así es como las partes pueden preparar con perfecto conocimiento de causa los respectivos elementos de cargo y descargo y hacer sus acusaciones o defensas con fe y libertad completa, sin la coacción, siquiera sea moral, que no puede menos de existir cuando el que ha de fallar prejuzga en cierto modo el fallo, formulando de oficio el acta de acusación, lo cual lleva, naturalmente, el desaliento al ánimo de aquel de los contendientes a quien perjudica la calificación jurídica hecha prematuramente, aunque con carácter provisorio, por el Tribunal. Ni son éstos los únicos inconvenientes que acarrea la admisión del acta de acusación de oficio; pues una vez formulada ésta, o se obliga al Ministerio fiscal a sostenerla contra sus convicciones, poniendo en tortura su conciencia, o se le deja en libertad para combatirla, en cuyo caso ya no son las partes quienes contienden entre sí, sino que se discute únicamente el pensamiento, la opinión, el juicio formulado por el Tribunal, que de este modo desciende a la arena del combate para convertirse en acusador, con el riesgo inminente de que la excitación del amor propio de los Jueces ofusque o perturbe su inteligencia. No; los Magistrados deben permanecer durante la discusión pasivos, retraídos, neutrales, a semejanza de los Jueces de los antiguos torneos, limitándose a dirigir con ánimo sereno los debates. Por esto, entre las obligaciones impuestas al Ministerio fiscal en Francia y Alemania de formular un acta de acusación cuando así lo ha acordado el respectivo Tribunal, y la libertad que a dicho Ministerio otorga la Ley austríaca, ha optado el que suscribe por la última solución, que respeta más los fueros de la conciencia, los derechos individuales y está más en consonancia con el principio fundamental en que descansa el sistema acusatorio.

XXVII

Este principio aplicado en absoluto adolece, sin embargo, de un vicio, que han puesto en relieve insignes Magistrados encanecidos en la Administración de Justicia. Proscrita para siempre la «absolución de la instancia» y rigiendo sin excepción la máxima «non bis in idem», evidente es que el error del Fiscal en la calificación jurídica del hecho justiciable produce la impunidad del delincuente. Está bien que en los procesos civiles el Tribunal tenga la obligación de absolver o condenar, así como también la de ajustar estrictamente su fallo a los términos en que las partes hayan planteado el problema litigioso, o sea, la acción ejercitada por el demandante y a las excepciones formuladas por el demandado; porque las cuestiones que en esos procesos se ventilan son de mero interés privado, y porque, además, no es raro que pueda subsanarse total o parcialmente en un nuevo proceso el error padecido al entablar la acción, para lo cual suelen hacerse reservas de derecho en la sentencia en favor del condenado; pero en los procesos criminales, que pueden incoarse de oficio, están siempre en litigio el interés social y la paz pública; y teniendo el Tribunal la obligación de condenar o absolver libremente, sin reserva alguna y sin que le sea lícito abrir un nuevo procedimiento sobre el mismo hecho ya juzgado, es violento torturar la conciencia de los Magistrados que le forman hasta el punto de colocarles en la dura alternativa de condenar al acusado a sabiendas de que faltan a la Ley o cometen una nulidad, o absolverle con la convicción de que es criminal, dejando que insulte con su presencia y aire de triunfo a la víctima y su familia tan sólo porque el Ministerio público no ha sabido o no ha querido calificar el delito con arreglo a su naturaleza y a las prescripciones del Código Penal. De todas suertes, es innegable que, llevados a tal exageración el sistema acusatorio y la pasividad de los Tribunales, éstos abdican en el Fiscal, en cuyas manos queda toda entera la justicia. De su buena o mala fe, que no sólo de su pericia, dependería exclusivamente en lo futuro la suerte de los acusados.

XXVIII

Y suponiendo que algún día el legislador, echándose en brazos de la lógica, llegase hasta este último límite del sistema acusatorio, el Gobierno de V. M. ha creído que la transición era demasiado brusca para este país, en que los Jueces han sido hasta ahora omnipotentes, persiguiendo los delitos por su propia y espontánea iniciativa, instruyendo las causas los mismos que habían de fallarlas, ejerciendo la facultad omnímoda de separarse de los dictámenes fiscales, así durante la sustanciación como en la sentencia definitiva, calificando según su propio juicio el delito y designando la pena, sin consideración a las conclusiones de la acusación y la defensa, y empleando, por último, la fórmula de la «absolución de la instancia», o, lo que es lo mismo, dejando indefinidamente abierto el procedimiento cuando, faltos de prueba para condenar, infundían en su mente las diligencias sumariales livianas sospechas contra el acusado. La sociedad debe marchar como la naturaleza, gradualmente y no a saltos: los progresos jurídicos deben irse eslabonando, si han de encarnar en las costumbres del país. Por esto, el Gobierno propone a V. M. la solución contenida en el artículo 733, que no altera en rigor la virtualidad del principio acusatorio. Según la estructura de la adjunta Ley, concluso el sumario, las partes hacen la calificación provisional del hecho justiciable. Sobre sus conclusiones versan las pruebas que se practican durante todo el juicio; y al término de éste, cuando ya no faltan más que los informes del Fiscal y del defensor del acusado, autorízase a una y otro para confirmar, rectificar o variar, en vista de las pruebas, su primera calificación. Al llegar a este trámite, todo, en rigor, está acabado; los Jueces han oído al reo y los testigos; han examinado las demás piezas de convicción y están en condiciones de apreciar con amplitud y acierto la naturaleza del hecho que es materia del juicio. Si en tal momento les asalta una duda grave sobre su verdadera calificación jurídica, ¿qué dificultad puede haber en que, hipotéticamente, sin prejuzgar el fallo definitivo y sólo por vía de ilustración, invite el Presidente del Tribunal al Ministerio público y defensor del procesado para que en sus informes discutan una tesis más? El principio acusatorio quedaría quebrantado si ésta no hubiera de discutirse y resolverse con arreglo a las pruebas ya practicadas, dando lugar a que se abriese de nuevo o se prorrogase el juicio; pero, como éste está ya terminado y no es permitido volver sobre él, todo lo que puede suceder es que el Fiscal o el Letrado necesiten veinticuatro horas para razonar sobre la hipótesis del Tribunal con la conveniente preparación.

XXIX

Con ser tan modesta y estar tan ceñida esta facultad declara, sin embargo, la Ley que no se extiende a los delitos privados o que sólo pueden perseguirse a instancia de parte, ni a la calificación de las circunstancias atenuantes o agravantes, ni a la de la participación respectiva de los procesados en la ejecución del crimen, quedando reducida a la satisfacción de una necesidad apremiante originada en un interés público y de orden social. Aun encerrada en tan estrechos límites, el Ministro que suscribe hubiera renunciado a ella y manteniéndose en el rigorismo del principio acusatorio, si los Códigos más progresivos y liberales de la Europa continental le hubieran alentado con su ejemplo; pero no hay ninguno que no dé mayor amplitud a la intervención del Tribunal en el juicio. En Francia y Alemania ya se ha visto que el Ministerio fiscal tiene la obligación de formular el acta de acusación cuando así lo acuerda el Tribunal respectivo, y, además, la misma ley alemana y la austríaca dejan a éste en libertad de apreciar el hecho justiciable sin sujetarse a la calificación que de él hubieren hecho las partes y sin tomar la precaución de someter a éstas la nueva faz de la cuestión, a fin de que la discutan ampliamente antes de que recaiga el veredicto. Precediendo este solemne debate, no ampliándose ni reformándose en ningún caso las piezas de convicción, no puede, en rigor, acusarse de incongruencia al fallo, puesto que la Ley, en suma, se limita a establecer un medio de suplir la omisión del Fiscal, cuyo deber es hacerse cargo de todas las calificaciones probables que autorice la prueba practicada y que pueda aceptar el Tribunal, redactando al efecto, cuando fuere necesario, la pretensión alternativa de que habla el artículo 732. El Tribunal propone, hipotéticamente y sobre la base de una prueba inalterable, un tema de discusión momentos antes de pronunciar su veredicto, cuando cada Magistrado tiene ya formado su juicio definitivo sobre el voto que se va a dar. Mejor es, por tanto, que lo emita después de un debate que puede iluminar su mente y rectificar su juicio, que no autorizarle para que en el fallo se separe de las condiciones debatidas por las partes y siga sus propias inspiraciones, no contrastadas en el crisol de la contradicción, como le autorizan los Códigos austríaco y alemán, a pesar de ser los más adelantados de la Europa continental.

XXX

Tales son, Señor, prescindiendo de otras muchas reformas de menor importancia, aunque sustanciales y de evidentes mejoras de detalle en el método y la redacción, las novedades de más bulto que el proyecto adjunto introduce en nuestro procedimiento criminal.

XXXI

No desconoce el Ministro que suscribe que la aplicación y cumplimiento de la nueva Ley, singularmente en los primeros años, tropezará con graves dificultades, siendo la mayor de todas ellas la falta de costumbres adecuadas al sistema acusatorio y al juicio oral y público. Educados los españoles durante siglos en el procedimiento escrito, secreto e inquisitorial, lejos de haber adquirido confianza en la Justicia y de coadyuvar activamente a su recta administración, haciendo, como el ciudadano inglés, inútil la institución del Ministerio público para el descubrimiento y castigo de los delitos, han formado ideas falsas sobre la política judicial y se han desviado cada vez más de los Tribunales, mirando con lamentable recelo a Magistrados, Jueces, Escribanos y Alguaciles, y repugnando figurar como testigos en los procesos. Pero este mal será mayor cuanto más tiempo pase; y como lo cual no puede seguir, sin desdoro de la Nación y de los Poderes que la gobiernan, lo mejor es decidirse, que alguna vez se ha de empezar, si la España no ha de ser una excepción entre los pueblos cultos de Europa y América.

XXXII

El Gobierno de V. M. tiene tal confianza en la aptitud especial y las condiciones privilegiadas de nuestra raza, que espera será breve el aprendizaje, no tan sólo en la aplicación de esta Ley, sino en la obra aún más delicada de compartir con los Jueces la misión augusta de administrar justicia como Jurado; y que muy pronto el ciudadano español demostrará que es digno de gozar de las mismas ventajas que poseen los extranjeros.

XXXIII

Al logro de fin tan importante y trascendental coadyuvarán, sin duda, el celo e ilustración de la Magistratura y del Ministerio público; que no es posible, Señor, montar una máquina delicada y hacerla funcionar con éxito, sino contando con el asentimiento, el entusiasmo, la fe y el patriotismo de los que han de manejarla.

XXXIV

En vista de las razones expuestas, el Ministro que suscribe tiene la honra de someter a la aprobación de V. M. el adjunto proyecto de Decreto.

San Ildefonso, 14 de septiembre de 1882

REAL DECRETO APROBATORIO

Teniendo presente lo dispuesto en la Ley sancionada en 11 de febrero de 1881 y promulgada en virtud del Real Decreto de 22 de junio de 1882, por la cual se autorizó a mi Gobierno para que, con sujeción a las reglas en la misma comprendidas, oyendo, como lo ha efectuado, a la Sección correspondiente de la Comisión general de Codificación y tomando por base la Compilación general de 16 de octubre de 1879, redactará y publicará una Ley de Enjuiciamiento Criminal; conformándose con lo propuesto por el Ministro de Gracia y Justicia, de acuerdo con el parecer de mi Consejo de Ministros.

La Real Orden de 14 de septiembre de 1882, publicada conjuntamente con este Real Decreto y LECRIM, dió las gracias a la Sección II de la Comisión de Codificación, en los siguientes términos:

«Excmo. Sr.: Al presentar a la aprobación de S.M. el proyecto de Código de Enjuiciamiento Criminal redactado en virtud de la autorización otorgada al Gobierno por la Ley de 11 de febrero de 1881, el Ministro que suscribe cumplió un deber de conciencia y de gratitud poniendo en su Real conocimiento que dicho Código se había preparado teniendo a la vista el que la segunda Sección de la Comisión de Codificación había formulado con anterioridad y que las principales reformas en él introducidas en consonancia con la nueva organización que debía darse a los Tribunales y con los principios de la ciencia consignados en los Códigos extranjeros más progresivos, lo fueron después de madura examen ante la misma Sección de Codificación que, con amplio espíritu y vivísimo deseo de ver mejorado nuestro derecho procesal con sus grandes conocimientos en la ciencia general del Derecho y con su extraordinaria laboriosidad ilustró durante la discusión todas las cuestiones tratadas, proponiendo o aceptando en su gran mayoría las reformas más esenciales y siendo como son dignos del mayor aplauso y agradecimiento los trabajos realizados por la expresada Sección en la preparación de esta Ley de Enjuiciamiento Criminal, S.M. el Rey (Q.D.G.) a dispuesto que se den las gracias en Real nombre a V.E., como dignísimo Presidente de la indicada Sección, y a los vocales D. José María Fernández de la Hoz, D. Pedro Nolasco Aurioles, D. Alejandro Groizard, D. José de Entrala y Perales, D. Emilio Bravo, D. Vicente Romero Girón y D. Manuel Danvila, y que se publique e imprima esta Real Orden juntamente con la edición oficial de la nueva Ley.

De Real orden lo digo a V.E. para su conocimiento y efectos consiguientes.

Dios guarde a V.E. muchos años.

San Ildefonso, 14 de septiembre de 1882.- Manuel Alonso Martínez.

Sr. D. FERNANDO CALDERON COLLANTES»

Vengo en decretar lo siguiente:

Artículo 1.º Se aprueba el adjunto proyecto de Código de Enjuiciamiento Criminal redactado con arreglo a la autorización concedida al Gobierno por la Ley sancionada en 11 de febrero de 1881 y publicada en virtud del Real Decreto de 22 de junio de 1882.

Artículo 2.º El nuevo Código de Enjuiciamiento Criminal comenzará a regir en el tiempo y de la manera que establecen las reglas siguientes:

1.ª Se aplicará y regirá en su totalidad desde el día siguiente al que se constituyan los Tribunales de que habla la Ley sancionada en 15 de junio de 1882 y promulgada por virtud de Real Decreto de 22 de junio del propio año.

2.ª Se aplicará y regirá desde 15 de octubre próximo en la parte referente a la formación de los sumarios, comprendida desde el Título IV del Libro II hasta el artículo 622 del Título XI del mismo Libro.

3.ª Las causas por delitos cometidos con anterioridad al 15 de octubre próximo continuarán sustanciándose con arreglo a las disposiciones del procedimiento vigente en la actualidad.

4.ª Si las causas a que se refiere la regla anterior no hubieren llegado al período de calificación podrán sentenciarse con arreglo a las disposiciones del nuevo Código, si todos los procesados en cada una de ellas optan por el nuevo procedimiento.

Para ello, el Juez que estuviese conociendo del sumario en 15 de octubre próximo hará comparecer a su presencia a todos los procesados, acompañados de sus defensores. Si aún no los tuvieren, se les nombrarán de oficio para la comparecencia. Esta se hará constar en la causa por medio de acta.

5.ª Cuando las causas por delitos cometidos con posterioridad al 15 de octubre próximo y las que se refiere la regla anterior, alcancen el estado de conclusión del sumario antes de que se hayan constituido las nuevas Audiencias de los criminal, se suspenderán en tal estado en los Juzgados que de ellas entiendan, debiendo remitirlas a dichas Audiencias en el mismo día en que éstas se constituyan.

6.ª Las Salas de lo Criminal de las actuales Audiencias conocerán, en tanto que se constituyan las nuevas, de los recursos que se entablen en los sumarios instruidos o continuados con sujeción a los preceptos de la nueva Ley.

Artículo 3.º Un Real Decreto fijará, con la debida anticipación, el día en que han de constituirse los nuevos Tribunales.

Los Jueces de primera instancia se considerarán, desde luego, como Jueces instructores en las causas que se ajusten al nuevo procedimiento.

Artículo 4.º Desde que cesen en sus cargos los actuales Promotores desempeñarán las funciones del Ministerio Público durante la primera instancia, en las causas que se sigan sustanciando con arreglo al procedimiento vigente en la actualidad, los Fiscales municipales que sean Letrados, y, a falta de estos, los que designen los Fiscales de las Audiencia territoriales.

Artículo 5.º Las Salas de Gobierno del Tribunal Supremo y las de las Audiencias y, en su día, los nuevos Tribunales consultarán directamente con el Ministerio de Gracia y Justicia para su resolución, las dudas que puedan originarse en la inteligencia y aplicación de este Real Decreto.

LIBRO PRIMERO
DISPOSICIONES GENERALES

Las referencias hechas en esta Ley y normas complementarias a Jueces municipales, Jueces comarcales o Jueces de distrito han de adaptarse a la Ley Orgánica 6/1985, de 1 de julio, del Poder Judicial.

TÍTULO PRIMERO. PRELIMINARES

CAPÍTULO PRIMERO. Reglas generales

Artículo 1. No se impondrá pena alguna por consecuencia de actos punibles cuya represión incumba a la jurisdicción ordinaria, sino de conformidad con las disposiciones del presente Código o de Leyes especiales y en virtud de sentencia dictada por Juez competente.

El principio de legalidad material penal se recoge en los arts. 25.1 CE y 2.1 CP. Véanse también los arts. 8.2 CC; 80 CP; 9.3 y 23 LOPJ.

Artículo 2. Todas las Autoridades y funcionarios que intervengan en el procedimiento penal cuidarán, dentro de los límites de su respectiva competencia, de consignar y apreciar las circunstancias así adversas como favorables al presunto reo; y estarán obligados, a falta de disposición expresa, a instruir a éste de sus derechos y de los recursos que pueda ejercitar, mientras no se hallare asistido de defensor.

Véanse los arts. 17.3, 24.1 y 2 CE; y los arts. 118 y 520 de esta LECRIM referidos al derecho de defensa. Igualmente debe atenderse al art. 15 de la Ley 35/1995, de 11 de diciembre, de ayudas y asistencia a las víctimas de delitos violentos y contra la libertad sexual, que reitera esta obligación de instrucción a las víctimas de dichos delitos y arts. 18, 19, 31 LO 1/2004.

CAPÍTULO II. CUESTIONES PREJUDICIALES

Arts. 10 y 44 LOPJ. Véase el art. 114 de esta LECRIM.

Artículo 3. Por regla general, la competencia de los Tribunales encargados de la justicia penal se extiende a resolver, para sólo el efecto de la represión, las cuestiones civiles y administrativas prejudiciales propuestas con motivo de los hechos perseguidos cuando tales cuestiones aparezcan tan íntimamente ligadas al hecho punible que sea racionalmente imposible su separación.

Arts. 38 y ss. LOPJ, art. 4 ley 29/1998, de 13 de julio, reguladora de la Jurisdicción Contencioso-Administrativa. Respecto a la prejudicialidad comunitaria, v. art. 256.3 del TFUE (después de Lisboa).

Artículo 4. Sin embargo, si la cuestión prejudicial fuese determinante de la culpabilidad o de la inocencia, el Tribunal de lo criminal suspenderá el procedimiento hasta la resolución de aquélla por quien corresponda; pero puede fijar un plazo, que no exceda de dos meses, para que las partes acudan al Juez o Tribunal civil o contencioso-administrativo competente.

Pasado el plazo sin que el interesado acredite haberlo utilizado, el Letrado de la Administración de Justicia, mediante diligencia, alzará la suspensión y continuará el procedimiento.

En estos juicios será parte el Ministerio Fiscal.

Véanse los arts. 111 y 114 de esta LECRIM.
Párrafo segundo modificado por el art. 2.1 de la Ley 13/2009, de 3 de noviembre.

Artículo 5. No obstante lo dispuesto en los dos artículos anteriores, las cuestiones civiles prejudiciales, referentes a la validez de un matrimonio o a la supresión de estado civil se deferirán siempre al Juez o Tribunal que deba entender de las mismas, y su decisión servirá de base a la del Tribunal de lo criminal.

Véase el art. 4 de la Ley 8 junio 1957, de Registro Civil.

Artículo 6. Si la cuestión civil prejudicial se refiere al derecho de propiedad sobre un inmueble o a otro derecho real, el Tribunal de lo criminal podrá resolver acerca de ella cuando tales derechos aparezcan fundados en un título auténtico o en actos indubitados de posesión.

Artículo 7. El Tribunal de lo criminal se atemperará, respectivamente, a las reglas del Derecho civil o administrativo, en las cuestiones prejudiciales que, con arreglo a los artículos anteriores, deba resolver.

En la LEC arts. 40 a 43.

TÍTULO II. DE LA COMPETENCIA DE LOS JUECES Y TRIBUNALES EN LO CRIMINAL

Arts. 117, 118 y 125 CE; arts. 2, 9-3.º, 23, y 53 y ss. LOPJ.

CAPÍTULO PRIMERO. De las reglas por donde se determina la competencia

Artículo 8. La jurisdicción criminal es siempre improrrogable.

Arts. 9.6 LOPJ, 5 LJCA y 9 LOPM.

Artículo 9. Los Jueces y Tribunales que tengan competencia para conocer de una causa determinada, la tendrán también para todas sus incidencias, para llevar a efecto las providencias de tramitación y para la ejecución de las sentencias, sin perjuicio de lo dispuesto en el artículo 801.

Art. 117.3 CE; véanse también los arts. 984 a 987 de esta LECRIM y 10.2 de la LOPJ.

Artículo 10. Corresponderá a la jurisdicción ordinaria el conocimiento de las causas y juicios criminales con excepción de los casos reservados por las leyes al Senado, a los Tribunales de Guerra y Marina y a las Autoridades administrativas o de policía.

Arts. 24.2 y 117.5 CE; arts. 3.2., y 9.2.II LOPJ; arts. 5 a 16 y 21 CJM. Véase también la Ley Orgánica 5/1985, de 19 de junio, de Régimen electoral General, así como las normas procesales penales de competencia, recogidas tanto en esta LECRIM, como en la legislación sobre procesos ordinarios y especiales, y normas particulares o específicas, como la Ley Orgánica 2/1986, de 13 de marzo, de Fuerzas y Cuerpos de Seguridad de Estado.

Respecto a la competencia de la jurisdicción militar, véase el artículo 3.2 de la LOPJ. Asimismo, consúltense los arts. 12 a 18 de la Ley Orgánica 4/1987, de 15 de julio, de la Competencia y Organización de la Jurisdicción Militar, la Ley Orgánica 13/1985, de 9 de diciembre, de Código Penal Militar y los arts. 10 y 11 de la LOPM.

Por último, debe atenderse al Convenio de Ginebra de 12 de agosto de 1949, sobre prisioneros de guerra, ratificado el 23 de agosto de 1952.

Artículo 11. El conocimiento de las causas por delitos en que aparezcan a la vez culpables personas sujetas a la jurisdicción ordinaria y otras aforadas corresponderá a la ordinaria, salvo las excepciones consignadas expresamente en las Leyes, respecto a la competencia de otra jurisdicción.

Arts. 18 y 21 CJM y art. 39 LOPJ.
Sobre conflictos de jurisdicción entre los Juzgados o Tribunales ordinarios y la jurisdicción militar, véanse los arts. 39 y 40 de la LOPJ, 22 a 29 de la LOCJ, 14 y 19 de la LOJM y 7 de la LOPM.

Artículo 12. Sin embargo, de lo dispuesto en el artículo anterior, la jurisdicción ordinaria será siempre competente para prevenir las causas por delitos que cometan los aforados.

Esta competencia se limitará a instruir las primeras diligencias, concluidas las cuales la jurisdicción ordinaria remitirá las actuaciones al Juez o Tribunal que deba conocer de la causa con arreglo a las Leyes, y pondrá a su disposición a los detenidos y los efectos ocupados.

La jurisdicción ordinaria cesará en las primeras diligencias tan luego como conste que la especial competente instruye causa sobre el mismo delito.

Los autos de inhibición de esta clase que pronuncien los Jueces instructores de la jurisdicción ordinaria son apelables ante la respectiva Audiencia.

Entre tanto que se sustancia y decide el recurso de apelación, se cumplirá lo dispuesto en el artículo 22, párrafo segundo, a cuyo efecto y para la sustanciación del recurso se remitirá el correspondiente testimonio.

Artículo 13. Se consideran como primeras diligencias la de consignar las pruebas del delito que puedan desaparecer, la de recoger y poner en custodia cuanto conduzca a su comprobación y a la identificación del delincuente, la de detener, en su caso, a los presuntos responsables del delito, y la de proteger a los ofendidos o perjudicados por el mismo, a sus familiares o a otras personas, pudiendo acordarse a tal efecto las medidas cautelares a las que se refiere el artículo 544 bis o la orden de protección prevista en el artículo 544 ter de esta ley.

En la instrucción de delitos cometidos a través de internet, del teléfono o de cualquier otra tecnología de la información o de la comunicación, el juzgado podrá acordar, como primeras diligencias, de oficio o a instancia de parte, las medidas cautelares consistentes en la retirada provisional de contenidos ilícitos, en la interrupción provisional de los servicios que ofrezcan dichos contenidos o en el bloqueo provisional de unos y otros cuando radiquen en el extranjero.

La Ley Orgánica 10/2022, de 6 de septiembre, de garantía integral de la libertad sexual, añadió un segundo párrafo a este art. 13 de la LECRIM.

Artículo 14. Fuera de los casos que expresa y limitadamente atribuyen la Constitución y las leyes a Jueces y Tribunales determinados, serán competentes:

1. Para el conocimiento y fallo de los juicios por delito leve, el Juez de Instrucción, salvo que la competencia corresponda al Juez de Violencia sobre la Mujer de conformidad con el número 5 de este artículo.

2. Para la instrucción de las causas, el Juez de Instrucción del partido en que el delito se hubiere cometido, o el Juez de Violencia sobre la Mujer, o el Juez Central de Instrucción respecto de los delitos que la Ley determine.

3. Para el conocimiento y fallo de las causas por delitos a los que la ley señale pena privativa de libertad de duración no superior a cinco años o pena de multa cualquiera que sea su cuantía, o cualesquiera otras de distinta naturaleza, bien sean únicas, conjuntas o alternativas, siempre que la duración de estas no exceda de diez años, así como por delitos leves, sean o no incidentales, imputables a los autores de estos delitos o a otras personas, cuando la comisión del delito leve o su prueba estuviesen relacionadas con aquellos, el Juez de lo Penal de la circunscripción donde el delito fue cometido, o el Juez de lo Penal correspondiente a la circunscripción del Juzgado de Violencia sobre la Mujer, en su caso, o el Juez Central de lo Penal en el ámbito que le es propio, sin perjuicio de la competencia del Juez de Instrucción de Guardia del lugar de comisión del delito para dictar sentencia de conformidad, del Juez de Violencia sobre la Mujer competente, en su caso, en los términos establecidos en el artículo 801, así como de los Juzgados de Instrucción competentes para dictar sentencia.

No obstante, en los delitos comprendidos en el Título VIII del Libro II del Código Penal, a los solos efectos de determinar la competencia para el enjuiciamiento, se tendrán en cuenta únicamente las penas de prisión o de multa, correspondiendo al Juez de lo Penal de la circunscripción donde el delito fue cometido, o al Juez de lo Penal correspondiente a la circunscripción del Juzgado de Violencia sobre la Mujer, en su caso, el conocimiento y fallo de los delitos para los que la ley señale pena privativa de libertad de duración no superior a cinco años o pena de multa cualquiera que sea su cuantía.

Texto redactado por la Ley Orgánica 4/2023, de 27 de abril, para la modificación de la Ley Orgánica 10/1995, de 23 de noviembre, del Código Penal, en los delitos contra la libertad sexual, la Ley de Enjuiciamiento Criminal y la Ley Orgánica 5/2000, de 12 de enero, reguladora de la responsabilidad penal de los menores.

4. Para el conocimiento y fallo de las causas en los demás casos la Audiencia Provincial de la circunscripción donde el delito se haya cometido, o la Audiencia Provincial correspondiente a la circunscripción del Juzgado de Violencia sobre la Mujer en su caso, o la Sala de lo Penal de la Audiencia Nacional.

No obstante, en los supuestos de competencia de la Audiencia Provincial, si el delito fuere de los atribuidos al Tribunal de Jurado, el conocimiento y fallo corresponderá a éste.

5. Los Juzgados de Violencia sobre la Mujer serán competentes en las siguientes materias, en todo caso de conformidad con los procedimientos y recursos previstos en esta Ley:

a) De la instrucción de los procesos para exigir responsabilidad penal por los delitos recogidos en los títulos del Código Penal relativos a homicidio, aborto, lesiones, lesiones al feto, delitos contra la libertad, delitos contra la integridad moral, contra la libertad e indemnidad sexuales o cualquier otro delito cometido con violencia o intimidación, siempre que se hubiesen cometido contra quien sea o haya sido su esposa, o mujer que esté o haya estado ligada al autor por análoga relación de afectividad, aun sin convivencia, así como de los cometidos sobre los descendientes, propios o de la esposa o conviviente, o sobre los menores o incapaces que con él convivan o que se hallen sujetos a la potestad, tutela, curatela, acogimiento o guarda de hecho de la esposa o conviviente, cuando también se haya producido un acto de violencia de género.

b) De la instrucción de los procesos para exigir responsabilidad penal por cualquier delito contra los derechos y deberes familiares, cuando la víctima sea alguna de las personas señaladas como tales en la letra anterior.

c) De la adopción de las correspondientes órdenes de protección a las víctimas, sin perjuicio de las competencias atribuidas al Juez de Guardia.

d) Del conocimiento y fallo de los juicios por las infracciones tipificadas en el párrafo segundo del apartado 7 del artículo 171, párrafo segundo del apartado 3 del artículo 172 y en el apartado 4 del artículo 173 de la Ley Orgánica 10/1995, de 23 de noviembre, del Código Penal, cuando la víctima sea alguna de las personas señaladas como tales en la letra a) de este apartado.

El apartado 1 y la letra d) del apartado 5 han sido modificados por el Apartado uno de la Disposición Final Segunda de la LO 1/2015, de 30 de marzo por la que se modifica la LO 10/1995, de 23 de noviembre, del Código Penal (BOE del 31 de marzo).

Artículo 14 bis. Cuando de acuerdo con lo dispuesto en el artículo anterior el conocimiento y fallo de una causa por delito dependa de la gravedad de la pena señalada a éste por la ley se atenderá en todo caso a la pena legalmente prevista para la persona física, aun cuando el procedimiento se dirija exclusivamente contra una persona jurídica.

Artículo añadido por la LAP (Ley 37/2011).

Artículo 15. Cuando no conste el lugar en que se haya cometido una falta o delito, serán Jueces y Tribunales competentes en su caso para conocer de la causa o juicio:

1.º El del término municipal, partido o circunscripción en que se hayan descubierto pruebas materiales del delito.

2.º El del término municipal, partido o circunscripción en que el presunto reo haya sido aprehendido.

3.º El de la residencia del reo presunto.

4.º Cualquiera que hubiese tenido noticia del delito.

Si se suscitase competencia entre estos Jueces o Tribunales, se decidirá dando la preferencia por el orden con que están expresados en los números que preceden.

Tan luego como conste el lugar en que se hubiese cometido el delito, el Juez o Tribunal que estuviere conociendo de la causa acordará la inhibición en favor del competente, poniendo en su caso los detenidos a disposición del mismo y acordando remitir, en la misma resolución las diligencias y efectos ocupados.

Nueva redacción del último párrafo dada por el art. 2.2 de la Ley 13/2009, de 13 de noviembre.

Artículo 15 bis. En el caso de que se trate de algunos de los delitos o faltas cuya instrucción o conocimiento corresponda al Juez de Violencia sobre la Mujer, la competencia territorial vendrá determinada por el lugar del domicilio de la víctima, sin perjuicio de la adopción de la orden de protección, o de medidas urgentes del artículo 13 de la presente Ley que pudiera adoptar el Juez del lugar de comisión de los hechos.

Artículo añadido por la LO 1/2004, de 28 de diciembre, de Medidas de Protección Integral contra la Violencia de Género.

Artículo 16. La jurisdicción ordinaria será la competente para juzgar a los reos de delitos conexos, siempre que alguno esté sujeto a ella, aun cuando los demás sean aforados.

Lo dispuesto en el párrafo anterior se entiende sin perjuicio de las excepciones expresamente consignadas en este Código o en Leyes especiales, y singularmente en las Leyes penales de Guerra y Marina, respecto a determinados delitos.

Respecto a la jurisdicción militar, véanse los arts. 14 de la LOJM y 76 de la LOPM.

Artículo 17. 1. Cada delito dará lugar a la formación de una única causa. No obstante, los delitos conexos serán investigados y enjuiciados en la misma causa cuando la investigación y la prueba en conjunto de los hechos resulte conveniente para su esclarecimiento y la determinación de las responsabilidades procedentes salvo que suponga excesiva complejidad o dilación para el proceso.

2. A los efectos de la atribución de jurisdicción y de la distribución de la competencia se consideran delitos conexos:

1.º Los cometidos por dos o más personas reunidas.

2.º Los cometidos por dos o más personas en distintos lugares o tiempos si hubiera precedido concierto para ello.

3.º Los cometidos como medio para perpetrar otros o facilitar su ejecución.

4.º Los cometidos para procurar la impunidad de otros delitos.

5.º Los delitos de favorecimiento real y personal y el blanqueo de capitales respecto al delito antecedente.

6.º Los cometidos por diversas personas cuando se ocasionen lesiones o daños recíprocos.

3. Los delitos que no sean conexos pero hayan sido cometidos por la misma persona y tengan analogía o relación entre sí, cuando sean de la competencia del mismo órgano judicial, podrán ser enjuiciados en la misma causa, a instancia del Ministerio Fiscal, si la investigación y la prueba en conjunto de los hechos resulta conveniente para su esclarecimiento y la determinación de las responsabilidades procedentes, salvo que suponga excesiva complejidad o dilación para el proceso.

Artículo modificado por el artículo único. 1 de la Ley 41/2015, de 5 de octubre, de modificación de la Ley de Enjuiciamiento Criminal para la agilización de la justicia penal y el fortalecimiento de las garantías procesales.

Artículo 17 bis. La competencia de los Juzgados de Violencia sobre la Mujer se extenderá a la instrucción y conocimiento de los delitos y faltas conexas siempre que la conexión tenga su origen en alguno de los supuestos previstos en los números 3.º y 4.º del artículo 17 de la presente Ley.

Artículo añadido por la LO 1/2004, de 28 de diciembre, de Medidas de Protección Integral contra la Violencia de Género.

Artículo 18. 1. Son Jueces y Tribunales competentes, por su orden, para conocer de las causas por delitos conexos:

1.º El del territorio en que se haya cometido el delito a que esté señalada pena mayor.

2.º El que primero comenzare la causa en el caso de que a los delitos esté señalada igual pena.

3.º El que la Audiencia de lo criminal o el Tribunal Supremo en sus casos respectivos designen, cuando las causas hubieren empezado al mismo tiempo, o no conste cuál comenzó primero.

2. No obstante lo anterior, será competente para conocer de los delitos conexos cometidos por dos o más personas en distintos lugares, si hubiera precedido concierto para ello, con preferencia a los indicados en el apartado anterior, el Juez o Tribunal del partido judicial sede de la correspondiente Audiencia Provincial, siempre que los distintos delitos se hubieren cometido en el territorio de una misma provincia y al menos uno de ellos se hubiera perpetrado dentro del partido judicial sede de la correspondiente Audiencia Provincial.

El apartado 2 ha sido añadido por la LO 15/2003, de 25 de noviembre, por la que se modifica la Ley Orgánica 10/1995, de 23 de noviembre, del Código Penal.

CAPÍTULO II. De las cuestiones de competencia entre los Jueces y Tribunales ordinarios

Véanse los arts. 51 y 52 de la LOPJ, que regulan las cuestiones de competencia.

Artículo 19. Podrán promover y sostener competencia:

1.º Los Jueces municipales en cualquier estado del juicio, y las partes desde la citación hasta el acto de la comparecencia.

2.º Los Jueces de instrucción durante el sumario.

3.º Las Audiencias de lo criminal durante la sustanciación del juicio.

4.º El Ministerio fiscal en cualquier estado de la causa.

5.º El acusador particular, antes de formular su primera petición después de personado en la causa.

6.º El procesado y la parte civil, ya figure como actora, ya aparezca como responsable, dentro de los tres días siguientes al en que se les comunique la causa para calificación.

Artículo 20. Son superiores jerárquicos para resolver sobre las cuestiones de competencia, en la forma que determinarán los artículos siguientes:

1.º De los Jueces municipales del mismo partido, el de instrucción.

2.º De los Jueces de instrucción de una misma circunscripción, la Audiencia de lo criminal.

3.º De las Audiencias de lo criminal del mismo territorio, la Audiencia territorial en pleno.

4.º De las Audiencias territoriales, o cuando la competencia sea entre una Audiencia de lo criminal y la Sala de lo criminal de una territorial, el Tribunal Supremo.

Cuando cualquiera de los Jueces o Tribunales mencionados en los números 1.º, 2.º y 3.º no tengan superior inmediato común, decidirá la competencia el que lo sea en el orden jerárquico, y, a falta de éste, el Tribunal Supremo.

Véanse los arts. 51.1 y 60.1 LOPJ.

Artículo 21. El Tribunal Supremo no podrá formar ni promover competencias, y ningún Juez, Tribunal o parte podrá promoverlas contra él.

Cuando algún Juez o Tribunal viniere entendiendo en asunto cuyo conocimiento estuviere reservado al Tribunal Supremo, ordenará éste a aquél, de oficio, a excitación del Ministerio fiscal o a solicitud de parte, que se abstenga de todo procedimiento y remita los antecedentes en el término de segundo día para, en su vista, resolver.

El Tribunal Supremo podrá, sin embargo, autorizar, en la misma orden y entre tanto que resuelve la competencia, la continuación de aquellas diligencias, cuya urgencia o necesidad fueren manifiestas.

Contra la decisión del Tribunal Supremo no se da recurso alguno.

Véase el art. 52 LOPJ.

Artículo 22. Cuando dos o más Jueces de instrucción se reputen competentes para actuar en un asunto, si a la primera comunicación no se pusieren de acuerdo sobre la competencia, darán cuenta con remisión de testimonio al superior competente, y éste, en su vista, decidirá de plano y sin ulterior recurso cuál de los Jueces instructores debe actuar.

Mientras no recaiga decisión, cada uno de los Jueces instructores seguirá practicando las diligencias necesarias para comprobar el delito y aquellas otras que considere de reconocida urgencia.

Dirimido el conflicto por el superior a quien competa, el Letrado de la Administración de Justicia del Juzgado de Instrucción que deje de actuar remitirá las diligencias practicadas y los objetos recogidos al declarado competente, dentro del segundo día, a contar desde aquel en que reciba la orden del superior para que deje de conocer.

Nueva redacción del último párrafo dada por el art. 2.3 de la Ley 13/2009, de 13 de noviembre.

Artículo 23. Si durante el sumario o en cualquier fase de instrucción de un proceso penal el Ministerio fiscal o cualquiera de las partes entendieran que el Juez instructor no tiene competencia para actuar en la causa, podrán reclamar ante el Tribunal superior a quien corresponda, el cual, previos los informes que estime necesarios, resolverá de plano y sin ulterior recurso,

En todo caso, se cumplirá lo dispuesto en el párrafo segundo del artículo anterior.

Artículo redactado conforme a la Ley 53/1978, de 4 de diciembre.

Artículo 24. Terminado el sumario, toda cuestión de competencia que se promueva suspenderá los procedimientos hasta la decisión de ella.

Artículo 25. El Juez o Tribunal que se considere competente deberá promover la competencia.

También acordará la inhibición a favor del Juez o Tribunal competente cuando considere que el conocimiento de la causa no le corresponde, aunque sobre ello no haya precedido reclamación de los interesados ni del Ministerio fiscal.

Entretanto no recaiga decisión judicial firme resolviendo definitivamente la cuestión promovida o aceptando la competencia, el Juez de Instrucción que acuerde la inhibición a favor de otro de la misma clase seguirá practicando todas las diligencias necesarias para comprobar el delito, averiguar e identificar a los posibles culpables y proteger a los ofendidos o perjudicados por el mismo. A tal efecto, la resolución que inicialmente acuerde la inhibición expresará esta circunstancia, y a ella se acompañará únicamente testimonio de las actuaciones. Dirimida la cuestión o aceptada la competencia por resolución firme, el Letrado de la Administración de Justicia remitirá los autos originales y las piezas de convicción al Juez que resulte competente.

Este párrafo fue añadido por la LO 15/2003, de 25 de noviembre, por la que se modifica la Ley Orgánica 10/1995, de 23 de noviembre, del Código Penal. Le ha dado nueva redacción el art. 2.4 de la Ley 13/2009, de 13 de noviembre.

Los autos que los Jueces municipales o de instrucción dicten inhibiéndose a favor de otro Juez o jurisdicción, serán apelables, observándose en este caso lo dispuesto en el último párrafo del artículo 12. Contra los de las Audiencias podrá interponerse el recurso de casación.

Artículo 26. El Ministerio fiscal y las partes promoverán las competencias por inhibitoria o por declinatoria.

El uso de uno de estos medios excluye absolutamente el del otro, así durante la sustanciación de la competencia como una vez que ésta se halle determinada.

La inhibitoria se propondrá ante el Juez o Tribunal que se repute competente.

Arts. 27 y ss. de esta LECRIM.

La declinatoria, ante el Juez o Tribunal que se repute incompetente.

Art. 666-1.ª de esta LECRIM.

Artículo 27. El Juez municipal ante quien se proponga la inhibitoria, oyendo al Fiscal cuando éste no la hubiera propuesto, resolverá en término de segundo día si procede o no el requerimiento de inhibición.

El auto denegatorio de requerimiento es apelable en ambos efectos para ante el Juez de instrucción respectivo.

Artículo 28. Si el Juez municipal estimare que procede el requerimiento de inhibición, lo mandará practicar por medio de oficio, en el cual consignará los fundamentos de su auto.

El oficio se remitirá dentro de veinticuatro horas precisamente.

Artículo 29. El Juez municipal requerido de inhibición, oyendo al Fiscal, resolverá en término de segundo día si desiste de conocer o mantiene su competencia.

En el primer caso remitirá, dentro de las veinticuatro horas siguientes, las diligencias practicadas al Juez requirente.

Si mantiene su competencia se lo comunicará, dentro del mismo plazo, exponiendo los fundamentos de su resolución.

Artículo 30. Recibidos los autos por el Juez requirente, declarará, sin más trámites, y dentro de veinticuatro horas, si insiste en la competencia o se aparta de ella.

En el primer caso, lo participará en el mismo día al Juez requerido para que remita las diligencias al Juez o Tribunal que deba resolver la competencia a tenor de lo dispuesto en el artículo 20, haciendo él la remisión de las suyas dentro de las veinticuatro horas siguientes.

En el segundo caso, lo participará en el mismo plazo al Juez requerido para que éste pueda continuar conociendo.

Los autos que los Jueces requeridos dicten accediendo a la inhibición serán apelables para ante el respectivo Juez de instrucción. También lo serán los que dicten los requirentes desistiendo de la inhibición.

Artículo 31. Recibidas las diligencias en el Juzgado o Tribunal llamado a resolver la competencia y oído el Fiscal por término de segundo día, la decidirá dentro de los tres siguientes al en que el Ministerio fiscal evacue el traslado.

Contra lo resuelto por el Juzgado o Audiencia procederá el recurso de casación.

Contra la resolución del Supremo no se da recurso alguno.

Artículo 32. Cuando se proponga declinatoria ante un Juez municipal, resolverá éste en término de segundo día, oyendo previamente al Fiscal, sobre si procede o no acordar la inhibición.

El auto en que se deniegue la inhibición es apelable en ambos efectos para ante el Juzgado a quien corresponda resolver la competencia, el cual sustanciará el recurso en la forma prevenida en el párrafo primero del artículo anterior.

Contra la resolución del Juzgado procederá el recurso de casación.

Artículo 33. La inhibición ante los Tribunales de lo criminal se propondrá en escrito con firma de Letrado.

En el escrito expresará el que la proponga que no ha empleado la declinatoria. Si resultase lo contrario, será condenado en costas, aunque se decida en su favor la competencia o aunque la abandone en lo sucesivo.

Artículo 34. El Secretario del Tribunal ante quien se proponga la inhibitoria dará traslado por término de uno o dos días, según el volumen de la causa, al Ministerio Fiscal, cuando éste no lo haya propuesto, así como a las demás partes que figuren en la causa de que pudiera a la vez estar conociendo el Tribunal a quien se haya instado para que haga el requerimiento y, en su vista, el Tribunal mandará, dentro de los dos días siguientes, librar oficio inhibitorio, o declarará no haber lugar a ello.

Modificado por el art. 2.5 de la Ley 13/2009, de 13 de noviembre.

Artículo 35. Contra el auto en que se deniegue el requerimiento de inhibición, sólo habrá lugar al recurso de casación.

Artículo 36. Con el oficio de inhibición se acompañará testimonio del escrito en que se haya pedido, de lo expuesto por el Ministerio fiscal y por las partes en su caso, del auto que se haya dictado y de los demás que el Tribunal estime conducente para fundar su competencia.

El testimonio se extenderá y remitirá en el plazo improrrogable de uno a tres días, según el volumen de la causa.

Artículo 37. El Secretario del Tribunal requerido acusará inmediatamente recibo y dará traslado al Ministerio Fiscal, al acusador particular, si lo hubiere, a los referidos en los artículos 118 y 520 que se hubieren personado y a los que figuren como parte civil, por un plazo que no podrá exceder de veinticuatro horas a cada uno, tras lo cual el Tribunal dictará auto inhibiéndose o declarando que no ha lugar a hacerlo.

Párrafo primero modificado por el art. 2.6 de la Ley 13/2009, de 3 de noviembre.

Contra el auto en que el Tribunal se inhibiera no se dará otro recurso que el de casación.

Artículo redactado conforme a la Ley 53/1978, de 4 de diciembre.

Artículo 38. Consentido o ejecutoriado el auto en que el Tribunal se hubiese inhibido, el Letrado de la Administración de Justicia remitirá la causa, dentro del plazo de tres días, al Tribunal que hubiera propuesto la inhibitoria, con emplazamiento de las partes y poniendo a disposición de aquél los procesados, las pruebas materiales del delito y los bienes embargados.

Modificado por el art. 2.7 de la Ley 13/2009, de 13 de noviembre.

Artículo 39. Si se denegare la inhibición se comunicará el auto al Tribunal requirente, con testimonio de lo expuesto por el Ministerio fiscal y por las partes y de todo lo demás que se crea conducente.

El testimonio se expedirá y remitirá dentro de tres días.

En el oficio de remisión se exigirá que el Tribunal requirente conteste inmediatamente para continuar actuando si no insiste en la inhibición, o que en otro caso remita la causa a quien corresponda para que decida la competencia.

Artículo 40. Recibido el oficio que expresa el artículo anterior, el Tribunal que hubiere propuesto la inhibitoria dictará, sin más trámites, auto en término de segundo día.

Contra el auto desistiendo de la inhibición sólo procederá el recurso de casación.

Artículo 41. Consentido o ejecutoriado el auto en que el Tribunal desista de la inhibitoria lo comunicará en el término de veinticuatro horas al requerido de inhibición, remitiéndole al propio tiempo todo lo actuado para su unión a la causa.

Artículo 42. Si el Tribunal requirente mantiene su competencia, lo comunicará en el término de veinticuatro horas al requerido de inhibición para que remita la causa al Tribunal a quien corresponda la resolución, haciéndolo él de lo actuado ante el mismo.

Artículo 43. Las competencias se decidirán por el Tribunal dentro de los tres días siguientes al en que el Ministerio fiscal hubiese emitido dictamen, que evacuará en el término de segundo día.

Contra estos autos, cuando procedan de las Audiencias territoriales, habrá lugar al recurso de casación.

Contra los pronunciados por el Tribunal Supremo no se da recurso alguno.

Artículo 44. El Tribunal que resuelva la competencia podrá condenar al pago de las costas causadas en la inhibitoria a las partes que la hubieren sostenido o impugnado con notoria temeridad, determinando en su caso la proporción en que deban pagarlas.

Cuando no hiciere especial condenación de costas, se entenderán de oficio las causadas en la competencia.

El párrafo tercero fue suprimido por la Ley Orgánica 16/1994, de 8 de noviembre.

Artículo 45. Las declinatorias se sustanciarán como artículos de previo pronunciamiento.

Véanse los arts. 666 y ss. de esta LECRIM; téngase en cuenta lo establecido en la Ley Orgánica 2/1987, de 18 de mayo, de conflictos jurisdiccionales; y en los arts. 38 y ss. LOPJ.

CAPÍTULO III. DE LAS COMPETENCIAS NEGATIVAS Y DE LAS QUE SE PROMUEVEN CON JUECES O TRIBUNALES ESPECIALES Y DE LOS RECURSOS DE QUEJA CONTRA LAS AUTORIDADES ADMINISTRATIVAS

Véanse la LCJ y los arts. 51 y 52 LOPJ.

Artículo 46. Cuando la cuestión de competencia empeñada entre dos o más Jueces o Tribunales fuere negativa por rehusar todos entender en la causa, la decidirá el Juez o Tribunal superior y en su caso el Supremo, siguiendo para ello los mismos trámites prescritos para las demás competencias.

Artículo 47. En el caso de competencia negativa entre la jurisdicción ordinaria y otra privilegiada, la ordinaria empezará o continuará la causa.

Véase el art. 44 LOPJ.

Artículo 48.

Artículo derogado por la Ley Orgánica 2/1987, de 18 de mayo, de Conflictos Jurisdiccionales.

Artículo 49.

Artículo derogado por la Ley Orgánica 2/1987, de 18 de mayo, de Conflictos Jurisdiccionales.

Artículo 50.

Artículo derogado por la Ley Orgánica 2/1987, de 18 de mayo, de Conflictos Jurisdiccionales.

Artículo 51.

Artículo derogado por la Ley de 17 de julio de 1948, de Conflictos Jurisdiccionales.

TÍTULO III. DE LAS RECUSACIONES Y EXCUSAS DE LOS MAGISTRADOS, JUECES, ASESORES Y AUXILIARES DE LOS JUZGADOS Y TRIBUNALES Y DE LA ABSTENCIÓN DEL MINISTERIO FISCAL

Véanse los arts. 217 a 228 LOPJ, que suponen la derogación tácita de casi todas las normas contenidas en los arts. 52 a 83 de esta Ley.

CAPÍTULO PRIMERO. Disposiciones generales

Artículo 52. Los Magistrados, Jueces y Asesores, cualesquiera que sea su grado y jerarquía, sólo podrán ser recusados por causa legítima.

Véanse los artículos 217 y 218-2° LOPJ.

Artículo 53. Podrán únicamente recusar en los negocios criminales:
El representante del Ministerio fiscal.

El acusador particular o los que legalmente representan sus acciones y derechos.

Las personas que se encuentren en la situación de los artículos 118 y 520.

Los responsables civilmente por delito o falta.

El art. 218.2° de la LOPJ establece que «únicamente podrán recusar:

2.° En los asuntos penales, el Ministerio Fiscal, el acusador popular, particular o privado, el actor civil, el procesado o inculpado, el querellado o denunciado y el tercero responsable civil».

Redactado conforme a la LO 19/2003, de 23 de diciembre.

Artículo 54. La abstención y la recusación se regirán, en cuanto a sus causas, por la Ley Orgánica del Poder Judicial, y en cuanto al procedimiento, por lo dispuesto en la Ley de Enjuiciamiento Civil.

Este precepto se modificó por la disposición final 12.1 de la Ley 1/2000, de 7 de enero, de Enjuiciamiento Civil. La LO 19/2003, de 23 de diciembre, dio nueva redacción a los arts. 217 a 228 LOPJ.

Artículo 55. Los Magistrados y Jueces comprendidos en cualquiera de los casos que expresa el artículo anterior, se inhibirán del conocimiento del asunto sin esperar a que se les recuse. Contra esta inhibición no habrá recurso alguno.

De igual manera se inhibirán, sin recurso alguno, cuando al ser recusados en cualquier forma estimasen procedente la causa alegada. En uno y otro caso mandarán pasar las diligencias a quien deba reemplazarles.

Véase los artículos 217 y 221 LOPJ.

Artículo 56. La recusación deberá proponerse tan luego como se tenga conocimiento de la causa en que se funde, pues, en otro caso, no se admitirá a trámite. Concretamente, se inadmitirán las recusaciones:

1.° Cuando no se propongan al comparecer o intervenir por vez primera en el proceso, en cualquiera de sus fases, si el conocimiento de la concurrencia de la causa de recusación fuese anterior a aquél.

2.° Cuando se propusieren iniciado ya el proceso, si la causa de recusación se conociese con anterioridad al momento procesal en que la recusación se proponga.

Este precepto se modificó por la disposición final 12.2 de la Ley 1/2000, de 7 de enero, de Enjuiciamiento Civil.

CAPÍTULO II. De la sustanciación de las recusaciones de los Jueces de Instrucción y de los Magistrados

La LOPJ regula las recusaciones de Jueces y Magistrados en sus arts. 223 a 228, que han modificado sustancialmente lo previsto en este Capítulo.

Artículo 57. La recusación se hará en escrito firmado por Letrado, por Procurador y por el recusante si supiere firmar y estuviere en el lugar de la causa. El último deberá ratificarse ante el Juez o Tribunal.

Cuando el recusante no estuviese presente, firmarán sólo el Letrado y el Procurador. En todo caso se expresarán en el escrito concreta y claramente la causa de la recusación.

Art. 223.2 LOPJ.

Artículo 58. No obstante lo dispuesto en el artículo anterior, podrá el procesado, si estuviere en incomunicación, proponer verbalmente la recusación en el acto de recibírsele declaración o podrá llamar al Juez por conducto del Alcaide de la cárcel para recusarle.

En este caso, deberá el Juez de Instrucción presentarse acompañado del Letrado de la Administración de Justicia, que hará constar por diligencia la petición de recusación y la causa en que se funde.

Cuando fuese denegada la recusación, se le advertirá que podrá reproducirla una vez alzada la incomunicación.

Artículo 59. El auto admitiendo o denegando la recusación será fundado y bastará notificarlo al Procurador del recusante, aunque éste se halle en el pueblo en que se siga la causa y haya firmado el escrito de recusación.

Artículo 60. Cuando el recusado no se inhibiere por no considerarse comprendido en la causa alegada para la recusación, se mandará formar pieza separada.

Esta contendrá el escrito original de recusación y el auto denegatorio de la inhibición, quedando nota expresiva de uno y otro en el proceso.

Artículo 61. Durante la sustanciación de la pieza separada no podrá intervenir el recusado en la causa ni en el incidente de recusación y será sustituido por aquel a quien corresponda con arreglo a la ley.

Si el recusado fuese un Juez de instrucción, deberá éste, no obstante, bajo su responsabilidad, practicar aquellas diligencias urgentes que no puedan dilatarse mientras su sucesor se encargue de continuar la instrucción.

Artículo 62. La recusación no detendrá el curso de la causa. Exceptúase el caso en que el incidente de recusación no se hubiese decidido cuando sean citadas las partes para la vista de alguna cuestión o incidente o para la celebración del juicio oral.

Véase los arts. 225.4 y 226 LOPJ.

Artículo 63. Instruirán los incidentes de recusación:

a) Cuando el recusado sea el Presidente o uno o más Magistrados de la Sala de lo Penal del Tribunal Supremo, de la Sala de lo Penal de los Tribunales Superiores de Justicia, o de la Sala de lo Penal de la Audiencia Nacional, un Magistrado de la Sala a la que pertenezca el recusado, designado en virtud de un turno establecido por orden de antigüedad.

b) Cuando el recusado sea el Presidente o uno o más Magistrados de una Audiencia Provincial, un Magistrado de una Sección distinta a la que pertenezca el recusado, designado en virtud de un turno establecido por orden de antigüedad. Si sólo existiere una Sección, se procederá del modo que se establece en el apartado segundo del artículo 107 de la Ley de Enjuiciamiento Civil.

c) Cuando se recusare a todos los Magistrados de una Sala de Justicia, el Magistrado que corresponda por turno de antigüedad de los que integren el Tribunal correspondiente, siempre que no estuviere afectado por la recusación, y si se recusare a todos los Magistrados que integran la Sala del Tribunal correspondiente, un Magistrado designado por sorteo entre todos los integrantes de Tribunales del mismo ámbito territorial pertenecientes al resto de órdenes jurisdiccionales.

d) Cuando se recusare a un Juez Central de lo Penal o a un Juez Central de Instrucción, un Magistrado de la Sala de lo Penal de la Audiencia Nacional, designado en virtud de un turno establecido por orden de antigüedad.

e) Cuando el recusado sea un Juez de Instrucción o un Juez de lo Penal, un Magistrado de la Audiencia Provincial correspondiente, designado en virtud de un turno establecido por orden de antigüedad.

f) Cuando el recusado fuere un Juez de Paz, el Juez de Instrucción del partido correspondiente o, si hubiere en él varios Juzgados de Instrucción, el Juez titular designado en virtud de un turno establecido por orden de antigüedad.

Este precepto se modificó por la disposición final 12.3 de la Ley 1/2000, de 7 de enero, de Enjuiciamiento Civil.

Artículo 64. Formada la pieza separada se oirá a la otra u otras partes que hubiese en la causa, por término de tres días a cada una, que sólo podrá prorrogarse por otros dos cuando a juicio del Tribunal hubiese justa causa para ello.

Véase art. 225.1 a 4 LOPJ.

Artículo 65. Transcurrido el término señalado en el artículo anterior, con la prórroga en su caso, y recogida la causa sin necesidad de petición por parte del recusante, se recibirá a prueba el incidente de recusación, cuando la cuestión fuese de hecho, por ocho días, durante los cuales se practicará la que hubiere sido solicitada por las partes y admitida como pertinente.

Artículo 66. Contra el auto en que las Audiencias o el Tribunal Supremo admitieran o denegaren la prueba, no se dará ulterior recurso.

Véase el art. 228 LOPJ, pero ténganse en cuenta también las posibilidades que permite su art. 11.1.

Artículo 67. Cuando por ser la cuestión de derecho no se hubiere recibido a prueba el incidente de recusación o hubiere transcurrido el término concedido en el artículo 65, se mandará citar a las partes señalando día para la vista.

Artículo 68. Decidirán los incidentes de recusación:

a) La Sala prevista en el artículo 61 de la Ley Orgánica del Poder Judicial cuando el recusado sea el Presidente del Tribunal Supremo o el Presidente de la Sala de lo Penal o dos o más de los Magistrados de dicha Sala.

b) La Sala de lo Penal del Tribunal Supremo, cuando se recuse a uno de los Magistrados que la integran.

c) La Sala a que se refiere el artículo 77 de la Ley Orgánica del Poder Judicial, cuando se hubiera recusado al Presidente del Tribunal Superior de Justicia, al Presidente de la Sala de lo Civil y Penal de dicho Tribunal Superior o al Presidente de Audiencia Provincial con sede en la Comunidad Autónoma o a dos o más Magistrados de una Sala o Sección o de una Audiencia Provincial.

d) La Sala a que se refiere el artículo 69 de la Ley Orgánica del Poder Judicial, cuando se hubiera recusado al Presidente de la Audiencia Nacional, al

Presidente de su Sala de lo Penal o a más de dos Magistrados de una Sección de dicha Sala.

e) La Sala de lo Penal de la Audiencia Nacional, cuando se recusare a uno o dos de los Magistrados.

f) La Sala de lo Civil y Penal de los Tribunales Superiores de Justicia, cuando se recusara a uno de sus Magistrados.

g) Cuando el recusado sea Magistrado de una Audiencia Provincial, la Audiencia Provincial en pleno o, si ésta se compusiere de dos o más Secciones, la Sección en la que no se encuentre integrado el recusado o la Sección que siga en orden numérico a aquella de la que el recusado forme parte.

h) Cuando se recusara a un Juez Central, decidirá la recusación la Sección de la Sala de lo Penal de la Audiencia Nacional a la que corresponda por turno, establecido por la Sala de Gobierno de dicha Audiencia, excluyendo la Sección a la que corresponda conocer de los recursos que dicte el Juzgado del que sea titular el recusado.

i) Cuando el recusado sea un Juez de lo Penal o de Instrucción, la Audiencia Provincial o, si ésta se compusiere de dos o más Secciones, la Sección Segunda.

j) Cuando el recusado sea un Juez de paz, resolverá el mismo Juez instructor del incidente de recusación.

Este precepto se modificó por la disposición final 12.4 de la Ley 1/2000, de 7 de enero, de Enjuiciamiento Civil.

Artículo 69. Los autos en que se declare haber o no lugar a la recusación, serán siempre fundados.

Contra el auto que dictaren las Audiencias sólo procederá el recurso de casación.

Véase el art. 851-6º de esta LECRIM, pero téngase en cuenta lo dispuesto en el art. 228 LOPJ.

Contra el que dictare el Tribunal Supremo no habrá recurso alguno.

Artículo 70. En los autos en que se deniegue la recusación se condenará en las costas al que la hubiere promovido. Cuando se apreciare que obró con temeridad o mala fe se le impondrá, además, una multa de 200 a 2.000 pesetas, cuando el recusado fuese Juez de Instrucción; de 500 a 2.500, cuando fuese Magistrado de Audiencia, y de 1.000 a 5.000, si lo fuere del Tribunal Supremo.

Se exceptúa de la imposición de las costas y de la multa al Ministerio fiscal.

Redactado conforme a la Ley de 14 de abril de 1955. Véase el art. 228 LOPJ.
Estas cuantías deben entenderse por el equivalente a euros.

Artículo 71. Cuando no se hicieren efectivas las multas respectivamente señaladas en el artículo anterior, el multado quedará sujeto a la responsabilidad personal subsidiaria correspondiente, por vía de sustitución y apremio, en los términos que para las causas por delitos establece el Código Penal.

Véase el art. 53 del CP.

CAPÍTULO III. DE LA SUSTANCIACIÓN DE LAS RECUSACIONES DE LOS JUECES MUNICIPALES

Véase el art. 226 LOPJ.

Artículo 72. En los juicios de faltas se propondrá la recusación en el mismo acto de la comparecencia.

Véase el art. 226 LOPJ. Las faltas se han derogado por la LO 1/2015, de 30 de marzo, por la que se modifica el Código Penal; y el juicio de faltas ha sido sustituido por el proceso penal por delitos leves (arts. 962 a 977 de esta LECRIM, introducidos por la Ley 1/ 2015, de 30 de marzo).

Artículo 73. En vista de la recusación, si la causa alegada fuese de las expresadas en el artículo 54 y cierta, el Juez municipal se dará por recusado, pasando el conocimiento de la falta a su suplente.

Artículo 74. Cuando el recusado no considerase legítima la recusación, pasará el conocimiento del incidente a su suplente, haciéndolo constar en el acta.

Ni en este caso ni en el del artículo anterior se da recurso alguno contra lo resuelto por el Juez municipal.

Artículo 75. El Juez municipal recusado no podrá intervenir en la sustanciación de la pieza de recusación y se suspenderá la celebración del juicio de faltas hasta que aquélla se decida.

Artículo 76. El Juez suplente encargado de la sustanciación de la pieza de recusación hará comparecer a las partes a su presencia, y en el mismo acto recibirá las pruebas que ofrezcan y conceptúe pertinentes, cuando la cuestión verse sobre algún hecho.

Contra el auto denegatorio de la prueba podrá pedirse reposición en el acto de hacerse saber a las partes.

Artículo 77. Recibida la prueba o cuando por tratarse de cuestión de derecho no fuera necesaria, el Juez municipal suplente resolverá si ha o no lugar a la recusación en auto fundado y en el mismo acto si es posible. En ningún caso dejará de hacerlo dentro del segundo día. De lo actuado y del auto se hará mención en el acta que extienda. Si desestimare la recusación, impondrá al recusante las costas y una multa de 25 a 100 pesetas con la responsabilidad personal subsidiaria establecida en el artículo 71.

Será aplicable a la sanción de multa, en este caso, lo dispuesto en el párrafo segundo del artículo 70.

Estas sanciones deben entenderse en el equivalente en euros.

Artículo 78. Contra el auto del Juez suplente declarando haber lugar a la recusación, no se dará recurso alguno.

Contra el auto en que la denegare, habrá apelación para ante el Juez de instrucción.

Artículo 79. La apelación se interpondrá verbalmente en el acto de la comparecencia ante el mismo Juez municipal suplente, si éste resolviese en el momento.

Si para resolver utilizare el término de segundo día, se interpondrá la apelación en el acto mismo de la notificación siempre que sea personal, y si no dentro de las veinticuatro horas siguientes a ella. La apelación en este caso se interpondrá también verbalmente ante el Secretario del Juzgado y se hará constar por diligencia.

Artículo 80. Cuando no se apelase dentro de los términos señalados en el artículo anterior, el auto del Juez suplente será firme.

Interpuesta apelación en tiempo, se remitirán los antecedentes al Juez de instrucción respectivo con citación de las partes y a expensas del apelante.

Artículo 81. En el Juzgado de instrucción se dará cuenta inmediatamente por el Letrado de la Administración de Justicia, sin admitir escritos, y se citará a las partes a una comparecencia dentro del término de segundo día.

Los interesados o sus apoderados podrán hacer en ella verbalmente las observaciones que estimen, previa la venia del Juez de instrucción.

Este pronunciará auto en el mismo día o en el siguiente, y contra lo que decida no habrá ulterior recurso.

Si el Juez instructor entendiese que el municipal suplente debió reponer el auto denegatorio de la prueba a que se refiere el párrafo segundo del artículo 76, lo declarará así, absteniéndose de pronunciar sobre el fondo, y mandará devolver las diligencias al Juzgado municipal de que procedan para que se practique la prueba propuesta y se dicte nuevo auto.

Serán aplicables a éste las disposiciones de los artículos 78 al 81.

Artículo 82. Cuando el auto sea confirmatorio, se condenará en costas al apelante.

Artículo 83. Declarada procedente la recusación por auto firme, entenderá el suplente en el juicio.

Declarada improcedente, el Juez recusado volverá a entender en el conocimiento de la falta.

CAPÍTULO IV. DE LA RECUSACIÓN DE LOS AUXILIARES DE LOS JUZGADOS Y TRIBUNALES

Véanse los arts. 446 (Letrados de la Administración de Justicia) y 499 (resto de personal) LOPJ.

Artículo 84. Los Secretarios de los Juzgados municipales, de los de instrucción, de las Audiencias y del Tribunal Supremo serán recusables.

Lo serán también los Oficiales de Sala.

Artículo 85. Son aplicables a los Secretarios y Oficiales de Sala las prescripciones de este título, con las modificaciones que establecen los artículos siguientes.

Artículo 86. Cuando los recusados fueren auxiliares de los Juzgados de instrucción, de las Audiencias o del Tribunal Supremo, la pieza de recusación se instruirá por el Juez instructor respectivo o Magistrado más moderno, y se fallará por el mismo Juez o por el Tribunal correspondiente.

El Juez o Magistrado instructor podrá delegar la práctica de las diligencias que no pudiere ejecutar por sí mismo en el Juez municipal o en uno de los Jueces de instrucción de la respectiva circunscripción.

Artículo 87. Los auxiliares recusados no podrán actuar en la causa en que lo fueren ni en la pieza de recusación, reemplazándoles aquellos a quienes correspondería si la recusación fuese admitida.

Artículo 88. En las recusaciones de Secretarios de Juzgados municipales, instruirá y fallará la pieza de recusación el Juez municipal donde sólo hubiere uno.

Si hubiere dos, el del Juzgado a que no pertenezca el recusado; y si tres o más, el de mayor edad.

Artículo 89. Cuando se desestimare la recusación se condenará en costas al recusante.

Artículo 90. Cuando sea firme el auto en que se admita la recusación, quedará el recusado separado de toda intervención en la causa, continuando en su reemplazo el que le haya sustituido durante la sustanciación del incidente; y si fuere Secretario del Juzgado municipal o de instrucción, no percibirá derechos de ninguna clase desde que se hubiese solicitado la recusación o desde que, siéndole conocido el motivo alegado, no se separó del conocimiento del asunto.

Artículo 91. Cuando se desestimase la recusación por auto firme, volverá el auxiliar recusado a ejercer sus funciones; y si fuese éste Secretario de Juzgado municipal o de instrucción, le abonará el recusante los derechos correspondientes a las actuaciones practicadas en la causa, haciendo igual abono al que haya sustituido al recusado.

Artículo 92. No podrán los auxiliares ser recusados después de citadas las partes para sentencia, ni durante la práctica de alguna diligencia de que estuvieren encargados, ni después de comenzada la celebración del juicio oral.

Artículo 93. Es aplicable a los actuales Relatores y Escribanos de Cámara: 1.º, lo dispuesto en los artículos anteriores respecto a las recusaciones de los Secretarios de Sala, y 2.º, lo prevenido en los artículos 90 y 91 referente al abono de derechos.

CAPÍTULO V. De las excusas y recusaciones de los Asesores

Los preceptos de este Capítulo carecen de aplicación, ya que el Asesor es hoy una figura inexistente.

Artículo 94. Los Asesores de los Jueces municipales, cuando éstos desempeñen accidentalmente funciones de Jueces de instrucción, se excusarán si concurrieren en ellos algunas de las causas enumeradas en el artículo 54 de esta Ley.

El mismo Juez municipal apreciará la excusa para admitirla o desestimarla. Si la desestimare, podrá el Asesor recurrir en queja a la respectiva Audiencia y ésta, pidiendo informes y antecedentes, resolverá de plano sin ulterior recurso lo que crea procedente.

Artículo 95. Los que sean parte en una causa podrán recusar al Asesor por cualquiera de los motivos señalados en el artículo 54.

La recusación se hará por medio de escrito dirigido al Juez municipal.

Contra las decisiones del Juzgado municipal desestimando la recusación, procederá igualmente el recurso de queja ante la Audiencia respectiva.

CAPÍTULO VI. De la abstención del Ministerio Fiscal

Véase el art. 28 del Estatuto Orgánico del Ministerio Fiscal, aprobado por Ley 50/1981, de 30 de diciembre. Asimismo, véase el art. 219 LOPJ.

Artículo 96. Los representantes del Ministerio fiscal no podrán ser recusados, pero se abstendrán de intervenir en los actos judiciales cuando concurra en ellos alguna de las causas señaladas en el artículo 54 de esta ley.

Artículo 97. Si concurriere en el Fiscal del Tribunal Supremo o en los Fiscales de las Audiencias alguna de las causas por razón de las cuales deban abstenerse de conformidad con lo dispuesto en el artículo anterior, designarán para que los reemplacen al Teniente fiscal, y en su defecto a los Abogados fiscales por el orden de categoría y antigüedad.

Lo dispuesto en el párrafo anterior es aplicable a los Tenientes o Abogados fiscales cuando ejerzan las funciones de su jefe respectivo.

Artículo 98. Los Tenientes y Abogados fiscales del Tribunal Supremo y de las Audiencias harán presente su excusa al superior respectivo, quien les relevará de intervenir en los actos judiciales y elegirá para sustituirlos al que tenga por conveniente entre sus subordinados.

Artículo 99. Cuando los representantes del Ministerio fiscal no se excusaren a pesar de comprenderles alguna de las causas expresadas en el artículo 54, podrán los que se consideren agraviados acudir en queja al superior inmediato.

Este oirá al subordinado que hubiese sido objeto de la queja y, encontrándola fundada, decidirá su sustitución. Si no la encontrare fundada, podrá acordar que intervenga en el proceso. Contra esta determinación no se da recurso alguno.

Los Fiscales de las Audiencias Territoriales decidirán las quejas que se les dirijan contra los Fiscales de las Audiencias de lo criminal.

Si fuera el Fiscal del Tribunal Supremo el que diera motivo a la queja, deberá ésta dirigirse al Ministerio de Gracia y Justicia por conducto del Presidente del mismo Tribunal. El Ministro de Gracia y Justicia, oída la Sala de Gobierno del Tribunal Supremo si lo considera oportuno, resolverá lo que estime procedente.

La referencia al Ministerio de Gracia y Justicia debe entenderse hecha, en ésta y en todas las normas de esta LECRIM en las que aparezca, al Ministerio de Justicia, conforme al art. 1 Decreto 31 mayo de 1931 (Gaceta 6 junio), o denominación vigente en cada momento.

TÍTULO IV. DE LAS PERSONAS A QUIENES CORRESPONDE EL EJERCICIO DE LAS ACCIONES QUE NACEN DE LOS DELITOS Y LAS FALTAS

Artículo 100. De todo delito o falta nace acción penal para el castigo del culpable, y puede nacer también acción civil para la restitución de la cosa, la reparación del daño y la indemnización de perjuicios causados por el hecho punible.

La responsabilidad civil se regula también en los arts. 109 a 122 CP. Véase asimismo el art. 1.813 CC.

Artículo 101. La acción penal es pública.

Todos los ciudadanos españoles podrán ejercitarla con arreglo a las prescripciones de la Ley.

Las normas complementarias de este precepto, a tener en cuenta, son las siguientes:
– En cuanto a la acción popular, véanse el art. 125 CE; arts. 19.1 y 20.3 LOPJ; y 270 de esta LECRIM;
– El ejercicio de la acción pública por el MF se regula en los arts. 124.1 CE; 541.1 LOPJ; 105 y 271 de esta LECRIM; y en su Estatuto Orgánico.

– Respecto al ejercicio de la acción penal por el Abogado del Estado, v. los arts. 1 y 4 de la Ley 52/1997, de 27 de noviembre de Asistencia Jurídica al Estado e Instituciones Públicas (BOE del 28).

Por su parte, el RD-Ley 13 junio 1927 (Gaceta del 14), por el que se dictan las normas para el ejercicio de las acciones penales, dispone en sus dos primeros artículos que:

«Art. 1. Los que ejerciten alguna de las acciones penales a que se refiere el título IV del libro I de la Ley de enjuiciamiento criminal, podrán desistir de tal ejercicio en cualquier momento del proceso; pero mientras actúen han de hacerlo exclusivamente en forma acusatoria y manteniendo tesis acusatorias concretas.

Art. 2. A tal efecto, cuantos pretendan ser admitidos como parte en ser sumario, sea como ofendidos o perjudicados por un delito o ejercitando la acción pública, no se limitarán a hacer la manifestación de desean ser parte, sino que expresarán categóricamente cuál es la acción que ejercitan y la ejercitarán en forma de querella, exigiéndose en el escrito de personación los mismos requisitos que para la querella exige el artículo 277 de la Ley de enjuiciamiento criminal, salvo el 6° en la parte referente a la petición de admisión de aquélla, la cual será sustituida por la de admisión como parte acusadora en el concepto concreto que manifieste el solicitante en relación con la acción ejercitada.

El Juez instructor del sumario acordará sobre la petición de admisión como parte acusadora lo procedente, en iguales términos y forma que la Ley Procesal preceptúa para la admisión de las querellas y aplicando las mismas normas en cuando a exigencia de fianza. Contra su resolución podrán ser utilizados los mismos recursos que cuando se trate de admisión o desestimación de querellas, pero sin que en caso alguno el recurso de apelación sea admisible en ambos efectos...».

Véase el RD 738/1997, de 23 de mayo, por el que se aprueba el Reglamento de ayuda a las víctimas de delitos violentos y contra la libertad sexual, modificado últimamente por el RD 199/2006, de 17 de febrero (BOE de 20). V. también la Ley 27/2006, de 19 de julio, que regula la acción popular en cuestiones medioambientales.

Artículo 102. Sin embargo de lo dispuesto en el artículo anterior, no podrán ejercitar la acción penal:

1.º El que no goce de la plenitud de los derechos civiles.

Véanse los arts. 105, 270 y 271 de esta Ley.

2.º El que hubiere sido condenado dos veces por sentencia firme como reo del delito de denuncia o querella calumniosas.

Véanse los arts. 456 y 457 CP.

3.º El Juez o Magistrado.

Los comprendidos en los números anteriores podrán, sin embargo, ejercitar la acción penal por delito o falta cometidos contra sus personas o bienes o contra las personas o bienes de sus cónyuges, ascendientes, descendientes, hermanos consanguíneos o uterinos y afines.

Los comprendidos en los números 2.º y 3.º podrán ejercitar también la acción penal por el delito o falta cometidos contra las personas o bienes de los que estuviesen bajo su guarda legal.

Artículo 103. Tampoco podrán ejercitar acciones penales entre sí:

1.º Los cónyuges, a no ser por delito o falta cometidos por el uno contra la persona del otro o la de sus hijos, y por el delito de bigamia.

2.º Los ascendientes, descendientes y hermanos por naturaleza, por la adopción o por afinidad, a no ser por delito o falta cometidos por los unos contra las personas de los otros.

Redactado conforme a la Ley Orgánica 14/1999, de 9 de junio (BOE del 10).

Artículo 104. Las acciones penales que nacen de los delitos de estupro, calumnia e injuria, tampoco podrán ser ejecutadas por otras personas, ni en manera distinta que las prescritas en los respectivos artículos del Código Penal.

Téngase en cuenta que en la actualidad, los únicos delitos privados, y por tanto perseguibles únicamente mediante querella del ofendido o su representante legal, son los de injuria y calumnia contra particulares sin publicidad (art. 215 del CP de 1995).

Requieren previa denuncia de la parte ofendida los delitos de reproducción asistida inconsentida (art. 161.2 CP de 1995), los delitos de agresiones sexuales, acoso o abusos sexuales (art. 191 del CP de 1995), si bien en ellos cabe también querella del Ministerio Fiscal, en los términos señalados en dicho artículo; los delitos de descubrimiento y revelación de secretos (art. 201 del CP de 1995); los de abandono de familia e impago de alimentos (art. 228 del CP de 1995); delito de daños por imprudencia grave en cuantía superior a 80.000 euros (art. 267.II CP de 1995); delitos contra la propiedad intelectual, la propiedad industrial, el mercado y contra los consumidores (art. 287.1 CP de 1995); delitos societarios (art. 296.1 CP de 1995), en los términos del número 2 del mismo artículo; delito de acusación falsa, potestativo (art. 456.2 CP de 1995); delito de denuncia falsa, potestativo (art. 456.2 in fine CP de 1995).

Las faltas consistentes en el anuncio por medio de la imprenta de hechos falsos o relativos a la vida privada con el que se perjudique u ofenda a particulares, y en injurias leves sólo podrán ser perseguidas por los ofendidos o por sus legítimos representantes.

Redactado conforme a la Ley Orgánica 14/1999, de 9 de junio.
Véanse el art. 124.1 CE; art. 541.1 LOPJ; art. 1 EOMF.

Artículo 105. 1. Los funcionarios del Ministerio Fiscal tendrán la obligación de ejercitar, con arreglo a las disposiciones de la Ley, todas las acciones penales que consideren procedentes, haya o no acusador particular en las causas, menos aquellas que el Código Penal reserva exclusivamente a la querella privada.

2. En los delitos perseguibles a instancias de la persona agraviada también podrá denunciar el Ministerio Fiscal si aquélla fuere menor de edad, persona con discapacidad necesitada de especial protección o desvalida. La ausencia de denuncia no impedirá la práctica de diligencias a prevención.

Artículo modificado por el Apartado dos de la Disposición Final Segunda de la LO 1/2015, de 30 de marzo por la que se modifica la LO 10/1995, de 23 de noviembre, del Código Penal (BOE del 31 de marzo).

Sobre las funciones atribuidas al Ministerio Fiscal, véase el artículo 124.1 CE; en el mismo sentido, véanse los arts. 541 LOPJ y 1 Ley 50/1981, de 30 de diciembre, por la que se regula el Estatuto Orgánico del Ministerio Fiscal.

Respecto a la denuncia por el Ministerio Fiscal en las causas por delitos contra la libertad sexual, véase el art. 191 del CP de 1995.

Artículo 106. La acción penal por delito o falta que dé lugar al procedimiento de oficio no se extingue por la renuncia de la persona ofendida.

Véanse los arts. 130-5º, 191.2, 201.3, 215. 3, 267.

Pero se extinguen por esta causa las que nacen de delito o falta que no puedan ser perseguidos sino a instancia de parte, y las civiles, cualquiera que sea el delito o falta de que procedan.

Véanse los arts. 117 LECRIM y 201, 215 y 267.

Artículo 107. La renuncia de la acción civil o de la penal renunciable no perjudicará más que al renunciante, pudiendo continuar el ejercicio de la penal en el estado en que se halle la causa, o ejercitarla nuevamente los demás a quienes también correspondiere.

Véanse el art. 117 de esta LECRIM y 109.2 del CP.

Artículo 108. La acción civil ha de entablarse juntamente con la penal por el Ministerio fiscal, haya o no en el proceso acusador particular; pero si el ofendido renunciare expresamente a su derecho de restitución, reparación o indemnización, el Ministerio fiscal se limitará a pedir el castigo de los culpables.

Véanse los arts. 106 y 111 de esta LECRIM.

Artículo 109. En el acto de recibirse declaración por el juez la persona ofendida o perjudicada, el letrado o letrada de la Administración de Justicia le instruirá del derecho que le asiste para mostrarse parte en el proceso y renunciar o no a la restitución de la cosa, reparación del daño e indemnización del perjuicio causado por el hecho punible. Asimismo, le informará de los derechos recogidos en la legislación vigente, pudiendo delegar esta función en personal especializado en la asistencia a víctimas.

Si fuera menor se practicará igual diligencia con su representante legal.

En los procesos en los que participen personas con discapacidad, se realizarán las adaptaciones y los ajustes que sean necesarios. Dichas adaptaciones podrán venir referidas a la comunicación, la comprensión y la interacción con el entorno. Se deberá garantizar que:

a) Todas las comunicaciones con las personas con discapacidad, orales o escritas, se realicen en un lenguaje claro, sencillo y accesible, de un modo que tenga en cuenta sus características personales y sus necesidades, haciendo uso de medios como la lectura fácil. Si fuera necesario, la comunicación también se hará a la persona que preste apoyo a la persona con discapacidad para el ejercicio de su capacidad jurídica.

b) Se facilite a la persona con discapacidad la asistencia o apoyos necesarios para que pueda hacerse entender, lo que incluirá la interpretación en las lenguas de signos reconocidas legalmente y los medios de apoyo a la comunicación oral de personas sordas, con discapacidad auditiva y sordociegas.

c) Se permita la participación de un profesional experto que a modo de facilitador realice tareas de adaptación y ajuste necesarias para que la persona con discapacidad pueda entender y ser entendida.

d) La persona con discapacidad pueda estar acompañada de una persona de su elección desde el primer contacto con las autoridades y funcionarios.

Fuera de los casos previstos en los dos párrafos anteriores, no se hará a los interesados en las acciones civiles o penales notificación alguna que prolongue o detenga el curso de la causa, lo cual no obsta para que el letrado o letrada de la Administración de Justicia procure instruir de aquel derecho al ofendido ausente.

En cualquier caso, en los procesos que se sigan por delitos comprendidos en el artículo 57 del Código Penal, el letrado o letrada de la Administración de Justicia asegurará la comunicación a la víctima de los actos procesales que puedan afectar a su seguridad.

Modificado por el art. 101.1 del Real Decreto-ley 6/2023, de 19 de diciembre, por el que se aprueban medidas urgentes para la ejecución del Plan de Recuperación, Transformación y Resiliencia en materia de servicio público de justicia, función pública, régimen local y mecenazgo.

Artículo 109 bis. 1. Las víctimas del delito que no hubieran renunciado a su derecho podrán ejercer la acción penal en cualquier momento antes del trámite de calificación del delito, si bien ello no permitirá retrotraer ni reiterar las actuaciones ya practicadas antes de su personación. Si se personasen una vez transcurrido el término para formular escrito de acusación podrán ejercitar la acción penal hasta el inicio del juicio oral adhiriéndose al escrito de acusación formulado por el Ministerio Fiscal o del resto de las acusaciones personadas.

Modificado por la DF-1ª de la Ley Orgánica 8/2021, de 4 de junio, de protección integral a la infancia y la adolescencia frente a la violencia.

En el caso de muerte o desaparición de la víctima a consecuencia del delito, la acción penal podrá ser ejercida por su cónyuge no separado legalmente o de hecho y por los hijos de ésta o del cónyuge no separado legalmente o de hecho que en el momento de la muerte o desaparición de la víctima convivieran con ellos; por la persona que hasta el momento de la muerte o desaparición hubiera estado unida a ella por una análoga relación de afectividad y por los hijos de ésta que en el momento de la muerte o desaparición de la víctima convivieran con ella; por sus progenitores y parientes en línea recta o colateral dentro del tercer grado que se encontraren bajo su guarda, personas sujetas a su tutela o curatela o que se encontraren bajo su acogimiento familiar.

En caso de no existir los anteriores, podrá ser ejercida por los demás parientes en línea recta y por sus hermanos, con preferencia, entre ellos, del que ostentara la representación legal de la víctima.

2. El ejercicio de la acción penal por alguna de las personas legitimadas conforme a este artículo no impide su ejercicio posterior por cualquier otro de los legitimados. Cuando exista una pluralidad de víctimas, todas ellas podrán personarse independientemente con su propia representación. Sin embargo, en estos casos, cuando pueda verse afectado el buen orden del proceso o el derecho a un proceso sin dilaciones indebidas, el Juez o Tribunal, en resolución motivada y tras oír a todas las partes, podrá imponer que se agrupen en una o varias representaciones y que sean dirigidos por la misma o varias defensas, en razón de sus respectivos intereses.

3. La acción penal también podrá ser ejercitada por las asociaciones de víctimas y por las personas jurídicas a las que la ley reconoce legitimación para defender los derechos de las víctimas, siempre que ello fuera autorizado por la víctima del delito.

Cuando el delito o falta cometida tenga por finalidad impedir u obstaculizar a los miembros de las corporaciones locales el ejercicio de sus funciones públicas, podrá también personarse en la causa la Administración local en cuyo territorio se hubiere cometido el hecho punible.

Artículo añadido por la Disposición Final 1. 2 de la Ley 4/2015, de 27 de abril, del Estatuto de la Víctima del delito (BOE del 28).

Artículo 110. Las personas perjudicadas por un delito que no hubieren renunciado a su derecho podrán mostrarse parte en la causa si lo hicieran antes del trámite de calificación del delito y ejercitar las acciones civiles que procedan, según les conviniere, sin que por ello se retroceda en el curso de las actuaciones. Si se personasen una vez transcurrido el término para formular escrito de acusación podrán ejercitar la acción penal hasta el inicio del juicio oral adhiriéndose al escrito de acusación formulado por el Ministerio Fiscal o del resto de las acusaciones personadas.

Aun cuando las personas perjudicadas no se muestren parte en la causa, no por esto se entiende que renuncian al derecho de restitución, reparación o indemnización que a su favor puede acordarse en sentencia firme, siendo necesario que la renuncia de este derecho se haga en su caso de una manera clara y terminante.

Modificado por la DF-1ª de la Ley Orgánica 8/2021, de 4 de junio, de protección integral a la infancia y la adolescencia frente a la violencia.

Artículo 111. Las acciones que nacen de un delito o falta podrán ejercitarse junta o separadamente; pero mientras estuviese pendiente la acción penal no se ejercitará la civil con separación hasta que aquélla haya sido resuelta en sentencia firme, salvo siempre lo dispuesto en los artículos 4, 5 y 6 de este Código.

Art. 10 LOPJ.

Artículo 112. Ejercitada sólo la acción penal, se entenderá utilizada también la civil, a no ser que el dañado o perjudicado la renunciase o la reservase expresamente para ejercitarla después de terminado el juicio criminal, si a ello hubiere lugar.

No obstante, aun cuando se hubiera previamente renunciado a la acción civil, si las consecuencias del delito son más graves de las que se preveían en el momento de la renuncia, o si la renuncia pudo estar condicionada por la relación de la víctima con alguna de las personas responsables del delito, se podrá revocar la renuncia al ejercicio de la acción civil por resolución judicial, a solicitud de la persona dañada o perjudicada y oídas las partes, siempre y cuando se formule antes del trámite de calificación del delito.

Si se ejercitase sólo la civil que nace de un delito de los que no pueden perseguirse sino en virtud de querella particular, se considerará extinguida desde luego la acción penal.

La Ley Orgánica 10/2022, de 6 de septiembre, de garantía integral de la libertad sexual, dice en su Preámbulo: "La disposición final primera modifica la Ley de Enjuiciamiento

Criminal, aprobada por Real Decreto de 14 de septiembre de 1882, siendo lo más relevante la incorporación de la figura de la revocación de la renuncia de la acción civil cuando los efectos del delito fueran más graves de lo previsto inicialmente, lo que es habitual en delitos contra la libertad sexual".

Artículo 113. Podrán ejercitarse expresamente las dos acciones por una misma persona o por varias; pero siempre que sean dos o más las personas por quienes se utilicen las acciones derivadas de un delito o falta lo verificarán en un solo proceso y, si fuere posible, bajo una misma dirección y representación, a juicio del Tribunal.

Véase la STC 30/1981, de 24 de julio.

Artículo 114. Promovido juicio criminal en averiguación de un delito o falta, no podrá seguirse pleito sobre el mismo hecho; suspendiéndole, si le hubiese, en el estado en que se hallare, hasta que recaiga sentencia firme en la causa criminal.

Véanse, en general para este artículo, los arts. 3 a 7 de esta LECRIM.

No será necesario para el ejercicio de la acción penal que haya precedido el de la civil originada del mismo delito o falta.

Véase los arts. 3 a 7 de esta Ley.

Lo dispuesto en este artículo se entiende sin perjuicio de lo establecido en el Capítulo II, Título I, de este Libro, respecto a las cuestiones prejudiciales.

Artículo 115. La acción penal se extingue por la muerte del culpable; pero en este caso subsiste la civil contra sus herederos y causahabientes, que sólo podrá ejercitarse ante la jurisdicción y por la vía de lo civil.

Véase el art. 112.1º del CP de 1995.

Artículo 116. La extinción de la acción penal no lleva consigo la de la civil, a no ser que la extinción proceda de haberse declarado por sentencia firme que no existió el hecho de que la civil hubiese podido nacer.

En los demás casos, la persona a quien corresponda la acción civil podrá ejercitarla, ante la jurisdicción y por la vía de lo civil que proceda, contra quien estuviere obligado a la restitución de la cosa, reparación del daño o indemnización del perjuicio sufrido.

Véase el art. 109 CP.

Artículo 117. La extinción de la acción civil tampoco lleva consigo la de la penal que nazca del mismo delito o falta.

La sentencia firme absolutoria dictada en el pleito promovido por el ejercicio de la acción civil, no será obstáculo para el ejercicio de la acción penal correspondiente.

Lo dispuesto en este artículo se entiende sin perjuicio de lo que establece el Capítulo II del Título I de este Libro y los artículos 106, 107, 110 y párrafo segundo del 112.

TÍTULO V. DEL DERECHO DE DEFENSA, A LA ASISTENCIA JURÍDICA GRATUITA Y A LA TRADUCCIÓN E INTERPRETACIÓN EN LOS JUICIOS CRIMINALES

Rúbrica modificada por el Artículo 1.1 de la Ley Orgánica 5/2015, de 27 de abril, por la que se modifican la Ley de Enjuiciamiento Criminal y la Ley Orgánica 6/1985, de 1 de julio, del Poder Judicial, para transponer la Directiva 2010/64/UE, de 20 de octubre de 2010, relativa al derecho a interpretación y a traducción en los procesos penales y la Directiva 2012/13/UE, de 22 de mayo de 2012, relativa al derecho a la información en los procesos penales (BOE del 28).

CAPÍTULO I. Del derecho de defensa y a la asistencia jurídica gratuita

La rúbrica del Capítulo I ha sido añadido por el Artículo 1.1 de la Ley Orgánica 5/2015, de 27 de abril, por la que se modifican la Ley de Enjuiciamiento Criminal y la Ley Orgánica 6/1985, de 1 de julio, del Poder Judicial, para transponer la Directiva 2010/64/UE, de 20 de octubre de 2010, relativa al derecho a interpretación y a traducción en los procesos penales y la Directiva 2012/13/UE, de 22 de mayo de 2012, relativa al derecho a la información en los procesos penales (BOE del 28).

Véanse los arts. 17.3, 24.1 y 2, y 119 CE; arts. 20.1 y 2, y 546 LOPJ; y arts. 520 y 527 de esta LECRIM.

El art. 24.2 de la Constitución proclama, entre otros, el derecho a la defensa y a la asistencia de letrado. Y el art. 119 del texto constitucional establece que «la justicia será gratuita cuando así lo disponga la Ley y, en todo caso, respecto de quienes acrediten insuficiencia de recursos para litigar».

En desarrollo de este contenido constitucional se promulga la Ley Orgánica 1/1996, de 10 de enero, de Asistencia Jurídica Gratuita.

Su Reglamento se aprobó por RD 996/2003, de 25 de julio, modificado por RD 1455/2005, de 2 de diciembre (BOE de 17).

Artículo 118. 1. Toda persona a quien se atribuya un hecho punible podrá ejercitar el derecho de defensa, interviniendo en las actuaciones, desde que se le comunique su existencia, haya sido objeto de detención o de cualquier otra medida cautelar o se haya acordado su procesamiento, a cuyo efecto se le instruirá, sin demora injustificada, de los siguientes derechos:

a) Derecho a ser informado de los hechos que se le atribuyan, así como de cualquier cambio relevante en el objeto de la investigación y de los hechos imputados. Esta información será facilitada con el grado de detalle suficiente para permitir el ejercicio efectivo del derecho de defensa.

b) Derecho a examinar las actuaciones con la debida antelación para salvaguardar el derecho de defensa y en todo caso, con anterioridad a que se le tome declaración.

c) Derecho a actuar en el proceso penal para ejercer su derecho de defensa de acuerdo con lo dispuesto en la ley.

d) Derecho a designar libremente abogado, sin perjuicio de lo dispuesto en el apartado 1 a) del artículo 527.

e) Derecho a solicitar asistencia jurídica gratuita, procedimiento para hacerlo y condiciones para obtenerla.

f) Derecho a la traducción e interpretación gratuitas de conformidad con lo dispuesto en los artículos 123 y 127.

g) Derecho a guardar silencio y a no prestar declaración si no desea hacerlo, y a no contestar a alguna o algunas de las preguntas que se le formulen.

h) Derecho a no declarar contra sí mismo y a no confesarse culpable. La información a que se refiere este apartado se facilitará en un lenguaje comprensible y que resulte accesible.

A estos efectos se adaptará la información a la edad del destinatario, su grado de madurez, discapacidad y cualquier otra circunstancia personal de la que pueda derivar una modificación de la capacidad para entender el alcance de la información que se le facilita.

Arts. 17.3, 24.2 y 119 CE; arts. 20.1 y 2, y 546 LOPJ; arts. 45 y 46 EGA (RD 658/2001, de 22 de junio); arts. 37 y 42 y ss. EGPT (RD 1281/2002, de 5 de diciembre, modificado por RD 351/2006, de 24 de marzo). Véanse asimismo la Circular 8/1978, de 30 de diciembre, sobre las reformas introducidas en la Ley de Enjuiciamiento Criminal por la Ley 53/1978, de 30 de diciembre, y su relación con la Ley 56/1978, de la misma fecha (Memoria 1979, de la Fiscalía General del Estado). Consulta 1/1983 de 17 de enero, sobre derecho de asistencia letrada al detenido: su vigencia y contenido durante la incomunicación (Memoria 1984, de la Fiscalía General del Estado).

2. El derecho de defensa se ejercerá sin más limitaciones que las expresamente previstas en la ley desde la atribución del hecho punible investigado hasta la extinción de la pena. El derecho de defensa comprende la asistencia letrada de un abogado de libre designación o, en su defecto, de un abogado de oficio, con el que podrá comunicarse y entrevistarse reservadamente, incluso

antes de que se le reciba declaración por la policía, el fiscal o la autoridad judicial, sin perjuicio de lo dispuesto en el artículo 527 y que estará presente en todas sus declaraciones así como en las diligencias de reconocimiento, careos y reconstrucción de hechos.

En materia de asistencia de Abogado al detenido, ver, entre otros, los arts. 17.3 de la Constitución y 520 de esta ley.
Asimismo, véanse los arts. 542 a 546 de la LOPJ, 45 y 46 del RD 658/2001, de 22 de junio, por el que se aprueba el Estatuto General de la Abogacía, y 42 a 46 del Real Decreto 1281/2002, de 5 de diciembre, por el que se aprueba el Estatuto General de los Procuradores de los Tribunales, modificado por RD 351/2006, de 24 de marzo.
El número 2 ha sido introducido por el artículo único. 1 de la Ley Orgánica 13/2015, de 5 de octubre, de modificación de la Ley de Enjuiciamiento Criminal para el fortalecimiento de las garantías procesales y la regulación de las medidas de investigación tecnológica.

3. Para actuar en el proceso, las personas investigadas deberán ser representadas por procurador y defendidas por abogado, designándoseles de oficio cuando no los hubiesen nombrado por sí mismos y lo solicitaren, y en todo caso, cuando no tuvieran aptitud legal para hacerlo. Si no hubiesen designado procurador o abogado, se les requerirá para que lo hagan o se les nombrará de oficio si, requeridos, no los nombrasen, cuando la causa llegue a estado en que se necesite el consejo de aquéllos o haya de intentar algún recurso que hiciese indispensable su actuación.

4. Todas las comunicaciones entre el investigado o encausado y su abogado tendrán carácter confidencial. Si estas conversaciones o comunicaciones hubieran sido captadas o intervenidas durante la ejecución de alguna de las diligencias reguladas en esta ley, el juez ordenará la eliminación de la grabación o la entrega al destinatario de la correspondencia detenida, dejando constancia de estas circunstancias en las actuaciones. Lo dispuesto en el párrafo primero no será de aplicación cuando se constate la existencia de indicios objetivos de la participación del abogado en el hecho delictivo investigado o de su implicación junto con el investigado o encausado en la comisión de otra infracción penal, sin perjuicio de lo dispuesto en la Ley General Penitenciaria.

El número 4 ha sido introducido por el artículo único. 1 de la Ley Orgánica 13/2015, de 5 de octubre, de modificación de la Ley de Enjuiciamiento Criminal para el fortalecimiento de las garantías procesales y la regulación de las medidas de investigación tecnológica.

5. La admisión de denuncia o querella, y cualquier actuación procesal de la que resulte la imputación de un delito contra persona o personas determinadas, serán puestas inmediatamente en conocimiento de los presuntamente responsables.

Este artículo ha sido modificado en dos ocasiones en el año 2015. La primera por el Artículo 2. 1 de la Ley Orgánica 5/2015, de 27 de abril, por la que se modifican la Ley de Enjuiciamiento Criminal y la Ley Orgánica 6/1985, de 1 de julio, del Poder Judicial, para transponer la Directiva 2010/64/UE, de 20 de octubre de 2010, relativa al derecho a interpretación y a traducción en los procesos penales y la Directiva 2012/13/UE, de 22 de mayo de 2012, relativa al derecho a la información en los procesos penales (BOE del 28), que modifica los números 1, 3 y 5; y la segunda por el artículo único. 1 de la Ley Orgánica de modificación de la Ley de Enjuiciamiento Criminal para el fortalecimiento de las garantías procesales y la regulación de las medidas de investigación tecnológica que da nueva redacción al número 1, 3 e incorpora el número 2 y 4.

Sobre el derecho a la información de los investigados en los procesos penales ver la Circular de la Fiscalía General del Estado núm. 3/2018, de 1 de junio.

Artículo 118 bis. Del mismo modo que en el artículo anterior se procederá cuando se impute un acto punible contra un Diputado o Senador, los cuales podrán ejercitar su derecho de defensa en los términos previstos en el artículo anterior, y todo ello sin perjuicio de lo previsto en el artículo 71.2 y 3 de la Constitución española.

Artículo incluido por la LO 7/2002, de 5 de julio.

Artículo 119. 1. Cuando de acuerdo con lo dispuesto en el artículo 118 de esta Ley, haya de procederse a la imputación de una persona jurídica, se practicará con ésta la comparecencia prevista en el artículo 775, con las siguientes particularidades:

a) La citación se hará en el domicilio social de la persona jurídica, requiriendo a la entidad que proceda a la designación de un representante, así como Abogado y Procurador para ese procedimiento, con la advertencia de que, en caso de no hacerlo, se procederá a la designación de oficio de estos dos últimos. La falta de designación del representante no impedirá la sustanciación del procedimiento con el Abogado y Procurador designado.

b) La comparecencia se practicará con el representante especialmente designado de la persona jurídica imputada acompañada del Abogado de la misma. La inasistencia al acto de dicho representante determinará la práctica del mismo con el Abogado de la entidad.

c) El Juez informará al representante de la persona jurídica imputada o, en su caso, al Abogado, de los hechos que se imputan a ésta. Esta información se facilitará por escrito o mediante entrega de una copia de la denuncia o querella presentada.

d) La designación del Procurador sustituirá a la indicación del domicilio a efectos de notificaciones, practicándose con el Procurador designado todos los actos de comunicación posteriores, incluidos aquellos a los que esta Ley asigna carácter personal. Si el procurador ha sido nombrado de oficio se comunicará su identidad a la persona jurídica imputada.

Artículo añadido por la LAP (Ley 37/2011).
El artículo tiene un apartado 1, pero no hay 2.

Artículo 120. 1. Las disposiciones de esta Ley que requieren o autorizan la presencia del investigado en la práctica de diligencias de investigación o de prueba anticipada se entenderán siempre referidas al representante especialmente designado por la entidad, que podrá asistir acompañado del letrado encargado de la defensa de ésta.

2. La incomparecencia de la persona especialmente designada no impedirá la celebración del acto de investigación o de prueba anticipada que se sustanciará con el Abogado defensor.

Artículo añadido por la LAP (Ley 37/2011).

Artículo 121. Todos los que sean parte en una causa, si no se le hubiere reconocido el derecho a la asistencia jurídica gratuita, tendrán obligación de satisfacer los derechos de los Procuradores que les representen, los honorarios de los Abogados que les defiendan, los de los peritos que informen a su instancia y las indemnizaciones de los testigos que presentaren, cuando los peritos y testigos, al declarar, hubiesen formulado su reclamación y el Juez o Tribunal la estimaren.

Ni durante la causa ni después de terminada tendrán obligación de satisfacer las demás costas procesales, a no ser que a ello fueren condenados.

Los que tuvieren reconocido el derecho a la asistencia jurídica gratuita, podrán valerse de Abogado y Procurador de su elección; pero en este caso estarán obligados a abonarle sus honorarios y derechos, como se dispone respecto de los que no tengan reconocido dicho derecho, salvo que los profesionales de libre elección renunciaran a la percepción de honorarios o derechos en los términos previstos en el artículo 27 de la Ley de Asistencia Jurídica Gratuita.

Redactado conforme a la Ley 1/1996, de 10 de enero, de Asistencia Jurídica Gratuita. Véanse los arts. 8 y 12 de la LEC y 241, 242, 465 y 722 de esta LECRIM. Respecto a la satisfacción de honorarios a los Abogados, ver el art. 44 del Estatuto General de la Abogacía; en cuanto a los Procuradores, ver el art. 34 del Estatuto General de los mismos.

Artículo 122. Se usará papel de oficio en los juicios sobre faltas y en las causas criminales, sin perjuicio del correspondiente reintegro si hubiere condenación de costas.

Véase el art. 241-1° de esta LECRIM, así como la disposición adicional 2ª de la Ley 25/1986, de 24 de diciembre, de Supresión de las Tasas Judiciales.

CAPÍTULO II. Del derecho a la traducción e interpretación

Capítulo II añadido por el Artículo 1.3 de la Ley Orgánica 5/2015, de 27 de abril, por la que se modifican la Ley de Enjuiciamiento Criminal y la Ley Orgánica 6/1985, de 1 de julio, del Poder Judicial, para transponer la Directiva 2010/64/UE, de 20 de octubre de 2010, relativa al derecho a interpretación y a traducción en los procesos penales y la Directiva 2012/13/UE, de 22 de mayo de 2012, relativa al derecho a la información en los procesos penales (BOE del 28). Los arts. 123 a 127, a continuación, han sido añadidos por dicha Ley Orgánica.

Artículo 123. 1. Los imputados o acusados que no hablen o entiendan el castellano o la lengua oficial en la que se desarrolle la actuación tendrán los siguientes derechos:

a) Derecho a ser asistidos por un intérprete que utilice una lengua que comprenda durante todas las actuaciones en que sea necesaria su presencia, incluyendo el interrogatorio policial o por el Ministerio Fiscal y todas las vistas judiciales.

b) Derecho a servirse de intérprete en las conversaciones que mantenga con su Abogado y que tengan relación directa con su posterior interrogatorio o toma de declaración, o que resulten necesarias para la presentación de un recurso o para otras solicitudes procesales.

c) Derecho a la interpretación de todas las actuaciones del juicio oral.

d) Derecho a la traducción escrita de los documentos que resulten esenciales para garantizar el ejercicio del derecho a la defensa. Deberán ser traducidos, en todo caso, las resoluciones que acuerden la prisión del imputado, el escrito de acusación y la sentencia.

e) Derecho a presentar una solicitud motivada para que se considere esencial un documento.

Los gastos de traducción e interpretación derivados del ejercicio de estos derechos serán sufragados por la Administración, con independencia del resultado del proceso.

2. En el caso de que no pueda disponerse del servicio de interpretación simultánea, la interpretación de las actuaciones del juicio oral a que se refiere la letra c) del apartado anterior se realizará mediante una interpretación consecutiva de modo que se garantice suficientemente la defensa del imputado o acusado.

3. En el caso de la letra d) del apartado 1, podrá prescindirse de la traducción de los pasajes de los documentos esenciales que, a criterio del Juez, Tribunal o funcionario competente, no resulten necesarios para que el imputado o acusado conozca los hechos que se le imputan.

Excepcionalmente, la traducción escrita de documentos podrá ser sustituida por un resumen oral de su contenido en una lengua que comprenda, cuando de este modo también se garantice suficientemente la defensa del imputado o acusado.

4. La traducción se deberá llevar a cabo en un plazo razonable y desde que se acuerde por parte del Tribunal o Juez o del Ministerio Fiscal quedarán en suspenso los plazos procesales que sean de aplicación.

5. La asistencia del intérprete se podrá prestar por medio de videoconferencia o cualquier medio de telecomunicación, salvo que el Tribunal o Juez o el Fiscal, de oficio o a instancia del interesado o de su defensa, acuerde la presencia física del intérprete para salvaguardar los derechos del imputado o acusado.

6. Las interpretaciones orales o en lengua de signos, con excepción de las previstas en la letra b) del apartado 1, podrán ser documentadas mediante la grabación audiovisual de la manifestación original y de la interpretación. En los casos de traducción oral o en lengua de signos del contenido de un documento, se unirá al acta copia del documento traducido y la grabación audiovisual de la traducción. Si no se dispusiera de equipos de grabación, o no se estimare conveniente ni necesario, la traducción o interpretación y, en su caso, la declaración original, se documentarán por escrito.»

Artículo 124. 1. El traductor o intérprete judicial será designado de entre aquellos que se hallen incluidos en los listados elaborados por la Administración competente. Excepcionalmente, en aquellos supuestos que requieran la presencia urgente de un traductor o de un intérprete, y no sea posible la intervención de un traductor o intérprete judicial inscrito en las listas elaboradas por la Administración, en su caso, conforme a lo dispuesto en el apartado 5 del artículo anterior, se podrá habilitar como intérprete o traductor judicial eventual a otra persona conocedora del idioma empleado que se estime capacitado para el desempeño de dicha tarea.

2. El intérprete o traductor designado deberá respetar el carácter confidencial del servicio prestado.

3. Cuando el Tribunal, el Juez o el Ministerio Fiscal, de oficio o a instancia de parte, aprecie que la traducción o interpretación no ofrecen garantías

suficientes de exactitud, podrá ordenar la realización de las comprobaciones necesarias y, en su caso, ordenar la designación de un nuevo traductor o intérprete. En este sentido, las personas sordas o con discapacidad auditiva que aprecien que la interpretación no ofrece garantías suficientes de exactitud, podrán solicitar la designación de un nuevo intérprete.

Artículo 125. 1. Cuando se pongan de manifiesto circunstancias de las que pueda derivarse la necesidad de la asistencia de un intérprete o traductor, el Presidente del Tribunal o el Juez, de oficio o a instancia del Abogado del imputado o acusado, comprobará si éste conoce y comprende suficientemente la lengua oficial en la que se desarrolle la actuación y, en su caso, ordenará que se nombre un intérprete o un traductor conforme a lo dispuesto en el artículo anterior y determinará qué documentos deben ser traducidos.

2. La decisión del Juez o Tribunal por la que se deniegue el derecho a la interpretación o a la traducción de algún documento o pasaje del mismo que la defensa considere esencial, o por la que se rechacen las quejas de la defensa con relación a la falta de calidad de la interpretación o de la traducción, será documentada por escrito.

Si la decisión hubiera sido adoptada durante el juicio oral, la defensa del imputado o acusado podrá hacer constar en el acta su protesta.

Contra estas decisiones judiciales podrá interponerse recurso de conformidad con lo dispuesto en esta Ley.

Artículo 126. La renuncia a los derechos a que se refiere el artículo 123 deberá ser expresa y libre, y solamente será válida si se produce después de que el imputado o acusado haya recibido un asesoramiento jurídico suficiente y accesible que le permita tener conocimiento de las consecuencias de su renuncia. En todo caso, los derechos a los que se refieren las letras a) y c) del apartado 1 del artículo 123 no podrán ser renunciados.

Artículo 127. Las disposiciones contenidas en los artículos precedentes son igualmente aplicables a las personas con discapacidad sensorial, que podrán contar con medios de apoyo a la comunicación oral.

Artículo 128.

Derogado por la Ley 1/1996, de 10 de enero, de Asistencia Jurídica Gratuita.

Artículo 129.

Derogado por la Ley 1/1996, de 10 de enero, de Asistencia Jurídica Gratuita.

Artículo 130.

Derogado por la Ley 1/1996, de 10 de enero, de Asistencia Jurídica Gratuita.

Artículo 131.

Derogado por la Ley 1/1996, de 10 de enero, de Asistencia Jurídica Gratuita.

Artículo 132.

Derogado por la Ley 1/1996, de 10 de enero, de Asistencia Jurídica Gratuita.

Artículo 133.

Derogado por la Ley 1/1996, de 10 de enero, de Asistencia Jurídica Gratuita.

Artículo 134.

Derogado por la Ley 1/1996, de 10 de enero, de Asistencia Jurídica Gratuita.

Artículo 135.

Derogado por la Ley 1/1996, de 10 de enero, de Asistencia Jurídica Gratuita.

Artículo 136.

Derogado por la Ley 1/1996, de 10 de enero, de Asistencia Jurídica Gratuita.

Artículo 137.

Derogado por la Ley 1/1996, de 10 de enero, de Asistencia Jurídica Gratuita.

Artículo 138.

Derogado por la Ley 1/1996, de 10 de enero, de Asistencia Jurídica Gratuita.

Artículo 139.

Derogado por la Ley 1/1996, de 10 de enero, de Asistencia Jurídica Gratuita.

Artículo 140.

Derogado por la Ley 1/1996, de 10 de enero, de Asistencia Jurídica Gratuita.

TÍTULO VI. DE LA FORMA DE DICTAR RESOLUCIONES Y DEL MODO DE DIRIMIR LAS DISCORDIAS

Téngase en cuenta la reforma que han significado los arts. 244 a 267 LOPJ, respecto a lo dispuesto en este Título VI.
Rúbrica modificada por el art. 2.10 de la Ley 13/2009, de 3 de noviembre.

CAPÍTULO PRIMERO. DE LAS RESOLUCIONES PROCESALES

Véanse los arts. 244 a 248 de la LOPJ.
Rúbrica modificada por el art. 2.10 de la Ley 13/2009, de 3 de noviembre.

Artículo 141. Las resoluciones de carácter judicial que dicten los Juzgados y Tribunales se denominarán:

Providencias, cuando resuelvan cuestiones procesales reservadas al Juez y que no requieran legalmente la forma de auto.

Autos, cuando decidan incidentes o puntos esenciales que afecten de una manera directa a los investigados o encausados, responsables civiles, acusadores particulares o actores civiles; cuando decidan la competencia del Juzgado o Tribunal, la procedencia o improcedencia de la recusación, cuando decidan recursos contra providencias o decretos, la prisión o libertad provisional, la admisión o denegación de prueba o del derecho de justicia gratuita o afecten a un derecho fundamental y, finalmente, los demás que según las Leyes deben fundarse.

Sentencias, cuando decidan definitivamente la cuestión criminal.

Sentencias firmes, cuando no quepa contra ellas recurso alguno ordinario ni extraordinario, salvo los de revisión y rehabilitación.

Llámase ejecutoria el documento público y solemne en que se consigna una sentencia firme.

La fórmula de las providencias se limitará a la determinación de lo mandado y del Juez o Tribunal que las disponga, sin más fundamento ni adiciones que la fecha en que se acuerde, la firma o rúbrica del Juez o del Presidente y la firma del Letrado de la Administración de Justicia. No obstante, podrán ser sucintamente motivadas sin sujeción a requisito alguno cuando se estime conveniente.

Los autos serán siempre fundados y contendrán en párrafos separados y numerados los antecedentes de hecho y los fundamentos de derecho y, por último, la parte dispositiva. Serán firmados por el Juez, Magistrado o Magistrados que los dicten.

Todas las resoluciones incluirán la mención del lugar y fecha en que se adopten, y si la misma es firme o si cabe algún recurso contra ella, con expresión, en este último caso, del recurso que proceda, del órgano ante el que debe interponerse y del plazo para recurrir

Véanse los arts. 245 y 248 LOPJ.
Modificado por el art. 2.11 de la Ley 13/2009, de 13 de noviembre.

Artículo 142. Las sentencias se redactarán con sujeción a las reglas siguientes:

1.ª Se principiarán expresando: el lugar y la fecha en que se dictaren, los hechos que hubieren dado lugar a la formación de la causa, los nombres y apellidos de los actores particulares, si los hubiere, y de los procesados; los sobrenombres o apodos con que sean conocidos, su edad, estado, naturaleza, domicilio, oficio o profesión, y, en su defecto, todas las demás circunstancias con que hubieren figurado en la causa, y además el nombre y apellido del Magistrado ponente.

2.ª Se consignarán en Resultandos numerados los hechos que estuvieren enlazados con las cuestiones que hayan de resolverse en el fallo, haciendo declaración expresa y terminante de los que se estimen probados.

3.ª Se consignarán las conclusiones definitivas de la acusación y de la defensa y la que en su caso hubiese propuesto el Tribunal, en virtud de lo dispuesto en el artículo 733.

4.ª Se consignarán también en párrafos numerados, que empezarán con la palabra Considerando:

Primero. Los fundamentos doctrinales y legales de la calificación de los hechos que se hubiesen estimado probados.

Segundo. Los fundamentos doctrinales y legales determinantes de la participación que en los referidos hechos hubiese tenido cada uno de los procesados.

Tercero. Los fundamentos doctrinales y legales determinantes de las circunstancias atenuantes, agravantes o eximentes de responsabilidad criminal, en caso de haber concurrido.

Cuarto. Los fundamentos doctrinales y legales de la calificación de los hechos que se hubiesen estimado probados con relación a la responsabilidad civil en que hubiesen incurrido los procesados o las personas sujetas a ella a quienes se hubiere oído en la causa, y los correspondientes a las resoluciones que hubieren de dictarse sobre costas, y en su caso a la declaración de querella calumniosa.

Quinto. La cita de las disposiciones legales que se consideren aplicables, pronunciándose por último el fallo, en el que se condenará o absolverá no sólo por el delito principal y sus conexos, sino también por las faltas incidentales de que se hubiere conocido en la causa, reputándose faltas incidentales las que los procesados hubiesen cometido antes, al tiempo o después del delito como medio de perpetrarlo o encubrirlo.

También se resolverán en la sentencia todas las cuestiones referentes a la responsabilidad civil que hubieren sido objeto del juicio, y se declarará calumniosa la querella cuando procediere.

Véase el art. 120.3 CE.

El art. 248.3 de la LOPJ establece que «las sentencias se formularán expresando, tras un encabezamiento, en párrafos separados y numerados, los antecedentes de hecho, hechos probados, en su caso, los fundamentos de derecho y, por último, el fallo. Serán firmadas por el Juez, Magistrado o Magistrados que las dicten».

Artículo 143. Las ejecutorias se encabezarán en nombre del Rey.

Véanse los arts. 141, párrafo 5º de esta Ley y 245.4 LOPJ.

Artículo 144. La absolución se entenderá libre en todos los casos.

Este precepto es aclarado en la Circular de la Fiscalía del Tribunal Supremo de 3 de marzo de 1892 (Gaceta del 5).

Artículo 144 bis. Las resoluciones de los Letrados de la Administración de Justicia se denominarán diligencias y decretos.

Salvo que la Ley disponga otra cosa, se dictará diligencia de ordenación cuando la resolución tenga por objeto dar a los autos el curso que la Ley establezca. Se dictarán diligencias de constancia, comunicación o ejecución a efectos de reflejar en autos hechos o actos con trascendencia procesal.

Se llamará decreto a la resolución que dicte el Letrado de la Administración de Justicia cuando sea preciso o conveniente razonar su decisión.

Las diligencias se limitarán a la expresión de lo que se disponga, el lugar, la fecha y el nombre y la firma del Letrado de la Administración de Justicia que las dicte. Las diligencias de ordenación incluirán además una sucinta motivación cuando así lo disponga la Ley o cuando el Letrado de la Administración de Justicia lo estime conveniente.

Los decretos serán siempre motivados y contendrán, en párrafos separados y numerados, los antecedentes de hecho y los fundamentos de derecho en los que se base la subsiguiente parte dispositiva. Expresarán el lugar, la fecha y el nombre del Letrado de la Administración de Justicia que los dicte, con extensión de su firma.

Todas las resoluciones del Letrado de la Administración de Justicia incluirán la mención de si son firmes o si cabe algún recurso contra ellas, con expresión, en este último caso, del recurso que proceda, del órgano ante el que debe interponerse y del plazo para recurrir.

Se añade el art. 144 bis por el art. 2.12 de la Ley 13/2009, de 13 de noviembre.

Artículo 145. Para dictar autos en los asuntos de que conozca el Tribunal Supremo bastarán tres Magistrados y para el dictado de sentencias serán necesarios siete, salvo que la Ley disponga otra cosa.

Para dictar autos y sentencias en las Audiencias Provinciales, la Audiencia Nacional y los Tribunales Superiores de Justicia bastarán tres Magistrados.

Cuando no asistieren Magistrados en número suficiente para constituir Sala, se estará a lo dispuesto en la Ley Orgánica del Poder Judicial.

Para dictar providencias en unos y otros Tribunales, bastarán dos Magistrados, si estuviesen conformes.

Modificado por el art. 2.13 de la Ley 13/2009, de 13 de noviembre.

Téngase en cuenta que la pena de muerte ha sido suprimida de la legislación común por el art. 15 CE y la Ley Orgánica 11/1995, de 27 de noviembre, de abolición de la pena de muerte en tiempo de guerra.

Artículo 146. En cada causa habrá un Magistrado ponente.

Turnarán en este cargo los Magistrados del Tribunal, a excepción del que le presida.

Cuando los Tribunales o Salas se compongan sólo de un Presidente con dos Magistrados, turnará también el primero en las Ponencias, correspondiéndole una de cinco.

Véanse los arts. 880 de esta LECRIM; 203 y 204 LOPJ.

Artículo 147. Corresponde a los Ponentes:

1.º Informar al Tribunal sobre las solicitudes de las partes.

2.º Examinar todo lo referente a las pruebas que se propongan, e informar al Tribunal acerca de su procedencia o improcedencia.

3.º Recibir las declaraciones de los testigos y practicar cualesquiera diligencias de prueba, cuando según la Ley no deban o puedan practicarse ante el Tribunal que las ordena, o se hagan fuera del pueblo en que éste se halle constituido, y no se dé comisión a los Jueces de instrucción o municipales, para que las practiquen.

4.º Proponer los autos y sentencias que hayan de someterse a discusión del Tribunal y redactarlos definitivamente en los términos que se acuerden.

Cuando el Ponente no se conformase con el voto de la mayoría, se encargará otro Magistrado de la redacción de la sentencia, pero en este caso estará aquél obligado a formular voto particular.

5.º Leer en audiencia pública la sentencia.

Véase los arts. 205, 206 LOPJ.

Artículo 148. Si por cualquier circunstancia no pudiera fallarse alguna causa en el día correspondiente, esto no será obstáculo a que se decidan o sentencien otras que hayan sido vistas con posterioridad, sin que por ello se altere el orden más que en lo absolutamente indispensable.

Artículo 149. Inmediatamente después de celebrado el juicio oral o en el siguiente día, antes de las horas de despacho, el Tribunal discutirá y votará todas las cuestiones de hecho y de derecho que hayan sido objeto del juicio. La sentencia que resulte aprobada se redactará y firmará dentro del término señalado en el artículo 203.

Véase el art. 253 LOPJ.

Artículo 150. La discusión y votación de las sentencias se verificará en todos los Tribunales a puerta cerrada y antes o después de las horas señaladas para el despacho ordinario.

Véase el art. 233 de la LOPJ.

Artículo 151. Discutida la sentencia propuesta por el Ponente votará éste primero, y después de él los demás Magistrados, por orden inverso de su antigüedad.

Véase el art. 254.2 LOPJ.

Artículo 152. Cuando la importancia de la discusión lo exija, deberá el que presida hacer un breve resumen de ella, antes de la votación.

Artículo 153. Las providencias, los autos y las sentencias se dictarán por mayoría absoluta de votos, excepto en los casos en que la Ley exigiese expresamente mayor número.

Redactado conforme al artículo adicional de la Ley de 20 de abril de 1888 (Gaceta del 24). Véanse igualmente los arts. 889 de esta Ley, y 255 LOPJ.

Artículo 154. Si después de la vista y antes de la votación algún Magistrado se imposibilitare y no pudiere asistir al acto, dará su voto fundado y firmado y lo remitirá directamente al Presidente. Si no pudiere escribir ni firmar, se valdrá del Letrado de la Administración de Justicia.

Véase el art. 257 LOPJ.

El voto así emitido se conservará rubricado por el que presida en el libro de sentencias.

Véase el art. 275. 3 LOPJ.

Cuando el Magistrado no pudiere votar ni aun de este modo, se votará la causa por los no impedidos que hubiesen asistido a la vista y, si hubiere los necesarios para formar mayoría, éstos dictarán sentencia.

Cuando no resulte mayoría, se estará a lo que la Ley ordena respecto de las discordias.

Véanse los arts. 163 a 165 de esta Ley y la Circular del Tribunal Supremo a las Audiencias, de 14 de julio de 1883, que posteriormente se transcribe en el art. 159.

Artículo 155. Cuando fuere trasladado, jubilado, separado o suspenso algún Magistrado, votará las causas a cuya vista hubiere asistido y que aún no se hubiesen fallado.

Véase el art. 256 LOPJ.

Artículo 156. Comenzada la votación de una sentencia, no podrá interrumpirse sino por algún impedimento insuperable.

Véase el art. 254.3 LOPJ.

Todo el que tome parte en la votación de una providencia, auto o sentencia firmará lo acordado, aunque hubiese disentido de la mayoría; pero podrá en este caso salvar su voto, que se insertará con su firma al pie en el libro de votos reservados, dentro de las veinticuatro horas siguientes.

Téngase en cuenta que el art. 260 LOPJ sustituye el sistema de los votos reservados por el de los votos particulares.

Artículo 157. En las certificaciones o testimonios de sentencias que expidieren los Tribunales no se insertarán los votos reservados, pero se remitirán al Tribunal Supremo y se harán públicos cuando se interponga y admita el recurso de casación.

Véase el art. 861 de esta LECRIM, el art. 260 LOPJ y lo dicho en la nota al artículo anterior.

Artículo 158. Las sentencias se firmarán por todos los Magistrados no impedidos.

Véase el art. 259 LOPJ.

Artículo 159. En cada Juzgado o Tribunal, bajo la responsabilidad y custodia del Letrado de la Administración de Justicia, se llevará un libro de sentencias, en el cual se incluirán firmadas todas las definitivas, autos de igual carácter, así como los votos particulares que se hubieren formulado, que serán ordenados correlativamente según su fecha de publicación.

Véase el art. 266 LOPJ.
Modificado por el art. 2.14 de la Ley 13/2009, de 13 de noviembre.

Artículo 160. Las sentencias definitivas se leerán y notificarán a las partes y a sus Procuradores en todo juicio oral el mismo día en que se firmen, o a lo más en el siguiente.

Si por cualquier circunstancia o accidente no se encontrare a las partes al ir a hacerles la notificación, se hará constar por diligencia y bastará en tal caso con la notificación hecha a sus Procuradores.

Los autos que resuelvan incidentes se notificarán únicamente a los Procuradores.

Véanse el art. 270 LOPJ y el art. 4 del Convenio Europeo sobre traslado de personas condenadas, de 21 marzo 1983, así como la Real Orden de 10 de diciembre de 1878 (Gaceta del 14).

Cuando la instrucción de la causa hubiera correspondido a un Juzgado de Violencia sobre la Mujer la sentencia será remitida al mismo por testimonio de forma inmediata, con indicación de si la misma es o no firme.

Este último párrafo ha sido añadido por la LO 1/2004, de 28 de diciembre, de Medidas de Protección Integral contra la Violencia de Género.

Artículo 161. Los Tribunales no podrán variar las resoluciones que pronuncien después de firmadas, pero sí aclarar algún concepto oscuro y rectificar cualquier error material de que adolezcan.

Las aclaraciones a que se refiere el párrafo anterior podrán hacerse de oficio, por el Tribunal o Letrado de la Administración de Justicia, según corresponda, dentro de los dos días hábiles siguientes al de la publicación de la resolución, o a petición de parte o del Ministerio Fiscal formulada dentro del mismo plazo, siendo en este caso resuelta por quien hubiera dictado la resolución de que se trate dentro de los tres días siguientes al de la presentación del escrito en que se solicite la aclaración.

Los errores materiales manifiestos y los aritméticos en que incurran las resoluciones de los Tribunales y Letrados de la Administración de Justicia podrán ser rectificados en cualquier momento.

Las omisiones o defectos de que pudieren adolecer sentencias y autos y que fuere necesario remediar para llevar plenamente a efecto dichas resoluciones, podrán ser subsanados, mediante auto, en los mismos plazos y por el mismo procedimiento establecidos en los párrafos anteriores.

Si se tratase de sentencias o autos que hubieren omitido manifiestamente pronunciamientos relativos a pretensiones oportunamente deducidas y sustanciadas en el proceso, el Tribunal, a solicitud escrita de parte en el plazo de cinco días a contar desde la notificación de la resolución, previo traslado por el Letrado de la Administración de Justicia de dicha solicitud a las demás partes, para alegaciones escritas por otros cinco días, dictará auto por el que resolverá completar la resolución con el pronunciamiento omitido o no haber lugar a completarla.

Si el Tribunal advirtiese en sentencias o autos que dictara las omisiones a que se refiere el párrafo anterior, podrá, en el plazo de cinco días a contar desde la fecha en que se dicta, proceder de oficio, mediante auto, a completar su resolución, pero sin modificar ni rectificar lo que hubiere acordado.

Del mismo modo al establecido en los párrafos anteriores se procederá por el Letrado de la Administración de Justicia cuando se precise subsanar o completar los decretos que hubiere dictado.

No cabrá recurso alguno contra las resoluciones en que se resuelva acerca de la aclaración, rectificación, subsanación o complemento a que se refieren los párrafos anteriores de este artículo, sin perjuicio de los recursos que procedan, en su caso, contra la resolución a que se refiriera la solicitud o la actuación de oficio del Tribunal o Letrado de la Administración de Justicia.

Los plazos para los recursos que procedan contra la resolución de que se trate se interrumpirán desde que se solicite su aclaración, rectificación, subsanación o complemento y, en todo caso, comenzarán a computarse desde el día siguiente a la notificación de la resolución que reconociera o negase la omisión de pronunciamiento y acordase o denegara remediarla.

Véase el art. 267 LOPJ.

Modificado por el art. 2.15 de la Ley 13/2009, de 13 de noviembre. La norma aplicable para la llamada aclaración es el artículo 267 de la LOPJ.

Artículo 162. Los Tribunales conservarán metódicamente coleccionadas las minutas de los autos que resuelvan incidentes y sentencias que dictaren, haciendo referencia a cada una en el asiento correspondiente de los libros de autos y sentencias del Tribunal.

Las hojas de los libros de autos y de sentencias de los Tribunales estarán numeradas y selladas, rubricándolas el Presidente respectivo.

Véase el art. 265 LOPJ.

CAPÍTULO II. DEL MODO DE DIRIMIR LAS DISCORDIAS

El contenido de este Capítulo ha sido modificado tácitamente por los arts. 262 y 263 LOPJ.

Artículo 163. Cuando en la votación de una sentencia definitiva, auto o providencia no resultase mayoría de votos sobre cualquiera de los pronunciamientos de hecho o de derecho que deban hacerse o sobre la decisión que haya de dictarse, volverán a discutirse y a votarse los puntos en que hayan disentido los votantes.

Véase el art. 262.1 LOPJ.

Artículo 164. Si en la siguiente votación insistieren los discordantes en sus respectivos pareceres, se someterán a nueva deliberación tan sólo los dos votos más favorables al procesado, y entre éstos optarán precisamente todos los votantes, de modo que resulte aprobado cualquiera de ambos.

En este caso, pondrán en lugar oportuno de la sentencia las siguientes palabras: «visto el resultado de la votación, la ley decide:...».

La determinación de cuáles sean los dos pareceres más favorables al procesado se hará a pluralidad de votos.

Lo dispuesto en este artículo y en el anterior no es aplicable al caso a que se refiere el párrafo segundo del artículo 153.

Sin virtualidad al haber suprimido la Ley de 20 de abril de 1888 el referido párrafo segundo del artículo 153.

Artículo 165. En las sentencias que pronuncie el Tribunal Supremo en los recursos de casación o en los de revisión no habrá discordia, quedando al efecto desechados los resultandos y considerandos que no reúnan mayoría absoluta de votos.

TÍTULO VII. DE LAS NOTIFICACIONES, CITACIONES Y EMPLAZAMIENTOS

Téngase en cuenta que los arts. 1 a 100 del Real Decreto-ley 6/2023, de 19 de diciembre, por el que se aprueban medidas urgentes para la ejecución del Plan de Recuperación, Transformación y Resiliencia en materia de servicio público de justicia, función pública, régimen local y mecenazgo, son aplicables con carácter general a todos los procesos. Hay que estar por tanto en el proceso penal a las nuevas disposiciones sobre derechos y deberes digitales de los ciudadanos en relación con el Poder Judicial, al acceso judicial a la Justicia, a la tramitación electrónica del procedimiento, a los actos y servicios no presenciales, a los registros y archivos electrónicos, a los datos abiertos, y a la cooperación entre administraciones. Véase también el art. 258 bis de esta LECRIM, introducido por dicha norma.

Artículo 166. Los actos de comunicación se realizarán bajo la dirección del Letrado de la Administración de Justicia.

Las notificaciones, citaciones y emplazamientos que se practiquen fuera de los estrados del Juzgado o Tribunal se harán por el funcionario correspondiente. Cuando el Letrado de la Administración de Justicia lo estime conveniente, podrán hacerse por correo certificado con acuse de recibo, dando fe el Letrado de la Administración de Justicia en los autos del contenido del sobre remitido y uniéndose el acuse de recibo.

Las notificaciones, citaciones y emplazamientos se practicarán en la forma prevista en el capítulo V del título V del libro I de la Ley de Enjuiciamiento Civil.

Las notificaciones, citaciones y emplazamientos por correo se entenderán practicados en la fecha en que el destinatario haga constar su recepción en el acuse de recibo.

Los certificados enviados conforme a lo establecido en los párrafos precedentes gozarán de franquicia postal; su importe no se incluirá en la tasación de costas.

Los que tuvieren lugar en los estrados, se practicarán leyendo íntegramente la resolución a la persona a quien se notifiquen, dándole en el acto copia de ella, aunque no la pidiere, y haciendo mérito de uno y otro en la diligencia que se extienda, que suscribirá el Letrado de la Administración de Justicia o el funcionario que la realice.

Modificado por el art. 2.16 de la Ley 13/2009, de 13 de noviembre.
Véase el art. 271 LOPJ.

Artículo 167. Para la práctica de las notificaciones, el Letrado de la Administración de Justicia que interviniere en la causa extenderá una cédula, que contendrá:

1.º La expresión del objeto de dicha causa y los nombres y apellidos de los que en ella fueren parte.

2.º La copia literal de la resolución que hubiere de notificarse.

3.º El nombre y apellidos de la persona o personas que han de ser notificadas.

4.º La fecha en que la cédula se expidiere.

5.º La firma del Letrado de la Administración de Justicia.

Véanse los arts. 452 y ss. LOPJ.

Artículo 168. Se harán constar en los autos por nota sucinta la expedición de la cédula y el Oficial de Sala o alguacil a quien se encargare su cumplimiento.

Artículo 169. El que recibiere la cédula sacará y autorizará con su firma tantas copias cuantas sean las personas a quienes hubiere de notificar.

Artículo 170. La notificación consistirá en la lectura íntegra de la resolución que deba ser notificada, entregando la copia de la cédula a quien se notifique y haciendo constar la entrega por diligencia sucinta al pie de la cédula original.

Artículo 171. En la diligencia se anotará el día y hora de la entrega, y será firmada por la persona a quien ésta se hiciere y por el funcionario que practique la notificación.

Si la persona a quien se haga la entrega no supiere firmar, lo hará otra a su ruego; y si no quisiere, firmarán dos testigos buscados al efecto. Estos testigos no podrán negarse a serlo, bajo la multa de 25 a 100 pesetas.

Estas cuantías deben entenderse por el equivalente en euros.

Artículo 172. Cuando a la primera diligencia en busca no fuere hallado en su habitación el que haya de ser notificado, cualquiera que fuere la causa y el tiempo de su ausencia, se entregará la cédula al pariente, familiar o criado, mayor de catorce años, que se halle en dicha habitación.

Si no hubiere nadie, se hará la entrega a uno de los vecinos más próximos.

Artículo 173. En la diligencia de entrega se hará constar la obligación del que recibiere la copia de la cédula de entregarla al que deba ser notificado inmediatamente que regrese a su domicilio, bajo la multa de 25 a 200 pesetas si deja de entregarla.

Estas cuantías deben entenderse por el equivalente en euros.

Artículo 174. Cuando no se pueda practicar una notificación por haber cambiado de habitación el que deba ser notificado y no ser posible averiguar la nueva, o por cualquier otra causa, se hará constar en la cédula original.

Artículo 175. Las citaciones y emplazamientos se practicarán en la forma establecida para las notificaciones, con las siguientes diferencias:

La cédula de citación contendrá:

1. Expresión del Juez, Tribunal o Letrado de la Administración de Justicia que hubiere dictado la resolución, de la fecha de ésta y de la causa en que haya recaído.

2. Los nombres y apellidos de los que debieren ser citados y las señas de sus habitaciones; y si éstas fuesen ignoradas, cualesquiera otras circunstancias por las que pueda descubrirse el lugar en que se hallaren.

3. El objeto de la citación, y calidad en la que se es citado.

4. El lugar, día y hora en que haya de concurrir el citado.

5. La obligación, si la hubiere, de concurrir al primer llamamiento, bajo la multa de 200 a 5.000 euros o si fuese ya el segundo el que se hiciere, la de concurrir bajo apercibimiento de ser perseguido como reo del delito de obstrucción a la justicia tipificado en el artículo 463.1 del Código Penal.

La cédula del emplazamiento contendrá los requisitos 1), 2) y 3) anteriormente mencionados para la de la citación y, además, los siguientes:

1. El término dentro del cual ha de comparecer el emplazado.

2. El lugar en que haya de comparecer y el Juez o Tribunal ante quien deba hacerlo.

3. La prevención de que, si no compareciere, le pararán los perjuicios a que hubiere lugar en derecho.

Modificado por el art. 2.17 de la Ley 13/2009, de 13 de noviembre.

Artículo 176. Cuando el citado no comparezca en el lugar, día y hora que se le hubiesen señalado, el que haya practicado la citación volverá a constituirse en el domicilio de quien hubiese recibido la copia de la cédula, haciendo constar por diligencia en la original, la causa de no haberse efectuado la comparecencia. Si esta causa no fuere legítima, se procederá inmediatamente por el Juez o Tribunal que hubiere acordado la citación, a llevar a efecto la prevención que corresponda entre las establecidas en el número 5.º del artículo anterior.

Artículo 177. Cuando las notificaciones, citaciones o emplazamientos hubieren de practicarse en territorio de otra Autoridad judicial española, se expedirá suplicatorio, exhorto o mandamiento, según corresponda, insertando en ellos los requisitos que deba contener la cédula.

Véanse los arts. 183 y ss. de esta LECRIM y el Convenio Europeo de Asistencia Judicial en materia penal, de 20 abril 1959, arts. 14 a 20, completado por el Convenio de asistencia judicial en materia penal entre los Estados miembros de la Unión Europea, hecho en Bruselas el 29 de mayo de 2000 (DOC 197 de 12.7.2000), que entró en vigor en España el 23 de agosto de 2005 (BOE de 28 de octubre de 2005).

Si hubiere de practicarse en el extranjero se observarán para ello los trámites prescritos en los tratados, si los hubiese, y en su defecto, se estará al principio de reciprocidad.

Véase art. 193 de esta Ley.

Artículo 178. Si el que haya de ser notificado, citado o emplazado no tuviere domicilio conocido, el Juez instructor ordenará lo conveniente para la averiguación del mismo. En este caso el Letrado de la Administración de Justicia se dirigirá a la Policía Judicial, Registros oficiales, colegios profesionales, entidad o empresas en el que el interesado ejerza su actividad interesando dicha averiguación.

Modificado por el art. 2.18 de la Ley 13/2009, de 13 de noviembre.

Artículo 179. Practicada la notificación, citación o emplazamiento o hecho constar el motivo que lo hubiese impedido, se unirá a los autos la cédula original o el suplicatorio, exhorto o mandamiento expedidos.

Artículo 180. Serán nulas las notificaciones, citaciones y emplazamientos que no se practicaren con arreglo a lo dispuesto en este capítulo.

Sin embargo, cuando la persona notificada, citada o emplazada se hubiere dado por enterada en el juicio, surtirá desde entonces la diligencia todos sus efectos, como si se hubiese hecho con arreglo a las disposiciones de la Ley; no por esto quedará relevado el auxiliar o subalterno de la corrección disciplinaria establecida en el artículo siguiente.

Artículo 181. El auxiliar o subalterno que incurriese en morosidad en el desempeño de las funciones que por este capítulo le correspondan, o faltare a alguna de las formalidades en el mismo establecidas, será corregido disciplinariamente por el Juez o Tribunal de quien dependa, con multa de 50 a 500 pesetas.

Estas cuantías deben entenderse por el equivalente en euros.

Artículo 182. Las notificaciones, citaciones y emplazamientos podrán hacerse a los Procuradores de las partes.

Se exceptúan:

1.º Las citaciones que por disposición expresa de la Ley deban hacerse a los mismos interesados en persona.

2.º Las citaciones que tengan por objeto la comparecencia obligatoria de éstos.

Actos de comunicación directa con las partes se establecen en los arts. 384, 466, 501, 508, 517, 529, 589, 597, 664 de esta LECRIM.

TÍTULO VIII. DE LOS SUPLICATORIOS, EXHORTOS Y MANDAMIENTOS

Téngase en cuenta la reforma que han supuesto los arts. 273 a 278 LOPJ, respecto a lo dispuesto en este Título VIII.

Artículo 183. Los Jueces y Tribunales se auxiliarán mutuamente para la práctica de todas las diligencias que fueren necesarias en la sustanciación de las causas criminales.

Véanse el art. 273 LOPJ y los arts. 169 y ss. LEC.

Artículo 184. Cuando una diligencia judicial hubiere de ser ejecutada por un Juez o Tribunal distinto del que la haya ordenado, éste encomendará su cumplimiento por medio de suplicatorio, exhorto o mandamiento.

Empleará la forma del suplicatorio cuando se dirija a un Juez o Tribunal superior en grado; la de exhorto, cuando se dirija a uno de igual grado, y la de mandamiento o carta-orden, cuando se dirija a un subordinado suyo.

Véase el art. 274.1 LOPJ.

Artículo 185. El Juez o Tribunal que haya ordenado la práctica de una diligencia judicial no podrá dirigirse a Jueces o Tribunales de categoría o grado inferior que no le estuvieren subordinados, debiendo entenderse directamente con el superior de éstos que ejerza la jurisdicción en el mismo grado que él.

Se exceptúan los casos en que expresamente se disponga otra cosa en la Ley.

Véase el art. 274.2 LOPJ y también, entre otros, los arts. 323 y 762 de esta LECRIM.

Artículo 186. Para ordenar el libramiento de certificación o testimonio y la práctica de cualquier diligencia judicial, cuya ejecución corresponda a Registradores de la Propiedad, Notarios, auxiliares o subalternos de Juzgados o Tribunales y funcionarios de policía judicial que estén a las órdenes de los mismos, se empleará la forma de mandamiento.

Artículo 187. Cuando los Jueces o Tribunales tengan que dirigirse a Autoridades o funcionarios de otro orden, usarán la forma de oficios o exposiciones, según el caso requiera.

Véanse los arts. 195 y 196 de esta LECRIM.

Artículo 188. Los suplicatorios, exhortos o mandamientos en causas en que se persigan delitos que no sean de los que sólo por querella privada puedan ser perseguidos, se expedirán de oficio y se cursarán directamente para su cumplimiento por el Juez o Tribunal que los hubiere librado.

Los que procedan de causas por delitos que sólo pueden ser perseguidos en virtud de querella particular, podrán entregarse bajo recibo al interesado o a su representante a cuya instancia se libraron, fijándole término para presentarlos a quien deba cumplirlos.

Se exceptuaran los casos en que expresamente se disponga otra cosa en la Ley.

Artículo 189. La persona que reciba los documentos los presentará en el término que se le hubiese fijado, al Juez o Tribunal a quien se haya encomendado el cumplimiento, dando aviso, acto continuo, de haberlo hecho así a Juez o Tribunal de quien procedan.

Al verificar la presentación, el funcionario correspondiente extenderá diligencia a continuación del suplicatorio, exhorto o carta-orden, expresando la fecha de su entrega y la persona que lo hubiese presentado, a la que dará recibo, firmando ambos la diligencia. Dicho funcionario dará además cuenta al Juez o Tribunal en el mismo día, y si no fuere posible, en el siguiente.

Artículo 190. Cuando hubiesen sido remitidos de oficio, el Juez o Tribunal que los reciba acusará inmediatamente recibo al remitente.

Artículo 191. El Juez o Tribunal que reciba, o a quien sea presentado un suplicatorio, exhorto o carta-orden, acordará su cumplimiento, sin perjuicio de reclamar la competencia que estimare corresponderle, disponiendo lo conducente para que se practiquen las diligencias dentro del plazo, si se hubiere fijado en el exhorto, o lo más pronto posible en otro caso.

Una vez cumplimentado, lo devolverá sin demora en la misma forma en que lo hubiese recibido o en que se le hubiese presentado.

Artículo 192. Cuando se demorare el cumplimiento de un suplicatorio más tiempo del absolutamente necesario para ello, atendidas la distancia y la índole de la diligencia que haya de practicarse, el Juez o Tribunal que lo hubiese expedido remitirá de oficio o a instancia de parte, según los casos, un recuerdo al Juez o Tribunal suplicado.

Si la demora en el cumplimiento se refiriese a un exhorto, en vez de recuerdo dirigirá suplicatorio al superior inmediato del exhortado, dándole conocimiento de la demora.

Redactado por la LO 16/1994, de 8 de noviembre.

Del mismo apremio se valdrá el que haya expedido una carta-orden, para obligar a su inferior moroso a que la devuelva cumplimentada.

Véase la nota al artículo anterior.

Artículo 193. Los exhortos a Tribunales extranjeros se dirigirán por la vía diplomática, en la forma establecida en los tratados, y a falta de éstos, en la que determinen las disposiciones generales del Gobierno.

En cualquier otro caso se estará al principio de reciprocidad.

Véanse los arts. 276 a 278 LOPJ y también los arts. 14 a 20 del Convenio Europeo de Asistencia Judicial en materia penal, de 20 abril 1959, completado por el Convenio de asistencia judicial en materia penal entre los Estados miembros de la Unión Europea, hecho en Bruselas el 29 de mayo de 2000 (DOC 197 de 12.7.2000), que entró en vigor en España el 23 de agosto de 2005 (BOE de 28 de octubre de 2005) y la LO 18/2003, de cooperación con la Corte Penal Internacional.

Téngase en cuenta lo previsto, en materia de cooperación judicial internacional, en el art. 276 LOPJ.

Artículo 194. Las mismas reglas establecidas en el artículo anterior se observarán para dar cumplimiento en España a los exhortos de Tribunales extranjeros, por los que se requiera la práctica de alguna diligencia judicial.

Véanse los arts. 277 y 278 de la LOPJ.

Artículo 195. Con las Autoridades, funcionarios, agentes y Jefes de fuerza armada, que no estuvieren a las órdenes inmediatas de los Jueces y Tribunales, se comunicarán éstos por medio de atentos oficios, a no ser que la urgencia del caso exija verificarlo verbalmente, haciéndolo constar en la causa.

Artículo 196. Los Jueces y Tribunales se dirigirán en forma de exposición, por conducto del Ministerio de Gracia y Justicia, a los Cuerpos Colegisladores y a los Ministros de la Corona, tanto para que auxilien a la Administración de Justicia en sus propias funciones como para que obliguen a las Autoridades, sus subordinadas, a que suministren los datos o presten los servicios que se les hubieren pedido.

TÍTULO IX. DE LOS TÉRMINOS JUDICIALES

Téngase en cuenta la reforma que han supuesto los arts. 179 a 185 LOPJ, respecto a lo dispuesto en este Título IX.

Artículo 197. Las resoluciones de Jueces, Tribunales y Letrados de la Administración de Justicia, y las diligencias judiciales, se dictarán y practicarán dentro de los términos señalados para cada una de ellas.

Modificado por el art. 2.19 de la Ley 13/2009, de 13 de noviembre.

Artículo 198. Cuando no se fije término, se entenderá que han de dictarse y practicarse sin dilación.

El párrafo segundo suprimido por la LO 16/1994, de 8 de noviembre.

Artículo 199. Los Jueces y Tribunales impondrán en su caso dicha corrección disciplinaria a sus auxiliares y subalternos sin necesidad de petición de parte, y si no lo hicieren, incurrirán a su vez en responsabilidad.

Véanse los arts. 534 y ss. LOPJ.

Artículo 200. Los que se consideren perjudicados por dilaciones injustificadas de los términos judiciales podrán deducir queja ante el Ministerio de Gracia y Justicia, que, si la estima fundada, la remitirá al Fiscal a quien corresponda, para que entable de oficio recurso de responsabilidad que proceda con arreglo a la Ley.

Redactado por la LO 16/1994, de 8 de noviembre.
Véanse los arts. 24.2 CE y 414 y ss. LOPJ.

Artículo 201. Todos los días y horas del año serán hábiles para la instrucción de las causas criminales, sin necesidad de habilitación especial.

Artículo modificado por la Disp. Final 12ª de la Ley 1/2000, de Enjuiciamiento Civil.

Artículo 202. Serán improrrogables los términos judiciales cuando la Ley no disponga expresamente lo contrario.

Pero podrán suspenderse o abrirse de nuevo, si fuere posible sin retroceder el juicio del estado en que se halle cuando hubiere causa justa y probada.

Se reputará causa justa la que hubiere hecho imposible dictar la resolución o practicar la diligencia judicial, independientemente de la voluntad de quienes hubiesen debido hacerlo.

Artículo 203. Las sentencias se dictarán y firmarán dentro de los tres días siguientes al en que se hubiese celebrado la vista del incidente o se hubiese terminado el juicio.

Se exceptúan las sentencias en los juicios sobre faltas, las cuales habrán de dictarse en el mismo día o al siguiente.

Véase el art. 973 de esta Ley.

Artículo 204. Los autos y decretos se dictarán y firmarán en el día siguiente al en que se hubiesen entablado las pretensiones que por ellos se hayan de resolver, o hubieren llegado las actuaciones a estado de que aquéllos sean dictados.

Las providencias y diligencias se dictarán y firmarán inmediatamente que resulte de las actuaciones la necesidad de dictarlas, o en el mismo día o en el siguiente al en que se hayan presentado las pretensiones sobre que recaigan.

Modificado por el art. 2.20 de la Ley 13/2009, de 13 de noviembre.

Artículo 205. Se exceptúan de lo dispuesto en el artículo anterior los autos, decretos, providencias y diligencias que deban dictarse en más corto término para no interrumpir el curso del juicio, o para no infringir con el retraso alguna disposición legal.

Modificado por el art. 2.21 de la Ley 13/2009, de 13 de noviembre.

Artículo 206. El Letrado de la Administración de Justicia dará cuenta al Juez o Tribunal de todas las pretensiones escritas, en el mismo día en que le fueren entregadas, si esto sucediese antes de las horas de audiencia o durante ella, y al día siguiente si se le entregaren después.

En todo caso, pondrán al pie de la pretensión, en el acto de recibirla y a presencia de quien se la entregase, una breve nota consignando el día y hora de la entrega, y facilitará al interesado que lo pidiere documento bastante para acreditarlo.

Véase los arts. 283, 452 a 462 LOPJ.

Artículo 207. Las notificaciones, citaciones y emplazamientos que hubieren de hacerse en la capital del Juzgado o Tribunal, se practicarán lo más tarde al siguiente día de dictada la resolución que deba ser notificada, o en virtud de la cual se haya de hacer la citación o emplazamiento.

Artículo 208. Si las mencionadas diligencias hubieren de practicarse fuera de la capital, el Letrado de la Administración de Justicia entregará al Oficial de Sala o subalterno la cédula, o remitirá de oficio o entregará a la parte, según corresponda, el suplicatorio, exhorto o mandamiento, al siguiente día de dictada la resolución.

Artículo 209. Las diligencias de que habla el artículo anterior se practicarán en un término que no exceda de un día por cada 20 kilómetros de distancia entre la capital y el punto en que deban tener lugar.

Artículo 210. Las demás diligencias judiciales se practicarán en los términos que se fijen para ello, al dictar la resolución en que se ordenen.

Artículo 211. Los recursos de reforma o de súplica contra las resoluciones de los Jueces y Tribunales se interpondrán en el plazo de los tres días siguientes a su notificación a los que sean parte en el juicio.

En el mismo plazo se interpondrán los recursos de reposición y de revisión contra las resoluciones de los Letrados de la Administración de Justicia.

Modificado por el art. 2.22 de la Ley 13/2009, de 13 de noviembre.

Artículo 212. El recurso de apelación se entablará dentro de cinco días, a contar desde el siguiente al de la última notificación de la resolución judicial que fuere su objeto, hecha a los que expresa el artículo anterior.

El recurso de apelación se regula en los arts. 216, 217 y 220, II a 232 de esta LECRIM.

La preparación del recurso de casación se hará dentro de los cinco días siguientes al de la última notificación de la sentencia o auto contra que se intente entablarlo.

Véanse los arts. 855 y ss. de esta LECRIM.

Se exceptúa el recurso de apelación contra la sentencia dictada en juicio sobre faltas. Para este recurso, el término será el primer día siguiente al en que se hubiere practicado la última notificación.

Véase el art. 974 de esta LECRIM y su nota.

Artículo 213. El recurso de queja para cuya interposición no señale término la Ley podrá interponerse en cualquier tiempo, mientras estuviese pendiente la causa.

El recurso de queja simple se regula en los arts. 233 a 235 de esta LECRIM.

Artículo 214. Los Letrados de la Administración de Justicia tendrán obligación de poner, sin la menor demora y bajo su responsabilidad, en conocimiento del Juez o Tribunal el vencimiento de los términos judiciales, consignándolo así por medio de diligencia.

Véanse los arts. 452 a 462 de la LOPJ.

Artículo 215. Transcurrido el término señalado por la Ley o por el Juez o Tribunal, según los casos, se continuará de oficio el curso de los procedimientos en el estado en que se hallaren.

Véase el art. 456 LOPJ.

Si el proceso estuviere en poder de alguna persona, se recogerá sin necesidad de providencia, bajo la responsabilidad del Letrado de la Administración de Justicia, con imposición de multa de 25 a 250 pesetas a quien diere lugar a la recogida, si no lo entregare en el acto o lo entregare sin despachar cuando estuviere obligado a formular algún dictamen o pretensión. En este segundo supuesto, se le señalará por el Juez o Tribunal un segundo término prudencial, y si, transcurrido, tampoco devolviese el proceso despachado, la persona a que se refiere este artículo será procesada como culpable de desobediencia.

También será procesado en este concepto el que, ni aun después de apremiado con la multa, devolviere el expediente.

Véase el art. 556 CP.

TÍTULO X. DE LOS RECURSOS CONTRA LAS RESOLUCIONES PROCESALES

Rúbrica modificada por el art. 2.23 de la Ley 13/2009, de 13 de noviembre

Véanse el art. 18.1 y la disposición adicional 5ª-5 de la LOPJ y los arts. 448 y ss. de la LEC.

CAPÍTULO I. DE LOS RECURSOS CONTRA LAS RESOLUCIONES DE LOS JUECES Y TRIBUNALES

Rúbrica del capítulo añadido por el art. 2.23 de la Ley 13/2009, de 13 de noviembre

Artículo 216. Contra las resoluciones del Juez de instrucción podrán ejercitarse los recursos de reforma, apelación y queja.

Artículo 217. El recurso de reforma podrá interponerse contra todos los autos del Juez de instrucción. El de apelación podrá interponerse únicamente en los casos determinados en la Ley, y se admitirá en ambos efectos tan sólo cuando la misma lo disponga expresamente.

Artículo 218. El recurso de queja podrá interponerse contra todos los autos no apelables del Juez, y contra las resoluciones en que se denegare la admisión de un recurso de apelación.

Artículo 219. Los recursos de reforma y apelación se interpondrán ante el mismo Juez que hubiere dictado el auto.

El de queja se producirá ante el Tribunal superior competente.

Véase el art. 220, último párrafo de esta Ley.

Artículo 220. Será el Juez competente para conocer del recurso de reforma el mismo ante quien se hubiese interpuesto, con arreglo al artículo anterior.

Será el Tribunal competente para conocer del recurso de apelación aquel a quien correspondiese el conocimiento de la causa en juicio oral. Este mismo será el competente para conocer de la apelación contra el auto de no admisión de una querella.

Será Juez o Tribunal competente para conocer del recurso de queja el mismo ante quien se hubiese interpuesto, con arreglo al párrafo segundo del artículo 219.

Artículo 221. Los recursos de reforma, apelación y queja se interpondrán siempre en escrito, autorizado con firma de Letrado.

Artículo 222. El recurso de apelación no podrá interponerse sino después de haberse ejercitado el de reforma, pero podrán interponerse ambos en un mismo escrito, en cuyo caso el de apelación se propondrá subsidiariamente, por si fuere desestimado el de reforma.

El que interpusiere el recurso de reforma presentará con el escrito tantas copias del mismo cuantas sean las demás partes, a las cuales habrán de ser entregadas dichas copias.

El Juez resolverá el recurso al segundo día de entregadas las copias, hubieren o no presentado escrito las demás partes.

Artículo 223. Interpuesto el recurso de apelación, el Juez lo admitirá, en uno o en ambos efectos, según sea procedente.

Artículo 224. Si se admitiere el recurso en ambos efectos, el Letrado de la Administración de Justicia remitirá los autos originales al Tribunal que hubiere de conocer de la apelación, y emplazará a las partes para que se personen ante éste en el término de quince si el Tribunal fuere el Supremo o diez días, si fuere el Tribunal Superior de Justicia o la Audiencia.

Modificado por el art. 2.24 de la Ley 13/2009, de 13 de noviembre.

Artículo 225. Si el recurso no fuere admisible más que en un solo efecto, el Juez, en la misma resolución en que así lo declare en cumplimiento del artículo 223, mandará sacar testimonio del auto primeramente recurrido, de los escritos referentes al recurso de reforma, del auto apelado y de cuantos otros particulares considere necesario incluir, fijando el término dentro del cual ha de quedar expedido el testimonio, término que se contará desde la fecha siguiente a la de la resolución en que se fije.

Dentro de los dos días siguientes al de serles notificada esta providencia, sin necesidad de ninguna otra, el Ministerio fiscal y el apelante podrán pedir al Juez que sean incluidos en el testimonio los particulares que crean procede incluir, y el Juez acordará sobre lo solicitado, dentro del siguiente día, sin ulterior recurso, teniendo siempre presente el carácter reservado del sumario. Cuando varias partes solicitasen testimonio de un mismo particular, sólo se insertará éste una vez, y será desestimada la nueva inserción de los que ya haya acordado el Juez incluir.

El término que, según lo expresado en el primer párrafo de este artículo, ha de fijar el Juez para expedir el testimonio no excederá nunca de quince días, pudiendo ser prorrogado a instancia del actuario hasta este límite si se otorgase por menor tiempo; pero si antes de expirar los quince días el actuario exhibiera al Juez más de cien folios escritos del testimonio, sin que éste estuviera terminado, el Juez podrá acordar la prórroga por un término prudencial, que en ningún caso excederá de diez días. La exhibición de los folios escritos, en número mayor de cien, antes de expirar el primer término, se hará constar mediante diligencia, que firmarán el Juez y el actuario, en el lugar al cual alcance el testimonio al ser exhibido, teniendo las partes derecho a que se les exhiba esta diligencia al serles notificada la providencia de prórroga.

Redactado conforme Real Decreto-ley de 14 de diciembre de 1925.

Artículo 226. Para el señalamiento de los particulares que hayan de testimoniarse no podrá darse vista al apelante de los autos que para él tuvieren carácter de reservados.

Artículo 227. Puesto el testimonio, se emplazará a las partes para que, dentro del término fijado en el artículo 224, se personen en el Tribunal que hubiere de conocer del recurso.

Artículo 228. Recibidos los autos en el Tribunal superior, si en el término del emplazamiento no se hubiere personado el apelante, el Letrado de la Administración de Justicia mediante decreto declarará de oficio, desierto el recurso, comunicándolo inmediatamente por certificación al Juez, y devolviendo los autos originales si el recurso se hubiese admitido en ambos efectos. Contra este decreto cabrá recurso directo de revisión.

En el mismo día en que sea recibido por el Tribunal superior el testimonio para sustanciar una apelación, o en el siguiente, el Letrado de la Administración de Justicia acusará recibo al Juez instructor, que se unirá al sumario. Si el recibo no le fuere remitido, el Letrado de la Administración de Justicia lo reclamará al Secretario del Tribunal a quien competa conocer de la apelación; y si aun así no lo recibiera, lo pondrá directamente en conocimiento del Secretario de Gobierno, a los efectos procedentes.

Modificado por el art. 2.25 de la Ley 13/2009, de 13 de noviembre.

Artículo 229. Si el apelante se hubiese personado, el Letrado de la Administración de Justicia le dará vista de los autos por término de tres días para instrucción.

Después de él seguirá la vista, por igual término, a las demás partes personadas, y por último al Fiscal, si la causa fuese por delito de los que dan lugar a procedimiento de oficio, o de aquellos que puedan perseguirse previa denuncia de los interesados.

Sin embargo, de lo dispuesto en los párrafos anteriores, no se dará vista a las partes de lo que fuese para ellas de carácter reservado, tal como lo hubiera acordado el Juez o Tribunal.

Modificado por el art. 2.26 de la Ley 13/2009, de 13 de noviembre.

Artículo 230. Devueltos los autos por el Fiscal, o si éste no fuere parte en la causa, por la última de las personas a quien se hubiesen entregado, el

Letrado de la Administración de Justicia señalará día para la vista, en la que el Fiscal, si fuese parte, y los defensores de las demás, podrán informar lo que tuvieren por conveniente a su derecho.

La vista se celebrará el día señalado, asistan o no las partes, sin que entre el día en que se haga el señalamiento y el de la vista medien más de diez días. Será obligatoria la asistencia del Ministerio Fiscal en todas las causas en que éste interviniere. Y no podrá acordarse la suspensión por motivo alguno, siendo rechazadas de plano, sin ulterior recurso, cuantas pretensiones de suspensión se formulen.

El Letrado de la Administración de Justicia competente cuidará, bajo su responsabilidad, de que el recurso sea sustanciado en el término más breve posible, sin que en caso alguno transcurran más de dos meses entre el día de ingreso en la Audiencia del testimonio para la apelación, o del sumario, en su caso y el del día de la vista.

Modificado por el art. 2.27 de la Ley 13/2009, de 13 de noviembre.

Artículo 231. Las partes podrán presentar, antes del día de la vista, los documentos que tuvieren por conveniente en justificación de sus pretensiones. No será admisible otro medio de prueba.

Artículo 232. Cuando fuere firme el auto dictado, el Secretario del Tribunal lo comunicará al Juez para su cumplimiento, devolviéndole el proceso si la apelación hubiese sido en ambos efectos.

El Secretario del Tribunal que haya conocido de la apelación cuidará, bajo su responsabilidad, de que en ningún caso dejen de ser devueltos los autos al Juez instructor, o deje de comunicársele la resolución recaída dentro de los tres días siguientes al de ser firme ésta, cuando el sumario no haya sido aún terminado. El Letrado de la Administración de Justicia competente acusará inmediatamente recibo, y si no lo hiciere le será éste reclamado por el Secretario del Tribunal, con el apercibimiento de que, de no hacerlo, pondrá los hechos en conocimiento del Secretario de Gobierno.

Modificado por el art. 2.28 de la Ley 13/2009, de 13 de noviembre.

Artículo 233. Cuando se interpusiere el recurso de queja, el Tribunal ordenará al Juez que informe en el corto término que al efecto le señale.

El recurso de queja por denegación de la apelación se regula en los arts. 233 y ss. de esta LECRIM; el de queja por denegación de la casación, en los arts. 862 y ss., también de esta LECRIM. La primera de las normas citadas contiene asimismo la regulación del recurso de queja simple.

Artículo 234. Recibido dicho informe, el Letrado de la Administración de Justicia lo pasará al Fiscal, si la causa fuere por delito en que tenga que intervenir, para que emita dictamen por escrito en el término de tres días.

Modificado por el art. 2.29 de la Ley 13/2009, de 13 de noviembre.

Artículo 235. Con vista a este dictamen, si le hubiere, y del informe del Juez, el Tribunal resolverá lo que estime justo.

El auto que se dicte no podrá afectar al estado que tuviere la causa cuando el recurso se haya interpuesto fuera del término ordinario de las apelaciones, sin perjuicio de lo que el Tribunal acuerde en su día cuando llegue a conocer de aquélla.

Artículo 236. Contra los autos de los Tribunales de lo criminal podrá interponerse el recurso de súplica ante el mismo que los hubiese dictado y de apelación únicamente en aquellos casos expresamente previstos en la Ley.

Modificado por el art. 2.30 de la Ley 13/2009, de 13 de noviembre.

Artículo 237. Se exceptúan aquellos contra los cuales se otorgue expresamente otro recurso en la Ley.

Artículo 238. El recurso de súplica contra un auto de cualquier Tribunal se sustanciará por el procedimiento señalado para el recurso de reforma que se entable contra cualquiera resolución de un Juez de instrucción.

CAPÍTULO II. Del recurso de revisión contra las resoluciones de los Letrados de la Administración de Justicia

Capítulo II añadido por el art. 2.31 de la Ley 13/2009, de 13 de noviembre.

Artículo 238 bis. Contra todas las diligencias de ordenación dictadas por los Secretarios judiciales podrá ejercitarse ante ellos mismos recurso de reposición.

También podrá interponerse recurso de reposición contra los decretos de los Secretarios judiciales, excepto en aquellos supuestos en que proceda la interposición directa de recurso de revisión por así preverlo expresamente la Ley.

El recurso de reposición, que se interpondrá siempre por escrito autorizado con firma de Letrado y acompañado de tantas copias cuantas sean las demás partes personadas, expresará la infracción en que la resolución hubiere incurrido a juicio del recurrente y en ningún caso tendrá efectos suspensivos.

Admitido a trámite el recurso de reposición, por el Secretario judicial se concederá al Ministerio Fiscal y a las demás partes personadas un plazo común de dos días para presentar por escrito sus alegaciones, transcurrido el cual resolverá sin más trámite.

Contra el decreto del Secretario judicial que resuelva el recurso de reposición no cabrá interponer recurso alguno.

Las referencias a los secretarios judiciales deben entenderse hechas a los letrados de la Administración de Justicia. Último párrafo declarado inconstitucional por la STC 151/2020, de 22 de octubre

Artículo 238 ter. El recurso de revisión se interpondrá ante el Juez o Tribunal con competencia funcional en la fase del proceso en la que haya recaído el decreto del Letrado de la Administración de Justicia que se impugna, mediante escrito en el que deberá citarse la infracción en que ésta hubiere incurrido, autorizado con firma de Letrado y del que deberán presentarse tantas copias cuantas sean las demás partes personadas.

Admitido a trámite el recurso de revisión, por el Letrado de la Administración de Justicia se concederá al Ministerio Fiscal y a las demás partes personadas un plazo común de dos días para que presenten sus alegaciones por escrito, transcurrido el cual el Juez o Tribunal resolverá sin más trámite. Contra el auto resolutorio del recurso de revisión no cabrá interponer recurso alguno.

El régimen de recursos frente a las resoluciones de los Letrados de la Administración de Justicia dictadas para la ejecución de los pronunciamientos civiles de la sentencia y para la realización de la medida cautelar real de embargo prevista en los artículos 589 y 615 de esta Ley, será el previsto en la Ley de Enjuiciamiento Civil.

Artículo añadido por el art. 2.31 de la Ley 13/2009, de 13 de noviembre

TÍTULO XI. DE LA COSTAS PROCESALES

Véanse los arts. 123 a 124 del CP de 1995, el art. 6 de la Ley 1/1996, de 10 de enero, de Asistencia Jurídica Gratuita y el art. 2 de la Ley 24/1986, de 24 de diciembre (BOE núm. 313, de 21 diciembre), de Supresión de las Tasas Judiciales.

Artículo 239. En los autos o sentencias que pongan término a la causa o a cualquiera de los incidentes deberá resolverse sobre el pago de las costas procesales.

Artículo 240. Esta resolución podrá consistir:

1.º En declarar las costas de oficio.

2.º En condenar a su pago a los procesados, señalando la parte proporcional de que cada uno de ellos deba responder, si fuesen varios.

No se impondrán nunca las costas a los procesados que fueren absueltos.

Véase el art. 123 CP, donde se establece que «las costas procesales se entienden impuestas por la Ley a los criminalmente responsables de todo delito o falta».

3.º En condenar a su pago al querellante particular o actor civil.

Véanse los arts. 44 y 70 de esta LECRIM.

Serán éstos condenados al pago de las costas cuando resultare de las actuaciones que han obrado con temeridad o mala fe.

Artículo 241. Las costas consistirán:

1.º En el reintegro del papel sellado empleado en la causa.

2.º En el pago de los derechos de Arancel.

Véase el art. 36 de la Ley 1/1996, de 10 de enero, de Asistencia Jurídica Gratuita y el artículo único del RD 1/2006, de 13 de enero, por el que se modifica el arancel de derechos de los procuradores de los tribunales, aprobado por RD 1373/2003, de 7 de enero.

3.º En el de los honorarios devengados por los Abogados y peritos.

Respecto a los Abogados, v. art. 44 EGA; y en cuanto a los peritos, RD 15 octubre 1900 (Gaceta del 16), en nota al art. 722 de esta LECRIM.

4.º En el de las indemnizaciones correspondientes a los testigos que las hubiesen reclamado, si fueren de abono, y en los demás gastos que se hubiesen ocasionado en la instrucción de la causa.

Véanse, en general, los arts. 121 y 122 de esta LECRIM.

Artículo 242. Cuando se declaren de oficio las costas no habrá lugar al pago de las cantidades a que se refiere los números 1 y 2 del artículo anterior.

Los Procuradores y Abogados que hubiesen representado y defendido a cualquiera de las partes, y los Peritos y testigos que hubiesen declarado a su instancia, podrán exigir de aquélla, si no se le hubiere reconocido el derecho a la asistencia jurídica gratuita, el abono de los derechos, honorarios e indemnizaciones que les correspondieren, reclamándolos del Juez o Tribunal que conociese de la causa.

Se procederá a su exacción por la vía de apremio si, presentadas las respectivas reclamaciones y hechas saber a las partes, no pagasen éstas en el término prudencial que el Letrado de la Administración de Justicia señale, ni tacharen aquéllas de indebidas o excesivas. En este último caso se procederá con arreglo a lo dispuesto en la Ley de Enjuiciamiento Civil.

El Letrado de la Administración de Justicia que interviniere en la ejecución de la sentencia hará la tasación de las costas de que habla el número 1 y 2 del artículo anterior. Los honorarios de los Abogados y Peritos se acreditarán por minutas firmadas por los que los hubiesen devengado. Las indemnizaciones de los testigos se computarán por la cantidad que oportunamente se hubiese fijado en la causa. Los demás gastos serán regulados por el Letrado de la Administración de Justicia, con vista de los justificantes.

Modificado por el art. 2.32 de la Ley 13/2009, de 13 de noviembre.
Véase la Ley 1/1996, de 10 de enero, de Asistencia Jurídica Gratuita.

Artículo 243. Hechas la tasación y regulación de costas, se dará vista al Ministerio fiscal y a la parte condenada al pago, para que manifiesten lo que tengan por conveniente en el término de tres días.

Artículo 244. Transcurrido el plazo establecido en el artículo anterior sin haber sido impugnada la tasación de costas practicada, o tachadas de indebidas o excesivas alguna de las partidas de honorarios, se procederá con arreglo a lo dispuesto en la Ley de Enjuiciamiento Civil.

Modificado por el art. 2.33 de la Ley 13/2009, de 13 de noviembre.

Artículo 245. Aprobadas o reformadas la tasación y regulación, se procederá a hacer efectivas las costas por la vía de apremio establecida en la Ley de Enjuiciamiento Civil, con los bienes de los que hubiesen sido condenados a su pago.

Artículo 246. Si los bienes del penado no fuesen bastantes para cubrir todas las responsabilidades pecuniarias, se procederá, para el orden y preferencia de pago, con arreglo a lo establecido en los artículos respectivos del Código Penal.

Véase el art. 126 CP.

TÍTULO XII. DE LAS OBLIGACIONES DE LOS JUECES Y TRIBUNALES RELATIVAS A LA ESTADÍSTICA JUDICIAL

Artículo 247. Los Jueces municipales tendrán obligación de remitir cada mes al Presidente de la Audiencia Territorial respectiva un estado de los juicios sobre faltas que durante el mes anterior se hubiesen celebrado.

Las faltas fueron derogadas por la Disposición Derogatoria Única de la Ley Orgánica 1/2015, de 30 de marzo, por la que se modifica la Ley Orgánica 10/1995, de 23 de noviembre, del Código Penal. Los Jueces Municipales (de Distrito en su última denominación) y las Audiencias Territoriales no existen desde 1985

Artículo 248. Los Jueces de instrucción remitirán mensualmente al Presidente de la respectiva Sala o Audiencia de lo criminal un estado de los sumarios principiados, pendientes y conclusos durante el mes anterior.

Artículo 249. Los Presidentes de las expresadas Salas o Audiencias remitirán al Presidente de la Audiencia territorial, cada trimestre, un estado-resumen de los que hubieren recibido mensualmente de los Jueces de instrucción, y otro de las causas pendientes y terminadas ante su Tribunal durante el trimestre.

Los trimestres se formarán contando desde el comienzo del año judicial.

Conforme prevé el art. 179 LOPJ, el año judicial se extiende desde el 1 de septiembre, o el siguiente día hábil, hasta el 31 de julio de cada año natural.

Artículo 250. Los Presidentes de las Audiencias territoriales remitirán al Ministerio de Gracia y Justicia, en el primer mes de cada trimestre, estados en resumen de los que hubieren recibido de los Jueces municipales y de los Tribunales de lo Criminal.

Artículo 251. Las Salas Segunda y Tercera del Tribunal Supremo remitirán al Ministerio de Gracia y Justicia un estado de los recursos de casación ante ellas pendientes y por ellas fallados durante el trimestre.

Cuando la Sala de lo Criminal de cualquier Audiencia territorial o la Tercera del Tribunal Supremo, o éste constituido en pleno, principiaren o fallaren alguna causa criminal que especialmente les estuviese encomendada, lo pondrán inmediatamente en conocimiento del Ministro de Gracia y Justicia, remitiendo en su caso testimonio de la sentencia.

Las referencias a las Salas del Tribunal Supremo deben entenderse hechas a la Sala Segunda, de lo Penal, conforme a lo dispuesto en el art. 55 LOPJ.

Artículo 252. Los tribunales remitirán, a través de procedimientos electrónicos, al Registro Central de Penados y al Registro Central de Medidas Cautelares, Requisitorias y Sentencias no Firmes y al Registro Central para la Protección de las Víctimas de la Violencia Doméstica y de Género, establecidos en el Ministerio Justicia, respectivamente, notas autorizadas de las sentencias firmes en las que se imponga alguna pena o medida de seguridad por delito y de los autos en que se declare la rebeldía de los procesados.

En los procedimientos de cancelación de la inscripción de antecedentes penales en el Registro Central de Penados iniciados a instancia del interesado, una vez transcurrido el plazo máximo establecido sin que se haya dictado y notificado resolución expresa, la solicitud se entenderá desestimada.

Modificado por el art. 101.2 del Real Decreto-ley 6/2023, de 19 de diciembre, por el que se aprueban medidas urgentes para la ejecución del Plan de Recuperación, Transformación y Resiliencia en materia de servicio público de justicia, función pública, régimen local y mecenazgo.

Artículo 253. El Tribunal que dicte sentencia firme condenatoria en cualquiera causa criminal, remitirá testimonio de la parte dispositiva de la misma al Juez de instrucción del lugar en que se hubiere formado el sumario.

Artículo 254. Cada Juez de instrucción llevará un libro que se titulará «Registro de penados».

Las hojas de este libro serán numeradas, selladas y rubricadas por el Juez de instrucción y su Secretario de gobierno.

En dicho libro se extractarán las certificaciones expresadas en el artículo anterior.

Artículo 255. Llevará también cada Juez de instrucción otro libro titulado «Registro de procesados en rebeldía», con las formalidades prescritas para el de penados.

En este libro se anotarán todas las causas cuyos procesados hayan sido declarados rebeldes, y se hará en el asiento de cada uno la anotación correspondiente cuando el rebelde fuere habido.

Artículo 256. Las Audiencias o Salas de lo criminal llevarán un libro igual al expresado en el artículo anterior para anotar los procesados declarados rebeldes después de la conclusión del sumario.

Artículo 257. Sin perjuicio de lo dispuesto en este título, el Ministerio de Gracia y Justicia establecerá, por medio de los correspondientes Reglamentos, el servicio de la estadística criminal que debe organizarse en dicho Centro y las reglas que en consonancia con él han de observar los Jueces y Tribunales.

TÍTULO XIII. DE LAS CORRECCIONES DISCIPLINARIAS

Téngase en cuenta las nuevas disposiciones de la LOPJ, concretamente, respecto a los Abogados y Procuradores, sus arts. 552 a 557; y respecto a personal al servicio de la Administración de Justicia, sus arts. 191, 414 y 534.

Artículo 258. Sin perjuicio de las correcciones especiales que establece esta ley para casos determinados, son también aplicables las disposiciones contenidas en el Título XIII del Libro I de la Ley de Enjuiciamiento Civil a cuantas personas, sean o no funcionarios, asistan o de cualquier modo intervengan en los juicios criminales, siendo los Jueces municipales, los Jueces de instrucción, los Tribunales de lo criminal y el Supremo quienes, respectivamente en su caso, podrán imponer las correcciones disciplinarias correspondientes.

Casos determinados se prevén en los arts. 44, 181, 192, 198 a 200, 230, 295, 307, 325, 379, 394, 435, 684 y 894 de esta LECRIM. La remisión a la Ley de Enjuiciamiento Civil lo era a los arts. 437 a 459 de la LEC de 1881; hoy esa remisión debe entenderse hecha a los arts. 191 y ss. de la LOPJ de 1985.

TÍTULO XIV. DE LOS ACTOS PROCESALES MEDIANTE PRESENCIA TELEMÁTICA

Artículo 258 bis. Celebración de actos procesales mediante presencia telemática.

1. Constituido el órgano judicial en su sede, los actos de juicio, vistas, audiencias, comparecencias, declaraciones y, en general, todas las actuaciones procesales, se realizarán preferentemente, salvo que el juez o jueza o tribunal, en atención a las circunstancias, disponga otra cosa, mediante presencia telemática, siempre que las oficinas judiciales o fiscales tengan a su disposición los medios técnicos necesarios para ello, con las especialidades previstas en los artículos 325, 731 bis y 306 de la Ley de Enjuiciamiento Criminal, de conformidad con lo dispuesto en el apartado 3 del artículo 229 y artículo 230 de la Ley Orgánica del Poder Judicial, y supletoriamente por lo dispuesto en la el artículo 137 bis de la Ley 1/2000, de 7 de enero, de Enjuiciamiento Civil. La intervención mediante presencia telemática se practicará siempre a través de

punto de acceso seguro, de conformidad con la normativa que regule el uso de la tecnología en la Administración de Justicia.

2. No obstante lo dispuesto en el apartado anterior, será necesaria la presencia física del acusado en la sede del órgano judicial de enjuiciamiento en los juicios por delito grave y juicios de Tribunal de Jurado, sin perjuicio de lo previsto en los tratados internacionales en los que España sea parte, las normas de la Unión Europea y demás normativa aplicable a la cooperación con autoridades extranjeras para el desempeño de la función jurisdiccional.

En los juicios por delito menos grave, cuando la pena exceda de dos años de prisión o, si fuera de distinta naturaleza, cuando su duración no exceda de seis años, el acusado comparecerá físicamente ante la sede del órgano de enjuiciamiento si así lo solicita este o su letrado, o si el órgano judicial lo estima necesario. La decisión deberá adoptarse en auto motivado.

En el resto de juicios, cuando el acusado comparezca, lo hará físicamente ante la sede del órgano de enjuiciamiento si así lo solicita él o su letrado, o si el órgano judicial lo estima necesario. La decisión deberá adoptarse en auto motivado.

En todo caso, en los procesos y juicios, cuando el acusado resida en la misma demarcación del órgano judicial que conozca o deba conocer de la causa, su comparecencia en juicio deberá realizarse de manera física en la sede del órgano judicial o enjuiciamiento, salvo que concurran causas justificadas o de fuerza mayor.

Cuando se disponga la presencia física del investigado o acusado, será también necesaria la presencia física de su defensa letrada. Cuando se permita su declaración telemática, el abogado del investigado o acusado comparecerá junto con este o en la sede del órgano judicial.

Cuando el acusado decida no comparecer en la sede del órgano judicial, deberá notificarlo con, al menos, cinco días de antelación.

3. Se garantizará especialmente que las declaraciones o interrogatorios de las partes acusadoras, testigos o peritos se realicen de forma telemática en los siguientes supuestos, salvo que el Juez o Tribunal, mediante resolución motivada, en atención a las circunstancias del caso concreto, estime necesaria su presencia física:

a) Cuando sean víctimas de violencia de género, de violencia sexual, de trata de seres humanos o cuando sean víctimas menores de edad o con discapacidad. Todas ellas podrán intervenir desde los lugares donde se encuentren recibiendo oficialmente asistencia, atención, asesoramiento o protección, o desde cualquier otro lugar, siempre que dispongan de medios suficientes para asegurar su identidad y las adecuadas condiciones de la intervención.

b) Cuando el testigo o perito comparezca en su condición de Autoridad o funcionario público, realizando entonces su intervención desde un punto de acceso seguro.

4. Lo dispuesto en este artículo será de aplicación igualmente a las actuaciones que se celebren ante los letrados o letradas de la Administración de Justicia o ante el Ministerio fiscal.

5. En las citaciones se informará de la posibilidad de declarar de forma telemática en las condiciones establecidas en este artículo.

Añadido por el art. 101.3 del Real Decreto-ley 6/2023, de 19 de diciembre, por el que se aprueban medidas urgentes para la ejecución del Plan de Recuperación, Transformación y Resiliencia en materia de servicio público de justicia, función pública, régimen local y mecenazgo.

LIBRO II
DEL SUMARIO

TÍTULO PRIMERO. DE LA DENUNCIA

Artículo 259. El que presenciare la perpetración de cualquier delito público está obligado a ponerlo inmediatamente en conocimiento del Juez de instrucción, de Paz, Comarcal o Municipal, o Funcionario Fiscal más próximo al sitio en que se hallare, bajo la multa de 25 a 250 pesetas.

Redactado conforme a la Ley de 14 de abril de 1955.

Tienen valor de denuncias los atestados de la Policía Judicial, conforme al art. 297, I de esta LECRIM.

Requieren previa denuncia de la parte ofendida los delitos de reproducción asistida inconsentida (art. 161.2 CP de 1995), los delitos de agresiones sexuales, acoso o abusos sexuales (art. 191 del CP de 1995), si bien en ellos cabe también querella del Ministerio Fiscal, en los términos señalados en dicho artículo; los delitos de descubrimiento y revelación de secretos (art. 201 del CP de 1995); los de abandono de familia e impago de alimentos (art. 228 del CP de 1995); delito de daños por imprudencia grave en cuantía superior a 80.000 euros (art. 267.II CP de 1995); delitos contra la propiedad intelectual, la propiedad industrial, el mercado y contra los consumidores (art. 287.1 CP de 1995); delitos societarios (art. 296.1 CP de 1995), en los términos del número 2 del mismo artículo; delito de acusación falsa, potestativo (art. 456.2 CP de 1995); delito de denuncia falsa, potestativo (art. 456.2 in fine CP de 1995).

Artículo 260. La obligación establecida en el artículo anterior no comprende a los impúberes ni a los que no gozaren del pleno uso de su razón.

Artículo 261. Tampoco estarán obligados a denunciar:

1.º Quien sea cónyuge del delincuente no separado legalmente o de hecho o la persona que conviva con él en análoga relación de afectividad.

2.º Quienes sean ascendientes y descendientes del delincuente y sus parientes colaterales hasta el segundo grado inclusive.

Esta disposición no será aplicable cuando se trate de un delito contra la vida, de un delito de homicidio, de un delito de lesiones de los artículos 149 y 150 del Código Penal, de un delito de maltrato habitual previsto en el artículo 173.2 del Código Penal, de un delito contra la libertad o contra la libertad e indemnidad sexual o de un delito de trata de seres humanos y la víctima del delito sea una persona menor de edad o una persona con discapacidad necesitada de especial protección.

Modificado por la DF-1ª de la Ley Orgánica 8/2021, de 4 de junio, de protección integral a la infancia y la adolescencia frente a la violencia

Artículo 262. Los que por razón de sus cargos, profesiones u oficios tuvieren noticia de algún delito público, estarán obligados a denunciarlo inmediatamente al Ministerio fiscal, al Tribunal competente, al Juez de instrucción y, en su defecto, al municipal o al funcionario de policía más próximo al sitio, si se tratare de un delito flagrante.

Los que no cumpliesen esta obligación incurrirán en la multa señalada en el artículo 259, que se impondrá disciplinariamente.

Si la omisión en dar parte fuere de un Profesor en Medicina, Cirugía o Farmacia y tuviese relación con el ejercicio de sus actividades profesionales, la multa no podrá ser inferior a 125 pesetas ni superior a 250.

Si el que hubiese incurrido en la omisión fuere empleado público, se pondrá además en conocimiento de su superior inmediato para los efectos a que hubiere lugar en el orden administrativo.

Lo dispuesto en este artículo se entiende cuando la omisión no produjere responsabilidad con arreglo a las leyes.

Redactado conforme a la Ley de 14 de abril de 1955. Véase el art. 408 del CP de 1995. El secreto profesional de la Policía se regula en el art. 5.5 LOFCS.

El art. 18 de la Ley Orgánica 10/2022, de 6 de septiembre, de garantía integral de la libertad sexual, dispone en su apartado 2. Sin perjuicio de lo establecido en los artículos 262 y 264 de la Ley de Enjuiciamiento Criminal, aprobada por Real Decreto de 14 de septiembre de

1882, en cuanto al deber de denunciar, cuando las violencias sexuales detectadas afecten a niñas o niños, la responsabilidad institucional conllevará el cumplimiento del deber de comunicación previsto en el Título II de la Ley Orgánica 8/2021, de 4 de junio, de protección integral a la infancia y la adolescencia frente a la violencia.

Artículo 263. La obligación impuesta en el párrafo primero del artículo anterior no comprenderá a los Abogados ni a los Procuradores respecto de las instrucciones o explicaciones que recibieren de sus clientes. Tampoco comprenderá a los eclesiásticos y ministros de cultos disidentes respecto de las noticias que se les hubieren revelado en el ejercicio de las funciones de su ministerio.

Véanse los arts. 20.1, d) CE; 542.3 LOPJ; 416 y 417 de esta Ley; cánones 983 y 984 Código de Derecho Canónico de 1983. La tutela penal se recoge en el art. 467.2 CP de 1995. Sobre el deber de secreto profesional de Abogados y Procuradores, véanse los arts. 199 del CP de 1995, 542.3 y 543.3 de la LOPJ, así como los arts. 32 del Estatuto General de la Abogacía, aprobado por Real Decreto 658/2001, de 22 de junio, y 38 y 39 del Estatuto General de los Procuradores de los Tribunales, aprobado por Real Decreto 1281/2002, de 5 de diciembre.

Artículo 263 bis. 1. El Juez de Instrucción competente y el Ministerio Fiscal, así como los Jefes de las Unidades Orgánicas de Policía Judicial, centrales o de ámbito provincial, y sus mandos superiores podrán autorizar la circulación o entrega vigilada de drogas tóxicas, estupefacientes o sustancias psicotrópicas, así como de otras sustancias prohibidas. Esta medida deberá acordarse por resolución fundada, en la que se determine explícitamente, en cuanto sea posible, el objeto de autorización o entrega vigilada, así como el tipo y cantidad de la sustancia de que se trate. Para adoptar estas medidas se tendrá en cuenta su necesidad a los fines de investigación en relación con la importancia del delito y con las posibilidades de vigilancia. El Juez que dicte la resolución dará traslado de copia de la misma al Juzgado Decano de su jurisdicción, el cual tendrá custodiado un registro de dichas resoluciones.

También podrá ser autorizada la circulación o entrega vigilada de los equipos, materiales y sustancias a los que se refiere el artículo 371 del Código Penal, de los bienes y ganancias a que se hace referencia en el artículo 301 de dicho Código en todos los supuestos previstos en el mismo, así como de los bienes, materiales, objetos y especies animales y vegetales a los que se refieren los artículos 332, 334, 386, 399 bis, 566, 568 y 569, también del Código Penal.

Párrafo modificado por la Ley Orgánica 5/2010, de 22 de junio, por la que se modifica la Ley Orgánica 10/1995, de 23 de noviembre, del Código Penal.

2. Se entenderá por circulación o entrega vigilada la técnica consistente en permitir que remesas ilícitas o sospechosas de drogas tóxicas, sustancias psico-

trópicas u otras sustancias prohibidas, los equipos, materiales y sustancias a que se refiere el apartado anterior, las sustancias por las que se haya sustituido las anteriormente mencionadas, así como los bienes y ganancias procedentes de las actividades delictivas tipificadas en los arts. 301 a 304 y 368 a 373 del Código Penal, circulen por territorio español o salgan o entren en él sin interferencia obstativa de la autoridad o sus agentes y bajo su vigilancia, con el fin de descubrir o identificar a las personas involucradas en la comisión de algún delito relativo a dichas drogas, sustancias, equipos, materiales, bienes y ganancias, así como también prestar auxilio a autoridades extranjeras en esos mismos fines.

3. El recurso a la entrega vigilada se hará caso por caso y, en el plano internacional, se adecuará a lo dispuesto en los tratados internacionales.

Los Jefes de las Unidades Orgánicas de la Policía Judicial centrales o de ámbito provincial o sus mandos superiores darán cuenta inmediata al Ministerio Fiscal sobre las autorizaciones que hubiesen otorgado de conformidad con el apartado 1 de este artículo y, si existiese procedimiento judicial abierto, al Juez de Instrucción competente.

4. La interceptación y apertura de envíos postales sospechosos de contener estupefacientes y, en su caso, la posterior sustitución de la droga que hubiese en su interior se llevarán a cabo respetando en todo momento las garantías judiciales establecidas en el ordenamiento jurídico, con excepción de lo previsto en el art. 584 de la presente Ley.

Redactado conforme a la LO 5/1999, de 13 de enero.

Artículo 264. El que por cualquier medio diferente de los mencionados tuviere conocimiento de la perpetración de algún delito de los que deben perseguirse de oficio, deberá denunciarlo al Ministerio fiscal, al Tribunal competente o al Juez de instrucción o municipal, o funcionario de policía, sin que se entienda obligado por esto a probar los hechos denunciados ni a formalizar querella.

El denunciador no contraerá en ningún caso otra responsabilidad que la correspondiente a los delitos que hubiese cometido por medio de la denuncia, o con su ocasión.

Véase el art. 456 CP.

Artículo 265. 1. Las denuncias podrán hacerse por escrito o de palabra, personalmente o por medio de mandatario con poder especial.

2. La denuncia contendrá la identificación de la persona denunciante y la narración circunstanciada del hecho. En caso de persona jurídica o ente sin

personalidad jurídica, deberá identificarse también la persona física que formula la denuncia en su nombre, indicando su relación con la persona jurídica o el ente sin personalidad denunciante.

Igualmente, si fueran conocidas, contendrá la identificación de las personas que lo hayan cometido y de quienes lo hayan presenciado o tengan información sobre él. También indicará la existencia de cualquier fuente de conocimiento de la que el denunciante tenga noticia, que pueda servir para esclarecer el hecho denunciado.

Modificado por el art. 101.4 del Real Decreto-ley 6/2023, de 19 de diciembre, por el que se aprueban medidas urgentes para la ejecución del Plan de Recuperación, Transformación y Resiliencia en materia de servicio público de justicia, función pública, régimen local y mecenazgo.

Artículo 266. La denuncia que se haga por escrito deberá estar firmada por el denunciante de forma autógrafa o manuscrita, si es presencial, y si no pudiere hacerlo, por otra persona a su ruego; o si se interpone por vía telemática, con firma electrónica conforme a lo establecido en artículo 10 de la Ley 39/015, de 1 de octubre, del Procedimiento Administrativo Común de las Administraciones Públicas y en el Reglamento (UE) n.º 910/2014 del Parlamento Europeo y del Consejo, de 23 de julio de 2014, relativo a la identificación electrónica y los servicios de confianza para las transacciones electrónicas en el mercado interior y por la que se deroga la Directiva 1999/93/CE. En el caso de las personas jurídicas, se firmará con certificado electrónico cualificado con atributo de representante, o los medios previstos en la regulación de firma digital que permitan identificar la persona jurídica, así como la persona física que formula la denuncia.

Modificado por el art. 101.5 del Real Decreto-ley 6/2023, de 19 de diciembre, por el que se aprueban medidas urgentes para la ejecución del Plan de Recuperación, Transformación y Resiliencia en materia de servicio público de justicia, función pública, régimen local y mecenazgo.

Artículo 267. Cuando la denuncia sea verbal, se extenderá un acta por la autoridad o funcionario que la recibiere, en la que, en forma de declaración, se expresarán cuantas noticias tenga el denunciante relativas al hecho denunciado y a sus circunstancias, firmándola ambos a continuación. Si el denunciante no pudiere firmar, lo hará otra persona a su ruego.

Artículo 268. El Juez, Tribunal, Autoridad o funcionario que recibieren una denuncia verbal o escrita harán constar por la cédula personal, o por otros medios que reputen suficientes, la identidad de la persona del denunciador.

Si éste lo exigiere, le darán un resguardo de haber formalizado la denuncia.

La referencia a la cédula personal debe entenderse hecha al Documento Nacional de Identidad, tal y como se deduce de los arts. 8 y ss de la Ley Orgánica 4/2015, de 30 de marzo, de protección de la seguridad ciudadana.

Artículo 269. Formalizada que sea la denuncia, se procederá o mandará proceder inmediatamente por el Juez o funcionario a quien se hiciese a la comprobación del hecho denunciado, salvo que éste no revistiere carácter de delito, o que la denuncia fuere manifiestamente falsa. En cualquiera de estos dos casos, el Tribunal o funcionario se abstendrán de todo procedimiento, sin perjuicio de la responsabilidad en que incurran si desestimasen aquélla indebidamente.

Compárese con los arts. 313, I y 637-2° de esta LECRIM.

TÍTULO II. DE LA QUERELLA

Artículo 270. Todos los ciudadanos españoles, hayan sido o no ofendidos por el delito, pueden querellarse, ejercitando la acción popular establecida en el artículo 101 de esta Ley.

Véanse el art. 125 CE; art. 19.1 LOPJ; arts. 101 y 104 de esta LECRIM; así como los arts. 1 y 2 RD-Ley 13 junio 1927 (Gaceta del 14), en nota al art. 101 de esta LECRIM. En el proceso abreviado no es necesaria la querella, v. art. 761.2 de esta LECRIM.
Véase el RD 738/1997, de 23 de mayo, por el que se aprueba el Reglamento de ayuda a las víctimas de delitos violentos y contra la libertad sexual, modificado últimamente por el RD 199/2006, de 17 de febrero (BOE de 20).

También pueden querellarse los extranjeros por los delitos cometidos contra sus personas o bienes, o las personas o bienes de sus representados, previo cumplimiento de lo dispuesto en el artículo 280, si no estuvieren comprendidos en el último párrafo del 281.

La fianza de los extranjeros se regula en el art. 281, II de esta LECRIM.

Artículo 271. Los funcionarios del Ministerio fiscal ejercitarán también, en forma de querella, las acciones penales en los casos en que estuvieren obligados, con arreglo a lo dispuesto en el artículo 105.

Artículo 272. La querella se interpondrá ante el Juez de instrucción competente.

Si el querellado estuviese sometido, por disposición especial de la Ley, a determinado Tribunal, ante éste se interpondrá la querella.

Lo mismo se hará cuando fueren varios los querellados por un mismo delito o por dos o más conexos, y alguno de aquéllos estuviese sometido excepcionalmente a un Tribunal que no fuere el llamado a conocer por regla general del delito.

Respecto a los delitos conexos, véanse los arts. 17 y 18 de esta Ley.

Artículo 273. En los casos del artículo anterior, cuando se trate de un delito in fraganti o de los que no dejan señales permanentes de su perpetración, o en que fuere de temer fundadamente la ocultación o fuga del presunto culpable, el particular que intentare querellarse del delito podrá acudir desde luego al Juez de instrucción o municipal que estuviere más próximo, o a cualquier funcionario de policía, a fin de que se practiquen las primeras diligencias necesarias para hacer constar la verdad de los hechos y para detener al delincuente.

Las primeras diligencias se regulan en el art. 13 de esta LECRIM.

Artículo 274. El particular querellante, cualquiera que sea su fuero, quedará sometido, para todos los efectos del juicio por él promovido, al Juez de instrucción o Tribunal competente para conocer del delito objeto de la querella.

Pero podrá apartarse de la querella en cualquier tiempo, quedando, sin embargo, sujeto a las responsabilidades que pudieran resultarle por sus actos anteriores.

Artículo 275. Si la querella fuese por delito que no pueda ser perseguido sino a instancia de parte, se entenderá abandonada por el que la hubiere interpuesto cuando dejase de instar el procedimiento dentro de los diez días siguientes a la notificación del auto en que el Juez o el Tribunal así lo hubiese acordado.

Al efecto, a los diez días de haberse practicado las últimas diligencias pedidas por el querellante, o de estar paralizada la causa por falta de instancia del mismo, mandará de oficio el Juez o Tribunal que conociere de los autos que aquél pida lo que convenga a su derecho en el término fijado en el párrafo anterior.

Artículo 276. Se tendrá también por abandonada la querella cuando por muerte o por haberse incapacitado el querellante para continuar la acción, no compareciere ninguno de sus herederos o representantes legales a sostenerla dentro de los treinta días siguientes a la citación que al efecto se les hará dándoles conocimiento de la querella.

Artículo 277. La querella se presentará siempre por medio de Procurador con poder bastante y suscrita por Letrado.

Se extenderá en papel de oficio, y en ella se expresará:

1.º El Juez o Tribunal ante quien se presente.

2.º El nombre, apellidos y vecindad del querellante.

3.º El nombre, apellidos y vecindad del querellado.

En el caso de ignorarse estas circunstancias, se deberá hacer la designación del querellado por las señas que mejor pudieran darle a conocer.

4.º La relación circunstanciada del hecho, con expresión del lugar, año, mes, día y hora en que se ejecute, si se supieren.

5.º Expresión de las diligencias que se deberán practicar para la comprobación del hecho.

6.º La petición de que se admita la querella, se practiquen las diligencias indicadas en el número anterior, se proceda a la detención y prisión del presunto culpable o a exigirle la fianza de libertad provisional, y se acuerde el embargo de sus bienes en la cantidad necesaria en los casos en que así proceda.

7.º La firma del querellante o la de otra persona a su ruego si no supiere o no pudiere firmar, cuando el Procurador no tuviere poder especial para formular la querella.

Artículo 278. Si la querella tuviere por objeto algún delito de los que solamente pueden perseguirse a instancia de parte, excepto el de violación o rapto, acompañará también la certificación que acredite haberse celebrado o intentado el acto de conciliación entre querellante y querellado.

Podrán, sin embargo, practicarse sin este requisito las diligencias de carácter urgente para la comprobación de los hechos o para la detención del delincuente, suspendiendo después el curso de los autos hasta que se acredite el cumplimiento de lo dispuesto en el párrafo anterior.

A pesar de los delitos enunciados en esta norma, únicamente exigen querella previa del ofendido la injuria y calumnia contra particulares conforme a los arts. 804 de esta LECRIM; 215 CP.

Artículo 279. En los delitos de calumnia o injuria causadas en juicio se presentará además la licencia del Juez o Tribunal que hubiese conocido de aquél, con arreglo a lo dispuesto en el Código Penal.

Véase el art. 215.2 CP.

Artículo 280. El particular querellante prestará fianza de la clase y en la cuantía que fijare el Juez o Tribunal para responder de las resultas del juicio.

La normativa acerca de las fianzas y embargos se recoge en los arts. 589 y ss. de esta LECRIM; igualmente, véase los arts. 547 a 550 de la LOPJ.

Artículo 281. Quedan exentos de cumplir lo dispuesto en el artículo anterior:

1.º El ofendido y sus herederos o representantes legales.

2.º En los delitos de asesinato o de homicidio, el cónyuge del difunto o persona vinculada a él por una análoga relación de afectividad, los ascendientes y descendientes y sus parientes colaterales hasta el segundo grado inclusive, los herederos de la víctima y los padres, madres e hijos del delincuente.

3.º Las asociaciones de víctimas y las personas jurídicas a las que la ley reconoce legitimación para defender los derechos de las víctimas siempre que el ejercicio de la acción penal hubiera sido expresamente autorizado por la propia víctima.

La exención de fianza no es aplicable a los extranjeros si no les correspondiere en virtud de tratados internacionales o por el principio de reciprocidad.

Artículo modificado por la Disposición Final 1.5 de la Ley 4/2015, de 27 de abril, del Estatuto de la Víctima del delito (BOE del 28).

TÍTULO III. DE LA POLICÍA JUDICIAL

Lo dispuesto en este Título debe entenderse modificado y complementado por el art. 126 CE; los arts. 547 a 550 LOPJ, reguladores de la Policía Judicial; los arts. 29 a 36 LOFCS; y los arts. 492 y concordantes de esta LECRIM. Véanse, además, el Real Decreto 769/1987, de 19 de junio, sobre regulación de la Policía Judicial y la Ley Orgánica 4/1997, de 4 de agosto, por la que se regula la utilización de videocámara por la Policía y la Ley 11/2003, de 21 de mayo, reguladora de los equipos conjuntos de investigación penal en la Unión Europea y la LO 3/2003, de 21 de mayo, complementaria de la anterior.

Artículo 282. La Policía Judicial tiene por objeto y será obligación de todos los que la componen, averiguar los delitos públicos que se cometieren en su territorio o demarcación; practicar, según sus atribuciones, las diligencias necesarias para comprobarlos y descubrir a los delincuentes, y recoger todos los efectos, instrumentos o pruebas del delito de cuya desaparición hubiere peligro, poniéndolos a disposición de la autoridad judicial. Cuando las víctimas entren en contacto con la Policía Judicial, cumplirá con los deberes de información que prevé la legislación vigente. Asimismo, llevarán a cabo una valoración de las circunstancias particulares de las víctimas para determinar provisionalmente qué medidas de protección deben ser adoptadas para garantizarles una protección adecuada, sin perjuicio de la decisión final que corresponderá adoptar al Juez o Tribunal.

Párrafo modificado por la Disposición Final 1.6 de la Ley 4/2015, de 27 de abril, del Estatuto de la Víctima del delito (BOE del 28).

Si el delito fuera de los que sólo pueden perseguirse a instancia de parte legítima, tendrán la misma obligación expresada en el párrafo anterior, si se les requiere al efecto. La ausencia de denuncia no impedirá la práctica de las primeras diligencias de prevención y aseguramiento de los delitos relativos a la propiedad intelectual e industrial.

Redactado por la Ley 38/2002, de 24 de octubre.
V. art. 116 CE. Véanse también los arts. 547 de la LOPJ y 5.1.e) y 11.1.g) de la Ley Orgánica 2/1986, de 13 de marzo, de Fuerzas y Cuerpos de Seguridad.

Artículo 282 bis. 1. A los fines previstos en el artículo anterior y cuando se trate de investigaciones que afecten a actividades propias de la delincuencia organizada, el Juez de Instrucción competente o el Ministerio Fiscal dando cuenta inmediata al Juez, podrán autorizar a funcionarios de la Policía Judicial, mediante resolución fundada y teniendo en cuenta su necesidad a los fines de la investigación, a actuar bajo identidad supuesta y a adquirir y transportar los objetos, efectos e instrumentos del delito y diferir la incautación de los mismos. La identidad supuesta será otorgada por el Ministerio del Interior por el plazo de seis meses prorrogables por períodos de igual duración, quedando legítimamente habilitados para actuar en todo lo relacionado con la investigación concreta y a participar en el tráfico jurídico y social bajo tal identidad.

La resolución por la que se acuerde deberá consignar el nombre verdadero del agente y la identidad supuesta con la que actuará en el caso concreto. La resolución será reservada y deberá conservarse fuera de las actuaciones con la debida seguridad.

La información que vaya obteniendo el agente encubierto deberá ser puesta a la mayor brevedad posible en conocimiento de quien autorizó la investigación. Asimismo, dicha información deberá aportarse al proceso en su integridad y se valorará en conciencia por el órgano judicial competente.

2. Los funcionarios de la Policía Judicial que hubieran actuado en una investigación con identidad falsa de conformidad a lo previsto en el apartado 1, podrán mantener dicha identidad cuando testifiquen en el proceso que pudiera derivarse de los hechos en que hubieran intervenido y siempre que así se acuerde mediante resolución judicial motivada, siéndole también de aplicación lo previsto en la Ley Orgánica 19/1994, de 23 de diciembre.

Ningún funcionario de la Policía Judicial podrá ser obligado a actuar como agente encubierto.

3. Cuando las actuaciones de investigación puedan afectar a los derechos fundamentales, el agente encubierto deberá solicitar del órgano judicial competente las autorizaciones que, al respecto, establezca la Constitución y la Ley, así como cumplir las demás previsiones legales aplicables.

4. A los efectos señalados en el apartado 1 de este artículo, se considerará como delincuencia organizada la asociación de tres o más personas para realizar, de forma permanente o reiterada, conductas que tengan como fin cometer alguno o algunos de los delitos siguientes:

a) Delitos de obtención, tráfico ilícito de órganos humanos y trasplante de los mismos, previstos en el artículo 156 bis del Código Penal.

b) Delito de secuestro de personas previsto en los artículos 164 a 166 del Código Penal.

c) Delito de trata de seres humanos previsto en el artículo 177 bis del Código Penal.

d) Delitos relativos a la prostitución previstos en los artículos 187 a 189 del Código Penal.

e) Delitos contra el patrimonio y contra el orden socioeconómico previstos en los artículos 237, 243, 244, 248 y 301 del Código Penal.

f) Delitos relativos a la propiedad intelectual e industrial previstos en los artículos 270 a 277 del Código Penal.

g) Delitos contra los derechos de los trabajadores previstos en los artículos 312 y 313 del Código Penal.

h) Delitos contra los derechos de los ciudadanos extranjeros previstos en el artículo 318 bis del Código Penal.

i) Delitos de tráfico de especies de flora o fauna amenazada previstos en los artículos 332 y 334 del Código Penal.

j) Delito de tráfico de material nuclear y radiactivo previsto en el artículo 345 del Código Penal.

k) Delitos contra la salud pública previstos en los artículos 368 a 373 del Código Penal.

l) Delitos de falsificación de moneda, previsto en el artículo 386 del Código Penal, y de falsificación de tarjetas de crédito o débito o cheques de viaje, previsto en el artículo 399 bis del Código Penal.

m) Delito de tráfico y depósito de armas, municiones o explosivos previsto en los artículos 566 a 568 del Código Penal.

n) Delitos de terrorismo previstos en los artículos 572 a 578 del Código Penal.

o) Delitos contra el patrimonio histórico previstos en el artículo 2.1.e de la Ley Orgánica 12/1995, de 12 de diciembre, de represión del contrabando.

Apartado reformado por la Ley Orgánica 5/2010, de 22 de junio, por la que se modifica la Ley Orgánica 10/1995, de 23 de noviembre, del Código Penal.

5. El agente encubierto estará exento de responsabilidad criminal por aquellas actuaciones que sean consecuencia necesaria del desarrollo de la investigación, siempre que guarden la debida proporcionalidad con la finalidad de la misma y no constituyan una provocación al delito.

Para poder proceder penalmente contra el mismo por las actuaciones realizadas a los fines de la investigación, el Juez competente para conocer la causa deberá, tan pronto tenga conocimiento de la actuación de algún agente encubierto en la misma, requerir informe relativo a tal circunstancia de quien hubiere autorizado la identidad supuesta, en atención al cual resolverá lo que a su criterio proceda.

6. El juez de instrucción podrá autorizar a funcionarios de la Policía Judicial para actuar bajo identidad supuesta en comunicaciones mantenidas en canales cerrados de comunicación con el fin de esclarecer alguno de los delitos a los que se refiere el apartado 4 de este artículo o cualquier delito de los previstos en el artículo 588 ter a.

El agente encubierto informático, con autorización específica para ello, podrá intercambiar o enviar por sí mismo archivos ilícitos por razón de su contenido y analizar los resultados de los algoritmos aplicados para la identificación de dichos archivos ilícitos.

7. En el curso de una investigación llevada a cabo mediante agente encubierto, el juez competente podrá autorizar la obtención de imágenes y la grabación de las conversaciones que puedan mantenerse en los encuentros previstos entre el agente y el investigado, aun cuando se desarrollen en el interior de un domicilio.

Artículo añadido por la LO 5/1999, de 13 de enero. Los apartados 6 y 7 han sido añadidos por el artículo único. 2 de la Ley Orgánica 13/2015, de 5 de octubre, de modificación de la Ley de Enjuiciamiento Criminal para el fortalecimiento de las garantías procesales y la regulación de las medidas de investigación tecnológica.

Artículo 283. Constituirán la Policía judicial y serán auxiliares de los Jueces y Tribunales competentes en materia penal y del Ministerio fiscal, quedando obligados a seguir las instrucciones que de aquellas autoridades reciban a efectos de la investigación de los delitos y persecución de los delincuentes:

1.º Las autoridades administrativas encargadas de la seguridad pública y de la persecución de todos los delitos o de algunos especiales.

2.º Los empleados o subalternos de la policía de seguridad, cualquiera que sea su denominación.

3.º Los Alcaldes, Tenientes de Alcalde y Alcaldes de barrio.

4.º Los Jefes, Oficiales e individuos de la Guardia Civil o de cualquiera otra fuerza destinada a la persecución de malhechores.

5.º Los Serenos, Celadores y cualesquiera otros Agentes municipales de policía urbana o rural.

6.º Los Guardas de montes, campos o sembrados, jurados o confirmados por la Administración.

7.º Los funcionarios del Cuerpo especial de Prisiones.

8.º Los Agentes judiciales y los subalternos de los Tribunales y Juzgados.

9.º El personal dependiente de la Jefatura Central de Tráfico, encargado de la investigación técnica de los accidentes.

Redactado por la Ley 3/1967, de 8 de abril.

Véanse los arts. 548 y 549.1 de la LOPJ y 29 a 36, 38.2.b) y 53.1.e) de la Ley Orgánica 2/1986, de 13 de marzo, de Fuerzas y Cuerpos de Seguridad, así como, el art. 1 del Real Decreto 769/1987, de 19 de junio, sobre regulación de la Policía Judicial y la Ley 11/2003, de 21 de mayo, reguladora de los equipos conjuntos de investigación penal en la Unión Europea y la LO 3/2003, de 21 de mayo, complementaria de la anterior.

Véase el art. 4 del Real Decreto 769/1987, de 19 de junio, y el art. 11 f) y g) LOFCS.

Artículo 284. 1. Inmediatamente que los funcionarios de la Policía judicial tuvieren conocimiento de un delito público o fueren requeridos para prevenir la instrucción de diligencias por razón de algún delito privado, lo participarán a la autoridad judicial o al representante del Ministerio Fiscal, si pudieren hacerlo sin cesar en la práctica de las diligencias de prevención. En otro caso, lo harán así que las hubieren terminado.

El número 1, párrafo primero de este artículo ha sido introducido por la Disposición Final 1. 7 de la Ley 4/2015, de 27 de abril, del Estatuto de la Víctima del delito (BOE del 28). El numeral 2 del artículo único de la Ley Orgánica 13/2015, de 5 de octubre, de modificación de la Ley de Enjuiciamiento Criminal para la agilización de la justicia penal y el fortalecimiento de las garantías procesales, ha suprimido los párrafos 2 a 5 de dicho numeral, dejando únicamente el primero de ellos en vigor.

2. No obstante, cuando no exista autor conocido del delito la Policía Judicial conservará el atestado a disposición del Ministerio Fiscal y de la autoridad judicial, sin enviárselo, salvo que concurra alguna de las siguientes circunstancias:

a) Que se trate de delitos contra la vida, contra la integridad física, contra la libertad e indemnidad sexuales o de delitos relacionados con la corrupción;

b) Que se practique cualquier diligencia después de transcurridas setenta y dos horas desde la apertura del atestado y éstas hayan tenido algún resultado; o

c) Que el Ministerio Fiscal o la autoridad judicial soliciten la remisión.

De conformidad con el derecho reconocido en el artículo 6 de la Ley 4/2015, de 27 de abril, del Estatuto de la Víctima del delito, la Policía Judicial comunicará al denunciante que en caso de no ser identificado el autor en el plazo de setenta y dos horas, las actuaciones no se remitirán a la autoridad judicial, sin perjuicio de su derecho a reiterar la denuncia ante la fiscalía o el juzgado de instrucción.

3. Si hubieran recogido armas, instrumentos o efectos de cualquier clase que pudieran tener relación con el delito y se hallen en el lugar en que éste se cometió o en sus inmediaciones, o en poder del reo o en otra parte conocida, extenderán diligencia expresiva del lugar, tiempo y ocasión en que se encontraren, que incluirá una descripción minuciosa para que se pueda formar idea cabal de los mismos y de las circunstancias de su hallazgo, que podrá ser sustituida por un reportaje gráfico. La diligencia será firmada por la persona en cuyo poder fueren hallados.

4. La incautación de efectos que pudieran pertenecer a una víctima del delito será comunicada a la misma. La persona afectada por la incautación podrá recurrir en cualquier momento la medida ante el juez de instrucción de conformidad con lo dispuesto en el párrafo tercero del artículo 334.

Los números 2, 3 y 4 han sido introducidos por el artículo único. 2 de la Ley 41/2015, de 5 de octubre, de modificación de la Ley de Enjuiciamiento Criminal para la agilización de la justicia penal y el fortalecimiento de las garantías procesales.

Artículo 285. Si concurriere algún funcionario de Policía judicial de categoría superior a la del que estuviere actuando, deberá éste darle conocimiento de cuanto hubiese practicado, poniéndose desde luego a su disposición.

Véanse el art. 550.2 LOPJ y el art. 34 LOFCS.

Artículo 286. Cuando el Juez de instrucción o el municipal se presentaren a formar el sumario, cesarán las diligencias de prevención que estuviere practicando cualquiera Autoridad o agente de policía; debiendo éstos entregarlas en el acto a dicho Juez, así como los efectos relativos al delito que se hubiesen recogido, y poniendo a su disposición a los detenidos, si los hubiese.

Ver el art. 5 del Real Decreto 769/1987, de 19 de junio, citado en nota al art. 283 y el art. 11.1, g) LOFCS.

Artículo 287. Los funcionarios que constituyen la Policía judicial practicarán sin dilación, según sus atribuciones respectivas, las diligencias que los funcionarios del Ministerio fiscal les encomienden para la comprobación del delito y averiguación de los delincuentes y todas las demás que durante el curso de la causa les encargaren los Jueces de instrucción y municipales.

Véanse el art. 126 CE; art. 550.1 LOPJ; arts. 31 a 35 LOFS, y art. 2 del Real Decreto 769/1987, de 19 de junio.

Artículo 288. El Ministerio fiscal, los Jueces de instrucción y los municipales podrán entenderse directamente con los funcionarios de Policía judicial, cualquiera que sea su categoría, para todos los efectos de este título, pero si el servicio que de ellos exigiesen admitiese espera, deberán acudir al superior respectivo del funcionario de Policía judicial, mientras no necesitasen del inmediato auxilio de éste.

Véase el art. 3 del Real Decreto 769/1987, de 19 de junio, y el art. 31.2 LOFCS.

Artículo 289. El funcionario de Policía judicial que por cualquier causa no pueda cumplir el requerimiento o la orden que hubiese recibido del Ministerio fiscal, del Juez de instrucción, del Juez municipal, o de la Autoridad o agente que hubiese prevenido las primeras diligencias, lo pondrá inmediatamente en conocimiento del que haya hecho el requerimiento o dado la orden para que provea de otro modo a su ejecución.

Véase el art. 549.2 LOPJ.

Artículo 290. Si la causa no fuere legítima, el que hubiese dado la orden o hecho el requerimiento lo pondrá en conocimiento del superior jerárquico del que se excuse para que le corrija disciplinariamente, a no ser que hubiere incurrido en mayor responsabilidad con arreglo a las leyes.

El superior jerárquico comunicará a la Autoridad o funcionario que le hubiere dado la queja la resolución que adopte respecto de su subordinado.

Véase el art. 549.2 LOPJ.

Artículo 291. El jefe de cualquiera fuerza pública que no pudiere prestar el auxilio que por los Jueces de instrucción o municipales o por un funcionario de Policía judicial le fuere pedido se atendrá también a lo dispuesto en el artículo 289.

El que hubiere hecho el requerimiento lo pondrá en conocimiento del Jefe superior inmediato del que se excusare, en la forma y para el objeto expresado en los párrafos del artículo anterior.

Véase el art. 549.2 LOPJ.

Artículo 292. Los funcionarios de Policía judicial extenderán, bien en papel sellado, bien en papel común, un atestado de las diligencias que practiquen en el cual especificarán con la mayor exactitud los hechos por ellos averiguados, insertando las declaraciones e informes recibidos y anotando todas las circunstancias que hubiesen observado y pudiesen ser prueba o indicio del delito.

La Policía Judicial remitirá con el atestado un informe dando cuenta de las detenciones anteriores y de la existencia de requisitorias para su llamamiento y busca cuando así conste en sus bases de datos.

El párrafo II ha sido añadido por la LO 15/2003, de 25 de noviembre, por la que se modifica la Ley Orgánica 10/1995, de 23 de noviembre, del Código Penal.
Véanse los arts. 297.1 y 717 de esta LECRIM.

Artículo 293. El atestado será firmado por el que lo haya extendido, y si usare sello lo estampará con su rúbrica en todas las hojas.

Las personas presentes, peritos y testigos que hubieren intervenido en las diligencias relacionadas en el atestado serán invitadas a firmarlo en la parte a ellos referente. Si no lo hicieren, se expresará la razón.

Artículo 294. Si no pudiere redactar el atestado el funcionario a quien correspondiese hacerlo, se sustituirá por una relación verbal circunstanciada, que reducirá a escrito de un modo fehaciente el funcionario del Ministerio fiscal, el Juez de instrucción o el municipal a quien deba presentarse el atestado, manifestándose el motivo de no haberse redactado en la forma ordinaria.

Artículo 295. En ningún caso los funcionarios de Policía Judicial podrán dejar transcurrir más de veinticuatro horas sin dar conocimiento a la autoridad judicial o al Ministerio Fiscal de las diligencias que hubieran practicado, salvo en los supuestos de fuerza mayor y en el previsto en el apartado 2 del artículo 284.

Este párrafo ha sido modificado por el artículo único. 3 de la Ley 41/2015, de 5 de octubre, de modificación de la Ley de Enjuiciamiento Criminal para la agilización de la justicia penal y el fortalecimiento de las garantías procesales.

Los que infrinjan esta disposición serán corregidos disciplinariamente con multa de 250 a 1.000 pesetas, si la omisión no mereciere la calificación de delito, y al propio tiempo será considerada dicha infracción como falta grave la primera vez y como falta muy grave las siguientes.

Los que, sin exceder el tiempo de las veinticuatro horas, demorasen más de lo necesario el dar conocimiento, serán corregidos disciplinariamente con una multa de 100 a 350 pesetas, y además esta infracción constituirá a efectos del expediente personal del interesado, falta leve la primera vez, grave las dos siguientes y muy grave las restantes.

Véase el art. 17.2 CE y art. 496 de esta LECRIM.

Artículo 296. Cuando hubieren practicado diligencias por orden o requerimiento de la Autoridad judicial o del Ministerio fiscal, comunicarán el resultado obtenido en los plazos que en la orden o en el requerimiento se hubiesen fijado.

Véase el art. 445.1, a) LOPJ.

Artículo 297. Los atestados que redactaren y las manifestaciones que hicieren los funcionarios de Policía judicial, a consecuencia de las averiguaciones que hubiesen practicado, se considerarán denuncias para los efectos legales.

Véanse los arts. 259 y ss. de esta LECRIM.

Las demás declaraciones que prestaren deberán ser firmadas, y tendrán el valor de declaraciones testificales en cuanto se refieran a hechos de conocimiento propio.

Ver el art. 717 de esta LECRIM.

En todo caso, los funcionarios de Policía judicial están obligados a observar estrictamente las formalidades legales en cuantas diligencias practiquen, y se abstendrán bajo su responsabilidad de usar medios de averiguación que la Ley no autorice.

Véanse los arts. 11.1 LOPJ; el art. 520 de esta Ley; y el art. 5.1, a), b) y c) LOFCS. La responsabilidad penal se establece en los arts. 174 y 176 CP, fundamentalmente.

Artículo 298. Los Jueces de instrucción y los Fiscales calificarán en un registro reservado el comportamiento de los funcionarios que bajo su inspección prestan servicios de Policía judicial; y cada semestre, con referencia a dicho registro, comunicarán a los superiores de cada uno de aquéllos, para los efectos a que hubiere lugar, la calificación razonada de su comportamiento.

Cuando los funcionarios de Policía judicial que hubieren de ser corregidos disciplinariamente con arreglo a esta Ley fuesen de categoría superior a la de la Autoridad judicial o fiscal que entendiesen en las diligencias en que se hubiere cometido la falta, se abstendrán éstos de imponer por sí mismos la corrección, limitándose a poner lo ocurrido en conocimiento del Jefe inmediato del que debiere ser corregido.

El régimen disciplinario de la Policía Judicial se regula en los arts. 27 y 28 LOFCS.

TÍTULO IV. DE LA INSTRUCCIÓN

CAPÍTULO PRIMERO. DEL SUMARIO Y DE LAS AUTORIDADES COMPETENTES PARA INSTRUIRLO

Artículo 299. Constituyen el sumario las actuaciones encaminadas a preparar el juicio y practicadas para averiguar y hacer constar la perpetración de los delitos con todas las circunstancias que puedan influir en su calificación, y la culpabilidad de los delincuentes, asegurando sus personas y las responsabilidades pecuniarias de los mismos.

La regulación particular de estas actuaciones se recoge en los arts. 326 y ss. de esta LECRIM.

Artículo 300.

Derogado por la Ley 41/2015, de 5 de octubre, de modificación de la Ley de Enjuiciamiento Criminal para la agilización de la justicia penal y el fortalecimiento de las garantías procesales).

Artículo 301. Las diligencias del sumario serán reservadas y no tendrán carácter público hasta que se abra el juicio oral, con las excepciones determinadas en la presente Ley.

El abogado o procurador de cualquiera de las partes que revelare indebidamente el contenido del sumario, será corregido con multa de 500 a 10.000 euros.

En la misma multa incurrirá cualquier otra persona que no siendo funcionario público cometa la misma falta.

El funcionario público, en el caso de los párrafos anteriores, incurrirá en la responsabilidad que el Código Penal señale en su lugar respectivo

Artículo modificado por la Disposición Final 1. 8 de la Ley 4/2015, de 27 de abril, del Estatuto de la Víctima del delito (BOE del 28).

Artículo 301 bis. El Juez podrá acordar, de oficio o a instancia del Ministerio Fiscal o de la víctima, la adopción de cualquiera de las medidas a que se refiere el apartado 2 del artículo 681 cuando resulte necesario para proteger la intimidad de la víctima o el respeto debido a la misma o a su familia.

Artículo introducido por la Disposición Final 1. 9 de la Ley 4/2015, de 27 de abril, del Estatuto de la Víctima del delito (BOE del 28).

Artículo 302. Las partes personadas podrán tomar conocimiento de las actuaciones e intervenir en todas las diligencias del procedimiento.

No obstante, si el delito fuere público, podrá el Juez de Instrucción, a propuesta del Ministerio Fiscal, de cualquiera de las partes personadas o de oficio, declararlo, mediante auto, total o parcialmente secreto para todas las partes personadas, por tiempo no superior a un mes cuando resulte necesario para:

a) evitar un riesgo grave para la vida, libertad o integridad física de otra persona; o

b) prevenir una situación que pueda comprometer de forma grave el resultado de la investigación o del proceso.

El secreto del sumario deberá alzarse necesariamente con al menos diez días de antelación a la conclusión del sumario. Lo dispuesto en este artículo se entenderá sin perjuicio de lo previsto en el párrafo segundo del apartado 3 del artículo 505.

Artículo modificado por el Artículo 2. 2 de la Ley Orgánica 5/2015, de 27 de abril, por la que se modifican la Ley de Enjuiciamiento Criminal y la Ley Orgánica 6/1985, de 1 de julio, del Poder Judicial, para transponer la Directiva 2010/64/UE, de 20 de octubre de 2010, relativa al derecho a interpretación y a traducción en los procesos penales y la Directiva 2012/13/UE, de 22 de mayo de 2012, relativa al derecho a la información en los procesos penales (BOE de 28 de abril de 2015, núm. 101).

Artículo 303. La formación del sumario, ya empiece de oficio, ya a instancia de parte, corresponderá a los Jueces de instrucción por los delitos que se cometan dentro de su partido o demarcación respectiva, y en su defecto a los demás de la misma ciudad o población cuando en ella hubiere más de uno, y a prevención con ellos o por su delegación, a los Jueces municipales.

Esta disposición no es aplicable a las causas encomendadas especialmente por la Ley orgánica a determinados Tribunales, pues para ellas podrán éstos nombrar un Juez instructor especial, o autorizar al ordinario para el seguimiento del sumario.

El nombramiento de Juez instructor únicamente podrá recaer en un Magistrado del mismo Tribunal, o en un funcionario del orden judicial en activo servicio de los existentes dentro del territorio de dicho Tribunal. Una vez designado, obrará con jurisdicción propia e independiente.

Cuando el instructor fuese un Magistrado, podrá delegar sus funciones, en caso de imprescindible necesidad, en el Juez de instrucción del punto donde hayan de practicarse las diligencias.

Cuando el delito fuese, por su naturaleza, de aquellos que solamente pueden cometerse por Autoridades o funcionarios sujetos a un fuero superior, los Jueces de instrucción ordinarios, en casos urgentes, podrán acordar las medidas de precaución necesarias para evitar su ocultación; pero remitirán las diligencias en el término más breve posible, que en ningún caso podrá exceder de tres días, al Tribunal competente, el cual resolverá sobre la incoación del sumario, y en su día sobre si ha o no lugar al procesamiento de la Autoridad o funcionario inculpados.

Véase el art. 87 LOPJ.

Artículo 304. Las Salas de gobierno de las Audiencias territoriales podrán nombrar también un Juez instructor especial cuando las causas versen sobre delitos cuyas extraordinarias circunstancias, o las de lugar y tiempo de su ejecución, o de las personas que en ellos hubiesen intervenido como ofensores u ofendidos, motivaren fundadamente el nombramiento de aquél para la más acertada investigación o para la más segura comprobación de los hechos.

Las facultades de las Salas de gobierno serán extensivas a las causas procedentes de las Audiencias comprendidas dentro de su demarcación, y los nombramientos deberán recaer en los mismos funcionarios expresados en el artículo anterior de entre los existentes en el territorio, prefiriendo, a ser posible, uno de los Magistrados de la misma, cuando no fuere autorizado el Juez instructor ordinario para el seguimiento del sumario.

Lo mismo las Salas de gobierno que los Tribunales, cuando hagan uso de la facultad expresada en este y en el precedente artículo, darán cuenta motivada al Ministerio de Gracia y Justicia.

Igual facultad tendrá la Sala de gobierno del Tribunal Supremo para designar cuando proceda Juez especial que conozca de delito o delitos cometidos en lugares pertenecientes a la jurisdicción de más de una Audiencia territorial o en aquellos casos en que por las circunstancias del hecho lo estimare conveniente la mencionada Sala, debiendo recaer el nombramiento en cualquier funcionario del servicio activo de la carrera judicial.

La competencia para la respectiva Audiencia a que deba el proceso ser sometido después de concluido el sumario, se atribuirá por las reglas del artículo 18 de esta Ley.

Este último párrafo se añade por la Ley de 6 de febrero de 1935.

Artículo 305. El nombramiento de Jueces especiales de instrucción que se haga conforme a los artículos anteriores, será y habrá de entenderse sólo para la instrucción del sumario con todas sus incidencias. Terminado éste, se remitirá por el Juez especial al Tribunal a quien según las disposiciones vigentes corresponda el conocimiento de la causa, para que la prosiga y falle con arreglo a derecho.

CAPÍTULO II. De la formación del sumario

Artículo 306. Conforme a lo dispuesto en el capítulo anterior, los Jueces de instrucción formarán los sumarios de los delitos públicos bajo la inspección directa del Fiscal del Tribunal competente.

La inspección será ejercida, bien constituyéndose el Fiscal por sí o por medio de sus auxiliares al lado del Juez instructor, bien por medio de testimonios en relación, suficientemente expresivos, que le remitirá el Juez instructor periódicamente y cuantas veces se los reclame, pudiendo en este caso el Fiscal hacer presente sus observaciones en atenta comunicación y formular sus pretensiones por requerimientos igualmente atentos. También podrá delegar sus funciones en los Fiscales municipales.

Véanse las Circulares de 31 de diciembre de 1882, de 7 de mayo de 1953, de 18 de diciembre de 1978, y 4/1979, de 26 de noviembre, sobre intervención del Ministerio Fiscal en los procedimientos penales en evitación de paralizaciones y retrasos (Memoria 1980, de la Fiscalía General.

Tan pronto como se ordene la incoación del procedimiento para las causas ante el Tribunal del Jurado, se pondrán en conocimiento del Ministerio Fiscal quien comparecerá e intervendrá en cuantas actuaciones se lleven a cabo ante aquél.

Este último párrafo ha sido añadido por la Ley Orgánica 2/1995, del 22 de mayo, del Tribunal del Jurado.

Cuando en los órganos judiciales existan los medios técnicos precisos, el Fiscal podrá intervenir en las actuaciones de cualquier procedimiento penal, incluida la comparecencia del artículo 505, mediante videoconferencia u otro sistema similar que permita la comunicación bidireccional y simultánea de la imagen y el sonido.

Párrafo IV añadido por la LO 13/2003, de 24 de octubre, de reforma de la LECRIM en materia de prisión provisional.

Artículo 307. En el caso de que el Juez municipal comenzare a instruir las primeras diligencias del sumario, practicadas que sean las más urgentes y todas las que el Juez de instrucción le hubiere prevenido, le remitirá la causa, que nunca podrá retener más de tres días.

Artículo 308. Inmediatamente que los Jueces de instrucción o de Paz, en su caso, tuvieren noticia de la perpetración de un delito, el Letrado de la Administración de Justicia lo pondrá en conocimiento del Fiscal de la respectiva Audiencia, y dará, además, parte al Presidente de ésta de la formación del sumario, en relación sucinta, suficientemente expresiva del hecho, de sus circunstancias y de su autor, dentro de los dos días siguientes al en que hubieren principiado a instruirle.

Los Jueces de Paz darán cuenta inmediata de la prevención de las diligencias al de Instrucción a quien corresponda.

Modificado por el art. 2.34 de la Ley 13/2009, de 13 de noviembre.

Artículo 309. Si la persona contra quien resultaren cargos fuere alguna de las sometidas en virtud de disposición especial de la Ley orgánica a un Tribunal excepcional, practicadas las primeras diligencias y antes de dirigir el procedimiento contra aquélla, esperará las órdenes del Tribunal competente a los efectos de lo prevenido en el párrafo segundo y última parte del quinto del artículo 303 de esta Ley.

Las normas orgánicas y procesales penales regulan numerosos casos de aforamiento. Partiendo de la inviolabilidad del Rey (art. 56.3 CE), hay que tener en cuenta las siguientes:
– Presidente del Gobierno: art. 102.1 CE; art. 57-2° LOPJ;
– Ministros del Gobierno: art. 57-2° LOPJ;
– Presidentes del Congreso y del Senado: art. 57-2° LOPJ.
– Diputados y Senadores: art. 71 CE, y art. 57-2° LOPJ.
– Vocales del Consejo General del Poder Judicial: art. 57-2° LOPJ.
– Presidente y Magistrados del TC: art. 26 LOTC y art. 57-2° LOPJ.
– Jueces y Magistrados: arts. 57-2° y 3°, y 73.3, b) LOPJ.
– Presidente y Consejeros del Tribunal de Cuentas: art. 35 LOTCU y art. 57.2°.

– Presidente y Consejeros del Consejo del Estado: art. 57-2° LOPJ;
– Fiscal General del Estado: art. 57.2° LOPJ.
– Fiscales de Sala del TS: art. 57.2° LOPJ.
– Otros Fiscales: art. 73.3, b) LOPJ.
– Defensor del Pueblo y sus Adjuntos: art. 57.2° LOPJ, y art. 6.3 y 4 LO 3/1981, 5 abril (BOE 7 mayo).
– Defensores del Pueblo de las CC.AA.: art. 1.1 Ley 36/1985, 6 noviembre (BOE 12).
– Altos cargos del Estado: Ley 50/1997, de 27 de noviembre, del Gobierno (BOE del 28).
– Delegados del Gobierno en las CC.AA.: véase las mismas leyes que en el caso anterior;
– Presidente y miembros de los Parlamentos Autónomos, así como miembros de sus Gobiernos: Estatutos de Autonomía.
– Religiosos y clérigos: art. II del Acuerdo entre España y la Santa Sede, de 28 julio 1976, ratificado el 19 agosto BOE 24 septiembre).

Si el delito fuere de los que dan motivo a la prisión preventiva, con arreglo a lo dispuesto en esta Ley, y el presunto culpable hubiese sido sorprendido in fraganti, podrá ser, desde luego, detenido y preso, si fuere necesario, sin perjuicio de lo dispuesto en el párrafo precedente.

Véanse los arts. 490-2°, 492-1°, 494, 503, 504 y 751 LECRIM.

Artículo 309 bis. Cuando de los términos de la denuncia o de la relación circunstanciada del hecho en la querella, así como cuando de cualquier actuación procesal, resulte contra persona o personas determinadas la imputación de un delito, cuyo enjuiciamiento venga atribuido al Tribunal del Jurado, procederá el Juez a la incoación del procedimiento previsto en su Ley reguladora, en el que, en la forma que en ella se establece, se pondrá inmediatamente aquella imputación en conocimiento de los presuntamente inculpados.

El Ministerio Fiscal, demás partes personadas, y el investigado en todo caso, podrán instarlo así, debiendo el Juez resolver en plazo de una audiencia. Si no lo hiciere, o desestimare la petición, las partes podrán recurrir directamente en queja ante la Audiencia Provincial que resolverá antes de ocho días, recabando el informe del Instructor por el medio más rápido.

Artículo añadido por la Ley Orgánica 5/1995, de 22 de mayo, del Tribunal del Jurado.

Artículo 310. Los Jueces de instrucción podrán delegar en los municipales la práctica de todos los actos y diligencias que esta Ley no reserve exclusivamente a los primeros cuando alguna causa justificada les impida practicarlos por sí. Pero procurarán hacer uso moderado de esta facultad, y el Tribunal inmediato superior cuidará de impedir y corregir la frecuencia injustificada de estas actuaciones.

Artículo 311. El Juez que instruya el sumario practicará las diligencias que le propusieran el Ministerio fiscal o cualquiera de las partes personadas, si no las considera inútiles o perjudiciales.

Contra el auto denegatorio de las diligencias pedidas podrá interponerse recurso de apelación, que será admitido en un solo efecto para ante la respectiva Audiencia o Tribunal competente.

Cuando el Fiscal no estuviere en la misma localidad que el Juez de Instrucción, en vez de apelar, recurrirá en queja al Tribunal competente, acompañando al efecto testimonio de las diligencias sumariales que conceptúe necesarias cuyo testimonio deberá facilitarle el Juez de instrucción y, previo informe del mismo, acordará el Tribunal lo que estime procedente.

Redactado por la Ley 53/1978, de 4 de diciembre.

Artículo 312. Cuando se presentare querella, el Juez de instrucción después de admitirla si fuere procedente, mandará practicar las diligencias que en ella se propusieren, salvo las que considere contrarias a las leyes, o innecesarias o perjudiciales para el objeto de la querella, las cuales denegará en resolución motivada.

Véase la cita legal efectuada en la nota anterior.

Artículo 313. Desestimará en la misma forma la querella cuando los hechos en que se funde no constituyan delito, o cuando no se considere competente para instruir el sumario objeto de la misma.

Compárese con los arts. 269 y 637-2º de esta LECRIM.

Contra el auto a que se refiere este artículo procederá el recurso de apelación, que será admisible en ambos efectos.

Artículo 314. Las diligencias pedidas y denegadas en el sumario podrán ser propuestas de nuevo en el juicio oral.

Artículo 315. El Juez hará constar cuantas diligencias se practicaren a instancia de parte.

De las ordenadas de oficio solamente constarán en el sumario aquellas cuyo resultado fuere conducente al objeto del mismo.

Artículo 316.

Derogado por la Ley 53/1978, de 4 de diciembre.

Artículo 317. El Juez municipal tendrá las mismas facultades que el de instrucción para no comunicar al querellante particular las actuaciones que practicare.

Artículo 318. Sin embargo del deber impuesto a los Jueces municipales de instruir en su caso las primeras diligencias de los sumarios, cuando el Juez de instrucción tuviere noticia de algún delito que revista carácter de gravedad, o cuya comprobación fuere difícil por circunstancias especiales, o que hubiese causado alarma, se trasladará inmediatamente al lugar del delito y procederá a formar el sumario, haciéndose cargo de las actuaciones que hubiese practicado el Juez municipal, y recibiendo las averiguaciones y datos que le suministren los funcionarios de la Policía judicial. Permanecerá en dicho lugar el tiempo necesario para practicar todas las diligencias cuya dilación pudiera ofrecer inconvenientes.

Artículo 319. Cuando el Fiscal de la respectiva Audiencia tuviere conocimiento de la perpetración de alguno de los delitos expresados en el artículo anterior, deberá trasladarse personalmente, o acordar que se trasladen al lugar del suceso algunos de sus subordinados para contribuir con el Juez de instrucción al mejor y más pronto esclarecimiento de los hechos, si otras ocupaciones tanto o más graves no lo impidieren, sin perjuicio de proceder de igual manera en cualquier otro caso en que lo conceptuare conveniente.

Artículo 320. La intervención del actor civil en el sumario se limitará a procurar la práctica de aquellas diligencias que puedan conducir al mejor éxito de su acción, apreciadas discrecionalmente por el Juez instructor.

Artículo 321. Los Jueces de instrucción formarán el sumario ante sus Letrados de la Administración de Justicia.

En casos urgentes y extraordinarios, faltando éstos, podrán proceder con la intervención de un Notario o de dos hombres buenos mayores de edad, que sepan leer y escribir, los cuales jurarán guardar fidelidad y secreto.

Es válida la promesa en sustitución del juramento, conforme a la Ley de 24 de noviembre de 1910 (Gaceta del 25). Véase el art. 16 CE, y el art. 5-3º Ley 44/1967, de 28 de junio.

Artículo 322. Las diligencias del sumario que hayan de practicarse fuera de la circunscripción del Juez de instrucción o del término del Juez municipal que las ordenaren tendrán lugar en la forma que determina el Título VIII del Libro I, y serán reservadas para todos los que no deban intervenir en ellas.

Artículo 323. Sin embargo de lo dispuesto en el artículo anterior, cuando el lugar en que se hubiere de practicar alguna diligencia del sumario estuviese fuera de la jurisdicción del Juez instructor, pero en lugar próximo al punto en que éste se hallare, y hubiese peligro en demorar aquélla, podrá ejecutarla por sí mismo, dando inmediato aviso al Juez competente.

Véanse el art. 185 de esta LECRIM; el art. 275 LOPJ.

Artículo 324. 1. La investigación judicial se desarrollará en un plazo máximo de doce meses desde la incoación de la causa.

Si, con anterioridad a la finalización del plazo, se constatare que no será posible finalizar la investigación, el juez, de oficio o a instancia de parte, oídas las partes podrá acordar prórrogas sucesivas por periodos iguales o inferiores a seis meses.

Las prórrogas se adoptarán mediante auto donde se expondrán razonadamente las causas que han impedido finalizar la investigación en plazo, así como las concretas diligencias que es necesario practicar y su relevancia para la investigación. En su caso, la denegación de la prórroga también se acordará mediante resolución motivada.

2. Las diligencias de investigación acordadas con anterioridad al transcurso del plazo o de sus prórrogas serán válidas, aunque se reciban tras la expiración del mismo.

3. Si, antes de la finalización del plazo o de alguna de sus prórrogas, el instructor no hubiere dictado la resolución a la que hace referencia el apartado 1, o bien esta fuera revocada por vía de recurso, no serán válidas las diligencias acordadas a partir de dicha fecha.

4. El juez concluirá la instrucción cuando entienda que ha cumplido su finalidad. Transcurrido el plazo máximo o sus prórrogas, el instructor dictará auto de conclusión del sumario o, en el procedimiento abreviado, la resolución que proceda.

Artículo redactado por la Ley 2/2020, de 27 de julio, por la que se modifica el artículo 324 de la Ley de Enjuiciamiento Criminal. Entró en vigor el día 29 de julio. Y según la Dispos. Transitoria «la modificación del artículo 324 de la Ley de Enjuiciamiento Criminal contenida en el artículo único será de aplicación a los procesos en tramitación a la entrada en vigor de la presente ley. A tal efecto, el día de entrada en vigor será considerado como día inicial para el cómputo de los plazos máximos de instrucción establecidos en aquél».

Artículo 325. El Juez, de oficio o a instancia de parte, por razones de utilidad, seguridad o de orden público, así como en aquellos supuestos en que la comparecencia de quien haya de intervenir en cualquier tipo de procedimiento penal como investigado o encausado, testigo, perito, o en otra condición resulte particularmente gravosa o perjudicial, podrá acordar que la comparecencia se realice a través de videoconferencia u otro sistema similar que permita la comunicación bidireccional y simultánea de la imagen y el sonido, de acuerdo con lo dispuesto en el apartado 3 del artículo 229 de la Ley Orgánica del Poder Judicial.

Artículo redactado por la LO 13/2003, de 24 de octubre, de reforma de la LECRIM en materia de prisión provisional.

TÍTULO V. DE LA COMPROBACIÓN DEL DELITO Y AVERIGUACIÓN DEL DELINCUENTE

Los arts. 762 y ss. de esta Ley establecen especialidades para el procedimiento abreviado y el art. 797 lo hace para el enjuiciamiento rápido de determinados delitos.

CAPÍTULO PRIMERO. De la inspección ocular

Artículo 326. Cuando el delito que se persiga haya dejado vestigios o pruebas materiales de su perpetración, el Juez instructor o el que haga sus veces ordenará que se recojan y conserven para el juicio oral si fuere posible, procediendo al efecto a la inspección ocular y a la descripción de todo aquello que pueda tener relación con la existencia y naturaleza del hecho.

A este fin hará consignar en los autos la descripción del lugar del delito, el sitio y estado en que se hallen los objetos que en él se encuentren, los accidentes del terreno o situación de las habitaciones, y todos los demás detalles que puedan utilizarse, tanto para la acusación como para la defensa.

Cuando se pusiera de manifiesto la existencia de huellas o vestigios cuyo análisis biológico pudiera contribuir al esclarecimiento del hecho investigado, el Juez de Instrucción adoptará u ordenará a la Policía Judicial o al Médico Forense que adopte las medidas necesarias para que la recogida, custodia y examen de aquellas muestras se verifique en condiciones que garanticen su autenticidad, sin perjuicio de lo establecido en el artículo 282.

El párrafo III ha sido añadido por la LO 15/2003, de 25 de noviembre, por la que se modifica la Ley Orgánica 10/1995, de 23 de noviembre, del Código Penal.
Párrafo primero modificado por el art. 2.36 de la Ley 13/2009, de 3 de noviembre

Artículo 327. Cuando fuere conveniente para mayor claridad o comprobación de los hechos, se levantará el plano del lugar suficientemente detallado, o se hará el retrato de las personas que hubiesen sido objeto del delito, o la copia o diseño de los efectos o instrumentos del mismo que se hubiesen hallado.

Artículo 328. Si se tratare de un robo o de cualquier otro delito cometido con fractura, escalamiento o violencia, el Juez instructor deberá describir los vestigios que haya dejado, y consultará el parecer de peritos sobre la manera, instrumentos, medios o tiempo de la ejecución del delito.

Véase el art. 238 CP.

Artículo 329. Para llevar a efecto lo dispuesto en los artículos anteriores, podrá ordenar el Juez instructor que no se ausenten durante la diligencia de descripción las personas que hubieren sido halladas en el lugar del delito, y que comparezcan además inmediatamente las que se encontraren en cualquier otro sitio próximo, recibiendo a todas separadamente la oportuna declaración.

Artículo 330. Cuando no hayan quedado huellas o vestigios del delito que hubiese dado ocasión al sumario, el Juez instructor averiguará y hará constar, siendo posible, si la desaparición de las pruebas materiales ha ocurrido natural, casual o intencionalmente, y las causas de la misma o los medios que para ello se hubieren empleado, procediendo seguidamente a recoger y consignar en el sumario las pruebas de cualquiera clase que se puedan adquirir acerca de la perpetración del delito.

Artículo 331. Cuando el delito fuere de los que no dejan huellas de su perpetración, el Juez instructor procurará hacer constar por declaraciones de testigos y por los medios de comprobación, la ejecución del delito y sus circunstancias, así como la preexistencia de la cosa cuando el delito hubiese tenido por objeto la sustracción de la misma.

Artículo 332. Todas las diligencias comprendidas en este capitulo se extenderán por escrito en el acto mismo de la inspección ocular, y serán firmadas por el Juez instructor, el Fiscal, si asistiere al acto, el Letrado de la Administración de Justicia y las personas que se hallaren presentes.

Artículo 333. Cuando al practicarse las diligencias enumeradas en los artículos anteriores hubiese alguna persona declarada procesada como presunta autora del hecho punible, podrá presenciarlas, ya sola, ya asistida del defensor que eligiese o le fuese nombrado de oficio, si así lo solicitara; uno y otro podrán hacer en el acto las observaciones que estimen pertinentes, las cuales se consignarán por diligencia si no fuesen aceptadas.

Al efecto el Letrado de la Administración de Justicia pondrá en conocimiento del procesado el acuerdo relativo a la práctica de la diligencia con la anticipación que permita su índole y no se suspenderá por la falta de comparecencia del procesado o de su defensor. Igual derecho asiste a quien se halle privado de libertad en razón de estas diligencias.

Artículo redactado de nuevo por la Ley 53/1978, 4 diciembre. Véase el art. 118 de esta LECRIM.
Párrafo segundo modificado por el art. 2.37 de la Ley 13/2009, de 3 de noviembre

CAPÍTULO II. Del cuerpo del delito

Artículo 334. El Juez instructor ordenará recoger en los primeros momentos las armas, instrumentos o efectos de cualquiera clase que puedan tener relación con el delito y se hallen en el lugar en que éste se cometió, o en sus inmediaciones, o en poder del reo, o en otra parte conocida. El Letrado de la Administración de Justicia extenderá diligencia expresiva del lugar, tiempo y ocasión en que se encontraren, describiéndolos minuciosamente para que se pueda formar idea cabal de los mismos y de las circunstancias de su hallazgo.

La diligencia será firmada por la persona en cuyo poder fueren hallados, notificándose a la misma el auto en que se mande recogerlos.

Véase el RD 2.783/1976, 15 octubre (BOE 8 diciembre), sobre depósitos judiciales, conservación y destino de las Piezas de Convicción y el RD 467/2006, de 21 de abril, por el que se regulan los depósitos y consignaciones judiciales en metálico, de efectos o valores.
Véanse también los arts. 127, 127 bis a 127 octies, y 128 CP.
Párrafo primero modificado por el art. 2.38 de la Ley 13/2009, de 3 de noviembre

La persona afectada por la incautación podrá recurrir en cualquier momento la medida ante el Juez de Instrucción. Este recurso no requerirá de la intervención de abogado cuando sea presentado por terceras personas diferentes del imputado. El recurso se entenderá interpuesto cuando la persona afectada por la medida o un familiar suyo mayor de edad hubieran expresado su disconformidad en el momento de la misma.

Párrafo Tercero añadido por la Disposición Final 1.10 de la Ley 4/2015, de 27 de abril, del Estatuto de la Víctima del delito (BOE del 28).

Los efectos que pertenecieran a la víctima del delito serán restituidos inmediatamente a la misma, salvo que excepcionalmente debieran ser conservados como medio de prueba o para la práctica de otras diligencias, y sin perjuicio de su restitución tan pronto resulte posible. Los efectos serán también restituidos inmediatamente cuando deban ser conservados como medio de prueba o para la práctica de otras diligencias, pero su conservación pueda garantizarse imponiendo al propietario el deber de mantenerlos a disposición del Juez o Tribunal. La víctima podrá, en todo caso, recurrir esta decisión conforme a lo dispuesto en el párrafo anterior.

Párrafo Cuarto añadido por la Disposición Final 1.10 de la Ley 4/2015, de 27 de abril, del Estatuto de la Víctima del delito (BOE del 28).

Artículo 335. Siendo habida la persona o cosa objeto del delito, el Juez instructor describirá detalladamente su estado y circunstancias, y especialmente todas las que tuviesen relación con el hecho punible.

Si por tratarse de delito de falsificación cometida en documentos o efectos existentes en dependencias de las Administraciones Públicas hubiere imprescindible necesidad de tenerlos a la vista para su reconocimiento pericial y examen por parte del Juez o Tribunal, el Letrado de la Administración de Justicia los reclamará a las correspondientes Autoridades, sin perjuicio de devolverlos a los respectivos Centros oficiales después de terminada la causa.

Párrafo segundo modificado por el art. 2.39 de la Ley 13/2009, de 3 de noviembre

Artículo 336. En los casos de los dos artículos anteriores ordenará también el Juez el reconocimiento por peritos, siempre que esté indicado para apreciar mejor la relación con el delito, de los lugares, armas, instrumentos y efectos a que dichos artículos se refieren, haciéndose constar por diligencia el reconocimiento y el informe pericial.

A esta diligencia podrán asistir también el procesado y su defensor en los términos expresados en el artículo 333.

Artículo 337. Cuando en el acto de describir la persona o cosa objeto del delito, y los lugares, armas, instrumentos o efectos relacionados con el mismo, estuvieren presentes o fueren conocidas personas que puedan declarar acerca del modo y forma con que aquél hubiese sido cometido, y de las causas de las alteraciones que se observaren en dichos lugares, armas, instrumentos o efectos, o acerca de su estado anterior, serán examinadas inmediatamente después de la descripción, y sus declaraciones se considerarán como complemento de ésta.

Artículo 338. Sin perjuicio de lo establecido en el Capítulo II bis del presente título, los instrumentos, armas y efectos a que se refiere el artículo 334 se recogerán de tal forma que se garantice su integridad y el Juez acordará su retención, conservación o envío al organismo adecuado para su depósito.

Modificado por el art. 2.40 de la Ley 13/2009, de 13 de noviembre.

Artículo 339. Si fuere conveniente recibir algún informe pericial sobre los medios empleados para la desaparición del cuerpo del delito, o sobre las pruebas de cualquiera clase que en su defecto se hubiesen recogido, el Juez lo ordenará inmediatamente del modo prevenido en el capítulo VII de este mismo título.

Véanse los arts. 456 a 485 de esta LECRIM.

Artículo 340. Si la instrucción tuviere lugar por causa de muerte violenta o sospechosa de criminalidad, antes de proceder al enterramiento del cadáver o inmediatamente después de su exhumación, hecha la descripción ordenada en el artículo 335, se identificará por medio de testigos que, a la vista del mismo, den razón satisfactoria de su conocimiento.

Artículo 341. No habiendo testigos de conocimiento, si el estado del cadáver lo permitiere, se expondrá al público antes de practicarse la autopsia, por tiempo a lo menos de veinticuatro horas, expresando en un cartel, que se fijará a la puerta del depósito de cadáveres, el sitio, hora y día en que aquél se hubiese hallado y el Juez que estuviese instruyendo el sumario, a fin de que quien tenga algún dato que pueda contribuir al reconocimiento del cadáver o al esclarecimiento del delito y de sus circunstancias, lo comunique al Juez instructor.

Artículo 342. Cuando a pesar de tales prevenciones no fuere el cadáver reconocido, ordenará el Juez que se recojan todos los efectos personales con que se le hubiere encontrado, a fin de que puedan servir oportunamente para hacer la identificación.

Modificado por el art. 2.41 de la Ley 13/2009, de 13 de noviembre.

Artículo 343. En los sumarios a que se refiere el artículo 340, aun cuando por la inspección exterior pueda presumirse la causa de la muerte, se procederá a la autopsia del cadáver por los Médicos forenses, o en su caso por los que el Juez designe, los cuales, después de describir exactamente dicha operación, informarán sobre el origen del fallecimiento y sus circunstancias.

Para practicar la autopsia, se observará lo dispuesto en el artículo 353.

En el procedimiento abreviado puede prescindirse de la autopsia, conforme al art. 778.4 de esta LECRIM. Respecto a la práctica de la autopsia, v. arts. 348, 349 y 353 de esta LECRIM, así como la Ley 29/1980, 21 junio, de Autopsias Clínicas; y la Ley 30/1979, 27 octubre, sobre Extracción y Trasplante de Órganos, desarrollada por el RD 426/1980, 22 febrero, y la Orden 9 mayo 1931 (Gaceta del 10), sobre la práctica de autopsias.

Véanse, además, los arts. 32.6ª-c) del Decreto de 27 de noviembre de 1953 por el que se aprueba el Reglamento de personal de los Servicios Sanitarios Locales y RD 296/1996, de 23 de febrero, por el que se aprueba el Reglamento Orgánico del Cuerpo Nacional de Médicos Forenses.

Artículo 344. Con el nombre de Médico forense habrá en cada Juzgado de Instrucción un facultativo encargado de auxiliar a la administración de justicia en todos los casos y actuaciones en que sea necesaria o conveniente la intervención y servicios de su profesión en cualquier punto de la demarcación judicial.

Véanse los arts. 479 y 480 LOPJ, modificados por Ley Orgánica 7/2015, de 21 de julio, por la que se modifica la Ley Orgánica 6/1985, de 1 de julio, del Poder Judicial.

Artículo 345. El Médico forense residirá en la capital del Juzgado para que haya sido nombrado, y no podrá ausentarse de ella sin licencia del Juez, del Presidente de la Audiencia de lo criminal o del Ministro de Gracia y Justicia, según que sea por ocho días a lo más en el primer caso, veinte en el segundo, y por el tiempo que el Ministro estime conveniente en el tercero.

Artículo 346. En las ausencias, enfermedades y vacantes, sustituirá al Médico forense otro Profesor que desempeñe igual cargo en la misma población; y si no lo hubiese, el que el Juez designe, dando cuenta de ello al Presidente de la Audiencia de lo criminal.

Lo mismo sucederá cuando por cualquier otro motivo no pudiese valerse el Juez instructor del Médico forense. Los que se negaren al cumplimiento de este deber o lo eludieren, incurrirán en multa de 125 a 500 pesetas.

Ver art. 32.6ª-a) del Decreto de 27 de noviembre de 1953 por el que se aprueba el Reglamento de personal de los Servicios Sanitarios Locales, citado en nota al art. 343 de esta Ley. La cuantía a que se refiere este artículo ha sido modificada por la ley de 14 de abril de 1955. Estas cuantías deben entenderse por el equivalente en euros.

Artículo 347. El Médico forense está obligado a practicar todo acto o diligencia propios de su profesión e instituto con el celo, esmero y prontitud que la naturaleza del caso exija y la administración de justicia requiera.

Artículo 348. Cuando en algún caso, además de la intervención del Médico forense, el Juez estimase necesaria la cooperación de uno o más facultativos, hará el oportuno nombramiento.

Lo establecido en el párrafo anterior tendrá también lugar cuando por la gravedad del caso el Médico forense crea necesaria la cooperación de uno o más coprofesores y el Juez lo estimare así.

Véase la nota al artículo 343.

Artículo 349. Siempre que sea compatible con la buena administración de justicia, el Juez podrá conceder prudencialmente un término al Médico forense para que preste sus declaraciones, evacue los informes y consultas y redacte otros documentos que sean necesarios, permitiéndole asimismo designar las horas que tenga por más oportunas para practicar las autopsias y exhumaciones de los cadáveres.

Véanse los arts. 343, 348 y 353 de esta LECRIM, así como sus notas.

Artículo 350. En los casos de envenenamiento, heridas u otras lesiones cualesquiera, quedará el Médico forense encargado de la asistencia facultativa del paciente, a no ser que éste o su familia prefieran la de uno o más Profesores de su elección, en cuyo caso conservará aquél la inspección y vigilancia que le incumbe para llenar el correspondiente servicio médico-forense.

El procesado tendrá derecho a designar un Profesor que, con los nombrados por el Juez instructor o el designado por la parte acusadora, intervenga en la asistencia del paciente.

Artículo 351. Cuando el Médico forense o en su defecto el designado o designados por el Juez instructor no estuvieren conformes con el tratamiento o plan curativo empleados por los facultativos que el paciente o su familia hubiesen nombrado, darán parte a dicho Juez instructor a los efectos que en justicia procedan. Lo mismo podrá hacer en su caso el facultativo designado por el procesado.

El Juez instructor, cuando tal discordia resultare, designará mayor número de Profesores para que manifiesten su parecer, y, consignados todos los datos necesarios, se tendrán presentes para cuando en su día haya de fallarse la causa.

Artículo 352. Lo dispuesto en los artículos anteriores es aplicable cuando el paciente ingrese en la cárcel, hospital u otro establecimiento, y sea asistido por los Facultativos de los mismos.

Artículo 353. Las autopsias se harán en un local público que en cada pueblo o partido tendrá destinado la Administración para el objeto y para depósito de cadáveres. Podrá, sin embargo, el Juez de instrucción disponer, cuando lo considere conveniente, que la operación se practique en otro lugar o en el domicilio del difunto, si su familia lo pidiere, y esto no perjudicase al éxito del sumario.

Si el Juez de instrucción no pudiere asistir a la operación anatómica, delegará en un funcionario de Policía judicial, dando fe de su asistencia, así como de lo que en aquélla ocurriere, el Letrado de la Administración de Justicia de la causa.

Véanse los arts. 343, 348 y 349 de esta LECRIM, así como sus notas.

Artículo 354. Cuando la muerte sobreviniere por consecuencia de algún accidente ocurrido en las vías férreas yendo un tren en marcha, únicamente se detendrá éste el tiempo preciso para separar el cadáver o cadáveres de la vía, haciéndose constar previamente su situación y estado, bien por la Autoridad o funcionario de Policía judicial que inmediatamente se presente en el lugar del siniestro, bien por los que accidentalmente se hallen en el mismo tren, bien, en defecto de estas personas, por el empleado de mayor categoría a cuyo cargo vaya, debiendo ser preferidos para el caso los empleados o agentes del Gobierno.

Se dispondrá asimismo lo conveniente para que, sin perjuicio de seguir el tren su marcha, sea avisada la Autoridad que deba instruir las primeras diligencias y acordar el levantamiento de los cadáveres; y las personas antedichas recogerán en el acto con prontitud los datos y antecedentes precisos, que comunicarán a la mayor brevedad a la Autoridad competente para la instrucción de las primeras diligencias con el fin de que pueda esclarecerse el motivo del siniestro.

Para el procedimiento abreviado, véase el art. 770.4ª de esta Ley.

Artículo 355. Si el hecho criminal que motivare la formación de una causa cualquiera consistiese en lesiones, los Médicos que asistieren al herido estarán obligados a dar parte de su estado y adelantos en los períodos que se les señalen, e inmediatamente que ocurra cualquiera novedad que merezca ser puesta en conocimiento del Juez instructor.

Véase los arts. 147 y ss. y concordantes del CP.

Artículo 356. Las operaciones de análisis químico que exija la sustanciación de los procesos criminales se practicarán por Doctores en Medicina, en Farmacia, en Ciencias Fisicoquímicas, o por Ingenieros que se hayan dedicado a la especialidad química. Si no hubiere Doctores en aquellas Ciencias, podrán ser nombrados Licenciados que tengan los conocimientos y práctica suficientes para hacer dichas operaciones.

Los Jueces de instrucción designarán, entre los comprendidos en el párrafo anterior, los peritos que han de hacer el análisis de las sustancias que en cada caso exija la administración de justicia.

Cuando en el partido judicial donde se instruya el proceso no haya ninguno de los peritos a quienes se refiere el párrafo primero, o estén imposibilitados legal o físicamente de practicar el análisis los que en aquél residieren, el Juez instructor lo pondrá en conocimiento del Presidente de la Sala o Audiencia de lo criminal, y éste nombrará el perito o peritos que hayan de practicar dicho servicio entre las personas que designa el párrafo primero domiciliadas en el territorio. Al mismo tiempo comunicará el nombramiento de peritos al Juez instructor para que ponga a su disposición, con las debidas precauciones y formalidades, las sustancias que hayan de ser analizadas.

El procesado o procesados tendrán derecho a nombrar un perito que concurra con los designados por el Juez.

Véanse los arts. 479 y 480 de la LOPJ; el Real Decreto 296/1996, de 23 de febrero, por el que se aprueba el Reglamento Orgánico del Cuerpo de Médicos Forenses; y el Reglamento del Instituto de Toxicología, aprobado por Real Decreto 862/1998, de 8 de mayo, modificado por el Real Decreto 63/2015, de 6 de febrero (BOE del 23).

Artículo 357. Los indicados Profesores prestarán este servicio en el concepto de peritos titulares, y no podrán negarse a efectuarlo sin justa causa, siéndoles aplicables en otro caso lo dispuesto en el párrafo segundo del artículo 346.

Artículo 358. Cada uno de los citados Profesores que informe como perito en virtud de orden judicial, percibirá por sus honorarios e indemnización de los gastos que el desempeño de este servicio le ocasione, la cantidad que se fije en los reglamentos, no estando obligado a trabajar más de tres horas por día, excepto en casos urgentes o extraordinarios, lo que se hará constar en los autos.

Artículo 359. Concluido el análisis y firmada la declaración correspondiente, los Profesores pasarán al Juez instructor o al Presidente de la Sala o Audiencia de lo criminal en su caso una nota firmada de los objetos o sustancias analizados y de los honorarios que les correspondan a tenor de lo dispuesto en el artículo anterior.

El Juzgado dirigirá esta nota, con las observaciones que crea justas, al Presidente de la Audiencia de lo criminal, quien la cursará elevándola al Ministerio de Gracia y Justicia, a no encontrar excesivo el número de horas que se supongan empleadas en cualquier análisis, en cuyo caso acordará que informen tres coprofesores del que lo haya verificado; y en vista de su dictamen, confirmará o rebajará los honorarios reclamados a lo que fuere justo, remitiendo todo con su informe al expresado Ministerio.

Otro tanto hará el Presidente de la Audiencia cuando el análisis se hubiere practicado durante el juicio oral.

Artículo 360. El Ministro de Gracia y Justicia, si conceptuare excesivos los honorarios, podrá también, antes de decretar su pago, pedir informe, y en su caso, nueva tasación de los mismos a la Academia de Ciencias Exactas, Físicas y Naturales, y en vista de lo que esta Corporación expusiere o de la nueva tasación que practicare, se confirmarán los honorarios o se reducirán a lo que resultare justo, decretándose su pago.

Artículo 361. Para verificar éste se incluirá por el Ministro de Gracia y Justicia en los presupuestos de cada año la cantidad que se conceptúe necesaria.

Artículo 362. Los Profesores mencionados no podrán reclamar otros honorarios que los anteriormente fijados por virtud de este servicio, ni exigir que el Juez o Tribunal les facilite los medios materiales de laboratorio o reactivos, ni tampoco auxiliares subalternos para llenar su cometido.

Cuando por falta de peritos, laboratorios o reactivos no sea posible practicar el análisis en la circunscripción de la Audiencia de lo criminal, se practicará en la capital de la provincia, y en último extremo en la del Reino.

Véase el art. 485 de esta LECRIM.

Artículo 363. Los Juzgados y Tribunales ordenarán la práctica de los análisis químicos únicamente en los casos en que se consideren absolutamente indispensables para la necesaria investigación judicial y la recta administración de justicia.

Siempre que concurran acreditadas razones que lo justifiquen, el Juez de Instrucción podrá acordar, en resolución motivada, la obtención de muestras biológicas del sospechoso que resulten indispensables para la determinación de su perfil de ADN. A tal fin, podrá decidir la práctica de aquellos actos de inspección, reconocimiento o intervención corporal que resulten adecuados a los principios de proporcionalidad y razonabilidad.

El párrafo II ha sido añadido por la LO 15/2003, de 25 de noviembre, por la que se modifica la Ley Orgánica 10/1995, de 23 de noviembre, del Código Penal.

El art. 48 de la Ley Orgánica 10/2022, de 6 de septiembre, de garantía integral de la libertad sexual, dispone en su apartado 2: Sin perjuicio de lo dispuesto en los artículos 363 y 778.3 de la Ley de Enjuiciamiento Criminal, aprobada por Real Decreto de 14 de septiembre de 1982, la recogida de muestras biológicas de la víctima y otras evidencias, incluidas imágenes, que puedan contribuir a la acreditación de las violencias sexuales, que se realizará previo consentimiento informado, no estará condicionada a la presentación de denuncia o al ejercicio de la acción penal. Las muestras biológicas y evidencias que se recojan por el centro sanitario se conservarán debidamente para su remisión, garantizando la cadena de custodia y del modo más inmediato posible, al Instituto de Medicina Legal. El plazo y demás condiciones de conservación se determinará mediante protocolos científicos por los organismos competentes.

Artículo 364. En los delitos de robo, hurto, estafa, y en cualquiera otro en que deba hacerse constar la preexistencia de las cosas robadas, hurtadas o estafadas, si no hubiere testigos presenciales del hecho, se recibirá información sobre los antecedentes del que se presentare como agraviado, y sobre todas las circunstancias que ofrecieren indicios de hallarse éste poseyendo aquéllas al tiempo en que resulte cometido el delito.

Véanse arts. 331 y 762.9ª de esta Ley.
Ver arts. 237, 234, 248, 249 y concordantes del CP.

Artículo 365. Cuando para la calificación del delito o de sus circunstancias fuere necesario estimar el valor de la cosa que hubiere sido su objeto o el importe del perjuicio causado o que hubiera podido causarse, el Juez oirá sobre ello al dueño o perjudicado, y acordará después el reconocimiento pericial en la forma determinada en el capítulo VII de este mismo título. El Letrado de la Administración de Justicia facilitará a los peritos nombrados las cosas y elementos directos de apreciación sobre que hubiere de recaer el informe. Si tales efectos no estuvieren a disposición del órgano judicial, el Letrado de la Administración de Justicia les suministrará los datos oportunos que se pudieren reunir, a fin de que, en tal caso, hagan la tasación y regulación de perjuicios de un modo prudente, con arreglo a los datos suministrados.

La valoración de las mercancías sustraídas en establecimientos comerciales se fijará atendiendo a su precio de venta al público.

Modificado por el art. 2.42 de la Ley 13/2009, de 13 de noviembre.

Artículo 366. Las diligencias prevenidas en este capítulo y en el anterior se practicarán con preferencia a las demás del sumario, no suspendiéndose su ejecución sino para asegurar la persona del presunto culpable o para dar el auxilio necesario a los agraviados por el delito.

Artículo 367. En ningún caso admitirá el Juez durante el sumario reclamaciones ni tercerías que tengan por objeto la devolución de los efectos que constituyen el cuerpo del delito, cualquiera que sea su clase y la persona que los reclame.

Modificado por el art. 2.43 de la Ley 13/2009, de 13 de noviembre.

CAPITULO II BIS. DE LA DESTRUCCIÓN Y LA REALIZACIÓN ANTICIPADA DE LOS EFECTOS JUDICIALES

Este Capítulo ha sido introducido por la Ley 18/2006, de 5 de junio, para la eficacia en la Unión Europea de las resoluciones de embargo y de aseguramiento de pruebas en procedimientos penales (BOE del 6).

Artículo 367 bis. Tendrán la consideración de efectos judiciales, en el orden penal, todos aquellos bienes puestos a disposición judicial, embargados, incautados o aprehendidos en el curso de un procedimiento penal.

Artículo 367 ter. 1. Podrá decretarse la destrucción de los efectos judiciales, dejando muestras suficientes, cuando resultare necesaria o conveniente por la propia naturaleza de los efectos intervenidos o por el peligro real o potencial que comporte su almacenamiento o custodia, previa audiencia al Ministerio Fiscal y al propietario, si fuere conocido, o a la persona en cuyo poder fueron hallados los efectos cuya destrucción se pretende.

Cuando se trate de drogas tóxicas, estupefacientes o sustancias psicotrópicas, la autoridad administrativa bajo cuya custodia se encuentren, una vez realizados los informes analíticos pertinentes, asegurada la conservación de las muestras mínimas e imprescindibles que, conforme a criterios científicos, resulten necesarias para garantizar ulteriores comprobaciones o investigaciones, y previa comunicación al Juez instructor, procederá a su inmediata destrucción si, trascurrido el plazo de un mes desde que se efectuó aquella, la autoridad judicial no hubiera ordenado mediante resolución motivada la conservación íntegra de dichas sustancias. En todo caso, lo conservado se custodiará siempre a disposición del órgano judicial competente.

Número 1 del artículo 367 ter redactado por el artículo 4 del R.D-ley 3/2013, de 22 de febrero.

2. En todo caso, el Letrado de la Administración de Justicia extenderá la oportuna diligencia y, si se hubiera acordado la destrucción, deberá quedar constancia en los autos de la naturaleza, calidad, cantidad, peso y medida de los efectos destruidos. Si no hubiese tasación anterior, también se dejará constancia de su valor cuando su fijación fuere imposible después de la destrucción.

3. Lo dispuesto en los dos apartados anteriores será también aplicable a los efectos intervenidos en relación con la comisión de delitos contra la propiedad intelectual e industrial. Podrá igualmente procederse a su destrucción anticipada una vez que tales efectos hayan sido examinados pericialmente, asegurando la conservación de las muestras que resulten necesarias para garantizar ulteriores comprobaciones o investigaciones, salvo que la autoridad judicial acuerde mediante resolución motivada su conservación íntegra en el plazo de un mes desde la solicitud de destrucción.

Modificado por la Disposición Final 2. 3 de la LO 1/2015, de 30 de marzo por la que se modifica la LO 10/1995, de 23 de noviembre, del Código Penal (BOE del 31 de marzo).

La Orden JUS/188/2016, de 15 de febrero (BOE del 20), ha regulado la Oficina de Recuperación y Gestión de Activos.

4. Si los objetos no pudieren, por su naturaleza, conservarse en su forma primitiva, el Juez resolverá lo que estime conveniente para conservarlos del mejor modo posible.

Modificado por el art. 2.44 de la Ley 13/2009, de 13 de noviembre.

Artículo 367 quáter. 1. Podrán realizarse los efectos judiciales de lícito comercio, sin esperar al pronunciamiento o firmeza del fallo, y siempre que no se trate de piezas de convicción o que deban quedar a expensas del procedimiento, en cualquiera de los casos siguientes:

a) Cuando sean perecederos.

b) Cuando su propietario haga expreso abandono de ellos.

c) Cuando los gastos de conservación y depósito sean superiores al valor del objeto en sí.

d) Cuando su conservación pueda resultar peligrosa para la salud o seguridad pública, o pueda dar lugar a una disminución importante de su valor, o pueda afectar gravemente a su uso y funcionamiento habituales.

e) Cuando se trate de efectos que, sin sufrir deterioro material, se deprecien sustancialmente por el transcurso del tiempo.

f) Cuando, debidamente requerido el propietario sobre el destino del efecto judicial, no haga manifestación alguna.

2. Cuando concurra alguno de los supuestos previstos en el apartado anterior, el juez, de oficio o a instancia del Ministerio Fiscal, de las partes o de la Oficina de Recuperación y Gestión de Activos, y previa audiencia del interesado, acordará la realización de los efectos judiciales, salvo que concurra alguna de las siguientes circunstancias:

a) Esté pendiente de resolución el recurso interpuesto por el interesado contra el embargo o decomiso de los bienes o efectos.

b) La medida pueda resultar desproporcionada, a la vista de los efectos que pudiera suponer para el interesado y, especialmente, de la mayor o menor relevancia de los indicios en que se hubiera fundado la resolución cautelar de decomiso.

Modificado por el Apartado cuatro de la Disposición Final Segunda de la LO 1/2015, de 30 de marzo por la que se modifica la LO 10/1995, de 23 de noviembre, del Código Penal (BOE del 31 de marzo).

3. No obstante lo dispuesto en los apartados anteriores, cuando el bien de que se trate esté embargado en ejecución de un acuerdo adoptado por una autoridad judicial extranjera en aplicación de la Ley de reconocimiento mutuo de resoluciones penales en la Unión Europea, su realización no podrá llevarse a cabo sin obtener previamente la autorización de la autoridad judicial extranjera.

Modificado por el Apartado cuatro de la Disposición Final Segunda de la LO 1/2015, de 30 de marzo por la que se modifica la LO 10/1995, de 23 de noviembre, del Código Penal (BOE del 31 de marzo).

Artículo 367 quinquies. 1. La realización de los efectos judiciales podrá consistir en:

a) La entrega a entidades sin ánimo de lucro o a las Administraciones públicas.

b) La realización por medio de persona o entidad especializada.

c) La subasta pública.

2. Podrá entregarse el efecto judicial a entidades sin ánimo de lucro o a las Administraciones públicas cuando sea de ínfimo valor o se prevea que la realización por medio de persona o entidad especializada o por medio de subasta pública será antieconómica.

3. La realización de los efectos judiciales se llevará a cabo conforme al procedimiento que se determine reglamentariamente. No obstante lo anterior, previamente a acordarla se concederá audiencia al Ministerio Fiscal y a los interesados. El producto de la realización de los efectos, bienes, instrumentos y ganancias se aplicará a los gastos que se hubieran causado en la conservación de los bienes y en el procedimiento de realización de los mismos, y la parte sobrante se ingresará en la cuenta de consignaciones del juzgado o tribunal, quedando afecta al pago de las responsabilidades civiles y costas que se declaren, en su caso, en el procedimiento. También podrá asignarse total o parcialmente de manera definitiva en los términos y por el procedimiento que reglamentariamente se establezcan, a la Oficina de Recuperación y Gestión de Activos y a los órganos del Ministerio Fiscal encargados de la represión de las actividades de las organizaciones criminales. Todo ello sin perjuicio de lo dispuesto para el Fondo de bienes decomisados por tráfico ilícito de drogas y otros delitos relacionados. En el caso de realización de un bien embargado o decomisado por orden de una autoridad judicial extranjera se aplicará lo dispuesto en la Ley de reconocimiento mutuo de resoluciones penales en la Unión Europea.

Modificado por el Apartado cinco de la Disposición Final Segunda de la LO 1/2015, de 30 de marzo por la que se modifica la LO 10/1995, de 23 de noviembre, del Código Penal (BOE del 31 de marzo).

Artículo 367 sexies. 1. Podrá autorizarse la utilización provisional de los bienes o efectos decomisados cautelarmente en los siguientes casos:

a) Cuando concurran las circunstancias expresadas en las letras b) a f) del apartado 1 del artículo 367 quáter, y la utilización de los efectos permita a la Administración un aprovechamiento de su valor mayor que con la realización anticipada, o no se considere procedente la realización anticipada de los mismos.

b) Cuando se trate de efectos especialmente idóneos para la prestación de un servicio público.

2. Cuando concurra alguno de los supuestos previstos en el apartado anterior, el juez, de oficio o a instancia del Ministerio Fiscal o de la Oficina de Recuperación y Gestión de activos, y previa audiencia del interesado, autorizará la utilización provisional de los efectos judiciales, salvo que concurra alguna de las circunstancias expresadas en el párrafo segundo del apartado 2 del artículo 367 quáter.

3. Corresponderá a la Oficina de Recuperación y Gestión de activos resolver, conforme a lo previsto legal y reglamentariamente, sobre la adjudicación del uso de los efectos decomisados cautelarmente y sobre las medidas de conservación que deban ser adoptadas. La oficina informará al juez o tribunal, y al Fiscal, de lo que hubiera acordado.

Modificado por el Apartado seis de la Disposición Final Segunda de la LO 1/2015, de 30 de marzo por la que se modifica la LO 10/1995, de 23 de noviembre, del Código Penal (BOE del 31 de marzo).

Artículo 367 septies. El juez o tribunal, de oficio o a instancia del Ministerio Fiscal o de la propia Oficina de Recuperación y Gestión de activos, podrá encomendar la localización, la conservación y la administración de los efectos, bienes, instrumentos y ganancias procedentes de actividades delictivas cometidas en el marco de una organización criminal a la Oficina de Recuperación y Gestión de Activos.

La organización y funcionamiento de dicha Oficina se regularán reglamentariamente.

Modificado por el Apartado siete de la Disposición Final Segunda de la LO 1/2015, de 30 de marzo por la que se modifica la LO 10/1995, de 23 de noviembre, del Código Penal (BOE del 31 de marzo).

CAPÍTULO III. De la identidad del delincuente y de sus circunstancias personales

Artículo 368. Cuantos dirijan cargos a determinada persona deberán reconocerla judicialmente, si el Juez instructor, los acusadores o el mismo inculpado conceptúan fundadamente precisa la diligencia para la identificación de este último, con relación a los designantes, a fin de que no ofrezca duda quién es la persona a que aquéllos se refieren.

Artículo 369. La diligencia de reconocimiento se practicará poniendo a la vista del que hubiere de verificarlo la persona que haya de ser reconocida, haciéndola comparecer en unión con otras de circunstancias exteriores semejantes. A presencia de todas ellas, o desde un punto en que no pudiere ser visto, según al Juez pareciere más conveniente, el que deba practicar el reconocimiento manifestará si se encuentra en la rueda o grupo la persona a quien hubiese hecho referencia en sus declaraciones, designándola, en caso afirmativo, clara y determinadamente.

En la diligencia que se extienda se harán constar todas las circunstancias del acto, así como los nombres de todos los que hubiesen formado la rueda o grupo.

Artículo 370. Cuando fueren varios los que hubieren de reconocer a una persona, la diligencia expresada en el artículo anterior deberá practicarse separadamente con cada uno de ellos, sin que puedan comunicarse entre sí hasta que se haya efectuado el último reconocimiento.

Cuando fueren varios los que hubieren de ser reconocidos por una misma persona, podrá hacerse el reconocimiento de todos en un solo acto.

Artículo 371. El que detuviere o prendiere a algún presunto culpable tomará las precauciones necesarias para que el detenido o preso no haga en su persona o traje alteración alguna que pueda dificultar su reconocimiento por quien corresponda.

Véase el art. 490 y concordantes de esta LECRIM.

Artículo 372. Análogas precauciones deberán tomar los Alcaides de las cárceles y los Jefes de los depósitos de detenidos; y si en los establecimientos de su cargo hubiere traje reglamentario, conservarán cuidadosamente el que lleven los presos o detenidos al ingresar en el establecimiento, a fin de que puedan vestirlo cuantas veces fuera conveniente para diligencias de reconocimiento.

Véase el art. 20 de la Ley Orgánica 1/1979, de 26 de septiembre, General Penitenciaria y el art. 15 del Reglamento penitenciario, aprobado por RD 190/1996, de 9 de febrero.

Artículo 373. Si se originase alguna duda sobre la identidad del procesado, se procurará acreditar ésta por cuantos medios fueren conducentes al objeto.

Artículo 374. El Juez hará constar, con la minuciosidad posible, las señas personales del procesado, a fin de que la diligencia pueda servir de prueba de su identidad.

Artículo 375. Para acreditar la edad del procesado y comprobar la identidad de su persona, el Letrado de la Administración de Justicia traerá al sumario certificación de su inscripción de nacimiento en el Registro civil o de su partida de bautismo, si no estuviere inscrito en el Registro.

En todo caso, cuando no fuere posible averiguar el Registro civil o parroquia en que deba constar el nacimiento o el bautismo del procesado, o no existiesen su inscripción y partida, y cuando por manifestar el procesado haber nacido en punto lejano hubiere necesidad de emplear mucho tiempo en traer a la causa la certificación oportuna, no se detendrá el sumario, y se suplirá el documento del artículo anterior por informe que acerca de la edad del procesado, y previo su examen físico, dieren los Médicos forenses o los nombrados por el Juez.

La referencia al artículo anterior debe entenderse hecha al párrafo primero de este precepto.
Véase, para el procedimiento abreviado, el art. 762.7ª de esta Ley.
Párrafo primero modificado por el art. 2.45 de la Ley 13/2009, de 3 de noviembre.

Artículo 376. Cuando no ofreciere duda la identidad del procesado, y conocidamente tuviese la edad que el Código Penal requiere para poderle exigir la responsabilidad criminal en toda su extensión, podrá prescindirse de la justificación expresada en el artículo anterior, si su práctica ofreciese alguna dificultad u ocasionase dilaciones extraordinarias.

La edad penal se fija en 18 años, conforme al art. 19 CP. Téngase en cuenta lo dispuesto en la LO 5/2000, de 12 de enero, reguladora de la responsabilidad penal de los menores, con las reformas de las LO 7/2000 y 9/2000, las dos de 22 de diciembre, 15/2003, de 25 de noviembre y, especialmente 8/2006, de 4 de diciembre.

En las actuaciones sucesivas y durante el juicio, el procesado será designado con el nombre con que fuere conocido o con el que él mismo dijere tener.

Artículo 377. Si el Juez instructor lo considerase conveniente, podrá pedir informes sobre el procesado a las Alcaldías o a los correspondientes funcionarios de policía del pueblo o pueblos en que hubiese residido.

Estos informes serán fundados, y si no fuere posible fundarlos, se manifestará la causa que lo impidiere.

Los que los dieren no contraerán responsabilidad alguna, salvo en el caso de dolo o negligencia grave.

Redactado por la LO 7/1988, de 28 de diciembre.
Véase, para el procedimiento abreviado, el art. 762.10ª de esta LECRIM.
Véase también la Ley 68/1980, 1 diciembre (BOE 2), sobre expedición de certificaciones e informes de conducta ciudadana.

Artículo 378. Podrá además el Juez recibir declaración acerca de la conducta del procesado a todas las personas que por el conocimiento que tuvieren de éste puedan ilustrarle sobre ello.

Respecto al procedimiento abreviado, véase el art. 762.10ª de esta Ley.

Artículo 379. Se traerán a la causa los antecedentes penales del procesado, pidiendo los anteriores a la creación del Registro Central de Penados de 2 de octubre de 1878, a los Juzgados donde se presuma que puedan en su caso constar, y los posteriores exclusivamente al Ministerio de Gracia y Justicia.

El Jefe del Registro en el Ministerio está obligado a dar los antecedentes que se le reclamen, o certificación negativa en su caso en el improrrogable término de tres días, a contar desde aquel en que se reciba la petición, justificando, si así no lo hiciere, la causa legítima que lo hubiese impedido.

En los Juzgados se atenderá también preferentemente al cumplimiento de este servicio, debiendo ser corregidos disciplinariamente los funcionarios que lo posterguen.

Véase el art. 252 de esta LECRIM.

Artículo 380. Si el procesado fuere mayor de nueve años y menor de quince, el Juez recibirá información acerca del criterio del mismo, y especialmente de su aptitud para apreciar la criminalidad del hecho que hubiese dado motivo a la causa.

En esta información serán oídas las personas que puedan deponer con acierto por sus circunstancias personales y por las relaciones que hayan tenido con el procesado antes y después de haberse ejecutado el hecho. En su defecto se nombrarán dos Profesores de instrucción primaria para que en unión del Médico forense o del que haga sus veces examinen al procesado y emitan su dictamen.

La edad penal se fija en 18 años, conforme al art. 19 CP. Téngase en cuenta lo dispuesto en la LO 5/2000, de 12 de enero, reguladora de la responsabilidad penal de los menores, con las reformas de las LO 7/2000 y 9/2000, las dos de 22 de diciembre, 15/2003, de 25 de noviembre y, especialmente 8/2006, de 4 de diciembre.

Artículo 381. Si el Juez advirtiese en el procesado indicios de enajenación mental, le someterá inmediatamente a la observación de los Médicos forenses en el establecimiento en que estuviese preso, o en otro público si fuere más a propósito o estuviese en libertad.

El art. 20 CP de 1995 contempla la enajenación y el estado de trastorno mental como causa de exención de la responsabilidad; y los arts. 383 y 991 a 994 de esta Ley, para el caso de trastorno mental sobrevenido.

Los Médicos darán en tal caso su informe del modo expresado en el capítulo VII de este título.

Ver los arts. 456 a 485 de esta Ley.

Artículo 382. Sin perjuicio de lo dispuesto en el artículo anterior, el Juez recibirá información acerca de la enajenación mental del procesado, en la forma prevenida en el artículo 380.

Artículo 383. Si la demencia sobreviniera después de cometido el delito, concluso que sea el sumario se mandará archivar la causa por el Tribunal competente hasta que el procesado recobre la salud, disponiéndose además respecto de éste lo que el Código Penal prescribe para los que ejecutan el hecho en estado de demencia.

Véanse los arts. 20 y 60 CP.

Si hubiese algún otro procesado por razón del mismo delito que no se encontrase en el caso del anterior, continuará la causa solamente en cuanto al mismo.

Artículo 384. Desde que resultare del sumario algún indicio racional de criminalidad contra determinada persona, se dictará auto declarándola procesada y mandando que se entiendan con ella las diligencias en la forma y del modo dispuesto en este título y en los demás de esta Ley.

En cuanto al procesamiento de personas aforadas, v. la extensa nota al art. 309, I de esta LECRIM, en donde se recogen las disposiciones competenciales al respecto.

El procesado podrá, desde el momento de serlo, aconsejarse de Letrado, mientras no estuviere incomunicado, y valerse de él, bien para instar la pronta terminación del sumario, bien para solicitar la práctica de diligencias que le interesen, y para formular pretensiones que afecten a su situación. En el primer caso podrá recurrir en queja a la Audiencia, y en los otros dos apelar para ante la misma si el Juez instructor no accediere a sus deseos.

Estas apelaciones no serán admisibles más que en un solo efecto.

Para cumplir lo determinado en este artículo, el Juez instructor dispondrá que el procesado menor de edad sea habilitado de Procurador y Abogado, a no ser que él mismo o su representante legal designen personas que merezcan su confianza para dicha representación y defensa.

Contra los autos que dicten los Jueces de instrucción, decretando el procesamiento de alguna persona, podrá utilizarse, por la representación de ésta, recurso de reforma dentro de los tres días siguientes al de haberle sido notificada la resolución; y contra los autos denegatorios de la reforma podrá ser interpuesto recurso de apelación en un efecto dentro de los cinco días siguientes al de la notificación del auto denegatorio a la representación recurrente. También podrá ser interpuesto el recurso de apelación en un efecto subsidiariamente con el de reforma, en cuyo caso, el Juez instructor declarará admitido aquél al denegar éste. Si se diera lugar a la reforma, quedando sin efecto los procesamientos antes acordados, se estará a lo preceptuado en el párrafo siguiente, en cuanto a la reproducción de la solicitud de procesamiento ante la Audiencia.

Contra los autos denegatorios de procesamiento, sólo se concederá a quien haya solicitado éstos el recurso de reforma, utilizado dentro de los tres días siguientes al de la notificación. Contra los autos denegatorios de la reforma así pretendida, no se podrá utilizar recurso de apelación ni ningún otro recurso; pero podrá reproducirse ante la Audiencia correspondiente la petición de procesamiento formulada por la parte a quien le haya sido denegada, cuando personada ante dicho Tribunal, si hace uso de tal derecho, evacúe el traslado a que se refiere el artículo 627 de esta misma Ley, precisamente dentro del término por el cual le haya sido conferido dicho traslado. El Tribunal, en tales casos, al dictar el auto que ordena el artículo 630, resolverá fundadamente lo que proceda; y sin que pueda dejar al criterio del instructor la resolución, cuando estime procedentes las declaraciones de procesamiento solicitadas, mandará al Juez instructor que las haga. Los procesados a quienes estas resoluciones del instructor se refieran podrán utilizar directamente el recurso de apelación en un efecto, sin necesidad de que utilicen previamente el de reforma.

Cuando la resolución del recurso de reforma interpuesto contra un auto denegatorio de procesamiento sea favorable al recurrente y, por tanto, se acuerde el procesamiento primeramente solicitado contra la resolución en que así se declara, podrán las representaciones de los procesados a quienes afecte utilizar los mismos recursos de reforma y apelación otorgados a los procesados directamente en este mismo artículo.

Redactado por el Real Decreto-Ley de 14 de diciembre de 1925.

Artículo 384 bis. Firme un auto de procesamiento y decretada la prisión provisional por delito cometido por persona integrada o relacionada con bandas armadas o individuos terroristas o rebeldes, el procesado que estuviere ostentando función o cargo público quedará automáticamente suspendido en el ejercicio del mismo mientras dure la situación de prisión.

Añadido por la Ley Orgánica 4/1988, de 25 de mayo.

CAPÍTULO IV. De las declaraciones de los procesados

Véase el art. 24. 2 CE y el art. 229.2 de la LOPJ.

Artículo 385. El Juez, de oficio o a instancia del Ministerio fiscal o del querellante particular, hará que los procesados presten cuantas declaraciones considere convenientes para la averiguación de los hechos, sin que ni el acusador privado ni el actor civil puedan estar presentes al interrogatorio, cuando así lo disponga el Juez instructor.

Artículo 386. Si el procesado estuviere detenido, se le recibirá la primera declaración dentro del término de veinticuatro horas.

Este plazo podrá prorrogarse por otras cuarenta y ocho, si mediare causa grave, la cual se expresará en la providencia en que se acordase la prórroga.

Artículo 387.

Derogado por la Ley Orgánica 13/2015, de 5 de octubre, de modificación de la Ley de Enjuiciamiento Criminal para el fortalecimiento de las garantías procesales y la regulación de las medidas de investigación tecnológica.

Artículo 388. En la primera declaración será preguntado el procesado por su nombre, apellidos paterno y materno, apodo, si lo tuviere, edad, naturaleza, vecindad, estado, profesión, arte, oficio o modo de vivir, si tiene hijos, si fue procesado anteriormente, por qué delito, ante qué Juez o Tribunal, qué pena se le impuso, si la cumplió, si sabe leer y escribir y si conoce el motivo por que se le ha procesado.

Artículo 389. Las preguntas que se le hagan en todas las declaraciones que hubiere de prestar se dirigirán a la averiguación de los hechos y a la participación en ellos del procesado y de las demás personas que hubieren contribuido a ejecutarlos o encubrirlos.

Las preguntas serán directas, sin que por ningún concepto puedan hacérsele de un modo capcioso o sugestivo.

Tampoco se podrá emplear con el procesado género alguno de coacción o amenaza.

Véase el art. 15 CE, el art. 11.1 LOPJ y 174 CP.

Artículo 390. Las relaciones que hagan los procesados o respuestas que den serán orales. Sin embargo, el Juez de instrucción, teniendo siempre en cuenta las circunstancias de aquéllos y la naturaleza de la causa, podrá permitirles que redacten a su presencia una contestación escrita sobre puntos difíciles de explicar, o que también consulten a su presencia apuntes o notas.

Artículo 391. Se pondrán de manifiesto al procesado todos los objetos que constituyen el cuerpo del delito o los que el Juez considere conveniente, a fin de que los reconozca.

Se le interrogará sobre la procedencia de dichos objetos, su destino y la razón de haberlos encontrado en su poder, y, en general, será siempre interrogado sobre cualquiera otra circunstancia que conduzca al esclarecimiento de la verdad.

El Juez podrá ordenar al procesado, pero sin emplear ningún género de coacción, que escriba a su presencia algunas palabras o frases, cuando esta medida la considere útil para desvanecer las dudas que surjan sobre la legitimidad de un escrito que se le atribuya.

Artículo 392. Cuando el procesado rehúse contestar o se finja loco, sordo o mudo, el Juez instructor le advertirá que, no obstante su silencio y su simulada enfermedad, se continuará la instrucción del proceso.

De estas circunstancias se tomará razón por el Letrado de la Administración de Justicia, y el Juez instructor procederá a investigar la verdad de la enfermedad que aparente el procesado, observando a este efecto lo dispuesto en los respectivos artículos de los capítulos II y VII de este mismo título.

Véanse los arts. 334 a 367 y 456 a 485, respectivamente, de esta Ley.

Artículo 393. Cuando el examen del procesado se prolongue mucho tiempo, o el número de preguntas que se le hayan hecho sea tan considerable que hubiese perdido la serenidad de juicio necesaria para contestar a lo demás que deba preguntársele, se suspenderá el examen, concediendo al procesado el tiempo necesario para descansar y recuperar la calma. Siempre se hará constar en la declaración misma el tiempo que se haya invertido en el interrogatorio.

Artículo 394.

Derogado por la LO 16/1994, de 8 de noviembre.

Artículo 395.

Derogado por la Ley Orgánica 13/2015, de 5 de octubre, de modificación de la Ley de Enjuiciamiento Criminal para el fortalecimiento de las garantías procesales y la regulación de las medidas de investigación tecnológica.

Artículo 396. Se permitirá al procesado manifestar cuanto tenga por conveniente para su exculpación o para la explicación de los hechos, evacuándose con urgencia las citas que hiciere y las demás diligencias que propusiere, si el Juez las estima conducentes para la comprobación de sus manifestaciones.

En ningún caso podrán hacerse al procesado cargos ni reconvenciones, ni se le leerá parte alguna del sumario más que sus declaraciones anteriores si lo pidiera, a no ser que el Juez hubiese autorizado la publicidad de aquél en todo o en parte.

Artículo 397. El procesado podrá dictar por sí mismo las declaraciones. Si no lo hiciere, lo hará el Letrado de la Administración de Justicia procurando, en cuanto fuere posible, consignar las mismas palabras de que aquél se hubiese valido.

Modificado por el art. 2.46 de la Ley 13/2009, de 13 de noviembre.

Artículo 398. Si el procesado no supiere el idioma español o fuere sordomudo, se observará lo dispuesto en los artículos 440, 441 y 442.

Artículo 399. Cuando el Juez considere conveniente el examen del procesado en el lugar de los hechos acerca de los cuales deba ser examinado o ante las personas o cosas con ellos relacionadas, se observará lo dispuesto en el artículo 438.

Artículo 400. El procesado podrá declarar cuantas veces quisiere, y el Juez recibirá inmediatamente la declaración si tuviere relación con la causa.

Artículo 401. En la declaración se consignarán íntegramente las preguntas y las contestaciones.

Artículo 402. El procesado podrá leer la declaración, y el Juez le enterará de que le asiste este derecho.

Si no usare de él, la leerá el Letrado de la Administración de Justicia a su presencia.

Artículo 403. Se observará lo dispuesto en el artículo 450 respecto a tachaduras o enmiendas.

Artículo 404. La diligencia se firmará por todos los que hubiesen intervenido en el acto, y se autorizará por el Letrado de la Administración de Justicia.

Artículo 405. Si en las declaraciones posteriores se pusiere el procesado en contradicción con sus declaraciones primeras o retractare sus confesiones anteriores, deberá ser interrogado sobre el móvil de sus contradicciones y sobre las causas de su retractación.

Artículo 406. La confesión del procesado no dispensará al Juez de instrucción de practicar todas las diligencias necesarias a fin de adquirir el convencimiento de la verdad de la confesión y de la existencia del delito.

Con este objeto, el Juez instructor interrogará al procesado confeso para que explique todas las circunstancias del delito y cuanto pueda contribuir a comprobar su confesión, si fue autor o cómplice, y si conoce a algunas personas que fueren testigos o tuvieren conocimiento del hecho.

Compárese con el art. 820 de esta LECRIM.

Artículo 407. Respecto a la incomunicación de los procesados, se observará lo dispuesto en los artículos 506 al 511.

Artículo 408. No se leerán al procesado los fundamentos del auto de incomunicación cuando le fuere notificado, ni se le dará copia de ellos.

Artículo 409. Para recibir declaración al procesado menor de edad no habrá necesidad de nombrarle curador.

Artículo 409 bis. Cuando se haya procedido a la imputación de una persona jurídica, se tomará declaración al representante especialmente designado por ella, asistido de su Abogado. La declaración irá dirigida a la averiguación de los hechos y a la participación en ellos de la entidad imputada y de las demás personas que hubieran también podido intervenir en su realización. A dicha declaración le será de aplicación lo dispuesto en los preceptos del presente Capítulo en lo que no sea incompatible con su especial naturaleza, incluidos los derechos a guardar silencio, a no declarar contra sí misma y a no confesarse culpable.

No obstante, la incomparecencia de la persona especialmente designada por la persona jurídica para su representación determinará que se tenga por celebrado este acto, entendiéndose que se acoge a su derecho a no declarar.

Artículo añadido por la LAP (Ley 37/2011).

CAPÍTULO V. DE LAS DECLARACIONES DE LOS TESTIGOS

Véase el art. 229.2 de la LOPJ.

Artículo 410. Todos los que residan en territorio español, nacionales o extranjeros, que no estén impedidos, tendrán obligación de concurrir al llamamiento judicial para declarar cuanto supieren sobre lo que les fuere preguntado si para ello se les cita con las formalidades prescritas en la Ley.

Artículo 411. Se exceptúan de lo dispuesto en el artículo anterior: el Rey, la Reina, sus respectivos consortes, el Príncipe Heredero y los Regentes del Reino.

También están exentos del deber de declarar los Agentes Diplomáticos acreditados en España, en todo caso, y el personal administrativo, técnico o de servicio de las misiones diplomáticas, así como sus familiares, si concurren en ellos los requisitos exigidos en los tratados.

Este artículo ha sido redactado conforme a la Ley Orgánica 12/1991, de 10 de julio.

Artículo 412. 1. Estarán exentas también de concurrir al llamamiento del Juez, pero no de declarar, pudiendo hacerlo por escrito, las demás personas de la Familia Real.

2. Están exentos de concurrir al llamamiento del Juez, pero no de declarar, pudiendo informar por escrito sobre los hechos de que tengan conocimiento por razón de su cargo:

1.º El Presidente y los demás miembros del Gobierno.

2.º Los Presidentes del Congreso de lo Diputados y del Senado.

3.º El Presidente del Tribunal Constitucional.

4.º El Presidente del Consejo General del Poder Judicial.

5.º El Fiscal General del Estado.

6.º Los Presidentes de las Comunidades Autónomas.

3. Si fuera conveniente recibir declaración a alguna de las personas a las que se refiere el apartado 2 anterior sobre cuestiones de las que no haya tenido conocimiento por razón de su cargo, se tomará la misma en su domicilio o despacho oficial.

4. Quienes hubiesen desempeñado los cargos a que se refiere el apartado 2 del presente artículo estarán igualmente exentos de concurrir al llamamiento del Juez, pero no de declarar, pudiendo informar por escrito sobre los hechos de que hubieren tenido conocimiento por razón de su cargo.

5. Estarán exentos también de concurrir al llamamiento del Juez, pero no de declarar, pudiendo hacerlo en su despacho oficial o en la sede del órgano del que sean miembros:

1.º Los Diputados y Senadores.

2.º Los Magistrados del Tribunal Constitucional y los Vocales del Consejo general del Poder Judicial.

3.º Los Fiscales de Sala del Tribunal Supremo.

4.º El Defensor del Pueblo.

5.º Las Autoridades Judiciales de cualquier orden jurisdiccional de categoría superior a la del que recibiere la declaración.

6.º Los Presidentes de las Asambleas Legislativas de las Comunidades Autónomas.

7.º El Presidente y los Consejeros Permanentes del Consejo de Estado.

8.º El Presidente y los Consejeros del Tribunal de Cuentas.

9.º Los miembros de los Consejos de Gobierno de las Comunidades Autónomas.

10.º Los Secretarios de Estado, los Subsecretarios y asimilados, los Delegados del Gobierno en las Comunidades Autónomas y en Ceuta y Melilla, los Gobernadores civiles y los Delegados de Hacienda.

Véase el art. 400 LOPJ.

6. Si se trata de cargos cuya competencia esté limitada territorialmente, sólo será aplicable la exención correspondiente respecto de las declaraciones que hubieren de recibirse en su territorio, excepción hecha de los Presidentes de las Comunidades Autónomas y de sus Asambleas Legislativas.

7. En cuanto a los miembros de las Oficinas Consulares, se estará a lo dispuesto en los Convenios Internacionales en vigor.

Art. 44 Convenio de Viena, de 24 abril 1983, sobre Relaciones Consulares, ratificado el 3 febrero 1970 (BOE 6 marzo); art. 31 Convenio de Viena, de 18 abril 1961, sobre Relaciones, Privilegios e Inmunidades Diplomáticas, ratificado el 22 noviembre 1967.
Este artículo ha sido redactado conforme a la Ley Orgánica 12/1991, de 10 de julio (BOE de 11 de julio).

Artículo 413. Para recibir la declaración a que se refiere el apartado 3 del artículo anterior, el Juez pasará al domicilio o despacho oficial de la persona concernida, previo aviso, señalándose día y hora.

El Juez procederá de igual modo para recibir la declaración de alguna de las personas a que se refiere el apartado 5 del artículo anterior, cuando la misma fuere a tener lugar en su despacho oficial o en la sede del órgano del que sean miembros.

Este artículo ha sido redactado conforme a la Ley Orgánica 12/1991, de 10 de julio.

Artículo 414. La resistencia de cualquiera de las personas a que se refieren los apartados 3 y 5 del artículo 412 a recibir en su domicilio o residencia oficial al Juez, o a declarar cuanto supieren sobre lo que les fuere preguntado respecto a los hechos del sumario, se pondrá en conocimiento del Ministerio Fiscal para los efectos que procedan.

Si las personas mencionadas en el apartado 7 de dicho artículo incurrieren en la resistencia expresada, el Juez lo comunicará inmediatamente al Ministerio de Justicia, remitiendo testimonio instructivo y se abstendrá de todo procedimiento respecto a ellas, hasta que el Ministro le comunique la resolución que sobre el caso se dictare.

Este artículo ha sido redactado conforme a la Ley Orgánica 12/1991, de 10 de julio.

Artículo 415. Serán invitadas a prestar su declaración por escrito las personas mencionadas en el párrafo segundo del artículo 411 y en el apartado 7 del artículo 412, remitiéndose al efecto al Ministerio de Justicia, con atenta comunicación para el de Asuntos Exteriores, un interrogatorio que comprenda todos los extremos a que deban contestar, a fin de que puedan hacerlo por vía diplomática.

Este artículo ha sido redactado conforme a la Ley Orgánica 12/1991, de 10 de julio.

Artículo 416. Están dispensados de la obligación de declarar:

1. Los parientes del procesado en líneas directa ascendente y descendente, su cónyuge o persona unida por relación de hecho análoga a la matrimonial, sus hermanos consanguíneos o uterinos y los colaterales consanguíneos hasta el segundo grado civil. El Juez instructor advertirá al testigo que se halle comprendido en el párrafo anterior que no tiene obligación de declarar en contra del procesado; pero que puede hacer las manifestaciones que considere oportunas, y el Letrado de la Administración de Justicia consignará la contestación que diere a esta advertencia.

Lo dispuesto en el apartado anterior no será de aplicación en los siguientes casos:

1.º Cuando el testigo tenga atribuida la representación legal o guarda de hecho de la víctima menor de edad o con discapacidad necesitada de especial protección.

2.º Cuando se trate de un delito grave, el testigo sea mayor de edad y la víctima sea una persona menor de edad o una persona con discapacidad necesitada de especial protección.

3.º Cuando por razón de su edad o discapacidad el testigo no pueda comprender el sentido de la dispensa. A tal efecto, el Juez oirá previamente a la persona afectada, pudiendo recabar el auxilio de peritos para resolver.

4.º Cuando el testigo esté o haya estado personado en el procedimiento como acusación particular.

5.º Cuando el testigo haya aceptado declarar durante el procedimiento después de haber sido debidamente informado de su derecho a no hacerlo.

Modificado por la DF-1ª de la Ley Orgánica 8/2021, de 4 de junio, de protección integral a la infancia y la adolescencia frente a la violencia

2. El Abogado del procesado respecto a los hechos que éste le hubiese confiado en su calidad de defensor.

Si alguno de los testigos se encontrase en las relaciones indicadas en los párrafos precedentes con uno o varios de los procesados, estará obligado a declarar respecto a los demás, a no ser que su declaración pudiera comprometer a su pariente o defendido.

Véanse los arts. 542.2 y 543.2 LOPJ; 417 y 442 del CP de 1995, 32 del Real Decreto 658/2001, de 22 de julio, por el que se aprueba el Estatuto General de la Abogacía (BOE núm. 164, de 10 de julio), y 38 y 39 del Real Decreto 1281/2002, de 5 de diciembre, por el que se aprueba el Estatuto General de los Procuradores de los Tribunales.
Modificado por el art. 2.47 de la Ley 13/2009, de 13 de noviembre.

3. Los traductores e intérpretes de las conversaciones y comunicaciones entre el imputado, procesado o acusado y las personas a que se refiere el apartado anterior, con relación a los hechos a que estuviera referida su traducción o interpretación.

Párrafo tercero añadido por el Artículo 1.9 de la Ley Orgánica 5/2015, de 27 de abril, por la que se modifican la Ley de Enjuiciamiento Criminal y la Ley Orgánica 6/1985, de 1 de julio, del Poder Judicial, para transponer la Directiva 2010/64/UE, de 20 de octubre de 2010, relativa al derecho a interpretación y a traducción en los procesos penales y la Directiva 2012/13/UE, de 22 de mayo de 2012, relativa al derecho a la información en los procesos penales (BOE de 28 de abril de 2015, núm. 101).

Artículo 417. No podrán ser obligados a declarar como testigos:

1.º Los eclesiásticos y ministros de los cultos disidentes, sobre los hechos que les fueren revelados en el ejercicio de las funciones de su ministerio.

Cánones 983 y 984 Código de Derecho Canónico de 1983.

2.º Los funcionarios públicos, tanto civiles como militares, de cualquier clase que sean, cuando no pudieren declarar sin violar el secreto que por razón de sus cargos estuviesen obligados a guardar, o cuando, procediendo en virtud de obediencia debida, no fueren autorizados por su superior jerárquico para prestar la declaración que se les pida.

Véanse los arts. 417 y 442 del CP.

3.º Los incapacitados física o moralmente.

En general, téngase en consideración el art. 24.2, II CE y el art. 11.1 LOPJ.

Artículo 418. Ningún testigo podrá ser obligado a declarar acerca de una pregunta cuya contestación pueda perjudicar material o moralmente y de una manera directa e importante, ya a la persona, ya a la fortuna de alguno de los parientes a que se refiere el artículo 416.

Se exceptúa el caso en que el delito revista suma gravedad por atentar a la seguridad del Estado, a la tranquilidad pública o a la sagrada persona del Rey o de su sucesor.

Téngase en consideración el art. 24.2, II CE, en nota al art. 416 de esta Ley y el art. 11.1 LOPJ.

Artículo 419. Si el testigo estuviere físicamente impedido de acudir al llamamiento judicial, el Juez instructor que hubiere de recibirle la declaración se constituirá en su domicilio, siempre que el interrogatorio no haya de poner en peligro la vida del enfermo.

Artículo 420. El que sin estar impedido no concurriere al primer llamamiento judicial, excepto las personas mencionadas en el artículo 412, o se resistiere a declarar lo que supiese acerca de los hechos sobre que fuere preguntado, a no estar comprendido en las exenciones de los artículos anteriores, incurrirá en la multa de 200 a 5.000 euros, y si persistiere en su resistencia será conducido en el primer caso a la presencia del Juez instructor por los agentes de la autoridad, y perseguido por el delito de obstrucción a la Justicia tipificado en el artículo 463.1 del Código Penal, y en el segundo caso será también perseguido por el de desobediencia grave a la autoridad.

La multa será impuesta en el acto de notarse o cometerse la falta.

El párrafo I redactado por la Ley 38/2002, de 24 de octubre. *Vide* arts. 556 y 463 CP.

Artículo 421. El Juez de instrucción o municipal en su caso hará concurrir a su presencia y examinará a los testigos citados en la denuncia o en la querella, o en cualesquiera otras declaraciones o diligencias, y a todos los demás que supieren hechos o circunstancias, o poseyeren datos convenientes para la comprobación o averiguación del delito y del delincuente.

Se procurará, no obstante, omitir la evacuación de citas impertinentes o inútiles.

Artículo 422. Si el testigo residiere fuera del partido o término municipal del Juez que instruyese el sumario, éste se abstendrá de mandarle comparecer a su presencia, a no ser que lo considere absolutamente necesario para la comprobación del delito o para el reconocimiento de la persona del delincuente, ordenándolo en este caso por auto motivado.

También deberá evitar la comparecencia de los empleados de vigilancia pública que tengan su residencia en punto distinto de la capital del Juzgado, de los jefes de estación, maquinistas, fogoneros, conductores, telegrafistas, factores, recaudadores, guardaagujas u otros agentes que desempeñen funciones análogas, a los cuales citará por conducto de sus jefes inmediatos cuando sea absolutamente indispensable su comparecencia.

Artículo 423. En el caso de la regla general comprendida en el párrafo primero del artículo anterior, así como en el del segundo, cuando la urgencia de la declaración fuese tal que no permitiera la dilación consiguiente a la citación del testigo por conducto de sus jefes inmediatos, y el empleado de que se trate no pudiera abandonar el servicio que presta sin grave peligro o extorsión para el público, el Juez instructor de la causa comisionará para recibir la declaración al que lo fuera del término municipal o del partido en que se hallare el testigo.

Artículo 424. Si el testigo residiere en el extranjero, se dirigirá suplicatorio por la vía diplomática y por conducto del Ministerio de Gracia y Justicia al Juez extranjero competente para recibir la declaración. El suplicatorio debe contener los antecedentes necesarios e indicar las preguntas que se han de hacer al testigo, sin perjuicio de que dicho Juez las amplíe según le sugieran su discreción y prudencia.

Si la comparecencia del testigo ante el Juez instructor o Tribunal fuere indispensable y no se presentase voluntariamente, se pondrá en conocimiento del Ministerio de Gracia y Justicia para que adopte la resolución que estime oportuna.

Véanse los arts. 14 a 20 del Convenio Europeo de asistencia judicial en materia penal, de 20 de abril de 1959, completado por el Convenio de asistencia judicial en materia penal entre los Estados miembros de la Unión Europea, hecho en Bruselas el 29 de mayo de 2000 (DOC 197 de 12.7.2000), que entró en vigor en España el 23 de agosto de 2005 (BOE de 28 de octubre de 2005).

Artículo 425. Si la persona llamada a declarar ejerce funciones o cargos públicos, se dará aviso, al mismo tiempo que se practique la citación, a su superior inmediato para que le nombre sustituto durante su ausencia, si lo exigiere así el interés o la seguridad pública.

Artículo 426. Los testigos serán citados en la forma establecida en el Título VII del libro primero de este Código.

Véanse los arts. 166 a 182 y 661 de esta Ley.

Artículo 427. Cuando el testigo no hubiere de comparecer ante el Juez instructor para prestar la declaración, se harán constar en el suplicatorio, exhorto o mandamiento que se expida las circunstancias precisas para la designación del testigo y las preguntas a que deba contestar, sin perjuicio de las que el Juez o Tribunal que le recibiere la declaración considere conveniente hacerle para el mayor esclarecimiento de los hechos.

Artículo 428. El Secretario del Juez comisionado que haya de autorizar la declaración expedirá la cédula prevenida en el artículo 175, con todas las circunstancias expresadas en el mismo, y la de haberse de recibir la declaración en virtud de suplicatorio, exhorto o mandamiento.

Artículo 429. Los testigos que dependan de la jurisdicción militar podrán, según el Juez de instrucción lo estime oportuno, ser examinados por él mismo, como los demás testigos, o por el Juez militar competente. En el primer caso el Juez de instrucción deberá mandar que la citación hecha al testigo se ponga en conocimiento del Jefe del Cuerpo a que perteneciere. En el segundo caso se observará lo dispuesto en los dos artículos anteriores.

Si algún testigo dependiente de la jurisdicción militar rehusare comparecer ante el Juez de instrucción, o se negare a prestar juramento o a contestar al interrogatorio que se le hiciere, el Juez de instrucción se dirigirá al superior del testigo desobediente, cuyo superior, además de corregir al testigo, de lo cual dará inmediato conocimiento al Juez instructor, le hará comparecer ante éste para declarar.

Artículo 430. Los testigos podrán ser citados personalmente donde fueren habidos.

Cuando sea urgente el examen de un testigo, podrá citársele verbalmente para que comparezca en el acto, sin esperar a la expedición de la cédula prescrita en el artículo 175, haciendo constar, sin embargo, en los autos el motivo de la urgencia.

También podrá en igual caso constituirse el Juez instructor en el domicilio de un testigo o en el lugar en que se encuentre para recibirle declaración.

Artículo 431. El Juez instructor podrá habilitar a los agentes de policía para practicar las diligencias de citación verbal o escrita si lo considera conveniente.

Art. 549.1 b) y c) LOPJ; art. 35 LOFCS; arts. 796, 797 y 962 de esta LECRIM.

Artículo 432. Si el testigo no tuviere domicilio conocido o se ignorare su paradero, el Juez instructor ordenará lo conveniente para la averiguación del mismo. En este caso el Letrado de la Administración de Justicia se dirigirá a la Policía Judicial, Registros oficiales, colegios profesionales, entidad o empresas en el que el interesado ejerza su actividad interesando dicha averiguación.

Modificado por el art. 2.48 de la Ley 13/2009, de 13 de noviembre.

Artículo 433. Al presentarse a declarar, los testigos entregarán al Letrado de la Administración de Justicia la copia de la cédula de citación.

Los testigos mayores de edad penal prestarán juramento o promesa de decir todo lo que supieren respecto a lo que les fuere preguntado, estando el Juez obligado a informarles, en un lenguaje claro y comprensible, de la obligación que tienen de ser veraces y de la posibilidad de incurrir en un delito de falso testimonio en causa criminal.

Los testigos que, de acuerdo con lo dispuesto en el Estatuto de la Víctima del Delito, tengan la condición de víctimas del delito, podrán hacerse acompañar por su representante legal y por una persona de su elección durante la práctica de estas diligencias, salvo que en este último caso, motivadamente, se resuelva lo contrario por el Juez de Instrucción para garantizar el correcto desarrollo de la misma.

En el caso de los testigos menores de edad o personas con la capacidad judicialmente modificada, el Juez de Instrucción podrá acordar, cuando a la vista de la falta de madurez de la víctima resulte necesario para evitar causarles graves perjuicios, que se les tome declaración mediante la intervención de expertos y con intervención del Ministerio Fiscal. Con esta finalidad, podrá acordarse también que las preguntas se trasladen a la víctima directamente por los expertos o, incluso, excluir o limitar la presencia de las partes en el lugar de la exploración de la víctima. En estos casos, el Juez dispondrá lo necesario para facilitar a las partes la posibilidad de trasladar preguntas o de pedir aclaraciones a la víctima, siempre que ello resulte posible.

El Juez ordenará la grabación de la declaración por medios audiovisuales.

El párrafo cuarto anterior ha sido suprimido por la DF-1ª de la Ley Orgánica 8/2021, de 4 de junio, de protección integral a la infancia y la adolescencia frente a la violencia. El párrafo quinto anterior es ahora el párrafo cuarto

Artículo 434. El juramento se prestará en nombre de Dios.

Los testigos prestarán el juramento con arreglo a su religión.

Es válida la promesa en sustitución del juramento, conforme a la Ley de 24 de noviembre de 1910 (Gaceta del 25). Véase el art. 16 CE, garantizador de la libertad religiosa, y el art. 5-3° Ley 44/1967, 28 junio (BOE 1 julio).

Artículo 435. Los testigos declararán separada y secretamente a presencia del Juez instructor y del Letrado de la Administración de Justicia.

Redactado por la LO 16/1994, de 8 de noviembre.

Artículo 436. El testigo manifestará primeramente su nombre, apellidos paterno y materno, edad, estado y profesión, si conoce o no al procesado y a las demás partes, y si tiene con ellos parentesco, amistad o relaciones de cualquier otra clase, si ha estado procesado y la pena que se le impuso. Si el testigo fuera miembro de las Fuerzas y Cuerpos de Seguridad en el ejercicio de sus funciones, será suficiente para su identificación el número de su registro personal y la unidad administrativa a la que está adscrito.

Redactado por la Ley 38/2002, de 24 de octubre.

El Juez dejará al testigo narrar sin interrupción los hechos sobre los cuales declare, y solamente le exigirá las explicaciones complementarias que sean conducentes a desvanecer los conceptos oscuros o contradictorios. Después le dirigirá las preguntas que estime oportunas para el esclarecimiento de los hechos.

Artículo 437. Los testigos declararán de viva voz, sin que les sea permitido leer declaración ni respuesta alguna que lleven escrita.

Podrán, sin embargo, consultar algún apunte o memoria que contenga datos difíciles de recordar.

El testigo podrá dictar las contestaciones por sí mismo.

Artículo 438. El Juez instructor podrá mandar que se conduzca al testigo al lugar en que hubieren ocurrido los hechos, y examinarle allí o poner a su presencia los objetos sobre que hubiere de versar la declaración.

En este último caso podrá el Juez instructor poner a presencia del testigo dichos objetos, solos o mezclados con otros semejantes, adoptando además todas las medidas que su prudencia le sugiera para la mayor exactitud de la declaración.

Artículo 439. No se harán al testigo preguntas capciosas ni sugestivas, ni se empleará coacción, engaño, promesa ni artificio alguno para obligarle o inducirle a declarar en determinado sentido.

Véase los arts. 174 y 176 CP.

Artículo 440. Si el testigo no entendiere o no hablare el idioma español, se nombrará un intérprete, que prestará a su presencia juramento de conducirse bien y fielmente en el desempeño de su cargo.

Por este medio se harán al testigo las preguntas y se recibirán sus contestaciones, que éste podrá dictar por su conducto.

En este caso, la declaración deberá consignarse en el proceso en el idioma empleado por el testigo y traducido a continuación al español.

Véase el art. 231.4 LOPJ.

Artículo 441. El intérprete será elegido entre los que tengan títulos de tales, si los hubiere en el pueblo. En su defecto será nombrado un maestro del correspondiente idioma, y si tampoco lo hubiere, cualquier persona que lo sepa.

Si ni aun de esta manera pudiera obtenerse la traducción, y las revelaciones que se esperasen del testigo fueren importantes, se redactará el pliego de preguntas que hayan de dirigírsele y se remitirá a la Oficina de Interpretación de Lenguas del Ministerio de Estado para que, con preferencia a todo otro trabajo, sean traducidas al idioma que hable el testigo.

La Oficina de Interpretación de Lenguas del Ministerio de Asuntos Exteriores se ha regulado por la Orden de 18 de abril de 1977 (BOE 27).

El interrogatorio ya traducido se entregará al testigo para que, a presencia del Juez, se entere de su contenido y redacte por escrito en su idioma las oportunas contestaciones, las cuales se remitirán del mismo modo que las preguntas a la Interpretación de Lenguas.

Estas diligencias las practicarán los Jueces con la mayor actividad.

Véase el art. 231.4 LOPJ.

Artículo 442. Si el testigo fuere sordo, se nombrará un intérprete de lengua de signos adecuado, por cuyo conducto se le harán las preguntas y se recibirán sus contestaciones.

El nombrado prestará juramento a presencia del sordo antes de comenzar a desempeñar el cargo.

Redactado por la LO 19/2003, de 23 de diciembre.

Artículo 443. El testigo podrá leer por sí mismo la diligencia de su declaración; si no pudiere, por hallarse en alguno de los casos comprendidos en los artículos 440 y 442, se la leerá el intérprete, y en los demás casos el Letrado de la Administración de Justicia.

El Juez advertirá siempre a los interesados el derecho que tienen de leer por sí mismos sus declaraciones.

Artículo 444. Estas serán firmadas por el Juez y por todos los que en ellas hubiesen intervenido, si supieren y pudieren hacerlo, autorizándolas el Letrado de la Administración de Justicia.

Artículo 445. No se consignarán en los autos las declaraciones de los testigos que, según el Juez, fuesen manifiestamente inconducentes para la comprobación de los hechos objeto del sumario. Tampoco se consignarán en cada declaración las manifestaciones del testigo que se hallen en el mismo caso, pero se consignará siempre todo lo que pueda servir así de cargo como de descargo.

En el primer caso se hará expresión por medio de diligencia de la comparecencia del testigo y del motivo de no escribirse su declaración.

Artículo 446. Terminada la declaración, el Letrado de la Administración de Justicia hará saber al testigo la obligación de comparecer para declarar de nuevo ante el Tribunal competente cuando se le cite para ello, así como la de poner en conocimiento de la Oficina judicial los cambios de domicilio que hiciere hasta ser citado para el juicio oral, bajo apercibimiento si no lo cumple de ser castigado con una multa de 200 a 1.000 euros, a no ser que incurriere en responsabilidad criminal por la falta.

Estas prevenciones se harán constar al final de la misma diligencia de la declaración.

Modificado por el art. 2.49 de la Ley 13/2009, de 13 de noviembre.

Artículo 447. El Letrado de la Administración de Justicia, al remitir el sumario al Tribunal competente, pondrá en su conocimiento los cambios de domicilio que los testigos hubiesen comunicado.

Lo mismo hará respecto de los cambios comunicados después que hubiese remitido el sumario, hasta la terminación de la causa.

Modificado por el art. 2.50 de la Ley 13/2009, de 13 de noviembre.

Artículo 448. Si el testigo manifestare, al hacerle la prevención referida en el artículo 446, la imposibilidad de concurrir por haber de ausentarse del territorio nacional, y también en el caso en que hubiere motivo racionalmente bastante para temer su muerte o incapacidad física o intelectual antes de la apertura del juicio oral, el Juez instructor mandará practicar inmediatamente la declaración, asegurando en todo caso la posibilidad de contradicción de las partes. Para ello, el Secretario judicial hará saber al reo que nombre abogado en el término de veinticuatro horas, si aún no lo tuviere, o de lo contrario, que se le nombrará de oficio, para que le aconseje en el acto de recibir la declaración del testigo. Transcurrido dicho término, el Juez recibirá juramento y volverá a examinar a éste, a presencia del procesado y de su abogado defensor y a presencia, asimismo, del Fiscal y del querellante, si quisieren asistir al acto, permitiendo a éstos hacerle cuantas repreguntas tengan por conveniente, excepto las que el Juez desestime como manifiestamente impertinentes.

Por el letrado de la Administración de Justicia se consignarán las contestaciones a estas preguntas, y esta diligencia será firmada por todos los asistentes.

El párrafo tercero y último anterior ha sido suprimido por la DF-1ª de la Ley Orgánica 8/2021, de 4 de junio, de protección integral a la infancia y la adolescencia frente a la violencia.

Artículo 449. En caso de inminente peligro de muerte del testigo, se procederá con toda urgencia a recibirle declaración en la forma expresada en el artículo anterior, aunque el procesado no pudiese ser asistido de Letrado.

Artículo 449 bis. Cuando, en los casos legalmente previstos, la autoridad judicial acuerde la práctica de la declaración del testigo como prueba preconstituida, la misma deberá desarrollarse de conformidad con los requisitos establecidos en este artículo.

La autoridad judicial garantizará el principio de contradicción en la práctica de la declaración. La ausencia de la persona investigada debidamente citada no impedirá la práctica de la prueba preconstituida, si bien su defensa letrada, en todo caso, deberá estar presente. En caso de incomparecencia injustificada del defensor de la persona investigada o cuando haya razones de urgencia para proceder inmediatamente, el acto se sustanciará con el abogado de oficio expresamente designado al efecto.

La autoridad judicial asegurará la documentación de la declaración en soporte apto para la grabación del sonido y la imagen, debiendo el Letrado de la Administración de Justicia, de forma inmediata, comprobar la calidad de la grabación audiovisual. Se acompañará acta sucinta autorizada por el Letrado de la Administración de Justicia, que contendrá la identificación y firma de todas las personas intervinientes en la prueba preconstituida.

Para la valoración de la prueba preconstituida obtenida conforme a lo previsto en los párrafos anteriores, se estará a lo dispuesto en el artículo 730.2.

Añadido por la DF-1ª de la Ley Orgánica 8/2021, de 4 de junio, de protección integral a la infancia y la adolescencia frente a la violencia.

Artículo 449 ter. Cuando una persona menor de catorce años o una persona con discapacidad necesitada de especial protección deba intervenir en condición de testigo en un procedimiento judicial que tenga por objeto la instrucción de un delito de homicidio, lesiones, contra la libertad, contra la integridad moral, trata de seres humanos, contra la libertad e indemnidad sexuales, contra la intimidad, contra las relaciones familiares, relativos al ejercicio de derechos fundamentales y libertades públicas, de organizaciones y grupos criminales y terroristas y de terrorismo, la autoridad judicial acordará, en todo caso, practicar la audiencia del menor como prueba preconstituida, con todas las garantías de la práctica de prueba en el juicio oral y de conformidad con lo establecido en el artículo anterior. Este proceso se realizará con todas las garantías de accesibilidad y apoyos necesarios.

La autoridad judicial podrá acordar que la audiencia del menor de catorce años se practique a través de equipos psicosociales que apoyarán al Tribunal de manera interdisciplinar e interinstitucional, recogiendo el trabajo de los profesionales que hayan intervenido anteriormente y estudiando las circunstancias personales, familiares y sociales de la persona menor o con discapacidad, para mejorar el tratamiento de los mismos y el rendimiento de la prueba. En este caso, las partes trasladarán a la autoridad judicial las preguntas que estimen oportunas quien, previo control de su pertinencia y utilidad, se las facilitará a las personas expertas. Una vez realizada la audiencia del menor, las partes podrán interesar, en los mismos términos, aclaraciones al testigo. La declaración siempre será grabada y el Juez, previa audiencia de las partes, podrá recabar del perito un informe dando cuenta del desarrollo y resultado de la audiencia del menor.

Para el supuesto de que la persona investigada estuviere presente en la audiencia del menor se evitará su confrontación visual con el testigo, utilizando para ello, si fuese necesario, cualquier medio técnico.

Las medidas previstas en este artículo podrán ser aplicables cuando el delito tenga la consideración de leve.

Añadido por la DF-1ª de la Ley Orgánica 8/2021, de 4 de junio, de protección integral a la infancia y la adolescencia frente a la violencia.

Artículo 450. No se harán tachaduras, enmiendas ni entrerreglonaduras en las diligencias del sumario. A su final se consignarán las equivocaciones que se hubieren cometido.

Véase el art. 403 de esta LECRIM.

CAPÍTULO VI. Del careo de los testigos y procesados

Véase el art. 229.2. LOPJ.

Artículo 451. Cuando los testigos o los procesados entre sí o aquéllos con éstos discordaren acerca de algún hecho o de alguna circunstancia que interese en el sumario, podrá el Juez celebrar careo entre los que estuvieren discordes, sin que esta diligencia deba tener lugar, por regla general, más que entre dos personas a la vez.

Artículo 452. El careo se verificará ante el Juez, leyendo el Letrado de la Administración de Justicia a los procesados o testigos entre quienes tenga lugar el acto las declaraciones que hubiesen prestado, y preguntando el primero a los testigos, después de recordarles su juramento y las penas del falso testimonio, si se ratifican en ellas o tienen alguna variación que hacer.

El Juez manifestará enseguida las contradicciones que resulten en dichas declaraciones, e invitará a los careados para que se pongan de acuerdo entre sí.

Véanse los arts. 713 y 729-1° de esta LECRIM.

Artículo 453. El Letrado de la Administración de Justicia dará fe de todo lo que ocurriere en el acto del careo y de las preguntas, contestaciones y reconvenciones que mutuamente se hicieren los careados, así como de lo que se observare en su actitud durante el acto; y firmará la diligencia con todos los concurrentes, expresando, si alguno no lo hiciere, la razón que para ello alegue.

Artículo 454. El Juez no permitirá que los careados se insulten o amenacen.

Artículo 455. No se practicarán careos sino cuando no fuere conocido otro modo de comprobar la existencia del delito o la culpabilidad de alguno de los procesados.

No se practicarán careos con testigos que sean menores de edad salvo que el Juez lo considere imprescindible y no lesivo para el interés de dichos testigos, previo informe pericial.

Párrafo añadido por la Ley Orgánica 14/1999, de 9 de junio.

CAPÍTULO VII. Del informe pericial

Artículo 456. El Juez acordará el informe pericial cuando, para conocer o apreciar algún hecho o circunstancia importante en el sumario, fuesen necesarios o convenientes conocimientos científicos o artísticos.

Artículo 457. Los peritos pueden ser o no titulares.

Son peritos titulares los que tienen título oficial de una ciencia o arte cuyo ejercicio esté reglamentado por la Administración.

Son peritos no titulares los que, careciendo de título oficial, tienen, sin embargo, conocimientos o prácticas especiales en alguna ciencia o arte.

Artículo 458. El Juez se valdrá de peritos titulares con preferencia a los que no tuviesen título.

Artículo 459. Todo reconocimiento pericial se hará por dos peritos.

Se exceptúa el caso en que no hubiese más de uno en el lugar y no fuere posible esperar la llegada de otro sin graves inconvenientes para el curso del sumario.

Artículo 460. El nombramiento se hará saber a los peritos por medio de oficio, que les será entregado por alguacil o portero del Juzgado, con las formalidades prevenidas para la citación de los testigos, reemplazándose la cédula original, para los efectos del artículo 175, por un atestado que extenderá el alguacil o portero encargado de la entrega.

Artículo 461. Si la urgencia del encargo lo exige, podrá hacerse el llamamiento verbalmente de orden del Juez, haciéndolo constar así en los autos; pero extendiendo siempre el atestado prevenido en el artículo anterior el encargado del cumplimiento de la orden de llamamiento.

Artículo 462. Nadie podrá negarse a acudir al llamamiento del Juez para desempeñar un servicio pericial, si no estuviere legítimamente impedido.

En este caso deberá ponerlo en conocimiento del Juez en el acto de recibir el nombramiento, para que se provea a lo que haya lugar.

Artículo 463. El perito que sin alegar excusa fundada deje de acudir al llamamiento del Juez o se niegue a prestar el informe, incurrirá en las responsabilidades señaladas para los testigos en el artículo 420.

Artículo 464. No podrán prestar informe pericial acerca del delito, cualquiera que sea la persona ofendida, los que según el artículo 416 no están obligados a declarar como testigos.

El perito que, hallándose comprendido en alguno de los casos de dicho artículo, preste el informe sin poner antes esa circunstancia en conocimiento del Juez que le hubiese nombrado incurrirá en la multa de 200 a 5.000 euros, a no ser que el hecho diere lugar a responsabilidad criminal.

Redactado por la Ley 38/2002, de 24 de octubre.

Artículo 465. Los que presten informe como peritos en virtud de orden judicial tendrán derecho a reclamar los honorarios e indemnizaciones que sean justos, si no tuvieren, en concepto de tales peritos, retribución fija satisfecha por el Estado, por la Provincia o por el Municipio.

Véase el art. 722 de esta LECRIM.

Artículo 466. Hecho el nombramiento de peritos, el Letrado de la Administración de Justicia lo notificará inmediatamente al Ministerio Fiscal, al actor particular, si lo hubiere, como al procesado, si estuviere a disposición del

Juez o se encontrare en el mismo lugar de la instrucción, o a su representante si lo tuviere.

Modificado por el art. 2.52 de la Ley 13/2009, de 13 de noviembre.

Artículo 467. Si el reconocimiento e informe periciales pudieren tener lugar de nuevo en el juicio oral, los peritos nombrados no podrán ser recusados por las partes.

Si no pudiere reproducirse en el juicio oral, habrá lugar a la recusación.

Véanse los arts. 471 y 476 de esta LECRIM.

Artículo 468. Son causa de recusación de los peritos:

1.º El parentesco de consanguinidad o de afinidad dentro del cuarto grado con el querellante o con el reo.

2.º El interés directo o indirecto en la causa o en otra semejante.

3.º La amistad íntima o la enemistad manifiesta.

Véase el art. 723 de esta LECRIM.

Artículo 469. El actor o procesado que intente recusar al perito o peritos nombrados por el Juez deberá hacerlo por escrito antes de empezar la diligencia pericial, expresando la causa de la recusación y la prueba testifical que ofrezca, y acompañando la documental o designando el lugar en que ésta se halle si no la tuviere a su disposición.

Para la presentación de este escrito, no estará obligado a valerse de Procurador.

Artículo 470. El Juez, sin levantar mano, examinará los documentos que produzca el recusante y oirá a los testigos que presente en el acto, resolviendo lo que estime justo respecto de la recusación.

Si hubiere lugar a ella, suspenderá el acto pericial por el tiempo estrictamente necesario para nombrar el perito que haya de sustituir al recusado, hacérselo saber y constituirse el nombrado en el lugar correspondiente.

Si no la admitiere, se procederá como si no se hubiese usado de la facultad de recusar.

Cuando el recusante no produjese los documentos, pero designare el archivo o lugar en que se encuentren, se reclamarán por el Letrado de la Administración de Justicia, y el Juez instructor los examinará una vez recibidos sin detener por esto el curso de las actuaciones; y si de ellos resultase justificada la causa de la recusación, anulará el informe pericial que se hubiese dado, mandando que se practique de nuevo esta diligencia.

Párrafo cuarto modificado por el art. 2.53 de la Ley 13/2009, de 3 de noviembre.

Artículo 471. En el caso del párrafo segundo del artículo 467, el querellante tendrá derecho a nombrar a su costa un perito que intervenga en el acto pericial.

El mismo derecho tendrá el procesado.

Si los querellantes o los procesados fuesen varios, se pondrán respectivamente de acuerdo entre sí para hacer el nombramiento.

Estos peritos deberán ser titulares, a no ser que no los hubiere de esta clase en el partido o demarcación, en cuyo caso podrán ser nombrados sin título.

Si la práctica de la diligencia pericial no admitiere espera, se procederá como las circunstancias lo permitan para que el actor y el procesado puedan intervenir en ella.

Artículo 472. Si las partes hicieren uso de la facultad que se les concede en el artículo anterior, manifestarán al Juez el nombre del perito, y ofrecerán, al hacer esta manifestación, los comprobantes de tener la cualidad de tal perito la persona designada.

En ningún caso podrán hacer uso de dicha facultad después de empezada la operación de reconocimiento.

Artículo 473. El Juez resolverá sobre la admisión de dichos peritos en la forma determinada en el artículo 470 para las recusaciones.

Artículo 474. Antes de darse principio al acto pericial, todos los peritos, así los nombrados por el Juez como los que lo hubieren sido por las partes, prestarán juramento, conforme al artículo 434, de proceder bien y fielmente en sus operaciones, y de no proponerse otro fin más que el de descubrir y declarar la verdad.

Véase los arts. 459 y 460 CP.

Artículo 475. El Juez manifestará clara y determinadamente a los peritos el objeto de su informe.

Artículo 476. Al acto pericial podrán concurrir, en el caso del párrafo segundo del artículo 467, el querellante, si lo hubiere, con su representación, y el procesado con la suya aun cuando estuviere preso, en cuyo caso adoptará el Juez las precauciones oportunas.

Artículo 477. El acto pericial será presidido por el Juez instructor o, en virtud de su delegación, por el Juez municipal. Podrá también delegar en el caso del artículo 353 en un funcionario de Policía judicial.

Asistirá siempre el Letrado de la Administración de Justicia que actúe en la causa.

Artículo 478. El informe pericial comprenderá, si fuere posible:

1.º Descripción de la persona o cosa que sea objeto del mismo, en el estado o del modo en que se halle.

El Letrado de la Administración de Justicia extenderá esta descripción, dictándola los peritos y suscribiéndola todos los concurrentes.

2.º Relación detallada de todas las operaciones practicadas por los peritos y de su resultado, extendida y autorizada en la misma forma que la anterior.

3.º Las conclusiones que en vista de tales datos formulen los peritos, conforme a los principios y reglas de su ciencia o arte.

Véase la Instrucción 6/1988, de 12 de diciembre, de la Fiscalía General del Estado.

Artículo 479. Si los peritos tuvieren necesidad de destruir o alterar los objetos que analicen, deberá conservarse, a ser posible, parte de ellos a disposición del Juez, para que, en caso necesario, pueda hacerse nuevo análisis.

Modificado por el art. 2.54 de la Ley 13/2009, de 13 de noviembre.

Artículo 480. Las partes que asistieren a las operaciones o reconocimientos podrán someter a los peritos las observaciones que estimen convenientes, haciéndose constar todas en la diligencia.

Artículo 481. Hecho el reconocimiento, podrán los peritos, si lo pidieren, retirarse por el tiempo absolutamente preciso al sitio que el Juez les señale para deliberar y redactar las conclusiones.

Artículo 482. Si los peritos necesitaren descanso, el Juez o el funcionario que le represente podrá concederles para ello el tiempo necesario.

También podrá suspender la diligencia hasta otra hora u otro día, cuando lo exigiere su naturaleza.

En este caso, el Juez o quien lo represente adoptará las precauciones convenientes para evitar cualquier alteración en la materia de la diligencia pericial.

Artículo 483. El Juez podrá, por su propia iniciativa o por reclamación de las partes presentes o de sus defensores, hacer a los peritos, cuando produzcan sus conclusiones, las preguntas que estime pertinentes y pedirles las aclaraciones necesarias.

Las contestaciones de los peritos se considerarán como parte de su informe.

Artículo 484. Si los peritos estuvieren discordes y su número fuere par, nombrará otro el Juez.

Con intervención del nuevamente nombrado, se repetirán, si fuere posible, las operaciones que hubiesen practicado aquéllos y se ejecutarán las demás que parecieren oportunas.

Si no fuere posible la repetición de las operaciones ni la práctica de otras nuevas, la intervención del perito últimamente nombrado se limitará a deliberar con los demás, con vista de las diligencias de reconocimiento practicadas, y a formular luego con quien estuviere conforme, o separadamente si no lo estuviere con ninguno, sus conclusiones motivadas.

Artículo 485. El Juez facilitará a los peritos los medios materiales necesarios para practicar la diligencia que les encomiende, reclamándolos de la Administración pública, o dirigiendo a la Autoridad correspondiente un aviso previo si existieren preparados para tal objeto, salvo lo dispuesto especialmente en el artículo 362.

TÍTULO VI. DE LA CITACIÓN, DE LA DETENCIÓN Y DE LA PRISIÓN PROVISIONAL

CAPÍTULO PRIMERO. De la citación

Artículo 486. La persona a quien se impute un acto punible deberá ser citada sólo para ser oída, a no ser que la ley disponga lo contrario, o que desde luego proceda su detención.

Véase los arts. 489 y ss. de esta LECRIM; en cuanto a la citación de clérigos y religiosos, v. art. II Acuerdo entre el Estado Español y la Santa Sede, de 28 julio 1976, ratificado el 19 agosto.

Artículo 487. Si el citado, con arreglo a lo prevenido en el artículo anterior, no compareciere ni justificare causa legítima que se lo impida, la orden de comparecencia podrá convertirse en orden de detención.

Artículo 488. Durante la instrucción de la causa, el Juez instructor podrá mandar comparecer a cuantas personas convenga oir, por resultar contra ellas algunas indicaciones fundadas de culpabilidad.

CAPÍTULO II. De la detención

Artículo 489. Ningún español ni extranjero podrá ser detenido sino en los casos y en la forma que las leyes prescriban.

Art. 17.1, 2 y 3 CE. Normas particulares sobre detención a tener en cuenta son las siguientes:
La persona del Rey es inviolable: art. 56.3 CE;
Respecto a Diputados y Senadores: 71.1 y 2 CE;
Respecto a los Magistrados del TC: art. 22 LOTC.
Respecto a Jueces y Magistrados: art. 398 LOPJ.
Respecto al Defensor del Pueblo y sus Adjuntos: art. 6, LO 3/1981, 5 mayo (BOE 7);
Tratándose de clérigos y religiosos de la Iglesia Católica: art. II Acuerdo entre el Estado Español y la Santa Sede, de 28 julio 1976, ratificado el 19 agosto (BOE 24 septiembre);
Respecto a miembros del Cuerpo Diplomático y Consular: art. 31 Convenio de Viena de 18 abril 1961, ratificado el 22 noviembre 1967 (BOE 24 enero 1968), y art. 44 Convenio de Viena 24 abril 1963, ratificado el 3 febrero 1970 (BOE 6 marzo);
Respecto a miembros de las Fuerzas y Cuerpos de Seguridad: art. 8.1, II LOFS;
En cuanto al personal militar de USA y de la OTAN; art. 4. Convenio de Amistad, Defensa y Cooperación entre España y USA, de 2 julio 1982 (BOE 20 mayo 1983);
En caso de delito de terrorismo: art. 520 bis LECRIM.
En caso de estado de excepción o sitio: art. 16 LAES.
Téngase en cuenta igualmente la posibilidad de solicitud de «habeas corpus» por detención ilegal (art. 1 LOHC); así como la responsabilidad penal en su caso prevista en los arts. 167, 530, 531 y 533 y 226 a 228 CP de 1995.

Artículo 490. Cualquier persona puede detener:

1.º Al que intentare cometer un delito, en el momento de ir a cometerlo.

2.º Al delincuente in fraganti.

3.º Al que se fugare del establecimiento penal en que se halle extinguiendo condena.

4.º Al que se fugare de la cárcel en que estuviere esperando su traslación al establecimiento penal o lugar en que deba cumplir la condena que se le hubiese impuesto por sentencia firme.

5.º Al que se fugare al ser conducido al establecimiento o lugar mencionado en el número anterior.

6.º Al que se fugare estando detenido o preso por causa pendiente.

7.º Al procesado o condenado que estuviere en rebeldía.

Véase el art. 163.4 CP.

Artículo 491. El particular que detuviere a otro justificará, si éste lo exigiere, haber obrado en virtud de motivos racionalmente suficientes para creer que el detenido se hallaba comprendido en alguno de los casos del artículo anterior.

Artículo 492. La Autoridad o agente de Policía judicial tendrá obligación de detener:

1.º A cualquiera que se halle en alguno de los casos del artículo 490.

2.º Al que estuviere procesado por delito que tenga señalada en el Código pena superior a la de prisión correccional.

La referencia a la prisión correccional (prisión menor hasta 1995) debió entenderse hecha tras el CP de 1995 a la pena de prisión superior a tres años, tal y como dispone la Disposición Transitoria 11ª de la Ley Orgánica 10/1995, del Código Penal. Pero con la reforma de la Ley 36/1998, de 10 de noviembre, del art. 14 LECRIM, el listón se fija ahora en cinco años.

3.º Al procesado por delito a que esté señalada pena inferior, si sus antecedentes o las circunstancias del hecho hicieren presumir que no comparecerá cuando fuere llamado por la Autoridad judicial.

Se exceptúa de lo dispuesto en el párrafo anterior al procesado que preste en el acto fianza bastante, a juicio de la Autoridad o agente que intente detenerlo, para presumir racionalmente que comparecerá cuando le llame el Juez o Tribunal competente.

4.º Al que estuviere en el caso del número anterior, aunque todavía no se hallase procesado, con tal que concurran las dos circunstancias siguientes: 1.ª Que la Autoridad o agente tenga motivos racionalmente bastantes para creer en la existencia de un hecho que presente los caracteres de delito. 2ª Que los tenga también bastantes para creer que la persona a quien intente detener tuvo participación en él.

Véase los arts. 282 de esta LECRIM, y 5.3 LOFCS.

Artículo 493. La Autoridad o agente de Policía judicial tomará nota del nombre, apellido, domicilio y demás circunstancias bastantes para la averiguación e identificación de la persona del procesado o delincuente a quienes no detuviere por no estar comprendidos en ninguno de los casos del artículo anterior.

Esta nota será oportunamente entregada al Juez o Tribunal que conozca o deba conocer de la causa.

Artículo 494. Dicho Juez o Tribunal acordará también la detención de los comprendidos en el artículo 492, a prevención con las Autoridades y agentes de Policía judicial.

Artículo 495. No se podrá detener por la presunta comisión de delitos leves, a no ser que el presunto reo no tuviese domicilio conocido ni diese fianza bastante, a juicio de la autoridad o agente que intente detenerle.

Texto redactado por la LO Ley Orgánica del Derecho de Defensa, LO 5/2024, de 11 de noviembre (BOE del 14).

Artículo 496. El particular, Autoridad o agente de Policía judicial que detuviere a una persona en virtud de lo dispuesto en los precedentes artículos, deberá ponerla en libertad o entregarla al Juez más próximo al lugar en que hubiere hecho la detención dentro de las veinticuatro horas siguientes al acto de la misma.

Si demorare la entrega, incurrirá en la responsabilidad que establece el Código Penal, si la dilación hubiere excedido de veinticuatro horas.

La duración de la detención se fija dentro del plazo marco máximo de 72 horas en el art. 17.2 CE. Véase los arts. 295 y 520 bis de esta LECRIM. Como excepciones a dicho plazo, v. art. 16 LAES. Véase también el art. 5.3 CEDH y los arts. 167, 530, 531 y 533 CP.

Artículo 497. Si el Juez o Tribunal a quien se hiciese la entrega fuere el propio de la causa, y la detención se hubiese hecho según lo dispuesto en los números 1.°, 2.° y 6.°, y caso referente al procesado del 7.° del artículo 490, y 2.°, 3.° y 4.° del artículo 492, elevará la detención a prisión, o la dejará sin efecto, en el término de setenta y dos horas, a contar desde que el detenido le hubiese sido entregado.

Lo propio, y en idéntico plazo, hará el Juez o Tribunal respecto de la persona cuya detención hubiere él mismo acordado.

Véanse los arts. 17.2 de la Ley Orgánica 1/1979, de 26 de septiembre, General Penitenciaria, y 22 y 23 del Reglamento Penitenciario, aprobado por Real Decreto 190/1996, de 9 de febrero (BOE del 15).

Artículo 498. Si el detenido, en virtud de lo dispuesto en el número 6.º y primer caso del 7.º del artículo 490 y 2.º y 3.º del artículo 492, hubiese sido entregado a un Juez distinto del Juez o Tribunal que conozca de la causa, extenderá el primero una diligencia expresiva de la persona que hubiere hecho la detención, de su domicilio y demás circunstancias bastantes para buscarla e identificarla, de los motivos que ésta manifestase haber tenido para la detención y del nombre, apellido y circunstancias del detenido.

Esta diligencia será firmada por el Juez, el Letrado de la Administración de Justicia, la persona que hubiese ejecutado la detención y las demás concurrentes. Por el que no lo hiciere firmarán dos testigos.

Inmediatamente después serán remitidas estas diligencias y la persona del detenido a disposición del Juez o Tribunal que conociese de la causa.

Artículo 499. Si el detenido lo fuese por estar comprendido en los números 1.º y 2.º del artículo 490 y en el 4.º del 492, el Juez de instrucción a quien se entregue practicará las primeras diligencias y elevará la detención a prisión o decretará la libertad del detenido según proceda, en el término señalado en el artículo 497.

Hecho esto, cuando él no fuere Juez competente, remitirá a quien lo sea las diligencias y la persona del preso, si lo hubiere.

Artículo 500. Cuando el detenido lo sea por virtud de las causas 3.º, 4.º, 5.º, y caso referente al condenado de la 7.º, del artículo 490, el Juez a quien se entregue o que haya acordado la detención, dispondrá que inmediatamente sea remitido al establecimiento o lugar donde debiera cumplir su condena.

Artículo 501. El auto elevando la detención a prisión o dejándola sin efecto, se pondrá en conocimiento del Ministerio Fiscal, y se notificará al querellante particular si lo hubiere, y al procesado, al cual se le hará saber asimismo el derecho que le asiste para pedir de palabra o por escrito la reposición del auto, consignándose en la notificación las manifestaciones que hiciere.

CAPÍTULO III. De la prisión provisional

Artículo 502. 1. Podrá decretar la prisión provisional el Juez o Magistrado instructor, el Juez que forme las primeras diligencias, así como el Juez de lo Penal o Tribunal que conozca de la causa.

2. La prisión provisional sólo se adoptará cuando objetivamente sea necesaria, de conformidad con lo establecido en los artículos siguientes, y cuando no existan otras medidas menos gravosas para el derecho a la libertad a través de las cuales puedan alcanzarse los mismos fines que con la prisión provisional.

3. El Juez o Tribunal tendrá en cuenta para adoptar la prisión provisional la repercusión que esta medida pueda tener en el investigado o encausado, considerando sus circunstancias y las del hecho objeto de las actuaciones, así como la entidad de la pena que pudiera ser impuesta.

4. No se adoptará en ningún caso la prisión provisional cuando de las investigaciones practicadas se infiera racionalmente que el hecho no es constitutivo de delito o que el mismo se cometió concurriendo una causa de justificación.

Artículo redactado por la LO 13/2003, de 24 de octubre, de reforma de la LECRIM en materia de prisión provisional.

Artículo 503. 1. La prisión provisional sólo podrá ser decretada cuando concurran los siguientes requisitos:

1.º Que conste en la causa la existencia de uno o varios hechos que presenten caracteres de delito sancionado con pena cuyo máximo sea igual o superior a dos años de prisión, o bien con pena privativa de libertad de duración inferior si el investigado o encausado tuviere antecedentes penales no cancelados ni susceptibles de cancelación, derivados de condena por delito doloso.

Si fueran varios los hechos imputados se estará a lo previsto en las reglas especiales para la aplicación de las penas, conforme a lo dispuesto en la Sección 2.ª del capítulo II del Título III del Libro I del Código Penal.

2.º Que aparezcan en la causa motivos bastantes para creer responsable criminalmente del delito a la persona contra quien se haya de dictar el auto de prisión.

3.º Que mediante la prisión provisional se persiga alguno de los siguientes fines:

a) Asegurar la presencia del investigado o encausado en el proceso cuando pueda inferirse racionalmente un riesgo de fuga.

Para valorar la existencia de este peligro se atenderá conjuntamente a la naturaleza del hecho, a la gravedad de la pena que pudiera imponerse al investigado o encausado, a la situación familiar, laboral y económica de éste, así como a la inminencia de la celebración del juicio oral, en particular en aquellos supuestos en los que procede incoar el procedimiento para el enjuiciamiento rápido regulado en el Título III del Libro IV de esta Ley.

Procederá acordar por esta causa la prisión provisional de la persona investigada cuando, a la vista de los antecedentes que resulten de las actuaciones, hubieran sido dictadas al menos dos requisitorias para su llamamiento y busca por cualquier órgano judicial en los dos años anteriores. En estos supuestos no será aplicable el límite que respecto de la pena establece el ordinal 1.º de este apartado.

b) Evitar la ocultación, alteración o destrucción de las fuentes de prueba relevantes para el enjuiciamiento en los casos en que exista un peligro fundado y concreto.

No procederá acordar la prisión provisional por esta causa cuando pretenda inferirse dicho peligro únicamente del ejercicio del derecho de defensa o de falta de colaboración del investigado o encausado en el curso de la investigación.

Para valorar la existencia de este peligro se atenderá a la capacidad del imputado para acceder por sí o a través de terceros a las fuentes de prueba o para influir sobre otros imputados, testigos o peritos o quienes pudieran serlo.

c) Evitar que el investigado o encausado pueda actuar contra bienes jurídicos de la víctima, especialmente cuando ésta sea alguna de las personas a las que se refiere el artículo 173.2 del Código Penal. En estos casos no será aplicable el límite que respecto de la pena establece el ordinal 1º de este apartado.

2. También podrá acordarse la prisión provisional, concurriendo los requisitos establecidos en los ordinales 1.º y 2.º del apartado anterior, para evitar el riesgo de que el imputado cometa otros hechos delictivos.

Para valorar la existencia de este riesgo se atenderá a las circunstancias del hecho, así como a la gravedad de los delitos que se pudieran cometer.

Sólo podrá acordarse la prisión provisional por esta causa cuando el hecho delictivo imputado sea doloso. No obstante, el límite previsto en el ordinal 1.º del apartado anterior no será aplicable cuando de los antecedentes del investigado o encausado y demás datos o circunstancias que aporte la Policía Judicial o resulten de las actuaciones, pueda racionalmente inferirse que el investigado o encausado viene actuando concertadamente con otra u otras personas de forma organizada para la comisión de hechos delictivos o realiza sus actividades delictivas con habitualidad.

Artículo redactado por la LO 13/2003, de 24 de octubre, de reforma de la LECRIM en materia de prisión provisional. Dentro de él la letra c) del ordinal 3º del apartado 1 ha sido redactada por la LO 15/2003, de 25 de noviembre, por la que se modifica la Ley Orgánica 10/1995, de 23 de noviembre, del Código Penal.

Artículo 504. 1. La prisión provisional durará el tiempo imprescindible para alcanzar cualquiera de los fines previstos en el artículo anterior y en tanto subsistan los motivos que justificaron su adopción.

2. Cuando la prisión provisional se hubiera decretado en virtud de lo previsto en las letras a) o c) del ordinal 3º del apartado 1 o en el apartado 2 del artículo anterior, su duración no podrá exceder de un año si el delito tuviere señalada pena privativa de libertad igual o inferior a tres años, o de dos años si la pena privativa de libertad señalada para el delito fuera superior a tres años. No obstante, cuando concurrieren circunstancias que hicieren prever que la causa no podrá ser juzgada en aquellos plazos, el Juez o Tribunal podrá, en los términos previstos en el artículo 505, acordar mediante auto una sola prórroga de hasta dos años, si el delito tuviera señalada pena privativa de libertad superior a tres años, o de hasta seis meses, si el delito tuviera señalada pena igual o inferior a tres años.»

Si fuere condenado el investigado o encausado, la prisión provisional podrá prorrogarse hasta el límite de la mitad de la pena efectivamente impuesta en la sentencia, cuando ésta hubiere sido recurrida.

3. Cuando la prisión provisional se hubiere acordado en virtud de lo previsto en el apartado 1.3.º b) del artículo anterior, su duración no podrá exceder de seis meses.

No obstante, cuando se hubiere decretado la prisión incomunicada o el secreto del sumario, si antes del plazo establecido en el párrafo anterior se levantare la incomunicación o el secreto, el Juez o Tribunal habrá de motivar la subsistencia del presupuesto de la prisión provisional.

4. La concesión de la libertad por el transcurso de los plazos máximos para la prisión provisional no impedirá que esta se acuerde en el caso de que el investigado o encausado, sin motivo legítimo, dejare de comparecer a cualquier llamamiento del Juez o Tribunal.

5. Para el cómputo de los plazos establecidos en este artículo se tendrá en cuenta el tiempo que el investigado o encausado hubiere estado detenido o sometido a prisión provisional por la misma causa.

Se excluirá, sin embargo, de aquel cómputo el tiempo en que la causa sufriere dilaciones no imputables a la Administración de Justicia.

6. Cuando la medida de prisión provisional acordada exceda de las dos terceras partes de su duración máxima, el Juez o Tribunal que conozca de la causa y el Ministerio Fiscal comunicarán respectivamente esta circunstancia al Presidente de la Sala de Gobierno y al Fiscal-Jefe del Tribunal correspondiente, con la finalidad de que se adopten las medidas precisas para imprimir a las actuaciones la máxima celeridad. A estos efectos, la tramitación del procedimiento gozará de preferencia respecto de todos los demás.

Artículo redactado por la LO 13/2003, de 24 de octubre, de reforma de la LECRIM en materia de prisión provisional. Dentro del mismo el primer párrafo del apartado 2 y el apartado 6 han sido redactados por la LO 15/2003, de 25 de noviembre, por la que se modifica la Ley Orgánica 10/1995, de 23 de noviembre, del Código Penal.

Debe recordarse que el art. 504 bis fue declarado inconstitucional por la STC 71/1994 de 3 marzo 1994. El art. 504 bis 2 fue derogado por la LO 13/2003 de 24 octubre 2003.

Artículo 505. 1. Cuando el detenido fuere puesto a disposición del Juez de Instrucción o Tribunal que deba conocer de la causa, éste, salvo que decretare su libertad provisional sin fianza, convocará a una audiencia en la que el Ministerio Fiscal o las partes acusadoras podrán interesar que se decrete la prisión provisional del investigado o encausado o su libertad provisional con fianza.

En los supuestos del procedimiento regulado en el Título III del Libro IV de esta Ley, este trámite se sustanciará con arreglo a lo establecido en el artículo 798, salvo que la audiencia se hubiera celebrado con anterioridad.

2. La audiencia prevista en el apartado anterior deberá celebrarse en el plazo más breve posible dentro de las setenta y dos horas siguientes a la puesta del detenido a disposición judicial y a ella se citará al imputado, que deberá estar asistido de letrado por él elegido o designado de oficio, al Ministerio Fiscal y a las demás partes personadas. La audiencia habrá de celebrarse también para solicitar y decretar, en su caso, la prisión provisional del imputado no detenido o su libertad provisional con fianza.

3. En dicha audiencia, si el Ministerio Fiscal o alguna parte acusadora solicitare que se decrete la prisión provisional del investigado o encausado o su libertad provisional con fianza, podrán quienes concurrieren realizar alegaciones y proponer los medios de prueba que puedan practicarse en el acto o dentro de las setenta y dos horas antes indicadas en el apartado anterior.

El Abogado del imputado tendrá, en todo caso, acceso a los elementos de las actuaciones que resulten esenciales para impugnar la privación de libertad del investigado o encausado.

Párrafo modificado por el Artículo 2.3 de la Ley Orgánica 5/2015, de 27 de abril, por la que se modifican la Ley de Enjuiciamiento Criminal y la Ley Orgánica 6/1985, de 1 de julio, del Poder Judicial, para transponer la Directiva 2010/64/UE, de 20 de octubre de 2010, relativa al derecho a interpretación y a traducción en los procesos penales y la Directiva 2012/13/UE, de 22 de mayo de 2012, relativa al derecho a la información en los procesos penales (BOE del 28).

4. El Juez o Tribunal decidirá sobre la procedencia o no de la prisión o de la imposición de la fianza. Si ninguna de las partes las instare, acordará necesariamente la inmediata puesta en libertad del investigado o encausado que estuviere detenido.

5. Si por cualquier razón la audiencia no pudiere celebrarse, el Juez o Tribunal podrá acordar la prisión provisional, si concurrieren los presupuestos del artículo 503, o la libertad provisional con fianza. No obstante, dentro de las siguientes setenta y dos horas, el Juez o Tribunal convocará una nueva audiencia, adoptando las medidas a que hubiere lugar por la falta de celebración de la primera audiencia.

6. Cuando el detenido fuere puesto a disposición de Juez distinto del Juez o Tribunal que conociere o hubiere de conocer de la causa, y el detenido no pudiere ser puesto a disposición de este último en el plazo de setenta y dos horas, procederá el primero de acuerdo con lo previsto en los apartados anteriores. No obstante, una vez que el Juez o Tribunal de la causa reciba las diligencias, oirá al investigado o encausado, asistido de su abogado, tan pronto como le fuera posible y dictará la resolución que proceda.

Artículo redactado por la LO 13/2003, de 24 de octubre, de reforma de la LECRIM en materia de prisión provisional.

Artículo 506. 1. Las resoluciones que se dicten sobre la situación personal del investigado o encausado adoptarán la forma de auto. El auto que acuerde la prisión provisional o disponga su prolongación expresará los motivos por los que la medida se considera necesaria y proporcionada respecto de los fines que justifican su adopción.

2. Si la causa hubiere sido declarado secreta, en el auto de prisión se expresarán los particulares del mismo que, para preservar la finalidad del secreto, hayan de ser omitidos de la copia que haya de notificarse.

En ningún caso se omitirá en la notificación una sucinta descripción del hecho imputado y de cuál o cuáles de los fines previstos en el artículo 503 se pretende conseguir con la prisión. Cuando se alce el secreto del sumario, se notificará de inmediato el auto íntegro al investigado o encausado.

3. Los autos relativos a la situación personal del investigado o encausado se pondrán en conocimiento de los directamente ofendidos y perjudicados por el delito cuya seguridad pudiera verse afectada por la resolución.

Artículo redactado por la LO 13/2003, de 24 de octubre, de reforma de la LECRIM en materia de prisión provisional.

Artículo 507. 1. Contra los autos que decreten, prorroguen o denieguen la prisión provisional o acuerden la libertad del investigado o encausado podrá ejercitarse el recurso de apelación en los términos previstos en el artículo 766, que gozará de tramitación preferente. El recurso contra el auto de prisión deberá resolverse en un plazo máximo de treinta días.

2. Cuando en virtud de lo dispuesto en el apartado 2 del artículo anterior no se hubiere notificado íntegramente el auto de prisión al investigado o encausado, éste también podrá recurrir el auto íntegro cuando le sea notificado, de conformidad con lo dispuesto en el apartado anterior.

Artículo redactado por la LO 13/2003, de 24 de octubre, de reforma de la LECRIM en materia de prisión provisional.

Artículo 508. 1. El Juez o Tribunal podrá acordar que la medida de prisión provisional del investigado o encausado se verifique en su domicilio, con las medidas de vigilancia que resulten necesarias, cuando por razón de enfermedad el internamiento entrañe grave peligro para su salud. El Juez o Tribunal podrá autorizar que el investigado o encausado salga de su domicilio durante las horas necesarias para el tratamiento de su enfermedad, siempre con la vigilancia precisa.

2. En los casos en los que el investigado o encausado se hallare sometido a tratamiento de desintoxicación o deshabituación a sustancias estupefacientes y el ingreso en prisión pudiera frustrar el resultado de dicho tratamiento, la medida de prisión provisional podrá ser sustituida por el ingreso en un centro oficial o de una organización legalmente reconocida para continuación del tratamiento, siempre que los hechos objeto del procedimiento sean anteriores a su inicio. En este caso el investigado o encausado no podrá salir del centro sin la autorización del Juez o Tribunal que hubiera acordado la medida.

Artículo redactado por la LO 15/2003, de 25 de noviembre, por la que se modifica la Ley Orgánica 10/1995, de 23 de noviembre, del Código Penal.

Artículo 509. 1. El juez de instrucción o tribunal podrá acordar excepcionalmente, mediante resolución motivada, la detención o prisión incomunicadas cuando concurra alguna de las siguientes circunstancias:

a) necesidad urgente de evitar graves consecuencias que puedan poner en peligro la vida, la libertad o la integridad física de una persona, o

b) necesidad urgente de una actuación inmediata de los jueces de instrucción para evitar comprometer de modo grave el proceso penal.

Apartado modificado por el artículo único. 3 de la Ley Orgánica 13/2015, de 5 de octubre, de modificación de la Ley de Enjuiciamiento Criminal para el fortalecimiento de las garantías procesales y la regulación de las medidas de investigación tecnológica.

2. La incomunicación durará el tiempo estrictamente necesario para practicar con urgencia diligencias tendentes a evitar los peligros a que se refiere el apartado anterior. La incomunicación no podrá extenderse más allá de cinco días. En los casos en que la prisión se acuerde en causa por alguno de los delitos a que se refiere el artículo 384 bis u otros delitos cometidos concertadamente y de forma organizada por dos o más personas, la incomunicación podrá prorrogarse por otro plazo no superior a cinco días.

3. El auto en el que sea acordada la incomunicación o, en su caso, su prórroga deberá expresar los motivos por los que haya sido adoptada la medida.

4. En ningún caso podrán ser objeto de detención incomunicada los menores de dieciséis años.

Artículo modificado por la LO 13/2015, de 5 de octubre.

Artículo 510. 1. El incomunicado podrá asistir con las precauciones debidas a las diligencias en que le dé intervención esta Ley cuando su presencia no pueda desvirtuar el objeto de la incomunicación.

2. Se permitirá al preso contar con los efectos que él se proporcione siempre y cuando a juicio de Juez o Tribunal no frustren los fines de la incomunicación.

3. El preso no podrá realizar ni recibir comunicación alguna. No obstante, el Juez o Tribunal podrá autorizar comunicaciones que no frustren la finalidad de la prisión incomunicada y adoptará, en su caso, las medidas oportunas.

4. El preso sometido a incomunicación que así lo solicite tendrá derecho a ser reconocido por un segundo médico forense designado por el Juez o Tribunal competente para conocer de los hechos.

Artículo redactado por la LO 13/2003, de 24 de octubre, de reforma de la LECRIM en materia de prisión provisional. El apartado 4 ha sido añadido por la LO 15/2003, de 25 de noviembre, por la que se modifica la Ley Orgánica 10/1995, de 23 de noviembre, del Código Penal.

Artículo 511. 1. Para llevar a efecto el auto de prisión se expedirán dos mandamientos: Uno a la Policía Judicial o Agente Judicial, en su caso, que haya de ejecutarlo, y otro al Director del establecimiento que deba recibir al preso.

En el mandamiento se consignarán los datos personales que consten del investigado o encausado, el delito que dé lugar al procedimiento y si la prisión ha de ser con comunicación o sin ella.

2. Los Directores de los establecimientos no recibirán a ninguna persona en condición de preso sin que se les entregue mandamiento de prisión.

3. Una vez dictado auto por el que se acuerde la libertad del preso, inmediatamente se expedirá mandamiento al Director del establecimiento.

Artículo redactado por la LO 13/2003, de 24 de octubre, de reforma de la LECRIM en materia de prisión provisional.

Artículo 512. Si el presunto reo no fuere habido en su domicilio y se ignorase su paradero, el juez o jueza acordará que sea buscado por requisitorias que se enviarán al Sistema de Registros Administrativos de Apoyo a la Administración de Justicia (SIRAJ), dando las órdenes oportunas a las Fuerzas y Cuerpos de Seguridad del Estado y a los Cuerpos de Policía Autonómica de aquellas Comunidades Autónomas con competencias en materia de seguridad pública; y, en todo caso, el Sistema de Registros Administrativos de Apoyo a la Administración de Justicia remitirá la información para su publicación en el Tablón Edictal Judicial Único, garantizándose la interoperabilidad entre ambas plataformas.

Modificado por el art. 101.6 del Real Decreto-ley 6/2023, de 19 de diciembre, por el que se aprueban medidas urgentes para la ejecución del Plan de Recuperación, Transformación y Resiliencia en materia de servicio público de justicia, función pública, régimen local y mecenazgo.

Artículo 513. En la requisitoria se expresarán el nombre y apellidos, cargo, profesión u oficio, si constaren, del procesado rebelde, y las señas en virtud de las que pueda ser identificado, el delito por que se le procesa, el territorio donde sea de presumir que se encuentra y la cárcel donde deba ser conducido.

Artículo 514. La requisitoria original y el justificante del envío realizado al Sistema de Registros Administrativos de Apoyo a la Administración de Justicia y de la remisión al Tablón Edictal Judicial único se unirán a la causa.

Modificado por el art. 101.7 del Real Decreto-ley 6/2023, de 19 de diciembre, por el que se aprueban medidas urgentes para la ejecución del Plan de Recuperación, Transformación y Resiliencia en materia de servicio público de justicia, función pública, régimen local y mecenazgo.

Artículo 515. El Juez o Tribunal que hubiese acordado la prisión del procesado rebelde, y los Jueces de instrucción a quienes se enviaren las requisitorias, pondrán en conocimiento de las Autoridades y agentes de Policía judicial de sus respectivos territorios las circunstancias mencionadas en el artículo 513.

Artículo 516. En la resolución por la que se acuerde buscar por requisitorias, el Juez designará los particulares de la causa que fueren precisos para poder resolver acerca de la situación personal del requisitoriado una vez sea habido. Testimoniados la resolución judicial y los particulares por el Letrado de la Administración de Justicia, se remitirán al Juzgado de Guardia o se incluirán en el sistema informático que al efecto exista, donde quedarán registrados.

Añadido por el art. 2.56 de la Ley 13/2009, de 13 de noviembre.

Artículo 517. Sin perjuicio de lo dispuesto en el artículo 505.6, presentado el requisitoriado ante un Juzgado de Guardia, el Juez, si fuera necesario para resolver, podrá solicitar el auxilio del órgano judicial que hubiera dictado la requisitoria o, en su defecto, del que se hallare de guardia en este último partido judicial, a fin de que le facilite la documentación e información a que se refiere el artículo anterior.

Añadido por el art. 2.57 de la Ley 13/2009, de 13 de noviembre.

Artículo 518. Los autos en que se decrete o deniegue la prisión o excarcelación serán apelables sólo en el efecto devolutivo.

Véase el art. 504, VII de esta LECRIM.

La LO 13/2003, de 24 de octubre, de reforma de la LECRIM en materia de prisión provisional, ha dejado sin contenido el anterior apartado II de este artículo, pero en cualquier caso debe seguir estándose a los artículos 216 y siguientes.

Artículo 519. Todas las diligencias de prisión provisional se sustanciarán en pieza separada.

CAPÍTULO IV. DEL EJERCICIO DEL DERECHO DE DEFENSA, DE LA ASISTENCIA DE ABOGADO Y DEL TRATAMIENTO DE LOS DETENIDOS Y PRESOS

Rúbrica así redactada por la Ley 53/1978, de 4 de diciembre.
Véanse los arts. 17 CE; 546 de la LOPJ; 51 de la Ley Orgánica 2/1979, de 26 de septiembre, General Penitenciaria; y arts. 46.6º y 47.1 b) y 48 del Reglamento Penitenciario, aprobado por RD 190/1996, de 9 de febrero.

Artículo 520. 1. La detención y la prisión provisional deberán practicarse en la forma que menos perjudique al detenido o preso en su persona, reputación y patrimonio. Quienes acuerden la medida y los encargados de practicarla así como de los traslados ulteriores, velarán por los derechos constitucionales al honor, intimidad e imagen de aquéllos, con respeto al derecho fundamental a la libertad de información.

La detención preventiva no podrá durar más del tiempo estrictamente necesario para la realización de las averiguaciones tendentes al esclarecimiento de los hechos. Dentro de los plazos establecidos en la presente Ley, y, en todo caso, en el plazo máximo de setenta y dos horas, el detenido deberá ser puesto en libertad o a disposición de la autoridad judicial.

En el atestado deberá reflejarse el lugar y la hora de la detención y de la puesta a disposición de la autoridad judicial o en su caso, de la puesta en libertad.

Véanse los arts. 45 y 46 del RD 658/2001, de 22 de junio, por el que se aprueba el Estatuto General de la Abogacía, sobre la defensa de oficio y la asistencia al detenido.

2. Toda persona detenida o presa será informada por escrito, en un lenguaje sencillo y accesible, en una lengua que comprenda y de forma inmediata, de los hechos que se le atribuyan y las razones motivadoras de su privación de libertad, así como de los derechos que le asisten y especialmente de los siguientes:

a) Derecho a guardar silencio no declarando si no quiere, a no contestar alguna o algunas de las preguntas que le formulen, o a manifestar que sólo declarará ante el juez.

b) Derecho a no declarar contra sí mismo y a no confesarse culpable.

c) Derecho a designar abogado, sin perjuicio de lo dispuesto en el apartado 1.a) del artículo 527 y a ser asistido por él sin demora injustificada. En caso de que, debido a la lejanía geográfica no sea posible de inmediato la asistencia de letrado, se facilitará al detenido comunicación telefónica o por videoconferencia con aquél, salvo que dicha comunicación sea imposible.

d) Derecho a acceder a los elementos de las actuaciones que sean esenciales para impugnar la legalidad de la detención o privación de libertad.

e) Derecho a que se ponga en conocimiento del familiar o persona que desee, sin demora injustificada, su privación de libertad y el lugar de custodia en que se halle en cada momento. Los extranjeros tendrán derecho a que las circunstancias anteriores se comuniquen a la oficina consular de su país.

f) Derecho a comunicarse telefónicamente, sin demora injustificada, con un tercero de su elección. Esta comunicación se celebrará en presencia de un funcionario de policía o, en su caso, del funcionario que designen el juez o el fiscal, sin perjuicio de lo dispuesto en el artículo 527.

g) Derecho a ser visitado por las autoridades consulares de su país, a comunicarse y a mantener correspondencia con ellas.

h) Derecho a ser asistido gratuitamente por un intérprete, cuando se trate de extranjero que no comprenda o no hable el castellano o la lengua oficial de la actuación de que se trate, o de personas sordas o con discapacidad auditiva, así como de otras personas con dificultades del lenguaje.

i) Derecho a ser reconocido por el médico forense o su sustituto legal y, en su defecto, por el de la institución en que se encuentre, o por cualquier otro dependiente del Estado o de otras Administraciones Públicas.

j) Derecho a solicitar asistencia jurídica gratuita, procedimiento para hacerlo y condiciones para obtenerla.

Asimismo, se le informará del plazo máximo legal de duración de la detención hasta la puesta a disposición de la autoridad judicial y del procedimiento por medio del cual puede impugnar la legalidad de su detención.

Cuando no se disponga de una declaración de derechos en una lengua que comprenda el detenido, se le informará de sus derechos por medio de un intérprete tan pronto resulte posible. En este caso, deberá entregársele, posteriormente y sin demora indebida, la declaración escrita de derechos en una lengua que comprenda.

En todos los casos se permitirá al detenido conservar en su poder la declaración escrita de derechos durante todo el tiempo de la detención.

La Sentencia número 74/1987, de 25 de mayo, del Pleno del Tribunal Constitucional, dictada en recurso de inconstitucionalidad número 194/1984 (Suplemento al BOE núm. 137, de 9 de junio de 1987), declaró que este apartado no es inconstitucional «interpretado en el sentido de que no priva del derecho a ser asistido por intérprete a los ciudadanos españoles que no comprendan o no hablen el castellano.

2 bis. La información a que se refiere el apartado anterior se facilitará en un lenguaje comprensible y que resulte accesible al destinatario. A estos

efectos se adaptará la información a su edad, grado de madurez, discapacidad y cualquier otra circunstancia personal de la que pueda derivar una limitación de la capacidad para entender el alcance de la información que se le facilita.

3. Si el detenido fuere extranjero, se comunicará al cónsul de su país el hecho de su detención y el lugar de custodia y se le permitirá la comunicación con la autoridad consular. En caso de que el detenido tenga dos o más nacionalidades, podrá elegir a qué autoridades consulares debe informarse de que se encuentra privado de libertad y con quién desea comunicarse.

Téngase en cuenta lo dispuesto en los arts. 45 y 46 del Real Decreto 658/2001, de 22 de junio, por el que se aprueba el Estatuto General de Abogacía.

4. Si se tratare de un menor, será puesto a disposición de las Secciones de Menores de la Fiscalía y se comunicará el hecho y el lugar de custodia a quienes ejerzan la patria potestad, la tutela o la guarda de hecho del mismo, tan pronto se tenga constancia de la minoría de edad.

En caso de conflicto de intereses con quienes ejerzan la patria potestad, la tutela o la guarda de hecho del menor, se le nombrará un defensor judicial a quien se pondrá en conocimiento del hecho y del lugar de detención.

Si el detenido tuviere su capacidad modificada judicialmente, la información prevista en el apartado 2 de este artículo se comunicará a quienes ejerzan la tutela o guarda de hecho del mismo, dando cuenta al Ministerio Fiscal.

Si el detenido menor o con capacidad modificada judicialmente fuera extranjero, el hecho de la detención se notificará de oficio al Cónsul de su país.

5. El detenido designará libremente abogado y si no lo hace será asistido por un abogado de oficio. Ninguna autoridad o agente le efectuará recomendación alguna sobre el abogado a designar más allá de informarle de su derecho.

La autoridad que tenga bajo su custodia al detenido comunicará inmediatamente al Colegio de Abogados el nombre del designado por el detenido para asistirle a los efectos de su localización y transmisión del encargo profesional o, en su caso, le comunicará la petición de nombramiento de abogado de oficio.

Si el detenido no hubiere designado abogado, o el elegido rehusare el encargo o no fuere hallado, el Colegio de Abogados procederá de inmediato al nombramiento de un abogado del turno de oficio.

El abogado designado acudirá al centro de detención con la máxima premura, siempre dentro del plazo máximo de tres horas desde la recepción del encargo. Si en dicho plazo no compareciera, el Colegio de Abogados designará un nuevo abogado del turno de oficio que deberá comparecer a la mayor brevedad y siempre dentro del plazo indicado, sin perjuicio de la exigencia de la responsabilidad disciplinaria en que haya podido incurrir el incompareciente.

6. La asistencia del abogado consistirá en:

a) Solicitar, en su caso, que se informe al detenido o preso de los derechos establecidos en el apartado 2 y que se proceda, si fuera necesario, al reconocimiento médico señalado en su letra i).

b) Intervenir en las diligencias de declaración del detenido, en las diligencias de reconocimiento de que sea objeto y en las de reconstrucción de los hechos en que participe el detenido. El abogado podrá solicitar al juez o funcionario que hubiesen practicado la diligencia en la que haya intervenido, una vez terminada ésta, la declaración o ampliación de los extremos que considere convenientes, así como la consignación en el acta de cualquier incidencia que haya tenido lugar durante su práctica.

c) Informar al detenido de las consecuencias de la prestación o denegación de consentimiento a la práctica de diligencias que se le soliciten.

Si el detenido se opusiera a la recogida de las muestras mediante frotis bucal, conforme a las previsiones de la Ley Orgánica 10/2007, de 8 de octubre, reguladora de la base de datos policial sobre identificadores obtenidos a partir del ADN, el juez de instrucción, a instancia de la Policía Judicial o del Ministerio Fiscal, podrá imponer la ejecución forzosa de tal diligencia mediante el recurso a las medidas coactivas mínimas indispensables, que deberán ser proporcionadas a las circunstancias del caso y respetuosas con su dignidad.

d) Entrevistarse reservadamente con el detenido, incluso antes de que se le reciba declaración por la policía, el fiscal o la autoridad judicial, sin perjuicio de lo dispuesto en el artículo 527.

7. Las comunicaciones entre el investigado o encausado y su abogado tendrán carácter confidencial en los mismos términos y con las mismas excepciones previstas en el apartado 4 del articulo 118.

8. No obstante, el detenido o preso podrá renunciar a la preceptiva asistencia de abogado si su detención lo fuere por hechos susceptibles de ser tipificados exclusivamente como delitos contra la seguridad del tráfico, siempre que se le haya facilitado información clara y suficiente en un lenguaje sencillo y comprensible sobre el contenido de dicho derecho y las consecuencias de la renuncia. El detenido podrá revocar su renuncia en cualquier momento.

Este artículo ha sufrido dos modificaciones en el año 2015. La primera por el Artículo 2.4 de la Ley Orgánica 5/2015, de 27 de abril, por la que se modifican la Ley de Enjuiciamiento Criminal y la Ley Orgánica 6/1985, de 1 de julio, del Poder Judicial, para transponer la

Directiva 2010/64/UE, de 20 de octubre de 2010, relativa al derecho a interpretación y a traducción en los procesos penales y la Directiva 2012/13/UE, de 22 de mayo de 2012, relativa al derecho a la información en los procesos penales (BOE del 28); y la segunda, de mayor calado, por la Ley Orgánica 13/2015, de 5 de octubre, de modificación de la Ley de Enjuiciamiento Criminal para el fortalecimiento de las garantías procesales y la regulación de las medidas de investigación tecnológica.

Artículo 520 bis. 1. Toda persona detenida como presunto partícipe de alguno de los delitos a que se refiere el artículo 384 bis será puesta a disposición del Juez competente dentro de las setenta y dos horas siguientes a la detención. No obstante, podrá prolongarse la detención el tiempo necesario para los fines investigadores, hasta un límite máximo de otras cuarenta y ocho horas, siempre que, solicitada tal prórroga mediante comunicación motivada dentro de las primeras cuarenta y ocho horas desde la detención, sea autorizada por el Juez en las veinticuatro horas siguientes. Tanto la autorización cuanto la denegación de la prórroga se adoptarán en resolución motivada.

2. Detenida una persona por los motivos expresados en el número anterior, podrá solicitarse del Juez que decrete su incomunicación, el cual deberá pronunciarse sobre la misma, en resolución motivada, en el plazo de veinticuatro horas. Solicitada la incomunicación, el detenido quedará en todo caso incomunicado sin perjuicio del derecho de defensa que le asiste y de lo establecido en los artículos 520 y 527, hasta que el Juez hubiere dictado la resolución pertinente.

3. Durante la detención, el Juez podrá en todo momento requerir información y conocer, personalmente o mediante delegación en el Juez de Instrucción del partido o demarcación donde se encuentre el detenido, la situación de éste.

Añadido por la Ley Orgánica 4/1988, de 25 de mayo.

Artículo 520 ter. A los detenidos en espacios marinos por la presunta comisión de los delitos contemplados en el artículo 23.4.d) de la Ley Orgánica 6/1985, de 1 de julio, del Poder Judicial, les serán aplicados los derechos reconocidos en el presente capítulo en la medida que resulten compatibles con los medios personales y materiales existentes a bordo del buque o aeronave que practique la detención, debiendo ser puestos en libertad o a disposición de la autoridad judicial competente tan pronto como sea posible, sin que pueda exceder del plazo máximo de setenta y dos horas. La puesta a disposición judicial podrá realizarse por los medios telemáticos de los que disponga el buque o aeronave, cuando por razón de la distancia o su situación de aislamiento no sea posible llevar a los detenidos a presencia física de la autoridad judicial dentro del indicado plazo.

Artículo introducido por el artículo único. 5 de la Ley Orgánica 13/2015, de 5 de octubre, de modificación de la Ley de Enjuiciamiento Criminal para el fortalecimiento de las garantías procesales y la regulación de las medidas de investigación tecnológica.

Artículo 521. Los detenidos estarán, a ser posible, separados los unos de los otros.

Si la separación no fuese posible, el Juez Instructor o Tribunal cuidará de que no se reúnan personas de diferente sexo ni los coreos en una misma prisión, y de que los jóvenes y los no reincidentes se hallen separados de los de edad madura y de los reincidentes.

Para esta separación se tendrá en cuenta el grado de educación del detenido, su edad y la naturaleza del delito que se le impute.

Véanse los arts. 16 de la Ley Orgánica 1/1979, de 26 de septiembre, General Penitenciaria, y 20, 76.2, 99 y 188 del Reglamento Penitenciario.

Artículo 522. Todo detenido o preso puede procurarse a sus expensas las comodidades u ocupaciones compatibles con el objeto de su detención y el régimen del Establecimiento en que esté custodiado, siempre que no comprometan su seguridad o la reserva del sumario.

Redactado por la Ley 53/1978, de 4 de diciembre.

Véase art. 55 a 58 de la Ley Orgánica 1/1979, de 26 de septiembre, General Penitenciaria, y 122 a 130 del Reglamento Penitenciario.

Artículo 523. Cuando el detenido o preso deseare ser visitado por un ministro de su religión, por un médico, por sus parientes o personas con quienes esté en relación de intereses, o por las que puedan darle sus consejos, deberá permitírsele, con las condiciones prescritas en el reglamento de cárceles, si no afectasen al secreto y éxito del sumario. La relación con el Abogado defensor no podrá impedírsele mientras estuviere en comunicación.

Véanse los arts. 51 de la Ley Orgánica 1/1979, de 26 de septiembre, General Penitenciaria, 41 a 49 del Reglamento Penitenciario.

Artículo 524. El Juez Instructor autorizará, en cuanto no se perjudique el éxito de la instrucción, los medios de correspondencia y comunicación de que pueda hacer uso el detenido o preso.

Pero en ningún caso debe impedirse a los detenidos o presos la libertad de escribir a los funcionarios superiores del orden judicial.

Véanse los arts. 51 de la Ley Orgánica 1/1979, de 26 de septiembre, General Penitenciaria, 41 a 49 y 233 del Reglamento Penitenciario.

Artículo 525. No se adoptará contra el detenido o preso ninguna medida extraordinaria de seguridad sino en caso de desobediencia, de violencia o de rebelión, o cuando haya intentado o hecho preparativos para fugarse.

Esta medida deberá ser temporal, y sólo subsistirá el tiempo estrictamente necesario.

Véanse los arts. 10 de la Ley Orgánica 1/1979, de 26 de septiembre, General Penitenciaria, y 89 a 102 del Reglamento Penitenciario.

Artículo 526. El Juez Instructor visitará una vez por semana, sin previo aviso ni día determinado, las prisiones de la localidad, acompañado de un individuo del Ministerio Fiscal, que podrá ser el Fiscal municipal delegado al efecto por el Fiscal de la respectiva Audiencia; y donde exista este Tribunal, harán la visita el Presidente del mismo o el de la Sala de lo Criminal y un Magistrado, con un individuo del Ministerio Fiscal y con asistencia del Juez Instructor.

En la visita se enterarán de todo lo concerniente a la situación de los presos o detenidos, y adoptarán las medidas que quepan dentro de sus atribuciones para corregir los abusos que notaren.

El art. 76 de la Ley Orgánica 1/1979, de 26 de septiembre, General Penitenciaria, regula, entre las funciones que corresponden al Juez de Vigilancia, la de realizar las visitas a los establecimientos penitenciarios que previene la Ley de Enjuiciamiento Criminal.

Artículo 527. En los supuestos del artículo 509, el detenido o preso podrá ser privado de los siguientes derechos si así lo justifican las circunstancias del caso:

a) Designar un abogado de su confianza.

b) Comunicarse con todas o alguna de las personas con las que tenga derecho a hacerlo, salvo con la autoridad judicial, el Ministerio Fiscal y el Médico Forense.

c) Entrevistarse reservadamente con su abogado.

d) Acceder él o su abogado a las actuaciones, salvo a los elementos esenciales para poder impugnar la legalidad de la detención.

2. La incomunicación o restricción de otro derecho del apartado anterior será acordada por auto. Cuando la restricción de derechos sea solicitada por la Policía Judicial o por el Ministerio Fiscal se entenderán acordadas las medidas previstas por el apartado 1 que hayan sido instadas por un plazo máximo de veinticuatro horas, dentro del cual el juez habrá de pronunciarse sobre la solicitud, así como sobre la pertinencia de acordar el secreto de las actuaciones. La incomunicación y la aplicación al detenido o preso de alguna de las excep-

ciones referidas en el apartado anterior será acordada por auto debiéndose motivar las razones que justifican la adopción de cada una de las excepciones al régimen general de conformidad con lo dispuesto en el artículo 509.

El juez controlará efectivamente las condiciones en que se desarrolle la incomunicación, a cuyo efecto podrá requerir información a fin de constatar el estado del detenido o preso y el respeto a sus derechos.

3. Los reconocimientos médicos al detenido a quien se le restrinja el derecho a comunicarse con todas o alguna de las personas con las que tenga derecho a hacerlo se realizarán con una frecuencia de al menos dos reconocimientos cada veinticuatro horas, según criterio facultativo.

Nueva redacción dada por el artículo único. 6 de la Ley Orgánica 13/2015, de 5 de octubre, de modificación de la Ley de Enjuiciamiento Criminal para el fortalecimiento de las garantías procesales y la regulación de las medidas de investigación tecnológica.

Véase la STC 196/1987, de 11 de diciembre.

TÍTULO VII. DE LA LIBERTAD PROVISIONAL DEL PROCESADO

Artículo 528. La prisión provisional sólo durará lo que subsistan los motivos que la hayan ocasionado.

Véase la Real Orden de 20 marzo 1916 (Gaceta 22).

El detenido o preso será puesto en libertad en cualquier estado de la causa en que resulte su inocencia.

Todas las Autoridades que intervengan en un proceso estarán obligadas a dilatar lo menos posible la detención y la prisión provisional de los inculpados o procesados.

Véase el art. 17.2 CE y los arts. 17.1 de la Ley Orgánica 1/1979, de 26 de septiembre, General Penitenciaria, y 16.4 y 22 a 30 del Reglamento Penitenciario.

Artículo 529. Cuando no se hubiere acordado la prisión provisional del investigado o encausado, el Juez o Tribunal decretará, con arreglo a lo previsto en el artículo 505, si el imputado ha de dar o no fianza para continuar en libertad provisional.

En el mismo auto, si el Juez o Tribunal decretare la fianza, fijará la calidad y cantidad de la que hubiere de prestar.

Este auto se notificará al investigado o encausado, al Ministerio Fiscal y a las demás partes personadas y será recurrible de acuerdo con lo previsto en el artículo 507.

Artículo redactado por la LO 13/2003, de 24 de octubre, de reforma de la LECRIM en materia de prisión provisional.

Artículo 529 bis. Cuando se decrete el procesamiento de persona autorizada para conducir vehículos de motor por delito cometido con motivo de su conducción, si el procesado ha de estar en libertad, el Juez, discrecionalmente, podrá privarle provisionalmente de usar el permiso, mandando que se recoja e incorpore al proceso el documento en el que conste. El Letrado de la Administración de Justicia lo comunicará al organismo administrativo que lo haya expedido.

Modificado por el art. 2.58 de la Ley 13/2009, de 13 de noviembre.

Artículo 530. El investigado o encausado que hubiere de estar en libertad provisional, con o sin fianza, constituirá apud acta obligación de comparecer en los días que le fueren señalados en el auto respectivo, y además cuantas veces fuere llamado ante el Juez o Tribunal que conozca de la causa. Para garantizar el cumplimiento de esta obligación, el Juez o Tribunal podrá acordar motivadamente la retención de su pasaporte.

Artículo redactado por la LO 13/2003, de 24 de octubre, de reforma de la LECRIM en materia de prisión provisional.

Artículo 531. Para determinar la calidad y cantidad de la fianza se tomarán en cuenta la naturaleza del delito, el estado social y antecedentes del procesado y las demás circunstancias que pudieren influir en el mayor o menor interés de éste para ponerse fuera del alcance de la Autoridad judicial.

Artículo 532. La fianza se destinará a responder de la comparecencia del procesado cuando fuere llamado por el Juez o Tribunal que conozca de la causa. Su importe servirá para satisfacer las costas causadas en el ramo separado formado para su constitución, y el resto se adjudicará al Estado.

Artículo 533. Es aplicable a las fianzas que se ofrezcan para obtener la libertad provisional de un procesado todo cuanto a su naturaleza, manera de constituirse, de ser admitidas y calificadas y de sustituirse se determina en los artículos 591 y siguientes hasta el 596 inclusive del Título IX de este Libro.

Artículo 534. Si al primer llamamiento judicial no compareciere el acusado o no justificare la imposibilidad de hacerlo, el Letrado de la Administración de Justicia señalará al fiador personal o al dueño de los bienes de cualquier clase dados en fianza el término de diez días para que presente al rebelde.

Modificado por el art. 2.59 de la Ley 13/2009, de 13 de noviembre.

Artículo 535. Si el fiador personal o dueño de los bienes de la fianza no presentare al rebelde en el término fijado, se procederá a hacer ésta efectiva, declarándose adjudicada al Estado y haciendo entrega de ella a la Administración más próxima de Rentas, con deducción de las costas indicadas al final del artículo 532.

Artículo 536. Para realizar toda fianza el Letrado de la Administración de Justicia procederá por la vía de apremio de conformidad con lo dispuesto en el Capítulo IV, Título IV, del Libro III de la Ley de Enjuiciamiento Civil.

Si se tratare de una fianza personal, se procederá también por la vía de apremio contra los bienes del fiador hasta hacer efectiva la cantidad que se haya fijado al admitir la referida fianza.

Modificado por el art. 2.60 de la Ley 13/2009, de 13 de noviembre.

Artículo 537. Cuando los bienes de la fianza fueren del dominio del procesado, se realizará y adjudicará ésta al Estado inmediatamente que aquél dejare de comparecer al llamamiento judicial o de justificar la imposibilidad de hacerlo.

Artículo 538. En todas las diligencias de enajenación de bienes de las fianzas y de la entrega de su importe en las Administraciones de Hacienda pública intervendrá el Ministerio Fiscal.

El Fiscal de la Audiencia podrá delegar su intervención en el Fiscal municipal donde se encuentre el Juez de instrucción, o bien reclamar que se le remita el expediente cuando tenga estado, procurando, a ser posible, deducir sus pretensiones en un solo dictamen.

Artículo 539. Los autos de prisión y libertad provisionales y de fianza serán reformables durante todo el curso de la causa.

En su consecuencia, el investigado o encausado podrá ser preso y puesto en libertad cuantas veces sea procedente, y la fianza podrá ser modificada en lo que resulte necesario para asegurar las consecuencias del juicio.

Para acordar la prisión o la libertad provisional con fianza de quien estuviere en libertad o agravar las condiciones de la libertad provisional ya acordada sustituyéndola por la de prisión o libertad provisional con fianza, se requerirá solicitud del Ministerio Fiscal o de alguna parte acusadora, resolviéndose previa celebración de la comparecencia a que se refiere el artículo 505.

No obstante, si a juicio del Juez o Tribunal concurrieren los presupuestos del artículo 503, procederá a dictar auto de reforma de la medida cautelar, o incluso de prisión, si el investigado o encausado se encontrase en libertad, pero debiendo convocar, para dentro de las setenta y dos horas siguientes, a la indicada comparecencia.

Los párrafos III y IV han sido redactados por la LO 13/2003, de 24 de octubre, de reforma de la LECRIM en materia de prisión provisional.

Siempre que el Juez o Tribunal entienda que procede la libertad o la modificación de la libertad provisional en términos más favorables al sometido a la medida, podrá acordarla, en cualquier momento, de oficio y sin someterse a la petición de parte.

Este artículo ha sido redactado conforme a la Ley Orgánica 5/1995, de 22 de mayo, del Tribunal del Jurado.

Artículo 540. Si el procesado no presenta o amplia la fianza en el término que se le señale, será reducido a prisión.

Artículo 541. Se cancelará la fianza:

1.º Cuando el fiador lo pidiere, presentando a la vez al procesado.

2.º Cuando éste fuere reducido a prisión.

3.º Cuando se dictare auto firme de sobreseimiento o sentencia firme absolutoria o, cuando siendo condenatoria, se presentare el reo para cumplir la condena.

4.º Por muerte del procesado estando pendiente la causa.

Artículo 542. Si se hubiese dictado sentencia firme condenatoria y el procesado no compareciere al primer llamamiento o no justificase la imposibilidad de hacerlo, se adjudicará la fianza al Estado en los términos establecidos en el artículo 535.

Artículo 543. Una vez adjudicada la fianza, no tendrá acción el fiador para pedir la devolución, quedándole a salvo su derecho para reclamar la indemnización contra el procesado o sus causahabientes.

Artículo 544. Las diligencias de prisión y libertad provisionales y fianzas se sustanciarán en pieza separada.

Artículo 544 bis. En los casos en los que se investigue un delito de los mencionados en el artículo 57 del Código Penal, el Juez o Tribunal podrá, de forma motivada y cuando resulte estrictamente necesario al fin de protección de la víctima, imponer cautelarmente al inculpado la prohibición de residir en un determinado lugar, barrio, municipio, provincia u otra entidad local, o Comunidad Autónoma.

En las mismas condiciones podrá imponerle cautelarmente la prohibición de acudir a determinados lugares, barrios, municipios, provincias u otras entidades locales, o Comunidades Autónomas, o de aproximarse o comunicarse, con la graduación que sea precisa a determinadas personas.

Para la adopción de estas medidas se tendrá en cuenta la situación económica del inculpado y los requerimientos de su salud, situación familiar y actividad laboral. Se atenderá especialmente a la posibilidad de continuidad de esta última, tanto durante la vigencia de la medida como tras su finalización.

En caso de incumplimiento por parte del inculpado de la medida acordada por el Juez o Tribunal, éste convocará la comparecencia regulada en el artículo 505 para la adopción de la prisión provisional en los términos del artículo 503, de la orden de protección prevista en el artículo 544 ter o de otra medida cautelar que implique una mayor limitación de su libertad personal, para lo cual se tendrán en cuenta la incidencia del incumplimiento, sus motivos, gravedad y circunstancias, sin perjuicio de las responsabilidades que del incumplimiento pudieran resultar.

En el caso de que se investigue alguno de los delitos mencionados en el artículo 3 de la Ley Orgánica de Garantía Integral de la Libertad Sexual, de acordarse alguna de las medidas de protección de la víctima previstas en este precepto, podrá acordarse mediante resolución motivada la utilización de dispositivos telemáticos para el control de su cumplimiento.

El párrafo final ha sido añadido por la Ley Orgánica 10/2022, de 6 de septiembre.
El párrafo IV ha sido redactado por la LO 15/2003, de 25 de noviembre, por la que se modifica la Ley Orgánica 10/1995, de 23 de noviembre, del Código Penal.

Artículo 544 ter. 1. El Juez de Instrucción dictará orden de protección para las víctimas de violencia doméstica en los casos en que, existiendo indicios fundados de la comisión de un delito o falta contra la vida, integridad física o moral, libertad sexual, libertad o seguridad de alguna de las personas mencionadas en el artículo 173.2 del Código Penal, resulte una situación objetiva de riesgo para la víctima que requiera la adopción de alguna de las medidas de protección reguladas en este artículo.

2. La orden de protección será acordada por el juez de oficio o a instancia de la víctima o persona que tenga con ella alguna de las relaciones indicadas en el apartado anterior, o del Ministerio Fiscal.

Sin perjuicio del deber general de denuncia previsto en el artículo 262 de esta ley, las entidades u organismos asistenciales, públicos o privados, que tuvieran conocimiento de alguno de los hechos mencionados en el apartado anterior deberán ponerlos inmediatamente en conocimiento del juez de guardia o del Ministerio Fiscal con el fin de que se pueda incoar o instar el procedimiento para la adopción de la orden de protección.

3. La orden de protección podrá solicitarse directamente ante la autoridad judicial o el Ministerio Fiscal, o bien ante las Fuerzas y Cuerpos de Seguridad, las oficinas de atención a la víctima o los servicios sociales o instituciones asistenciales dependientes de las Administraciones públicas.

Dicha solicitud habrá de ser remitida de forma inmediata al juez competente. En caso de suscitarse dudas acerca de la competencia territorial del juez, deberá iniciar y resolver el procedimiento para la adopción de la orden de protección el juez ante el que se haya solicitado ésta, sin perjuicio de remitir con posterioridad las actuaciones a aquel que resulte competente.

Los servicios sociales y las instituciones referidas anteriormente facilitarán a las víctimas de la violencia doméstica a las que hubieran de prestar asistencia la solicitud de la orden de protección, poniendo a su disposición con esta finalidad información, formularios y, en su caso, canales de comunicación telemáticos con la Administración de Justicia y el Ministerio Fiscal.

4. Recibida la solicitud de orden de protección, el Juez de guardia, en los supuestos mencionados en el apartado 1 de este artículo, convocará a una audiencia urgente a la víctima o su representante legal, al solicitante y al presunto agresor, asistido, en su caso, de Abogado. Asimismo será convocado el Ministerio Fiscal.

Esta audiencia se podrá sustanciar simultáneamente con la prevista en el artículo 505 cuando su convocatoria fuera procedente, con la audiencia regulada en el artículo 798 en aquellas causas que se tramiten conforme al procedimiento previsto en el Título III del Libro IV de esta Ley o, en su caso, con el acto del juicio de faltas. Cuando excepcionalmente no fuese posible celebrar la audiencia durante el servicio de guardia, el Juez ante el que hubiera sido formulada la solicitud la convocará en el plazo más breve posible. En cualquier caso la audiencia habrá de celebrarse en un plazo máximo de setenta y dos horas desde la presentación de la solicitud.

La referencia a las faltas, al no existir desde la LO 1/2015, debe entenderse hecha a los delitos leves y, por tanto, al proceso previsto en los artículos 962 y siguientes de esta LECRIM.

Durante la audiencia, el Juez de guardia adoptará las medidas oportunas para evitar la confrontación entre el presunto agresor y la víctima, sus hijos y los restantes miembros de la familia. A estos efectos dispondrá que su declaración en esta audiencia se realice por separado.

Celebrada la audiencia, el Juez de guardia resolverá mediante auto lo que proceda sobre la solicitud de la orden de protección, así como sobre el contenido y vigencia de las medidas que incorpore. Sin perjuicio de ello, el Juez de instrucción podrá adoptar en cualquier momento de la tramitación de la causa las medidas previstas en el artículo 544 bis.

5. La orden de protección confiere a la víctima de los hechos mencionados en el apartado 1 un estatuto integral de protección que comprenderá las medidas cautelares de orden civil y penal contempladas en este artículo y aquellas otras medidas de asistencia y protección social establecidas en el ordenamiento jurídico.

La orden de protección podrá hacerse valer ante cualquier autoridad y Administración pública.

6. Las medidas cautelares de carácter penal podrán consistir en cualesquiera de las previstas en la legislación procesal criminal. Sus requisitos, contenido y vigencia serán los establecidos con carácter general en esta ley. Se adoptarán por el Juez de instrucción atendiendo a la necesidad de protección integral e inmediata de la víctima y, en su caso, de las personas sometidas a su patria potestad, tutela, curatela, guarda o acogimiento.

7. Las medidas de naturaleza civil deberán ser solicitadas por la víctima o su representante legal, o bien por el Ministerio Fiscal cuando existan hijos menores o personas con la capacidad judicialmente modificada, determinando su régimen de cumplimiento y, si procediera, las medidas complementarias a ellas que fueran precisas, siempre que no hubieran sido previamente acordadas por un órgano del orden jurisdiccional civil, y sin perjuicio de las medidas previstas

en el artículo 158 del Código Civil. Cuando existan menores o personas con discapacidad necesitadas de especial protección que convivan con la víctima y dependan de ella, el Juez deberá pronunciarse en todo caso, incluso de oficio, sobre la pertenencia de la adopción de las referidas medidas.

Estas medidas podrán consistir en la forma en que se ejercerá la patria potestad, acogimiento, tutela, curatela o guarda de hecho, atribución del uso y disfrute de la vivienda familiar, determinar el régimen de guarda y custodia, suspensión o mantenimiento del régimen de visitas, comunicación y estancia con los menores o personas con discapacidad necesitadas de especial protección, el régimen de prestación de alimentos, así como cualquier disposición que se considere oportuna a fin de apartarles de un peligro o de evitarles perjuicios.

Cuando se dicte una orden de protección con medidas de contenido penal y existieran indicios fundados de que los hijos e hijas menores de edad hubieran presenciado, sufrido o convivido con la violencia a la que se refiere el apartado 1 de este artículo, la autoridad judicial, de oficio o a instancia de parte, suspenderá el régimen de visitas, estancia, relación o comunicación del inculpado respecto de los menores que dependan de él. No obstante, a instancia de parte, la autoridad judicial podrá no acordar la suspensión mediante resolución motivada en el interés superior del menor y previa evaluación de la situación de la relación paternofilial.

Las medidas de carácter civil contenidas en la orden de protección tendrán una vigencia temporal de treinta días. Si dentro de este plazo fuese incoado a instancia de la víctima o de su representante legal un proceso de familia ante la jurisdicción civil, las medidas adoptadas permanecerán en vigor durante los treinta días siguientes a la presentación de la demanda. En este término las medidas deberán ser ratificadas, modificadas o dejadas sin efecto por el Juez de primera instancia que resulte competente.

Apartados modificados por la DF-1ª de la Ley Orgánica 8/2021, de 4 de junio, de protección integral a la infancia y la adolescencia frente a la violencia.

8. La orden de protección será notificada a las partes, y comunicada por el Letrado de la Administración de Justicia inmediatamente, mediante testimonio íntegro, a la víctima y a las Administraciones públicas competentes para la adopción de medidas de protección, sean éstas de seguridad o de asistencia social, jurídica, sanitaria, psicológica o de cualquier otra índole. A estos efectos se establecerá reglamentariamente un sistema integrado de coordinación administrativa que garantice la agilidad de estas comunicaciones.

9. La orden de protección implicará el deber de informar permanentemente a la víctima sobre la situación procesal del investigado o encausado así como sobre el alcance y vigencia de las medidas cautelares adoptadas. En particular, la víctima será informada en todo momento de la situación penitenciaria del presunto agresor. A estos efectos se dará cuenta de la orden de protección a la Administración penitenciaria.

10. La orden de protección será inscrita en el Registro Central para la Protección de las Víctimas de la Violencia Doméstica y de Género.

11. En aquellos casos en que durante la tramitación de un procedimiento penal en curso surja una situación de riesgo para alguna de las personas vinculadas con el investigado o encausado por alguna de las relaciones indicadas en el apartado 1 de este artículo, el Juez o Tribunal que conozca de la causa podrá acordar la orden de protección de la víctima con arreglo a lo establecido en los apartados anteriores.

Artículo añadido por la Ley 27/2003, de 31 de julio, reguladora de la Orden de protección de las víctimas de la violencia doméstica, pero el apartado 1 ha sido redactado por la LO 15/2003, de 25 de noviembre, de reforma del Código Penal. Ver el RD 355/2004, de 5 de marzo, por el que se regula el Registro Central para la protección de las víctimas de la violencia doméstica, modificado por los RD 513/2005, de 9 de mayo (BOE del 19) y RD 660/2007, de 25 de mayo (BOE del 4 de junio).

Debe tenerse en cuenta que la LO 1/2004, de 28 de diciembre, de Medidas de Protección Integral contra la Violencia de Género, ha añadido una Disposición Adicional Cuarta a esta LECRIM, conforme a la que: «Cuarta. 1. Las referencias que se hacen al Juez de Instrucción y al Juez de Primera Instancia en los apartados 1 y 7 del artículo 544 ter de esta Ley, en la redacción dada por la Ley 27/2003, de 31 de julio, reguladora de la Orden de Protección de las Víctimas de la Violencia Doméstica se entenderán hechas, en su caso, al Juez de Violencia sobre la Mujer».

Los apartados 4, 8, 9 y 10 se han modificado por el art. 2.61 de la Ley 13/2009, de 13 de noviembre.

Artículo 544 quáter. 1. Cuando se haya procedido a la imputación de una persona jurídica, las medidas cautelares que podrán imponérsele son las expresamente previstas en la Ley Orgánica 10/1995, de 23 de noviembre, del Código Penal.

2. La medida se acordará previa petición de parte y celebración de vista, a la que se citará a todas las partes personadas. El auto que decida sobre la medida cautelar será recurrible en apelación, cuya tramitación tendrá carácter preferente.

Artículo añadido por la LAP (Ley 37/2011).

Artículo 544 quinquies. 1. En los casos en los que se investigue un delito de los mencionados en el artículo 57 del Código Penal, el Juez o Tribunal, cuando resulte necesario al fin de protección de la víctima menor de edad o con la capacidad judicialmente modificada, en su caso, adoptará motivadamente alguna de las siguientes medidas:

a) Suspender la patria potestad de alguno de los progenitores. En este caso podrá fijar un régimen de visitas o comunicación en interés del menor o persona con capacidad judicialmente modificada y, en su caso, las condiciones y garantías con que debe desarrollarse.

b) Suspender la tutela, curatela, guarda o acogimiento.

c) Establecer un régimen de supervisión del ejercicio de la patria potestad, tutela o de cualquier otra función tutelar o de protección o apoyo sobre el menor o persona con la capacidad judicialmente modificada, sin perjuicio de las competencias propias del Ministerio Fiscal y de las entidades públicas competentes.

d) Suspender o modificar el régimen de visitas o comunicación con el no conviviente o con otro familiar que se encontrara en vigor, cuando resulte necesario para garantizar la protección del menor o de la persona con capacidad judicialmente modificada.

2. Cuando en el desarrollo del proceso se ponga de manifiesto la existencia de una situación de riesgo o posible desamparo de un menor y, en todo caso, cuando fueran adoptadas algunas de las medidas de las letras a) o b) del apartado anterior, el Letrado de la Administración de Justicia lo comunicará inmediatamente a la entidad pública competente que tenga legalmente encomendada la protección de los menores, así como al Ministerio Fiscal, a fin de que puedan adoptar las medidas de protección que resulten necesarias. A los mismos efectos se les notificará su alzamiento o cualquier otra modificación, así como la resolución a la que se refiere el apartado 3.

3. Una vez concluido el procedimiento, el Juez o Tribunal, valorando exclusivamente el interés de la persona afectada, ratificará o alzará las medidas de protección que hubieran sido adoptadas. El Ministerio Fiscal y las partes afectadas por la medida podrán solicitar al Juez su modificación o alzamiento conforme al procedimiento previsto en el artículo 770 Ley de Enjuiciamiento Civil.

Artículo introducido por la Disposición Final 1. 14 de la Ley 4/2015, de 27 de abril, del Estatuto de la Víctima del delito (BOE del 28).

TÍTULO VIII. DE LAS MEDIDAS DE INVESTIGACIÓN LIMITATIVAS DE LOS DERECHOS RECONOCIDOS EN EL ARTÍCULO 18 DE LA CONSTITUCIÓN

Rúbrica modificada por la Ley Orgánica 13/2015, de 5 de octubre, de modificación de la Ley de Enjuiciamiento Criminal para el fortalecimiento de las garantías procesales y la regulación de las medidas de investigación tecnológica.

CAPÍTULO I. DE LA ENTRADA Y REGISTRO EN LUGAR CERRADO

Rúbrica modificada por la Ley Orgánica 13/2015, de 5 de octubre, de modificación de la Ley de Enjuiciamiento Criminal para el fortalecimiento de las garantías procesales y la regulación de las medidas de investigación tecnológica.
Véase el art. 18.1 y 2 CE.

Artículo 545. Nadie podrá entrar en el domicilio de un español o extranjero residente en España sin su consentimiento, excepto en los casos y en la forma expresamente previstos en las leyes.

El art. 18.2 CE establece que «El domicilio es inviolable. Ninguna entrada o registro podrá hacerse en él sin consentimiento del titular o resolución judicial, salvo en los casos de flagrante delito».
Véanse los arts. 533 bis de esta Ley y 17 de la Ley Orgánica 4/1981, de 1 de junio, de los estados de alarma, excepción y sitio.
El CP regula en su art. 202 el delito de allanamiento de morada; asimismo, véase su art. 534.
Casos especiales se encuentran en el art. 32.2 EGA, y en el art. I-5º y 6º del Acuerdo entre el Estado Español y la Santa Sede sobre Asuntos jurídicos, de 3 enero 1979, ratificado el 4 de diciembre (BOE 15).

Artículo 546. El Juez o Tribunal que conociere de la causa podrá decretar la entrada y registro, de día o de noche, en todos los edificios y lugares públicos, sea cualquiera el territorio en que radiquen, cuando hubiere indicios de encontrarse allí el procesado o efectos o instrumentos del delito, o libros, papeles u otros objetos que puedan servir para su descubrimiento y comprobación.

Son inviolables y están exentos de todo registro los locales y edificios de las Comunidades Europeas art. 1 de los Protocolos sobre los privilegios y las inmunidades de la CECA (18 abril 1951), la CEE y la CEEA (17 abril 1957), BOE 1 enero de 1986. Inviolabilidad de los locales diplomáticos: Convenio de Viena, de 18 abril 1961, sobre relaciones diplomáticas, al que se adhirió España el 21 de noviembre de 1967 (BOE 24 enero 1968). Inviolabilidad de los locales consulares: Convenio de Viena sobre relaciones consulares, de 24 abril de 1963, al que se adhirió España el 3 febrero 1970 (BOE 6 marzo 1970). Están exentos de toda forma de registro los bienes de «Intelsat», según el art. 3 del Protocolo de Washington sobre los privilegios, exenciones e inmunidades de «Intelsat», de 19 mayo 1978, ratificado por España el 20 febrero 1981 (BOE 4 abril 1981).

Artículo 547. Se reputarán edificios o lugares públicos para la observancia de lo dispuesto en este capítulo:

1.º Los que estuvieren destinados a cualquier servicio oficial, militar o civil del Estado, de la Provincia o del Municipio, aunque habiten allí los encargados de dicho servicio o los de la conservación y custodia del edificio o lugar.

2.º Los que estuvieren destinados a cualquier establecimiento de reunión o recreo, fueren o no lícitos.

3.º Cualesquiera otros edificios o lugares cerrados que no constituyeren domicilio de un particular con arreglo a lo dispuesto en el artículo 554.

4.º Los buques del Estado.

Artículo 548. El Juez necesitará para la entrada y registro en el Palacio de cualquiera de los Cuerpos Colegisladores la autorización del Presidente respectivo.

Véase el art. 66.3 CE, que establece la inviolabilidad de las Cortes Generales.

En el mismo sentido, véanse los arts. 25.2 del Estatuto de Autonomía para el País Vasco, aprobado por Ley Orgánica 3/1979, de 18 de diciembre (BOE núm. 306, de 22 de diciembre); 55 del Estatuto de Autonomía de Cataluña, aprobado por Ley Orgánica 6/2006, de 19 de julio; 10.2 del Estatuto de Autonomía para Galicia, aprobado por Ley Orgánica 1/1981, de 6 de abril (BOE núm. 101, de 28 de abril); 100 del Estatuto de Autonomía de Andalucía, aprobado por Ley Orgánica 2/2007, de 19 de marzo (BOE del 20); 23.2 del Estatuto de Autonomía para Asturias, aprobado por Ley Orgánica 7/1981, de 30 de diciembre (BOE núm. 9, de 11 de enero de 1982); 9.2 del Estatuto de Autonomía para Cantabria, aprobado por Ley Orgánica 8/1981, de 30 de diciembre (BOE núm. 9, de 11 de enero de 1982); 17.7 del Estatuto de Autonomía de La Rioja, aprobado por Ley Orgánica 3/1982, de 9 de junio (BOE núm. 146, de 19 de junio); 21.2 del Estatuto de Autonomía para la Región de Murcia, aprobado por Ley Orgánica 4/1982, de 9 de junio (BOE núm. 146, de 19 de junio); 21 del Estatuto de Autonomía de la Comunidad Valenciana, aprobado por Ley Orgánica 1/2006, de 10 de abril; 33 del estatuto de Autonomía de Aragón, aprobado por Ley Orgánica 5/2007, de 20 de abril (BOE del 23); 9.3 del Estatuto de Autonomía de Castilla-la Mancha, aprobado por Ley Orgánica 9/1982, de 10 de agosto (BOE núm. 195, de 16 de agosto); 10.1 del Estatuto de Autonomía de Canarias, aprobado por Ley Orgánica 10/1982, de 10 de agosto (BOE núm. 195, de 16 de agosto); 13.1. de la Ley Orgánica 13/1982, de 10 de agosto, de Reintegración y Amejoramiento del Régimen Foral de Navarra (BOE núm. 195, de 16 de agosto); 16.1 del Estatuto de Autonomía de Extremadura, aprobado por Ley Orgánica 1/1983, de 25 de febrero (BOE núm. 49, de 26 de febrero); 40.2 del Estatuto de Autonomía para las Islas Baleares, aprobado por Ley Orgánica 1/2007, de 28 de febrero (BOE de 1 de marzo), y 29 del Estatuto de Autonomía de Castilla y León, aprobado por Ley Orgánica 4/1983, de 25 de febrero (BOE núm. 52, de 2 de marzo).

Artículo 549. Para la entrada y registro en los templos y demás lugares religiosos bastará pasar recado de atención a las personas a cuyo cargo estuvieren.

Téngase en cuenta lo previsto en el art. 1.5 del Acuerdo de 3 de enero de 1979, entre el Estado español y la Santa Sede, sobre asuntos jurídicos, ratificado por Instrumento de 4 de diciembre (BOE del 15).

Artículo 550. Podrá asimismo el Juez instructor ordenar en los casos indicados en el artículo 546 la entrada y registro, de día o de noche, si la urgencia lo hiciere necesario, en cualquier edificio o lugar cerrado o parte de él, que constituya domicilio de cualquier español o extranjero residente en España, pero precediendo siempre el consentimiento del interesado conforme se previene en el artículo 6 de la Constitución, o a falta de consentimiento, en virtud de auto motivado, que se notificará a la persona interesada inmediatamente, o lo más tarde dentro de las veinticuatro horas de haberse dictado.

La referencia debe entenderse hecha al art. 18.2 CE, transcrito en nota al art. 545 de esta Ley.

Artículo 551. Se entenderá que presta su consentimiento aquel que, requerido por quien hubiere de efectuar la entrada y el registro para que los permita, ejecuta por su parte los actos necesarios que de él dependan para que puedan tener efecto, sin invocar la inviolabilidad que reconoce al domicilio el artículo 6 de la Constitución del Estado.

La referencia debe entenderse hecha al art. 18.2 CE transcrito en nota al art. 545 de esta Ley.

Artículo 552. Al practicar los registros deberán evitarse las inspecciones inútiles, procurando no perjudicar ni importunar al interesado más de lo necesario, y se adoptarán todo género de precauciones para no comprometer su reputación, respetando sus secretos si no interesaren a la instrucción.

Artículo 553. Los Agentes de policía podrán, asimismo, proceder de propia autoridad a la inmediata detención de las personas cuando haya mandamiento de prisión contra ellas, cuando sean sorprendidas en flagrante delito, cuando un delincuente, inmediatamente perseguido por los Agentes de la autoridad, se oculte o refugie en alguna casa o, en casos de excepcional o urgente necesidad, cuando se trate de presuntos responsables de las acciones a que se refiere el artículo 384 bis, cualquiera que fuese el lugar o domicilio donde se ocultasen o refugiasen, así como al registro que, con ocasión de aquélla, se efectúe en dichos lugares y a la ocupación de los efectos e instrumentos que en ellos se hallasen y que pudieran guardar relación con el delito perseguido.

Del registro efectuado, conforme a lo establecido en el párrafo anterior, se dará cuenta inmediata al Juez competente, con indicación de las causas que lo motivaron y de los resultados obtenidos en el mismo, con especial referencia a las detenciones que, en su caso, se hubieran practicado.

Asimismo, se indicarán las personas que hayan intervenido y los incidentes ocurridos.

Redactado por la Ley 4/1988, de 25 de mayo.
Véanse los arts. 17.1 y 18.2 de la CE.

Artículo 554. Se reputan domicilio, para los efectos de los artículos anteriores:

1.º Los Palacios Reales, estén o no habitados por el Monarca al tiempo de la entrada o registro.

2.º El edificio o lugar cerrado, o la parte de él destinada principalmente a la habitación de cualquier español o extranjero residente en España y de su familia.

3.º Los buques nacionales mercantes.

4.º Tratándose de personas jurídicas imputadas, el espacio físico que constituya el centro de dirección de las mismas, ya se trate de su domicilio social o de un establecimiento dependiente, o aquellos otros lugares en que se custodien documentos u otros soportes de su vida diaria que quedan reservados al conocimiento de terceros.

Número añadido por la LAP (Ley 37/2011).

Artículo 555. Para registrar en el Palacio en que se halle residiendo el Monarca, solicitará el Juez real licencia por conducto del Mayordomo Mayor de Su Majestad.

Véanse los arts. 17.1 y 18.2 de la CE y 490.1 del CP de 1995.

Artículo 556. En los Sitios Reales en que no se hallase el Monarca al tiempo del registro, será necesaria la licencia del Jefe o empleado del servicio de Su Majestad que tuviere a su cargo la custodia del edificio, o la del que haga sus veces cuando se solicitare, si estuviere ausente.

Artículo 557.

Declarado inconstitucional por la STC 10/2002, de 17 de enero.

Artículo 558. El auto de entrada y registro en el domicilio de un particular será siempre fundado, y el Juez expresará en él concretamente el edificio o lugar cerrado en que haya de verificarse, si tendrá lugar tan sólo de día y la Autoridad o funcionario que los haya de practicar.

Artículo 559. Para la entrada y registro en los edificios destinados a la habitación u oficina de los representantes de naciones extranjeras acreditadas cerca del Gobierno de España, les pedirá su venia el Juez, por medio de atento oficio, en el que les rogará que contesten en el término de doce horas.

Véase el art. 30 de la Convención de Viena, de 18 de abril de 1961, sobre Relaciones Diplomáticas, Instrumento de adhesión de España de 21 de noviembre de 1967 (BOE de 24 de enero de 1968).

Artículo 560. Si transcurriere este término sin haberlo hecho, o si el representante extranjero denegare la venía, el Juez lo comunicará inmediatamente al Ministro de Gracia y Justicia empleando para ello el telégrafo, si lo hubiere. Entretanto que el Ministro no le comunique su resolución, se abstendrá de entrar y registrar en el edificio; pero adoptará las medidas de vigilancia a que se refiere el artículo 567.

Artículo 561. ...

Primer párrafo derogado por la Ley 14/2014, de 24 de julio, de Navegación Marítima.

En los buques extranjeros de guerra, la falta de autorización del Comandante se suplirá por la del Embajador o Ministro de la nación a que pertenezcan.

Artículo 562. Se podrá entrar en las habitaciones de los Cónsules extranjeros y sus oficinas pasándoles previamente recado de atención y observando las formalidades prescritas en la Constitución del Estado y en las leyes.

Véanse los arts. 31, 59 y 61 de la Convención de Viena, de 24 de abril de 1963, sobre Relaciones Consulares, Instrumento de adhesión de España de 3 de febrero de 1970 (BOE de 6 de marzo).

Artículo 563. Si el edificio o lugar cerrado estuviere en el territorio propio del Juez instructor, podrá encomendar la entrada y registro al Juez municipal del territorio en que el edificio o lugar cerrado radiquen, o a cualquier Autoridad o agente de Policía judicial. Si el que lo hubiese ordenado fuere el Juez municipal, podrá encomendarlo también a dichas Autoridades o agentes de Policía judicial.

Cuando el edificio o lugar cerrado estuviere fuera del territorio del Juez, encomendará éste la práctica de las operaciones al Juez de su propia categoría del territorio en que aquéllos radiquen, el cual, a su vez, podrá encomendarlas a las Autoridades o agentes de Policía judicial.

Artículo 564. Si se tratare de un edificio o lugar público comprendido en los números 1.º y 3.º del artículo 547, el Juez oficiará a la Autoridad o Jefe de que aquéllos dependan en la misma población.

Si éste no contestare en el término que se le fije en el oficio, se notificará el auto en que se disponga la entrada y registro al encargado de la conservación o custodia del edificio o lugar en que se hubiere de entrar y registrar.

Si se tratare de buques del Estado, las comunicaciones se dirigirán a los Comandantes respectivos.

Artículo 565. Cuando el edificio o lugar fueren de los comprendidos en el número 2.º del artículo 547, la notificación se hará a la persona que se halle al frente del establecimiento de reunión o recreo, o a quien haga sus veces si aquél estuviere ausente.

Artículo 566. Si la entrada y registro se hubieren de hacer en el domicilio de un particular, se notificará el auto a éste; y si no fuere habido a la primera diligencia en busca, a su encargado.

Si no fuere tampoco habido el encargado, se hará la notificación a cualquiera otra persona mayor de edad que se hallare en el domicilio, prefiriendo para esto a los individuos de la familia del interesado.

Si no se halla a nadie, se hará constar por diligencia, que se extenderá con asistencia de dos vecinos, los cuales deberán firmarla.

Artículo 567. Desde el momento en que el Juez acuerde la entrada y registro en cualquier edificio o lugar cerrado, adoptará las medidas de vigilancia convenientes para evitar la fuga del procesado o la sustracción de los instrumentos, efectos del delito, libros, papeles o cualesquiera otras cosas que hayan de ser objeto del registro.

Artículo 568. Practicadas las diligencias que se establecen en los artículos anteriores, se procederá a la entrada y registro, empleando para ello, si fuere necesario, el auxilio de la fuerza.

Artículo 569. El registro se hará a presencia del interesado, o de la persona que legítimamente le represente.

Si aquél no fuere habido o no quisiere concurrir ni nombrar representante, se practicará a presencia de un individuo de su familia mayor de edad.

Si no le hubiere, se hará a presencia de dos testigos, vecinos del mismo pueblo.

El registro se practicará siempre en presencia del Secretario del Juzgado o Tribunal que lo hubiera autorizado, o del Letrado de la Administración de Justicia del servicio de guardia que le sustituya, quien levantará acta del resultado de la diligencia y de sus incidencias y que será firmada por todos los asistentes. No obstante, en caso de necesidad, el Letrado de la Administración de Justicia podrá ser sustituido en la forma prevista en la Ley Orgánica del Poder Judicial.

Redactado conforme a la Ley 22/1995, de 17 de julio.

La resistencia del interesado, de su representante, de los individuos de la familia y de los testigos a presenciar el registro producirá la responsabilidad declarada en el Código Penal a los reos del delito de desobediencia grave a la Autoridad, sin perjuicio de que la diligencia se practique.

Véase el art. 556 CP.

Si no se encontrasen las personas u objetos que se busquen ni apareciesen indicios sospechosos, se expedirá una certificación del acto a la parte interesada si la reclamare.

Artículo 570. Cuando el registro se practique en el domicilio de un particular y expire el día sin haberse terminado, el que lo haga requerirá al interesado o a su representante, si estuviere presente, para que permita la continuación durante la noche. Si se opusiese, se suspenderá la diligencia, salvo lo dispuesto en los artículos 546 y 550, cerrando y sellando el local o los muebles en que hubiere de continuarse, en cuanto esta precaución se considere necesaria para evitar la fuga de la persona o la sustracción de las cosas que se buscaren.

Prevendrá asimismo el que practique el registro a los que se hallen en el edificio o lugar de la diligencia, que no levanten los sellos, ni violenten las cerraduras, ni permitan que lo hagan otras personas, bajo la responsabilidad establecida en el Código Penal.

Véase el art. 414, II de esta Ley.

Artículo 571. El registro no se suspenderá sino por el tiempo en que no fuere posible continuarle, y se adoptarán, durante la suspensión, las medidas de vigilancia a que se refiere el artículo 567.

Artículo 572. En la diligencia de entrada y registro en lugar cerrado, se expresarán los nombres del Juez, o de su delegado, que la practique y de las demás personas que intervengan, los incidentes ocurridos, la hora en que se hubiese principiado y concluido la diligencia, y la relación del registro por el orden con que se haga, así como los resultados obtenidos.

CAPÍTULO II. Del registro de libros y papeles

Rúbrica introducida por la Ley Orgánica 13/2015, de 5 de octubre, de modificación de la Ley de Enjuiciamiento Criminal para el fortalecimiento de las garantías procesales y la regulación de las medidas de investigación tecnológica.

Artículo 573. No se ordenará el registro de los libros y papeles de contabilidad del procesado o de otra persona sino cuando hubiere indicios graves de que de esta diligencia resultará el descubrimiento o la comprobación de algún hecho o circunstancia importante de la causa.

Véase el art. 534-2º CP. Véanse, además, los arts. 24 y 30.2 de la Convención de Viena, de 18 de abril de 1961, sobre Relaciones Diplomáticas, y 33 de la Convención de Viena, de 24 de abril de 1963, sobre Relaciones Consulares.

Artículo 574. El Juez ordenará recoger los instrumentos y efectos del delito y también los libros, papeles o cualesquiera otras cosas que se hubiesen encontrado, si esto fuere necesario para el resultado del sumario.

Los libros y papeles que se recojan serán foliados, sellados y rubricados en todas sus hojas por el Letrado de la Administración de Justicia, bajo su responsabilidad.

Modificado por el art. 2.62 de la Ley 13/2009, de 13 de noviembre.

Artículo 575. Todos están obligados a exhibir los objetos y papeles que se sospeche puedan tener relación con la causa.

Si el que los retenga se negare a su exhibición, será corregido con multa de 125 a 500 pesetas; y cuando insistiera en su negativa, si el objeto o papel fueren de importancia y la índole del delito lo aconseje, será procesado como autor del de desobediencia a la Autoridad, salvo si mereciera la calificación legal de encubridor o receptador.

Véanse los arts. 451, 454 y 556 del CP de 1995.

Artículo 576. Será aplicable al registro de papeles y efectos lo establecido en los artículos 552 y 569.

Artículo 577. Si para determinar sobre la necesidad de recoger las cosas que se hubiesen encontrado en el registro fuere necesario algún reconocimiento pericial, se acordará en el acto por el Juez, en la forma establecida en el Capítulo VII del Título V.

Véase los arts. 456 a 485 de esta Ley.

Artículo 578. Si el libro que haya de ser objeto del registro fuere el protocolo de un Notario, se procederá con arreglo a lo dispuesto en la Ley del Notariado.

Si se tratare de un libro del Registro de la Propiedad, se estará a lo ordenado en la Ley Hipotecaria.

Si se tratare de un libro del Registro civil o mercantil, se estará a lo que se disponga en la Ley y Reglamentos relativos a estos servicios.

CAPÍTULO III. De la detención y apertura de la correspondencia escrita y telegráfica

Rúbrica introducida por el artículo único. 10 de la Ley Orgánica 13/2015, de 5 de octubre, de modificación de la Ley de Enjuiciamiento Criminal para el fortalecimiento de las garantías procesales y la regulación de las medidas de investigación tecnológica.

Artículo 579. De la correspondencia escrita y telegráfica.

1. El juez podrá acordar la detención de la correspondencia privada, postal y telegráfica que el investigado remita o reciba, así como su apertura y examen, si hubiera indicios de obtener por estos medios el descubrimiento o la comprobación del algún hecho o circunstancia relevante para la causa, siempre que la investigación tenga por objeto alguno de los siguientes delitos:

1.º Delitos dolosos castigados con pena con límite máximo de, al menos, tres años de prisión.

2.º Delitos cometidos en el seno de un grupo u organización criminal.

3.º Delitos de terrorismo.

2. El juez podrá acordar, en resolución motivada, por un plazo de hasta tres meses, prorrogable por iguales o inferiores períodos hasta un máximo de dieciocho meses, la observación de las comunicaciones postales y telegráficas

del investigado, así como de las comunicaciones de las que se sirva para la realización de sus fines delictivos.

3. En caso de urgencia, cuando las investigaciones se realicen para la averiguación de delitos relacionados con la actuación de bandas armadas o elementos terroristas y existan razones fundadas que hagan imprescindible la medida prevista en los apartados anteriores de este artículo, podrá ordenarla el Ministro del Interior o, en su defecto, el Secretario de Estado de Seguridad. Esta medida se comunicará inmediatamente al juez competente y, en todo caso, dentro del plazo máximo de veinticuatro horas, haciendo constar las razones que justificaron la adopción de la medida, la actuación realizada, la forma en que se ha efectuado y su resultado. El juez competente, también de forma motivada, revocará o confirmará tal actuación en un plazo máximo de setenta y dos horas desde que fue ordenada la medida.

4. No se requerirá autorización judicial en los siguientes casos:

a) Envíos postales que, por sus propias características externas, no sean usualmente utilizados para contener correspondencia individual sino para servir al transporte y tráfico de mercancías o en cuyo exterior se haga constar su contenido.

b) Aquellas otras formas de envío de la correspondencia bajo el formato legal de comunicación abierta, en las que resulte obligatoria una declaración externa de contenido o que incorporen la indicación expresa de que se autoriza su inspección.

c) Cuando la inspección se lleve a cabo de acuerdo con la normativa aduanera o proceda con arreglo a las normas postales que regulan una determinada clase de envío.

5. La solicitud y las actuaciones posteriores relativas a la medida solicitada se sustanciaran en una pieza separada y secreta, sin necesidad de que se acuerde expresamente el secreto de la causa.

Artículo redactado conforme a la Ley Orgánica 13/2015, de 5 de octubre, de modificación de la Ley de Enjuiciamiento Criminal para el fortalecimiento de las garantías procesales y la regulación de las medidas de investigación tecnológica.

Artículo 579 bis. Utilización de la información obtenida en un procedimiento distinto y descubrimientos casuales.

1. El resultado de la detención y apertura de la correspondencia escrita y telegráfica podrá ser utilizado como medio de investigación o prueba en otro proceso penal.

2. A tal efecto, se procederá a la deducción de testimonio de los particulares necesarios para acreditar la legitimidad de la injerencia. Se incluirán entre los antecedentes indispensables, en todo caso, la solicitud inicial para la adopción, la resolución judicial que la acuerda y todas las peticiones y resoluciones judiciales de prórroga recaídas en el procedimiento de origen.

3. La continuación de esta medida para la investigación del delito casualmente descubierto requiere autorización del juez competente, para la cual, éste comprobará la diligencia de la actuación, evaluando el marco en el que se produjo el hallazgo casual y la imposibilidad de haber solicitado la medida que lo incluyera en su momento. Asimismo se informará si las diligencias continúan declaradas secretas, a los efectos de que tal declaración sea respetada en el otro proceso penal, comunicando el momento en el que dicho secreto se alce.

Artículo introducido por la Ley Orgánica 13/2015, de 5 de octubre, de modificación de la Ley de Enjuiciamiento Criminal para el fortalecimiento de las garantías procesales y la regulación de las medidas de investigación tecnológica.

Artículo 580. Es aplicable a la detención de la correspondencia lo dispuesto en los artículos 563 y 564.

Podrá también encomendarse la práctica de esta operación al Administrador de Correos y Telégrafos o Jefe de la oficina en que la correspondencia deba hallarse.

Artículo 581. El empleado que haga la detención remitirá inmediatamente la correspondencia detenida al Juez instructor de la causa.

Artículo 582. Podrá asimismo el Juez ordenar que por cualquiera Administración de Telégrafos se le faciliten copias de los telegramas por ella transmitidos, si pudieran contribuir al esclarecimiento de los hechos de la causa.

Artículo 583. El auto motivado acordando la detención y registro de la correspondencia o la entrega de copias de telegramas transmitidos determinará la correspondencia que haya de ser detenida o registrada, o los telegramas cuyas copias hayan de ser entregadas, por medio de la designación de las personas a cuyo nombre se hubieren expedido, o por otras circunstancias igualmente concretas.

Artículo 584. Para la apertura y registro de la correspondencia postal será citado el interesado.

Este o la persona que designe podrá presenciar la operación.

Artículo 585. Si el procesado estuviere en rebeldía, o si citado para la apertura no quisiere presenciarla ni nombrar persona para que lo haga en su nombre, el Juez instructor procederá, sin embargo, a la apertura de dicha correspondencia.

Artículo 586. La operación se practicará abriendo el Juez por sí mismo la correspondencia, y después de leerla para sí apartará la que haga referencia a los hechos de la causa y cuya conservación considere necesaria.

Los sobres y hojas de esta correspondencia, después de haber tomado el mismo Juez las notas necesarias para la práctica de otras diligencias de investigación a que la correspondencia diere motivo, se rubricarán por el Letrado de la Administración de Justicia y se sellarán con el sello del Juzgado, encerrándolo todo después en otro sobre, al que se pondrá el rótulo necesario, conservándose durante el sumario, también bajo responsabilidad del Letrado de la Administración de Justicia.

Este pliego podrá abrirse cuantas veces el Juez lo considere preciso, citando previamente al interesado.

Párrafo segundo modificado por el art. 2.63 de la Ley 13/2009, de 3 de noviembre.

Artículo 587. La correspondencia que no se relacione con la causa será entregada en el acto al procesado o a su representante.

Si aquél estuviere en rebeldía, se entregará cerrada a un individuo de su familia, mayor de edad.

Si no fuere conocido ningún pariente del procesado, se conservará dicho pliego cerrado bajo la responsabilidad del Letrado de la Administración de Justicia hasta que haya persona a quien entregarlo, según lo dispuesto en este artículo.

Párrafo tercero modificado por el art. 2.64 de la Ley 13/2009, de 3 de noviembre.

Artículo 588. La apertura de la correspondencia se hará constar por diligencia, en la que se referirá cuanto en aquélla hubiese ocurrido.

Esta diligencia será firmada por el Juez instructor, el Letrado de la Administración de Justicia y demás asistentes.

CAPÍTULO IV. Disposiciones comunes a la interceptación de las comunicaciones telefónicas y telemáticas, la captación y grabación de comunicaciones orales mediante la utilización de dispositivos electrónicos, la utilización de dispositivos técnicos de seguimiento, localización y captación de la imagen, el registro de dispositivos de almacenamiento masivo de información y los registros remotos sobre equipos informáticos

El Capítulo IV y los artículos que lo componen han sido introducidos por la Ley Orgánica 13/2015, de 5 de octubre, de modificación de la Ley de Enjuiciamiento Criminal para el fortalecimiento de las garantías procesales y la regulación de las medidas de investigación tecnológica.

Artículo 588 bis a. *Principios rectores*

1. Durante la instrucción de las causas se podrá acordar alguna de las medidas de investigación reguladas en el presente capítulo siempre que medie autorización judicial dictada con plena sujeción a los principios de especialidad, idoneidad, excepcionalidad, necesidad y proporcionalidad de la medida.

2. El principio de especialidad exige que una medida esté relacionada con la investigación de un delito concreto. No podrán autorizarse medidas de investigación tecnológica que tengan por objeto prevenir o descubrir delitos o despejar sospechas sin base objetiva.

3. El principio de idoneidad servirá para definir el ámbito objetivo y subjetivo y la duración de la medida en virtud de su utilidad.

4. En aplicación de los principios de excepcionalidad y necesidad solo podrá acordarse la medida:

a) cuando no estén a disposición de la investigación, en atención a sus características, otras medidas menos gravosas para los derechos fundamentales del investigado o encausado e igualmente útiles para el esclarecimiento del hecho, o

b) cuando el descubrimiento o la comprobación del hecho investigado, la determinación de su autor o autores, la averiguación de su paradero, o la localización de los efectos del delito se vea gravemente dificultada sin el recurso a esta medida.

5. Las medidas de investigación reguladas en este capítulo solo se reputarán proporcionadas cuando, tomadas en consideración todas las circunstancias del caso, el sacrificio de los derechos e intereses afectados no sea superior al beneficio que de su adopción resulte para el interés público y de terceros. Para la ponderación de los intereses en conflicto, la valoración del interés público se basará en la gravedad del hecho, su trascendencia social o el ámbito tec-

nológico de producción, la intensidad de los indicios existentes y la relevancia del resultado perseguido con la restricción del derecho.

Artículo 588 bis b. *Solicitud de autorización judicial*

1. El juez podrá acordar las medidas reguladas en este capítulo de oficio o a instancia del Ministerio Fiscal o de la Policía Judicial.

2. Cuando el Ministerio Fiscal o la Policía Judicial soliciten del juez de instrucción una medida de investigación tecnológica, la petición habrá de contener:

1.º La descripción del hecho objeto de investigación y la identidad del investigado o de cualquier otro afectado por la medida, siempre que tales datos resulten conocidos.

2.º La exposición detallada de las razones que justifiquen la necesidad de la medida de acuerdo a los principios rectores establecidos en el artículo 588 bis a, así como los indicios de criminalidad que se hayan puesto de manifiesto durante la investigación previa a la solicitud de autorización del acto de injerencia.

3.º Los datos de identificación del investigado o encausado y, en su caso, de los medios de comunicación empleados que permitan la ejecución de la medida.

4.º La extensión de la medida con especificación de su contenido.

5.º La unidad investigadora de la Policía Judicial que se hará cargo de la intervención.

6.º La forma de ejecución de la medida.

7.º La duración de la medida que se solicita.

8.º El sujeto obligado que llevará a cabo la medida, en caso de conocerse.

Artículo 588 bis c. *Resolución judicial*

1. El juez de instrucción autorizará o denegará la medida solicitada mediante auto motivado, oído el Ministerio Fiscal. Esta resolución se dictará en el plazo máximo de veinticuatro horas desde que se presente la solicitud.

2. Siempre que resulte necesario para resolver sobre el cumplimiento de alguno de los requisitos expresados en los artículos anteriores, el juez podrá requerir, con interrupción del plazo a que se refiere el apartado anterior, una ampliación o aclaración de los términos de la solicitud.

3. La resolución judicial que autorice la medida concretará al menos los siguientes extremos:

a) El hecho punible objeto de investigación y su calificación jurídica, con expresión de los indicios racionales en los que funde la medida.

b) La identidad de los investigados y de cualquier otro afectado por la medida, de ser conocido.

c) La extensión de la medida de injerencia, especificando su alcance así como la motivación relativa al cumplimiento de los principios rectores establecidos en el artículo 588 bis a.

d) La unidad investigadora de Policía Judicial que se hará cargo de la intervención.

e) La duración de la medida.

f) La forma y la periodicidad con la que el solicitante informará al juez sobre los resultados de la medida.

g) La finalidad perseguida con la medida.

h) El sujeto obligado que llevará a cabo la medida, en caso de conocerse, con expresa mención del deber de colaboración y de guardar secreto, cuando proceda, bajo apercibimiento de incurrir en un delito de desobediencia.

Artículo 588 bis d. *Secreto*

La solicitud y las actuaciones posteriores relativas a la medida solicitada se sustanciarán en una pieza separada y secreta, sin necesidad de que se acuerde expresamente el secreto de la causa.

Artículo 588 bis e. *Duración*

1. Las medidas reguladas en el presente capítulo tendrán la duración que se especifique para cada una de ellas y no podrán exceder del tiempo imprescindible para el esclarecimiento de los hechos.

2. La medida podrá ser prorrogada, mediante auto motivado, por el juez competente, de oficio o previa petición razonada del solicitante, siempre que subsistan las causas que la motivaron.

3. Transcurrido el plazo por el que resultó concedida la medida, sin haberse acordado su prórroga, o, en su caso, finalizada ésta, cesará a todos los efectos.

Artículo 588 bis f. *Solicitud de prórroga*

1. La solicitud de prórroga se dirigirá por el Ministerio Fiscal o la Policía Judicial al juez competente con la antelación suficiente a la expiración del plazo concedido. Deberá incluir en todo caso:

a) Un informe detallado del resultado de la medida.

b) Las razones que justifiquen la continuación de la misma.

2. En el plazo de los dos días siguientes a la presentación de la solicitud, el juez resolverá sobre el fin de la medida o su prórroga mediante auto motivado. Antes de dictar la resolución podrá solicitar aclaraciones o mayor información.

3. Concedida la prórroga, su cómputo se iniciará desde la fecha de expiración del plazo de la medida acordada.

Artículo 588 bis g. *Control de la medida*

La Policía Judicial informará al juez de instrucción del desarrollo y los resultados de la medida, en la forma y con la periodicidad que este determine y, en todo caso, cuando por cualquier causa se ponga fin a la misma.

Artículo 588 bis h. *Afectación de terceras personas*

Podrán acordarse las medidas de investigación reguladas en los siguientes capítulos aun cuando afecten a terceras personas en los casos y con las condiciones que se regulan en las disposiciones específicas de cada una de ellas.

Artículo 588 bis i. *Utilización de la información obtenida en un procedimiento distinto y descubrimientos casuales*

El uso de las informaciones obtenidas en un procedimiento distinto y los descubrimientos casuales se regularan con arreglo a lo dispuesto en el artículo 579 bis.

Artículo 588 bis j. *Cese de la medida*

El juez acordará el cese de la medida cuando desaparezcan las circunstancias que justificaron su adopción o resulte evidente que a través de la misma no se están obteniendo los resultados pretendidos, y, en todo caso, cuando haya transcurrido el plazo para el que hubiera sido autorizada.

Artículo 588 bis k. *Destrucción de registros*

1. Una vez que se ponga término al procedimiento mediante resolución firme, se ordenará el borrado y eliminación de los registros originales que puedan constar en los sistemas electrónicos e informáticos utilizados en la ejecución de la medida. Se conservará una copia bajo custodia del Letrado de la Administración de Justicia.

2. Se acordará la destrucción de las copias conservadas cuando hayan transcurrido cinco años desde que la pena se haya ejecutado o cuando el delito o la pena hayan prescrito o se haya decretado el sobreseimiento libre o haya

recaído sentencia absolutoria firme respecto del investigado, siempre que no fuera precisa su conservación a juicio del tribunal.

3. Los tribunales dictarán las órdenes oportunas a la Policía Judicial para que lleve a efecto la destrucción contemplada en los anteriores apartados.

CAPÍTULO V. La interceptación de las comunicaciones telefónicas y telemáticas

El capítulo V y los artículos que lo componen han sido introducidos por la Ley Orgánica 13/2015, de 5 de octubre, de modificación de la Ley de Enjuiciamiento Criminal para el fortalecimiento de las garantías procesales y la regulación de las medidas de investigación tecnológica.

SECCIÓN 1.ª Disposiciones generales

Artículo 588 ter a. *Presupuestos*

La autorización para la interceptación de las comunicaciones telefónicas y telemáticas solo podrá ser concedida cuando la investigación tenga por objeto alguno de los delitos a que se refiere el artículo 579.1 de esta ley o delitos cometidos a través de instrumentos informáticos o de cualquier otra tecnología de la información o la comunicación o servicio de comunicación.

Artículo 588 ter b. *Ámbito*

1. Los terminales o medios de comunicación objeto de intervención han de ser aquellos habitual u ocasionalmente utilizados por el investigado.

2. La intervención judicialmente acordada podrá autorizar el acceso al contenido de las comunicaciones y a los datos electrónicos de tráfico o asociados al proceso de comunicación, así como a los que se produzcan con independencia del establecimiento o no de una concreta comunicación, en los que participe el sujeto investigado, ya sea como emisor o como receptor, y podrá afectar a los terminales o los medios de comunicación de los que el investigado sea titular o usuario.

También podrán intervenirse los terminales o medios de comunicación de la víctima cuando sea previsible un grave riesgo para su vida o integridad.

A los efectos previstos en este artículo, se entenderá por datos electrónicos de tráfico o asociados todos aquellos que se generan como consecuencia de la conducción de la comunicación a través de una red de comunicaciones electrónicas, de su puesta a disposición del usuario, así como de la prestación de un servicio de la sociedad de la información o comunicación telemática de naturaleza análoga.

Artículo 588 ter c. *Afectación a tercero*

Podrá acordarse la intervención judicial de las comunicaciones emitidas desde terminales o medios de comunicación telemática pertenecientes a una tercera persona siempre que:

1.° exista constancia de que el sujeto investigado se sirve de aquella para transmitir o recibir información, o

2.° el titular colabore con la persona investigada en sus fines ilícitos o se beneficie de su actividad.

También podrá autorizarse dicha intervención cuando el dispositivo objeto de investigación sea utilizado maliciosamente por terceros por vía telemática, sin conocimiento de su titular.

Artículo 588 ter d. *Solicitud de autorización judicial*

1. La solicitud de autorización judicial deberá contener, además de los requisitos mencionados en el artículo 588 bis b, los siguientes:

a) la identificación del número de abonado, del terminal o de la etiqueta técnica,

b) la identificación de la conexión objeto de la intervención o

c) los datos necesarios para identificar el medio de telecomunicación de que se trate.

2. Para determinar la extensión de la medida, la solicitud de autorización judicial podrá tener por objeto alguno de los siguientes extremos:

a) El registro y la grabación del contenido de la comunicación, con indicación de la forma o tipo de comunicaciones a las que afecta.

b) El conocimiento de su origen o destino, en el momento en el que la comunicación se realiza.

c) La localización geográfica del origen o destino de la comunicación.

d) El conocimiento de otros datos de tráfico asociados o no asociados pero de valor añadido a la comunicación. En este caso, la solicitud especificará los datos concretos que han de ser obtenidos.

3. En caso de urgencia, cuando las investigaciones se realicen para la averiguación de delitos relacionados con la actuación de bandas armadas o elementos terroristas y existan razones fundadas que hagan imprescindible la medida prevista en los apartados anteriores de este artículo, podrá ordenarla el Ministro del Interior o, en su defecto, el Secretario de Estado de Seguridad. Esta medida se comunicará inmediatamente al juez competente y, en todo

caso, dentro del plazo máximo de veinticuatro horas, haciendo constar las razones que justificaron la adopción de la medida, la actuación realizada, la forma en que se ha efectuado y su resultado. El juez competente, también de forma motivada, revocará o confirmará tal actuación en un plazo máximo de setenta y dos horas desde que fue ordenada la medida.

Artículo 588 ter e. *Deber de colaboración*

1. Todos los prestadores de servicios de telecomunicaciones, de acceso a una red de telecomunicaciones o de servicios de la sociedad de la información, así como toda persona que de cualquier modo contribuya a facilitar las comunicaciones a través del teléfono o de cualquier otro medio o sistema de comunicación telemática, lógica o virtual, están obligados a prestar al juez, al Ministerio Fiscal y a los agentes de la Policía Judicial designados para la práctica de la medida la asistencia y colaboración precisas para facilitar el cumplimiento de los autos de intervención de las telecomunicaciones.

2. Los sujetos requeridos para prestar colaboración tendrán la obligación de guardar secreto acerca de las actividades requeridas por las autoridades.

3. Los sujetos obligados que incumplieren los anteriores deberes podrán incurrir en delito de desobediencia.

Artículo 588 ter f. *Control de la medida*

En cumplimiento de lo dispuesto en el artículo 588 bis g, la Policía Judicial pondrá a disposición del juez, con la periodicidad que este determine y en soportes digitales distintos, la transcripción de los pasajes que considere de interés y las grabaciones íntegras realizadas. Se indicará el origen y destino de cada una de ellas y se asegurará, mediante un sistema de sellado o firma electrónica avanzado o sistema de adveración suficientemente fiable, la autenticidad e integridad de la información volcada desde el ordenador central a los soportes digitales en que las comunicaciones hubieran sido grabadas.

Artículo 588 ter g. *Duración*

La duración máxima inicial de la intervención, que se computará desde la fecha de autorización judicial, será de tres meses, prorrogables por períodos sucesivos de igual duración hasta el plazo máximo de dieciocho meses.

Artículo 588 ter h. *Solicitud de prórroga*

Para la fundamentación de la solicitud de la prórroga, la Policía Judicial aportará, en su caso, la transcripción de aquellos pasajes de las conversaciones de las que se deduzcan informaciones relevantes para decidir sobre el mantenimiento de la medida.

Antes de dictar la resolución, el juez podrá solicitar aclaraciones o mayor información, incluido el contenido íntegro de las conversaciones intervenidas.

Artículo 588 ter i. *Acceso de las partes a las grabaciones*

1. Alzado el secreto y expirada la vigencia de la medida de intervención, se entregará a las partes copia de las grabaciones y de las transcripciones realizadas. Si en la grabación hubiera datos referidos a aspectos de la vida íntima de las personas, solo se entregará la grabación y transcripción de aquellas partes que no se refieran a ellos. La no inclusión de la totalidad de la grabación en la transcripción entregada se hará constar de modo expreso.

2. Una vez examinadas las grabaciones y en el plazo fijado por el juez, en atención al volumen de la información contenida en los soportes, cualquiera de las partes podrá solicitar la inclusión en las copias de aquellas comunicaciones que entienda relevantes y hayan sido excluidas. El juez de instrucción, oídas o examinadas por sí esas comunicaciones, decidirá sobre su exclusión o incorporación a la causa.

3. Se notificará por el juez de instrucción a las personas intervinientes en las comunicaciones interceptadas el hecho de la práctica de la injerencia y se les informará de las concretas comunicaciones en las que haya participado que resulten afectadas, salvo que sea imposible, exija un esfuerzo desproporcionado o puedan perjudicar futuras investigaciones. Si la persona notificada lo solicita se le entregará copia de la grabación o transcripción de tales comunicaciones, en la medida que esto no afecte al derecho a la intimidad de otras personas o resulte contrario a los fines del proceso en cuyo marco se hubiere adoptado la medida de injerencia.

SECCIÓN 2.ª Incorporación al proceso de datos electrónicos de tráfico o asociados

Artículo 588 ter j. *Datos obrantes en archivos automatizados de los prestadores de servicios*

1. Los datos electrónicos conservados por los prestadores de servicios o personas que faciliten la comunicación en cumplimiento de la legislación sobre retención de datos relativos a las comunicaciones electrónicas o por propia iniciativa por motivos comerciales o de otra índole y que se encuentren vincula-

dos a procesos de comunicación, solo podrán ser cedidos para su incorporación al proceso con autorización judicial.

2. Cuando el conocimiento de esos datos resulte indispensable para la investigación, se solicitará del juez competente autorización para recabar la información que conste en los archivos automatizados de los prestadores de servicios, incluida la búsqueda entrecruzada o inteligente de datos, siempre que se precisen la naturaleza de los datos que hayan de ser conocidos y las razones que justifican la cesión.

SECCIÓN 3.ª Acceso a los datos necesarios para la identificación de usuarios, terminales y dispositivos de conectividad

Artículo 588 ter k. *Identificación mediante número IP*

Cuando en el ejercicio de las funciones de prevención y descubrimiento de los delitos cometidos en internet, los agentes de la Policía Judicial tuvieran acceso a una dirección IP que estuviera siendo utilizada para la comisión algún delito y no constara la identificación y localización del equipo o del dispositivo de conectividad correspondiente ni los datos de identificación personal del usuario, solicitarán del juez de instrucción que requiera de los agentes sujetos al deber de colaboración según el artículo 588 ter e, la cesión de los datos que permitan la identificación y localización del terminal o del dispositivo de conectividad y la identificación del sospechoso.

Artículo 588 ter l. *Identificación de los terminales mediante captación de códigos de identificación del aparato o de sus componentes*

1. Siempre que en el marco de una investigación no hubiera sido posible obtener un determinado número de abonado y este resulte indispensable a los fines de la investigación, los agentes de Policía Judicial podrán valerse de artificios técnicos que permitan acceder al conocimiento de los códigos de identificación o etiquetas técnicas del aparato de telecomunicación o de alguno de sus componentes, tales como la numeración IMSI o IMEI y, en general, de cualquier medio técnico que, de acuerdo con el estado de la tecnología, sea apto para identificar el equipo de comunicación utilizado o la tarjeta utilizada para acceder a la red de telecomunicaciones.

2. Una vez obtenidos los códigos que permiten la identificación del aparato o de alguno de sus componentes, los agentes de la Policía Judicial podrán solicitar del juez competente la intervención de las comunicaciones en los

términos establecidos en el artículo 588 ter d. La solicitud habrá de poner en conocimiento del órgano jurisdiccional la utilización de los artificios a que se refiere el apartado anterior.

El tribunal dictará resolución motivada concediendo o denegando la solicitud de intervención en el plazo establecido en el artículo 588 bis c.

Artículo 588 ter m. *Identificación de titulares o terminales o dispositivos de conectividad*

Cuando, en el ejercicio de sus funciones, el Ministerio Fiscal o la Policía Judicial necesiten conocer la titularidad de un número de teléfono o de cualquier otro medio de comunicación, o, en sentido inverso, precisen el número de teléfono o los datos identificativos de cualquier medio de comunicación, podrán dirigirse directamente a los prestadores de servicios de telecomunicaciones, de acceso a una red de telecomunicaciones o de servicios de la sociedad de la información, quienes estarán obligados a cumplir el requerimiento, bajo apercibimiento de incurrir en el delito de desobediencia.

CAPÍTULO VI. Captación y grabación de comunicaciones orales mediante la utilización de dispositivos electrónicos

El capítulo VI y los artículos que lo componen han sido introducidos por la Ley Orgánica 13/2015, de 5 de octubre, de modificación de la Ley de Enjuiciamiento Criminal para el fortalecimiento de las garantías procesales y la regulación de las medidas de investigación tecnológica.

Artículo 588 quáter a. *Grabación de las comunicaciones orales directas*

1. Podrá autorizarse la colocación y utilización de dispositivos electrónicos que permitan la captación y grabación de las comunicaciones orales directas que se mantengan por el investigado, en la vía pública o en otro espacio abierto, en su domicilio o en cualesquiera otros lugares cerrados.

Los dispositivos de escucha y grabación podrán ser colocados tanto en el exterior como en el interior del domicilio o lugar cerrado.

2. En el supuesto en que fuera necesaria la entrada en el domicilio o en alguno de los espacios destinados al ejercicio de la privacidad, la resolución habilitante habrá de extender su motivación a la procedencia del acceso a dichos lugares.

3. La escucha y grabación de las conversaciones privadas se podrá complementar con la obtención de imágenes cuando expresamente lo autorice la resolución judicial que la acuerde.

Artículo 588 quáter b. *Presupuestos*

1. La utilización de los dispositivos a que se refiere el artículo anterior ha de estar vinculada a comunicaciones que puedan tener lugar en uno o varios encuentros concretos del investigado con otras personas y sobre cuya previsibilidad haya indicios puestos de manifiesto por la investigación.

2. Solo podrá autorizarse cuando concurran los requisitos siguientes:

a) Que los hechos que estén siendo investigados sean constitutivos de alguno de los siguientes delitos:

1.º Delitos dolosos castigados con pena con límite máximo de, al menos, tres años de prisión.

2.º Delitos cometidos en el seno de un grupo u organización criminal.

3.º Delitos de terrorismo.

b) Que pueda racionalmente preverse que la utilización de los dispositivos aportará datos esenciales y de relevancia probatoria para el esclarecimiento de los hechos y la identificación de su autor.

Artículo 588 quáter c. *Contenido de la resolución judicial*

La resolución judicial que autorice la medida, deberá contener, además de las exigencias reguladas en el artículo 588 bis c, una mención concreta al lugar o dependencias, así como a los encuentros del investigado que van a ser sometidos a vigilancia.

Artículo 588 quáter d. *Control de la medida*

En cumplimiento de lo dispuesto en el artículo 588 bis g, la Policía Judicial pondrá a disposición de la autoridad judicial el soporte original o copia electrónica auténtica de las grabaciones e imágenes, que deberá ir acompañado de una transcripción de las conversaciones que considere de interés.

El informe identificará a todos los agentes que hayan participado en la ejecución y seguimiento de la medida.

Artículo 588 quáter e. *Cese*

Cesada la medida por alguna de las causas previstas en el artículo 588 bis j, la grabación de conversaciones que puedan tener lugar en otros encuentros o la captación de imágenes de tales momentos exigirán una nueva autorización judicial.

CAPÍTULO VII. UTILIZACIÓN DE DISPOSITIVOS TÉCNICOS DE CAPTACIÓN DE LA IMAGEN, DE SEGUIMIENTO Y DE LOCALIZACIÓN

El capítulo VII y los artículos que lo componen han sido introducidos por la Ley Orgánica 13/2015, de 5 de octubre, de modificación de la Ley de Enjuiciamiento Criminal para el fortalecimiento de las garantías procesales y la regulación de las medidas de investigación tecnológica.

Artículo 588 quinquies a. *Captación de imágenes en lugares o espacios públicos*

1. La Policía Judicial podrá obtener y grabar por cualquier medio técnico imágenes de la persona investigada cuando se encuentre en un lugar o espacio público, si ello fuera necesario para facilitar su identificación, para localizar los instrumentos o efectos del delito u obtener datos relevantes para el esclarecimiento de los hechos.

2. La medida podrá ser llevada a cabo aun cuando afecte a personas diferentes del investigado, siempre que de otro modo se reduzca de forma relevante la utilidad de la vigilancia o existan indicios fundados de la relación de dichas personas con el investigado y los hechos objeto de la investigación.

Artículo 588 quinquies b. *Utilización de dispositivos o medios técnicos de seguimiento y localización*

1. Cuando concurran acreditadas razones de necesidad y la medida resulte proporcionada, el juez competente podrá autorizar la utilización de dispositivos o medios técnicos de seguimiento y localización.

2. La autorización deberá especificar el medio técnico que va a ser utilizado.

3. Los prestadores, agentes y personas a que se refiere el artículo 588 ter e están obligados a prestar al juez, al Ministerio Fiscal y a los agentes de la Policía Judicial designados para la práctica de la medida la asistencia y colaboración precisas para facilitar el cumplimiento de los autos por los que se ordene el seguimiento, bajo apercibimiento de incurrir en delito de desobediencia.

4. Cuando concurran razones de urgencia que hagan razonablemente temer que de no colocarse inmediatamente el dispositivo o medio técnico de seguimiento y localización se frustrará la investigación, la Policía Judicial podrá proceder a su colocación, dando cuenta a la mayor brevedad posible, y en todo caso en el plazo máximo de veinticuatro horas, a la autoridad judicial, quien

podrá ratificar la medida adoptada o acordar su inmediato cese en el mismo plazo. En este último supuesto, la información obtenida a partir del dispositivo colocado carecerá de efectos en el proceso.

Artículo 588 quinquies c. *Duración de la medida*

1. La medida de utilización de dispositivos técnicos de seguimiento y localización prevista en el artículo anterior tendrá una duración máxima de tres meses a partir de la fecha de su autorización. Excepcionalmente, el juez podrá acordar prórrogas sucesivas por el mismo o inferior plazo hasta un máximo de dieciocho meses, si así estuviera justificado a la vista de los resultados obtenidos con la medida.

2. La Policía Judicial entregará al juez los soportes originales o copias electrónicas auténticas que contengan la información recogida cuando éste se lo solicite y, en todo caso, cuando terminen las investigaciones.

3. La información obtenida a través de los dispositivos técnicos de seguimiento y localización a los que se refieren los artículos anteriores deberá ser debidamente custodiada para evitar su utilización indebida.

CAPÍTULO VIII. Registro de dispositivos de almacenamiento masivo de información

El capítulo VIII y los artículos que lo componen han sido introducidos por la Ley Orgánica 13/2015, de 5 de octubre, de modificación de la Ley de Enjuiciamiento Criminal para el fortalecimiento de las garantías procesales y la regulación de las medidas de investigación tecnológica.

Artículo 588 sexies a. *Necesidad de motivación individualizada*

1. Cuando con ocasión de la práctica de un registro domiciliario sea previsible la aprehensión de ordenadores, instrumentos de comunicación telefónica o telemática o dispositivos de almacenamiento masivo de información digital o el acceso a repositorios telemáticos de datos, la resolución del juez de instrucción habrá de extender su razonamiento a la justificación, en su caso, de las razones que legitiman el acceso de los agentes facultados a la información contenida en tales dispositivos.

2. La simple incautación de cualquiera de los dispositivos a los que se refiere el apartado anterior, practicada durante el transcurso de la diligencia de registro domiciliario, no legitima el acceso a su contenido, sin perjuicio de que dicho acceso pueda ser autorizado ulteriormente por el juez competente.

Artículo 588 sexies b. *Acceso a la información de dispositivos electrónicos incautados fuera del domicilio del investigado*

La exigencia prevista en el apartado 1 del artículo anterior será también aplicable a aquellos casos en los que los ordenadores, instrumentos de comunicación o dispositivos de almacenamiento masivo de datos, o el acceso a repositorios telemáticos de datos, sean aprehendidos con independencia de un registro domiciliario. En tales casos, los agentes pondrán en conocimiento del juez la incautación de tales efectos. Si éste considera indispensable el acceso a la información albergada en su contenido, otorgará la correspondiente autorización.

Artículo 588 sexies c. *Autorización judicial*

1. La resolución del juez de instrucción mediante la que se autorice el acceso a la información contenida en los dispositivos a que se refiere la presente sección, fijará los términos y el alcance del registro y podrá autorizar la realización de copias de los datos informáticos. Fijará también las condiciones necesarias para asegurar la integridad de los datos y las garantías de su preservación para hacer posible, en su caso, la práctica de un dictamen pericial.

2. Salvo que constituyan el objeto o instrumento del delito o existan otras razones que lo justifiquen, se evitará la incautación de los soportes físicos que contengan los datos o archivos informáticos, cuando ello pueda causar un grave perjuicio a su titular o propietario y sea posible la obtención de una copia de ellos en condiciones que garanticen la autenticidad e integridad de los datos.

3. Cuando quienes lleven a cabo el registro o tengan acceso al sistema de información o a una parte del mismo conforme a lo dispuesto en este capítulo, tengan razones fundadas para considerar que los datos buscados están almacenados en otro sistema informático o en una parte de él, podrán ampliar el registro, siempre que los datos sean lícitamente accesibles por medio del sistema inicial o estén disponibles para este. Esta ampliación del registro deberá ser autorizada por el juez, salvo que ya lo hubiera sido en la autorización inicial. En caso de urgencia, la Policía Judicial o el fiscal podrán llevarlo a cabo, informando al juez inmediatamente, y en todo caso dentro del plazo máximo de veinticuatro horas, de la actuación realizada, la forma en que se ha efectuado y su resultado. El juez competente, también de forma motivada,

revocará o confirmará tal actuación en un plazo máximo de setenta y dos horas desde que fue ordenada la interceptación.

4. En los casos de urgencia en que se aprecie un interés constitucional legítimo que haga imprescindible la medida prevista en los apartados anteriores de este artículo, la Policía Judicial podrá llevar a cabo el examen directo de los datos contenidos en el dispositivo incautado, comunicándolo inmediatamente, y en todo caso dentro del plazo máximo de veinticuatro horas, por escrito motivado al juez competente, haciendo constar las razones que justificaron la adopción de la medida, la actuación realizada, la forma en que se ha efectuado y su resultado. El juez competente, también de forma motivada, revocará o confirmará tal actuación en un plazo máximo de 72 horas desde que fue ordenada la medida.

5. Las autoridades y agentes encargados de la investigación podrán ordenar a cualquier persona que conozca el funcionamiento del sistema informático o las medidas aplicadas para proteger los datos informáticos contenidos en el mismo que facilite la información que resulte necesaria, siempre que de ello no derive una carga desproporcionada para el afectado, bajo apercibimiento de incurrir en delito de desobediencia.

Esta disposición no será aplicable al investigado o encausado, a las personas que están dispensadas de la obligación de declarar por razón de parentesco y a aquellas que, de conformidad con el artículo 416.2, no pueden declarar en virtud del secreto profesional.

CAPÍTULO IX. Registros remotos sobre equipos informáticos

El capítulo IX y su contenido han sido introducidos por la Ley Orgánica 13/2015, de 5 de octubre, de modificación de la Ley de Enjuiciamiento Criminal para el fortalecimiento de las garantías procesales y la regulación de las medidas de investigación tecnológica.

Artículo 588 septies a. *Presupuestos*

1. El juez competente podrá autorizar la utilización de datos de identificación y códigos, así como la instalación de un software, que permitan, de forma remota y telemática, el examen a distancia y sin conocimiento de su titular o usuario del contenido de un ordenador, dispositivo electrónico, sistema informático, instrumento de almacenamiento masivo de datos informáticos o base de datos, siempre que persiga la investigación de alguno de los siguientes delitos:

a) Delitos cometidos en el seno de organizaciones criminales.

b) Delitos de terrorismo.

c) Delitos cometidos contra menores o personas con capacidad modificada judicialmente.

d) Delitos contra la Constitución, de traición y relativos a la defensa nacional.

e) Delitos cometidos a través de instrumentos informáticos o de cualquier otra tecnología de la información o la telecomunicación o servicio de comunicación.

2. La resolución judicial que autorice el registro deberá especificar:

a) Los ordenadores, dispositivos electrónicos, sistemas informáticos o parte de los mismos, medios informáticos de almacenamiento de datos o bases de datos, datos u otros contenidos digitales objeto de la medida.

b) El alcance de la misma, la forma en la que se procederá al acceso y aprehensión de los datos o archivos informáticos relevantes para la causa y el software mediante el que se ejecutará el control de la información.

c) Los agentes autorizados para la ejecución de la medida.

d) La autorización, en su caso, para la realización y conservación de copias de los datos informáticos.

e) Las medidas precisas para la preservación de la integridad de los datos almacenados, así como para la inaccesibilidad o supresión de dichos datos del sistema informático al que se ha tenido acceso.

3. Cuando los agentes que lleven a cabo el registro remoto tengan razones para creer que los datos buscados están almacenados en otro sistema informático o en una parte del mismo, pondrán este hecho en conocimiento del juez, quien podrá autorizar una ampliación de los términos del registro.

Artículo 588 septies b. *Deber de colaboración*

1. Los prestadores de servicios y personas señaladas en el artículo 588 ter e y los titulares o responsables del sistema informático o base de datos objeto del registro están obligados a facilitar a los agentes investigadores la colaboración precisa para la práctica de la medida y el acceso al sistema. Asimismo, están obligados a facilitar la asistencia necesaria para que los datos e información recogidos puedan ser objeto de examen y visualización.

2. Las autoridades y los agentes encargados de la investigación podrán ordenar a cualquier persona que conozca el funcionamiento del sistema informático o las medidas aplicadas para proteger los datos informáticos contenidos

en el mismo que facilite la información que resulte necesaria para el buen fin de la diligencia.

Esta disposición no será aplicable al investigado o encausado, a las personas que están dispensadas de la obligación de declarar por razón de parentesco, y a aquellas que, de conformidad con el artículo 416.2, no pueden declarar en virtud del secreto profesional.

3. Los sujetos requeridos para prestar colaboración tendrán la obligación de guardar secreto acerca de las actividades requeridas por las autoridades.

4. Los sujetos mencionados en los apartados 1 y 2 de este artículo quedarán sujetos a la responsabilidad regulada en el apartado 3 del artículo 588 ter e.

Artículo 588 septies c. *Duración*

La medida tendrá una duración máxima de un mes, prorrogable por iguales períodos hasta un máximo de tres meses.

CAPÍTULO X. Medidas de aseguramiento

Este capítulo y su contenido han sido introducidos por la Ley Orgánica 13/2015, de 5 de octubre, de modificación de la Ley de Enjuiciamiento Criminal para el fortalecimiento de las garantías procesales y la regulación de las medidas de investigación tecnológica.

Artículo 588 octies. *Orden de conservación de datos*

El Ministerio Fiscal o la Policía Judicial podrán requerir a cualquier persona física o jurídica la conservación y protección de datos o informaciones concretas incluidas en un sistema informático de almacenamiento que se encuentren a su disposición hasta que se obtenga la autorización judicial correspondiente para su cesión con arreglo a lo dispuesto en los artículos precedentes.

Los datos se conservarán durante un periodo máximo de noventa días, prorrogable una sola vez hasta que se autorice la cesión o se cumplan ciento ochenta días.

El requerido vendrá obligado a prestar su colaboración y a guardar secreto del desarrollo de esta diligencia, quedando sujeto a la responsabilidad descrita en el apartado 3 del artículo 588 ter e.

TÍTULO IX. DE LAS FIANZAS Y EMBARGOS

Artículo 589. Cuando del sumario resulten indicios de criminalidad contra una persona, se mandará por el Juez que preste fianza bastante para asegurar las responsabilidades pecuniarias que en definitiva puedan declararse procedentes, decretándose en el mismo auto el embargo de bienes suficientes para cubrir dichas responsabilidades si no prestare la fianza.

La cantidad de ésta se fijará en el mismo auto y no podrá bajar de la tercera parte más de todo el importe probable de las responsabilidades pecuniarias.

Artículo 590. Todas las diligencias sobre fianzas y embargos se instruirán en pieza separada.

Artículo 591. La fianza podrá ser personal, pignoraticia o hipotecaria, o mediante caución que podrá constituirse en dinero efectivo, mediante aval solidario de duración indefinida y pagadero a primer requerimiento emitido por entidad de crédito o sociedad de garantía recíproca o por cualquier medio que, a juicio del Juez o Tribunal, garantice la inmediata disponibilidad, en su caso, de la cantidad de que se trate.

Modificado por el art. 2.65 de la Ley 13/2009, de 13 de noviembre.

El Real Decreto 34/1988, de 21 de enero, de pagos, depósitos y consignaciones judiciales y el RD 467/2006, de 21 de abril, por el que se regulan los depósitos y consignaciones judiciales en metálico, de efectos o valores.

El primer Real Decreto ha sido desarrollado por la Orden de 5 de junio de 1992 (BOE del 20) y modificado por el RD 1436/2001 de 21 de diciembre (BOE de 23 de enero de 2002).

Artículo 592. Podrá ser fiador personal todo español de buena conducta y avecindado dentro del territorio del Tribunal que esté en el pleno goce de los derechos civiles y políticos y venga pagando con tres años de anticipación una contribución que, a juicio del instructor, corresponda a la propiedad de bienes o al ejercicio de industria, suficientes para acreditar su arraigo y su solvencia para el pago de las responsabilidades que eventualmente puedan exigirse.

No se admitirá como fiador al que lo sea o hubiese sido de otro hasta que esté cancelada la primera fianza, a no ser que tenga, a juicio del Juez o Tribunal, responsabilidad notoria para ambas.

Cuando se declare bastante la fianza personal, se fijará también la cantidad de que el fiador ha de responder.

Artículo 593. La fianza hipotecaria podrá sustituirse por otra en metálico, efectos públicos, o valores y demás muebles de los enumerados en el artículo 591, en la siguiente proporción: el valor de los bienes de la hipoteca será doble que el del metálico señalado para la fianza, y una cuarta parte más que éste el de los efectos o valores al precio de cotización. Si la sustitución se hiciere por cualesquiera otros muebles dados en prenda, deberá ser el valor de éstos doble que el de la fianza constituida en metálico.

Artículo 594. Los bienes de las fianzas hipotecaria y pignoraticia serán tasados por dos peritos nombrados por el Juez instructor o Tribunal que conozca de la causa, y los títulos de propiedad relativos a las fincas ofrecidas en hipoteca se examinarán por el Ministerio fiscal, debiendo declararse suficientes por el mismo Juez o Tribunal cuando así proceda.

Artículo 595. La fianza hipotecaria podrá otorgarse por escritura pública o apud acta, librándose en este último caso el correspondiente mandamiento para su inscripción en el Registro de la Propiedad.

Devuelto el mandamiento por el Registrador, se unirá a la causa.

También se unirá a ella el resguardo que acredite el depósito del metálico, así como el de los efectos públicos y demás valores en los casos en que se constituya de esta manera la fianza.

Artículo 596. Contra los autos que el Juez dicte calificando la suficiencia de las fianzas procederá el recurso de apelación.

Artículo 597. Si en el día siguiente al de la notificación del auto dictado con arreglo a lo dispuesto en el artículo 589 no se prestase la fianza, se procederá al embargo de bienes del procesado, requiriéndose para que señale los suficientes a cubrir la cantidad que se hubiese fijado para las responsabilidades pecuniarias.

Artículo 598. Cuando el procesado no fuere habido, se hará el requerimiento a su mujer, hijos, apoderado, criados o personas que se encuentren en su domicilio.

Si no se encontrare ninguna, o si las que se encontraren, o el procesado o apoderado en su caso no quisieren señalar bienes, se procederá a embargar los que se reputen de la pertenencia del procesado, guardándose el orden establecido en el artículo 592 de la Ley de Enjuiciamiento Civil, bajo la prohibición contenida en los artículos 605 y 606 de la misma, y de conformidad con lo dispuesto en el artículo 584 de la citada Ley.

Párrafo segundo modificado por el art. 2.66 de la Ley 13/2009, de 3 de noviembre.

Artículo 599. Cuando señalaren bienes y el alguacil encargado de hacer el embargo creyese que los señalados no son suficientes, embargará además los que considere necesarios, sujetándose a lo prescrito en el artículo anterior.

Artículo 600. Las demás actuaciones que se practiquen en ejecución del auto a que se refiere el artículo 589 se regirán por los artículos 738.2 y 738.3 de la Ley de Enjuiciamiento Civil, con la especialidad establecida en el artículo 597 de la presente Ley respecto al requerimiento al procesado para que señale bienes.

Modificado por el art. 2.67 de la Ley 13/2009, de 13 de noviembre.
Véase el art. 435 CP.
Téngase en cuenta lo dispuesto en el Real Decreto 34/1988, de 21 de enero, por el que se regulan los pagos, depósitos y consignaciones judiciales; el RD 467/2006, de 21 de abril, por el que se regulan los depósitos y consignaciones judiciales en metálico, de efectos o valores y la nota al art. 591 de esta Ley.

Artículo 601.

Dejado sin contenido por el art. 2.68 de la Ley 13/2009, de 13 de noviembre.

Artículo 602.

Dejado sin contenido por el art. 2.68 de la Ley 13/2009, de 13 de noviembre.

Artículo 603.

Dejado sin contenido por el art. 2.68 de la Ley 13/2009, de 13 de noviembre.

Artículo 604.

Dejado sin contenido por el art. 2.68 de la Ley 13/2009, de 13 de noviembre.

Artículo 605.

Dejado sin contenido por el art. 2.68 de la Ley 13/2009, de 13 de noviembre.

Artículo 606.

Dejado sin contenido por el art. 2.68 de la Ley 13/2009, de 13 de noviembre.

Artículo 607.

Dejado sin contenido por el art. 2.68 de la Ley 13/2009, de 13 de noviembre.

Artículo 608.

Dejado sin contenido por el art. 2.68 de la Ley 13/2009, de 13 de noviembre.

Artículo 609.

Dejado sin contenido por el art. 2.68 de la Ley 13/2009, de 13 de noviembre.

Artículo 610.

Dejado sin contenido por el art. 2.68 de la Ley 13/2009, de 13 de noviembre.

Artículo 611. Si durante el curso del juicio sobrevinieren motivos bastantes para creer que las responsabilidades pecuniarias que en definitiva puedan exigirse excederán de la cantidad prefijada para asegurarlas, se mandará por auto ampliar la fianza o embargo.

Artículo 612. También se dictará auto mandando reducir la fianza y el embargo a menor cantidad que la prefijada si resultasen motivos bastantes para creer que la cantidad mandada afianzar es superior a las responsabilidades pecuniarias que en definitiva pudieren imponerse al procesado.

Artículo 613. Cuando llegue el caso de tener que hacer efectivas las responsabilidades pecuniarias a que se refiere este título, se procederá de la manera prescrita en el artículo 536.

Artículo 614. En todo lo que no esté previsto en este título, los Jueces y Tribunales aplicarán lo dispuesto en la legislación civil sobre fianzas y embargos.

Véanse los arts. 584 y ss. LEC.

Artículo 614 bis. Una vez iniciado el proceso penal por delito contra la Hacienda Pública, el juez de lo penal decidirá acerca de las pretensiones referidas a las medidas cautelares adoptadas al amparo del artículo 81 de la Ley General Tributaria.

Añadido por la Ley 34/2015, de 21 de septiembre, de modificación parcial de la Ley 58/2003, de 17 de diciembre, General Tributaria.

TÍTULO X. DE LA RESPONSABILIDAD CIVIL DE TERCERAS PERSONAS

Téngase en cuenta lo establecido en el art. 117 CP.

Artículo 615. Cuando en la instrucción del sumario aparezca indicada la existencia de la responsabilidad civil de un tercero con arreglo a los artículos respectivos del Código Penal, o por haber participado alguno por título lucrativo de los efectos del delito, el Juez, a instancia del actor civil, exigirá fianza a la persona contra quien resulte la responsabilidad. Si no se prestase, el Letrado de la Administración de Justicia embargará con arreglo a lo dispuesto en el Título IX de este libro los bienes que sean necesarios.

Modificado por el art. 2.69 de la Ley 13/2009, de 13 de noviembre.
El Título IX comprende los arts. 589 a 614 de esta LECRIM; véanse los arts. 116 a 122 CP.

Artículo 616. La persona a quien se exigiere la fianza o cuyos bienes fueren embargados podrá, durante el sumario, manifestar por escrito las razones que tenga para que no se la considere civilmente responsable y las pruebas que pueda ofrecer para el mismo objeto.

Artículo 617. El Letrado de la Administración de Justicia dará vista del escrito a la parte a quien interese, y ésta lo evacuará en el término de tres días, proponiendo también las pruebas que deban practicarse en apoyo de su pretensión.

Modificado por el art. 2.70 de la Ley 13/2009, de 13 de noviembre.

Artículo 618. Seguidamente, el Juez decretará la práctica de las pruebas propuestas, y resolverá sobre las pretensiones formuladas siempre que pudiere hacerlo sin retraso ni perjuicio del objeto principal de la instrucción.

Artículo 619. Para todo lo relativo a la responsabilidad civil de un tercero y a los incidentes a que diere lugar la ocupación y en su día la restitución de cosas que se hallaren en su poder se formará pieza separada, pero sin que por ningún motivo se entorpezca ni suspenda el curso de la instrucción.

Artículo 620. Lo dispuesto en los artículos anteriores se observará también respecto a cualquier pretensión que tuviese por objeto la restitución a su dueño de alguno de los efectos e instrumentos del delito que se hallaren en poder de un tercero.

La restitución a su dueño de los instrumentos y objetos del delito no podrá verificarse en ningún caso hasta después que se haya celebrado el juicio oral, excepto en lo previsto en el artículo 844 de esta Ley.

Artículo 621. Los autos dictados en estos incidentes se llevarán a efecto, sin perjuicio de que las partes a quienes perjudiquen puedan reproducir sus pretensiones en el juicio oral, o de la acción civil correspondiente, que podrán entablar en otro caso.

TÍTULO X BIS. DE LAS ESPECIALIDADES EN LOS DELITOS CONTRA LA HACIENDA PÚBLICA

Título añadido por la Ley 34/2015, de 21 de septiembre, de modificación parcial de la Ley 58/2003, de 17 de diciembre, General Tributaria

Artículo 621 bis. 1. En los delitos contra la Hacienda Pública, cuando la Administración Tributaria hubiera dictado un acto de liquidación, la existencia del procedimiento penal no paralizará la actuación administrativa y podrán iniciarse las actuaciones dirigidas al cobro salvo que el Juez, de oficio o a instancia de parte, hubiere acordado la suspensión de las actuaciones de ejecución conforme a lo dispuesto en el artículo 305.5 del Código Penal.

2. Solicitada la suspensión de la ejecución del acto de liquidación, el Juez o Tribunal, previa audiencia por el plazo de diez días al Ministerio Fiscal y a la Administración perjudicada, resolverá mediante auto, en el plazo de diez días, si accede a la suspensión solicitada, en cuyo caso habrá de fijar el alcance de la garantía que haya de prestarse y el plazo para hacerlo, que en ningún caso excederá de dos meses, salvo que concurran las circunstancias señaladas en el apartado 6.

3. La garantía así prestada deberá cubrir suficientemente el importe resultante de la liquidación administrativa practicada, los intereses de demora que genere la suspensión y los recargos que procederían en caso de ejecución de la misma.

4. El auto de concesión de la suspensión quedará sin efecto de forma automática y sin necesidad de pronunciamiento judicial ulterior, si transcurrido el plazo señalado en el apartado 2 para la formalización de la garantía, ésta no hubiese tenido lugar.

5. La suspensión sólo afectará al procedimiento seguido frente al encausado respecto del que se haya acordado y las actuaciones de cobro dirigidas

frente al resto de encausados no se paralizarán hasta que la deuda resulte pagada o garantizada en su totalidad por el obligado tributario.

6. Si no se pudiese prestar garantía en todo o en parte, excepcionalmente el Juez podrá acordar la suspensión con dispensa total o parcial de garantías si apreciare que la ejecución pudiese ocasionar daños irreparables o de muy difícil reparación.

7. Contra los autos que resuelvan la solicitud de suspensión del acto de liquidación cabrá recurso de apelación, en un solo efecto.

Artículo 621 ter. 1. La suspensión producirá efectos desde que, dictado el auto a que se refiere el artículo anterior, resulte constituida debidamente la garantía correspondiente conforme a lo dispuesto en el artículo anterior, en cuyo caso se entenderán retrotraídos sus efectos al momento de su solicitud, sin perjuicio de lo dispuesto en los apartados siguientes de éste artículo.

2. Si, como consecuencia de las actuaciones desarrolladas por la Administración, hubiesen resultado embargados, bienes o derechos del encausado con anterioridad a la fecha del auto por el que se acuerde la suspensión, dichos embargos mantendrán su eficacia durante el plazo concedido a dicho encausado para formalizar la garantía que cubra las cantidades a que se refiere el apartado 3 del artículo anterior o, en su caso, las que le resulten exigibles al mismo.

En todo caso el Ministerio Fiscal o la Administración perjudicada podrán solicitar al Tribunal que se constituyan como garantía a efectos de la suspensión, los embargos ya realizados o derechos reales que puedan constituirse sobre los bienes afectados por los mismos, de considerarse que dichos bienes garantizan de forma más adecuada el cobro que las garantías ofrecidas por el encausado. Particularmente, podrá hacerse tal solicitud cuando la suspensión se hubiese solicitado con dispensa total o parcial de garantías.

En el supuesto en que se hubiese acordado la suspensión con dispensa total o parcial de garantías, mantendrán su eficacia los ingresos realizados que hubiesen minorado las cuantías adeudadas, sin que los mismos resulten afectados por la retroacción a que se refiere el apartado 1 del presente artículo.

3. La Administración no podrá proceder a la enajenación de los bienes y derechos embargados en el curso del procedimiento de apremio hasta que la sentencia condenatoria que confirme total o parcialmente la liquidación, sea

firme, salvo en los supuestos que a continuación se indican, en los que la enajenación deberá autorizarse por el Tribunal.

a) Cuando sean perecederos.

b) Si su propietario hiciera abandono de ellos o, debidamente requerido sobre el destino del efecto judicial, no haga manifestación alguna.

c) De ser los gastos de conservación y depósito superiores al valor del objeto en sí.

d) Cuando su conservación pueda resultar peligrosa para la salud o seguridad pública.

e) Si se depreciaren por el transcurso del tiempo, aun cuando no sufran deterioro.

No serán susceptibles de enajenación los efectos que tengan el carácter de piezas de convicción y los que deban quedar a expensas del procedimiento, salvo que encuentren comprendidos en los supuestos a) y c) anteriores.

4. Una vez acordada la suspensión, con o sin garantía, podrá ser modificada o revocada durante el curso del proceso si cambiaran las circunstancias en virtud de las cuales se hubiera adoptado.

TÍTULO XI. DE LA CONCLUSIÓN DEL SUMARIO Y DEL SOBRESEIMIENTO

CAPÍTULO PRIMERO. De la conclusión del sumario

Artículo 622. Practicadas las diligencias decretadas de oficio o a instancia de parte por el Juez instructor, si éste considerase terminado el sumario, lo declarará así, mandando remitir los autos y las piezas de convicción al Tribunal competente para conocer del delito.

Cuando no haya acusador privado y el Ministerio Fiscal considere que en el sumario se han reunido los suficientes elementos para hacer la calificación de los hechos y poder entrar en el trámite del juicio oral, lo hará presente al Juez de Instrucción para que sin más dilaciones se remita lo actuado al Tribunal competente.

La sustanciación de los recursos de apelación admitidos sólo en un efecto, no impedirá nunca la terminación del sumario, después de haber el Juez instructor cumplido lo que preceptúa el artículo 227 de esta Ley, y habérsele participado por el Tribunal superior el recibo del testimonio correspondiente.

En tales casos, al hacer el Letrado de la Administración de Justicia la remisión del sumario a la Audiencia, cuidará de expresar los recursos de apelación en un efecto que haya pendientes. En la Audiencia quedará en suspenso la aplicación de los artículos 627 y siguientes hasta que sean resueltas las apelaciones pendientes. Si éstas fueran desestimadas, en cuanto la resolución en que así se acuerde sea firme, continuará la sustanciación de la causa conforme a los artículos citados; y si se diera lugar a alguna apelación, se revocará sin más trámite el auto del Juez declarando concluso el sumario y el Letrado de la Administración de Justicia le devolverá éste con testimonio del auto resolutorio de la apelación, para la práctica de las diligencias que sean consecuencia de tal resolución.

Párrafo cuarto modificado por el art. 2.71 de la Ley 13/2009, de 3 de noviembre

Artículo 623. Tanto en uno como en otro caso se notificará el auto de conclusión del sumario al querellante particular, si lo hubiere, aun cuando sólo tenga el carácter de actor civil, al procesado y a las demás personas contra quienes resulte responsabilidad civil, emplazándoles para que comparezcan ante la respectiva Audiencia en el término de diez días, o en el de quince si el emplazamiento fuese ante el Supremo. A la vez se pondrá en conocimiento del Ministerio Fiscal cuando la causa verse sobre delito en que tenga intervención por razón de su cargo.

Artículo 624. Si el Juez instructor reputare falta el hecho que hubiese dado lugar al sumario, mandará remitir el proceso al Juez municipal, consultando el auto en que así lo acuerde con el Tribunal superior competente.

Las faltas fueron derogadas por la Disposición Derogatoria Única de la Ley Orgánica 1/2015, de 30 de marzo, por la que se modifica la Ley Orgánica 10/1995, de 23 de noviembre, del Código Penal.

Artículo 625. Así que sea firme el auto por haberle aprobado dicho superior Tribunal, o por haberse desestimado el recurso de casación que en su caso haya podido interponerse, se emplazará a las partes para que en el término de cinco días comparezcan ante el Juez municipal a quien corresponda su conocimiento.

Recibidos los autos por el Juez municipal, se sustanciará el juicio con arreglo a lo dispuesto en el Libro VI de esta Ley.

Véase los arts. 962 y ss. de esta Ley, que regulan el procedimiento para el juicio por delitos leves.

Artículo 626. Recibidos en el Tribunal los autos y piezas de convicción, el Letrado de la Administración de Justicia designará al Magistrado ponente que por turno corresponda.

Fuera de los casos previstos en los dos artículos anteriores, y durante el tiempo que falte para cumplir el término del emplazamiento, el Magistrado ponente abrirá los pliegos y demás objetos cerrados y sellados que hubiere remitido el Juez de instrucción.

De la apertura se extenderá acta por el Letrado de la Administración de Justicia, en la cual se hará constar el estado en que se hallaren.

Modificado por el art. 2.72 de la Ley 13/2009, de 13 de noviembre.

Artículo 627. Transcurrido dicho término, el Letrado de la Administración de Justicia pasará los autos para instrucción por otro, que no bajará de tres días ni excederá de diez, según el volumen del proceso, al Ministerio Fiscal, si la causa versa sobre delito en que deba tener intervención, después al Procurador del querellante, si se hubiere personado, y por último a la defensa del procesado o procesados.

Si la causa excediere de mil folios, el Letrado de la Administración de Justicia podrá prorrogar el término, sin que en ningún caso pueda exceder la prórroga de otro tanto más.

Al ser devuelta, se acompañará escrito conformándose con el auto del inferior que haya declarado terminado el sumario, o pidiendo la práctica de nuevas diligencias.

En el mismo escrito, si la opinión fuera de conformidad con el auto de terminación del sumario, se solicitará por el Ministerio Fiscal, cuando intervenga, por el Procurador del querellante, si lo hubiere, y por la defensa del procesado o procesados, lo que estimen conveniente a su derecho, respecto a la apertura del juicio oral o sobreseimiento de cualquier clase.

Modificado por el art. 2.73 de la Ley 13/2009, de 13 de noviembre.

Artículo 628. Devuelta la causa o recogida de poder del último que la hubiere recibido, el Letrado de la Administración de Justicia la pasará inmediatamente al ponente, con los escritos presentados, por término de tres días.

Modificado por el art. 2.74 de la Ley 13/2009, de 13 de noviembre.

Artículo 629. El Letrado de la Administración de Justicia, al entregar la causa, dispondrá lo que considere conveniente para que el Fiscal, el querellante y el procesado o procesados en su caso puedan examinar la correspondencia, libros, papeles y demás piezas de convicción sin peligro de alteración en su estado.

Modificado por el art. 2.75 de la Ley 13/2009, de 13 de noviembre.

Artículo 630. Transcurrido el plazo del artículo 628, el Tribunal dictará auto, confirmando o revocando el del Juez de Instrucción.

Artículo 631. Si se revocare dicho auto, se mandará devolver el proceso al Juez que lo hubiere remitido, expresando las diligencias que hayan de practicarse.

Se devolverán también las piezas de convicción que el Tribunal considere necesarias para la práctica de las nuevas diligencias.

Artículo 632. Si fuere confirmado el auto declarando terminado el sumario, el Tribunal resolverá, dentro del tercer día, respecto a la solicitud del juicio oral o de sobreseimiento.

El art. 3 del Real Decreto-Ley 13 junio 1927 (Gaceta del 14), que dicta normas para el ejercicio de las acciones penales, en la redacción dada por la Ley 24 junio 1932 (Gaceta de 14 julio), dispone que: «Los que ejerciten acciones penales podrán en el acto de la vista previa a que se refiere el art. 632 de la Ley, pedir el sobreseimiento de la causa, y el Tribunal ante quien formulen tal petición, al dictar la resolución procedente, les tendrá expresamente por desistidos del ejercicio de sus acciones penales, aun en el caso de que no se acceda al sobreseimiento por ellos solicitado.

El desistimiento así declarado será definitivo cuando la petición de la parte acusadora a que aquél se refiera hubiera sido de sobreseimiento libre y cuando siendo de sobreseimiento provisional y éste se acordase, si la causa vuelve a ser cubierta, podrá el interesado volver a pedir ser parte en la misma y ser admitido como tal.»

Por su parte véase la Circular de la Fiscalía del Tribunal Supremo de 15 de septiembre de 1883, que en su número 29 establece: «No se debe llegar al Juicio Oral si no hay motivos suficientes para acusar a una persona como autor, cómplice o encubridor de un delito, a menos de que no se ofrezcan probabilidades de que esos motivos resulten de las pruebas que necesariamente, en este caso, debe pedirse que se practiquen. Ahora bien: abierto ya un juicio oral hay absoluta precisión de continuarlo por sus trámites legales y terminarlo por la sentencia que se estime procedente.»

Artículo 633. En el auto en que el Tribunal acuerde la apertura de juicio oral se dispondrá el traslado a que se refiere el artículo 649, sin perjuicio de lo determinado en el Capítulo II de este Título.

CAPÍTULO II. Del sobreseimiento

Artículo 634. El sobreseimiento puede ser libre o provisional, total o parcial.

Si fuere el sobreseimiento parcial, se mandará abrir el juicio oral respecto de los procesados a quienes no favorezca.

Si fuere total, se mandará que se archiven la causa y piezas de convicción que no tengan dueño conocido, después de haberse practicado las diligencias necesarias para la ejecución de lo mandado.

Sobre conservación y destino de las piezas de convicción, téngase en cuenta el RD 2.783/1976, de 15 de octubre.

Artículo 635. Las piezas de convicción cuyo dueño fuere conocido continuarán retenidas si un tercero lo solicitare, hasta que se resuelva la acción civil que se propusiere entablar.

En este caso, si el Tribunal accediere a la retención, fijará el plazo dentro del cual habrá de acreditarse que la acción se ha entablado.

Transcurrido el plazo que se fije según lo dispuesto en el párrafo anterior sin haberse acreditado el ejercicio de la acción civil, o si nadie hubiere reclamado que continúe la retención de las piezas de convicción, serán devueltas éstas a sus dueños.

Se reputará dueño el que estuviere poseyendo la cosa al tiempo de incautarse de ella el Juez de Instrucción.

No obstante lo dispuesto en los párrafos anteriores, cuando las piezas de convicción entrañen, por su naturaleza, algún peligro grave para los intereses sociales o individuales, así respecto de las personas como de sus bienes, los Tribunales, en prevención de aquél, acordarán darles el destino que dispongan los Reglamentos o, en su caso, las inutilizarán previa la correspondiente indemnización, si procediera.

Este párrafo quinto ha sido añadido por la Ley 3/1967, de 8 de abril.

Artículo 636. Contra los autos de sobreseimiento sólo procederá, en su caso, el recurso de casación.

El auto de sobreseimiento se comunicará a las víctimas del delito, en la dirección de correo electrónico y, en su defecto, por correo ordinario a la dirección postal o domicilio que hubieran designado en la solicitud prevista en el artículo 5.1.m) de la Ley del Estatuto de la Víctima del delito.

En los casos de muerte o desaparición ocasionada por un delito, el auto de sobreseimiento será comunicado de igual forma a las personas a las que se refiere el párrafo segundo del apartado 1 del artículo 109 bis, de cuya identidad y dirección de correo electrónico o postal se tuviera conocimiento. En estos supuestos el Juez o Tribunal, podrá acordar, motivadamente, prescindir de la comunicación a todos los familiares cuando ya se haya dirigido con éxito a varios de ellos o cuando hayan resultado infructuosas cuantas gestiones se hubieren practicado para su localización.

Excepcionalmente, en el caso de ciudadanos residentes fuera de la Unión Europea, si no se dispusiera de una dirección de correo electrónico o postal en la que realizar la comunicación, se remitirá a la oficina diplomática o consular española en el país de residencia para que la publique.

Transcurridos cinco días desde la comunicación, se entenderá que ha sido efectuada válidamente y desplegará todos sus efectos, iniciándose el cómputo del plazo de interposición del recurso. Se exceptuarán de este régimen aquellos supuestos en los que la víctima acredite justa causa de la imposibilidad de acceso al contenido de la comunicación.

Las víctimas podrán recurrir el auto de sobreseimiento dentro del plazo de veinte días aunque no se hubieran mostrado como parte en la causa.

Artículo modificado por la Disposición Final 1. 15 de la Ley 4/2015, de 27 de abril, del Estatuto de la víctima del delito (BOE de 28 de abril de 2015, núm. 101).

Artículo 637. Procederá el sobreseimiento libre:

1.º Cuando no existan indicios racionales de haberse perpetrado el hecho que hubiere dado motivo a la formación de la causa.

2.º Cuando el hecho no sea constitutivo de delito.

3.º Cuando aparezcan exentos de responsabilidad criminal los procesados como autores, cómplices o encubridores.

Véanse los arts. 19, 20 y 27 CP.

Artículo 638. En los casos 1.º y 2.º del artículo anterior podrá declararse, al decretar el sobreseimiento, que la formación de la causa no perjudica a la reputación de los procesados.

Podrá también, a instancia del procesado, reservarse a éste su derecho de perseguir al querellante como calumniador.

El Tribunal podrá igualmente mandar proceder de oficio contra el querellante, con arreglo a lo dispuesto en el Código Penal.

Véase el art. 205 CP.

Artículo 639. En el caso 2.º del artículo 637, si resultare que el hecho constituye una falta, se mandará remitir la causa al Juez municipal competente para la celebración del juicio que corresponda.

Las faltas fueron derogadas por la Disposición Derogatoria Única de la Ley Orgánica 1/2015, de 30 de marzo, por la que se modifica la Ley Orgánica 10/1995, de 23 de noviembre, del Código Penal.

Artículo 640. En el caso 3.º del artículo 637, se limitará el sobreseimiento a los autores, cómplices o encubridores que aparezcan indudablemente exentos de responsabilidad criminal, continuándose la causa respecto a los demás que no se hallen en igual caso. Es aplicable a los procesados a quienes se declare exentos de responsabilidad lo dispuesto en el artículo 638.

Arts. 19 y 20 CP.

Artículo 641. Procederá el sobreseimiento provisional:

1.º Cuando no resulte debidamente justificada la perpetración del delito que haya dado motivo a la formación de la causa.

2.º Cuando resulte del sumario haberse cometido un delito y no haya motivos suficientes para acusar a determinada o determinadas personas como autores, cómplices o encubridores.

Artículo 642. Cuando el Ministerio Fiscal pida el sobreseimiento de conformidad con lo dispuesto en los artículos 637 y 641, y no se hubiere presentado en la causa querellante particular dispuesto a sostener la acusación, podrá el Tribunal acordar que se haga saber la pretensión del Ministerio Fiscal a los interesados en el ejercicio de la acción penal, para que dentro del término prudencial que se les señale comparezcan a defender su acción si lo consideran oportuno.

Si no comparecieren en el término fijado, el Tribunal acordará el sobreseimiento solicitado por el Ministerio Fiscal.

Artículo 643. Cuando en el caso a que se refiere el artículo anterior fuere desconocido el paradero de los interesados en el ejercicio de la acción penal, se les llamará por edictos que se publicarán en el Tablón Edictal Judicial Único.

Transcurrido el término de emplazamiento sin comparecer los interesados, se procederá como previene el artículo anterior.

Modificado por el art. 101.8 del Real Decreto-ley 6/2023, de 19 de diciembre, por el que se aprueban medidas urgentes para la ejecución del Plan de Recuperación, Transformación y Resiliencia en materia de servicio público de justicia, función pública, régimen local y mecenazgo.

Artículo 644. Cuando el Tribunal conceptúe improcedente la petición del Ministerio Fiscal relativa al sobreseimiento y no hubiere querellante particular que sostenga la acción, antes de acceder al sobreseimiento podrá determinar que se remita la causa al Fiscal de la Audiencia territorial respectiva si se sigue en una Audiencia de lo criminal, o al del Supremo si se sustancia ante una Audiencia territorial, para que, con conocimiento de su resultado, resuelvan uno u otro funcionario si procede o no sostener la acusación. El fiscal consultado pondrá la resolución en conocimiento del Tribunal consultante, con devolución de la causa.

Artículo 645. Si se presentare querellante particular a sostener la acción, o cuando el Ministerio Fiscal opine que procede la apertura del juicio oral, podrá el Tribunal, esto no obstante, acordar el sobreseimiento a que se refiere el número 2.º del artículo 637 si así lo estima procedente.

En cualquier otro caso no podrá prescindir de la apertura del juicio.

TÍTULO XII. DISPOSICIONES GENERALES REFERENTES A LOS ANTERIORES TÍTULOS

Artículo 646. Además de los testimonios de adelantos de las causas que el Letrado de la Administración de Justicia está obligado a dirigir al Fiscal de la respectiva Audiencia, deberá remitirle también testimonio especial de todas las providencias o autos apelables, o que se refieran a diligencias periciales o de reconocimiento que le interese conocer para el ejercicio de su derecho como parte acusadora, cuando no pueda notificárselos directamente, sin que por esto se suspenda la práctica de dichas diligencias, a no ser que el Fiscal se hubiese reservado anticipadamente el derecho de intervenir en ellas, y no se irrogase perjuicio de la suspensión.

Modificado por el art. 2.76 de la Ley 13/2009, de 13 de noviembre.

Artículo 647. El término de la apelación para el Fiscal que no esté en el mismo lugar que el Juez instructor empezará a contarse desde el siguiente día al en que reciba el testimonio de la providencia o auto apelables. El recurso se interpondrá por medio de escrito dirigido al Juez con atenta comunicación.

De todos modos acusará recibo de los testimonios de esta clase en el mismo día que los recibiere.

Párrafo modificado por el art. 2.77 de la Ley 13/2009, de 3 de noviembre.

Artículo 648. Los Fiscales llevarán un registro para anotar los partes de formación de causa que reciban, los testimonios de adelantos más notables que se les remitan por los Letrados de la Administración de Justicia, especialmente los que expresa el artículo 646, y las contestaciones que a su vez emitan, o recursos que interpongan.

Modificado por el art. 2.78 de la Ley 13/2009, de 3 de noviembre.

LIBRO III
DEL JUICIO ORAL

V. art. 120.2 CE y art. 229 LOPJ.

TÍTULO PRIMERO. DE LA CALIFICACIÓN DEL DELITO

Artículo 649. Cuando se mande abrir el juicio oral, el Letrado de la Administración de Justicia comunicará la causa al Fiscal, o al acusador privado si versa sobre delito que no pueda ser perseguido de oficio, para que en el término de cinco días califiquen por escrito los hechos.

Dictada que sea esta resolución, serán públicos todos los actos del proceso.

El art. 4 RD-Ley 13 junio 1927 (Gaceta del 14), que dicta normas para el ejercicio de las acciones penales, dispone que: «El ejercitante de acciones penales que haya solicitado la apertura del juicio oral en una causa o sea admitido como parte después de haberse abierto el juicio oral, pero antes de calificación, al evacuar el traslado a que se refiere el art. 649 y formular el escrito de conclusiones provisionales que preceptúa el art. 650 en relación con el 653 de la Ley de Enjuiciamiento Criminal, articulará conclusiones exclusivamente acusatorias; y si las formulase absolutorias, el Tribunal le declarará desistido de las acciones ejercidas con imposición de costas.

Al elevar en el acto del juicio oral las conclusiones provisionales a definitivas, podrá la parte ejercitante de acciones penales retirar su acusación y solicitar la absolución de los reos a quienes acusó provisionalmente, y desde luego, el Tribunal le tendrá por desistido de sus acciones y su representación y defensa se retirarán de la Sala donde la vista se celebre, después de exponer el defensor, si quiere hacerlo, los fundamentos de su decisión, sin que vuelvan a intervenir en la causa.»

Véase el art. 120 CE, y arts. 186, 229, 1 y 232 LOPJ.

Modificado por el art. 2.79 de la Ley 13/2009, de 3 de noviembre.

Artículo 650. El escrito de calificación se limitará a determinar en conclusiones precisas y numeradas:

1.ª Los hechos punibles que resulten del sumario.

2.ª La calificación legal de los mismos hechos, determinando el delito que constituyan.

3.ª La participación que en ellos hubieren tenido el procesado o procesados, si fueren varios.

4.ª Los hechos que resulten del sumario y que constituyan circunstancias atenuantes o agravantes del delito o eximentes de responsabilidad criminal.

5.ª Las penas en que hayan incurrido el procesado o procesados, si fueren varios, por razón de su respectiva participación en el delito.

El acusador privado en su caso, y el Ministerio Fiscal cuando sostenga la acción civil, expresarán además:

1.º La cantidad en que aprecien los daños y perjuicios causados por el delito, o la cosa que haya de ser restituida.

2.º La persona o personas que aparezcan responsables de los daños y perjuicios o de la restitución de la cosa, y el hecho en virtud del cual hubieren contraído esta responsabilidad.

Artículo 651. Devuelta la causa por el Fiscal, el Letrado de la Administración de Justicia la pasará por igual término y con el mismo objeto al acusador particular, si lo hubiere, quien presentará el escrito de calificación, firmado por su Abogado y Procurador en la forma anteriormente indicada.

Párrafo modificado por el art. 2.80 de la Ley 13/2009, de 3 de noviembre.

Si hubiere actor civil, se le pasará la causa en cuanto sea devuelta por el Fiscal o acusador particular para que a su vez, en término igual al fijado en los artículos anteriores y con idéntica formalidad, presente conclusiones numeradas acerca de los dos últimos puntos del artículo precedente.

Artículo 652. Seguidamente el Letrado de la Administración de Justicia comunicará la causa a los procesados y a las terceras personas civilmente responsables, para que en igual término y por su orden manifiesten también, por conclusiones numeradas y correlativas a las de la calificación que a ellos se refiera, si están o no conformes con cada una, o en otro caso consignen los puntos de divergencia.

Por el Letrado de la Administración de Justicia se interesará la designación al efecto de Abogado y Procurador, si no los tuviesen.

Modificado por el art. 2.81 de la Ley 13/2009, de 3 de noviembre

Artículo 653. Las partes podrán presentar sobre cada uno de los puntos que han de ser objeto de la calificación dos o más conclusiones en forma alternativa, para que si no resultare del juicio la procedencia de la primera, pueda estimarse cualquiera de las demás en la sentencia.

Artículo 654. El Letrado de la Administración de Justicia, al dar traslado de la causa a las partes en cumplimiento de lo dispuesto en los artículos anteriores, dispondrá lo que considere conveniente para que éstas puedan examinar la correspondencia, libros, papeles y demás piezas de convicción, sin peligro de alteración en su estado.

Modificado por el art. 2.82 de la Ley 13/2009, de 3 de noviembre.
Sobre conservación y destino de las piezas de convicción, téngase en cuenta el RD 2.783/1976, 15 octubre (BOE 8 diciembre) y la Orden 14 julio 1983 (BOE 21).

Artículo 655. Si la pena pedida por las partes acusadoras fuese de carácter correccional, al evacuar la representación del procesado el traslado de calificación podrá manifestar su conformidad absoluta con aquella que más gravemente hubiere calificado, si hubiere más de una, y con la pena que se le pida; expresándose además por el Letrado defensor, si esto no obstante, conceptúa necesaria la continuación del juicio.

La referencia a la prisión correccional debe entenderse hecha, de acuerdo con la clasificación de las penas del art. 33 CP, a las penas menos graves.

Si no la conceptúa necesaria, el Tribunal, previa ratificación del procesado, dictará sin más trámites la sentencia que proceda según la calificación mutuamente aceptada, sin que pueda imponer pena mayor que la solicitada.

Si ésta no fuese la procedente según dicha calificación, sino otra mayor, acordará el Tribunal la continuación del juicio.

También continuará el juicio si fuesen varios los procesados y no todos manifestaren igual conformidad.

Cuando el procesado o procesados disintiesen únicamente respecto de la responsabilidad civil, se limitará el juicio a la prueba y discusión de los puntos relativos a dicha responsabilidad.

Artículo 656. El Ministerio Fiscal y las partes manifestarán en sus respectivos escritos de calificación las pruebas de que intenten valerse, presentando listas de peritos y testigos que hayan de declarar a su instancia.

En las listas de peritos y testigos se expresarán sus nombres y apellidos, el apodo, si por él fueren conocidos, y su domicilio o residencia, manifestando además la parte que los presente si los peritos y testigos han de ser citados judicialmente o si se encarga de hacerles concurrir.

Artículo 657. Cada parte presentará tantas copias de las listas de peritos y testigos cuantas sean las demás personadas en la causa, a cada una de las cuales se entregará una de dichas copias en el mismo día en que fueren presentadas.

Las listas originales se unirán a la causa.

Podrán pedir además las partes que se practiquen desde luego aquellas diligencias de prueba que por cualquier causa fuere de temer que no se puedan practicar en el juicio oral, o que pudieren motivar su suspensión.

Artículo 658. Presentados los escritos de calificación, o recogida la causa de poder de quien la tuviere después de transcurrido el término señalado en el artículo 649, el Letrado de la Administración de Justicia dictará diligencia teniendo por hecha la calificación, y acordará pasar la causa al ponente, por término de tercer día, para el examen de las pruebas propuestas.

Modificado por el art. 2.83 de la Ley 13/2009, de 3 de noviembre.

Artículo 659. Devuelta que sea la causa por el Ponente, el Tribunal examinará las pruebas propuestas, e inmediatamente dictará auto admitiendo las que considere pertinentes y rechazando las demás.

Ver el art. 11.1 LOPJ.

Para rechazar las propuestas por el acusador privado, habrá de ser oído el Fiscal si interviniere en la causa.

Contra la parte del auto admitiendo las pruebas o mandando practicar la que se hallare en el caso del párrafo tercero del artículo 657, no procederá recurso alguno.

Contra la en que fuere rechazada o denegada la práctica de las diligencias de prueba podrá interponerse en su día el recurso de casación, si se prepara oportunamente con la correspondiente protesta.

A la vista de este Auto, el Letrado de la Administración de Justicia establecerá el día y hora en que deban comenzar las sesiones del juicio oral, con sujeción a lo establecido en el artículo 182 de la Ley de Enjuiciamiento Civil.

Párrafo modificado por el art. 2.84 de la Ley 13/2009, de 3 de noviembre.

Los criterios generales y las concretas y específicas instrucciones que fijen los Presidentes de Sala o Sección, con arreglo a los cuales se realizará el señalamiento, tendrán asimismo en cuenta:

1º La prisión del acusado;

2º El aseguramiento de su presencia a disposición judicial;

3º Las demás medidas cautelares personales adoptadas;

4º La prioridad de otras causas;

5º La complejidad de la prueba propuesta o cualquier circunstancia modificativa, según hayan podido determinar una vez estudiado el asunto o pleito de que se trate.

Párrafo añadido por el art. 2.84 de la Ley 13/2009, de 3 de noviembre.

En todo caso, aunque no sea parte en el proceso ni deba intervenir, el Letrado de la Administración de Justicia deberá informar a la víctima por escrito de la fecha y lugar de celebración del juicio.

Párrafo añadido por el art. 2.84 de la Ley 13/2009, de 3 de noviembre.

Artículo 660. El Letrado de la Administración de Justicia expedirá los exhortos o mandamientos necesarios para la citación de los peritos y testigos que la parte hubiese designado con este objeto.

Los exhortos o mandamientos serán remitidos de oficio para su cumplimiento, a no ser que la parte pida que se le entreguen.

En este caso, el Letrado de la Administración de Justicia señalará un plazo dentro del cual habrá de devolverlos cumplimentados.

Modificado por el art. 2.85 de la Ley 13/2009, de 3 de noviembre.

Véanse los arts. 183 a 196 de esta Ley.

Artículo 661. Las citaciones de peritos y testigos se practicarán en la forma establecida en el Título VII del Libro I.

Véanse los arts. 166 a 182 de esta LECRIM.

Los peritos y testigos citados que no comparezcan, sin causa legítima que se lo impida, incurrirán en la multa señalada en el número 5.º del artículo 175.

Véase el art. 463 CP.

Si vueltos a citar dejaren también de comparecer, serán procesados por el delito de obstrucción a la Justicia, tipificado en el artículo 463.1 del Código Penal.

Véanse, en general, los arts. 412 y 463.1 CP. Párrafo redactado por la Ley 38/2002, de 24 de octubre.

Artículo 662. Las partes podrán recusar a los peritos expresados en las listas por cualquiera de las causas mencionadas en el artículo 468.

La recusación se hará dentro de los tres días siguientes al de la entrega al recusante de la lista que contenga el nombre del recusado.

Alegada la recusación, el Letrado de la Administración de Justicia dará traslado del escrito por igual término a la parte que intente valerse del perito recusado.

Párrafo modificado por el art. 2.86 de la Ley 13/2009, de 3 de noviembre.

Transcurrido el término y devueltos o recogidos los autos, se recibirán a prueba por seis días, durante los cuales cada una de las partes practicará la que le convenga.

Transcurrido el término de prueba, el Letrado de la Administración de Justicia señalará día para la vista, a la que podrán asistir las partes y sus defensores, y dentro del término legal el Tribunal resolverá el incidente.

Párrafo modificado por el art. 2.86 de la Ley 13/2009, de 3 de noviembre.

Contra el auto no se dará recurso alguno.

Artículo 663. El perito que no sea recusado en el término fijado en el artículo anterior no podrá serlo después, a no ser que incurriera con posterioridad en alguna de las causas de recusación.

Artículo 664. El Tribunal dispondrá también que los procesados que se hallen presos sean inmediatamente conducidos a la cárcel de la población en que haya de continuarse el juicio, citándoles el Letrado de la Administración de Justicia para el mismo, así como a los que estuvieren en libertad provisional para que se presenten en el día señalado, e igualmente notificará el auto a los fiadores o dueños de los bienes dados en fianza, expidiéndose para todo ello los exhortos y mandamientos necesarios.

Párrafo modificado por el art. 2.87 de la Ley 13/2009, de 3 de noviembre.

La falta de la citación expresada en el párrafo anterior será motivo de casación, si la parte que no hubiere sido citada no comparece en el juicio.

Véase, además, el Decreto 2355/1967, de 16 de septiembre (BOE núm. 241, de 9 de octubre), por el que se regulan las conducciones de detenidos, presos y penados. Asimismo, véase la Orden de 6 de abril de 1990 (BOE núm. 91, de 16 de abril).

Artículo 665. Cuando presentados los escritos de calificación y examinadas las pruebas propuestas entendiere el Presidente de la Audiencia o Sala de lo criminal que procede constituir una sección en determinada localidad para la celebración del juicio, lo acordará así, poniéndolo en conocimiento del Ministerio de Gracia y Justicia.

Véase el art. 269.2 LOPJ.

TÍTULO II. DE LOS ARTÍCULOS DE PREVIO PRONUNCIAMIENTO

Artículo 666. Serán tan sólo objeto de artículos de previo pronunciamiento las cuestiones o excepciones siguientes:

1.ª La de declinatoria de jurisdicción.

Véanse los arts. 19 y ss. de esta Ley.

2.ª La de cosa juzgada.

3.ª La de prescripción del delito.

Véanse los arts. 130.-6.º y 131 CP.

4.ª La de amnistía o indulto.

La Constitución, en su art. 62.i), prohíbe el indulto general. Véase sobre el indulto, el art. 130-4.º del CP de 1995 y la Ley de 8 de junio de 1870, estableciendo reglas para el ejercicio de la Gracia de Indulto.

Véase la LO 1/2024, de 10 de junio, de amnistía para la normalización institucional, política y social en Cataluña.

5.ª La falta de autorización administrativa para procesar en los casos en que sea necesaria, con arreglo a la Constitución y a las Leyes especiales.

Véanse los arts. 309 y 384 de esta Ley.

Artículo 667. Las cuestiones expresadas en el artículo anterior podrán proponerse en el término de tres días, a contar desde el de la entrega de los autos para la calificación de los hechos.

Artículo 668. El que haga la pretensión acompañará al escrito los documentos justificativos de los hechos en que la funde, y si no los tuviere a su disposición, designará clara y determinadamente el archivo u oficina donde se encuentren, pidiendo que el Tribunal los reclame a quien corresponda, originales o por compulsa, según proceda.

Presentará también tantas copias del escrito y de los documentos cuantos sean los representantes de las partes personadas. Dichas copias se entregarán a las mismas en el día de la presentación, haciéndolo así constar el Letrado de la Administración de Justicia por diligencia.

Artículo 669. Los representantes de las partes a quienes se hayan entregado las referidas copias contestarán en el término de tres días, acompañando también los documentos en que funden sus pretensiones, si los tuviesen en su poder, o designando el archivo u oficina en que se hallen, pidiendo en este caso que el Tribunal los reclame en los términos expresados en el artículo precedente.

Artículo 670. Transcurrido el término de los tres días, el Tribunal estimará o denegará la reclamación de documentos, según que los considere o no necesarios para el fallo del artículo.

Si no se presentaren los documentos, o no se hiciere la designación del lugar en que se encuentren, no producirá efectos suspensivos la excepción alegada.

Artículo 671. Si el Tribunal accede a la reclamación de documentos, recibirá el artículo a prueba por el término necesario, que no podrá exceder de ocho días.

El Tribunal mandará en el mismo auto dirigir las comunicaciones convenientes a los Jefes o encargados de los archivos u oficinas en que los documentos se hallen, determinando si han de remitir los originales o por compulsa.

Artículo 672. Cuando los documentos hubieren de ser remitidos por compulsa, se advertirá a las partes el derecho que les asiste para personarse en el archivo u oficina, a fin de señalar la parte del documento que haya de compulsarse, si no les fuere necesaria la compulsa de todo él, y para presenciar el cotejo.

En los artículos de previo pronunciamiento no se admitirá prueba testifical.

Artículo 673. Transcurrido el término de prueba, el Letrado de la Administración de Justicia señalará inmediatamente día para la vista, en la que podrán informar lo que convenga a su derecho los defensores de las partes si éstas lo pidiesen.

Modificado por el art. 2.88 de la Ley 13/2009, de 3 de noviembre.

Artículo 674. En el día siguiente al de la vista, el Tribunal dictará auto resolviendo sobre las cuestiones propuestas.

Si una de ellas fuere la de declinatoria de jurisdicción, el Tribunal la resolverá antes que las demás.

Cuando lo estime procedente, mandará remitir los autos al Tribunal o Juez que considere competente, y se abstendrá de resolver sobre las demás.

Artículo 675. Cuando se declare haber lugar a cualquiera de las excepciones comprendidas en los números 2.º, 3.º y 4.º del artículo 666, se sobreseerá libremente, mandando que se ponga en libertad al procesado o procesados que no estén presos por otra causa.

Artículo 676. Si el Tribunal no estimare suficientemente justificada la declinatoria, declarará no haber lugar a ella, confirmando su competencia para conocer del delito.

Si no estima justificada cualquiera otra, declarará simplemente no haber lugar a su admisión, mandando en consecuencia continuar la causa según su estado.

Contra el auto resolutorio de la declinatoria y contra el que admita las excepciones 2.º, 3.º y 4.º del artículo 666, procede el recurso de apelación. Contra el que las desestime no se da recurso alguno, salvo el que proceda contra la sentencia, sin perjuicio de lo dispuesto en el artículo 678.

Reformado por la Ley Orgánica 5/1995, de 22 de mayo, del Tribunal del Jurado.

Artículo 677. Si el Tribunal estima procedente el artículo por falta de autorización para procesar, mandará subsanar inmediatamente este defecto, quedando entretanto en suspenso la causa, que se continuará según su estado, una vez concedida la autorización.

Si solicitada ésta se denegare, quedará nulo todo lo actuado y se sobreseerá libremente la causa.

Contra el auto en que se desestime esta excepción no se dará recurso alguno, y se observará lo dispuesto en el párrafo segundo del artículo anterior.

Artículo 678. Las partes podrán reproducir en el juicio oral, como medios de defensa, las cuestiones previas que se hubiesen desestimado, excepto la de declinatoria.

Lo anterior no será de aplicación en las causas competencia del Tribunal del Jurado, sin perjuicio de lo que pueda alegarse al recurrir contra la sentencia.

Este último párrafo ha sido añadido por la Ley Orgánica 5/1995, de 22 de mayo, del Tribunal del Jurado.

Artículo 679. Siendo desestimadas las cuestiones propuestas, se comunicará nuevamente la causa por término de tres días a la parte que la hubiere alegado para el objeto prescrito en el artículo 649.

TÍTULO III. DE LA CELEBRACIÓN DEL JUICIO ORAL

CAPÍTULO PRIMERO. De la publicidad de los debates

Artículo 680. Los debates del juicio oral serán públicos, bajo pena de nulidad, sin perjuicio de lo dispuesto en el artículo siguiente.

Artículo modificado por la Disposición Final 1. 16 de la Ley 4/2015, de 27 de abril, del Estatuto de la Víctima del delito (BOE del 28).
Véanse los arts. 120.1 CE y 232 LOPJ.

Artículo 681. 1. El Juez o Tribunal podrá acordar, de oficio o a instancia de cualquiera de las partes, previa audiencia a las mismas, que todos o alguno de los actos o las sesiones del juicio se celebren a puerta cerrada, cuando así lo exijan razones de seguridad u orden público, o la adecuada protección de los derechos fundamentales de los intervinientes, en particular, el derecho a la intimidad de la víctima, el respeto debido a la misma o a su familia, o resulte necesario para evitar a las víctimas perjuicios relevantes que, de otro modo, podrían derivar del desarrollo ordinario del proceso. Sin embargo, el Juez o el Presidente del Tribunal podrán autorizar la presencia de personas que acrediten un especial interés en la causa. La anterior restricción, sin perjuicio de lo dispuesto en el artículo 707, no será aplicable al Ministerio Fiscal, a las personas lesionadas por el delito, a los procesados, al acusador privado, al actor civil y a los respectivos defensores.

2. Asimismo, podrá acordar la adopción de las siguientes medidas para la protección de la intimidad de la víctima y de sus familiares:

a) Prohibir la divulgación o publicación de información relativa a la identidad de la víctima, de datos que puedan facilitar su identificación de forma directa o indirecta, o de aquellas circunstancias personales que hubieran sido valoradas para resolver sobre sus necesidades de protección.

b) Prohibir la obtención, divulgación o publicación de imágenes de la víctima o de sus familiares.

3. Queda prohibida, en todo caso, la divulgación o publicación de información relativa a la identidad de víctimas menores de edad, de víctimas con discapacidad necesitadas de especial protección y de las víctimas de los delitos de violencia sexual referidos en el artículo 3 de la Ley Orgánica 10/2022, de 6 de septiembre, de garantía integral de la libertad sexual, así como de datos que puedan facilitar su identificación de forma directa o indirecta, o de aquellas circunstancias personales que hubieran sido valoradas para resolver sobre sus necesidades de protección, así como la obtención, divulgación o publicación de imágenes suyas o de sus familiares.

Este apartado 3 fue redactado por la LO 10/2022 y luego por la Disposición final 11.2 de la Ley Orgánica 2/2024, de 1 de agosto (Entrada en vigor el 22/08/2024).

Artículo 682. El Juez o Tribunal, previa audiencia de las partes, podrá restringir la presencia de los medios de comunicación audiovisuales en las sesiones del juicio y prohibir que se graben todas o alguna de las audiencias cuando resulte imprescindible para preservar el orden de las sesiones y los derechos fundamentales de las partes y de los demás intervinientes, especialmente el derecho a la intimidad de las víctimas, el respeto debido a la misma o a su familia, o la necesidad de evitar a las víctimas perjuicios relevantes que, de otro modo, podrían derivar del desarrollo ordinario del proceso. A estos efectos, podrá:

a) Prohibir que se grabe el sonido o la imagen en la práctica de determinadas pruebas, o determinar qué diligencias o actuaciones pueden ser grabadas y difundidas.

b) Prohibir que se tomen y difundan imágenes de alguna o algunas de las personas que en él intervengan.

c) Prohibir que se facilite la identidad de las víctimas, de los testigos o peritos o de cualquier otra persona que intervenga en el juicio

Artículo modificado por la Disposición Final 1. 18 de la Ley 4/2015, de 27 de abril, del Estatuto de la Víctima del delito (BOE del 28).

CAPÍTULO II. De las facultades del Presidente del Tribunal

Artículo 683. El Presidente dirigirá los debates cuidando de impedir las discusiones impertinentes y que no conduzcan al esclarecimiento de la verdad, sin coartar por esto a los defensores la libertad necesaria para la defensa.

Artículo 684. El Presidente tendrá todas las facultades necesarias para conservar o restablecer el orden en las sesiones y mantener el respeto debido al Tribunal y a los demás poderes públicos, pudiendo corregir en el acto con multa de 5.000 a 25.000 pesetas las infracciones que no constituyan delito, o que no tengan señalada en la Ley una corrección especial.

Véanse los arts. 190 a 194 LOPJ y 558 CP.
Véanse, además, los arts. 4.1.c) de la Ley Orgánica 1/1979, de 26 de septiembre, General Penitenciaria (BOE núm. 239, de 5 de octubre).
La cuantía, modificada, debe entenderse «de 30 a 150 euros».

El Presidente llamará al orden a todas las personas que lo alteren, y podrá hacerlas salir del local si lo considerare oportuno, sin perjuicio de la multa a que se refiere el artículo anterior.

Debe querer decir «párrafo anterior».

Podrá también acordar que se detenga en el acto a cualquiera que delinquiere durante la sesión, poniéndole a disposición del Juzgado competente.

Todos los concurrentes al juicio oral, cualquiera que sea la clase a que pertenezcan, sin excluir a los militares, quedan sometidos a la jurisdicción disciplinaria del Presidente. Si turbaren el orden con un acto que constituya delito, serán expulsados del local y entregados a la Autoridad competente.

Véanse los arts. 195 LOPJ y 558 CP.

Artículo 685. Toda persona interrogada o que dirija la palabra al Tribunal deberá hablar de pie.

Se exceptúan el Ministerio fiscal, los defensores de las partes y las personas a quienes el Presidente dispense de esta obligación por razones especiales.

Artículo 686. Se prohíben las muestras de aprobación o de desaprobación.

Véase el art. 191 LOPJ.

Artículo 687. Cuando el acusado altere el orden con una conducta inconveniente y persista en ella a pesar de las advertencias del Presidente y del apercibimiento de hacerle abandonar el local, el Tribunal podrá decidir que sea expulsado por cierto tiempo o por toda la duración de las sesiones, continuando éstas en su ausencia.

CAPÍTULO III. Del modo de practicar las pruebas durante el juicio oral

SECCIÓN 1ª. De la confesión de los procesados y personas civilmente responsables

Artículo 688. En el día señalado para dar principio a las sesiones, el Letrado de la Administración de Justicia velará por que se encuentren en el local del Tribunal las piezas de convicción que se hubieren recogido, y el Presidente, en el momento oportuno, declarará abierta la sesión

Párrafo modificado por el art. 2.89 de la Ley 13/2009, de 3 de noviembre.

Si la causa que haya de verse fuese por delito para cuyo castigo se pida la imposición de pena correccional, preguntará el Presidente a cada uno de los acusados si se confiesa reo del delito que se le haya imputado en el escrito de calificación y responsable civilmente a la restitución de la cosa o al pago de la cantidad fijada en dicho escrito por razón de daños y perjuicios.

La referencia a la prisión correccional debe entenderse hecha a las penas menos graves, tal y como se deriva del art. 33 CP de 1995; compárese con los arts. 655 y ss. de esta LECRIM.

Artículo 689. Si en la causa hubiere, además de la calificación fiscal, otra del querellante particular o diversas calificaciones de querellantes de esta clase, se preguntará al procesado si se confiesa reo del delito, según la calificación más grave, y civilmente responsable por la cantidad mayor que se hubiese fijado.

Artículo 690. Si fueren más de uno los delitos imputados al procesado en el escrito de calificación, se le harán las mismas preguntas respecto de cada cual.

Artículo 691. Si los procesados fueren varios, se preguntará a cada uno sobre la participación que se le haya atribuido.

Artículo 692. Imputándose en la calificación responsabilidad civil a cualquiera otra persona, comparecerá también ante el Tribunal y declarará si se conforma con las conclusiones de la calificación que le interesen.

Artículo 693. El Presidente hará las preguntas mencionadas en los artículos anteriores con toda claridad y precisión, exigiendo contestación categórica.

Artículo 694. Si en la causa no hubiere más que un procesado y contestare afirmativamente, el Presidente del Tribunal preguntará al defensor si considera necesaria la continuación del juicio oral. Si éste contestare negativamente, el Tribunal procederá a dictar sentencia en los términos expresados en el artículo 655.

Artículo 695. Si confesare su responsabilidad criminal, pero no la civil, o aun aceptando ésta, no se conformare con la cantidad fijada en la calificación, el Tribunal mandará que continúe el juicio.

Pero en este último caso, la discusión y la producción de pruebas se concretarán al extremo relativo a la responsabilidad civil que el procesado no hubiese admitido de conformidad con las conclusiones de la calificación.

Terminado el acto, el Tribunal dictará sentencia.

Artículo 696. Si el procesado no se confesare culpable del delito que le fuere atribuido en la calificación, o su defensor considerase necesaria la continuación del juicio, se procederá a la celebración de éste.

Artículo 697. Cuando fueren varios los procesados en una misma causa, se procederá conforme a lo dispuesto en el artículo 694 si todos se confiesan reos del delito o delitos que les hayan sido atribuidos en los escritos de calificación, y reconocen la participación que en las conclusiones se les haya señalado, a no ser que sus defensores consideren necesaria la continuación del juicio.

Si cualquiera de los procesados no se confiesa reo de delito que se le haya imputado en la calificación, o su defensor considera necesaria la continuación del juicio, se procederá con arreglo a lo dispuesto en el artículo anterior.

Si el disentimiento fuere tan sólo respecto de la responsabilidad civil, continuará el juicio en la forma y para lo efectos determinados en el artículo 695.

Artículo 698. Se continuará también el juicio cuando el procesado o procesados no quieran responder a las preguntas que les hiciere el Presidente.

Artículo 699. De igual modo se procederá si en el sumario no hubiese sido posible hacer constar la existencia del cuerpo del delito cuando, de haberse éste cometido, no pueda menos de existir aquél, aunque hayan prestado su conformidad el procesado o procesados y sus defensores.

Artículo 700. Cuando el procesado o procesados hayan confesado su responsabilidad de acuerdo con las conclusiones de la calificación, y sus defensores no consideren necesaria la continuación del juicio, pero la persona a quien sólo se hubiese atribuido responsabilidad civil no haya comparecido ante el Tribunal, o en su declaración no se conformase con las conclusiones del escrito de calificación a ella referentes, se procederá con arreglo a lo dispuesto en el artículo 695.

Si habiendo comparecido se negase a contestar a las preguntas del Presidente, le apercibirá éste con declararle confeso.

Si persistiese en su negativa, se le declarará confeso, y la causa se fallará de conformidad con lo dispuesto en el artículo 694.

Lo mismo se hará cuando el procesado, después de haber confesado su responsabilidad criminal, se negare a contestar sobre la civil.

SECCIÓN 2ª. Del examen de los testigos

Artículo 701. Cuando el juicio deba continuar, ya por falta de conformidad de los acusados con la acusación, ya por tratarse de delito para cuyo castigo se haya pedido pena aflictiva, se procederá del modo siguiente:

Se dará cuenta del hecho que haya motivado la formación del sumario y del día en que éste se comenzó a instruir, expresando además si el procesado está en prisión o en libertad provisional, con o sin fianza.

Párrafo redactado por el art. 2.90 de la Ley 13/2009, de 3 de noviembre.

Se dará lectura a los escritos de calificación y a las listas de peritos y testigos que se hubiesen presentado oportunamente, haciendo relación de las pruebas propuestas y admitidas.

Párrafo redactado por el art. 2.90 de la Ley 13/2009, de 3 de noviembre.

Acto continuo se pasará a la práctica de las diligencias de prueba y al examen de los testigos, empezando por la que hubiere ofrecido el Ministerio

Fiscal, continuando con la propuesta por los demás actores, y, por último, con la de los procesados.

Las pruebas de cada parte se practicarán según el orden con que hayan sido propuestas en el escrito correspondiente. Los testigos serán examinados también por el orden con que figuren sus nombres en las listas.

El Presidente, sin embargo, podrá alterar este orden a instancia de parte, y aun de oficio, cuando así lo considere conveniente para el mayor esclarecimiento de los hechos o para el más seguro descubrimiento de la verdad.

Artículo 702. Todos los que, con arreglo a los dispuesto en los artículos 410 a 412 inclusive están obligados a declarar, lo harán concurriendo ante el Tribunal, sin otra excepción que las personas mencionadas en el apartado 1 del artículo 412, las cuales podrán hacerlo por escrito.

Artículo modificado por la Ley Orgánica 12/1991, de 10 de julio.

Artículo 703. Sin embargo de lo dispuesto en el artículo anterior, si las personas mencionadas en el apartado 2 del artículo 412 hubieren tenido conocimiento por razón de su cargo de los hechos de que se trate, podrán consignarlo por medio de informe escrito, de que se dará lectura inmediatamente antes de proceder al examen de los demás testigos.

No obstante lo anterior, tratándose de los supuestos previstos en los apartados 3 y 5 del artículo 412, la citación como testigos de las personas a que los mismos se refieren se hará de manera que no perturbe el adecuado ejercicio de sus cargos.

Artículo modificado por la Ley Orgánica 12/1991, de 10 de julio.

Artículo 703 bis. Cuando en fase de instrucción, en aplicación de lo dispuesto en el artículo 449 bis y siguientes, se haya practicado como prueba preconstituida la declaración de un testigo, se procederá, a instancia de la parte interesada, a la reproducción en la vista de la grabación audiovisual, de conformidad con el artículo 730.2, sin que sea necesaria la presencia del testigo en la vista.

En los supuestos previstos en el artículo 449 ter, la autoridad judicial solo podrá acordar la intervención del testigo en el acto del juicio, con carácter excepcional, cuando sea interesada por alguna de las partes y considerada necesaria en resolución motivada, asegurando que la grabación audiovisual cuenta con los apoyos de accesibilidad cuando el testigo sea una persona con discapacidad.

En todo caso, la autoridad judicial encargada del enjuiciamiento, a instancia de parte, podrá acordar su intervención en la vista cuando la prueba preconstituida no reúna todos los requisitos previstos en el artículo 449 bis y cause indefensión a alguna de las partes.

Añadido por la DF-1ª de la Ley Orgánica 8/2021, de 4 de junio, de protección integral a la infancia y la adolescencia frente a la violencia.

Artículo 704. Los testigos que hayan de declarar en el juicio oral permanecerán, hasta que sean llamados a prestar sus declaraciones, en un local a propósito, sin comunicación con los que ya hubiesen declarado, ni con otra persona.

Artículo 705. El Presidente mandará que entren a declarar uno a uno, por el orden mencionado en el artículo 701.

Artículo 706. Hallándose presente el testigo mayor de catorce años ante el Tribunal, el Presidente le recibirá juramento en la forma establecida en el artículo 434.

Ver nota al art. 701 de esta Ley.

Artículo 707. Todos los testigos están obligados a declarar lo que supieren sobre lo que les fuere preguntado, con excepción de las personas expresadas en los artículos 416, 417 y 418, en sus respectivos casos.

Fuera de los casos previstos en el artículo 703 bis, cuando una persona menor de dieciocho años o una persona con discapacidad necesitada de especial protección deba intervenir en el acto del juicio, su declaración se llevará a cabo, cuando resulte necesario para impedir o reducir los perjuicios que para ella puedan derivar del desarrollo del proceso o de la práctica de la diligencia, evitando la confrontación visual con la persona inculpada. Con este fin podrá ser utilizado cualquier medio técnico que haga posible la práctica de esta prueba, incluyéndose la posibilidad de que los testigos puedan ser oídos sin estar presentes en la sala mediante la utilización de tecnologías de la comunicación accesible.

Modificado por la DF-1ª de la Ley Orgánica 8/2021, de 4 de junio, de protección integral a la infancia y la adolescencia frente a la violencia.

Estas medidas serán igualmente aplicables a las declaraciones de las víctimas cuando de su evaluación inicial o posterior derive la necesidad de estas medidas de protección.

Artículo modificado por la Disposición Final 1. 19 de la Ley 4/2015, de 27 de abril, del Estatuto de la Víctima del delito (BOE del 28).

Artículo 708. El Presidente preguntará al testigo acerca de las circunstancias expresadas en el primer párrafo del artículo 436, después de lo cual la parte que le haya presentado podrá hacerle las preguntas que tenga por conveniente. Las demás partes podrán dirigirle también las preguntas que consideren oportunas y fueren pertinentes en vista de sus contestaciones.

El Presidente, por sí o a excitación de cualquiera de los miembros del Tribunal, podrá dirigir a los testigos las preguntas que estime conducentes para depurar los hechos sobre los que declaren.

Artículo 709. El Presidente no permitirá que el testigo conteste a preguntas o repreguntas capciosas, sugestivas o impertinentes.

El Presidente podrá adoptar medidas para evitar que se formulen a la víctima preguntas innecesarias relativas a la vida privada, en particular a la intimidad sexual, que no tengan relevancia para el hecho delictivo enjuiciado, salvo que, excepcionalmente y teniendo en cuenta las circunstancias particulares del caso, el Presidente considere que sean pertinentes y necesarias. Si esas preguntas fueran formuladas, el Presidente no permitirá que sean contestadas.

El párrafo segundo ha sido modificado por la Ley Orgánica 10/2022, de 6 de septiembre.

Contra la resolución que sobre este extremo adopte podrá interponerse en su día el recurso de casación, si se hiciere en el acto la correspondiente protesta.

En este caso, constará en el acta la pregunta o repregunta a que el Presidente haya prohibido contestar.

Artículo modificado por la Disposición Final 1. 20 de la Ley 4/2015, de 27 de abril, del Estatuto de la Víctima del delito (BOE del 28).

Véanse los arts. 721 y 850.4º de esta Ley.

Artículo 710. Los testigos expresarán la razón de su dicho y, si fueren de referencia, precisarán el origen de la noticia, designando con su nombre y apellido, o con las señas con que fuere conocida, a la persona que se le hubiere comunicado.

Artículo 711. Los testigos sordomudos o que no conozcan el idioma español serán examinados del modo prescrito en los artículos 440, párrafo primero del 441 y 442.

Artículo 712. Podrán las partes pedir que el testigo reconozca los instrumentos o efectos del delito o cualquiera otra pieza de convicción.

Artículo 713. En los careos del testigo con los procesados o de los testigos entre sí no permitirá el Presidente que medien insultos ni amenazas, limitándose la diligencia a dirigirse los careados los cargos y hacerse las observaciones que creyeren convenientes para ponerse de acuerdo y llegar a descubrir la verdad.

Véanse los arts. 451 a 455 de esta Ley.

No se practicarán careos con testigos que sean menores de edad salvo que el Juez o Tribunal lo considere imprescindible y no lesivo para el interés de dichos testigos, previo informe pericial.

Párrafo añadido por la Ley Orgánica 14/1999, de 9 de junio (BOE del 10).

Artículo 714. Cuando la declaración del testigo en el juicio oral no sea conforme en lo sustancial con la prestada en el sumario podrá pedirse la lectura de ésta por cualquiera de las partes.

Después de leída, el Presidente invitará al testigo a que explique la diferencia o contradicción que entre sus declaraciones observe.

Artículo 715. Siempre que los testigos que hayan declarado en el sumario comparezcan a declarar también sobre los mismos hechos en el juicio oral, sólo habrá lugar a mandar proceder contra ellos como presuntos autores del delito de falso testimonio, cuando éste sea dado en dicho juicio.

Fuera del caso previsto en el párrafo anterior, en los demás podrá exigirse a los testigos la responsabilidad en que incurran, con arreglo a las disposiciones del Código Penal.

Sobre el delito de falso testimonio, véanse los arts. 458 y ss. CP.

Artículo 716. El testigo que se niegue a declarar incurrirá en la multa de 200 a 5.000 euros, que se impondrá en el acto.

Si a pesar de esto persiste en su negativa, se procederá contra él como autor del delito de desobediencia grave a la Autoridad.

El párrafo I redactado por la Ley 38/2002, de 24 de octubre.
Ver el art. 556 CP.

Artículo 717. Las declaraciones de las Autoridades y funcionarios de Policía judicial tendrán el valor de declaraciones testificales, apreciables como éstas según las reglas del criterio racional.

Véase el art. 297 de esta Ley.

Artículo 718. Cuando el testigo no hubiere comparecido por imposibilidad y el Tribunal considere de importancia su declaración para el éxito del juicio, el Presidente designará a uno de los individuos del mismo para que, constituyéndose en la residencia del testigo, si la tuviere en el lugar del juicio, puedan las partes hacerle las preguntas que consideren oportunas.

El Letrado de la Administración de Justicia extenderá diligencia, haciendo constar las preguntas y repreguntas que se hayan hecho al testigo, las contestaciones de éste y los incidentes que hubieran ocurrido en el acto.

Artículo 719. Si el testigo imposibilitado de concurrir a la sesión no residiere en el punto en que la misma se celebre, el Letrado de la Administración de Justicia librará exhorto o mandamiento para que sea examinado ante el Juez correspondiente, con sujeción a las prescripciones contenidas en esta sección.

Párrafo modificado por el art. 2.92 de la Ley 13/2009, de 3 de noviembre.

Cuando la parte o las partes prefieran que en el exhorto o mandamiento se consignen por escrito las preguntas o repreguntas, el Presidente accederá a ello si no fueren capciosas, sugestivas o impertinentes.

Artículo 720. Lo dispuesto en los artículos anteriores tendrá también aplicación al caso en que el Tribunal ordene que el testigo declare o practique cualquier reconocimiento en un lugar determinado fuera de aquel en que se celebre la audiencia.

Artículo 721. Cuando se desestime cualquiera pregunta por capciosa, sugestiva o impertinente en los casos de los tres artículos anteriores, podrá prepararse el recurso de casación del modo prescrito en el artículo 709.

Artículo 722. Los testigos que comparezcan a declarar ante el Tribunal tendrán derecho a una indemnización, si la reclamaren.

El Letrado de la Administración de Justicia la fijará el mediante decreto, teniendo en cuenta únicamente los gastos del viaje y el importe de los jornales perdidos por el testigo con motivo de su comparecencia para declarar.

Párrafo modificado por el art. 2.93 de la Ley 13/2009, de 3 de noviembre.
Véase la nota al art. 465 de esta LECRIM.

SECCIÓN 3ª. Del informe pericial

Artículo 723. Los peritos podrán ser recusados por las causas y en la forma prescritas en los artículos 468, 469 y 470.

La sustanciación de los incidentes de recusación tendrá lugar precisamente en el tiempo que media desde la admisión de las pruebas propuestas por las partes hasta la apertura de las sesiones.

Artículo 724. Los peritos que no hayan sido recusados serán examinados juntos cuando deban declarar sobre unos mismos hechos y contestarán a las preguntas y repreguntas que las partes les dirijan.

Artículo 725. Si para contestarlas consideraran necesaria la práctica de cualquier reconocimiento harán éste, acto continuo, en el local de la misma Audiencia si fuere posible.

En otro caso se suspenderá la sesión por el tiempo necesario, a no ser que puedan continuar practicándose otras diligencias de prueba entretanto que los peritos verifican el reconocimiento.

SECCIÓN 4ª. De la prueba documental y de la inspección ocular

Artículo 726. El Tribunal examinará por sí mismo los libros, documentos, papeles y demás piezas de convicción que puedan contribuir al esclarecimiento de los hechos o a la más segura investigación de la verdad.

Artículo 727. Para la prueba de inspección ocular que no se haya practicado antes de la apertura de las sesiones, si el lugar que deba ser inspeccionado se hallase en la capital, se constituirá en él el Tribunal con las partes, y el Letrado de la Administración de Justicia extenderá diligencia expresiva del lugar o cosa inspeccionada, haciendo constar en ella las observaciones de las partes y demás incidentes que ocurran.

Si el lugar estuviese fuera de la capital, se constituirá en él con las partes el individuo del Tribunal que el Presidente designe, practicándose las diligencias en la forma establecida en el párrafo anterior.

En todo lo demás se estará, en cuanto fuere necesario, a lo dispuesto en el Título V, Capítulo I del Libro II.

Ver los arts. 326 a 333 de esta Ley.

SECCIÓN 5ª. Disposiciones comunes a las cuatro secciones anteriores

Artículo 728. No podrán practicarse otras diligencias de prueba que las propuestas por las partes, ni ser examinados otros testigos que los comprendidos en las listas presentadas.

Artículo 729. Se exceptúan de lo dispuesto en el artículo anterior:

1.º Los careos de los testigos entre sí o con los procesados o entre éstos, que el Presidente acuerde de oficio, o a propuesta de cualquiera de las partes.

Ver los arts. 451 a 455, y 713 de esta LECRIM.

2.º Las diligencias de prueba no propuestas por ninguna de las partes, que el Tribunal considere necesarias para la comprobación de cualquiera de los hechos que hayan sido objeto de los escritos de calificación.

3.º Las diligencias de prueba de cualquiera clase que en el acto ofrezcan las partes para acreditar alguna circunstancia que pueda influir en el valor probatorio de la declaración de un testigo, si el Tribunal las considera admisibles.

Artículo 730. 1. Podrán también leerse o reproducirse a instancia de cualquiera de las partes las diligencias practicadas en el sumario, que, por causas independientes de la voluntad de aquellas, no puedan ser reproducidas en el juicio oral.

2. A instancia de cualquiera de las partes, se podrá reproducir la grabación audiovisual de la declaración de la víctima o testigo practicada como prueba preconstituida durante la fase de instrucción conforme a lo dispuesto en el artículo 449 bis.

Modificado por la DF-1ª de la Ley Orgánica 8/2021, de 4 de junio, de protección integral a la infancia y la adolescencia frente a la violencia.

Artículo 731. El Tribunal adoptará las disposiciones convenientes para evitar que los procesados que se hallen en libertad provisional se ausenten o dejen de comparecer a las sesiones desde que éstas den principio hasta que se pronuncie la sentencia.

Artículo 731 bis. El Tribunal, de oficio o a instancia de parte, por razones de utilidad, seguridad o de orden público, así como en aquellos supuestos en que la comparecencia de quien haya de intervenir en cualquier tipo de procedimiento penal como imputado, testigo, perito, o en otra condición resulte gravosa o perjudicial, y, especialmente, cuando se trate de un menor, podrá acordar que su actuación se realice a través de videoconferencia u otro sistema similar que permita la comunicación bidireccional y simultánea de la imagen y el sonido, de acuerdo con lo dispuesto en el apartado 3 del artículo 229 de la Ley Orgánica del Poder Judicial.

Modificado por la LO 8/2006, de 4 de diciembre.

CAPÍTULO IV. De la acusación, de la defensa y de la sentencia

Artículo 732. Practicadas las diligencias de la prueba, las partes podrán modificar las conclusiones de los escritos de calificación.

En este caso formularán por escrito las nuevas conclusiones y las entregarán al Presidente del Tribunal.

Las conclusiones podrán formularse en forma alternativa, según lo dispuesto en el artículo 653.

Artículo 733. Si juzgando por el resultado de las pruebas entendiere el Tribunal que el hecho justiciable ha sido calificado con manifiesto error, podrá el Presidente emplear la siguiente fórmula:

Sin que sea visto prejuzgar el fallo definitivo sobre las conclusiones de la acusación y la defensa, el Tribunal desea que el Fiscal y los defensores del procesado (o los defensores de las partes cuando fuesen varias) le ilustren acerca de si el hecho justiciable constituye el delito de... o si existe la circunstancia eximente de responsabilidad a que se refiere el número... del artículo... del Código Penal.

Esta facultad excepcional, de que el Tribunal usará con moderación, no se extiende a las causas por delitos que sólo pueden perseguirse a instancia de parte, ni tampoco es aplicable a los errores que hayan podido cometerse en los escritos de calificación, así respecto de la apreciación de las circunstancias atenuantes y agravantes, como en cuanto a la participación de cada uno de los procesados en la ejecución del delito público que sea materia de juicio.

Si el Fiscal o cualquiera de los defensores de las partes indicaren que no están suficientemente preparados para discutir la cuestión propuesta por el Presidente, se suspenderá la sesión hasta el día siguiente.

Artículo 734. Llegado el momento de informar, el Presidente concederá la palabra al Fiscal si fuere parte en la causa, y después al defensor del acusador particular, si le hubiere.

En sus informes expondrán éstos los hechos que consideren probados en el juicio, su calificación legal, la participación que en ellos hayan tenido los procesados y la responsabilidad civil que hayan contraído los mismos u otras personas, así como las cosas que sean su objeto, o la cantidad en que deban ser reguladas cuando los informantes o sus representados ejerciten también la acción civil.

Artículo 735. El Presidente concederá después la palabra al defensor del actor civil si lo hubiere, quien limitará su informe a los puntos concernientes a la responsabilidad civil.

Artículo 736. En seguida dará la palabra a los defensores de los procesados, y después de ellos a los de las personas civilmente responsables, si no se defendieren bajo una sola representación con aquéllos.

Artículo 737. Los informes de los defensores de las partes se acomodarán a las conclusiones que definitivamente hayan formulado, y en su caso a la propuesta por el Presidente del Tribunal con arreglo a lo dispuesto en el artículo 733.

Artículo 738. Después de estos informes sólo será permitido a las partes la rectificación de hechos y conceptos.

Artículo 739. Terminadas la acusación y la defensa, el Presidente preguntará a los procesados si tienen algo que manifestar al Tribunal.

Al que contestare afirmativamente, le será concedida la palabra.

El Presidente cuidara de que los procesados al usarla no ofendan la moral ni falten al respeto debido al Tribunal ni a las consideraciones correspondientes a todas las personas, y que se ciñan a lo que sea pertinente, retirándoles la palabra en caso necesario.

Artículo 740. Después de hablar los defensores de las partes y los procesados en su caso, el Presidente declarará concluso el juicio para sentencia.

Artículo 741. El Tribunal, apreciando según su conciencia las pruebas practicadas en el juicio, las razones expuestas por la acusación y la defensa y lo manifestado por los mismos procesados, dictará sentencia dentro del término fijado en esta Ley.

Siempre que el Tribunal haga uso del libre arbitrio que para la calificación del delito o para la imposición de la pena le otorga el Código Penal, deberá consignar si ha tomado en consideración los elementos de juicio que el precepto aplicable de aquél obligue a tener en cuenta.

El último párrafo de este artículo, que se dictó complementando al CP de 1928 hoy derogado, se añade por el Real Decreto-ley de 8 de septiembre de 1928, reducido a reglamentario por Decreto de 31 de mayo de 1931.

Artículo 742. En la sentencia se resolverán todas las cuestiones que hayan sido objeto de juicio, condenando o absolviendo a los procesados, no sólo por el delito principal y sus conexos, sino también por las faltas incidentales de que se haya conocido en la causa, sin que pueda el Tribunal emplear en este estado la fórmula del sobreseimiento respecto de los acusados a quienes crea que no debe condenar.

Las faltas fueron derogadas por la Disposición Derogatoria Única de la Ley Orgánica 1/2015, de 30 de marzo, por la que se modifica la Ley Orgánica 10/1995, de 23 de noviembre, del Código Penal.

También se resolverán en la sentencia todas las cuestiones referentes a la responsabilidad civil que hayan sido objeto del juicio.

Lo dispuesto en el párrafo quinto del artículo 635 sobre el destino de las piezas de convicción que entrañen, por su naturaleza, algún peligro grave para los intereses que en el mismo se expresan, será aplicable a las sentencias absolutorias.

Redactado por la Ley 3/1967, de 8 de abril.

Véase la Ley 17/2003, de 26 de mayo, sobre la creación de un fondo procedente de los bienes decomisados por tráfico de drogas y otros delitos relacionados (BOE del 30).

El Letrado de la Administración de Justicia notificará la sentencia por escrito a los ofendidos y perjudicados por el delito, aunque no se hayan mostrado parte en la causa.

Párrafo añadido por el art. 2.94 de la Ley 13/2009, de 3 de noviembre.

Artículo 743. 1. El desarrollo de las sesiones del juicio oral y resto de actuaciones orales se documentarán conforme a lo preceptuado en los artículos 146 y 147 de la Ley de Enjuiciamiento Civil. La oficina judicial deberá asegurar la correcta incorporación de la grabación al expediente judicial electrónico. Si los sistemas no proveen expediente judicial electrónico, el letrado o letrada de la Administración de Justicia deberá custodiar el documento electrónico que sirva de soporte a la grabación.

Las partes podrán pedir a su costa copia o, en su caso, acceso electrónico de las grabaciones originales.

2. Siempre que se cuente con los medios tecnológicos necesarios, estos garantizarán la autenticidad e integridad de lo grabado o reproducido. A tal efecto, el letrado o letrada de la Administración de Justicia hará uso de la firma electrónica u otro sistema de seguridad que conforme a la ley ofrezca tales garantías. En este caso, la celebración del acto no requerirá la presencia en la sala del letrado o letrada de la Administración de Justicia salvo que lo hubieran solicitado las partes, al menos dos días antes de la celebración de la vista, o que excepcionalmente lo considere necesario el letrado o letrada de la Administración de Justicia atendiendo a la complejidad del asunto, al número y naturaleza de las pruebas a practicar, al número de intervinientes, a la posibilidad de que se produzcan incidencias que no pudieran registrarse, o a la concurrencia de otras circunstancias igualmente excepcionales que lo justifiquen. En estos casos, el letrado o letrada de la Administración de Justicia extenderá acta sucinta en los términos previstos.

Apartados 1 y 2 modificados por el art. 101.9 del Real Decreto-ley 6/2023, de 19 de diciembre, por el que se aprueban medidas urgentes para la ejecución del Plan de Recuperación, Transformación y Resiliencia en materia de servicio público de justicia, función pública, régimen local y mecenazgo.

3. Si los mecanismos de garantía previstos en el apartado anterior no se pudiesen utilizar el Letrado de la Administración de Justicia deberá consignar en el acta, al menos, los siguientes datos: número y clase de procedimiento; lugar y fecha de celebración; tiempo de duración, asistentes al acto; peticiones

y propuestas de las partes; en caso de proposición de pruebas, declaración de pertinencia y orden en la práctica de las mismas; resoluciones que adopte el Juez o Tribunal; así como las circunstancias e incidencias que no pudieran constar en aquel soporte.

4. Cuando los medios de registro previstos en este artículo no se pudiesen utilizar por cualquier causa, el Letrado de la Administración de Justicia extenderá acta de cada sesión, recogiendo en ella, con la extensión y detalle necesarios, el contenido esencial de la prueba practicada, las incidencias y reclamaciones producidas y las resoluciones adoptadas.

5. El acta prevista en los apartados 3 y 4 de este artículo, se extenderá por procedimientos informáticos, sin que pueda ser manuscrita más que en las ocasiones en que la sala en que se esté celebrando la actuación carezca de medios informáticos. En estos casos, al terminar la sesión el Letrado de la Administración de Justicia leerá el acta, haciendo en ella las rectificaciones que las partes reclamen, si las estima procedentes. Este acta se firmará por el Presidente y miembros del Tribunal, por el Fiscal y por los defensores de las partes.

Modificado por el art. 2.95 de la Ley 13/2009, de 3 de noviembre.

CAPÍTULO V. De la suspensión del juicio oral

Artículo 744. Abierto el juicio oral, continuará durante todas las sesiones consecutivas que sean necesarias hasta su conclusión.

Artículo 745. No obstante lo dispuesto en el artículo anterior, el Presidente del Tribunal podrá suspender la apertura de las sesiones cuando las partes, por motivos independientes de su voluntad, no tuvieren preparadas las pruebas ofrecidas en sus respectivos escritos.

Artículo 746. Procederá además la suspensión del juicio oral en los casos siguientes:

1.º Cuando el Tribunal tuviere que resolver durante los debates alguna cuestión incidental que por cualquier causa fundada no pueda decidirse en el acto.

2.º Cuando con arreglo a este Código el Tribunal o alguno de sus individuos tuviere que practicar alguna diligencia fuera del lugar de las sesiones y no pudiere verificarse en el tiempo intermedio entre una y otra sesión.

3.º Cuando no comparezcan los testigos de cargo y de descargo ofrecidos por las partes y el Tribunal considere necesaria la declaración de los mismos.

Podrá, sin embargo, el Tribunal acordar en este caso la continuación del juicio y la práctica de las demás pruebas; y después que se hayan hecho, suspenderlo hasta que comparezcan los testigos ausentes.

Si la no comparecencia del testigo fuere por el motivo expuesto en el artículo 718, se procederá como se determina en el mismo y en los dos siguientes.

4.º Cuando algún miembro del Tribunal, el Fiscal o el defensor de cualquiera de las partes, enfermare repentinamente hasta el punto de que no pueda continuar tomando parte en el juicio ni pueda ser reemplazado este último sin grave inconveniente para la defensa del interesado. Lo mismo se aplicará, en el caso del defensor de cualquiera de las partes, en los supuestos de fallecimiento u hospitalización o intervención quirúrgica por causa grave, de un familiar hasta el segundo grado por consanguinidad o afinidad.

5.º Cuando alguno de los procesados se halle en el caso del número anterior, en términos de que no pueda estar presente en el juicio.

La suspensión no se acordará por esta causa sino después de haber oído a los facultativos nombrados de oficio para el reconocimiento del enfermo.

6.º Cuando revelaciones o retractaciones inesperadas produzcan alteraciones sustanciales en los juicios, haciendo necesarios nuevos elementos de prueba o alguna sumaria instrucción suplementaria.

No se suspenderá el juicio por la enfermedad o incomparecencia de alguno de los procesados citados personalmente, siempre que el Tribunal estimare, con audiencia de las partes y haciendo constar en el acta del juicio las razones de la decisión, que existen elementos suficientes para juzgarles con independencia.

Cuando el procesado sea una persona jurídica, se estará a lo dispuesto en el artículo 786 bis de esta Ley.

7.º Si se trata de un proceso en el que la persona profesional de la abogacía ha sido designada por el turno de oficio, solo se suspenderá el procedimiento por el tiempo que demore el Colegio profesional correspondiente en proveer la designación de nuevo profesional para evitar causar indefensión a la parte. Si la suspensión se solicita por haberse producido o iniciado el parto de manera repentina, o sin tiempo suficiente como para que otro abogado o abogada pueda hacerse cargo del asunto y prepararlo, se suspenderá el señalamiento por el tiempo mínimo imprescindible en atención a su complejidad.

Artículo modificado por el Real Decreto-ley 5/2023, de 28 de junio.

Artículo 747. En los casos 1.º, 2.º, 4.º y 5.º del artículo anterior, el Tribunal podrá decretar de oficio la suspensión. En los demás casos la decretará, siendo procedente, a instancia de parte.

Artículo 748. En los autos de suspensión que se dicten se fijará el tiempo de la suspensión, si fuere posible, y se determinará lo que corresponda para la continuación del juicio.

Contra estos autos no se dará recurso alguno.

Artículo 749. Cuando por razón de los casos previstos en los números 4º y 5º del artículo 746 haya de prolongarse indefinidamente la suspensión del juicio, o por un tiempo demasiado largo, se declarará sin efecto la parte del juicio celebrada.

Lo mismo podrá acordar el Tribunal en el caso del número 6º, si la preparación de los elementos de prueba o la sumaria instrucción suplementaria exigiere algún tiempo.

En ambos casos, el Letrado de la Administración de Justicia señalará día para nuevo juicio cuando desaparezca la causa de la suspensión o puedan ser reemplazadas las personas reemplazables.

Modificado por el art. 2.96 de la Ley 13/2009, de 3 de noviembre.

LIBRO IV
DE LOS PROCEDIMIENTOS ESPECIALES

Recordar LO 16/2015, de 27 de octubre, sobre privilegios e inmunidades de los Estados extranjeros, las Organizaciones internacionales con sede en oficina en España y las Conferencias y Reuniones internacionales celebradas en España.

TÍTULO PRIMERO. DEL MODO DE PROCEDER CUANDO FUERE PROCESADO UN SENADOR O DIPUTADO A CORTES

Artículo 750. El Juez o Tribunal que encuentre méritos para procesar a un Senador o Diputado a Cortes por causa de delito, se abstendrá de dirigir el procedimiento contra él si las Cortes estuvieran abiertas, hasta obtener la correspondiente autorización del Cuerpo Colegislador a que pertenezca.

Véase la Ley 9 febrero 1912.

Artículo 751. Cuando el Senador o Diputado a Cortes fuere delincuente in fraganti podrá ser detenido y procesado sin la autorización a que se refiere el artículo anterior; pero en las veinticuatro horas siguientes a la detención o procesamiento deberá ponerse lo hecho en conocimiento del Cuerpo Colegislador a que corresponda.

Se pondrá también en conocimiento del Cuerpo Colegislador respectivo la causa que existiere pendiente contra el que, estando procesado, hubiese sido elegido Senador o Diputado a Cortes.

Ver el art. 309, II de esta LECRIM.

Artículo 752. Si un Senador o Diputado a Cortes fuese procesado durante un interregno parlamentario, deberá el Juez o Tribunal que conozca de la causa ponerlo inmediatamente en conocimiento del respectivo Cuerpo Colegislador.

Lo mismo se observará cuando haya sido procesado un Senador o Diputado a Cortes electo antes de reunirse éstas.

Artículo 753. En todo caso, se suspenderán por el Letrado de la Administración de Justicia los procedimientos desde el día en que se dé conocimiento a las Cortes, estén o no abiertas, permaneciendo las cosas en el estado en que entonces se hallen, hasta que el Cuerpo Colegislador respectivo resuelva lo que tenga por conveniente.

Modificado por el art. 2.97 de la Ley 13/2009, de 3 de noviembre.

Artículo 754. Si el Senado o el Congreso negasen la autorización pedida, se sobreseerá respecto al Senador o Diputado a Cortes; pero continuará la causa contra los demás procesados.

Véanse los arts. 14 del Reglamento del Congreso de los Diputados, de 10 de febrero de 1982 (BOE núm. 55, de 5 de marzo), y 22 del Reglamento del Senado, de 3 de mayo de 1994 (BOE núm. 114, de 13 de mayo).

Artículo 755. La autorización se pedirá en forma de suplicatorio, remitiendo con éste, y con carácter de reservado, el testimonio de los cargos que resulten contra el Senador o Diputado, con inclusión de los dictámenes del Fiscal y de las peticiones particulares en que se haya solicitado la autorización.

Artículo 756. El suplicatorio se remitirá por conducto del Ministro de Gracia y Justicia.

TÍTULO II. DEL PROCEDIMIENTO ABREVIADO

Redactado conforme a la Ley 38/2002, de 24 de octubre y a la LO 8/2002, de 24 de octubre.

CAPÍTULO PRIMERO. Disposiciones generales

Artículo 757. Sin perjuicio de lo establecido para los procesos especiales, el procedimiento regulado en este Título se aplicará al enjuiciamiento de los delitos castigados con pena privativa de libertad no superior a nueve años, o bien con cualesquiera otras penas de distinta naturaleza, bien sean únicas, conjuntas o alternativas, cualquiera que sea su cuantía o duración.

Artículo 758. El enjuiciamiento de los delitos enumerados en el artículo anterior se acomodará a las normas comunes de esta Ley, con las modificaciones consignadas en el presente Título.

Artículo 759. En las causas comprendidas en este Título, las cuestiones de competencia que se promuevan entre Juzgados y Tribunales de la jurisdicción ordinaria se sustanciarán según las reglas siguientes:

1.ª Cuando un Tribunal o Juzgado rehusare el conocimiento de una causa o reclamare el conocimiento de la que otro tuviere, y haya duda acerca de cuál de ellos es el competente, si no resulta acuerdo a la primera comunicación que con tal motivo se dirijan, pondrán el hecho, sin dilación, en conocimiento del superior jerárquico, por medio de exposición razonada, para que dicho superior, tras oír al Fiscal y a las partes personadas en comparecencia que se celebrará dentro de las veinticuatro horas siguientes, decida en el acto lo que estime procedente, sin ulterior recurso.

Cuando la cuestión surja en la fase de instrucción, cada uno de los Juzgados continuará practicando en todo caso, hasta tanto se dirima definitivamente la controversia, las diligencias conducentes a la comprobación del delito, a la averiguación e identificación de los posibles culpables y a la protección de los ofendidos o perjudicados por el mismo, debiendo remitirse recíprocamente ambos Juzgados testimonio de lo actuado y comunicarse cuantas diligencias practiquen.

El párrafo anterior ha sido redactado por la LO 15/2003, de 25 de noviembre, reforma del Código Penal.

2.ª Ningún Juez de Instrucción, de lo Penal, o Central de Instrucción o de lo Penal, podrá promover cuestiones de competencia a las Audiencias respectivas, sino exponerles, oído el Ministerio Fiscal por plazo de un día, las razones que tenga para creer que le corresponde el conocimiento del asunto.

El Letrado de la Administración de Justicia dará vista de la exposición y antecedentes al Ministerio Fiscal y a las partes personadas por plazo de dos días y, luego de oídos todos, el Tribunal, sin más trámites, resolverá dentro del tercer día lo que estime procedente, comunicando esta resolución al Juez que la haya expuesto para su cumplimiento.

Modificado por el art. 2.98 de la Ley 13/2009, de 3 de noviembre.

3.ª Cuando algún Juez de Instrucción, de lo Penal, o Central de Instrucción o de lo Penal, viniere entendiendo de causa atribuida a la competencia de las Audiencias respectivas, se limitarán éstas a ordenar a aquél, oídos el Ministerio Fiscal y las partes personadas por plazo de dos días, que se abstenga de conocer y les remita las actuaciones.

Artículo 760. Iniciado un proceso de acuerdo con las normas de este Título, en cuanto aparezca que el hecho no se halla comprendido en alguno de los supuestos del artículo 757, se continuará conforme a las disposiciones generales de esta Ley, sin retroceder en el procedimiento más que en el caso de que resulte necesario practicar diligencias o realizar actuaciones con arreglo a dichos preceptos legales. Por el contrario, iniciado un proceso conforme a las normas comunes de esta Ley, continuará su sustanciación de acuerdo con las del presente Título en cuanto conste que el hecho enjuiciado se halla comprendido en alguno de los supuestos del artículo 757. En ambos casos el cambio de procedimiento no implicará el de instructor.

Iniciado un proceso conforme a las normas de esta Ley, en cuanto aparezca que el hecho podría constituir un delito cuyo enjuiciamiento sea competencia del Tribunal del Jurado, se estará a lo dispuesto en el artículo 309 bis.

Acordado por el Juez o Tribunal el procedimiento que deba seguirse, el Letrado de la Administración de Justicia lo hará saber inmediatamente al Ministerio Fiscal, al investigado y a las partes personadas.

Párrafo modificado por el art. 2.99 de la Ley 13/2009, de 3 de noviembre.

Artículo 761. 1. El ejercicio por particulares, sean o no ofendidos por el delito, de la acción penal o de la civil derivada del mismo habrá de efectuarse en la forma y con los requisitos señalados en el Título II del Libro II, expresando la acción que se ejercite.

2. Sin perjuicio de lo que se dispone en el apartado anterior, el Letrado de la Administración de Justicia instruirá al ofendido o perjudicado por el delito de los derechos que le asisten conforme a lo dispuesto en los artículos 109 y 110 y demás disposiciones, pudiendo mostrarse parte en la causa sin necesidad de formular querella. Asimismo le informará de la posibilidad y procedimiento para solicitar las ayudas que conforme a la legislación vigente puedan corresponderle.

Apartado modificado por el art. 2.100 de la Ley 13/2009, de 3 de noviembre.

Artículo 762. Los Jueces y Tribunales observarán en la tramitación de las causas a que se refiere este Título las siguientes reglas:

1.ª El Juez o Tribunal que ordene la práctica de cualquier diligencia se entenderá directamente con el Juez, Tribunal, autoridad o funcionario encargado de su realización, aunque el mismo no le esté inmediatamente subordinado ni sea superior inmediato de aquéllos.

2.ª Para cursar los despachos que se expidan se utilizará siempre el medio más rápido, acreditando por diligencia las peticiones de auxilio que no se hayan solicitado por escrito.

3.ª Si el que hubiere de ser citado no tuviere domicilio conocido o no fuere encontrado por la Policía Judicial en el plazo señalado a ésta, el Juez o Tribunal mandará publicar la correspondiente cédula por el medio que estime más idóneo para que pueda llegar a conocimiento del interesado, y sólo cuando lo considere indispensable acordará su divulgación por los medios de comunicación social.

4.ª Las requisitorias que hayan de expedirse se insertarán en el fichero automatizado correspondiente de las Fuerzas y Cuerpos de Seguridad y, cuando se considere oportuno, en los medios de comunicación escrita.

5.ª A todo escrito y a los documentos que se presenten en la causa se acompañarán tantas copias literales de los mismos, realizadas por cualquier medio de reproducción, cuantas sean las otras partes y el Fiscal, a quienes se entregarán al notificarles la resolución que haya recaído en el escrito respectivo.

La omisión de las copias sólo dará lugar a su libramiento por el Letrado de la Administración de Justicia a costa del omitente, si éste no las presenta en el plazo de una audiencia.

6.ª Para enjuiciar los delitos conexos comprendidos en este Título, cuando existan elementos para hacerlo con independencia, y para juzgar a cada uno de los encausados, cuando sean varios, podrá acordar el Juez la formación de las piezas separadas que resulten convenientes para simplificar y activar el procedimiento.

7.ª En las declaraciones se reseñará el Documento Nacional de Identidad de las personas que las presten, salvo que se tratara de agentes de la autoridad, en cuyo caso bastará la reseña del número de carnet profesional. Cuando por tal circunstancia o por cualquier otra no ofreciere duda la identidad del encausado y conocidamente tuviere la edad de dieciocho años, se prescindirá de traer a la causa el certificado de nacimiento. En otro caso, se unirá dicho certificado y la correspondiente ficha dactiloscópica. No se demorará la conclusión de la instrucción por falta del certificado de nacimiento, sin perjuicio de que cuando se reciba se aporte a las actuaciones.

8.ª Cuando los encausados o testigos no hablaren o no entendieren el idioma español, se procederá de conformidad con lo dispuesto en los artículos 398, 440 y 441, sin que sea preciso que el intérprete designado tenga título oficial.

9.ª La información prevenida en el artículo 364 sólo se verificará cuando a juicio del instructor hubiere duda acerca de la preexistencia de la cosa objeto de la sustracción o defraudación.

10.ª Los informes y declaraciones a que se refieren los artículos 377 y 378 únicamente se pedirán y recibirán cuando el Juez los considerase imprescindibles.

11.ª Cuando los hechos enjuiciados deriven del uso y circulación de vehículos de motor, se reseñará también, en la primera declaración que presten los conductores, los permisos de conducir de éstos y de circulación de aquéllos y el certificado del seguro obligatorio, así como el documento acreditativo de su vigencia. También se reseñará el certificado del seguro obligatorio y el documento que acredite su vigencia en aquellos otros casos en que la actividad se halle cubierta por igual clase de seguro.

Artículo 763. El Juez o Tribunal podrá acordar la detención o cualesquiera medidas privativas de libertad o restrictivas de derechos en los casos en que procedan conforme a las reglas generales de esta Ley. Las actuaciones que motiven la aplicación de estas medidas se contendrán en pieza separada.

Artículo 764. 1. Asimismo, el Juez o Tribunal podrá adoptar medidas cautelares para el aseguramiento de las responsabilidades pecuniarias, incluidas las costas. Tales medidas se acordarán mediante auto y se formalizarán en pieza separada.

2. A estos efectos se aplicarán las normas sobre contenido, presupuestos y caución sustitutoria de las medidas cautelares establecidas en la Ley de Enjuiciamiento Civil. La prestación de las cauciones que se acuerden se hará

en la forma prevista en la Ley de Enjuiciamiento Civil y podrá ser realizada por la entidad en que tenga asegurada la responsabilidad civil la persona contra quien se dirija la medida.

3. En los supuestos en que las responsabilidades civiles estén total o parcialmente cubiertas por un seguro obligatorio de responsabilidad civil se requerirá a la entidad aseguradora o al Consorcio de Compensación de Seguros, en su caso, para que, hasta el límite del seguro obligatorio, afiance aquéllas. Si la fianza exigida fuera superior al expresado límite, el responsable directo o subsidiario vendrá obligado a prestar fianza o aval por la diferencia, procediéndose en otro caso al embargo de sus bienes.

La entidad responsable del seguro obligatorio no podrá, en tal concepto, ser parte del proceso, sin perjuicio de su derecho de defensa en relación con la obligación de afianzar, a cuyo efecto se le admitirá el escrito que presentare, resolviéndose sobre su pretensión en la pieza correspondiente.

4. Se podrá acordar la intervención inmediata del vehículo y la retención del permiso de circulación del mismo, por el tiempo indispensable, cuando fuere necesario practicar alguna investigación en aquél o para asegurar las responsabilidades pecuniarias, en tanto no conste acreditada la solvencia del investigado o encausado o del tercero responsable civil.

También podrá acordarse la intervención del permiso de conducción requiriendo al investigado o encausado para que se abstenga de conducir vehículos de motor, en tanto subsista la medida, con la prevención de lo dispuesto en el artículo 556 del Código Penal.

Las medidas anteriores, una vez adoptadas, llevarán consigo la retirada de los documentos respectivos y su comunicación a los organismos administrativos correspondientes.

Artículo 765. 1. En los procesos relativos a hechos derivados del uso y circulación de vehículos de motor el Juez o Tribunal podrá señalar y ordenar el pago de la pensión provisional que, según las circunstancias, considere necesaria en cuantía y duración para atender a la víctima y a las personas que estuvieren a su cargo. El pago de la pensión se hará anticipadamente en las fechas que discrecionalmente señale el Juez o Tribunal, a cargo del asegurador, si existiere, y hasta el límite del seguro obligatorio, o bien con cargo a la fianza o al Consorcio de Compensación de Seguros, en los supuestos de responsabilidad civil del mismo, conforme a las disposiciones que le son propias. Igual medida podrá acordarse cuando la responsabilidad civil derivada del hecho esté garantizada con cualquier seguro obligatorio. Todo lo relacionado con esta medida se actuará en pieza separada. La interposición de recursos no suspenderá la obligación de pago de la pensión.

2. En los procesos relativos a hechos derivados del uso y circulación de vehículos de motor el Juez o Tribunal podrá autorizar, previa audiencia del Fiscal, a los investigados o encausados que no estén en situación de prisión preventiva y que tuvieran su domicilio o residencia habitual en el extranjero, para ausentarse del territorio español. Para ello será indispensable que dejen suficientemente garantizadas las responsabilidades pecuniarias de todo orden derivadas del hecho punible, designen persona con domicilio fijo en España que reciba las notificaciones, citaciones y emplazamientos que hubiere que hacerles, con la prevención contenida en el artículo 775 en cuanto a la posibilidad de celebrar el juicio en su ausencia, y que presten caución no personal, cuando no esté ya acordada fianza de la misma clase, para garantizar la libertad provisional y su presentación en la fecha o plazo que se les señale. Igual atribución y con las mismas condiciones corresponderá al Juez o Tribunal que haya de conocer de la causa. Si el investigado o encausado no compareciese, se adjudicará al Estado el importe de la caución y se le declarará en rebeldía, observándose lo dispuesto en el artículo 843, salvo que se cumplan los requisitos legales para celebrar el juicio en su ausencia.

Artículo 766. 1. Contra los autos del Juez de Instrucción y del Juez de lo Penal que no estén exceptuados de recurso podrá ejercitarse el de reforma y el de apelación. Salvo que la Ley disponga otra cosa, los recursos de reforma y apelación no suspenderán el curso del procedimiento.

2. El recurso de apelación podrá interponerse subsidiariamente con el de reforma o por separado. En ningún caso será necesario interponer previamente el de reforma para presentar la apelación.

3. El recurso de apelación se presentará dentro de los cinco días siguientes a la notificación del auto recurrido o del resolutorio del recurso de reforma, mediante escrito en el que se expondrán los motivos del recurso, se señalarán los particulares que hayan de testimoniarse y al que se acompañarán, en su caso, los documentos justificativos de las peticiones formuladas. Admitido a trámite el recurso por el Juez, el Letrado de la Administración de Justicia dará traslado a las demás partes personadas por un plazo común de cinco días para

que puedan alegar por escrito lo que estimen conveniente, señalar otros particulares que deban ser testimoniados y presentar los documentos justificativos de sus pretensiones. En los dos días siguientes a la finalización del plazo, remitirá testimonio de los particulares señalados a la Audiencia respectiva que, sin más trámites, resolverá dentro de los cinco días siguientes. Excepcionalmente, la Audiencia podrá reclamar las actuaciones para su consulta siempre que con ello no se obstaculice la tramitación de aquéllas; en estos casos, deberán devolverse las actuaciones al Juez en el plazo máximo de tres días.

Apartado modificado por el art. 2.101 de la Ley 13/2009, de 3 de noviembre.

4. Si el recurso de apelación se hubiere interpuesto subsidiariamente con el de reforma, si éste resulta total o parcialmente desestimatorio, antes de dar traslado a las demás partes personadas, el Letrado de la Administración de Justicia dará traslado al recurrente por un plazo de cinco días para que formule alegaciones y pueda presentar, en su caso, los documentos justificativos de sus peticiones.

Apartado modificado por el art. 2.101 de la Ley 13/2009, de 3 de noviembre

5. Si en el auto recurrido en apelación se acordare la prisión provisional de alguno de los investigados o encausados, respecto de dicho pronunciamiento podrá el apelante solicitar en el escrito de interposición del recurso la celebración de vista, que acordará la Audiencia respectiva. Cuando el auto recurrido contenga otros pronunciamientos sobre medidas cautelares, la Audiencia podrá acordar la celebración de vista si lo estima conveniente. El Letrado de la Administración de Justicia señalará la vista dentro de los diez siguientes a la recepción de la causa en dicha Audiencia.

Apartado modificado por el art. 2.101 de la Ley 13/2009, de 3 de noviembre.

Artículo 767. Desde la detención o desde que de las actuaciones resultare la imputación de un delito contra persona determinada será necesaria la asistencia letrada. La Policía Judicial, el Ministerio Fiscal o la autoridad judicial recabarán de inmediato del Colegio de Abogados la designación de un Abogado de oficio, si no lo hubiere nombrado ya el interesado.

Artículo 768. El Abogado designado para la defensa tendrá también habilitación legal para la representación de su defendido, no siendo necesaria la intervención de Procurador hasta el trámite de apertura del juicio oral. Hasta entonces cumplirá el Abogado el deber de señalamiento de domicilio a efectos de notificaciones y traslados de documentos.

CAPÍTULO II. De las actuaciones de la Policía Judicial y del Ministerio Fiscal

Artículo 769. Sin perjuicio de lo establecido en el Título III del Libro II de esta Ley, tan pronto como tenga conocimiento de un hecho que revista caracteres de delito, la Policía Judicial observará las reglas establecidas en este Capítulo.

Artículo 770. La Policía Judicial acudirá de inmediato al lugar de los hechos y realizará las siguientes diligencias:

1.ª Requerirá la presencia de cualquier facultativo o personal sanitario que fuere habido para prestar, si fuere necesario, los oportunos auxilios al ofendido. El requerido, aunque sólo lo fuera verbalmente, que no atienda sin justa causa el requerimiento será sancionado con una multa de 500 a 5.000 euros, sin perjuicio de la responsabilidad criminal en que hubiera podido incurrir.

2.ª Acompañará al acta de constancia fotografías o cualquier otro soporte magnético o de reproducción de la imagen, cuando sea pertinente para el esclarecimiento del hecho punible y exista riesgo de desaparición de sus fuentes de prueba.

3.ª Recogerá y custodiará en todo caso los efectos, instrumentos o pruebas del delito de cuya desaparición hubiere peligro, para ponerlos a disposición de la autoridad judicial.

4.ª Si se hubiere producido la muerte de alguna persona y el cadáver se hallare en la vía pública, en la vía férrea o en otro lugar de tránsito, lo trasladará al lugar próximo que resulte más idóneo dentro de las circunstancias, restableciendo el servicio interrumpido y dando cuenta de inmediato a la Autoridad judicial. En las situaciones excepcionales en que haya de adoptarse tal medida de urgencia, se reseñará previamente la posición del interfecto, obteniéndose fotografías y señalando sobre el lugar la situación exacta que ocupaba.

5.ª Tomará los datos personales y dirección de las personas que se encuentren en el lugar en que se cometió el hecho, así como cualquier otro dato que ayude a su identificación y localización, tales como lugar habitual de trabajo, números de teléfono fijo o móvil, número de fax o dirección de correo electrónico.

6.ª Intervendrá, de resultar procedente, el vehículo y retendrá el permiso de circulación del mismo y el permiso de conducir de la persona a la que se impute el hecho.

Artículo 771. En el tiempo imprescindible y, en todo caso, durante el tiempo de la detención, si la hubiere, la Policía Judicial practicará las siguientes diligencias:

1.ª Cumplirá con los deberes de información a las víctimas que prevé la legislación vigente. En particular, informará al ofendido y al perjudicado por el delito de forma escrita de los derechos que les asisten de acuerdo con lo establecido en los artículos 109 y 110. Se instruirá al ofendido de su derecho a mostrarse parte en la causa sin necesidad de formular querella y, tanto al ofendido como al perjudicado, de su derecho a nombrar Abogado o instar el nombramiento de Abogado de oficio en caso de ser titulares del derecho a la asistencia jurídica gratuita, de su derecho a, una vez personados en la causa, tomar conocimiento de lo actuado, sin perjuicio de lo dispuesto en los artículos 301 y 302, e instar lo que a su derecho convenga. Asimismo, se les informará de que, de no personarse en la causa y no hacer renuncia ni reserva de acciones civiles, el Ministerio Fiscal las ejercitará si correspondiere.

La información de derechos al ofendido o perjudicado regulada en este artículo, cuando se refiera a los delitos contra la propiedad intelectual o industrial, y, en su caso, su citación o emplazamiento en los distintos trámites del proceso, se realizará a aquellas personas, entidades u organizaciones que ostenten la representación legal de los titulares de dichos derechos.

El párrafo anterior ha sido redactado por la LO 15/2003, de 25 de noviembre, reforma del Código Penal.

2.ª Informará en la forma más comprensible al investigado no detenido de cuáles son los hechos que se le atribuyen y de los derechos que le asisten. En particular, le instruirá de los derechos reconocidos en los apartados a), b), c) y e) del artículo 520.2.

Artículo 772. 1. Los miembros de la Policía Judicial requerirán el auxilio de otros miembros de las Fuerzas y Cuerpos de Seguridad cuando fuera necesario para el desempeño de las funciones que por esta Ley se les encomiendan.

2. La Policía extenderá el atestado de acuerdo con las normas generales de esta Ley y lo entregará al Juzgado competente, pondrá a su disposición a los detenidos, si los hubiere, y remitirá copia al Ministerio Fiscal.

Artículo 773. 1. El Fiscal se constituirá en las actuaciones para el ejercicio de las acciones penal y civil conforme a la Ley. Velará por el respeto de las garantías procesales del investigado o encausado y por la protección de los derechos de la víctima y de los perjudicados por el delito.

En este procedimiento corresponde al Ministerio Fiscal, de manera especial, impulsar y simplificar su tramitación sin merma del derecho de defensa de las partes y del carácter contradictorio del mismo, dando a la Policía Judicial instrucciones generales o particulares para el más eficaz cumplimiento de sus funciones, interviniendo en las actuaciones, aportando los medios de prueba de que pueda disponer o solicitando del Juez de Instrucción la práctica de los mismos, así como instar de éste la adopción de medidas cautelares o su levantamiento y la conclusión de la investigación tan pronto como estime que se han practicado las actuaciones necesarias para resolver sobre el ejercicio de la acción penal.

El Fiscal General del Estado impartirá cuantas órdenes e instrucciones estime convenientes respecto a la actuación del Fiscal en este procedimiento, y en especial, respecto a la aplicación de lo dispuesto en el apartado 1 del artículo 780.

Tan pronto como el Juez ordene la incoación del procedimiento para las causas ante el Tribunal del Jurado, el Letrado de la Administración de Justicia lo pondrá en conocimiento del Ministerio Fiscal, quien comparecerá e intervendrá en cuantas actuaciones se lleven a cabo ante aquél.

Párrafo modificado por el art. 2.102 de la Ley 13/2009, de 3 de noviembre.

2. Cuando el Ministerio Fiscal tenga noticia de un hecho aparentemente delictivo, bien directamente o por serle presentada una denuncia o atestado, informará a la víctima de los derechos recogidos en la legislación vigente; efectuará la evaluación y resolución provisionales de las necesidades de la víctima de conformidad con lo dispuesto en la legislación vigente y practicará él mismo u ordenará a la Policía Judicial que practique las diligencias que estime pertinentes para la comprobación del hecho o de la responsabilidad de los partícipes en el mismo. El Fiscal decretará el archivo de las actuaciones cuando el hecho no revista los caracteres de delito, comunicándolo con expresión de esta circunstancia a quien hubiere alegado ser perjudicado u ofendido, a fin de que pueda reiterar su denuncia ante el Juez de Instrucción. En otro caso instará del Juez de Instrucción la incoación del procedimiento que corresponda con remisión de lo actuado, poniendo a su disposición al detenido, si lo hubiere, y los efectos del delito.

El Ministerio Fiscal podrá hacer comparecer ante sí a cualquier persona en los términos establecidos en la ley para la citación judicial, a fin de recibirle declaración, en la cual se observarán las mismas garantías señaladas en esta Ley para la prestada ante el Juez o Tribunal.

Cesará el Fiscal en sus diligencias tan pronto como tenga conocimiento de la existencia de un procedimiento judicial sobre los mismos hechos.

Apartado modificado por la Disposición Final 1. 22 de la Ley 4/2015, de 27 de abril, del Estatuto de la Víctima del delito (BOE del 28).

CAPÍTULO III. De las diligencias previas

Artículo 774. Todas las actuaciones judiciales relativas a delitos de los comprendidos en este Título se registrarán como diligencias previas y les será de aplicación lo dispuesto en los artículos 301 y 302.

Artículo 775. 1. En la primera comparecencia el Juez informará al investigado, en la forma más comprensible, de los hechos que se le imputan. Previamente, el Letrado de la Administración de Justicia le informará de sus derechos, en particular de los enumerados en el apartado 1 del artículo 118, y le requerirá para que designe un domicilio en España en el que se harán las notificaciones, o una persona que las reciba en su nombre, con la advertencia de que la citación realizada en dicho domicilio o a la persona designada permitirá la celebración del juicio en su ausencia en los supuestos previstos en el artículo 786.

Tanto antes como después de prestar declaración se le permitirá entrevistarse reservadamente con su Abogado, sin perjuicio de lo establecido en la letra c) del artículo 527.

2. Cuando del resultado de las diligencias se produzca algún cambio relevante en el objeto de la investigación y de los hechos imputados, el Juez informará con prontitud de ello al investigado.

Esta información podrá ser facilitada mediante una exposición sucinta que resulte suficiente para permitir el ejercicio del derecho a la defensa, comunicada por escrito al Abogado defensor del imputado.

Artículo modificado por el Artículo 2. 5 de la Ley Orgánica 5/2015, de 27 de abril, por la que se modifican la Ley de Enjuiciamiento Criminal y la Ley Orgánica 6/1985, de 1 de julio, del Poder Judicial, para transponer la Directiva 2010/64/UE, de 20 de octubre de 2010, relativa al derecho a interpretación y a traducción en los procesos penales y la Directiva

2012/13/UE, de 22 de mayo de 2012, relativa al derecho a la información en los procesos penales (BOE de 28 de abril de 2015, núm. 101).

Artículo 776. 1. El Letrado de la Administración de Justicia informará al ofendido y al perjudicado de sus derechos, en los términos previstos en los artículos 109 y 110, cuando previamente no lo hubiera hecho la Policía Judicial. En particular, se instruirá de las medidas de asistencia a las víctimas que prevé la legislación vigente y de los derechos mencionados en la regla 1ª del artículo 771.

2. La imposibilidad de practicar esta información por la Policía Judicial o por el Letrado de la Administración de Justicia en comparecencia no impedirá la continuación del procedimiento, sin perjuicio de que se proceda a realizarla por el medio más rápido posible.

Los apartados 1 y 2 ha sido redactado por la LO 15/2003, de 25 de noviembre, reforma del Código Penal.

3. Los que se personaren podrán desde entonces tomar conocimiento de lo actuado e instar la práctica de diligencias y cuanto a su derecho convenga, acordando el Juez lo procedente en orden a la práctica de estas diligencias.

Artículo 777. 1. El Juez ordenará a la Policía Judicial o practicará por sí las diligencias necesarias encaminadas a determinar la naturaleza y circunstancias del hecho, las personas que en él hayan participado y el órgano competente para el enjuiciamiento, dando cuenta al Ministerio Fiscal de su incoación y de los hechos que la determinen. Se emplearán para ello los medios comunes y ordinarios que establece esta Ley, con las modificaciones establecidas en el presente Título.

2. Cuando, por razón del lugar de residencia de un testigo o víctima o por otro motivo, fuere de temer razonablemente que una prueba no podrá practicarse en el juicio oral, o pudiera motivar su suspensión, el Juez de Instrucción practicará inmediatamente la misma asegurando en todo caso la posibilidad de contradicción de las partes.

Dicha diligencia deberá documentarse en soporte apto para la grabación y reproducción del sonido y de la imagen o por medio de acta autorizada por el Letrado de la Administración de Justicia, con expresión de los intervinientes.

A efectos de su valoración como prueba en sentencia, la parte a quien interese deberá instar en el juicio oral la reproducción de la grabación o la lectura literal de la diligencia, en los términos del artículo 730.

3. Cuando una persona menor de catorce años o una persona con discapacidad necesitada de especial protección deba intervenir en condición de testigo, será de aplicación lo dispuesto en el artículo 449 ter, debiendo la autoridad judicial practicar prueba preconstituida, siempre que el objeto del procedimiento sea la instrucción de alguno de los delitos relacionados en tal artículo.

A efectos de su valoración como prueba en sentencia, la parte a quien interese deberá instar en el juicio oral la reproducción de la grabación audiovisual, en los términos del artículo 730.2.

Añadido por la DF-1ª de la Ley Orgánica 8/2021, de 4 de junio, de protección integral a la infancia y la adolescencia frente a la violencia.

Artículo 778. 1. El informe pericial podrá ser prestado sólo por un perito cuando el Juez lo considere suficiente.

2. En los casos de lesiones no será preciso esperar a la sanidad del lesionado cuando fuera procedente el archivo o el sobreseimiento. En cualquier otro supuesto podrá proseguirse la tramitación sin haberse alcanzado tal sanidad si fuera posible formular escrito de acusación.

3. El Juez podrá acordar, cuando lo considere necesario, que por el Médico Forense u otro perito se proceda a la obtención de muestras o vestigios cuyo análisis pudiera facilitar la mejor calificación del hecho, acreditándose en las diligencias su remisión al laboratorio correspondiente, que enviará el resultado en el plazo que se le señale.

4. El Juez podrá acordar que no se practique la autopsia cuando por el Médico Forense o quien haga sus veces se dictaminen cumplidamente la causa y las circunstancias relevantes de la muerte sin necesidad de aquélla.

5. El Juez podrá ordenar que se preste la asistencia debida a los heridos, enfermos y cualquier otra persona que con motivo u ocasión de los hechos necesite asistencia facultativa, haciendo constar, en su caso, el lugar de su tratamiento, internamiento u hospitalización.

6. El Juez podrá autorizar al Médico Forense que asista en su lugar al levantamiento del cadáver, adjuntándose en este caso a las actuaciones un informe que incorporará una descripción detallada de su estado, identidad y circunstancias, especialmente todas aquellas que tuviesen relación con el hecho punible.

El apartado 6 ha sido añadido por la LO 15/2003, de 25 de noviembre, reforma del Código Penal.

El art. 48 de la Ley Orgánica 10/2022, de 6 de septiembre, de garantía integral de la libertad sexual, dispone en su apartado 2: Sin perjuicio de lo dispuesto en los artículos 363 y 778.3 de la Ley de Enjuiciamiento Criminal, aprobada por Real Decreto de 14 de septiembre de 1982, la recogida de muestras biológicas de la víctima y otras evidencias, incluidas imágenes, que puedan contribuir a la acreditación de las violencias sexuales, que se realizará previo consentimiento informado, no estará condicionada a la presentación de denuncia o al ejercicio de la acción penal. Las muestras biológicas y evidencias que se recojan por el centro sanitario se conservarán debidamente para su remisión, garantizando la cadena de custodia y del modo más inmediato posible, al Instituto de Medicina Legal. El plazo y demás condiciones de conservación se determinará mediante protocolos científicos por los organismos competentes.

Artículo 779. 1. Practicadas sin demora las diligencias pertinentes, el Juez adoptará mediante auto alguna de las siguientes resoluciones:

1.ª Si estimare que el hecho no es constitutivo de infracción penal o que no aparece suficientemente justificada su perpetración, acordará el sobreseimiento que corresponda. Si, aun estimando que el hecho puede ser constitutivo de delito, no hubiere autor conocido, acordará el sobreseimiento provisional y ordenará el archivo.

El auto de sobreseimiento será comunicado a las víctimas del delito, en la dirección de correo electrónico y, en su defecto, dirección postal o domicilio que hubieran designado en la solicitud prevista en el artículo 5.1.m) de la Ley del Estatuto de la Víctima del delito.

En los casos de muerte o desaparición ocasionada por un delito, el auto de sobreseimiento será comunicado de igual forma, a las personas a las que se refiere el párrafo segundo del apartado 1 del artículo 109 bis, de cuya identidad y dirección de correo electrónico o postal se tuviera conocimiento. En estos supuestos el Juez o Tribunal, podrá acordar, motivadamente, prescindir de la comunicación a todos los familiares cuando ya se haya dirigido con éxito a varios de ellos o cuando hayan resultado infructuosas cuantas gestiones se hubieren practicado para su localización.

Excepcionalmente, en el caso de ciudadanos residentes fuera de la Unión Europea, si no se dispusiera de una dirección de correo electrónico o postal en la que realizar la comunicación, se remitirá a la oficina diplomática o consular española en el país de residencia para que la publique.

Transcurridos cinco días desde la comunicación, se entenderá que ha sido efectuada válidamente y desplegará todos sus efectos. Se exceptuarán de este régimen aquellos supuestos en los que la víctima acredite justa causa de la imposibilidad de acceso al contenido de la comunicación.

Las víctimas podrán recurrir el auto de sobreseimiento dentro del plazo de veinte días aunque no se hubieran mostrado como parte en la causa.

Regla 1ª del aparato 1 modificado por la Disposición Final 1. 23 de la Ley 4/2015, de 27 de abril, del Estatuto de la Víctima del delito (BOE del 28) (en Apéndice 3).

2.ª Si reputare falta el hecho que hubiere dado lugar a la formación de las diligencias, mandará remitir lo actuado al Juez competente, cuando no le corresponda su enjuiciamiento.

La referencia a las faltas, al no existir desde la LO 1/2015, debe entenderse hecha a los delitos leves y, por tanto, a los artículos 962 y siguientes de esta LECRIM.

3.ª Si el hecho estuviese atribuido a la jurisdicción militar, se inhibirá a favor del órgano competente. Si todos los investigados fuesen menores de edad penal, se dará traslado de lo actuado al Fiscal de Menores para que inicie los trámites de la Ley de Responsabilidad Penal del Menor.

4.ª Si el hecho constituyera delito comprendido en el artículo 757, seguirá el procedimiento ordenado en el Capítulo siguiente. Esta decisión, que contendrá la determinación de los hechos punibles y la identificación de la persona a la que se le imputan, no podrá adoptarse sin haber tomado declaración a aquélla en los términos previstos en el artículo 775.

5.ª Si, en cualquier momento anterior, el investigado asistido de su Abogado hubiere reconocido los hechos a presencia judicial, y estos fueran constitutivos de delito castigado con pena incluida dentro de los límites previstos en el artículo 801, mandará convocar inmediatamente al Ministerio Fiscal y a las partes personadas a fin de que manifiesten si formulan escrito de acusación con la conformidad del acusado. En caso afirmativo, incoará diligencias urgentes y ordenará la continuación de las actuaciones por los trámites previstos en los artículos 800 y 801.

2. En los tres primeros supuestos, si no hubiere miembro del Ministerio Fiscal constituido en el Juzgado, ni hubieren interpuesto recurso las partes, se remitirán las diligencias al Fiscal de la Audiencia, el que, dentro de los tres días siguientes a su recepción, las devolverá al Juzgado con el escrito de interposición del recurso o con la fórmula de «visto», procediéndose seguidamente en este caso a la ejecución de lo resuelto.

CAPÍTULO IV. De la preparación del juicio oral

Artículo 780. 1. Si el Juez de Instrucción acordare que debe seguirse el trámite establecido en este Capítulo, en la misma resolución ordenará que se dé traslado de las diligencias previas, originales o mediante fotocopia, al Ministerio Fiscal y a las acusaciones personadas, para que, en el plazo común de diez días, soliciten la apertura del juicio oral formulando escrito de acusación o el sobreseimiento de la causa o, excepcionalmente, la práctica de diligencias complementarias, en el caso del apartado siguiente.

2. Cuando el Ministerio Fiscal manifieste la imposibilidad de formular escrito de acusación por falta de elementos esenciales para la tipificación de los hechos, se podrá instar, con carácter previo, la práctica de aquellas diligencias indispensables para formular acusación, en cuyo caso acordará el Juez lo solicitado.

El Juez acordará lo que estime procedente cuando tal solicitud sea formulada por la acusación o acusaciones personadas.

En todo caso se citará para su práctica al Ministerio Fiscal, a las partes personadas y siempre al encausado, dándose luego nuevo traslado de las actuaciones.

Artículo 781. 1. El escrito de acusación comprenderá, además de la solicitud de apertura del juicio oral ante el órgano que se estime competente y de la identificación de la persona o personas contra las que se dirige la acusación, los extremos a que se refiere el artículo 650. La acusación se extenderá a las faltas imputables al acusado del delito o a otras personas, cuando la comisión de la falta o su prueba estuviera relacionada con el delito. También se expresarán la cuantía de las indemnizaciones o se fijarán las bases para su determinación y las personas civilmente responsables, así como los demás pronunciamientos sobre entrega y destino de cosas y efectos e imposición de costas procesales.

En el mismo escrito se propondrán las pruebas cuya práctica se interese en el juicio oral, expresando si la reclamación de documentos o las citaciones de peritos y testigos deben realizarse por medio de la oficina judicial.

En el escrito de acusación se podrá solicitar la práctica anticipada de aquellas pruebas que no puedan llevarse a cabo durante las sesiones del juicio oral, así como la adopción, modificación o suspensión de las medidas a que se refieren los artículos 763, 764 y 765, o cualesquiera otras que resulten procedentes o se hubieren adoptado, así como la cancelación de las tomadas frente a personas contra las que no se dirija acusación.

Las faltas fueron derogadas por la Disposición Derogatoria Única de la Ley Orgánica 1/2015, de 30 de marzo, por la que se modifica la Ley Orgánica 10/1995, de 23 de noviembre, del Código Penal.

2. El Ministerio Fiscal, previa información a su superior jerárquico, y las acusaciones personadas podrán solicitar justificadamente la prórroga del plazo establecido en el artículo anterior. El Juez de Instrucción, atendidas las circunstancias, podrá acordar la prórroga de dicho plazo por un máximo de otros diez días.

3. Si el Ministerio Fiscal no presentare su escrito en el plazo establecido en el artículo anterior, el Juez de Instrucción requerirá al superior jerárquico del Fiscal actuante, para que en el plazo de diez días presente el escrito que proceda, dando razón de los motivos de su falta de presentación en plazo.

Artículo 782. 1. Si el Ministerio Fiscal y el acusador particular solicitaren el sobreseimiento de la causa por cualquiera de los motivos que prevén los artículos 637 y 641, lo acordará el Juez, excepto en los supuestos de los números 1.º, 2.º, 3.º, 5.º y 6.º del artículo 20 del Código Penal, en que devolverá las actuaciones a las acusaciones para calificación, continuando el juicio hasta sentencia, a los efectos de la imposición de medidas de seguridad y del enjuiciamiento de la acción civil, en los supuestos previstos en el Código Penal.

Al acordar el sobreseimiento, el Juez de Instrucción dejará sin efecto la prisión y demás medidas cautelares acordadas.

2. Si el Ministerio Fiscal solicitare el sobreseimiento de la causa y no se hubiere personado en la misma acusador particular dispuesto a sostener la acusación, antes de acordar el sobreseimiento el Juez de Instrucción:

a) Podrá acordar que se haga saber la pretensión del Ministerio Fiscal a los directamente ofendidos o perjudicados conocidos, no personados, para que dentro del plazo máximo de quince días comparezcan a defender su acción si lo consideran oportuno. Si no lo hicieren en el plazo fijado, se acordará el sobreseimiento solicitado por el Ministerio Fiscal, sin perjuicio de lo dispuesto en el párrafo siguiente.

b) Podrá remitir la causa al superior jerárquico del Fiscal para que resuelva si procede o no sostener la acusación, quien comunicará su decisión al Juez de Instrucción en el plazo de diez días.

Artículo 783. 1. Solicitada la apertura del juicio oral por el Ministerio Fiscal o la acusación particular, el Juez de Instrucción la acordará, salvo que estimare que concurre el supuesto del número 2 del artículo 637 o que no existen indicios racionales de criminalidad contra el acusado, en cuyo caso acordará el sobreseimiento que corresponda conforme a los artículos 637 y 641.

Cuando el Juez de Instrucción decrete la apertura del juicio oral sólo a instancia del Ministerio Fiscal o de la acusación particular, el Letrado de la Administración de Justicia dará nuevo traslado a quien hubiere solicitado el sobreseimiento por plazo de tres días para que formule escrito de acusación, salvo que hubiere renunciado a ello.

Párrafo modificado por el art. 2.103 de la Ley 13/2009, de 3 de noviembre.

2. Al acordar la apertura del juicio oral, resolverá el Juez de Instrucción sobre la adopción, modificación, suspensión o revocación de las medidas interesadas por el Ministerio Fiscal o la acusación particular, tanto en relación con el acusado como respecto de los responsables civiles, a quienes, en su caso, exigirá fianza, si no la prestare el acusado en el plazo que se le señale, así como sobre el alzamiento de las medidas adoptadas frente a quienes no hubieren sido acusados.

En el mismo auto señalará el Juez de Instrucción el órgano competente para el conocimiento y fallo de la causa.

3. Contra el auto que acuerde la apertura del juicio oral no se dará recurso alguno, excepto en lo relativo a la situación personal, pudiendo el acusado reproducir ante el órgano de enjuiciamiento las peticiones no atendidas.

Artículo 784. 1. Abierto el juicio oral, el Letrado de la Administración de Justicia emplazará al encausado, con entrega de copia de los escritos de acusación, para que en el plazo de tres días comparezca en la causa con Abogado que le defienda y Procurador que le represente. Si no ejercitase su derecho a designar Procurador o a solicitar uno de oficio, el Letrado de la Administración de Justicia interesará, en todo caso, su nombramiento. Cumplido ese trámite, el Letrado de la Administración de Justicia dará traslado de las actuaciones originales, o mediante fotocopia, a los designados como acusados y terceros responsables en los escritos de acusación, para que en plazo común de diez días presenten escrito de defensa frente a las acusaciones formuladas.

Párrafo modificado por el art. 2.104 de la Ley 13/2009, de 3 de noviembre.

Si la defensa no presentare su escrito en el plazo señalado, se entenderá que se opone a las acusaciones y seguirá su curso el procedimiento, sin perjuicio de la responsabilidad en que pueda incurrirse de acuerdo con lo previsto en el Título V del Libro V de la Ley Orgánica del Poder Judicial.

Una vez precluído el trámite para presentar su escrito, la defensa sólo podrá proponer la prueba que aporte en el acto del juicio oral para su práctica en el mismo, sin perjuicio de que, además, pueda interesar previamente que se libren las comunicaciones necesarias, siempre que lo haga con antelación suficiente respecto de la fecha señalada para el juicio, y de lo previsto en el párrafo segundo del apartado 1 del artículo 785. Todo ello se entiende sin perjuicio de que si los afectados consideran que se ha producido indefensión puedan aducirlo de acuerdo con lo previsto en el apartado 2 del artículo 786.

2. En el escrito de defensa se podrá solicitar del órgano judicial que recabe la remisión de documentos o cite a peritos o testigos, a los efectos de la práctica de la correspondiente prueba en las sesiones del juicio oral o, en su caso, de la práctica de prueba anticipada.

3. En su escrito, firmado también por el acusado, la defensa podrá manifestar su conformidad con la acusación en los términos previstos en el artículo 787.

Dicha conformidad podrá ser también prestada con el nuevo escrito de calificación que conjuntamente firmen las partes acusadoras y el acusado junto con su Letrado, en cualquier momento anterior a la celebración de las sesiones del juicio oral, sin perjuicio de lo dispuesto en el artículo 787.1.º

4. Si, abierto el juicio oral, los acusados se hallaren en ignorado paradero y no hubieren hecho la designación de domicilio a que se refiere el artículo 775 y, en cualquier caso, si la pena solicitada excediera de los límites establecidos en el párrafo segundo del apartado 1 del artículo 786, el Juez mandará expedir requisitoria para su llamamiento y busca, declarándolos rebeldes, si no comparecieran o no fueren hallados, con los efectos prevenidos en esta Ley.

Modificado por el art. 2.104 de la Ley 13/2009, de 3 de noviembre.

5. Presentado el escrito de defensa o transcurrido el plazo para hacerlo, el Letrado de la Administración de Justicia acordará remitir lo actuado al órgano competente para el enjuiciamiento, notificándoselo a las partes, salvo cuando el enjuiciamiento corresponda al Juez de lo Penal y éste se desplazara periódicamente a la sede del Juzgado Instructor para la celebración de los juicios procedentes del mismo, en cuyo caso permanecerán las actuaciones en la Oficina judicial a disposición del Juez de lo Penal.

Modificado por el art. 2.104 de la Ley 13/2009, de 3 de noviembre.

CAPÍTULO V. DEL JUICIO ORAL Y DE LA SENTENCIA

Artículo 785. 1. En cuanto las actuaciones se encontraren a disposición del órgano competente para el enjuiciamiento, el Juez o Tribunal examinará las pruebas propuestas e inmediatamente dictará auto admitiendo las que considere pertinentes y rechazando las demás, y prevendrá lo necesario para la práctica de la prueba anticipada.

Contra los autos de admisión o inadmisión de pruebas no cabrá recurso alguno, sin perjuicio de que la parte a la que fue denegada pueda reproducir su petición al inicio de las sesiones del juicio oral, momento hasta el cual podrán incorporarse a la causa los informes, certificaciones y demás documentos que el Ministerio Fiscal y las partes estimen oportuno y el Juez o Tribunal admitan.

2. A la vista de este auto, el Letrado de la Administración de Justicia establecerá el día y hora en que deban comenzar las sesiones del juicio oral con sujeción a lo establecido al artículo 182 de la Ley de Enjuiciamiento Civil.

Los criterios generales y las concretas y específicas instrucciones que fijen los Presidentes de Sala o Sección, con arreglo a los cuales se realizará el señalamiento, tendrán asimismo en cuenta:

1º La prisión del acusado;

2º El aseguramiento de su presencia a disposición judicial;

3º Las demás medidas cautelares personales adoptadas;

4º La prioridad de otras causas;

5º La complejidad de la prueba propuesta o cualquier circunstancia modificativa, según hayan podido determinar una vez estudiado el asunto o pleito de que se trate.

Modificado por el art. 2.105 de la Ley 13/2009, de 3 de noviembre.

3. Cuando la víctima lo haya solicitado, aunque no sea parte en el proceso ni deba intervenir, el Letrado de la Administración de Justicia deberá informarle, por escrito y sin retrasos innecesarios, de la fecha, hora y lugar del juicio, así como del contenido de la acusación dirigida contra el infractor.

Apartado modificado por la Disposición Final 1. 24 de la Ley 4/2015, de 27 de abril, del Estatuto de la Víctima del delito (BOE del 28).

Artículo 786. 1. La celebración del juicio oral requiere preceptivamente la asistencia del acusado y del Abogado defensor. No obstante, si hubiere varios acusados y alguno de ellos deja de comparecer sin motivo legítimo, apreciado por el Juez o Tribunal, podrá éste acordar, oídas las partes, la continuación del juicio para los restantes.

La ausencia injustificada del acusado que hubiera sido citado personalmente o en el domicilio o en la persona a que se refiere el artículo 775 no será causa de suspensión del juicio oral si el Juez o Tribunal, a solicitud del Ministerio Fiscal o de la parte acusadora, y oída la defensa, estima que existen elementos suficientes para el enjuiciamiento, cuando la pena solicitada no exceda de dos años de privación de libertad o, si fuera de distinta naturaleza, cuando su duración no exceda de seis años.

La ausencia injustificada del tercero responsable civil citado en debida forma no será por sí misma causa de suspensión del juicio.

2. El Juicio oral comenzará con la lectura de los escritos de acusación y de defensa. Seguidamente, a instancia de parte, el Juez o Tribunal abrirá un turno de intervenciones para que puedan las partes exponer lo que estimen oportuno acerca de la competencia del órgano judicial, vulneración de algún derecho fundamental, existencia de artículos de previo pronunciamiento, causas de la suspensión de juicio oral, nulidad de actuaciones, así como sobre el contenido y finalidad de las pruebas propuestas o que se propongan para practicarse en el acto. El Juez o Tribunal resolverá en el mismo acto lo procedente sobre las cuestiones planteadas. Frente a la decisión adoptada no cabrá recurso alguno, sin perjuicio de la pertinente protesta y de que la cuestión pueda ser reproducida, en su caso, en el recurso frente a la sentencia.

Modificado por el art. 2.106 de la Ley 13/2009, de 3 de noviembre.

Artículo 786 bis. 1. Cuando el acusado sea una persona jurídica, ésta podrá estar representada para un mejor ejercicio del derecho de defensa por una persona que especialmente designe, debiendo ocupar en la Sala el lugar reservado a los acusados. Dicha persona podrá declarar en nombre de la persona jurídica si se hubiera propuesto y admitido esa prueba, sin perjuicio del derecho a guardar silencio, a no declarar contra sí mismo y a no confesarse culpable, así como ejercer el derecho a la última palabra al finalizar el acto del juicio.

No se podrá designar a estos efectos a quien haya de declarar en el juicio como testigo.

2. No obstante lo anterior, la incomparecencia de la persona especialmente designada por la persona jurídica para su representación no impedirá en ningún caso la celebración de la vista, que se llevará a cabo con la presencia del Abogado y el Procurador de ésta.

Artículo añadido por la LAP (Ley 37/2011)

Artículo 787. 1. Antes de iniciarse la práctica de la prueba, la defensa, con la conformidad del acusado presente, podrá pedir al Juez o Tribunal que proceda a dictar sentencia de conformidad con el escrito de acusación que contenga pena de mayor gravedad, o con el que se presentara en ese acto, que no podrá referirse a hecho distinto, ni contener calificación más grave, que la del escrito de acusación anterior. Si la pena no excediere de seis años de prisión, el Juez o Tribunal dictará sentencia de conformidad con la manifestada por la defensa, si concurren los requisitos establecidos en los apartados siguientes.

2. Si a partir de la descripción de los hechos aceptada por todas las partes, el Juez o Tribunal entendiere que la calificación aceptada es correcta y que la pena es procedente según dicha calificación, dictará sentencia de conformidad. El Juez o Tribunal habrá oído en todo caso al acusado acerca de si su conformidad ha sido prestada libremente y con conocimiento de sus consecuencias.

3. En caso de que el Juez o Tribunal considerare incorrecta la calificación formulada o entendiere que la pena solicitada no procede legalmente, requerirá a la parte que presentó el escrito de acusación más grave para que manifieste si se ratifica o no en él. Sólo cuando la parte requerida modificare su escrito de acusación en términos tales que la calificación sea correcta y la pena solicitada sea procedente y el acusado preste de nuevo su conformidad podrá el Juez o Tribunal dictar sentencia de conformidad. En otro caso, ordenará la continuación del juicio.

4. Una vez que la defensa manifieste su conformidad, el Juez o Presidente del Tribunal informará al acusado de sus consecuencias y a continuación le requerirá a fin de que manifieste si presta su conformidad. Cuando el Juez o Tribunal albergue dudas sobre si el acusado ha prestado libremente su conformidad, acordará la continuación del juicio.

También podrá acordar la continuación del juicio cuando, no obstante la conformidad del acusado, su defensor lo considere necesario y el Juez o Tribunal estime fundada su petición.

Modificado por el art. 2.107 de la Ley 13/2009, de 3 de noviembre.

5. No vinculan al Juez o Tribunal las conformidades sobre la adopción de medidas protectoras en los casos de limitación de la responsabilidad penal.

6. La sentencia de conformidad se dictará oralmente y documentará conforme a lo previsto en el apartado 2 del artículo 789, sin perjuicio de su ulterior redacción. Si el Fiscal y las partes, conocido el fallo, expresaren su decisión de no recurrir, el Juez, en el mismo acto, declarará oralmente la firmeza de la

sentencia, y se pronunciará, previa audiencia de las partes, sobre la suspensión o la sustitución de la pena impuesta.

7. Únicamente serán recurribles las sentencias de conformidad cuando no hayan respetado los requisitos o términos de la conformidad, sin que el acusado pueda impugnar por razones de fondo su conformidad libremente prestada.

El apartado 6 ha sido redactado de nuevo y el 7 añadido por la LO 15/2003, de 25 de noviembre, reforma del Código Penal.

8. Cuando el acusado sea una persona jurídica, la conformidad deberá prestarla su representante especialmente designado, siempre que cuente con poder especial. Dicha conformidad, que se sujetará a los requisitos enunciados en los apartados anteriores, podrá realizarse con independencia de la posición que adopten los demás acusados, y su contenido no vinculará en el juicio que se celebre en relación con éstos.

Número añadido por la LAP (Ley 37/2011).

Artículo 788. 1. La práctica de la prueba se realizará concentradamente, en las sesiones consecutivas que sean necesarias.

Excepcionalmente, podrá acordar el Juez o Tribunal la suspensión o aplazamiento de la sesión, hasta el límite máximo de treinta días, en los supuestos del artículo 746, conservando su validez los actos realizados, salvo que se produzca la sustitución del Juez o miembro del Tribunal en el caso del número 4 de dicho artículo. En esos casos siempre que el señalamiento de la reanudación pueda realizarse al mismo tiempo en que se acuerde la suspensión, se hará por el Juez o Presidente, que tendrá en cuenta las necesidades de la agenda programada de señalamientos y las demás circunstancias contenidas en los artículos 182.4 de la Ley de Enjuiciamiento Civil y 785.2 de la presente Ley.

Del mismo modo se actuará en los casos en que se interrumpa o suspenda un juicio oral ya iniciado y el nuevo señalamiento de vista pueda realizarse al mismo tiempo en que se acuerde la interrupción o suspensión.

En los restantes casos, el señalamiento de fecha para el nuevo juicio oral se hará por el Secretario judicial, para la fecha más inmediata posible, ajustándose a lo previsto en el artículo 785.2 de la presente Ley.

No será causa de suspensión del juicio la falta de acreditación de la sanidad, de la tasación de daños o de la verificación de otra circunstancia de análoga significación, siempre que no sea requisito imprescindible para la calificación de los hechos. En tal caso, la determinación cuantitativa de la responsabilidad civil quedará diferida al trámite de ejecución, fijándose en la sentencia las bases de la misma.

2. Será de aplicación lo dispuesto en el artículo 703 bis en cuanto a la no intervención en el acto del juicio del testigo, cuando se haya practicado prueba preconstituida de conformidad con lo dispuesto en los artículos 449 bis y siguientes.

3. El informe pericial podrá ser prestado sólo por un perito.

En el ámbito de este procedimiento, tendrán carácter de prueba documental los informes emitidos por laboratorios oficiales sobre la naturaleza, cantidad y pureza de sustancias estupefacientes cuando en ellos conste que se han realizado siguiendo los protocolos científicos aprobados por las correspondientes normas.

4. Terminada la práctica de la prueba, el Juez o Presidente del Tribunal requerirá a la acusación y a la defensa para que manifiesten si ratifican o modifican las conclusiones de los escritos inicialmente presentados y para que expongan oralmente cuanto estimen procedente sobre la valoración de la prueba y la calificación jurídica de los hechos.

El requerimiento podrá extenderse a solicitar del Ministerio Fiscal y de los letrados un mayor esclarecimiento de hechos concretos de la prueba y la valoración jurídica de los hechos, sometiéndoles a debate una o varias preguntas sobre puntos determinados.

5. Cuando, en sus conclusiones definitivas, la acusación cambie la tipificación penal de los hechos o se aprecien un mayor grado de participación o de ejecución o circunstancias de agravación de la pena, el Juez o Tribunal podrá considerar un aplazamiento de la sesión, hasta el límite de diez días, a petición de la defensa, a fin de que ésta pueda preparar adecuadamente sus alegaciones y, en su caso, aportar los elementos probatorios y de descargo que estime convenientes. Tras la práctica de una nueva prueba que pueda solicitar la defensa, las partes acusadoras podrán, a su vez, modificar sus conclusiones definitivas.

6. Cuando todas las acusaciones califiquen los hechos como delitos castigados con pena que exceda de la competencia del Juez de lo Penal, se declarará éste incompetente para juzgar, dará por terminado el juicio y el Secretario judicial remitirá las actuaciones a la Audiencia competente. Fuera del supuesto anterior, el Juez de lo Penal resolverá lo que estime pertinente acerca de la continuación o finalización del juicio, pero en ningún caso podrá imponer una pena superior a la correspondiente a su competencia.

7. En cuanto se refiere a la grabación de las sesiones del juicio oral y a su documentación, serán aplicables las disposiciones contenidas en el artículo 743 de la presente Ley.

Se adiciona un apartado 2 y se renumeran los apartados del 2 al 6, que pasan a ser del 3 al 7, por la DF-1ª de la Ley Orgánica 8/2021, de 4 de junio, de protección integral a la infancia y la adolescencia frente a la violencia.

Artículo 789. 1. La sentencia se dictará dentro de los cinco días siguientes a la finalización del juicio oral.

2. El Juez de lo Penal podrá dictar sentencia oralmente en el acto del juicio, documentándose en el acta con expresión del fallo y una sucinta motivación, sin perjuicio de la ulterior redacción de aquélla. Si el Fiscal y las partes, conocido el fallo, expresasen su decisión de no recurrir, el Juez, en el mismo acto, declarará firmeza de la sentencia, y se pronunciará, previa audiencia de las partes, sobre la suspensión o la sustitución de la pena impuesta.

Apartado modificado por el art. 2.109 de la Ley 13/2009, de 3 de noviembre.

3. La sentencia no podrá imponer pena más grave de la solicitada por las acusaciones, ni condenar por delito distinto cuando éste conlleve una diversidad de bien jurídico protegido o mutación sustancial del hecho enjuiciado, salvo que alguna de las acusaciones haya asumido el planteamiento previamente expuesto por el Juez o Tribunal dentro del trámite previsto en el párrafo segundo del artículo 788.3.

4. El Letrado de la Administración de Justicia notificará la sentencia por escrito a los ofendidos y perjudicados por el delito, aunque no se hayan mostrado parte en la causa.

Apartado modificado por el art. 2.109 de la Ley 13/2009, de 3 de noviembre.

5. Cuando la instrucción de la causa hubiera correspondido a un Juzgado de Violencia sobre la Mujer el Letrado de la Administración de Justicia remitirá al mismo la sentencia por testimonio de forma inmediata. Igualmente le remitirá la declaración de firmeza y la sentencia de segunda instancia cuando la misma fuera revocatoria, en todo o en parte, de la sentencia previamente dictada.

Apartado modificado por el art. 2.109 de la Ley 13/2009, de 3 de noviembre.

CAPÍTULO VI. DE LA IMPUGNACIÓN DE LA SENTENCIA

Artículo 790. 1. La sentencia dictada por el Juez de lo Penal es apelable ante la Audiencia Provincial correspondiente, y la del Juez Central de lo penal, ante la Sala de lo Penal de la Audiencia Nacional. El recurso podrá ser interpuesto por cualquiera de las partes, dentro de los diez días siguientes a aquel en que se les hubiere notificado la sentencia. Durante este período se hallarán las actuaciones en la Oficina judicial a disposición de las partes, las cuales en el plazo de los tres días siguientes a la notificación de la sentencia podrán solicitar copia de los soportes en los que se hayan grabado las sesiones, con suspensión del plazo para la interposición del recurso. El cómputo del plazo se reanudará una vez hayan sido entregadas las copias solicitadas.

La parte que no hubiera apelado en el plazo señalado podrá adherirse a la apelación en el trámite de alegaciones previsto en el apartado 5, ejercitando las pretensiones y alegando los motivos que a su derecho convengan. En todo caso, este recurso quedará supeditado a que el apelante mantenga el suyo.

Las demás partes podrán impugnar la adhesión, en el plazo de dos días, una vez conferido el traslado previsto en el apartado 6.

Apartado modificado por el art. 2.110 de la Ley 13/2009, de 3 de noviembre.

2. El escrito de formalización del recurso se presentará ante el órgano que dictó la resolución que se impugne, y en él se expondrán, ordenadamente, las alegaciones sobre quebrantamiento de las normas y garantías procesales, error en la apreciación de las pruebas o infracción de normas del ordenamiento jurídico en las que se base la impugnación. El recurrente también habrá de fijar un domicilio para notificaciones en el lugar donde tenga su sede la Audiencia.

Si en el recurso se pidiera la declaración de nulidad del juicio por infracción de normas o garantías procesales que causaren la indefensión del recurrente, en términos tales que no pueda ser subsanada en la segunda instancia, se citarán las normas legales o constitucionales que se consideren infringidas y se expresarán las razones de la indefensión. Asimismo, deberá acreditarse haberse pedido la subsanación de la falta o infracción en la primera instancia, salvo en el caso de que se hubieren cometido en momento en el que fuere ya imposible la reclamación.

Cuando la acusación alegue error en la valoración de la prueba para pedir la anulación de la sentencia absolutoria o el agravamiento de la condenatoria, será preciso que se justifique la insuficiencia o la falta de racionalidad en la motivación fáctica, el apartamiento manifiesto de las máximas de experiencia o la omisión de todo razonamiento sobre alguna o algunas de las pruebas practicadas que pudieran tener relevancia o cuya nulidad haya sido improcedentemente declarada.

Párrafo añadido por la Ley 41/2015, de 5 de octubre, de modificación de la Ley de Enjuiciamiento Criminal para la agilización de la justicia penal y el fortalecimiento de las garantías procesales.

3. En el mismo escrito de formalización podrá pedir el recurrente la práctica de las diligencias de prueba que no pudo proponer en la primera instancia, de las propuestas que le fueron indebidamente denegadas, siempre que hubiere formulado en su momento la oportuna protesta, y de las admitidas que no fueron practicadas por causas que no le sean imputables.

4. Recibido el escrito de formalización, el Juez, si reúne los requisitos exigidos, admitirá el recurso. En caso de apreciar la concurrencia de algún defecto subsanable, concederá al recurrente un plazo no superior a tres días para la subsanación.

5. Admitido el recurso, el Letrado de la Administración de Justicia dará traslado del escrito de formalización a las demás partes por un plazo común de diez días. Dentro de este plazo habrán de presentarse los escritos de alegaciones de las demás partes, en los que podrá solicitarse la práctica de prueba en los términos establecidos en el apartado 3 y en los que se fijará un domicilio para notificaciones.

Apartado modificado por el art. 2.110 de la Ley 13/2009, de 3 de noviembre.

6. Presentados los escritos de alegaciones o precluido el plazo para hacerlo, el Letrado de la Administración de Justicia, en los dos días siguientes, dará traslado de cada uno de ellos a las demás partes y elevará a la Audiencia los autos originales con todos los escritos presentados.

Artículo 791. 1. Si los escritos de formalización o de alegaciones contienen proposición de prueba o reproducción de la grabada, el Tribunal resolverá en tres días sobre la admisión de la propuesta y acordará, en su caso, que el Letrado de la Administración de Justicia señale día para la vista. También podrá celebrarse vista cuando, de oficio o a petición de parte, la estime el Tribunal necesaria para la correcta formación de una convicción fundada.

2. El Letrado de la Administración de Justicia señalará la vista dentro de los quince días siguientes y a ella serán citadas todas las partes. Cuando la víctima lo haya solicitado, será informada por el Letrado de la Administración de Justicia, aunque no se haya mostrado parte ni sea necesaria su intervención.

La vista se celebrará empezando, en su caso, por la práctica de la prueba y por la reproducción de las grabaciones si hay lugar a ella. A continuación, las partes resumirán oralmente el resultado de la misma y el fundamento de sus pretensiones.

Número modificado por la Disposición Final 1. 25 de la Ley 4/2015, de 27 de abril, del Estatuto de la Víctima del delito (BOE del 28).

3. En cuanto se refiere a la grabación de la vista y a su documentación, serán aplicables las disposiciones contenidas en el artículo 743.

Modificado por el art. 2.111 de la Ley 13/2009, de 3 de noviembre.

Artículo 792. 1. La sentencia de apelación se dictará dentro de los cinco días siguientes a la vista oral, o dentro de los diez días siguientes a la recepción de las actuaciones por la Audiencia, cuando no hubiere resultado procedente su celebración.

2. La sentencia de apelación no podrá condenar al encausado que resultó absuelto en primera instancia ni agravar la sentencia condenatoria que le hubiera sido impuesta por error en la apreciación de las pruebas en los términos previstos en el tercer párrafo del artículo 790.2.

No obstante, la sentencia, absolutoria o condenatoria, podrá ser anulada y, en tal caso, se devolverán las actuaciones al órgano que dictó la resolución recurrida. La sentencia de apelación concretará si la nulidad ha de extenderse al juicio oral y si el principio de imparcialidad exige una nueva composición del órgano de primera instancia en orden al nuevo enjuiciamiento de la causa.

Número 2 introducido por la Ley 41/2015, de 5 de octubre, de modificación de la Ley de Enjuiciamiento Criminal para la agilización de la justicia penal y el fortalecimiento de las garantías procesales.

3. Cuando la sentencia apelada sea anulada por quebrantamiento de una forma esencial del procedimiento, el Tribunal, sin entrar en el fondo del fallo, ordenará que se reponga el procedimiento al estado en que se encontraba en el momento de cometerse la falta, sin perjuicio de que conserven su validez todos aquellos actos cuyo contenido sería idéntico no obstante la falta cometida.

Este número ha pasado a ser el 3 por la Ley 41/2015, de 5 de octubre, de modificación de la Ley de Enjuiciamiento Criminal para la agilización de la justicia penal y el fortalecimiento de las garantías procesales.

4. Contra la sentencia dictada en apelación solo cabrá recurso de casación por infracción de ley y por quebrantamiento de forma en los supuestos previstos en el artículo 847, sin perjuicio de lo establecido respecto de la revisión de sentencias firmes, o en el artículo siguiente para la impugnación de sentencias firmes dictadas en ausencia del acusado. Cuando no se interponga recurso contra la sentencia dictada en apelación los autos se devolverán al juzgado a los efectos de la ejecución del fallo.

Número 4 introducido y modificado por la Ley 41/2015, de 5 de octubre, de modificación de la Ley de Enjuiciamiento Criminal para la agilización de la justicia penal y el fortalecimiento de las garantías procesales.

5. La sentencia se notificará a los ofendidos y perjudicados por el delito, aunque no se hayan mostrado parte en la causa.

Este número ha pasado a ser el 5 por por la Ley 41/2015, de 5 de octubre, de modificación de la Ley de Enjuiciamiento Criminal para la agilización de la justicia penal y el fortalecimiento de las garantías procesales.

Artículo 793. 1. En cualquier momento en que comparezca o sea habido el que hubiere sido condenado en ausencia, conforme a lo dispuesto en el párrafo segundo del apartado 1 del artículo 786, le será notificada la sentencia dictada en primera instancia o en apelación a efectos de cumplimiento de la pena aún no prescrita. Al notificársele la sentencia se le hará saber su derecho a interponer el recurso a que se refiere el apartado siguiente, con indicación del plazo para ello y del órgano competente.

2. La sentencia dictada en ausencia, haya sido o no apelada, es susceptible de ser recurrida en anulación por el condenado en el mismo plazo y con iguales requisitos y efectos que los establecidos en el recurso de apelación. El plazo se contará desde el momento en que se acredite que el condenado tuvo conocimiento de la sentencia.

CAPÍTULO VII. De la ejecución de sentencias

Artículo 794. Tan pronto como sea firme la sentencia, se procederá a su ejecución por el Juez o por la Audiencia que la hubiere dictado, conforme a las disposiciones generales de la Ley, observándose las siguientes reglas:

1ª Si no se hubiere fijado en el fallo la cuantía indemnizatoria, cualquiera de las partes podrá instar, durante la ejecución de la sentencia, la práctica de las pruebas que estime oportunas para su precisa determinación. De esta pretensión el Letrado de la Administración de Justicia dará traslado a las demás para que, en el plazo común de diez días, pidan por escrito lo que a su derecho convenga. El Juez o Tribunal rechazará la práctica de pruebas que no se refieran a las bases fijadas en la sentencia.

Practicada la prueba, y oídas las partes por un plazo común de cinco días, se fijará mediante auto, en los cinco días siguientes, la cuantía de la responsabilidad civil. El auto dictado por el Juez de lo Penal será apelable ante la Audiencia respectiva.

2ª En los casos en que se haya impuesto la pena de privación del derecho a conducir vehículos a motor y ciclomotores, el Letrado de la Administración de Justicia procederá a la inmediata retirada del permiso y licencia habilitante, si tal medida no estuviera ya acordada, dejando unido el documento a los autos y remitirá mandamiento a la Jefatura Central de Tráfico para que lo deje sin efecto y no expida otro nuevo hasta la extinción de la condena.

Modificado por el art. 2.112 de la Ley 13/2009, de 3 de noviembre.

TÍTULO III. DEL PROCEDIMIENTO PARA EL ENJUICIAMIENTO RÁPIDO DE DETERMINADOS DELITOS

Debe tenerse en cuenta que la LO 1/2004, de 28 de diciembre, de Medidas de Protección Integral contra la Violencia de Género, ha añadido una Disposición Adicional Cuarta a esta LECRIM, conforme a la que: «Cuarta… 2. Las referencias que se hacen al Juez de Guardia en el título III del libro IV, y en los artículos 962 a 971 de esta Ley, se entenderán hechas, en su caso, al Juez de Violencia sobre la Mujer.

CAPÍTULO PRIMERO. ÁMBITO DE APLICACIÓN

Artículo 795. 1. Sin perjuicio de lo establecido para los demás procesos especiales, el procedimiento regulado en este Título se aplicará a la instrucción y al enjuiciamiento de delitos castigados con pena privativa de libertad que no exceda de cinco años, o con cualesquiera otras penas, bien sean únicas, conjuntas o alternativas, cuya duración no exceda de diez años, cualquiera que sea su cuantía, siempre que el proceso penal se incoe en virtud de un atestado policial y que la Policía Judicial haya detenido a una persona y la haya puesto a disposición del Juzgado de guardia o que, aun sin detenerla, la haya citado para comparecer ante el Juzgado de guardia por tener la calidad de denunciado en el atestado policial y, además, concurra cualquiera de las circunstancias siguientes:

1.ª Que se trate de delitos flagrantes. A estos efectos, se considerará delito flagrante el que se estuviese cometiendo o se acabare de cometer cuando el delincuente sea sorprendido en el acto. Se entenderá sorprendido en el acto no sólo al delincuente que fuere detenido en el momento de estar cometiendo el delito, sino también al detenido o perseguido inmediatamente después de cometerlo, si la persecución durare o no se suspendiere mientras el delincuente no se ponga fuera del inmediato alcance de los que le persiguen. También se considerará delincuente in fraganti aquel a quien se sorprendiere inmediatamente después de cometido un delito con efectos, instrumentos o vestigios que permitan presumir su participación en él.

2ª. Que se trate de alguno de los siguientes delitos:

a) Delitos de lesiones, coacciones, amenazas o violencia física o psíquica habitual, cometidos contra las personas a que se refiere el artículo 173.2 del Código Penal.

b) Delitos de hurto.

c) Delitos de robo.

d) Delitos de hurto y robo de uso de vehículos.

e) Delitos contra la seguridad del tráfico.

f) Delitos de daños referidos en el artículo 263 del Código Penal.

g) Delitos contra la salud pública previstos en el artículo 368, inciso segundo, del Código Penal.

h) Delitos flagrantes relativos a la propiedad intelectual e industrial previstos en los artículos 270, 273, 274 y 275 del Código Penal.

Esta regla 2.ª ha sido redactada de nuevo por la LO 15/2003, de 25 de noviembre, reforma del Código Penal.

3.ª Que se trate de un hecho punible cuya instrucción sea presumible que será sencilla.

2. El procedimiento regulado en este Título no será de aplicación a la investigación y enjuiciamiento de aquellos delitos que fueren conexos con otro u otros delitos no comprendidos en el apartado anterior.

3. No se aplicará este procedimiento en aquellos casos en que sea procedente acordar el secreto de las actuaciones conforme a lo establecido en el artículo 302.

4. En todo lo no previsto expresamente en el presente Título se aplicarán supletoriamente las normas del Título II de este mismo Libro, relativas al procedimiento abreviado.

CAPÍTULO II. De las actuaciones de la Policía Judicial

Artículo 796. 1. Sin perjuicio de cuanto se establece en el Título III del Libro II y de las previsiones del Capítulo Segundo del Título II de este Libro, la Policía Judicial deberá practicar, en el tiempo imprescindible y, en todo caso, durante el tiempo de la detención, las siguientes diligencias:

1.ª Sin perjuicio de recabar los auxilios a que se refiere el ordinal 1ª del artículo 770, solicitará del facultativo o del personal sanitario que atendiere al ofendido copia del informe relativo a la asistencia prestada para su unión al atestado policial. Asimismo solicitará la presencia del Médico Forense cuando la persona que tuviere que ser reconocida no pudiera desplazarse al Juzgado de guardia dentro del plazo previsto en el artículo 799.

2.ª Informará a la persona a la que se atribuya el hecho, aun en el caso de no procederse a su detención, del derecho que le asiste de comparecer ante el Juzgado de guardia asistido de Abogado. Si el interesado no manifestare expresamente su voluntad de comparecer asistido de Abogado, la Policía Judicial recabará del Colegio de Abogados la designación de un Letrado de oficio.

3.ª Citará a la persona que resulte denunciada en el atestado policial para comparecer en el Juzgado de guardia en el día y hora que se le señale, cuando no se haya procedido a su detención. El citado será apercibido de las consecuencias de no comparecer a la citación policial ante el Juzgado de guardia.

4ª. Citará también a los testigos para que comparezcan en el Juzgado de guardia en el día y hora que se les indique, apercibiéndoles de las consecuencias de no comparecer a la citación policial en el Juzgado de guardia. No será necesaria la citación de miembros de las Fuerzas y Cuerpos de Seguridad que hubieren intervenido en el atestado cuando su declaración conste en el mismo.

Esta regla 4.ª ha sido redactada de nuevo por la LO 15/2003, de 25 de noviembre, reforma del Código Penal.

5.ª Citará para el mismo día y hora a las entidades a que se refiere el artículo 117 del Código Penal, en el caso de que conste su identidad.

6.ª Remitirá al Instituto de Toxicología, al Instituto de Medicina Legal o al laboratorio correspondiente las sustancias aprehendidas cuyo análisis resulte pertinente. Estas entidades procederán de inmediato al análisis solicitado y remitirán el resultado al Juzgado de guardia por el medio más rápido y, en todo caso, antes del día y hora en que se haya citado a las personas indicadas en las reglas anteriores. Si no fuera posible la remisión del análisis en dicho plazo, la Policía Judicial podrá practicar por sí misma dicho análisis, sin perjuicio del debido control judicial del mismo.

7ª La práctica de las pruebas de alcoholemia se ajustará a lo establecido en la legislación de seguridad vial.

Las pruebas para detectar la presencia de drogas tóxicas, estupefacientes y sustancias psicotrópicas en los conductores de vehículos a motor y ciclomotores serán realizadas por agentes de la policía judicial de tráfico con formación específica y sujeción, asimismo, a lo previsto en las normas de seguridad vial. Cuando e l test indiciario salival, al que obligatoriamente deberá someterse el conductor, arroje un resultado positivo o el conductor presente signos de haber consumido las sustancias referidas, estará obligado a facilitar saliva en cantidad suficiente, que será analizada en laboratorios homologados, garantizándose la cadena de custodia.

Todo conductor podrá solicitar prueba de contraste consistente en análisis de sangre, orina u otras análogas. Cuando se practicaren estas pruebas, se requerirá al personal sanitario que lo realice para que remita el resultado al Juzgado de guardia por el medio más rápido y, en todo caso, antes del día y hora de la citación a que se refieren las reglas anteriores.

Regla modificada por la Ley Orgánica 5/2010, de 22 de junio, por la que se modifica la Ley Orgánica 10/1995, de 23 de noviembre, del Código Penal.

8.ª Si no fuera posible la remisión al Juzgado de guardia de algún objeto que debiera ser tasado, se solicitará inmediatamente la presencia del perito o servicio correspondiente para que lo examine y emita informe pericial. Este informe podrá ser emitido oralmente ante el Juzgado de guardia.

2. Para la realización de las citaciones a que se refiere el apartado anterior, la Policía Judicial fijará el día y la hora de la comparecencia coordinadamente con el Juzgado de guardia. A estos efectos, el Consejo General del Poder Judicial, de acuerdo con lo establecido en el artículo 110 de la Ley Orgánica del Poder Judicial, dictará los Reglamentos oportunos para la ordenación de los servicios de guardia de los Juzgados de Instrucción en relación con la práctica de estas citaciones, coordinadamente con la Policía Judicial.

3. Si la urgencia lo requiriere, las citaciones podrán hacerse por cualquier medio de comunicación, incluso verbalmente, sin perjuicio de dejar constancia de su contenido en la pertinente acta.

4. A los efectos de la aplicación del procedimiento regulado en el presente Título, cuando la Policía Judicial tuviera conocimiento de la comisión de un hecho incardinable en alguna de las circunstancias previstas en el apartado 1 del artículo 795, respecto del cual, no habiendo sido detenido ni localizado el presunto responsable, fuera no obstante previsible su rápida identificación y localización, continuará las investigaciones iniciadas, que se harán constar en un único atestado, el cual se remitirá al Juzgado de guardia tan pronto como el presunto responsable sea detenido o citado de acuerdo con lo previsto en los apartados anteriores, y en cualquier caso, dentro de los cinco días siguientes. En estos casos la instrucción de la causa corresponderá en exclusiva al Juzgado de guardia que haya recibido el atestado.

Lo dispuesto en este apartado se entiende sin perjuicio de dar conocimiento inmediatamente al Juez de guardia y al Ministerio Fiscal de la comisión del hecho y de la continuación de las investigaciones para su debida constancia.»

Este apartado 4 ha sido añadido por la LO 15/2003, de 25 de noviembre, reforma del Código Penal.

CAPÍTULO III. De las diligencias urgentes ante el Juzgado de guardia

Artículo 797. 1. El Juzgado de guardia, tras recibir el atestado policial, junto con los objetos, instrumentos y pruebas que, en su caso, lo acompañen, incoará, si procede, diligencias urgentes. Contra este auto no cabrá recurso alguno. Sin perjuicio de las demás funciones que tiene encomendadas, practicará, cuando resulten pertinentes, las siguientes diligencias, en el orden que considere más conveniente o aconsejen las circunstancias, con la participación activa del Ministerio Fiscal.

1.ª Recabará por el medio más rápido los antecedentes penales del detenido o persona investigada.

2.ª Si fuere necesario para la calificación jurídica de los hechos imputados:

a) Recabará, de no haberlos recibido, los informes periciales solicitados por la Policía Judicial.

b) Ordenará, cuando resulte pertinente y proporcionado, que el Médico Forense, si no lo hubiese hecho con anterioridad, examine a las personas que hayan comparecido a presencia judicial y emita el correspondiente informe pericial.

c) Ordenará la práctica por un perito de la tasación de bienes u objetos aprehendidos o intervenidos y puestos a disposición judicial, si no se hubiese hecho con anterioridad.

3.ª Tomará declaración al detenido puesto a disposición judicial o a la persona que, resultando investigada por los términos del atestado, haya comparecido a la citación policial, en los términos previstos en el artículo 775. Ante la falta de comparecencia del investigado a la citación policial ante el Juzgado de guardia, podrá éste aplicar lo previsto en el artículo 487.

4.ª Tomará declaración a los testigos citados por la Policía Judicial que hayan comparecido. Ante la falta de comparecencia de cualquier testigo a la citación policial ante el Juzgado de guardia, podrá éste aplicar lo previsto en el artículo 420.

5.ª Llevará a cabo, en su caso, las informaciones previstas en el artículo 776.

6.ª Practicará el reconocimiento en rueda del investigado, de resultar pertinente y haber comparecido el testigo.

7.ª Ordenará, de considerarlo necesario, el careo entre testigos, entre testigos e investigados o investigados entre sí.

8ª. Ordenará la citación, incluso verbal, de las personas que considere necesario que comparezcan ante él. A estos efectos no procederá la citación de miembros de las Fuerzas y Cuerpos de Seguridad que hubieren intervenido en el atestado cuya declaración obre en el mismo salvo que, excepcionalmente y mediante resolución motivada, considere imprescindible su nueva declaración antes de adoptar alguna de las resoluciones previstas en el artículo siguiente.

9.ª Ordenará la práctica de cualquier diligencia pertinente que pueda llevarse a cabo en el acto o dentro del plazo establecido en el artículo 799.

El apartado 1, párrafo inicial, ha sido redactado por la LO 13/2003, de 24 de octubre, de reforma de la LECRIM en materia de prisión provisional. Y las reglas 5.ª y 8.ª han sido redactadas por la LO 15/2003, de 25 de noviembre, reforma del Código Penal.

2. Cuando, por razón del lugar de residencia de un testigo o víctima o por otro motivo, fuere de temer razonablemente que una prueba no podrá practicarse en el juicio oral, o pudiera motivar su suspensión, el Juez de guardia practicará inmediatamente la misma asegurando en todo caso la posibilidad de contradicción de las partes.

Dicha diligencia deberá documentarse en soporte apto para la grabación y reproducción del sonido y de la imagen o por medio de acta autorizada por el Letrado de la Administración de Justicia, con expresión de los intervinientes.

A efectos de su valoración como prueba en sentencia, la parte a quien interese deberá instar en el juicio oral la reproducción de la grabación o la lectura literal de la diligencia, en los términos del artículo 730.

3. El Abogado designado para la defensa tendrá también habilitación legal para la representación de su defendido en todas las actuaciones que se verifiquen ante el Juez de guardia.

Para garantizar el ejercicio del derecho de defensa, el Juez, una vez incoadas diligencias urgentes, dispondrá que se le dé traslado de copia del atestado y de cuantas actuaciones se hayan realizado o se realicen en el Juzgado de Guardia.

Modificado por el art. 2.113 de la Ley 13/2009, de 3 de noviembre.

Artículo 797 bis. 1. En el supuesto de que la competencia corresponda al Juzgado de Violencia sobre la Mujer, las diligencias y resoluciones señaladas en los artículos anteriores deberán ser practicadas y adoptadas durante las horas de audiencia.

2. La Policía Judicial habrá de realizar las citaciones a que se refiere el artículo 796, ante el Juzgado de Violencia sobre la Mujer, en el día hábil más próximo, entre aquéllos que se fijen reglamentariamente.

No obstante el detenido, si lo hubiere, habrá de ser puesto a disposición del Juzgado de Instrucción de Guardia, a los solos efectos de regularizar su situación personal, cuando no sea posible la presentación ante el Juzgado de Violencia sobre la Mujer que resulte competente.

3. Para la realización de las citaciones antes referidas, la Policía Judicial fijará el día y la hora de la comparecencia coordinadamente con el Juzgado de Violencia sobre la Mujer. A estos efectos el Consejo General del Poder Judicial, de acuerdo con lo establecido en el artículo 110 de la Ley Orgánica del Poder Judicial, dictará los Reglamentos oportunos para asegurar esta coordinación.

Este artículo ha sido añadido por la LO 1/2004, de 28 de diciembre, de Medidas de Protección contra la Violencia de Género.

Véase el Reglamento 1/2005, de 15 de septiembre, de los aspectos accesorios de las actuaciones judiciales aprobado por Acuerdo de ese día, del Pleno del Consejo General del Poder Judicial (BOE del 27).

Artículo 798. 1. A continuación, el Juez oirá a las partes personadas y al Ministerio Fiscal sobre cuál de las resoluciones previstas en el apartado siguiente procede adoptar. Además, las partes acusadoras y el Ministerio Fiscal podrán solicitar cualesquiera medidas cautelares frente al investigado o, en su caso, frente al responsable civil, sin perjuicio de las que se hayan podido adoptar anteriormente.

2. El Juez de guardia dictará resolución con alguno de estos contenidos:

1º. En el caso de que considere suficientes las diligencias practicadas, dictará auto en forma oral, que deberá documentarse y no será susceptible de recurso alguno, ordenando seguir el procedimiento del Capítulo siguiente, salvo que estime procedente alguna de las decisiones previstas en las reglas 1ª y 3ª del apartado 1 del artículo 779, en cuyo caso dictará el correspondiente auto. Si el Juez de guardia reputa falta el hecho que hubiere dado lugar a la formación de las diligencias, procederá a su enjuiciamiento inmediato conforme a lo previsto en el artículo 963.

Este ordinal 1º ha sido añadido por la LO 15/2003, de 25 de noviembre, reforma del Código Penal. La referencia a las faltas, al no existir desde la LO 1/2015, debe entenderse hecha a los delitos leves y, por tanto, a los artículos 962 y siguientes de esta LECRIM.

2.º En el caso de que considere insuficientes las diligencias practicadas, ordenará que el procedimiento continúe como diligencias previas del procedimiento abreviado. El Juez deberá señalar motivadamente cuáles son las diligencias cuya práctica resulta necesaria para concluir la instrucción de la causa o las circunstancias que lo hacen imposible.

3. Cuando el Juez de guardia dicte el auto acordando alguna de las decisiones previstas en los tres primeros ordinales del apartado 1 del artículo 779, en el mismo acordará lo que proceda sobre la adopción de medidas cautelares frente al investigado y, en su caso, frente al responsable civil. Frente al pronunciamiento del Juez sobre medidas cautelares cabrán los recursos previstos en el artículo 766. Cuando el Juez de guardia dicte auto en forma oral ordenando la continuación del procedimiento, sobre la adopción de medidas cautelares se estará a lo dispuesto en el apartado 1 del artículo 800.

4. Asimismo, ordenará, si procede, la devolución de objetos intervenidos.

Artículo 799. 1. Las diligencias y resoluciones señaladas en los artículos anteriores deberán ser practicadas y adoptadas durante el servicio de guardia del Juzgado de Instrucción.

2. No obstante lo dispuesto, en aquellos partidos judiciales en que el servicio de guardia no sea permanente y tenga una duración superior a veinticuatro horas, el plazo establecido en el apartado anterior podrá prorrogarse por el Juez por un período adicional de setenta y dos horas en aquellas actuaciones en las que el atestado se hubiera recibido dentro de las cuarenta y ocho anteriores a la finalización del servicio de guardia.

CAPÍTULO IV. DE LA PREPARACIÓN DEL JUICIO ORAL

Artículo 800. 1. Cuando el Juez de guardia hubiere acordado continuar este procedimiento, en el mismo acto oirá al Ministerio Fiscal y a las partes personadas para que se pronuncien sobre si procede la apertura del juicio oral o el sobreseimiento y para que, en su caso, soliciten o se ratifiquen en lo solicitado respecto de la adopción de medidas cautelares. En todo caso, si el Ministerio Fiscal y el acusador particular, si lo hubiera, solicitaren el sobreseimiento, el Juez procederá conforme a lo previsto en el artículo 782. Cuando el Ministerio Fiscal o la acusación particular soliciten la apertura del juicio oral, el Juez de guardia procederá conforme a lo previsto en el apartado 1 del artículo 783, resolviendo mediante auto lo que proceda. Cuando se acuerde la apertura del juicio oral, dictará en forma oral auto motivado, que deberá documentarse y no será susceptible de recurso alguno.

2. Abierto el juicio oral, si no se hubiere constituido acusación particular, el Ministerio Fiscal presentará de inmediato su escrito de acusación, o formulará ésta oralmente. El acusado, a la vista de la acusación formulada, podrá en el mismo acto prestar su conformidad con arreglo a lo dispuesto en el artículo siguiente. En otro caso, presentará inmediatamente su escrito de defensa o formulará ésta oralmente, procediendo entonces el Secretario del Juzgado de Guardia sin más trámites a la citación de las partes para la celebración del juicio oral.

Si el acusado solicitara la concesión de un plazo para la presentación de escrito de defensa, el Juez fijará prudencialmente el mismo dentro de los cinco días siguientes, atendidas las circunstancias del hecho imputado y los restantes datos que se hayan puesto de manifiesto en la investigación, procediendo en el acto el Letrado de la Administración de Justicia a la citación de las partes para la celebración del juicio oral y al emplazamiento del acusado y, en su caso, del responsable civil para que presenten sus escritos ante el órgano competente para el enjuiciamiento.

Apartado modificado por el art. 2.114 de la Ley 13/2009, de 3 de noviembre.

3. El Secretario del Juzgado de Guardia hará el señalamiento para la celebración del juicio oral en la fecha más próxima posible y, en cualquier caso, dentro de los quince días siguientes, en los días y horas predeterminados a tal fin en los órganos judiciales enjuiciadores y ajustándose a lo prevenido en el artículo 785.2 de la presente Ley. A estos efectos, el Consejo General del Poder Judicial, de acuerdo con lo establecido en el artículo 110 de la Ley Orgánica del Poder Judicial, dictará los Reglamentos oportunos para la ordenación, coordinadamente con el Ministerio Fiscal, de los señalamientos de juicios orales que realicen los Juzgados de guardia ante los Juzgados de lo Penal.

También se acordará la práctica de las citaciones propuestas por el Ministerio Fiscal, llevando a cabo en el acto el Letrado de la Administración de Justicia las que sean posibles, sin perjuicio de la decisión que sobre la admisión de pruebas adopte el órgano enjuiciador.

Apartado modificado por el art. 2.114 de la Ley 13/2009, de 3 de noviembre.

4. Si se hubiere constituido acusación particular que hubiere solicitado la apertura del juicio oral y así lo hubiere acordado el Juez de guardia, éste emplazará en el acto a aquélla y al Ministerio Fiscal para que presenten sus escritos dentro de un plazo improrrogable y no superior a dos días. Presentados dichos escritos ante el mismo Juzgado, procederá éste de inmediato conforme a lo dispuesto en el apartado 2.

5. Si el Ministerio Fiscal no presentare su escrito de acusación en el momento establecido en el apartado 2 o en el plazo establecido en el apartado 4, respectivamente, el Juez, sin perjuicio de emplazar en todo caso a los directamente ofendidos y perjudicados conocidos en los términos previstos en el apartado 2 del artículo 782, requerirá inmediatamente al superior jerárquico del Fiscal para que, en el plazo de dos días, presente el escrito que proceda. Si el superior jerárquico tampoco presentare dicho escrito en plazo, se entenderá que no pide la apertura de juicio oral y que considera procedente el sobreseimiento libre.

6. Una vez recibido el escrito de defensa o precluido el plazo para su presentación, el órgano enjuiciador procederá conforme a lo previsto en el apartado 1 del artículo 785, salvo en lo previsto para el señalamiento y las citaciones que ya se hubieran practicado.

7. En todo caso las partes podrán solicitar al Juzgado de guardia, que así lo acordará, la citación de testigos o peritos que tengan la intención de proponer para el acto del juicio, sin perjuicio de la decisión que sobre la admisión de pruebas adopte el órgano enjuiciador.

Artículo 801. 1. Sin perjuicio de la aplicación en este procedimiento del artículo 787, el acusado podrá prestar su conformidad ante el Juzgado de guardia y dictar éste sentencia de conformidad, cuando concurran los siguientes requisitos:

1º. Que no se hubiere constituido acusación particular y el Ministerio Fiscal hubiere solicitado la apertura del juicio oral y, así acordada por el Juez de guardia, aquél hubiere presentado en el acto escrito de acusación.

2º. Que los hechos objeto de acusación hayan sido calificados como delito castigado con pena de hasta tres años de prisión, con pena de multa cualquiera que sea su cuantía o con otra pena de distinta naturaleza cuya duración no exceda de diez años.

3º. Que, tratándose de pena privativa de libertad, la pena solicitada o la suma de las penas solicitadas no supere, reducida en un tercio, los dos años de prisión.

2. Dentro del ámbito definido en el apartado anterior, el Juzgado de guardia realizará el control de la conformidad prestada en los términos previstos en el artículo 787 y, en su caso, dictará oralmente sentencia de conformidad que se documentará con arreglo a lo previsto en el apartado 2 del artículo 789, en la que impondrá la pena solicitada reducida en un tercio, aun cuando suponga la imposición de una pena inferior al límite mínimo previsto en el Código Penal. Si el Fiscal y las partes personadas expresasen su decisión de no recurrir, el Juez, en el mismo acto, declarará oralmente la firmeza de la sentencia y, si la pena impuesta fuera privativa de libertad, resolverá lo procedente sobre su suspensión o sustitución.

3. Para acordar, en su caso, la suspensión de la pena privativa de libertad bastará, a los efectos de lo dispuesto en el artículo 81.3ª del Código Penal, con el compromiso del acusado de satisfacer las responsabilidades civiles que se hubieren originado en el plazo prudencial que el Juzgado de guardia fije. Asimismo, en los casos en que de conformidad con el artículo 87.1.1ª del Código Penal sea necesaria una certificación suficiente por centro o servicio público o privado debidamente acreditado u homologado de que el acusado se encuentra deshabituado o sometido a tratamiento para tal fin, bastará para aceptar la

conformidad y acordar la suspensión de la pena privativa de libertad el compromiso del acusado de obtener dicha certificación en el plazo prudencial que el Juzgado de guardia fije.

4. Dictada sentencia de conformidad y practicadas las actuaciones a que se refiere el apartado 2, el Juez de guardia acordará lo procedente sobre la puesta en libertad o el ingreso en prisión del condenado y realizará los requerimientos que de ella se deriven, remitiendo el Letrado de la Administración de Justicia seguidamente las actuaciones junto con la sentencia redactada al Juzgado de lo Penal que corresponda, que continuará su ejecución.

Apartado modificado por el art. 2.115 de la Ley 13/2009, de 3 de noviembre.

5. Si hubiere acusador particular en la causa, el acusado podrá, en su escrito de defensa, prestar su conformidad con la más grave de las acusaciones según lo previsto en los apartados anteriores.

Artículo redactado por la LO 15/2003, de 25 de noviembre, por la que se modifica la Ley Orgánica 10/1995, de 23 de noviembre, del Código Penal.

CAPÍTULO V. Del juicio oral y de la sentencia

Artículo 802. 1. El juicio oral se desarrollará en los términos previstos por los artículos 786 a 788.

2. En el caso de que, por motivo justo valorado por el Juez, no pueda celebrarse el juicio oral en el día señalado, o de que no pueda concluirse en un solo acto, señalará fecha para su celebración o continuación el día más inmediato posible y, en todo caso, dentro de los quince siguientes, teniendo en cuenta las necesidades de la agenda programada de señalamientos y las demás circunstancias contenidas en el artículo 182.4 de la Ley de Enjuiciamiento Civil y artículo 785 de la presente Ley, lo que se hará saber a los interesados.

Apartado modificado por el art. 2.116 de la Ley 13/2009, de 3 de noviembre.

3. La sentencia se dictará dentro de los tres días siguientes a la terminación de la vista, en los términos previstos por el artículo 789.

CAPÍTULO VI. De la impugnación de la sentencia

Artículo 803. 1. Frente a la sentencia dictada por el Juzgado de lo Penal podrá interponerse recurso de apelación, que se sustanciará conforme a lo previsto en los artículos 790 a 792, con las siguientes especialidades:

1.ª El plazo para presentar el escrito de formalización será de cinco días.

2.ª El plazo de las demás partes para presentar escrito de alegaciones será de cinco días.

3.ª La sentencia habrá de dictarse dentro de los tres días siguientes a la celebración de la vista, o bien dentro de los cinco días siguientes a la recepción de las actuaciones, si no se celebrare vista.

4.ª La tramitación y resolución de estos recursos de apelación tendrán carácter preferente.

2. Respecto de las sentencias dictadas en ausencia del acusado se estará a lo dispuesto en el artículo 793.

3. Tan pronto como la sentencia sea firme se procederá a su ejecución, conforme a las reglas generales y a las especiales del artículo 794.

TÍTULO III BIS. PROCESO POR ACEPTACIÓN DE DECRETO

El título III bis y su contenido se introducen por la Ley 41/2015, de 5 de octubre, de modificación de la Ley de Enjuiciamiento Criminal para la agilización de la justicia penal y el fortalecimiento de las garantías procesales.

Artículo 803 bis a. *Requisitos del proceso por aceptación de decreto*

En cualquier momento después de iniciadas diligencias de investigación por la fiscalía o de incoado un procedimiento judicial y hasta la finalización de la fase de instrucción, aunque no haya sido llamado a declarar el investigado, podrá seguirse el proceso por aceptación de decreto cuando se cumplan cumulativamente los siguientes requisitos:

1.º Que el delito esté castigado con pena de multa, trabajos en beneficio de la comunidad o con pena de prisión que no exceda de un año y que pueda ser suspendida de conformidad con lo dispuesto en el artículo 80 del Código Penal, con o sin privación del derecho a conducir vehículos a motor y ciclomotores.

2.º Que el Ministerio Fiscal entienda que la pena en concreto aplicable es la pena de multa o trabajos en beneficio de la comunidad y, en su caso, la pena de privación del derecho a conducir vehículos a motor y ciclomotores.

3.º Que no esté personada acusación popular o particular en la causa.

Artículo 803 bis b. *Objeto*

1. El proceso por aceptación de decreto dictado por el Ministerio Fiscal tiene por objeto una acción penal ejercitada para la imposición de una pena

de multa o trabajos en beneficio de la comunidad y, en su caso, de privación del derecho a conducir vehículos a motor y ciclomotores.

2. Además puede tener por objeto la acción civil dirigida a la obtención de la restitución de la cosa y la indemnización del perjuicio.

Artículo 803 bis c. *Contenido del decreto de propuesta de imposición de pena*

El decreto de propuesta de imposición de pena emitido por el Ministerio Fiscal tendrá el siguiente contenido:

1.º Identificación del investigado.

2.º Descripción del hecho punible.

3.º Indicación del delito cometido y mención sucinta de la prueba existente.

4.º Breve exposición de los motivos por los que entiende, en su caso, que la pena de prisión debe ser sustituida.

5.º Penas propuestas. A los efectos de este procedimiento, el Ministerio Fiscal podrá proponer la pena de multa o trabajos en beneficio de la comunidad, y, en su caso, la de privación del derecho a conducir vehículos a motor y ciclomotores, reducida hasta en un tercio respecto de la legalmente prevista, aun cuando suponga la imposición de una pena inferior al límite mínimo previsto en el Código Penal.

6.º Peticiones de restitución e indemnización, en su caso.

Artículo 803 bis d. *Remisión al Juzgado de Instrucción*

El decreto de propuesta de imposición de pena dictado por el Ministerio Fiscal se remitirá al Juzgado de Instrucción para su autorización y notificación al investigado.

Artículo 803 bis e. *Auto de autorización*

1. El Juzgado de Instrucción autorizará el decreto de propuesta de imposición de pena cuando se cumplan los requisitos establecidos en el artículo 803 bis a.

2. Si el Juzgado de Instrucción no autoriza el decreto, éste quedará sin efecto.

Artículo 803 bis f. *Notificación del auto y citación de comparecencia*

1. Dictado auto de autorización del decreto por el Juzgado de Instrucción, lo notificará junto con el decreto al encausado, a quien citará para que comparezca ante el tribunal en la fecha y en el día que se señale.

2. En la notificación del decreto se informará al encausado de la finalidad de la comparecencia, de la preceptiva asistencia de letrado para su celebración y de los efectos de su incomparecencia o, caso de comparecer, de su derecho a aceptar o rechazar la propuesta contenida en el decreto. También se le informará de que, en caso de no encontrarse defendido por letrado en la causa, debe asesorarse con un abogado de confianza o solicitar un abogado de oficio antes del término previsto en el artículo siguiente.

Artículo 803 bis g. *Solicitud de asistencia letrada*

Si el encausado carece de asistencia letrada se le designará abogado de oficio para su asesoramiento y asistencia.

Para que la comparecencia pueda celebrarse, la solicitud de designación de abogado de oficio debe realizarse en el término de cinco días hábiles antes de la fecha para la que esté señalada.

Artículo 803 bis h. *Comparecencia*

1. Para la aceptación de la propuesta de sanción el encausado habrá de comparecer en el juzgado de instrucción asistido de letrado.

2. Si el encausado no comparece o rechaza la propuesta del Ministerio Fiscal, total o parcialmente en lo relativo a las penas o a la restitución o indemnización, quedará la misma sin efecto. Si el encausado comparece sin letrado, el juez suspenderá la comparecencia de acuerdo con lo dispuesto en el artículo 746 y señalará nueva fecha para su celebración.

3. En la comparecencia el juez, en presencia del letrado, se asegurará de que el encausado comprende el significado del decreto de propuesta de imposición de pena y los efectos de su aceptación.

4. La comparecencia será registrada íntegramente por medios audiovisuales, documentándose conforme a las reglas generales en caso de imposibilidad material.

Artículo 803 bis i. *Conversión del decreto en sentencia condenatoria*

Si el encausado acepta en la comparecencia la propuesta de pena en todos sus términos el Juzgado de Instrucción le atribuirá el carácter de resolución judicial firme, que en el plazo de tres días documentará en la forma y con todos los efectos de sentencia condenatoria, la cual no será susceptible de recurso alguno.

Artículo 803 bis j. *Ineficacia del decreto de propuesta de pena*

Si el decreto de propuesta de pena deviene ineficaz por no ser autorizado por el Juzgado de Instrucción, por incomparecencia o por falta de aceptación del encausado, el Ministerio Fiscal no se encontrará vinculado por su contenido y proseguirá la causa por el cauce que corresponda.

TÍTULO III TER. DE LA INTERVENCIÓN DE TERCEROS AFECTADOS POR EL DECOMISO Y DEL PROCEDIMIENTO DE DECOMISO AUTÓNOMO

El título III ter y su contenido se introducen por la Ley 41/2015, de 5 de octubre, de modificación de la Ley de Enjuiciamiento Criminal para la agilización de la justicia penal y el fortalecimiento de las garantías procesales.

CAPÍTULO I. DE LA INTERVENCIÓN EN EL PROCESO PENAL DE LOS TERCEROS QUE PUEDAN RESULTAR AFECTADOS POR EL DECOMISO

Artículo 803 ter a. *Resolución judicial de llamada al proceso*

1. El juez o tribunal acordará, de oficio o a instancia de parte, la intervención en el proceso penal de aquellas personas que puedan resultar afectadas por el decomiso cuando consten hechos de los que pueda derivarse razonablemente:

a) que el bien cuyo decomiso se solicita pertenece a un tercero distinto del investigado o encausado, o

b) que existen terceros titulares de derechos sobre el bien cuyo decomiso se solicita que podrían verse afectados por el mismo.

2. Se podrá prescindir de la intervención de los terceros afectados en el procedimiento cuando:

a) no se haya podido identificar o localizar al posible titular de los derechos sobre el bien cuyo decomiso se solicita, o

b) existan hechos de los que pueda derivarse que la información en que se funda la pretensión de intervención en el procedimiento no es cierta, o que los supuestos titulares de los bienes cuyo decomiso se solicita son personas interpuestas vinculadas al investigado o encausado o que actúan en connivencia con él.

3. Contra la resolución por la que el juez declare improcedente la intervención del tercero en el procedimiento podrá interponerse recurso de apelación.

4. Si el afectado por el decomiso hubiera manifestado al juez o tribunal que no se opone al decomiso, no se acordará su intervención en el procedimiento o se pondrá fin a la que ya hubiera sido acordada.

5. En el caso de que se acordare recibir declaración del afectado por el decomiso, se le instruirá del contenido del artículo 416.

Artículo 803 ter b. *Especialidades de la intervención y citación a juicio del tercero afectado*

1. La persona que pueda resultar afectada por el decomiso podrá participar en el proceso penal desde que se hubiera acordado su intervención, aunque esta participación vendrá limitada a los aspectos que afecten directamente a sus bienes, derechos o situación jurídica y no se podrá extender a las cuestiones relacionadas con la responsabilidad penal del encausado.

2. Para la intervención del tercero afectado por el decomiso será preceptiva la asistencia letrada.

3. El afectado por el decomiso será citado al juicio de conformidad con lo dispuesto en esta ley. En la citación se indicará que el juicio podrá ser celebrado en su ausencia y que en el mismo podrá resolverse, en todo caso, sobre el decomiso solicitado.

El afectado por el decomiso podrá actuar en el juicio por medio de su representación legal, sin que sea necesaria su presencia física en el mismo.

4. La incomparecencia del afectado por el decomiso no impedirá la continuación del juicio.

Artículo 803 ter c. *Notificación e impugnación de la sentencia*

La sentencia en la que se acuerde el decomiso será notificada a la persona afectada por el mismo aunque no hubiera comparecido en el proceso, sin perjuicio de lo dispuesto en el apartado 2 del artículo 803 ter a. La persona afectada podrá interponer contra la sentencia los recursos previstos en esta ley, aunque deberá circunscribir su recurso a los pronunciamientos que afecten directamente a sus bienes, derechos o situación jurídica, y no podrá extenderlo a las cuestiones relacionadas con la responsabilidad penal del encausado.

Artículo 803 ter d. *Incomparecencia del tercero afectado por el decomiso*

1. La incomparecencia del tercero afectado por el decomiso que fue citado de conformidad con lo dispuesto en esta ley tendrá como efecto su declaración en rebeldía. La rebeldía del tercero afectado se regirá por las normas establecidas por la Ley de Enjuiciamiento Civil respecto al demandado rebelde, incluidas las previstas para las notificaciones, los recursos frente a la sentencia y la rescisión de la sentencia firme a instancia del rebelde, si bien, en caso

de rescisión de la sentencia, la misma se limitará a los pronunciamientos que afecten directamente al tercero en sus bienes, derechos o situación jurídica. En tal caso, se remitirá certificación al tribunal que hubiera dictado sentencia en primera instancia, si es distinto al que hubiera dictado la sentencia rescindente y, a continuación, se seguirán las reglas siguientes:

a) Se otorgará al tercero un plazo de diez días para presentar escrito de contestación a la demanda de decomiso, con proposición de prueba, en relación con los hechos relevantes para el pronunciamiento que le afecte.

b) Presentado el escrito en plazo, el órgano jurisdiccional resolverá sobre la admisibilidad de prueba mediante auto y, con arreglo a las normas generales, se señalará fecha para la vista, cuyo objeto se ceñirá al enjuiciamiento de la acción civil planteada contra el tercero o de la afección de sus bienes, derechos o situación jurídica por la acción penal.

c) Frente a la sentencia se podrán interponer los recursos previstos en esta ley.

Si no se presenta escrito de contestación a la demanda en plazo o el tercero no comparece en la vista debidamente representado se dictará, sin más trámite, sentencia coincidente con la rescindida en los pronunciamientos afectados.

2. Los mismos derechos previstos en el apartado anterior se reconocen al tercero afectado que no hubiera tenido la oportunidad de oponerse al decomiso por desconocer su existencia.

CAPÍTULO II. Procedimiento de decomiso autónomo

Artículo 803 ter e. *Objeto*

1. Podrá ser objeto del procedimiento de decomiso autónomo regulado en el presente Título la acción mediante la cual se solicita el decomiso de bienes, efectos o ganancias, o un valor equivalente a los mismos, cuando no hubiera sido ejercitada con anterioridad, salvo lo dispuesto en el artículo 803 ter p.

2. En particular, será aplicable este procedimiento en los siguientes casos:

a) Cuando el fiscal se limite en su escrito de acusación a solicitar el decomiso de bienes reservando expresamente para este procedimiento su determinación.

b) Cuando se solicite como consecuencia de la comisión de un hecho punible cuyo autor haya fallecido o no pueda ser enjuiciado por hallarse en rebeldía o incapacidad para comparecer en juicio.

3. En el caso de reserva de la acción por el fiscal, el procedimiento de decomiso autónomo solamente podrá ser iniciado cuando el proceso en el que se resuelva sobre las responsabilidades penales del encausado ya hubiera concluido con sentencia firme.

Artículo 803 ter f. *Competencia*

Será competente para el conocimiento del procedimiento de decomiso autónomo:

a) el juez o tribunal que hubiera dictado la sentencia firme,

b) el juez o tribunal que estuviera conociendo de la causa penal suspendida, o

c) el juez o tribunal competente para el enjuiciamiento de la misma cuando ésta no se hubiera iniciado, en las circunstancias previstas en el artículo 803 ter e.

Artículo 803 ter g. *Procedimiento*

Serán aplicables al procedimiento de decomiso autónomo las normas que regulan el juicio verbal regulado en el Título III del Libro II de la Ley de Enjuiciamiento Civil en lo que no sean contradictorias con las establecidas en este capítulo.

Artículo 803 ter h. *Exclusividad del Ministerio Fiscal en el ejercicio de la acción*

La acción de decomiso en el procedimiento de decomiso autónomo será ejercitada exclusivamente por el Ministerio Fiscal.

Artículo 803 ter i. *Asistencia letrada*

Serán aplicables a todas las personas cuyos bienes o derechos pudieren verse afectados por el decomiso las normas reguladoras del derecho a la asistencia letrada del encausado previstas en esta ley.

Artículo 803 ter j. *Legitimación pasiva y citación a juicio*

1. Serán citados a juicio como demandados los sujetos contra los que se dirija la acción por su relación con los bienes a decomisar.

2. El encausado rebelde será citado mediante notificación dirigida a su representación procesal en el proceso suspendido y la fijación de edicto en el tablón de anuncios del tribunal.

3. El tercero afectado por el decomiso será citado de conformidad con lo previsto en el apartado 3 del artículo 803 ter b.

Artículo 803 ter k. *Comparecencia del encausado rebelde o con la capacidad modificada judicialmente*

1. Si el encausado declarado rebelde en el proceso suspendido no comparece en el procedimiento autónomo de decomiso se le nombrará procurador y abogado de oficio que asumirán su representación y defensa.

2. La comparecencia en el procedimiento de decomiso autónomo del encausado con la capacidad modificada judicialmente para comparecer en el proceso penal suspendido se regirá por las normas de la Ley de Enjuiciamiento Civil.

Artículo 803 ter l. *Demanda de solicitud de decomiso autónomo*

1. La demanda de decomiso autónomo se presentará por escrito que expresará en apartados separados y numerados:

a) Las personas contra las que se dirige la solicitud y sus domicilios.

b) El bien o bienes cuyo decomiso se pretende.

c) El hecho punible y su relación con el bien o bienes.

d) La calificación penal del hecho punible.

e) La situación de la persona contra la que se dirige la solicitud respecto al bien.

f) El fundamento legal del decomiso.

g) La proposición de prueba.

h) La solicitud de medidas cautelares, justificando la conveniencia de su adopción para garantizar la efectividad del decomiso, si procede.

2. Admitida la demanda, el órgano competente adoptará las siguientes resoluciones:

1.º Acordará o no las medidas cautelares solicitadas.

2.º Notificará la demanda de decomiso a las partes pasivamente legitimadas, a quienes otorgará un plazo de veinte días para personarse en el proceso y presentar escrito de contestación a la demanda de decomiso.

3. Adoptadas las medidas cautelares, la oposición, modificación o alzamiento de las mismas y la prestación de caución sustitutoria se desarrollará de acuerdo con lo previsto en el Título VI del Libro III de la Ley de Enjuiciamiento Civil en lo que no sea contradictorio con las normas establecidas en este capítulo.

Artículo 803 ter m. *Escrito de contestación a la demanda de decomiso*

1. El escrito de contestación a la demanda de decomiso contendrá, en relación con los correlativos del escrito de demanda, las alegaciones de la parte demandada.

2. Si el demandado no interpusiera su escrito de contestación en el plazo conferido o si desistiera del mismo, el órgano competente acordará el decomiso definitivo de los bienes, efectos o ganancias, o de un valor equivalente a los mismos.

Artículo 803 ter n. *Resolución sobre prueba y vista*

El órgano competente resolverá sobre la prueba propuesta por auto, en el que señalará fecha y hora para la vista de acuerdo a las reglas generales. Esta resolución no será recurrible, aunque la solicitud de prueba podrá reiterarse en el juicio.

Artículo 803 ter o. *Juicio y sentencia*

1. El juicio se desarrollará conforme a lo dispuesto en el artículo 433 de la Ley de Enjuiciamiento Civil y el juez o tribunal resolverá mediante sentencia en el plazo de 20 días desde su finalización, con alguno de los siguientes pronunciamientos:

1.º Estimar la demanda de decomiso y acordar el decomiso definitivo de los bienes.

2.º Estimar parcialmente la demanda de decomiso y acordar el decomiso definitivo por la cantidad que corresponda. En este caso, se dejarán sin efecto las medidas cautelares que hubieran sido acordadas respecto al resto de los bienes.

3.º Desestimar la demanda de decomiso y declarar que no procede por concurrir alguno de los motivos de oposición. En este caso, se dejarán sin efecto todas las medidas cautelares que hubieran sido acordadas.

2. Cuando la sentencia estime total o parcialmente la demanda de decomiso, identificará a los perjudicados y fijará las indemnizaciones que fueran procedentes.

3. El pronunciamiento en costas se regirá por las normas generales previstas en esta ley.

Artículo 803 ter p. *Efectos de la sentencia de decomiso*

1. La sentencia desplegará los efectos materiales de la cosa juzgada en relación con las personas contra las que se haya dirigido la acción y la causa

de pedir planteada, consistente en los hechos relevantes para la adopción del decomiso, relativos al hecho punible y la situación frente a los bienes del demandado.

2. Más allá del efecto material de la cosa juzgada establecido en el apartado anterior, el contenido de la sentencia del procedimiento de decomiso autónomo no vinculará en el posterior enjuiciamiento del encausado, si se produce.

En el proceso penal posterior contra el encausado, si se produce, no se solicitará ni será objeto de enjuiciamiento el decomiso de bienes sobre el que se haya resuelto con efecto de cosa juzgada en el procedimiento de decomiso autónomo.

3. A los bienes decomisados se les dará el destino previsto en esta ley y en el Código Penal.

4. Cuando el decomiso se hubiera acordado por un valor determinado, se requerirá a la persona con relación a la cual se hubiera acordado para que proceda al pago la cantidad correspondiente dentro del plazo que se le determine; o, en otro caso, designe bienes por un valor suficiente sobre los que la orden de decomiso pueda hacerse efectiva.

Si el requerimiento no fuera atendido, se procederá del modo previsto en el artículo siguiente para la ejecución de la orden de decomiso.

Artículo 803 ter q. *Investigación del Ministerio Fiscal*

1. El Ministerio Fiscal podrá llevar a cabo, por sí mismo, a través de la Oficina de Recuperación y Gestión de Activos o por medio de otras autoridades o de los funcionarios de la Policía Judicial, las diligencias de investigación que resulten necesarias para localizar los bienes o derechos titularidad de la persona con relación a la cual se hubiera acordado el decomiso.

Las autoridades y funcionarios de quienes el Ministerio Fiscal recabase su colaboración vendrán obligadas a prestarla bajo apercibimiento de incurrir en un delito de desobediencia, salvo que las normas que regulen su actividad dispongan otra cosa o fijen límites o restricciones que deban ser atendidos, en cuyo aso trasladarán al fiscal los motivos de su decisión.

2. Cuando el fiscal considere necesario llevar a cabo alguna diligencia de investigación que deba ser autorizada judicialmente, presentará la solicitud al juez o tribunal que hubiera conocido el procedimiento de decomiso.

3. Asimismo, el Ministerio Fiscal podrá dirigirse a las entidades financieras, organismos y registros públicos y personas físicas o jurídicas para que facili-

ten, en el marco de su normativa específica, la relación de bienes o derechos del ejecutado de los que tengan constancia.

Artículo 803 ter r. *Recursos y revisión de la sentencia firme*

1. Son aplicables en el procedimiento de decomiso autónomo las normas reguladoras de los recursos aplicables al proceso penal abreviado.

2. Son aplicables al procedimiento de decomiso autónomo las normas reguladoras de la revisión de sentencias firmes.

Artículo 803 ter s. *Incomparecencia del encausado rebelde y del tercero afectado*

La incomparecencia del encausado rebelde y del tercero afectado en el procedimiento de decomiso autónomo se regirá por lo dispuesto en el artículo 803 ter d.

Artículo 803 ter t. *Acumulación de solicitud de decomiso contra el encausado rebelde o persona con la capacidad modificada judicialmente en la causa seguida contra otro encausado*

En el supuesto en que la causa seguida contra el encausado rebelde o persona con la capacidad modificada judicialmente continúe para el enjuiciamiento de uno o más encausados, podrá acumularse en la misma causa la acción de decomiso autónomo contra los primeros.

Artículo 803 ter u. *Presentación de nueva solicitud de decomiso*

El Ministerio Fiscal podrá solicitar al juez o tribunal que dicte una nueva orden de decomiso cuando:

a) se descubra la existencia de bienes, efectos o ganancias a los que deba extenderse el decomiso pero de cuya existencia o titularidad no se hubiera tenido conocimiento cuando se inició el procedimiento de decomiso, y

b) no se haya resuelto anteriormente sobre la procedencia del decomiso de los mismos.

TÍTULO IV. DEL PROCEDIMIENTO POR DELITOS DE INJURIA Y CALUMNIA CONTRA PARTICULARES

Artículo 804. No se admitirá querella por injuria o calumnia inferidas a particulares si no se presenta certificación de haber celebrado el querellante acto de conciliación con el querellado, o de haberlo intentado sin efecto.

V. art. 278 de esta LECRIM. Véanse también los arts. 205 a 210 CP.

Artículo 805. Si la querella fuere por injuria o calumnia vertidas en juicio, será necesario acreditar además la autorización del Juez o Tribunal ante quien hubiesen sido inferidas.

Esta autorización no se estimará prueba bastante de la imputación.

Ver el art. 215.2 CP.

Artículo 806. Si la injuria y calumnia se hubieren inferido por escrito, se presentará, siendo posible, el documento que la contenga.

Artículo 807. Cuando se trate de injurias o calumnias inferidas por escrito, reconocido éste por la persona legalmente responsable y comprobado si ha existido o no la publicidad a que se refiere el respectivo artículo del Código Penal, se dará por terminado el sumario, previo el procesamiento del querellado.

Ver el art. 211 CP.

Artículo 808. Si se tratare de injurias o calumnias inferidas verbalmente, presentada la querella, el Juez instructor mandará convocar a juicio verbal al querellante, al querellado y a los testigos que puedan dar razón de los hechos, señalando el Letrado de la Administración de Justicia día y hora para la celebración del juicio.

Modificado por el art. 2.117 de la Ley 13/2009, de 3 de noviembre.

Artículo 809. El juicio deberá celebrarse dentro de los tres días siguientes al de la presentación de la querella ante el Juez instructor a quien corresponda su conocimiento.

Si hubiere causa justa y se hiciere constar por certificación del Letrado de la Administración de Justicia, podrá ampliarse hasta ocho días el término para la celebración del juicio verbal.

Artículo 810. De las reglas establecidas en los tres artículos anteriores se exceptúan las injurias dirigidas contra funcionarios públicos sobre hechos concernientes al ejercicio de sus cargos, así como también la calumnia, cuando los acusados manifiesten querer probar antes del juicio oral la certeza de la imputación injuriosa o del hecho criminal que hubiesen imputado.

En uno y otro caso no podrá darse por terminado el sumario hasta que el querellante determine con toda precisión y claridad los hechos y las circunstancias de la imputación, para que el procesado pueda preparar sus pruebas y suministrarlas en el juicio oral. Si no lo hiciere en el plazo que el Juez le señale, se dará por terminado el sumario, teniendo en cuenta su falta u omisión para que no perjudique al acusado.

La «exceptio veritatis» se regula en los arts. 207 y 210 CP.

Artículo 811. El que se querelle por injuria o calumnia deberá acompañar copia de la querella, que se entregará al querellado al tiempo de ser citado para el juicio.

Artículo 812. Celebrado el juicio en el día señalado y presentadas por el querellante las pruebas de los hechos que constituyan la injuria o calumnia verbal, el Juez acordará lo que corresponda respecto al procesamiento del querellado, dando seguidamente por terminado el sumario.

Artículo 813. No se admitirán testigos de referencia en las causas por injuria o calumnia vertidas de palabra.

Artículo 814. La ausencia del querellado no suspenderá la celebración ni la resolución del juicio, siempre que resulte habérsele citado en forma.

Artículo 815. Las sesiones del juicio se documentarán en el acta conforme a lo dispuesto en el artículo 743 de esta Ley.

Modificado por el art. 2.118 de la Ley 13/2009, de 3 de noviembre.

TÍTULO V. DEL PROCEDIMIENTO POR DELITOS COMETIDOS POR MEDIO DE LA IMPRENTA, EL GRABADO U OTRO MEDIO MECÁNICO DE PUBLICACIÓN

Téngase en cuenta el art. 20 CE. Véase también las LO 1/1982, 5 mayo (BOE 14), de protección civil del derecho al honor, a la intimidad personal y familiar y a la propia imagen.

Artículo 816. Inmediatamente que se dé principio a un procedimiento por delito cometido por medio de la imprenta, el grabado u otro medio mecánico de publicación, el Juez o Tribunal acordará el secuestro de los ejemplares del impreso o de la estampa donde quiera que se hallaren y del molde de ésta.

Párrafo modificado por el art. 2.119 de la Ley 13/2009, de 3 de noviembre.

Se procederá asimismo inmediatamente a averiguar quién haya sido el autor real del escrito o estampa con cuya publicación se hubiese cometido el delito.

Artículo 817. Si el escrito o estampa se hubiese publicado en periódico, bien en el texto del mismo, bien en hoja aparte, se tomará declaración para averiguar quién haya sido el autor al Director o redactores de aquél y al Jefe o Regente del establecimiento tipográfico en que se haya hecho la impresión o grabado.

Para ello se reclamará el original de cualquiera de las personas que lo tengan en su poder, la cual, si no lo pusiere a disposición del Juez, manifestará la persona a quien lo haya entregado.

Artículo 818. Si el delito se hubiese cometido por medio de la publicación de un escrito o de una estampa sueltos, se tomará la declaración expresada en el artículo anterior al Jefe y dependientes del establecimiento en que se haya hecho la impresión o estampación.

Artículo 819. Cuando no pudiere averiguarse quién es el autor real del escrito o estampa, o cuando por hallarse domiciliado en el extranjero o por cualquier otra causa de las especificadas en el Código Penal no pudiere ser perseguido, se dirigirá el procedimiento contra las personas subsidiariamente responsables, por el orden establecido en el artículo respectivo del expresado Código.

Véase el art. 30 CP de 1995.

Artículo 820. No será bastante la confesión de un supuesto autor para que se le tenga como tal y para que no se dirija el procedimiento contra otras personas, si de las circunstancias de aquél o de las del delito resultaren indicios bastantes para creer que el confeso no fue el autor real del escrito o estampa publicados.

Pero una vez dictada sentencia firme en contra de los subsidiariamente responsables, no se podrá abrir nuevo procedimiento contra el responsable principal si llegare a ser conocido.

Artículo 821. Si durante el curso de la causa apareciere alguna persona que, por el orden establecido en el artículo respectivo del Código Penal, deba responder criminalmente del delito antes que el procesado, se sobreseerá la causa respecto a éste, dirigiéndose el procedimiento contra aquélla.

Artículo 822. No se considerarán como instrumentos o efectos del delito más que los ejemplares impresos del escrito o estampa y el molde de ésta.

Ver los arts. 127, 127 bis a 127 octies y 128 CP.

Artículo 823. Unidos a la causa el impreso, grabado u otro medio mecánico de publicación que haya servido para la comisión del delito, y averiguado el autor o la persona subsidiariamente responsable, se dará por terminado el sumario.

Artículo 823 bis. Las normas del presente Título serán también aplicables al enjuiciamiento de los delitos cometidos a través de medios sonoros o fotográficos, difundidos por escrito, radio, televisión, cinematógrafo u otros similares.

Los Jueces, al iniciar el procedimiento, podrán acordar, según los casos, el secuestro de la publicación o la prohibición de difundir o proyectar el medio a través del cual se produjo la actividad delictiva. Contra dicha resolución podrá interponerse directamente recurso de apelación, que deberá ser resuelto en el plazo de cinco días.

Redactado por la LO 8/2002, de 24 de octubre.

TÍTULO VI. DEL PROCEDIMIENTO PARA LA EXTRADICIÓN

Sobre la extradición, véase el art. 13.3 CE. Asimismo, véanse el Convenio Europeo de Extradición, de 13 de diciembre de 1957, ratificado por Instrumento de 21 de abril de 1982 (BOE núm. 136, de 8 de junio), el Convenio Europeo de 27 de septiembre de 1996 (BOE de 24 de febrero de 1998), y la Ley 4/1985, de 21 de marzo, de Extradición Pasiva. También la Ley 3/2003, de 14 de marzo sobre la orden europea de detención y entrega (BOE del 17) y la LO 2/2003, de 14 de marzo, complementaria de la anterior.

Artículo 824. Los Fiscales de las Audiencias y el del Tribunal Supremo, cada uno en su caso y lugar, pedirán que el Juez o Tribunal proponga al Gobierno que solicite la extradición de los procesados o condenados por sentencia firme, cuando sea procedente con arreglo a Derecho.

Artículo 825. Para que pueda pedirse o proponerse la extradición, será requisito necesario que se haya dictado auto motivado de prisión o recaído sentencia firme contra los acusados a que se refiera.

Artículo 826. Sólo podrá pedirse o proponerse la extradición:

1.º De los españoles que habiendo delinquido en España se hayan refugiado en país extranjero.

2.º De los españoles que habiendo atentado en el extranjero contra la seguridad exterior del Estado, se hubiesen refugiado en país distinto del en que delinquieron.

3.º De los extranjeros que debiendo ser juzgados en España se hubiesen refugiado en un país que no sea el suyo.

Sobre el derecho de asilo hay que tener en cuenta las siguientes normas: Arts. 13.4 CE, 8 CC, y Ley 5/1984, 26 de marzo (BOE 27), reguladora del derecho de asilo y de la condición de refugiado. Internacionalmente hay que considerar el Convenio de Ginebra de 28 de julio 1951, sobre el Estatuto de lo Refugiados, y el Protocolo de Nueva York de 31 enero 1967, ratificado el 22 julio 1978 (BOE 21 octubre).

Artículo 827. Procederá la petición de extradición:

1.º En los casos que se determinen en los Tratados vigentes con la potencia en cuyo territorio se hallare el individuo reclamado.

2.º En defecto de Tratado, en los casos en que la extradición proceda según el derecho escrito o consuetudinario vigente en el territorio a cuya nación se pida la extradición.

3.º En defecto de los dos casos anteriores, cuando la extradición sea procedente según el principio de reciprocidad.

Artículo 828. El Juez o Tribunal que conozca de la causa en que estuviese procesado el reo ausente en territorio extranjero, será el competente para pedir su extradición.

Artículo 829. El Juez o Tribunal que conociere de la causa acordará de oficio o a instancia de parte, en resolución fundada, pedir la extradición desde el momento en que, por el estado del proceso y por su resultado, sea procedente con arreglo a cualquiera de los números de los artículos 826 y 827.

Artículo 830. Contra el auto acordando o denegando pedir la extradición podrá interponerse el recurso de apelación, si lo hubiese dictado un Juez de Instrucción.

Artículo 831. La petición de extradición se hará en forma de suplicatorio dirigido al Ministro de Gracia y Justicia.

Se exceptúa el caso en que por el Tratado vigente con la nación en cuyo territorio se hallare el procesado, pueda pedir directamente la extradición el Juez o Tribunal que conozca de la causa.

Ver el art. 7 LE; arts. 12 y 23 CEExt; art. 5 del Segundo Protocolo Adicional al CEExt y 276 a 278 LOPJ.

Artículo 832. Con el suplicatorio o comunicación que hayan de expedirse, según lo dispuesto en el artículo anterior, se remitirá testimonio en que se inserte literalmente el auto de extradición y en relación la pretensión o dictamen fiscal en que se haya pedido, y todas las diligencias de la causa necesarias para justificar la procedencia de la extradición con arreglo al número correspondiente del artículo 826 en que aquélla se funde.

Ver el art. 7 LE; arts. 12 y 23 CEExt; art. 5 del Segundo Protocolo Adicional al CEExt.

Artículo 833. Cuando la extradición haya de pedirse por conducto del Ministro de Gracia y Justicia, se le remitirá el suplicatorio y testimonio por medio del Presidente de la Audiencia respectiva.

Si el Tribunal que conociere de la causa fuese el Supremo o su Sala Segunda, los documentos mencionados se remitirán por medio del Presidente de dicho Tribunal.

TÍTULO VII. DEL PROCEDIMIENTO CONTRA REOS AUSENTES

Artículo 834. Será declarado rebelde el procesado que en el término fijado en la requisitoria no comparezca, o que no fuere habido y presentado ante el Juez o Tribunal que conozca de la causa.

Artículo 835. Será llamado y buscado por requisitoria:

1.º El procesado que al ir a notificársele cualquiera resolución judicial no fuere hallado en su domicilio por haberse ausentado, si se ignorase su paradero, y el que no tuviese domicilio conocido. El que practique la diligencia interrogará sobre el punto en que se hallare el procesado a la persona con quien dicha diligencia deba entenderse con arreglo a lo dispuesto en el artículo 172 de esta Ley.

2.º El que se hubiere fugado del establecimiento en que se hallase detenido o preso.

Véanse los arts. 468 a 470 CP.

3.º El que, hallándose en libertad provisional, dejare de concurrir a la presencia judicial el día que le esté señalado o cuando sea llamado.

Véanse los arts. 538 y ss. de esta LECRIM.

Artículo 836. Inmediatamente que un procesado se halle en cualquiera de los casos del artículo anterior, el Juez o Tribunal que conozca de la causa mandará expedir requisitorias para su llamamiento y busca.

Artículo 837. La requisitoria expresará todas las circunstancias mencionadas en el artículo 513, excepto la última, cuando no se haya decretado la prisión o detención del procesado; y además las siguientes:

1.ª La del número del artículo 835 que diere lugar a la expedición de la requisitoria.

2.ª El término dentro del cual el procesado ausente deberá presentarse, bajo apercibimiento de que en otro caso será declarado rebelde y le parará el perjuicio a que hubiere lugar con arreglo a la Ley.

Artículo 838. La requisitoria se remitirá a los Jueces, se publicará en los periódicos y se fijará en los sitios públicos mencionados en el artículo 512, uniéndose a los autos la original y un ejemplar de cada periódico en que se haya publicado.

Artículo 839. Transcurrido el plazo de la requisitoria sin haber comparecido o sin haber sido presentado el ausente, se le declarará rebelde.

Artículo 839 bis. 1. La persona jurídica imputada únicamente será llamada mediante requisitoria cuando no haya sido posible su citación para el acto de primera comparecencia por falta de un domicilio social conocido.

2. En la requisitoria de la persona jurídica se harán constar los datos identificativos de la entidad, el delito que se le imputa y su obligación de comparecer en el plazo que se haya fijado, con Abogado y Procurador, ante el Juez que conoce de la causa.

3. La requisitoria de la persona jurídica se publicará en el «Boletín Oficial del Estado» y, en su caso, en el «Boletín Oficial del Registro Mercantil» o en cualquier otro periódico o diario oficial relacionado con la naturaleza, el objeto social o las actividades del ente imputado.

4. Transcurrido el plazo fijado sin haber comparecido la persona jurídica, se la declarará rebelde, continuando los trámites procesales hasta su conclusión.

Artículo añadido por la LAP (Ley 37/2011).

Artículo 840. Si la causa estuviere en sumario, se continuará hasta que se declare terminado por el Juez o Tribunal competente, suspendiéndose después su curso y archivándose los autos y las piezas de convicción que pudieren conservarse y no fueren de un tercero irresponsable.

Artículo 841. Si al ser declarado en rebeldía el procesado se hallare pendiente el juicio oral, se suspenderá éste y se archivarán los autos.

Véase el art. 132 CP.

Artículo 842. Si fueren dos o más los procesados y no a todos se les hubiese declarado en rebeldía, se suspenderá el curso de la causa respecto a los rebeldes hasta que sean hallados, y se continuará respecto a los demás.

Artículo 843. En cualquiera de los casos de los tres artículos anteriores, se reservará, en el auto de suspensión, a la parte ofendida por el delito la acción que le corresponda para la restitución de la cosa, la reparación del daño y la indemnización de perjuicios, a fin de que pueda ejercitarla, independientemente de la causa, por la vía civil contra los que fueren responsables; a cuyo efecto no se alzarán los embargos hechos ni se cancelarán las fianzas prestadas.

Artículo 844. Cuando la causa se archive por estar en rebeldía todos los procesados, se mandará devolver a los dueños, que no resulten civil ni criminalmente responsables del delito, los efectos o instrumentos del mismo o las demás piezas de convicción que hubiesen sido recogidas durante la causa; pero antes de hacerse la devolución, el Letrado de la Administración de Justicia extenderá diligencia consignando descripción minuciosa de todo lo que se devuelva.

Asimismo se verificará el reconocimiento pericial que habría de practicarse si la causa continuara su curso ordinario.

Para la devolución de los efectos y piezas de convicción pertenecientes a un tercero irresponsable, se observará lo que se dispone en los artículos 634 y 635.

Artículo 845. Si el reo se hubiere fugado u ocultado después de notificada la sentencia y estando pendiente recurso de casación, éste se sustanciará hasta definitiva, interesando el Letrado de la Administración de Justicia que se nombre al rebelde Abogado y Procurador de oficio.

Párrafo modificado por el art. 2.120 de la Ley 13/2009, de 3 de noviembre.

La sentencia que recaiga será firme.

Lo mismo sucederá si habiéndose ausentado u ocultado el reo después de haberle sido notificada la sentencia, se interpusiese el recurso por su representación o por el Ministerio Fiscal después de su ausencia u ocultación.

Artículo 846. Cuando el declarado rebelde en los casos de los artículos 840 y 841 se presente o sea habido, el Juez o Tribunal abrirá nuevamente la causa para continuarla según su estado.

Modificado por el art. 2.121 de la Ley 13/2009, de 3 de noviembre.

LIBRO V
DE LOS RECURSOS DE APELACIÓN, CASACIÓN Y DE REVISIÓN

TÍTULO PRIMERO. DEL RECURSO DE APELACIÓN CONTRA LAS SENTENCIAS Y DETERMINADOS AUTOS

Todo este Título ha sido añadido por la Ley Orgánica 5/1995, de 22 de mayo, del Tribunal del Jurado, modificada por la Ley Orgánica 8/1995, de 16 de noviembre.

Artículo 846 bis a). Las sentencias dictadas, en el ámbito de la Audiencia Provincial y en primera instancia, por el Magistrado-Presidente del Tribunal del Jurado, serán apelables para ante la Sala de lo Civil y Penal del tribunal Superior de Justicia de la correspondiente Comunidad Autónoma.

Serán también apelables los autos dictados por el Magistrado-Presidente del Tribunal del Jurado que se dicten resolviendo cuestiones a que se refiere el artículo 36 de la Ley Orgánica del Tribunal del Jurado, así como en los casos señalados en el artículo 676 de la presente Ley.

La Sala de lo Civil y Penal se compondrá para conocer de este recurso, de tres Magistrados.

Artículo 846 bis b). Pueden interponer el recurso tanto el Ministerio Fiscal como el condenado y las demás partes, dentro de los diez días siguientes a la última notificación de la sentencia.

También podrán recurrir el declarado exento de responsabilidad criminal, si se le impusiere una medida de seguridad o se declarase su responsabilidad civil conforme a lo dispuesto en el Código Penal.

La parte que no haya apelado en el plazo indicado podrá formular apelación en el trámite de impugnación, pero este recurso quedará supeditado a que el apelante principal mantenga el suyo.

Artículo 846 bis c). El recurso de apelación deberá fundamentarse en alguno de los motivos siguientes:

a) Que en el procedimiento o en la sentencia se ha incurrido en quebrantamiento de las normas y garantías procesales, que causare indefensión, si se hubiere efectuado la oportuna reclamación de subsanación. Esta reclamación no será necesaria si la infracción denunciada implica la vulneración de un derecho fundamental constitucionalmente garantizado.

A estos efectos podrán alegarse, sin perjuicio de otros: los relacionados en los artículos 850 y 851, entendiéndose las referencias a los Magistrados de los números 5 y 6 hechas a los jurados; la existencia de defectos en el veredicto, bien por parcialidad en las instrucciones dadas al Jurado o defecto en la proposición del objeto de aquél, siempre que de ello se derive indefensión, bien por concurrir motivos de los que debiera haber dado lugar a su devolución al Jurado y ésta no hubiera sido ordenada.

b) Que la sentencia ha incurrido en infracción de precepto constitucional o legal en la calificación jurídica de los hechos o en la determinación de la pena, o de las medidas de seguridad o de la responsabilidad civil.

c) Que se hubiese solicitado la disolución del Jurado por inexistencia de prueba de cargo, y tal petición se hubiere desestimado indebidamente.

d) Que se hubiese acordado la disolución del Jurado y no procediese hacerlo.

e) Que se hubiese vulnerado el derecho a la presunción de inocencia porque, atendida la prueba practicada en el juicio, carece de toda base razonable la condena impuesta.

En los supuestos de las letras a), c) y d), para que pueda admitirse a trámite el recurso, deberá haberse formulado la oportuna protesta al tiempo de producirse la infracción denunciada.

Artículo 846 bis d). Del escrito interponiendo recurso de apelación el Letrado de la Administración de Justicia dará traslado, una vez concluido el término para recurrir, a las demás partes, las que, en término de cinco días, podrán impugnar el recurso o formular recurso supeditado de apelación. Si lo interpusieren se dará traslado a las demás partes.

Concluido el término de cinco días sin que se impugne o se formule apelación supeditada o, en su caso, efectuado el traslado a las demás partes, el Letrado de la Administración de Justicia emplazará a todas ante la Sala de lo Civil y Penal del Tribunal Superior de Justicia para que se personen en plazo de diez días.

Si el apelante principal no se personare o manifestare su renuncia al recurso, se devolverán por el Letrado de la Administración de Justicia los autos a la Audiencia Provincial, que declarará firme la sentencia y procederá a su ejecución.

Modificado por el art. 2.122 de la Ley 13/2009, de 3 de noviembre.

Artículo 846 bis e). Personado el apelante, el Letrado de la Administración de Justicia señalará día para la vista del recurso citando a las partes personadas y, en todo caso, al condenado y tercero responsable civil.

Párrafo modificado por el art. 2.123 de la Ley 13/2009, de 3 de noviembre.

La vista se celebrará en audiencia pública, comenzando por el uso de la palabra la parte apelante seguido del Ministerio Fiscal, si éste no fuese el que apeló, y demás partes apeladas.

Si se hubiese formulado recurso supeditado de apelación, esta parte intervendrá después del apelante principal que, si no renunciase, podrá replicarle.

Artículo 846 bis f). Dentro de los cinco días siguientes a la vista, deberá dictarse sentencia, la cual, si estimase el recurso por algunos de los motivos a que se refieren las letras a) y d) del artículo 846 bis c), mandará devolver la causa a la Audiencia para celebración de nuevo juicio.

En los demás supuestos dictará la resolución que corresponda.

Artículo 846 ter. 1. Los autos que supongan la finalización del proceso por falta de jurisdicción o sobreseimiento libre y las sentencias dictadas por las Audiencias Provinciales o la Sala de lo Penal de la Audiencia Nacional en primera instancia son recurribles en apelación ante las Salas de lo Civil y Penal de los Tribunales Superiores de Justicia de su territorio y ante la Sala de Apelación de la Audiencia Nacional, respectivamente, que resolverán las apelaciones en sentencia.

2. La Sala de lo Civil y Penal de los Tribunales Superiores de Justicia y la Sala de Apelación de la Audiencia Nacional se constituirán con tres magistrados para el conocimiento de los recursos de apelación previstos en el apartado anterior.

3. Los recursos de apelación contra las resoluciones previstas en el apartado 1 de este artículo se regirán por lo dispuesto en los artículos 790, 791 y 792 de esta ley, si bien las referencias efectuadas a los Juzgados de lo Penal se entenderán realizadas al órgano que haya dictado la resolución recurrida y las referencias a las Audiencias al que sea competente para el conocimiento del recurso.

Artículo introducido por la Ley 41/2015, de 5 de octubre, de modificación de la Ley de Enjuiciamiento Criminal para la agilización de la justicia penal y el fortalecimiento de las garantías procesales.

Sobre la generalización de la segunda instancia penal ver la Circular de la Fiscalía General del Estado núm. 1/2018, de 1 de junio.

TÍTULO II. DEL RECURSO DE CASACIÓN

El art. 57.1.1º LOPJ establece la competencia de la Sala de lo Penal del Tribunal Supremo para conocer de los recursos de casación.

El RDLey 5/2023, de 28 de junio añade una disposición transitoria relativa a las nuevas normas procesales que se contienen en el mismo. ¡Ojo! No crea una Disposición transitoria en la LECRIM, pues se refiere a todas las normas procesales incluidas en dicho RDLey, en lo que ahora afecta en las reformas de la casación criminal.

CAPÍTULO PRIMERO. De los recursos de casación por infracción de ley y por quebrantamiento de forma

SECCIÓN 1ª. De la procedencia del recurso

Véase el art. 5.4 de la LOPJ.

Artículo 847. 1. Procede recurso de casación:

a) Por infracción de ley y por quebrantamiento de forma contra:

1.º Las sentencias dictadas en única instancia o en apelación por la Sala de lo Civil y Penal de los Tribunales Superiores de Justicia.

2.º Las sentencias dictadas por la Sala de Apelación de la Audiencia Nacional.

b) Por infracción de ley del motivo previsto en el número 1.º del artículo 849 contra las sentencias dictadas en apelación por las Audiencias Provinciales y la Sala de lo Penal de la Audiencia Nacional.

2. Quedan exceptuadas aquellas que se limiten a declarar la nulidad de las sentencias recaídas en primera instancia.

Redactado conforme a Ley 41/2015, de 5 de octubre, de modificación de la Ley de Enjuiciamiento Criminal para la agilización de la justicia penal y el fortalecimiento de las garantías procesales.

Artículo 848. Podrán ser recurridos en casación, únicamente por infracción de ley, los autos para los que la ley autorice dicho recurso de modo expreso y los autos definitivos dictados en primera instancia y en apelación por las Audiencias Provinciales o por la Sala de lo Penal de la Audiencia Nacional cuando supongan la finalización del proceso por falta de jurisdicción o sobreseimiento libre y la causa se haya dirigido contra el encausado mediante una resolución judicial que suponga una imputación fundada.

Véanse los arts. 25, III; 31, II; 32, III; 35, 37, II; 40, II; 625, I; y 676, III de esta LECRIM.
Artículo redactado conforme a la Ley 41/2015, de 5 de octubre, de modificación de la Ley de Enjuiciamiento Criminal para la agilización de la justicia penal y el fortalecimiento de las garantías procesales.

Artículo 849. Se entenderá que ha sido infringida la ley para el efecto de que pueda interponerse el recurso de casación:

Artículo redactado conforme a la Ley de 16 de julio de 1949 (BOE del 17).

1.º Cuando, dados los hechos que se declaren probados en las resoluciones comprendidas en los dos artículos anteriores, se hubiere infringido un precepto penal de carácter sustantivo u otra norma jurídica del mismo carácter que deba ser observada en la aplicación de la ley penal.

Ver el art. 5.4 LOPJ.

2.º Cuando haya existido error en la apreciación de la prueba, basado en documentos que obren en autos, que demuestren la equivocación del juzgador sin resultar contradichos por otros elementos probatorios.

Motivo redactado de nuevo por la Ley 6/1985, 27 marzo.

Artículo 850. El recurso de casación podrá interponerse por quebrantamiento de forma:

1.º Cuando se haya denegado alguna diligencia de prueba que, propuesta en tiempo y forma por las partes, se considere pertinente.

Ver el art. 659, IV de esta LECRIM.

2.º Cuando se haya omitido la citación del procesado, la del responsable civil subsidiario, la de la parte acusadora o la del actor civil para su comparecencia en el acto del juicio oral, a no ser que estas partes hubiesen comparecido en tiempo, dándose por citadas.

Véase el art. 664, II de esta LECRIM.

3.º Cuando el Presidente del Tribunal se niegue a que un testigo conteste, ya en audiencia pública, ya en alguna diligencia que se practique fuera de ella, a la pregunta o preguntas que se le dirijan siendo pertinentes y de manifiesta influencia en la causa.

Veáse el art. 709, II de esta LECRIM.

4.º Cuando se desestime cualquier pregunta por capciosa, sugestiva o impertinente, no siéndolo en realidad, siempre que tuviese verdadera importancia para el resultado del juicio.

Véase el art. 721 de esta LECRIM.

5.º Cuando el Tribunal haya decidido no suspender el juicio para los procesados comparecidos, en el caso de no haber concurrido algún acusado, siempre que hubiere causa fundada que se oponga a juzgarles con independencia y no haya recaído declaración de rebeldía.

Este párrafo fue añadido por la Ley 28/1978, de 26 de mayo, y el resto del artículo por la Ley de 16 de julio de 1949.

Artículo 851. Podrá también interponerse el recurso de casación por la misma causa:

1.º Cuando en la sentencia no se exprese clara y terminantemente cuáles son los hechos que se consideren probados, o resulte manifiesta contradicción entre ellos, o se consignen como hechos probados conceptos que, por su carácter jurídico, impliquen la predeterminación del fallo.

Véanse los arts. 142 de esta LECRIM y 248.3 LOPJ.

2.º Cuando en la sentencia sólo se exprese que los hechos alegados por las acusaciones no se han probado, sin hacer expresa relación de los que resultaren probados.

Véase el art. 142 de esta LECRIM.

3.º Cuando no se resuelva en ella sobre todos los puntos que hayan sido objeto de la acusación y defensa.

4.º Cuando se pene un delito más grave que el que haya sido objeto de la acusación, si el Tribunal no hubiere procedido previamente como determina el artículo 733.

5.º Cuando la sentencia haya sido dictada por menor número de Magistrados que el señalado en la Ley o sin la concurrencia de votos conformes que por la misma se exigen.

Véase el art. 154 de esta LECRIM.

6.º Cuando haya concurrido a dictar sentencia algún Magistrado cuya recusación, intentada en tiempo y forma, y fundada en causa legal, se hubiese rechazado.

Artículo 852. En todo caso, el recurso de casación podrá interponerse fundándose en la infracción de precepto constitucional.

Artículo modificado por la Disp. Final 12.ª LEC.

Artículo 853.

Derogado por Ley de 28 de junio de 1933.

Artículo 854. Podrán interponer el recurso de casación: el Ministerio Fiscal, los que hayan sido parte en los juicios criminales, y los que sin haberlo sido resulten condenados en la sentencia y los herederos de unos y otros.

Los actores civiles no podrán interponer el recurso sino en cuanto pueda afectar a las restituciones, reparaciones e indemnizaciones que hayan reclamado.

SECCIÓN 2ª. De la preparación del recurso

Artículo 855. El que se proponga interponer recurso de casación pedirá, ante el Tribunal que haya dictado la resolución definitiva, un testimonio de la misma, y manifestará la clase o clases de recurso que trate de utilizar.

Cuando se pretenda interponer recurso de casación contra sentencia dictada en apelación por una Audiencia Provincial o la Sala de lo Penal de la Audiencia Nacional por infracción de ley, el recurrente deberá presentar escrito consignando, en párrafos separados, con la mayor claridad y concisión, la concurrencia de los requisitos exigidos, identificando el precepto o preceptos sustantivos que se consideran infringidos y explicando de modo sucinto las razones que fundan tal infracción.

Cuando el recurrente se proponga fundar el recurso en el número 2.º del artículo 849, deberá designar, sin razonamiento alguno, los particulares del documento que muestren el error en la apreciación de la prueba.

Si se propusiere utilizar el de quebrantamiento de forma, designará también, sin razonamiento alguno, la falta o faltas que se supongan cometidas, y, en su caso, la reclamación practicada para subsanarlas y su fecha.

Artículo modificado por el Real Decreto-ley 5/2023, de 28 de junio.

Artículo 856. La petición expresada en el precedente artículo se formulará mediante escrito autorizado por Abogado y Procurador, dentro de los cinco días siguientes al de la última notificación de la sentencia o auto contra el que se intente entablar el recurso.

Artículo 857. En dicho escrito se consignará la promesa solemne de constituir el depósito que establece el artículo 875 de la presente Ley.

Si la parte que prepare el recurso hubiera sido declarada insolvente, total o parcial, o se le hubiera reconocido el derecho a la asistencia jurídica gratuita, pedirá al Tribunal que se haga constar expresamente esta circunstancia en la certificación de la sentencia que deberá librarse, y se obligará además a responder, si llegare a mejor fortuna, del importe del depósito que, según los casos, deba constituir.

Párrafo redactado por el art. 2.124 de la Ley 13/2009, de 3 de noviembre.
Véase la Ley 1/1996, de asistencia jurídica gratuita.

Artículo 858. El Tribunal, dentro de los tres días siguientes, sin oír a las partes, tendrá por preparado el recurso si la resolución reclamada es recurrible en casación y se han cumplido todos los requisitos exigidos en los artículos anteriores, y, en el caso contrario, lo denegará por auto motivado.

Cuando se trate de recurso de casación contra sentencia dictada en apelación por una Audiencia Provincial o la Sala de lo Penal de la Audiencia Nacional, el Tribunal denegará, por auto motivado, la preparación cuando se aleguen motivos distintos al previsto en el artículo 849.1, no se identifique un precepto sustantivo supuestamente infringido, no se consigne el breve extracto exigido, o su contenido se aparte del ámbito del artículo 849.1.º

De los autos que se deniegue tener por preparada la resolución, se dará copia certificada en el acto de la notificación a la parte recurrente.

Artículo modificado por el Real Decreto-ley 5/2023, de 28 de junio.

Artículo 859. En la misma resolución en que se tenga por preparado el recurso se mandará que el Letrado de la Administración de Justicia expida, en el plazo de tres días, el testimonio de la sentencia, con los votos particulares si los hubiere y una vez librado, el Letrado de la Administración de Justicia emplazará a las partes para que comparezcan ante la Sala Segunda del Tribunal Supremo, dentro del término improrrogable de 15 días, si se refiere a resoluciones dictadas por Tribunales con sede en la Península; de 20 días, si tienen sede en la Comunidad Autónoma de las Illes Balears y de 30, si tienen sede en la Comunidad Autónoma de Canarias o en las ciudades autónomas de Ceuta o Melilla.

Nueva redacción dada por el art. 2.125 de la Ley 13/2009, de 3 de noviembre.

Artículo 860. El recurrente a quien, para su defensa, se hubiera reconocido el derecho a la asistencia jurídica gratuita o hubiera sido declarado insolvente, total o parcial, podrá solicitar del Tribunal sentenciador que remita directamente a la Sala Segunda del Supremo el testimonio necesario para la interposición del recurso, o, en su caso, la certificación del auto denegatorio del mismo.

La Sala acordará que el Letrado de la Administración de Justicia interese el nombramiento de Abogado y Procurador que puedan interponer el recurso que corresponda, si el recurrente no les hubiera designado. En uno y otro caso, la Sala señalará el plazo dentro del cual haya de interponerse.

Modificado por el art. 2.126 de la Ley 13/2009, de 3 de noviembre.

Artículo 861. El Tribunal sentenciador, en el mismo día en que entregue o remita el testimonio de la sentencia o del auto, enviará a la Sala segunda del Tribunal Supremo certificación de los votos reservados, si los hubiere, o negativa, en su caso, y dispondrá que se notifique a los que hayan sido parte en la causa, además del recurrente, la entrega o remesa de testimonio, emplazándoles para que puedan comparecer, ante la referida Sala, a hacer valer su derecho dentro de los términos fijados en el artículo 859.

A la vez que la certificación expresada, el Letrado de la Administración de Justicia remitirá otra en la que expresará sucintamente la causa, los nombres de las partes, el delito, la fecha de entrega del testimonio al recurrente y, si el acusado se encuentra en prisión provisional, la fecha en que concluye tal situación, así como la del emplazamiento a las partes.

Apartado modificado por el art. 2.127 de la Ley 13/2009, de 3 de noviembre.

También remitirá la causa o el ramo de ella en que se suponga cometida la falta, o que contenga el documento auténtico, cuando el recurso se haya preparado por quebrantamiento de forma o al amparo del número 2.º del artículo 849.

La parte que no haya preparado el recurso podrá adherirse a él en el término del emplazamiento, o al instruirse del formulado por la otra, alegando los motivos que le convengan.

Téngase en cuenta que el art. 260 de la LOPJ sustituye el sistema de los votos reservados por el de los votos particulares. Véase también el art. 157 de esta Ley.

Artículo 861 bis a). Las sentencias contra las cuales pueda interponerse recurso de casación no se ejecutarán hasta que transcurra el término señalado para prepararlo.

Si en dicho término se preparare el recurso, el Tribunal dispondrá, al remitir la causa o ramo, que se contraiga testimonio de resguardo de la resolución recurrida, que conservará con las piezas separadas de la causa para ejecución de aquélla en su caso.

También acordará en la misma resolución que continúe o se modifique la situación del reo o reos y lo pertinente en cuanto a responsabilidades pecuniarias, así como adoptará en las mismas piezas los acuerdos procedentes durante la tramitación del recurso para asegurar en todo caso la ejecución de la sentencia que recayere.

Si la sentencia recurrida fuere absolutoria y el reo estuviere preso, será puesto en libertad.

Artículo 861 bis b). Cuando el recurso hubiera sido preparado por uno de los procesados, podrá llevarse a efecto la sentencia, desde luego, en cuanto a los demás, sin perjuicio de lo dispuesto en el artículo 903.

Artículo 861 bis c). El desistimiento del recurso podrá hacerse en cualquier estado del procedimiento, previa ratificación del interesado, o presentando su Procurador poder suficiente para ello. Si las partes estuvieren citadas para la decisión del recurso, perderá el particular que desista la mitad del depósito, si lo hubiere constituido, y pagará las costas procesales que se hubiesen ocasionado por su culpa.

SECCIÓN 3ª. Del recurso de queja por denegación del testimonio pedido para interponer el de casación

Artículo 862. Si el recurrente se creyere agraviado por el auto denegatorio de que se habla en el artículo 858, podrá acudir en queja a la Sala segunda del Tribunal Supremo, haciéndolo presente al Tribunal sentenciador, dentro de los dos días siguientes al de la notificación de dicho auto, a los efectos de lo dispuesto en el artículo 863.

Artículo 863. El Tribunal dispondrá que se remita copia certificada del auto denegatorio a la Sala segunda del Tribunal Supremo y mandará emplazar a las partes para que comparezcan ante la misma en los términos que previene el artículo 859, según los respectivos casos.

Artículo 864. En las copias certificadas de los autos denegatorios previstas en los artículos anteriores, el Letrado de la Administración de Justicia hará constar también la situación económica de los que intenten la queja en los términos que previene el artículo 858.

Nueva redacción dada por el art. 2.128 de la Ley 13/2009, de 3 de noviembre.

Artículo 865.

Derogado por la Ley 16 de julio de 1949.

Artículo 866. Transcurrido el término del emplazamiento sin que haya comparecido el recurrente en queja, el Letrado de la Administración de Justicia dictará decreto declarando desierto el recurso, con las costas, y lo comunicará al Tribunal sentenciador para los efectos que correspondan, y quedará firme y consentido el auto denegatorio. Contra este decreto cabrá recurso directo de revisión.

Modificado por el art. 2.129 de la Ley 13/2009, de 3 de noviembre.

Artículo 867. Si el recurrente compareciera en tiempo, al verificarlo formulará, en escrito firmado por Abogado y Procurador, con la mayor concisión y claridad, los fundamentos de la queja.

De dicho escrito y del auto denegatorio acompañará copias autorizadas para las demás partes personadas en la causa; una de dichas copias se entregará al Ministerio Fiscal, y transcurridos tres días, durante los cuales deberá éste exponer a la Sala lo que estime conveniente sobre la improcedencia de la queja, se pasará el rollo al Magistrado ponente.

Artículo 867 bis. Cuando alguna de las partes emplazadas comparezca en forma legal, dentro del término de emplazamiento, se le entregará copia del escrito del recurso y del auto denegatorio para que, si lo estima conducente, pueda impugnarlo en el mismo término de tercero día que se concede al Ministerio Fiscal.

Añadido por la Ley de 16 de julio de 1949.

Artículo 868. Cuando el recurrente fuere insolvente total o parcial o cuando tuviere reconocido el derecho a la asistencia jurídica gratuita, y durante el término del emplazamiento compareciere ante la Sala Segunda del Tribunal Supremo en la forma que previene el artículo 874, la sala acordará que el Letrado de la Administración de Justicia interese el nombramiento de Abogado y Procurador de oficio para su defensa, y que les entregue la copia certificada del auto denegatorio para que, en el término de tres días, formalicen el recurso de queja, si lo consideraren procedente, o se excuse el Abogado en el caso de no hallar méritos para ello.

Nueva redacción dada por el art. 2.130 de la Ley 13/2009, de 3 de noviembre.
Véase la Ley 1/1996, de asistencia jurídica gratuita.

Artículo 869. La Sala segunda del Tribunal Supremo, previo informe del Magistrado ponente, y sin más trámites, dictará, en vista de los escritos presentados, la resolución que proceda.

Artículo 870. Cuando la Sala estime fundada la queja revocará el auto denegatorio y mandará al Tribunal sentenciador que expida la certificación de la resolución reclamada y practique lo demás que se previene en los artículos 858 y 861.

Cuando la queja no sea procedente, a juicio de la Sala, la desestimará con las costas y lo comunicará al Tribunal sentenciador para los efectos correspondientes.

Cuando resulten falsos los hechos alegados como fundamento de la queja, la sala podrá imponer al particular recurrente, de forma motivada, una multa que podrá oscilar de 180 a 6.000 euros respetando en todo caso el principio de proporcionalidad y teniendo en cuenta las circunstancias del hecho de que se trate, así como los perjuicios que se hubieren podido causar al procedimiento o al resto de partes procesales.

Ante la falsedad de los hechos alegados en la queja y sin perjuicio de lo dispuesto en el párrafo anterior, el Tribunal acordará dar traslado de la actuación realizada contra las normas de la buena fe procesal a los colegios profesionales competentes por si pudiera proceder la imposición de algún tipo de sanción disciplinaria.

Modificado por el art. 2.131 de la Ley 13/2009, de 3 de noviembre.

Artículo 871. Contra la decisión de la Sala segunda del Tribunal Supremo, resolviendo la queja, no se da recurso alguno.

Artículo 872.

Derogado por la Ley de 16 julio de 1949.

SECCIÓN 4ª. De la interposición del recurso

Artículo 873. El recurso de casación se interpondrá ante la Sala Segunda del Tribunal Supremo dentro de los términos señalados en el artículo 859. Transcurridos estos términos sin interponerlo, o en su caso el que hubiese concedido la Sala, de conformidad con lo dispuesto en el artículo 860, el Letrado de la Administración de Justicia dictará decreto declarando desierto el recurso, y quedará firme y consentida dicha resolución. Contra este decreto cabrá recurso directo de revisión.

Modificado por el art. 2.132 de la Ley 13/2009, de 3 de noviembre.

En los mismos términos podrán adherirse al recurso las demás partes, conforme a lo dispuesto en el artículo 861.

Véase el art. 57.1.1º LOPJ.

Artículo 874. Este recurso se interpondrá en escrito, firmado por Abogado y Procurador autorizado con poder bastante, sin que en ningún caso pueda admitirse la promesa de presentarlo. En dicho escrito se consignará, en párrafos numerados, con la mayor concisión y claridad:

1.º El fundamento o los fundamentos doctrinales y legales aducidos como motivos de casación por quebrantamiento de forma, por infracción de ley, o por ambas causas, encabezados con un breve extracto de su contenido.

2.º El artículo de esta Ley que autorice cada motivo de casación.

3.º La reclamación o reclamaciones practicadas para subsanar el quebrantamiento de forma que se suponga cometido y su fecha, si la falta fuese de las que exigen este requisito.

Con este escrito se presentará el testimonio a que se refiere el artículo 859, si hubiere sido entregado al recurrente, y copia literal del mismo y del recurso, autorizada por su representación, para cada una de las demás partes emplazadas.

La falta de presentación de copias producirá la desestimación del escrito y, en su caso, se considerará comprendida en el número 4.º del artículo 884.

La adhesión al recurso se interpondrá en la forma expresada en los párrafos anteriores de este artículo.

El último párrafo ha sido suprimido por la Ley 1/1996, de asistencia jurídica gratuita.

Artículo 875. Cuando el recurrente fuese el acusador privado y el delito sea de los que pueden perseguirse de oficio presentará su Procurador, con el escrito de interposición, el documento que acredite haber depositado 12.000 pesetas en el establecimiento público destinado al efecto, debiendo consignarse tantos depósitos como acusadores recurrentes haya, a no ser que todos ellos hubiesen comparecido bajo la misma representación.

Cuando el delito fuere de los que sólo pueden perseguirse a instancia de parte, el depósito será de 6.000 pesetas.

Cuando el recurrente fuese el actor civil, el depósito será de 7.500 pesetas.

Cuando el recurso se interponga el último día se considerará cumplido el requisito del depósito si se acompaña al escrito el importe correspondiente en dinero de curso legal, y en el plazo de las cuarenta y ocho horas siguientes se sustituye por el resguardo acreditativo de haber efectuado el depósito en el establecimiento destinado al efecto.

Si el recurrente tuviese reconocido el derecho a la asistencia jurídica gratuita o apareciese declarado insolvente total o parcial, quedará obligado a responder de la cantidad referida, si viniere a mejor fortuna, en la forma que dispone el artículo 857.

Redactado conforme a la Ley 28/1974, de 24 de julio. Su párrafo cuarto ha sido suprimido por la Ley 19/1992, de 30 de abril. El último párrafo redactado por la Ley 1/1996, de 10 de enero.

Artículo 876. Cuando dentro del emplazamiento o al día siguiente de la designación manifieste el Procurador del recurrente su propósito de interponer el recurso, o el Fiscal lo solicitare, se mandará por la Sala abrir el pliego que contenga la certificación de votos reservados y comunicarle con los autos a las partes. En otro caso no se abrirá hasta que el recurso sea interpuesto, y desde el día de su señalamiento para la vista hasta su celebración lo podrán examinar las partes en la Oficina judicial.

Modificado por el art. 2.133 de la Ley 13/2009, de 3 de noviembre.
El art. 260 LOPJ suprime los votos reservados, sustituyéndolos por los votos particulares. Véanse los arts. 157 y 861, I de esta Ley. Los tres primeros párrafos anteriores de este artículo han sido derogados por la Ley 1/1996, de 10 de enero, de asistencia jurídica gratuita.

Artículo 877. Los recursos se numerarán correlativamente por el orden de su presentación, y del número que corresponda a cada uno se dará certificación a la parte que lo pidiere.

Se establecerá, además de la general, una numeración separada para los recursos interpuestos contra las resoluciones dimanantes de causas en que los condenados se hallen en prisión.

Párrafo modificado por el art. 2.134 de la Ley 13/2009, de 3 de noviembre.
Téngase en cuenta que la pena de muerte ha sido abolida por el artículo 15 de la Constitución y la Ley Orgánica 11/1995, de 27 de noviembre, de abolición de la pena de muerte en tiempo de guerra.

Artículo 878. Transcurrido el término de emplazamiento sin que haya comparecido el recurrente en la forma que, según los casos, previene esta Ley, el Letrado de la Administración de Justicia dictará sin más trámites decreto declarando desierto el recurso con imposición de las costas al particular recurrente comunicándolo así al Tribunal de instancia para los efectos que procedan. Contra este decreto cabrá recurso directo de revisión.

Modificado por el art. 2.135 de la Ley 13/2009, de 3 de noviembre.

Artículo 879. El Ministerio Fiscal se ajustará, para la preparación e interposición del recurso, a los términos y formas prescritos en los artículos 855, 873 y 874, en cuanto le sean aplicables.

SECCIÓN 5ª. De la sustanciación del recurso

Artículo 880. Interpuesto el recurso y transcurrido el término del emplazamiento el Letrado de la Administración de Justicia designará al Magistrado ponente que por turno corresponda y formará nota autorizada del recurso en término de diez días. Dicha nota contendrá copia literal de la parte dispositiva de la resolución recurrida, del fundamento de hecho de la misma y del extracto de los motivos de casación prevenido en el número primero del artículo 874, y en relación de los antecedentes de la causa y de cualquier otro particular que se considere necesario para la resolución del recurso.

El Letrado de la Administración de Justicia entregará a las respectivas partes las copias del recurso.

Modificado por el art. 2.136 de la Ley 13/2009, de 3 de noviembre.

Artículo 881. Igualmente, el Letrado de la Administración de Justicia interesará el nombramiento de Abogado y Procurador para la defensa del procesado, condenado o absuelto por la sentencia, cuando no fuese el recurrente ni hubiese comparecido.

Apartado modificado por el art. 2.137 de la Ley 13/2009, de 3 de noviembre.

El Abogado así nombrado no podrá excusarse de aceptar la defensa del procesado, como no sea por razón de alguna incompatibilidad, en cuyo caso se procederá al nombramiento de otro Letrado.

Artículo 882. Dentro del término señalado para formación de la nota por el artículo 880, el Fiscal y las partes se instruirán y podrán impugnar la admisión del recurso o la adhesión al mismo.

Si la impugnaren, acompañarán con el escrito de impugnación tantas copias del mismo cuantas sean las demás partes a quienes el letrado o letrada de la Administración de Justicia hará inmediatamente entrega.

Artículo modificado por el Real Decreto-ley 5/2023, de 28 de junio.

Artículo 882 bis. En su escrito de interposición, el recurrente podrá solicitar la celebración de vista, la misma solicitud podrán hacer las demás partes al instruirse del recurso.

Redactado conforme a la Ley 21/1988, de 19 de julio.

Artículo 883. Formada la nota, se unirá al rollo, y pasarán los autos al Magistrado ponente para instrucción, por término de diez días.

Previo informe del Ponente, la Sala dictará la resolución que proceda sobre la admisión o inadmisión del recurso.

Artículo 884. El recurso será inadmisible:

1.º Cuando se interponga por causas distintas de las expresadas en los artículos 849 a 851.

2.º Cuando se interponga contra resoluciones distintas de las comprendidas en los artículos 847 y 848.

3.º Cuando no se respeten los hechos que la sentencia declare probados o se hagan alegaciones jurídicas en notoria contradicción o incongruencia con aquéllos, salvo lo dispuesto en el número 2.º del artículo 849.

4.º Cuando no se hayan observado los requisitos que la Ley exige para su preparación o interposición.

5.º En los casos del artículo 850, cuando la parte que intente interponerlo no hubiese reclamado la subsanación de la falta mediante los recursos procedentes o la oportuna protesta.

6.º En el caso del numero 2.º del artículo 849, cuando el documento o documentos no hubieran figurado en el proceso o no se designen concretamente las declaraciones de aquellos que se opongan a las de la resolución recurrida.

Redactado su número 6.º por la Ley 22/1988, de 19 de julio.

Artículo 885. Podrá, igualmente, inadmitirse el recurso:

1.º Cuando carezca manifiestamente de fundamento.

2.º Cuando el Tribunal Supremo hubiese ya desestimado en el fondo otros recursos sustancialmente iguales.

La inadmisión de recurso podrá afectar a todos los motivos aducidos o referirse solamente a algunos de ellos.

Redactado acorde a la Ley 21/1988, de 19 de julio.

Artículo 886.

Derogado por Ley de 28 de junio de 1933.

Artículo 887. La resolución se formulará de uno de los dos modos siguientes:

1.º Admitido y concluso para la vista o fallo.

2.º No ha lugar a la admisión y comuníquese al Tribunal sentenciador para los efectos correspondientes.

Artículo 888. La resolución en que se deniegue la admisión del recurso adoptará la forma de auto y se publicará en la «Colección legislativa», expresando el nombre del ponente. La resolución en que se admita no se publicará.

Los antecedentes de hecho y los fundamentos de derecho de las decisiones se limitarán a los puntos pertinentes a la cuestión resuelta.

Cuando en una misma resolución se deniegue la admisión del recurso por alguno de sus fundamentos y se admita en cuanto a otros, o cuando se admita el recurso interpuesto por un interesado y se deniegue respecto de otro, deberá fundarse aquélla en cuanto a la parte denegatoria y publicarse en la «Colección legislativa»

Modificado por el art. 2.138 de la Ley 13/2009, de 3 de noviembre.

Artículo 889. Para denegar la admisión del recurso será necesario que el acuerdo se adopte por unanimidad.

La inadmisión a trámite del recurso de casación en el supuesto previsto en el artículo 847.1.b) podrá acordarse por providencia sucintamente motivada siempre que haya unanimidad por carencia de interés casacional.

La inadmisión a trámite del recurso de casación en el supuesto previsto en el artículo 847.1.a) podrá acordarse por providencia sucintamente motivada siempre que haya unanimidad por carencia de relevancia casacional y la pena privativa de libertad impuesta, o la suma de las penas privativas de libertad impuestas, no sea superior a cinco años, o bien se hayan impuesto cualesquiera otras penas de distinta naturaleza bien sean únicas, conjuntas o alternativas, cualquiera que sea su cuantía o duración.

Artículo modificado por el Real Decreto-ley 5/2023, de 28 de junio.

Artículo 890. Cuando la Sala deniegue la admisión del recurso y el recurrente haya constituido depósito, se le condenará a perderlo y se aplicará por la Sala de Gobierno para atender exclusivamente con su importe a las necesidades imprevistas de la Administración de Justicia, de personal y material.

Si el recurrente no hubiere constituido depósito por su pobreza o insolvencia, total o parcial, se dictará la misma resolución para cuando mejore de fortuna.

Téngase en cuenta la Ley 1/1996, de 10 de enero, de asistencia jurídica gratuita.

Artículo 891.

Derogado por Ley de 16 de julio de 1949.

Artículo 892. Contra la resolución de la Sala admitiendo o denegando la admisión del recurso y la adhesión, no se dará ningún otro.

Artículo 893. Si a juicio de la Sala fuere admisible el recurso y, en su caso, la adhesión al mismo, lo acordará de plano mediante providencia. La providencia en que se acuerde la admisión del recurso dispondrá igualmente que por el Letrado de la Administración de Justicia se proceda al señalamiento para la vista, en su caso. De no celebrarse vista, la sala señalará día para el fallo.

Si se decidiera la celebración de vista, el Letrado de la Administración de Justicia hará el señalamiento.

Modificado por el art. 2.139 de la Ley 13/2009, de 3 de noviembre.

SECCIÓN 6ª. De la decisión del recurso

Artículo 893 bis a). La Sala podrá decidir el fondo del recurso, sin celebración de vista, señalando día para fallo, salvo cuando las partes solicitaran la celebración de aquélla y la duración de la pena impuesta o que pueda imponerse fuese superior a seis años o cuando el Tribunal, de oficio o a instancia de parte, estime necesaria la vista.

El Tribunal acordará en todo caso la vista cuando las circunstancias concurrentes o la trascendencia del asunto hagan aconsejable la publicidad de los debates o cuando, cualquiera que sea la pena, se trate de delitos comprendidos en los Títulos I, II, IV o VII del Libro II del Código Penal.

La referencia al CP de 1995 debe entenderse hecha a los arts. 581 a 616 bis (delitos de traición y contra la paz o la independencia del Estado, y relativos a la defensa nacional) 446 a 471 bis (delitos contra la Administración de Justicia) y 404 a 445 (delitos contra la Administración Pública). Este artículo ha sido redactado acorde a la Ley 21/1988, de 19 de julio.

Artículo 893 bis b). Si la Sala hiciere uso de la facultad que le otorga el artículo anterior, dictará sentencia en los términos que prescriben los artículos 899 y 900.

Artículo 894. Admitido el recurso y señalado día para la vista por el Letrado de la Administración de Justicia, se verificará ésta en audiencia pública, con asistencia del Ministerio fiscal y de los defensores de las partes.

La incomparecencia injustificada de estos últimos no será, sin embargo, motivo de suspensión de la vista si la sala así lo estima.

La sala podrá imponer a los letrados que no concurran las correcciones disciplinarias que estime necesarias, atendida la gravedad e importancia del asunto. En todo caso, la sala acordará que el Letrado de la Administración de

Justicia comunique dicha inasistencia al Colegio de Abogados correspondiente a efectos de la responsabilidad disciplinaria a la que, en su caso, hubiere lugar.

Modificado por el art. 2.140 de la Ley 13/2009, de 3 de noviembre.

Sobre correcciones disciplinarias, véanse los arts. 546 y 552 a 557 LOPJ, y 80 y ss. del Real Decreto 658/2001, de 22 de junio, por el que se aprueba el Estatuto General de la Abogacía.

Artículo 895. La Sala mandará traer a la vista los recursos por el orden de su admisión, estableciendo turnos especiales de preferencia para los comprendidos en el artículo 877.

Si por cualquier causa no pudiese tener lugar la vista en el día señalado, el Letrado de la Administración de Justicia designará otro a la mayor brevedad, cuidando de no alterar en lo posible el orden establecido.

Párrafo modificado por el art. 2.141 de la Ley 13/2009, de 3 de noviembre.

Artículo 896. La vista comenzará dando cuenta el Letrado de la Administración de Justicia del asunto de que se trate.

Informará primero el Abogado del recurrente; después, el de la parte que se haya adherido al recurso, y, por último, el de la parte recurrida que lo impugnare. Si el Ministerio Fiscal fuere el recurrente, hablará el primero, y si apoyare el recurso, informará a continuación de quien lo hubiere interpuesto.

Artículo 897. El Ministerio Fiscal y los Letrados podrán rectificar brevemente, por el orden mismo en que hayan usado de la palabra.

El Presidente, por propia iniciativa o a requerimiento de cualquier Magistrado, podrá solicitar del Ministerio Fiscal y de los Letrados un mayor esclarecimiento de la cuestión debatida, formulando concretamente la tesis que ofrezca duda al Tribunal.

No permitirá el Presidente discusión alguna sobre la existencia de los hechos consignados en la resolución recurrida, salvo cuando el recurso se hubiese interpuesto por el motivo del párrafo 2.º del artículo 849, y llamará al orden al que intente discutirlos, pudiendo llegar a retirarle la palabra.

Artículo 898. Constituirán la Sala tres Magistrados, salvo cuando la duración de la pena impuesta o la que pudiere imponerse, caso de que prosperasen los motivos articulados por las partes acusadoras, sea superior a doce años, en cuyo caso se formará por cinco.

Redactado conforme a la Ley 21/1988, de 19 de junio.

Artículo 899. Concluida la audiencia pública, la Sala resolverá el recurso dentro de los diez días siguientes.

Antes de dictar sentencia, si la Sala lo estimare necesario para la mejor comprensión de los hechos relatados en la resolución recurrida, podrá reclamar del Tribunal sentenciador la remisión de los autos, con suspensión del término fijado en el plazo anterior.

También podrá el Magistrado ponente, al instruirse del recurso, proponer a la Sala que la causa sea reclamada desde luego.

Artículo 900. Las sentencias se redactarán de la manera siguiente:

1.º Encabezamiento. Se expresará la fecha, el delito sobre que versa la causa, los nombres de los recurrentes, procesados y acusadores particulares que en ella hayan intervenido; el Tribunal de donde proceda, las demás circunstancias generales que sirvan para determinar el asunto objeto del recurso y el nombre del Magistrado ponente.

2.º Antecedentes del hecho. Con separación se transcribirán literalmente los hechos declarados probados en la sentencia o auto recurrido, excepto aquellos que sean de manifiesta impertinencia, así como la parte dispositiva de la misma resolución.

3.º Motivos de casación. Se relacionarán los motivos de casación alegados por las respectivas partes.

4.º Fundamentos de derecho. Separadamente se consignarán los fundamentos de derecho de la resolución.

5.º El fallo.

Artículo 901. Cuando la Sala estime cualquiera de los motivos de casación alegados, declarará haber lugar al recurso y casará y anulará la resolución sobre que verse, mandando devolver el depósito al que lo hubiere constituido y declarando de oficio las costas.

Si lo desestimare, declarará no haber lugar al recurso y condenará al recurrente en costas y a la pérdida del depósito con destino a las atenciones determinadas en el artículo 890, o satisfacer la cantidad equivalente, si tuviese reconocido el derecho de asistencia jurídica gratuita, para cuando mejore su fortuna.

Párrafo modificado por el art. 2.142 de la Ley 13/2009, de 3 de noviembre.

Se exceptúa el Ministerio Fiscal de la imposición de costas.

Artículo 901 bis a). Cuando la Sala estime haberse cometido el quebrantamiento de forma en que se funda el recurso, declarará haber lugar a él y ordenará la devolución de la causa al Tribunal de que proceda para que, reponiéndola al estado que tenía cuando se cometió la falta, la sustancie y termine con arreglo a derecho.

Artículo 901 bis b). Si la Sala estima no haberse cometido el quebrantamiento de forma alegado, declarará no haber lugar al mismo y procederá en la propia sentencia a resolver los motivos de casación por infracción de ley.

En todo caso mandará devolver la causa al Tribunal sentenciador.

Artículo 902. Si la Sala casa la resolución objeto del recurso a virtud de algún motivo fundado en la infracción de la ley, dictará a continuación, pero separadamente, la sentencia que proceda conforme a derecho, sin más limitación que la de no imponer pena superior a la señalada en la sentencia casada o a la que correspondería conforme a las peticiones del recurrente, en el caso de que se solicitase pena mayor.

Cuando la Sala crea indicado proponer el indulto, lo razonará debidamente en la sentencia.

> Véanse los arts. 4 y 130 del CP de 1995 y 20 de la Ley de 18 de junio de 1870 estableciendo reglas para el ejercicio de la Gracia de Indulto (Gaceta núm. 175, de 24 de julio), modificada por Ley 1/1988, de 14 de enero (BOE núm. 13, de 15 de enero).

Artículo 903. Cuando sea recurrente uno de los procesados, la nueva sentencia aprovechará a los demás en lo que les fuere favorable, siempre que se encuentren en la misma situación que el recurrente y les sean aplicables los motivos alegados por los que se declare la casación de la sentencia. Nunca les perjudicará en lo que les fuere adverso.

Artículo 904. Contra la sentencia de casación y la que se dicte en virtud de la misma, no se dará recurso alguno.

Artículo 905. Las sentencias en que se declare haber o no lugar al recurso de casación se publicarán en la Colección Legislativa.

Artículo 906. Si las sentencias de que se trata en el artículo anterior recayeren en causas seguidas por cualquiera de los delitos contra la libertad e indemnidad sexuales o contra el honor o concurriesen circunstancias especiales a juicio de la sala, se publicarán suprimiendo los nombres propios de las personas, los de los lugares y las circunstancias que puedan dar a conocer a los acusadores y a los acusados y a los Tribunales que hayan fallado el proceso.

Si estimare la sala que la publicación de la sentencia afecta al derecho al honor, a la intimidad personal o familiar o a la propia imagen de la víctima o bien a la seguridad pública, podrá ordenar en la propia sentencia que no se publique total o parcialmente.

Modificado por el art. 2.143 de la Ley 13/2009, de 3 de noviembre.

Artículos 907 a 909.

Derogados por Ley de 16 de julio de 1949.

CAPÍTULO II. DE LOS RECURSOS DE CASACIÓN POR QUEBRANTAMIENTO DE FORMA

Artículos 910 a 933.

Derogados por la Ley de 16 de julio de 1949)

CAPÍTULO III. DE LA INTERPOSICIÓN, SUSTANCIACIÓN Y RESOLUCIÓN DEL RECURSO DE CASACIÓN POR INFRACCIÓN DE LEY Y POR QUEBRANTAMIENTO DE FORMA

Artículos 934 a 946.

Derogados por Ley de 16 de julio de 1949.

CAPÍTULO IV. DEL RECURSO DE CASACIÓN EN LAS CAUSAS DE MUERTE

Este capítulo queda sin contenido por el art. 2.144 de la Ley 13/2009, de 3 de noviembre.

TÍTULO III. DEL RECURSO DE REVISIÓN

Artículo 954. 1. Se podrá solicitar la revisión de las sentencias firmes en los casos siguientes:

a) Cuando haya sido condenada una persona en sentencia penal firme que haya valorado como prueba un documento o testimonio declarados después falsos, la confesión del encausado arrancada por violencia o coacción o cualquier otro hecho punible ejecutado por un tercero, siempre que tales extremos resulten declarados por sentencia firme en procedimiento penal seguido al efecto. No será exigible la sentencia condenatoria cuando el proceso penal iniciado a tal fin sea archivado por prescripción, rebeldía, fallecimiento del encausado u otra causa que no suponga una valoración de fondo.

b) Cuando haya recaído sentencia penal firme condenando por el delito de prevaricación a alguno de los magistrados o jueces intervinientes en virtud de alguna resolución recaída en el proceso en el que recayera la sentencia cuya revisión se pretende, sin la que el fallo hubiera sido distinto.

c) Cuando sobre el mismo hecho y encausado hayan recaído dos sentencias firmes.

d) Cuando después de la sentencia sobrevenga el conocimiento de hechos o elementos de prueba, que, de haber sido aportados, hubieran determinado la absolución o una condena menos grave.

e) Cuando, resuelta una cuestión prejudicial por un tribunal penal, se dicte con posterioridad sentencia firme por el tribunal no penal competente para la resolución de la cuestión que resulte contradictoria con la sentencia penal.

2. Será motivo de revisión de la sentencia firme de decomiso autónomo la contradicción entre los hechos declarados probados en la misma y los declarados probados en la sentencia firme penal que, en su caso, se dicte.

3. Se podrá solicitar la revisión de una resolución judicial firme cuando el Tribunal Europeo de Derechos Humanos haya declarado que dicha resolución fue dictada en violación de alguno de los derechos reconocidos en el Convenio Europeo para la Protección de los Derechos Humanos y libertades Fundamentales y sus Protocolos, siempre que la violación, por su naturaleza y gravedad, entrañe efectos que persistan y no puedan cesar de ningún otro modo que no sea mediante esta revisión.

En este supuesto, la revisión solo podrá ser solicitada por quien, estando legitimado para interponer este recurso, hubiera sido demandante ante el Tribunal Europeo de Derechos Humanos. La solicitud deberá formularse en el plazo de un año desde que adquiera firmeza la sentencia del referido Tribunal.

En estos supuestos, salvo en aquellos procedimientos en que alguna de las partes esté representada y defendida por el abogado o abogada del Estado, el letrado o letrada de la Administración de Justicia dará traslado a la Abogacía General del Estado de la presentación de la demanda de revisión, así como de la decisión sobre su admisión. La Abogacía del Estado podrá intervenir, sin tener la condición de parte, por propia iniciativa o a instancia del órgano judicial, mediante la aportación de información o presentación de observaciones escritas sobre cuestiones relativas a la ejecución de la Sentencia del Tribunal Europeo de Derechos Humanos.

El letrado o letrada de la Administración de Justicia notificará igualmente la decisión de la revisión a la Abogacía General del Estado. Del mismo modo, en caso de estimarse la revisión, los letrados o letradas de la Administración de Justicia de los tribunales correspondientes informarán a la Abogacía General del Estado de las principales actuaciones que se lleven a cabo como consecuencia de la revisión.

Apartado 3 modificado por el art. 101.10 del Real Decreto-ley 6/2023, de 19 de diciembre, por el que se aprueban medidas urgentes para la ejecución del Plan de Recuperación, Transformación y Resiliencia en materia de servicio público de justicia, función pública, régimen local y mecenazgo.

Artículo modificado por la Ley 41/2015, de 5 de octubre, de modificación de la Ley de Enjuiciamiento Criminal para la agilización de la justicia penal y el fortalecimiento de las garantías procesales.

Artículo 955. Están legitimados para promover e interponer, en su caso, el recurso de revisión, el penado y, cuando éste haya fallecido, su cónyuge, o quien haya mantenido convivencia como tal, ascendientes y descendientes, con objeto de rehabilitar la memoria del difunto y de que se castigue, en su caso, al verdadero culpable.

Este artículo ha sido redactado conforme a la Ley 10/1992, de 30 de abril.

Artículo 956. El Ministerio de Gracia y Justicia, previa formación del expediente, podrá ordenar al Fiscal del Tribunal Supremo que interponga el recurso, cuando a su juicio hubiere fundamento bastante para ello.

Vid. la STC 124/1984, 18 diciembre.

Artículo 957. La Sala, previa audiencia del Ministerio Fiscal, autorizará o denegará la interposición del recurso. Antes de dictar la resolución, la Sala podrá ordenar, si lo entiende oportuno y dadas las dudas razonables que suscite el caso, la práctica de las diligencias que estime pertinentes, a cuyo efecto podrá solicitar la cooperación judicial necesaria. Los autos en los que se acuerde la autorización o denegación a efectos de la interposición, no son susceptibles de recurso alguno. Autorizado el recurso, el promovente dispondrá de quince días para su interposición.

El art. 57.1.1º LOPJ determina la competencia de la Sala de lo Penal del Tribunal Supremo para conocer de los recursos de revisión.

Este artículo ha sido redactado conforme a la Ley 10/1992, de 30 de abril.

Artículo 958. En el caso del número 1.º del artículo 954, la Sala declarará la contradicción entre las sentencias, si en efecto existiere, anulando una y otra, y mandará instruir de nuevo la causa al Tribunal a quien corresponda el conocimiento del delito.

En el caso del número 2.º del mismo artículo, la Sala, comprobada la identidad de la persona cuya muerte hubiese sido penada, anulará la sentencia firme.

En el caso del número 3.º del referido artículo, dictará la Sala la misma resolución, con vista de la ejecutoria que declare la falsedad del documento, y mandará al Tribunal a quien corresponda el conocimiento del delito instruir de nuevo la causa.

En el caso del número 4.º del citado artículo, la Sala instruirá una información supletoria, de la que dará vista al Fiscal, y si en ella resultare evidenciada la inocencia del condenado, se anulará la sentencia y mandará, en su caso, a quien corresponda el conocimiento del delito instruir de nuevo la causa.

Artículo 959. El recurso de revisión se sustanciará oyendo por escrito una sola vez al Fiscal y otra a los penados, que deberán ser citados, si antes no comparecieren. Cuando pidieren la unión de antecedentes a los autos, la Sala acordará sobre este particular lo que estime más oportuno. Después seguirá el recurso los trámites establecidos para el de casación por infracción de ley, y la Sala, con informe oral o sin él, según acuerde en vista de las circunstancias del caso, dictará sentencia, que será irrevocable.

Artículo 960. Cuando por consecuencia de la sentencia firme anulada hubiese sufrido el condenado alguna pena corporal, si en la nueva sentencia se le impusiere alguna otra, se tendrá en cuenta para el cumplimiento de ésta todo el tiempo de la anteriormente sufrida y su importancia.

Cuando en virtud de recurso de revisión se dicte sentencia absolutoria, los interesados en ella o sus herederos tendrán derecho a las indemnizaciones civiles a que hubiere lugar según el derecho común, las cuales serán satisfechas por el Estado, sin perjuicio del derecho de éste de repetir contra el Juez o Tribunal sentenciador que hubieren incurrido en responsabilidad o contra la persona directamente declarada responsable o sus herederos.

Véanse los arts. 121 CE y 292 y ss. LOPJ y la nota al art. 954 de esta Ley.

Artículo 961. El Fiscal General del Estado podrá también interponer el recurso siempre que tenga conocimiento de algún caso en el que proceda y que, a su juicio, haya fundamento bastante para ello, de acuerdo con la información que haya practicado.

Redactado conforme a la Ley 10/1992, de 30 de abril (BOE de 5 de mayo).

LIBRO VI
DEL PROCEDIMIENTO PARA EL JUICIO SOBRE DELITOS LEVES

Rúbrica modificada por el Apartado ocho de la Disposición Final Segunda de la LO 1/2015, de 30 de marzo por la que se modifica la LO 10/1995, de 23 de noviembre, del Código Penal (BOE del 31 de marzo).

Los arts. 87.1.b) y 100.2 LOPJ establecen, respectivamente, la competencia de los Juzgados de Instrucción en materia de delitos leves. Véase también el art. 14-1° de esta Ley.

Adviértase que la división en Títulos de este Libro ha sido eliminada por la Ley 10/1992, de 30 de abril (BOE de 5 de mayo), que, además, da nueva redacción a la mayoría de sus preceptos.

Los artículos siguientes han sido redactados de nuevo por la Ley 38/2002, de 24 de octubre, salvo los apartados que se indican que lo han sido por la LO 5/2003 y la LO 1/2015, de 30 de marzo por la que se modifica la LO 10/1995, de 23 de noviembre, del Código Penal.

Artículo 962. 1. Cuando la Policía Judicial tenga noticia de un hecho que presente los caracteres de delito leve de lesiones o maltrato de obra, de hurto flagrante, de amenazas, de coacciones o de injurias, cuyo enjuiciamiento corresponda al Juzgado de Instrucción al que se debe entregar el atestado o a otro del mismo partido judicial, procederá de forma inmediata a citar ante el Juzgado de Guardia a los ofendidos y perjudicados, al denunciante, al denunciado y a los testigos que puedan dar razón de los hechos. Al hacer dicha citación se apercibirá a las personas citadas de las respectivas consecuencias de no comparecer ante el Juzgado de guardia. Asimismo, se les apercibirá de que podrá celebrarse el juicio de forma inmediata en el Juzgado de guardia, incluso aunque no comparezcan, y de que han de comparecer con los medios de prueba de que intenten valerse. Al denunciante y al ofendido o perjudicado se les informará de sus derechos en los términos previstos en los artículos 109, 110 y 967.

En el momento de la citación se les solicitará que designen, si disponen de ellos, una dirección de correo electrónico y un número de teléfono a los que serán remitidas las comunicaciones y notificaciones que deban realizarse. Si no los pudieran facilitar o lo solicitaren expresamente, las notificaciones les serán remitidas por correo ordinario al domicilio que designen.

Modificado por el Apartado nueve de la Disposición Final Segunda de la LO 1/2015, de 30 de marzo por la que se modifica la LO 10/1995, de 23 de noviembre, del Código Penal (BOE del 31 de marzo).

2. A la persona denunciada se le informará sucintamente de los hechos en que consista la denuncia y del derecho que le asiste de comparecer asistido de abogado. Dicha información se practicará en todo caso por escrito.

Modificado por la Disposición Adicional Única de la Ley Orgánica 5/2003, de 27 de mayo.

3. En estos casos la Policía Judicial hará entrega del atestado al Juzgado de guardia, en el que consten las diligencias y citaciones practicadas y, en su caso, la denuncia del ofendido.

4. Para la realización de las citaciones a que se refiere este artículo, la Policía Judicial fijará la hora de la comparecencia coordinadamente con el Juzgado de guardia. A estos efectos, el Consejo General del Poder Judicial, de acuerdo con lo establecido en el artículo 110 de la Ley Orgánica del Poder Judicial, dictará los Reglamentos oportunos para la ordenación de los servicios de guardia de los Juzgados de Instrucción en relación con la práctica de estas citaciones, coordinadamente con la Policía Judicial.

5. En el supuesto de que la competencia para conocer corresponda al Juzgado de Violencia sobre la Mujer, la Policía Judicial habrá de realizar las citaciones a que se refiere este artículo ante dicho Juzgado en el día hábil más próximo. Para la realización de las citaciones antes referidas, la Policía Judicial fijará el día y la hora de la comparecencia coordinadamente con el Juzgado de Violencia sobre la Mujer.

A estos efectos el Consejo General del Poder Judicial, de acuerdo con lo establecido en el artículo 110 de la Ley Orgánica del Poder Judicial, dictará los Reglamentos oportunos para asegurar esta coordinación.

Este último apartado ha sido añadido por la LO 1/2004, de 28 de diciembre, de Medidas de Protección Integral contra la Violencia de Género.

Artículo 963. 1. Recibido el atestado conforme a lo previsto en el artículo anterior, si el juez estima procedente la incoación del juicio, adoptará alguna de las siguientes resoluciones:

1.ª Acordará el sobreseimiento del procedimiento y el archivo de las diligencias cuando lo solicite el Ministerio Fiscal a la vista de las siguientes circunstancias:

a) El delito leve denunciado resulte de muy escasa gravedad a la vista de la naturaleza del hecho, sus circunstancias, y las personales del autor, y

b) no exista un interés público relevante en la persecución del hecho. En los delitos leves patrimoniales, se entenderá que no existe interés público relevante en su persecución cuando se hubiere procedido a la reparación del daño y no exista denuncia del perjudicado. En este caso comunicará inmediatamente la suspensión del juicio a todos aquellos que hubieran sido citados conforme al apartado 1 del artículo anterior. El sobreseimiento del procedimiento será notificado a los ofendidos por el delito.

2.ª Acordará la inmediata celebración del juicio en el caso de que hayan comparecido las personas citadas o de que, aun no habiendo comparecido alguna de ellas, el juzgado reputare innecesaria su presencia. Asimismo, para acordar la inmediata celebración del juicio, el Juzgado de guardia tendrá en cuenta si ha de resultar imposible la práctica de algún medio de prueba que se considere imprescindible.

2. Para acordar la celebración inmediata del juicio, será necesario que el asunto le corresponda al Juzgado de guardia en virtud de las normas de competencia y de reparto.

Modificado por el Apartado diez de la Disposición Final Segunda de la LO 1/2015, de 30 de marzo por la que se modifica la LO 10/1995, de 23 de noviembre, del Código Penal (BOE del 31 de marzo).

Artículo 964. 1. En los supuestos no contemplados por el artículo 962, cuando la Policía Judicial tenga noticia de un hecho que presente los caracteres de algún delito leve, formará de manera inmediata el correspondiente atestado que remitirá sin dilación al Juzgado de guardia salvo para aquellos supuestos exceptuados en el artículo 284 de esta ley. Dicho atestado recogerá las diligencias practicadas, así como el ofrecimiento de acciones al ofendido o perjudicado, practicado conforme a los artículos 109, 110 y 967, y la designación, si disponen de ellos, de una dirección de correo electrónico y un número de teléfono a los que serán remitidas las comunicaciones y notificaciones que deban realizarse. Si no los pudieran facilitar o lo solicitaren expresamente, las notificaciones les serán remitidas por correo ordinario al domicilio que designen.

Este número ha sido modificado dos veces, la primera por el Apartado once de la Disposición Final Segunda de la LO 1/2015, de 30 de marzo por la que se modifica la LO 10/1995, de 23 de noviembre, del Código Penal (BOE del 31 de marzo); la segunda, que le otorga el contenido actual por la Ley 41/2015, de 5 de octubre, de modificación de la Ley de Enjuiciamiento Criminal para la agilización de la justicia penal y el fortalecimiento de las garantías procesales.

2. Recibido el atestado conforme a lo previsto en el párrafo anterior, y en todos aquellos casos en que el procedimiento se hubiere iniciado en virtud de denuncia presentada directamente por el ofendido ante el órgano judicial, el juez podrá adoptar alguna de las siguientes resoluciones:

a) Acordará el sobreseimiento del procedimiento y el archivo de las diligencias cuando resulte procedente conforme a lo dispuesto en el numeral 1ª del apartado 1 del artículo anterior.

La resolución de sobreseimiento será notificada a los ofendidos por el delito.

b) Acordará celebrar de forma inmediata el juicio si, estando identificado el denunciado, fuere posible citar a todas las personas que deban ser convocadas para que comparezcan mientras dure el servicio de guardia y concurran el resto de requisitos exigidos por el artículo 963. 3. Las citaciones se harán al Ministerio Fiscal, salvo que el delito leve fuere perseguible sólo a instancia de parte, al querellante o denunciante, si lo hubiere, al denunciado y a los testigos y peritos que puedan dar razón de los hechos. Al practicar las citaciones, se apercibirá a las personas citadas de las respectivas consecuencias de no comparecer ante el Juzgado de guardia, se les informará que podrá celebrarse el juicio aunque no asistan, y se les indicará que han de comparecer con los medios de prueba de que intenten valerse. Asimismo, se practicarán con el denunciado las actuaciones señaladas en el apartado 2 del artículo 962.

El número 2 ha sido modificado por el Apartado once de la Disposición Final Segunda de la LO 1/2015, de 30 de marzo por la que se modifica la LO 10/1995, de 23 de noviembre, del Código Penal (BOE del 31 de marzo).

Artículo 965. 1. Si no fuere posible la celebración del juicio durante el servicio de guardia, se seguirán las reglas siguientes:

1.ª Si el juez estimare que la competencia para el enjuiciamiento corresponde al propio juzgado de instrucción y que no procede el sobreseimiento conforme a lo dispuesto en el numeral 1.ª del apartado 1 del artículo 963, el Letrado de la Administración de Justicia procederá en todo caso al señalamiento para la celebración del juicio y a las citaciones procedentes para el día hábil más próximo posible dentro de los predeterminados a tal fin, y en cualquier caso en un plazo no superior a siete días.

2.ª Si el juez estimare que la competencia para el enjuiciamiento corresponde a otro juzgado, el Letrado de la Administración de Justicia le remitirá lo actuado para que se proceda a realizar el señalamiento del juicio y las citaciones con arreglo a lo dispuesto en la regla anterior.

Modificado por el Apartado doce de la Disposición Final Segunda de la LO 1/2015, de 30 de marzo por la que se modifica la LO 10/1995, de 23 de noviembre, del Código Penal (BOE del 31 de marzo).

2. El Consejo General del Poder Judicial, de acuerdo con lo establecido en el artículo 110 de la Ley Orgánica del Poder Judicial, dictará los Reglamentos oportunos para la ordenación, coordinadamente con el Ministerio Fiscal, de los señalamientos de juicios de faltas.

Redactado por la LO 15/2003, de 25 de noviembre.

Artículo 966. Las citaciones para la celebración del juicio previsto en el artículo anterior se harán al Ministerio Fiscal, al querellante o denunciante, si lo hubiere, al denunciado y a los testigos y peritos que puedan dar razón de los hechos.

A tal fin, se solicitará a cada uno de ellos en su primera comparecencia ante la Policía Judicial o el Juez de Instrucción que designen, si disponen de ellos, una dirección de correo electrónico y un número de teléfono a los que serán remitidas las comunicaciones y notificaciones que deban realizarse. Si no los pudieran facilitar o lo solicitaren expresamente, las notificaciones les serán remitidas por correo ordinario al domicilio que designen.

Modificado por el Apartado trece de la Disposición Final Segunda de la LO 1/2005, de 30 de marzo por la que se modifica la LO 10/1995, de 23 de noviembre, del Código Penal (BOE del 31 de marzo).

Artículo 967. 1. En las citaciones que se efectúen al denunciante, al ofendido o perjudicado y al investigado para la celebración del juicio, se les informará de que pueden ser asistidos por abogado si lo desean y de que deberán acudir al juicio con los medios de prueba de que intenten valerse. A la citación del investigado se acompañará copia de la querella o de la denuncia que se haya presentado.

Sin perjuicio de lo dispuesto en el párrafo anterior, para el enjuiciamiento de los delitos leves que lleven aparejada pena de multa cuyo límite máximo sea al menos de seis meses, se aplicarán las reglas generales de defensa y representación.

Modificado por la LO 13 /2015, de 5 de octubre.

2. Cuando los citados como partes, los testigos y los peritos no comparezcan ni aleguen justa causa para dejar de hacerlo, podrán ser sancionados con una multa de 200 a 2.000 euros.

Artículo 968. En el caso de que por motivo justo no pueda celebrarse el juicio oral en el día señalado o de que no pueda concluirse en un solo acto, el Letrado de la Administración de Justicia señalará para su celebración o continuación el día más inmediato posible y, en todo caso, dentro de los siete siguientes, haciéndolo saber a los interesados.

Modificado por el art. 2.146 de la Ley 13/2009, de 3 de noviembre.

Artículo 969. 1. El juicio será público, dando principio por la lectura de la querella o de la denuncia, si las hubiere, siguiendo a esto el examen de los testigos convocados, y practicándose las demás pruebas que propongan el querellante, el denunciante y el Fiscal, si asistiere, siempre que el Juez las considere admisibles. La querella habrá de reunir los requisitos del artículo 277, salvo que no necesite firma de Abogado ni de Procurador. Seguidamente se oirá al acusado, se examinarán los testigos que presente en su descargo y se practicarán las demás pruebas que ofrezca y fueren pertinentes, observándose las prescripciones de esta Ley en cuanto sean aplicables. Acto continuo expondrán de palabra las partes lo que crean conveniente en apoyo de sus respectivas pretensiones, hablando primero el Fiscal, si asistiere, después el querellante particular o el denunciante y, por último, el acusado.

2. El fiscal asistirá a los juicios por delito leve siempre que a ellos sea citado. Sin embargo, el Fiscal General del Estado impartirá instrucciones sobre los supuestos en los que, en atención al interés público, los fiscales podrían dejar de asistir al juicio y de emitir los informes a que se refieren los artículos 963.1 y 964.2, cuando la persecución del delito leve exija la denuncia del ofendido o perjudicado. En estos casos, la declaración del denunciante en el juicio afirmando los hechos denunciados tendrá valor de acusación, aunque no los califique ni señale pena.

Modificado por el Apartado quince de la Disposición Final Segunda de la LO 1/2005, de 30 de marzo por la que se modifica la LO 10/1995, de 23 de noviembre, del Código Penal (BOE del 31 de marzo).

Artículo 970. Si el denunciado reside fuera de la demarcación del Juzgado, no tendrá obligación de concurrir al acto del juicio, y podrá dirigir al Juez escrito alegando lo que estime conveniente en su defensa, así como apoderar a Abogado o Procurador que presente en aquel acto las alegaciones y las pruebas de descargo que tuviere.

Artículo 971. La ausencia injustificada del acusado no suspenderá la celebración ni la resolución del juicio, siempre que conste habérsele citado con las formalidades prescritas en esta Ley, a no ser que el Juez, de oficio o a instancia de parte, crea necesaria la declaración de aquél.

Artículo 972. En cuanto se refiere a la grabación de la vista y a su documentación, serán aplicables las disposiciones contenidas en el artículo 743.

Modificado por el art. 2.147 de la Ley 13/2009, de 3 de noviembre.

Artículo 973. 1. El Juez, en el acto de finalizar el juicio, y a no ser posible dentro de los tres días siguientes, dictará sentencia apreciando, según su conciencia, las pruebas practicadas, las razones expuestas por el Fiscal y por las demás partes o sus defensores y lo manifestado por los propios acusados, y siempre que haga uso del libre arbitrio que para la calificación de la falta o para la imposición de la pena le otorga el Código Penal, deberá expresar si ha tomado en consideración los elementos de juicio que el precepto aplicable de aquél obligue a tener en cuenta.

2. La sentencia se notificará a los ofendidos y perjudicados por el delito leve, aunque no se hayan mostrado parte en el procedimiento. En la notificación se harán constar los recursos procedentes contra la resolución comunicada, así como el plazo para su presentación y órgano judicial ante quien deba interponerse.

Modificado por el Apartado dieciséis de la Disposición Final Segunda de la LO 1/2015, de 30 de marzo por la que se modifica la LO 10/1995, de 23 de noviembre, del Código Penal (BOE del 31 de marzo).

Artículo 974. 1. La sentencia se llevará a efecto inmediatamente transcurrido el término fijado en el párrafo tercero del artículo 212, si no hubiere apelado ninguna de las partes y hubiere transcurrido, también, el plazo de impugnación para los ofendidos y perjudicados no comparecidos en el juicio.

2. Si en la sentencia se hubiere condenado al pago de la responsabilidad civil, sin fijar su importe en cantidad líquida, se estará a lo que dispone el artículo 984.

Artículo 975. Si las partes, conocido el fallo, expresan su decisión de no recurrir, el Juez, en el mismo acto, declarará la firmeza de la sentencia.

Artículo 976. 1. La sentencia es apelable en el plazo de los cinco días siguientes al de su notificación. Durante este período se hallarán las actuaciones en Secretaría a disposición de las partes.

2. El recurso se formalizará y tramitará conforme a lo dispuesto en los artículos 790 a 792.

3. La sentencia de apelación se notificará a los ofendidos y perjudicados por el delito leve, aunque no se hayan mostrado parte en el procedimiento.

Modificado por el Apartado diecisiete de la Disposición Final Segunda de la LO 1/2015, de 30 de marzo por la que se modifica la LO 10/1995, de 23 de noviembre, del Código Penal (BOE del 31 de marzo).

Artículo 977. Contra la sentencia que se dicte en segunda instancia no habrá lugar a recurso alguno. El órgano que la hubiese dictado mandará devolver al Juez los autos originales, con certificación de la sentencia dictada, para que proceda a su ejecución.

Artículo 978.

Queda sin contenido, por lo dispuesto en la Ley 10/1992, de 30 de abril, de Medidas Urgentes de Reforma Procesal.

Artículo 979.

Queda sin contenido, por lo dispuesto en la Ley 10/1992, de 30 de abril, de Medidas Urgentes de Reforma Procesal.

Artículo 980.

Queda sin contenido, por lo dispuesto en la Ley 10/1992, de 30 de abril, de Medidas Urgentes de Reforma Procesal.

Artículo 981.

Queda sin contenido, por lo dispuesto en la Ley 10/1992, de 30 de abril, de Medidas Urgentes de Reforma Procesal.

Artículo 982.

Queda sin contenido, por lo dispuesto en la Ley 10/1992, de 30 de abril, de Medidas Urgentes de Reforma Procesal.

LIBRO VII
DE LA EJECUCIÓN DE LAS SENTENCIAS

Véanse los arts. 18.2 LOPJ y 35 y ss. CP.

Artículo 983. Todo procesado absuelto por la sentencia será puesto en libertad inmediatamente, a menos que el ejercicio de un recurso que produzca efectos suspensivos o la existencia de otros motivos legales hagan necesario el aplazamiento de la excarcelación, lo cual se ordenará por auto motivado.

Ver el art. 861 bis a), IV de esta LECRIM y el Convenio Europeo sobre traslado de personas condenadas, de 21 de marzo de 1983.

Artículo 984. La ejecución de la sentencia en los juicios sobre faltas corresponde al órgano que haya conocido del juicio. Cuando no pudiera practicar por sí mismo todas las diligencias necesarias se dirigirá al órgano judicial de la circunscripción en que deban tener efecto, para que las practique.

El Juez de Instrucción que haya conocido en apelación de un juicio de faltas mandará remitir los autos originales, acompañándolos con certificación de la sentencia firme, al Juez que haya conocido del juicio en primera instancia para los efectos del párrafo anterior.

Para la ejecución de la sentencia, en cuanto se refiere a la reparación del daño causado e indemnización de perjuicios, se aplicarán las disposiciones establecidas en la Ley de Enjuiciamiento Civil, si bien será en todo caso promovida de oficio por el Juez que la dictó.

Modificado por el art. 2.148 de la Ley 13/2009, de 3 de noviembre.

Ver el art. 974 de esta Ley. Este artículo ha sido redactado acorde a la Ley 3/1967, de 8 de abril, y a la Ley 10/1992, de 30 de abril.

Artículo 985. La ejecución de las sentencias en causas por delito corresponde al Tribunal que haya dictado la que sea firme.

La ejecución de las sentencias recaídas en el proceso por aceptación de decreto, cuando el delito sea leve, corresponde al juzgado que la hubiera dictado.

Ver el art. 117.3. CE y art. 9 de esta LECRIM. El segundo párrafo has sido añadido por la Ley 41/ 2015, de 5 de octubre de modificación de la Ley de Enjuiciamiento Criminal para la agilización de la Justicia penal y el fortalecimiento de las garantías procesales.

Artículo 986. Sin embargo de lo dispuesto en el artículo anterior, la sentencia dictada a continuación de la de casación por la Sala segunda del Tribunal Supremo se ejecutará por el Tribunal que hubiese pronunciado la sentencia casada, en vista de la certificación que al efecto le remitirá la referida Sala.

Artículo 987. Cuando el Tribunal a quien corresponda la ejecución de la sentencia no pudiere practicar por sí mismo todas las diligencias necesarias, se dirigirá al órgano judicial competente del partido o demarcación en que deban tener efecto para que las practique.

Modificado por el art. 2.149 de la Ley 13/2009, de 3 de noviembre.

Artículo 988. Cuando una sentencia sea firme, con arreglo a lo dispuesto en el art. 141 de esta ley, lo declarará así el Juez o Tribunal que la hubiera dictado.

Hecha esta declaración, se procederá a ejecutar la sentencia aunque el reo está sometido a otra causa, en cuyo caso se le conducirá, cuando sea necesario, desde el establecimiento penal en que se halle cumpliendo la condena al lugar donde se esté instruyendo la causa pendiente.

Cuando el culpable de varias infracciones penales haya sido condenado en distintos procesos por hechos que pudieron ser objeto de uno solo, conforme a lo previsto en el artículo 17 de esta Ley, el Juez o Tribunal que hubiera dictado la última sentencia, de oficio, a instancia del Ministerio Fiscal o del condenado, procederá a fijar el límite del cumplimiento de las penas impuestas conforme a lo dispuesto en el artículo 76 del Código Penal. Para ello, el Letrado de la Administración de Justicia reclamará la hoja histórico-penal del Registro central de penados y rebeldes y testimonio de las sentencias condenatorias y previo dictamen del Ministerio Fiscal, cuando no sea el solicitante, el Juez o Tribunal dictará auto en el que se relacionarán todas las penas impuestas al reo, determinando el máximo de cumplimiento de las mismas. Contra tal auto podrán el Ministerio Fiscal y el condenado interponer recurso de casación por infracción de Ley.

Modificado por el art. 2.150 de la Ley 13/2009, de 3 de noviembre.
Véase los arts. 75 a 78 bis CP, sobre la refundición de las condenas.

Artículo 989. 1. Los pronunciamientos sobre responsabilidad civil serán susceptibles de ejecución provisional con arreglo a lo dispuesto en la Ley de Enjuiciamiento Civil.

2. A efectos de ejecutar la responsabilidad civil derivada del delito o falta y sin perjuicio de la aplicación de las disposiciones de la Ley de Enjuiciamiento Civil, el Letrado de la Administración de Justicia podrá encomendar a la Agencia Estatal de Administración Tributaria o, en su caso, a los organismos tributarios de las haciendas forales las actuaciones de investigación patrimonial necesarias para poner de manifiesto las rentas y el patrimonio presente y los que vaya adquiriendo el condenado hasta tanto no se haya satisfecho la responsabilidad civil determinada en sentencia.

Cuando dichas entidades alegaren razones legales o de respeto a los derechos fundamentales para no realizar la entrega o atender a la colaboración que les hubiese sido requerida por el Letrado de la Administración de Justicia, éste dará cuenta al Juez o Tribunal para resolver lo que proceda.

Apartado modificado por el art. 2.151 de la Ley 13/2009, de 3 de noviembre.

Artículo 990. Las penas se ejecutarán en la forma y tiempo prescritos en el Código Penal y en los reglamentos.

Corresponde al Juez o Tribunal a quien el presente Código impone el deber de hacer ejecutar la sentencia adoptar sin dilación las medidas necesarias para que el condenado ingrese en el establecimiento penal destinado al efecto, a cuyo fin requerirá el auxilio de las Autoridades administrativas, que deberán prestárselo sin excusa ni pretexto alguno.

La competencia del Juez o Tribunal para hacer cumplir la sentencia excluye la de cualquier Autoridad gubernativa hasta que el condenado tenga ingreso en el establecimiento penal o se traslade al lugar en donde deba cumplir la condena.

Los Tribunales ejercerán además las facultades de inspección que las Leyes y Reglamentos les atribuyan sobre la manera de cumplirse las penas.

Entre las funciones que corresponden al Juez de Vigilancia, el artículo 76.2.a) de la Ley Orgánica 1/1979, de 26 de septiembre, General Penitenciaria, señala la de «adoptar todas la decisiones necesarias para que los pronunciamientos de las resoluciones en orden a las penas privativas de libertad se lleven a cabo, asumiendo las funciones que corresponderían a los Jueces y Tribunales sentenciadores».

Véanse, además, los arts, 94 y 95 LOPJ y 3.2 CP.

Corresponde al Letrado de la Administración de Justicia impulsar el proceso de ejecución de la sentencia dictando al efecto las diligencias necesarias, sin perjuicio de la competencia del Juez o Tribunal para hacer cumplir la pena.

Párrafo añadido por el art. 2.152 de la Ley 13/2009, de 3 de noviembre.

El Letrado de la Administración de Justicia pondrá en conocimiento de los directamente ofendidos y perjudicados por el delito y, en su caso a los testigos, todas aquellas resoluciones relativas al penado que puedan afectar a su seguridad.

Párrafo añadido por el art. 2.152 de la Ley 13/2009, de 3 de noviembre.

En los supuestos de delitos contra la Hacienda pública, contrabando y contra la Seguridad Social, los órganos de recaudación de la Administración Tributaria o, en su caso, de la Seguridad Social, tendrán competencia para investigar, bajo la supervisión de la autoridad judicial, el patrimonio que pueda llegar a resultar afecto al pago de las responsabilidades civiles derivadas del delito, ejercer las facultades previstas en la legislación tributaria o de Seguridad Social, remitir informes sobre la situación patrimonial, y poner en conocimiento del juez o tribunal las posibles modificaciones de las circunstancias de que puedan llegar a tener conocimiento y que sean relevantes para que el juez o tribunal resuelvan sobre la ejecución de la pena, su suspensión o la revocación de la misma.

Párrafo cuarto añadido por el Apartado dieciocho de la Disposición Final Segunda de la LO 1/2015, de 30 de marzo por la que se modifica la LO 10/1995, de 23 de noviembre, del Código Penal (BOE del 31 de marzo).

Artículo 991. Los confinados que se supongan en estado de demencia serán constituidos en observación, instruyéndose al efecto por la Comandancia del presidio en que aquéllos se encuentren un expediente informativo de los hechos y motivos que hayan dado lugar a la sospecha de la demencia, en el que se consigne el primer juicio, o por lo menos la certificación de los facultativos que los hayan examinado y observado.

Compárese con el art. 383 de esta LECRIM. Véanse los arts. 19, 20 y 60 CP; 39 de la ley Orgánica 1/1979, de 26 de septiembre, General Penitenciaria.

Artículo 992. Consignada la gravedad de la sospecha, el Comandante del presidio dará cuenta inmediatamente, con copia literal del expediente instruido, al Presidente del Tribunal sentenciador de que procedan los confinados, sin perjuicio de ponerlo en conocimiento de la Dirección General de Establecimientos Penales.

La referencia debe entenderse hecha, a raíz del Real Decreto 758/1996, de 5 de mayo, a la Secretaría General de Instituciones Penitenciarias y Director del Centro Penitenciario.

Artículo 993. El Presidente pasará el expediente a que se refiere el artículo anterior al Tribunal sentenciador, el cual, con preferencia, oirá al Fiscal y al acusador particular de la causa, si lo hubiere, y dándose intervención y audiencia al defensor del penado, o nombrándosele de oficio para este caso si no lo tuviese, acordará la instrucción más amplia y formal sobre los hechos y el estado físico y moral de los pacientes, por los mismos medios legales de prueba que se hubieran empleado si el incidente hubiese ocurrido durante el seguimiento de la causa, comisionando al efecto al Juez de Instrucción del partido en que se hallen los confinados.

Véanse las dos notas anteriores, así como los arts. 19, 20 y 60 CP.

Artículo 994. Sustanciado el incidente a que se refieren los artículos anteriores en juicio contradictorio si hubiese oposición y en forma ordinaria si no la hubiese, y después de oir las declaraciones juradas de los peritos en el arte de curar, y en su caso de la Academia de Medicina y Cirugía, se dictará el fallo que proceda. El fallo se comunicará al Comandante del presidio, quien, si se hubiese declarado la demencia, trasladará al penado demente al establecimiento que corresponda, todo sin perjuicio de cumplir con lo que el Código Penal previene si en cualquier tiempo el demente recobrase su juicio.

Ver nota al art. 991 de esta Ley y los arts. 81 y 82 CP.

Artículo 995.

Derogado por Ley 6/1984, de 31 de marzo.

Artículo 996. Las tercerías de dominio o de mejor derecho que puedan deducirse se sustanciarán y decidirán con sujeción a las disposiciones establecidas en la Ley de Enjuiciamiento Civil.

Artículo 997. El Juez de Instrucción a quien se hubiere sometido la práctica de algunas diligencias para la ejecución de la sentencia dará inmediatamente cuenta del cumplimiento de las mismas al Tribunal sentenciador, con testimonio en relación de las practicadas al intento, el cual se unirá a la causa.

Artículo 998. Las referidas diligencias se archivarán por el Letrado de la Administración de Justicia que en ellas haya intervenido.

Modificado por el art. 2.153 de la Ley 13/2009, de 3 de noviembre.

Artículo 999. 1. En la ejecución de sentencias por delitos contra la Hacienda Pública, la disconformidad del obligado al pago con las modificaciones que con arreglo a lo previsto en la Ley General Tributaria lleve a cabo la Administración Pública se pondrá de manifiesto al Tribunal competente para la ejecución, en el plazo de 30 días desde su notificación, que, previa audiencia de la Administración ejecutante y del Ministerio Fiscal por idéntico plazo, resolverá mediante auto si la modificación practicada es conforme a lo declarado en sentencia o si se ha apartado de la misma, en cuyo caso, indicará con claridad los términos en que haya de modificarse la liquidación.

2. Contra el auto que resuelva este incidente cabrá recurso de apelación en un solo efecto o, en su caso, el correspondiente de súplica.

Añadido por la Ley 34/2015, de 21 de septiembre, de modificación parcial de la Ley 58/2003, de 17 de diciembre, General Tributaria.

DISPOSICIONES ADICIONALES

Primera. En los supuestos de amenazas o coacciones previstos en el artículo 572.1.3 del Código Penal, el juez o tribunal adoptará, al iniciar las primeras diligencias, las medidas necesarias para garantizar la confidencialidad de los datos que figuren en los distintos registros públicos que afecten a la víctima de las amenazas o coacciones, de tal forma que dichos datos no puedan servir como información para la comisión de delitos de terrorismo contra dichas personas.

Añadida por la Ley Orgánica 1/2003, de 10 de marzo, para la garantía de la democracia en los Ayuntamientos y la seguridad de los Concejales

Segunda. Las medidas cautelares de prisión provisional, su duración máxima y su cesación, así como las demás medidas cautelares adoptadas en el curso de los procedimientos penales, se anotarán en un Registro Central, de ámbito nacional, que existirá en el Ministerio de Justicia.

El Gobierno, a propuesta del Ministerio de Justicia, oídos el Consejo General del Poder Judicial y la Agencia de Protección de Datos, dictará las disposiciones reglamentarias oportunas relativas a la organización y competencias de dicho Registro Central, determinando el momento de su entrada en funcionamiento, así como el régimen de inscripción y cancelación de sus asientos y el acceso a la información contenida en el mismo, asegurando en todo caso su confidencialidad.

Tercera. El Gobierno, a propuesta conjunta de los Ministerios de Justicia e Interior, y previos los informes legalmente procedentes, regulará mediante Real Decreto la estructura, composición, organización y funcionamiento de la Comisión Nacional sobre el uso forense del ADN, a la que corresponderá la acreditación de los laboratorios facultados para contrastar perfiles genéticos en la investigación y persecución de delitos y la identificación de cadáveres, el establecimiento de criterios de coordinación entre ellos, la elaboración de los protocolos técnicos oficiales sobre la obtención, conservación y análisis de las muestras, la determinación de las condiciones de seguridad en su custodia y la fijación de todas aquellas medidas que garanticen la estricta confidencialidad y reserva de las muestras, los análisis y los datos que se obtengan de los mismos, de conformidad con lo establecido en las leyes.

Las Disposiciones segunda y tercera añadidas por la LO 15/2003, de 25 de noviembre, por la que se modifica la Ley Orgánica 10/1995, de 23 de noviembre, del Código Penal.

Cuarta. 1. Las referencias que se hacen al Juez de Instrucción y al Juez de Primera Instancia en los apartados 1 y 7 del artículo 544 ter de esta Ley, en la redacción dada por la Ley 27/2003, de 31 de julio, reguladora de la Orden de Protección de las Víctimas de la Violencia Doméstica se entenderán hechas, en su caso, al Juez de Violencia sobre la Mujer.

2. Las referencias que se hacen al Juez de Guardia en el título III del libro IV, y en los artículos 962 a 971 de esta Ley, se entenderán hechas, en su caso, al Juez de Violencia sobre la Mujer.

Esta Disposición ha sido añadida por la LO 1/2004, de 28 de diciembre, de Medidas de Protección Integral contra la Violencia de Género.

Quinta. *Comunicación de actuaciones al Instituto Nacional de la Seguridad Social y al Instituto Social de la Marina.*

Los Letrados de la Administración de Justicia de los juzgados y tribunales comunicarán al Instituto Nacional de la Seguridad Social y al Instituto Social de la Marina cualquier resolución judicial de la que se deriven indicios racionales de criminalidad por la comisión de un delito doloso de homicidio en cualquiera de sus formas, en que la víctima fuera ascendiente, descendiente, hermano, cónyuge o excónyuge del investigado, o estuviera o hubiese estado ligada a él por una relación de afectividad análoga a la conyugal. Asimismo, comunicarán a dichos organismos oficiales las resoluciones judiciales firmes que pongan fin a los procedimientos penales. Dichas comunicaciones se realizarán, a los efectos previstos en los artículos 231, 232, 233 y 234 del texto refundido de la Ley General de la Seguridad Social, aprobado por el Real Decreto Legislativo 8/2015, de 30 de octubre, en los artículos 37 bis y 37 ter del texto refundido de la Ley de Clases Pasivas del Estado, aprobado por el Real Decreto Legislativo 670/1987, de 30 de abril, y en los artículos 4, 5, 6, 7 y 10 del Real Decreto-ley 20/2020, de 29 de mayo, por el que se establece el ingreso mínimo vital.

Modificada por el RD-Ley 30/2020, de 29 de septiembre.

Sexta. *Oficina de Recuperación y Gestión de Activos*

[Nota. La corrección de errores efectuada por el BOE de 11 de diciembre otorgó a esta DA la numeración correcta, es decir, la sexta, pues el legislador se olvidó al darle la numeración quinta con la aprobación de la Ley 41/2015, de 5 de octubre, que ya existía en la LECRIM una DA quinta, añadida tres meses antes por la DF-12ª de la Ley 26/2015, de 28 de julio, de modificación del sistema de protección de la infancia y a la adolescencia].

1. La Oficina de Recuperación y Gestión de Activos es el órgano administrativo al que corresponden las funciones de localización, recuperación, conservación, administración y realización de efectos procedentes de actividades delictivas en los términos previstos en la legislación penal y procesal.

Cuando sea necesario para el desempeño de sus funciones y realización de sus fines, la Oficina de Recuperación y Gestión de Activos podrá recabar la colaboración de cualesquiera entidades públicas y privadas, que estarán obligadas a prestarla de conformidad con su normativa específica.

2. Los recursos que se encomienden a la Oficina de Recuperación y Gestión de Activos con anterioridad a que se dicte resolución judicial firme de decomiso se podrán gestionar a través de la cuenta de depósitos y consignaciones judiciales cuando se trate del dinero resultante del embargo o la realización anticipada de los efectos. Para los restantes bienes, en atención a las circunstancias, la Oficina podrá gestionarlos de cualquiera de las formas previstas en la legislación aplicable a las Administraciones Públicas. Los intereses del dinero y los rendimientos y frutos de los bienes se destinarán a satisfacer los costes de gestión, incluyendo los que correspondan a la Oficina; la cantidad restante se conservará a resultas de lo que se disponga mediante resolución judicial firme de decomiso.

Cuando recaiga resolución judicial firme de decomiso, los recursos obtenidos serán objeto de realización y la cantidad obtenida se aplicará en la forma prevista en el artículo 367 quinquies de la Ley de Enjuiciamiento Criminal. La cantidad restante, así como el producto obtenido por la gestión de los bienes durante el proceso, se transferirá al Tesoro como ingreso de derecho público, del que una vez deducidos los gastos de funcionamiento y gestión de la Oficina de Recuperación y Gestión de Activos, dotados en el Presupuesto del Ministerio de Justicia, se afecta hasta un 50 por ciento a la satisfacción de los fines señalados en el apartado siguiente. Estos ingresos generarán crédito en el presupuesto del Ministerio de Justicia, de acuerdo con lo establecido en la Ley General Presupuestaria.

Los costes de gestión y los gastos previstos en los párrafos anteriores podrán estimarse de la forma en que se determine reglamentariamente.

3. Son fines propios de los recursos obtenidos por la Oficina de Recuperación y Gestión de Activos como consecuencia de las resoluciones judiciales de decomiso los siguientes:

a) el apoyo a programas de atención a víctimas del delito, incluido el impulso y dotación de las Oficinas de Asistencia a las Víctimas,

b) el apoyo a los programas sociales orientados a la prevención del delito y el tratamiento del delincuente,

c) la intensificación y mejora de las actuaciones de prevención, investigación, persecución y represión de delitos,

d) la cooperación internacional en la lucha contra las formas graves de criminalidad,

e) y los que puedan determinarse reglamentariamente.

4. En la Ley de Presupuestos Generales del Estado de cada año se determinará el porcentaje objeto de afectación a los fines señalados en esta disposición. Los criterios para la distribución de los recursos afectados serán fijados anualmente mediante acuerdo del Consejo de Ministros.

Disposición Adicional introducida por el artículo único. 15 de la Ley 41/2015, de 5 de octubre, de modificación de la Ley de Enjuiciamiento Criminal para la agilización de la justicia penal y el fortalecimiento de las garantías procesales. Debe ser la sexta.

Séptima. *Procedimiento.*

Sin perjuicio de lo establecido para los procesos especiales, los delitos que alternativa o conjuntamente estén castigados con una pena leve y otra menos grave se sustanciarán por el procedimiento abreviado o, en su caso, por el procedimiento para el enjuiciamiento rápido de determinados delitos o por el proceso por aceptación de decreto.

Disposición Adicional introducida la Ley 41/2015, de 5 de octubre, de modificación de la Ley de Enjuiciamiento Criminal para la agilización de la justicia penal y el fortalecimiento de las garantías procesales. La corrección de errores efectuada por el BOE de 11 de diciembre otorgó a esta DA la numeración correcta, es decir, la séptima, pues el legislador se olvidó al darle la numeración sexta que ya existía en la LECRIM una DA sexta.

Disposición transitoria décima. *Régimen transitorio de las medidas de carácter procesal.*

1. Los recursos de casación penal que se hubieren presentado antes de la entrada en vigor del presente real decreto-ley se continuarán sustanciando conforme a la legislación procesal anterior.

2. Las modificaciones del apartado 2 del artículo 37 y del apartado 5 del artículo 56 de la Ley 29/1998, de 13 de julio, reguladora de la Jurisdicción Contencioso-administrativa, serán de aplicación a todos los procedimientos en

trámite en los que no se haya dictado sentencia a la fecha de entrada en vigor de este real decreto-ley.

3. El régimen del recurso de casación contencioso-administrativo establecido en este real decreto-ley será de aplicación a las resoluciones de los juzgados y tribunales de ese orden que se dicten con posterioridad a su entrada en vigor.

La modificación del artículo 94 de la Ley 29/1998, de 13 de julio, reguladora de la Jurisdicción Contencioso-administrativa, será de aplicación a los recursos de casación que se hubieran preparado y estuvieran pendientes de admisión a la entrada en vigor de este real decreto-ley.

A estos efectos, de oficio o a instancia de parte, se podrá acordar la suspensión del trámite de admisión de estos recursos en atención a cualquiera de los recursos de casación que ya se hubieran admitido antes de la entrada en vigor de este real decreto-ley, que se declararán de tramitación y resolución preferente por concurrir los requisitos del citado artículo 94.

4. La nueva regulación del recurso de casación civil se aplicará a los recursos que se interpongan contra las resoluciones dictadas a partir de su entrada en vigor, con las excepciones previstas en los apartados siguientes.

Los recursos de casación y extraordinarios por infracción procesal interpuestos contra resoluciones dictadas con anterioridad a esa fecha se regirán por la legislación anterior, cualquiera que sea la fecha en la que dichas resoluciones se notifiquen.

En el caso anterior, si procediera la inadmisión de los recursos por las causas previstas en las normas hasta entonces vigentes, se acordará por providencia sucintamente motivada, previa audiencia de las partes.

En el mismo caso, si concurren los requisitos previstos al efecto en el artículo 487.1 de la Ley de Enjuiciamiento Civil, el recurso de casación y, en su caso, el recurso extraordinario por infracción procesal, podrán resolverse por medio de auto, que casará la sentencia y devolverá el asunto al tribunal de su procedencia para que dicte nueva resolución de acuerdo con la doctrina jurisprudencial existente sobre la cuestión o cuestiones planteadas.

5. El régimen del recurso de casación social establecido en este real decreto-ley será de aplicación a las resoluciones de los juzgados y tribunales de ese orden que se dicten con posterioridad a su entrada en vigor.

La modificación del artículo 225 bis de la Ley 36/2011, de 10 de octubre, reguladora de la jurisdicción social, será de aplicación a los recursos de casación que se hubieran preparado y estuvieran pendientes de admisión a la entrada en vigor de este real decreto-ley.

A estos efectos, de oficio o a instancia de parte, se podrá acordar la suspensión del trámite de admisión de otros recursos en atención a cualquiera de los recursos de casación que ya se hubieran admitido a la entrada en vigor de este real decreto-ley y que se declaren de tramitación y resolución preferente por concurrir los requisitos del citado artículo.

Esta Disposición transitoria décima lo es del RDLey 5/2023, de 28 de junio. No crea una Disposición transitoria en la LECRIM, se refiere a todas las normas procesales incluidas en dicho RDLey, a pesar de lo cual se incluye aquí para entender las normas transitorias relativas al proceso penal.

DISPOSICIÓN FINAL

Quedan derogadas todas las Leyes, Reales Decretos, Reglamentos, Órdenes y Fueros anteriores en cuanto contengan reglas de enjuiciamiento criminal para los Jueces y Tribunales del fuero común.

Se exceptúan de lo dispuesto en el párrafo anterior el Real Decreto de 20 de junio de 1852 y las demás disposiciones vigentes sobre el procedimiento por delitos de contrabando y defraudación.

APÉNDICES

1.- Sustitución de términos.

1. En los artículos 120, 309 bis, 760, 771, 775, 779, 797, 798 y 967, el sustantivo «imputado» se sustituye por «investigado», en singular o plural según corresponda.

2. En los artículos 325, 502, 503, 504, 505, 506, 507, 508, 511, 529, 530, 539, 544 ter, 764, 765, 766 y 773, el sustantivo «imputado» se sustituye por «investigado o encausado», en singular o plural según corresponda.

3. En el artículo 141 la expresión «imputados o procesados» se sustituye por «investigados o encausados».

4. En los artículos 762, 780 y 784, el sustantivo «imputado» se sustituye por «encausado», en singular o plural según corresponda.

5. En los artículos 503 y 797 el adjetivo «imputada» se sustituye por «investigada».

Dicha sustitución no afecta a otras nomenclaturas empleadas para definir al investigado o encausado por su relación con la situación procesal en que se encuentra. Así, se mantienen los términos «acusado» o «procesado», que podrán ser empleados de forma indistinta al de «encausado» en las fases oportunas.

Esta sustitución de términos ha sido prevista por la Ley Orgánica 13/2015, de modificación de la Ley de Enjuiciamiento Criminal para el fortalecimiento de las garantías procesales y la regulación de las medidas de investigación tecnológica.

2.- Sustitución de la denominación «Secretario Judicial» por «Letrado de la Administración de Justicia».

En virtud de la reforma de la Ley Orgánica del Poder Judicial por la Ley Orgánica 7/2015, de 21 de julio, por la que se modifica la Ley Orgánica 6/1985, de 1 de julio, del Poder Judicial (BOE de 22 de julio de 2015) el Cuerpo de Secretarios Judiciales pasa a denominarse Cuerpo de Letrados de la Administración de Justicia.

3. ESTATUTO JURÍDICO DE LA VÍCTIMA DEL DELITO

Ley 4/2015, de 27 de abril, del Estatuto de la víctima del delito (BOE del 28)[1]

PREÁMBULO

I

La finalidad de elaborar una ley constitutiva del estatuto jurídico de la víctima del delito es ofrecer desde los poderes públicos una respuesta lo más amplia posible, no sólo jurídica sino también social, a las víctimas, no sólo reparadora del daño en el marco de un proceso penal, sino también minimizadora de otros efectos traumáticos en lo moral que su condición puede generar, todo ello con independencia de su situación procesal.

Por ello, el presente Estatuto, en línea con la normativa europea en la materia y con las demandas que plantea nuestra sociedad, pretende, partiendo del reconocimiento de la dignidad de las víctimas, la defensa de sus bienes materiales y morales y, con ello, los del conjunto de la sociedad.

Con este Estatuto, España aglutinará en un solo texto legislativo el catálogo de derechos de la víctima, de un lado transponiendo las Directivas de la Unión Europea en la materia y, de otro, recogiendo la particular demanda de la sociedad española.

II

Los antecedentes y fundamentos remotos del presente Estatuto de la víctima del delito se encuentran en la Decisión Marco 2001/220/JAI del Consejo, de 15 de marzo de 2001, relativa al estatuto de la víctima en el proceso penal, que reconoce un conjunto de derechos de las víctimas en el ámbito del proceso

---

[1] El Real Decreto 1109/2015, de 11 de diciembre, desarrolló la Ley 4/2015, de 27 de abril, del Estatuto de la víctima del delito, y reguló las Oficinas de Asistencia a las Víctimas del Delito BOE 312, de 30 de diciembre de 2015 (corrección de errores en el BOE de 15 de enero de 2016).

penal, incluido el derecho de protección e indemnización, y que fue el primer proyecto profundo del legislador europeo para lograr un reconocimiento homogéneo de la víctima en el ámbito de la Unión Europea, germen de la normativa especial posterior.

El grado de cumplimiento de dicha Decisión Marco fue objeto del Informe de la Comisión Europea de abril de 2009, que puso de relieve que ningún Estado miembro había aprobado un texto legal único que recogiera, sistemáticamente, los derechos de la víctima y destacó la necesidad de un desarrollo general y efectivo de algunos aspectos del mencionado Estatuto.

Respecto de España, este Informe destaca la existencia de un marco normativo garante de los derechos de la víctima, aunque gran parte de esos derechos son exclusivamente procesales o se centran en algunos tipos muy concretos de víctimas de acuerdo con su normativa particular, esto es, la Ley 35/1995, de 11 de diciembre, de ayudas y asistencia a las víctimas de delitos violentos y contra la libertad sexual (desarrollada por el Real Decreto 738/1997, de 23 de mayo), la Ley Orgánica 1/1996, de 15 de enero, de Protección Jurídica del Menor, la Ley Orgánica 1/2004, de 28 de diciembre, de Medidas de Protección Integral contra la Violencia de Género, así como la Ley 29/2011, de 22 de septiembre, de Reconocimiento y Protección Integral a las Víctimas del Terrorismo.

La Comunicación de la Comisión al Parlamento Europeo, al Consejo, al Comité Económico y Social Europeo y al Comité de las Regiones de 18 de mayo de 2011, denominada «Refuerzo de los derechos de las víctimas en la Unión Europea», reitera el examen de los aspectos de la protección existente hasta la fecha que conviene reforzar y la necesidad de un marco europeo de protección, como el diseñado con la Directiva 2011/99/UE del Parlamento Europeo y del Consejo, de 13 de diciembre de 2011, sobre la orden europea de protección.

En este contexto, se ha producido la aprobación de la Directiva 2012/29/UE del Parlamento Europeo y del Consejo, de 25 de octubre de 2012, por la que se establecen normas mínimas sobre los derechos, el apoyo y la protección de las víctimas de delitos, y por la que se sustituye la Decisión Marco 2001/220/JAI del Consejo. Procede, por tanto, transponer al derecho interno, no sólo las cuestiones que traslucía el informe de la Comisión de 2009 respecto al grado de transposición de la Decisión Marco 2001/220/JAI, sino también las cuestiones pendientes de transponer con arreglo a las Directivas especiales y los nuevos derechos y exigencias que recoge la nueva Directiva de 2012.

Así pues, el presente texto legislativo no sólo responde a la exigencia de mínimos que fija el legislador europeo con el texto finalmente aprobado en la citada Directiva 2012/29/UE, sino que trata de ser más ambicioso, trasladando al mismo las demandas y necesidades de la sociedad española, en aras a completar el diseño del Estado de Derecho, centrado casi siempre en las garantías procesales y los derechos del imputado, acusado, procesado o condenado.

Efectivamente, con ese foco de atención se ha podido advertir, y así lo traslada nuestra sociedad con sus demandas, una cierta postración de los derechos y especiales necesidades de las víctimas del delito que, en atención al valor superior de justicia que informa nuestro orden constitucional, es necesario abordar, siendo oportuno hacerlo precisamente con motivo de dicha transposición.

El horizonte temporal marcado por dicha Directiva para proceder a su incorporación al derecho interno se extiende hasta el 16 de noviembre de 2015, pero como quiera que esta norma europea, de carácter general, está precedida de otras especiales que requieren una transposición en fechas más cercanas, se ha optado por abordar esta tarea en el presente texto y añadir al catálogo general de derechos de las víctimas otras normas de aplicación particular para algunas categorías de éstas.

Asimismo, se considera oportuno, dado que uno de los efectos de la presente Ley es la de ofrecer un concepto unitario de víctima de delito, más allá de su consideración procesal, incluir en el concepto de víctima indirecta algunos supuestos que no vienen impuestos por la norma europea, pero sí por otras normas internacionales, como la Convención de Naciones Unidas para la protección de todas las personas contra las desapariciones forzadas.

III

El presente Estatuto de la Víctima del Delito tiene la vocación de ser el catálogo general de los derechos, procesales y extraprocesales, de todas las víctimas de delitos, no obstante las remisiones a normativa especial en materia de víctimas con especiales necesidades o con especial vulnerabilidad. Es por ello una obligación que, cuando se trate de menores, el interés superior del menor actúe a modo de guía para cualquier medida y decisión que se tome en relación a un menor víctima de un delito durante el proceso penal. En este sentido, la adopción de las medidas de protección del Título III, y especialmente la no adopción de las mismas, deben estar fundamentadas en el interés superior del menor.

Se parte de un concepto amplio de víctima, por cualquier delito y cualquiera que sea la naturaleza del perjuicio físico, moral o material que se le haya irrogado. Comprende a la víctima directa, pero también a víctimas indirectas, como familiares o asimilados.

Por otro lado, la protección y el apoyo a la víctima no es sólo procesal, ni depende de su posición en un proceso, sino que cobra una dimensión extraprocesal. Se funda en un concepto amplio de reconocimiento, protección y apoyo, en aras a la salvaguarda integral de la víctima. Para ello, es fundamental ofrecer a la víctima las máximas facilidades para el ejercicio y tutela de sus derechos, con la minoración de trámites innecesarios que supongan la segunda victimización, otorgarle una información y orientación eficaz de los derechos y servicios que le corresponden, la derivación por la autoridad competente, un trato humano y la posibilidad de hacerse acompañar por la persona que designe en todos sus trámites, no obstante la representación procesal que proceda, entre otras medidas.

Las actuaciones han de estar siempre orientadas a la persona, lo que exige una evaluación y un trato individualizado de toda víctima, sin perjuicio del trato especializado que exigen ciertos tipos de víctimas.

Como ya se ha indicado, el reconocimiento, protección y apoyo a la víctima no se limita a los aspectos materiales y a la reparación económica, sino que también se extiende a su dimensión moral.

Por otra parte, el reconocimiento, protección y apoyo a la víctima se otorga atendiendo, a su vez, a las especialidades de las víctimas que no residen habitualmente en nuestro país.

La efectividad de estos derechos hace necesaria la máxima colaboración institucional e implica no sólo a las distintas Administraciones Públicas, al Poder Judicial y a colectivos de profesionales y víctimas, sino también a las personas concretas que, desde su puesto de trabajo, tienen contacto y se relacionan con las víctimas y, en último término, al conjunto de la sociedad. Por ello, es tan necesario dotar a las instituciones de protocolos de actuación y de procedimientos de coordinación y colaboración, como también el fomento de oficinas especializadas, de la formación técnica, inicial y continuada del personal, y de la sensibilización que el trato a la víctima comporta, sin olvidar la participación de asociaciones y colectivos.

No obstante la vocación unificadora del Estatuto y las remisiones a la normativa especial de ciertos colectivos de víctimas, que verían ampliada su asistencia y protección con el catálogo general de derechos de la víctima, ante la ausencia de una regulación específica para ciertos colectivos de víctimas con especial vulnerabilidad, se pretende otorgarles una protección especial en este texto mediante la transposición de otras dos Directivas recientes: la Directiva 2011/92/UE del Parlamento Europeo y del Consejo, de 13 de diciembre de 2011, relativa a la lucha contra los abusos sexuales y la explotación sexual de los menores y la pornografía infantil, así como la Directiva 2011/36/UE del Parlamento Europeo y del Consejo, de 5 abril de 2011, relativa a la prevención y lucha contra la trata de seres humanos y a la protección de las víctimas y por la que se sustituye la Decisión Marco 2002/629/JAI del Consejo.

IV

En cuanto al contenido y estructura de la Ley, se inicia mediante un Título preliminar, dedicado a las disposiciones generales, que viene a establecer un concepto de víctima omnicomprensivo, por cuanto se extiende a toda persona que sufra un perjuicio físico, moral o económico como consecuencia de un delito.

También se reconoce la condición de víctima indirecta al cónyuge o persona vinculada a la víctima por una análoga relación de afectividad, sus hijos y progenitores, parientes directos y personas a cargo de la víctima directa por muerte o desaparición ocasionada por el delito, así como a los titulares de la patria potestad o tutela en relación a la desaparición forzada de las personas a su cargo, cuando ello determine un peligro relevante de victimización secundaria.

Los derechos que recoge la Ley serán de aplicación a todas las víctimas de delitos ocurridos en España o que puedan ser perseguidos en España, con independencia de la nacionalidad de la víctima o de si disfrutan o no de residencia legal.

Así, el Título preliminar recoge un catálogo general de derechos comunes a todas las víctimas, que se va desarrollando posteriormente a lo largo del articulado y que se refiere tanto a los servicios de apoyo como a los de justicia reparadora que se establezcan legalmente, y a las actuaciones a lo largo del proceso penal en todas sus fases —incluidas las primeras diligencias y la ejecución—, con independencia del resultado del proceso penal. En ese catálogo general, se recogen, entre otros, el derecho a la información, a la protección y al apoyo en todo caso, el derecho a participar activamente en el proceso penal, el derecho al reconocimiento como tal víctima y el derecho a un trato respetuoso, profesional, individualizado y no discriminatorio.

V

El Título I reconoce una serie de derechos extraprocesales, también comunes a todas las víctimas, con independencia de que sean parte en un proceso penal o hayan decidido o no ejercer algún tipo de acción, e incluso con anterioridad a la iniciación del proceso penal.

Resulta novedoso que toda víctima, en aras a facilitar que se encuentre arropada desde el punto de vista personal, pueda hacerse acompañar por la persona que designe, sin perjuicio de la intervención de abogado cuando proceda, en sus diligencias y trato con las autoridades.

En este Título se regula el derecho a obtener información de toda autoridad o funcionario al que se acuda, con lenguaje sencillo y accesible, desde el primer contacto. Esa información, que deberá ser detallada y sucesivamente actualizada, debe orientar e informar sobre los derechos que asisten a la víctima en cuestiones tales como: medidas de apoyo disponibles; modo de ejercicio de su derecho a denunciar; modo y condiciones de protección, del asesoramiento jurídico y de la defensa jurídica; indemnizaciones, interpretación y traducción; medidas de efectividad de sus intereses si residen en distinto país de la Unión Europea; procedimiento de denuncia por inactividad de la autoridad competente; datos de contacto para comunicaciones; servicios disponibles de justicia reparadora; y el modo de reembolso de gastos judiciales.

Se regula específicamente el derecho de la víctima como denunciante y, en particular, su derecho a obtener una copia de la denuncia, debidamente certificada, asistencia lingüística gratuita a la víctima que desee interponer denuncia y traducción gratuita de la copia de la denuncia presentada.

Asimismo, con independencia de personarse en el proceso penal, se reconoce el derecho de la víctima a recibir información sobre ciertos hitos de la causa penal.

Se desarrolla, de acuerdo con la normativa europea, el derecho a la traducción e interpretación, tanto en las entrevistas, incluidas las policiales, como en la participación activa en vistas, e incluye el derecho a la traducción escrita y gratuita de la información esencial, en particular la decisión de poner término a la causa y la designación de lugar y hora del juicio.

Se regula el acceso a los servicios de apoyo, que comprende la acogida inicial, orientación e información y medidas concretas de protección, sin perjuicio de apoyos específicos para cada víctima, según aconseje su evaluación individual y para ciertas categorías de víctimas de especial vulnerabilidad.

Igualmente se busca visibilizar como víctimas a los menores que se encuentran en un entorno de violencia de género o violencia doméstica, para garantizarles el acceso a los servicios de asistencia y apoyo, así como la adopción de medidas de protección, con el objetivo de facilitar su recuperación integral.

VI

El Título II sistematiza los derechos de la víctima en cuanto a su participación en el proceso penal, como algo independiente de las medidas de protección de la víctima en el proceso, que son objeto del Título III.

Se reconoce a la víctima el derecho a participar en el proceso, de acuerdo con lo dispuesto en la Ley de Enjuiciamiento Criminal, y se refuerza la efectividad material del mismo a través de diversas medidas: por un lado, la notificación de las resoluciones de sobreseimiento y archivo y el reconocimiento del derecho a impugnarlas dentro de un plazo de tiempo suficiente a partir de la comunicación, con independencia de que se haya constituido anteriormente o no como parte en el proceso; por otro lado, el reconocimiento del derecho a obtener el pago de las costas que se le hubieran causado, con preferencia al derecho del Estado a ser indemnizado por los gastos hechos en la causa, cuando el delito hubiera sido finalmente perseguido únicamente a su instancia o el sobreseimiento de la misma hubiera sido revocado por la estimación del recurso interpuesto por ella.

El Estado, como es propio de cualquier modelo liberal, conserva el monopolio absoluto sobre la ejecución de las penas, lo que no es incompatible con que se faciliten a la víctima ciertos cauces de participación que le permitan impugnar ante los Tribunales determinadas resoluciones que afecten al régimen de cumplimiento de condena de delitos de carácter especialmente grave, facilitar información que pueda ser relevante para que los Jueces y Tribunales resuelvan sobre la ejecución de la pena, responsabilidades civiles o comiso ya acordados, y solicitar la adopción de medidas de control con relación a liberados condicionales que hubieran sido condenados por hechos de los que pueda derivarse razonablemente una situación de peligro para la víctima.

La regulación de la intervención de la víctima en la fase de ejecución de la pena, cuando se trata del cumplimiento de condenas por delitos especialmente graves, garantiza la confianza y colaboración de las víctimas con la justicia penal, así como la observancia del principio de legalidad, dado que la decisión corresponde siempre a la autoridad judicial, por lo que no se ve afectada la reinserción del penado.

Asimismo, se facilita a la víctima el ejercicio de sus derechos, permitiendo la presentación de solicitudes de justicia gratuita ante la autoridad o funcionario encargado de informarle de sus derechos, evitándose de este modo el peregrinaje por diversas oficinas; y se regula el procedimiento aplicable en los casos de presentación en España de denuncia por hechos delictivos cometidos en otros países de la Unión Europea, así como la comunicación a la víctima de su remisión, en su caso, a las autoridades competentes.

El Estatuto reconoce también el derecho de la víctima a obtener la devolución inmediata de los efectos de su propiedad, salvo en los supuestos excepcionales en los que el efecto en cuestión, temporalmente o de forma definitiva, tuviera que permanecer bajo la custodia de las autoridades para garantizar el correcto desarrollo del proceso.

Finalmente, se incluye una referencia a la posible actuación de los servicios de justicia restaurativa. En este punto, el Estatuto supera las referencias tradicionales a la mediación entre víctima e infractor y subraya la desigualdad moral que existe entre ambos. Por ello, la actuación de estos servicios se concibe orientada a la reparación material y moral de la víctima, y tiene como presupuesto el consentimiento libre e informado de la víctima y el previo reconocimiento de los hechos esenciales por parte del autor. En todo caso, la posible actuación de los servicios de justicia restaurativa quedará excluida cuando ello pueda conllevar algún riesgo para la seguridad de la víctima o pueda ser causa de cualquier otro perjuicio.

VII

En el Título III se abordan cuestiones relativas a la protección y reconocimiento de las víctimas, así como las medidas de protección específicas para cierto tipo de víctimas.

Las medidas de protección buscan la efectividad frente a represalias, intimidación, victimización secundaria, daños psíquicos o agresiones a la dignidad durante los interrogatorios y declaraciones como testigo, e incluyen desde las medidas de protección física hasta otras, como el uso de salas separadas en los Tribunales, para evitar contacto de la víctima con el infractor y cualesquiera otras, bajo discrecionalidad judicial, que exijan las circunstancias.

Para evitar la victimización secundaria en particular, se trata de obtener la declaración de la víctima sin demora tras la denuncia, reducir el número de declaraciones y reconocimientos médicos al mínimo necesario, y garantizar a la víctima su derecho a hacerse acompañar, no ya solo del representante procesal, sino de otra persona de su elección, salvo resolución motivada.

La adopción de medidas y el acceso a ciertos servicios vienen precedidos de una evaluación individualizada de la víctima, para determinar sus necesidades de protección específica y de eventuales medidas especiales. Dichas medidas han de actualizarse con arreglo al transcurso del proceso y a las circunstancias sobrevenidas.

Las medidas de protección específica se adoptan atendiendo al carácter de la persona, al delito y sus circunstancias, a la entidad del daño y su gravedad o a la vulnerabilidad de la víctima. Así, junto a las remisiones a la vigente normativa especial en la materia, se incluyen aquellas medidas concretas de protección para colectivos que carecen de legislación especial y, particularmente, las de menores de edad víctimas de abuso, explotación o pornografía infantil, víctimas de trata de seres humanos, personas con discapacidad y otros colectivos, como los delitos con pluralidad de afectados y los de efecto catastrófico.

VIII

El Título IV, finalmente, recoge una serie de disposiciones comunes, como son las relativas a la organización y funcionamiento de las Oficinas de Asistencia a las Víctimas de delito, el fomento de la formación de operadores jurídicos y del personal al servicio de la Administración de Justicia en el trato a las víctimas, la sensibilización y concienciación mediante campañas de información, la investigación y educación en materia de apoyo, protección y solidaridad con las víctimas, la cooperación con la sociedad civil y en el ámbito internacional, así como el fomento de la autorregulación por los medios de comunicación del tratamiento de informaciones que afecten a la dignidad de las víctimas.

En este Título cabe destacar, asimismo, que se introducen distintas previsiones para reforzar la coordinación entre los distintos servicios que realizan funciones en materia de asistencia a las víctimas, así como la colaboración con redes públicas y privadas, en la línea de alcanzar una mayor eficacia en los servicios que se prestan a los ciudadanos, siguiendo así las directrices de la Comisión para la Reforma de las Administraciones Públicas (CORA).

Se regula por último la obligación de reembolso en el caso de las víctimas fraudulentas, condenadas por simulación de delito o denuncia falsa, que hayan ocasionado gastos a la Administración por su reconocimiento, información, protección y apoyo, así como por los servicios prestados, sin perjuicio de las demás responsabilidades, civiles o penales, que en su caso procedan.

IX

La Ley incorpora dos disposiciones adicionales. La disposición adicional primera, que prevé la creación y ulterior desarrollo reglamentario de un mecanismo de evaluación periódica global del sistema de apoyo y protección a las víctimas, con participación de los agentes y colectivos implicados, que sirva de base a futuras iniciativas y a la mejora paulatina del mismo; y la disposición adicional segunda relativa a los medios.

En cuanto a las disposiciones finales, destaca la disposición final primera, que modifica la vigente Ley de Enjuiciamiento Criminal. Estos ajustes en la norma procesal penal resultan necesarios para complementar la regulación sustantiva de derechos que se recoge en la presente Ley, que transpone la Directiva 2012/29/UE.

El resto de disposiciones finales se refieren a la introducción de una reforma muy puntual en el Código Penal, al título competencial, al desarrollo reglamentario, a la adaptación de los Estatutos Generales de la Abogacía y Procuraduría y a la entrada en vigor.

TÍTULO PRELIMINAR. DISPOSICIONES GENERALES

Artículo 1. *Ámbito.*

Las disposiciones de esta Ley serán aplicables, sin perjuicio de lo dispuesto en el artículo 17, a las víctimas de delitos cometidos en España o que puedan ser perseguidos en España, con independencia de su nacionalidad, de si son mayores o menores de edad o de si disfrutan o no de residencia legal.

Artículo 2. *Ámbito subjetivo. Concepto general de víctima.*

Las disposiciones de esta Ley serán aplicables:

a) Como víctima directa, a toda persona física que haya sufrido un daño o perjuicio sobre su propia persona o patrimonio, en especial lesiones físicas o psíquicas, daños emocionales o perjuicios económicos directamente causados por la comisión de un delito.

b) Como víctima indirecta, en los casos de muerte o desaparición de una persona que haya sido causada directamente por un delito, salvo que se tratare de los responsables de los hechos:

1.º A su cónyuge no separado legalmente o de hecho y a los hijos de la víctima o del cónyuge no separado legalmente o de hecho que en el momento de la muerte o desaparición de la víctima convivieran con ellos; a la persona que hasta el momento de la muerte o desaparición hubiera estado unida a ella por una análoga relación de afectividad y a los hijos de ésta que en el momento de la muerte o desaparición de la víctima convivieran con ella; a sus progenitores y parientes en línea recta o colateral dentro del tercer grado que se encontraren bajo su guarda y a las personas sujetas a su tutela o curatela o que se encontraren bajo su acogimiento familiar.

2.º En caso de no existir los anteriores, a los demás parientes en línea recta y a sus hermanos, con preferencia, entre ellos, del que ostentara la representación legal de la víctima.

Las disposiciones de esta Ley no serán aplicables a terceros que hubieran sufrido perjuicios derivados del delito.

Artículo 3. *Derechos de las víctimas.*

1. Toda víctima tiene derecho a la protección, información, apoyo, asistencia, atención y reparación, así como a la participación activa en el proceso penal y a recibir un trato respetuoso, profesional, individualizado y no discriminatorio desde su primer contacto con las autoridades o funcionarios, durante la actuación de los servicios de asistencia y apoyo a las víctimas y, en su caso, de justicia restaurativa, a lo largo de todo el proceso penal y por un período de tiempo adecuado después de su conclusión, con independencia de que se conozca o no la identidad del infractor y del resultado del proceso.

En todo caso estará vedada la mediación y la conciliación en supuestos de violencia sexual y de violencia de género.

El apartado primero ha sido modificado por la Ley Orgánica 10/2022, de 6 de septiembre.

TÍTULO I. DERECHOS BÁSICOS

Artículo 4. *Derecho a entender y ser entendida.*

Toda víctima tiene el derecho a entender y ser entendida en cualquier actuación que deba llevarse a cabo desde la interposición de una denuncia y durante el proceso penal, incluida la información previa a la interposición de una denuncia.

A tal fin:

a) Todas las comunicaciones con las víctimas, orales o escritas, se harán en un lenguaje claro, sencillo y accesible, de un modo que tenga en cuenta sus características personales y, especialmente, las necesidades de las personas con discapacidad sensorial, intelectual o mental o su minoría de edad. Si la víctima fuera menor o tuviera la capacidad judicialmente modificada, las comunicaciones se harán a su representante o a la persona que le asista.

b) Se facilitará a la víctima, desde su primer contacto con las autoridades o con las Oficinas de Asistencia a las Víctimas, la asistencia o apoyos necesarios para que pueda hacerse entender ante ellas, lo que incluirá la interpretación en las lenguas de signos reconocidas legalmente y los medios de apoyo a la comunicación oral de personas sordas, con discapacidad auditiva y sordociegas.

c) La víctima podrá estar acompañada de una persona de su elección desde el primer contacto con las autoridades y funcionarios.

Artículo 5. *Derecho a la información desde el primer contacto con las autoridades competentes.*

1. Toda víctima tiene derecho, desde el primer contacto con las autoridades y funcionarios, incluyendo el momento previo a la presentación de la denuncia, a recibir, de manera inmediata, información adaptada a sus circunstancias y condiciones personales y a la naturaleza del delito cometido y de los daños y perjuicios sufridos, sobre los siguientes extremos:

a) Medidas de asistencia y apoyo disponibles, sean médicas, psicológicas o materiales, y procedimiento para obtenerlas. Dentro de estas últimas se incluirá, cuando resulte oportuno, información sobre las posibilidades de obtener un alojamiento alternativo.

b) Derecho a denunciar y, en su caso, el procedimiento para interponer la denuncia y derecho a facilitar elementos de prueba a las autoridades encargadas de la investigación.

c) Procedimiento para obtener asesoramiento y defensa jurídica y, en su caso, condiciones en las que pueda obtenerse gratuitamente.

d) Posibilidad de solicitar medidas de protección y, en su caso, procedimiento para hacerlo.

e) Indemnizaciones a las que pueda tener derecho y, en su caso, procedimiento para reclamarlas.

f) Servicios de interpretación y traducción disponibles.

g) Ayudas y servicios auxiliares para la comunicación disponibles.

h) Procedimiento por medio del cual la víctima pueda ejercer sus derechos en el caso de que resida fuera de España.

i) Recursos que puede interponer contra las resoluciones que considere contrarias a sus derechos.

j) Datos de contacto de la autoridad encargada de la tramitación del procedimiento y cauces para comunicarse con ella.

k) Servicios de justicia restaurativa disponibles, en los casos en que sea legalmente posible.

l) Supuestos en los que pueda obtener el reembolso de los gastos judiciales y, en su caso, procedimiento para reclamarlo.

m) a ser notificada de las resoluciones a las que se refiere el artículo 7. A estos efectos, la víctima podrá designar una dirección de correo electrónico o, en su defecto, una dirección postal o domicilio, al que serán remitidas las comunicaciones y notificaciones por la autoridad.

El apartado primero ha sido modificado por la Ley Orgánica 10/2022, de 6 de septiembre.

2. Esta información será actualizada en cada fase del procedimiento, para garantizar a la víctima la posibilidad de ejercer sus derechos.

Artículo 6. *Derechos de la víctima como denunciante.*

Toda víctima tiene, en el momento de presentar su denuncia, los siguientes derechos:

a) A obtener una copia de la denuncia, debidamente certificada.

b) A la asistencia lingüística gratuita y a la traducción escrita de la copia de la denuncia presentada, cuando no entienda o no hable ninguna de las lenguas que tengan carácter oficial en el lugar en el que se presenta la denuncia.

Artículo 7. *Derecho a recibir información sobre la causa penal.*

1. Toda víctima será informada de manera inmediata de la fecha, hora y lugar del juicio, así como del contenido de la acusación dirigida contra el infractor, y se le notificarán las siguientes resoluciones:

a) La resolución por la que se acuerde no iniciar el procedimiento penal.

b) La sentencia que ponga fin al procedimiento.

c) Las resoluciones que acuerden la prisión o la posterior puesta en libertad del infractor, así como la posible fuga del mismo.

d) Las resoluciones que acuerden la adopción de medidas cautelares personales o que modifiquen las ya acordadas, cuando hubieran tenido por objeto garantizar la seguridad de la víctima.

e) Las resoluciones o decisiones de cualquier autoridad judicial o penitenciaria que afecten a sujetos condenados por delitos cometidos con violencia o intimidación y que supongan un riesgo para la seguridad de la víctima. En estos casos y a estos efectos, la Administración penitenciaria comunicará inmediatamente a la autoridad judicial la resolución adoptada para su notificación a la víctima afectada.

f) Las resoluciones a que se refiere el artículo 13.

Estas comunicaciones incluirán, al menos, la parte dispositiva de la resolución y un breve resumen del fundamento de la misma, y serán remitidas a su dirección de correo electrónico. Excepcionalmente, si la víctima no dispusiera de una dirección de correo electrónico, se remitirán por correo ordinario a la dirección que hubiera facilitado. En el caso de ciudadanos residentes fuera de la Unión Europea, si no se dispusiera de una dirección de correo electrónico o postal en la que realizar la comunicación, se remitirá a la oficina diplomática o consular española en el país de residencia para que la publique.

Si la víctima se hubiera personado formalmente en el procedimiento, las resoluciones serán notificadas a su procurador y serán comunicadas a la víctima en la dirección de correo electrónico que haya facilitado, sin perjuicio de lo dispuesto en el apartado siguiente.

El apartado primero ha sido modificado por la Ley Orgánica 10/2022, de 6 de septiembre.

2. Las víctimas podrán manifestar en cualquier momento su deseo de no ser informadas de las resoluciones a las que se refiere este artículo, quedando sin efecto la solicitud realizada.

3. Cuando se trate de víctimas de delitos de violencia de género, les serán notificadas las resoluciones a las que se refieren las letras c) y d) del apartado 1, sin necesidad de que la víctima lo solicite, salvo en aquellos casos en los que manifieste su deseo de no recibir dichas notificaciones.

4. Asimismo, se le facilitará, cuando lo solicite, información relativa a la situación en que se encuentra el procedimiento, salvo que ello pudiera perjudicar el correcto desarrollo de la causa.

Artículo 8. *Período de reflexión en garantía de los derechos de la víctima.*

1. Los Abogados y Procuradores no podrán dirigirse a las víctimas directas o indirectas de catástrofes, calamidades públicas u otros sucesos que hubieran producido un número elevado de víctimas que cumplan los requisitos que se determinen reglamentariamente y que puedan constituir delito, para ofrecerles sus servicios profesionales hasta transcurridos 45 días desde el hecho.

Esta prohibición quedará sin efecto en el caso de que la prestación de estos servicios profesionales haya sido solicitada expresamente por la víctima.

2. El incumplimiento de esta prohibición dará lugar a responsabilidad disciplinaria por infracción muy grave, sin perjuicio de las demás responsabilidades que procedan.

Artículo 9. *Derecho a la traducción e interpretación.*

1. Toda víctima que no hable o no entienda el castellano o la lengua oficial que se utilice en la actuación de que se trate tendrá derecho:

a) A ser asistida gratuitamente por un intérprete que hable una lengua que comprenda cuando se le reciba declaración en la fase de investigación por el Juez, el Fiscal o funcionarios de policía, o cuando intervenga como testigo en el juicio o en cualquier otra vista oral.

Este derecho será también aplicable a las personas con limitaciones auditivas o de expresión oral.

b) A la traducción gratuita de las resoluciones a las que se refieren el apartado 1 del artículo 7 y el artículo 12. La traducción incluirá un breve resumen del fundamento de la resolución adoptada, cuando la víctima así lo haya solicitado.

c) A la traducción gratuita de aquella información que resulte esencial para el ejercicio de los derechos a que se refiere el Título II. Las víctimas podrán presentar una solicitud motivada para que se considere esencial un documento.

d) A ser informada, en una lengua que comprenda, de la fecha, hora y lugar de celebración del juicio.

2. La asistencia de intérprete se podrá prestar por medio de videoconferencia o cualquier medio de telecomunicación, salvo que el Juez o Tribunal, de oficio o a instancia de parte, acuerde la presencia física del intérprete para salvaguardar los derechos de la víctima.

3. Excepcionalmente, la traducción escrita de documentos podrá ser sustituida por un resumen oral de su contenido en una lengua que comprenda, cuando de este modo también se garantice suficientemente la equidad del proceso.

4. Cuando se trate de actuaciones policiales, la decisión de no facilitar interpretación o traducción a la víctima podrá ser recurrida ante el Juez de instrucción. Este recurso se entenderá interpuesto cuando la persona afectada por la decisión hubiera expresado su disconformidad en el momento de la denegación.

5. La decisión judicial de no facilitar interpretación o traducción a la víctima podrá ser recurrida en apelación.

Artículo 10. *Derecho de acceso a los servicios de asistencia y apoyo.*

Toda víctima tiene derecho a acceder, de forma gratuita y confidencial, en los términos que reglamentariamente se determine, a los servicios de asistencia y apoyo facilitados por las Administraciones públicas, así como a los que presten las Oficinas de Asistencia a las Víctimas. Este derecho podrá extenderse a los familiares de la víctima, en los términos que asimismo se establezcan reglamentariamente, cuando se trate de delitos que hayan causado perjuicios de especial gravedad.

Las autoridades o funcionarios que entren en contacto con las víctimas deberán derivarlas a las Oficinas de Asistencia a las Víctimas cuando resulte necesario en atención a la gravedad del delito o en aquellos casos en los que la víctima lo solicite.

Los hijos menores y los menores sujetos a tutela, guarda y custodia de las víctimas de violencia de género, de violencia sexual, o de personas víctimas de violencia doméstica tendrán derecho a las medidas de asistencia y protección previstas en los Títulos I y III de esta ley.

El párrafo tercero ha sido modificado por la Ley Orgánica 10/2022, de 6 de septiembre.

TÍTULO II. PARTICIPACIÓN DE LA VÍCTIMA EN EL PROCESO PENAL

Artículo 11. *Participación activa en el proceso penal.*

Toda víctima tiene derecho:

a) A ejercer la acción penal y la acción civil conforme a lo dispuesto en la Ley de Enjuiciamiento Criminal, sin perjuicio de las excepciones que puedan existir.

b) A comparecer ante las autoridades encargadas de la investigación para aportarles las fuentes de prueba y la información que estime relevante para el esclarecimiento de los hechos.

Artículo 12. *Comunicación y revisión del sobreseimiento de la investigación a instancia de la víctima.*

1. La resolución de sobreseimiento será comunicada, de conformidad con lo dispuesto en la Ley de Enjuiciamiento Criminal, a las víctimas directas del delito que hubieran denunciado los hechos, así como al resto de víctimas directas de cuya identidad y domicilio se tuviera conocimiento.

En los casos de muerte o desaparición de una persona que haya sido causada directamente por un delito, se comunicará, conforme a lo dispuesto en la Ley de Enjuiciamiento Criminal, a las personas a que se refiere el apartado b) del artículo 2. En estos supuestos, el Juez o Tribunal podrá acordar, motivadamente, prescindir de la comunicación a todos los familiares cuando ya se haya dirigido con éxito a varios de ellos o cuando hayan resultado infructuosas cuantas gestiones se hubieren practicado para su localización.

2. La víctima podrá recurrir la resolución de sobreseimiento conforme a lo dispuesto en la Ley de Enjuiciamiento Criminal, sin que sea necesario para ello que se haya personado anteriormente en el proceso.

Artículo 13. *Participación de la víctima en la ejecución.*

1. Las víctimas que hubieran solicitado, conforme a la letra m) del artículo 5.1, que les sean notificadas las resoluciones siguientes, podrán recurrirlas de acuerdo con lo establecido en la Ley de Enjuiciamiento Criminal, aunque no se hubieran mostrado parte en la causa:

a) El auto por el que el Juez de Vigilancia Penitenciaria autoriza, conforme a lo previsto en el párrafo tercero del artículo 36.2 del Código Penal, la posible clasificación del penado en tercer grado antes de que se extinga la mitad de la condena, cuando la víctima lo fuera de alguno de los siguientes delitos:

1.º Delitos de homicidio.
2.º Delitos de aborto del artículo 144 del Código Penal.
3.º Delitos de lesiones.
4.º Delitos contra la libertad.
5.º Delitos de tortura y contra la integridad moral.
6.º Delitos contra la libertad e indemnidad sexual.
7.º Delitos de robo cometidos con violencia o intimidación.
8.º Delitos de terrorismo.
9.º Delitos de trata de seres humanos.

b) El auto por el que el Juez de Vigilancia Penitenciaria acuerde, conforme a lo previsto en el artículo 78.3 del Código Penal, que los beneficios penitenciarios, los permisos de salida, la clasificación en tercer grado y el cómputo de tiempo para la libertad condicional se refieran al límite de cumplimiento de condena, y no a la suma de las penas impuestas, cuando la víctima lo fuera de alguno de los delitos a que se refiere la letra a) de este apartado o de un delito cometido en el seno de un grupo u organización criminal.

c) El auto por el que se conceda al penado la libertad condicional, cuando se trate de alguno de los delitos a que se refiere el párrafo segundo del artículo 36.2 del Código Penal o de alguno de los delitos a que se refiere la letra a) de este apartado, siempre que se hubiera impuesto una pena de más de cinco años de prisión.

La víctima deberá anunciar al Secretario judicial competente su voluntad de recurrir dentro del plazo máximo de cinco días contados a partir del momento en que se hubiera notificado conforme a lo dispuesto en los párrafos segundo y tercero del artículo 7.1, e interponer el recurso dentro del plazo de quince días desde dicha notificación.

Para el anuncio de la presentación del recurso no será necesaria la asistencia de abogado.

2. Las víctimas estarán también legitimadas para:

a) Interesar que se impongan al liberado condicional las medidas o reglas de conducta previstas por la ley que consideren necesarias para garantizar su seguridad, cuando aquél hubiera sido condenado por hechos de los que pueda derivarse razonablemente una situación de peligro para la víctima;

b) Facilitar al Juez o Tribunal cualquier información que resulte relevante para resolver sobre la ejecución de la pena impuesta, las responsabilidades civiles derivadas del delito o el comiso que hubiera sido acordado.

3. Antes de que el Juez de Vigilancia Penitenciaria tenga que dictar alguna de las resoluciones indicadas en el apartado 1 de este artículo, dará traslado a la víctima para que en el plazo de cinco días formule sus alegaciones, siempre que ésta hubiese efectuado la solicitud a que se refiere la letra m) del apartado 1 del artículo 5 de esta Ley.

Artículo 14. *Reembolso de gastos.*

La víctima que haya participado en el proceso tendrá derecho a obtener el reembolso de los gastos necesarios para el ejercicio de sus derechos y las costas procesales que se le hubieren causado con preferencia respecto del pago de los gastos que se hubieran causado al Estado, cuando se imponga en la sentencia de condena su pago y se hubiera condenado al acusado, a instancia de la víctima, por delitos por los que el Ministerio Fiscal no hubiera formulado acusación o tras haberse revocado la resolución de archivo por recurso interpuesto por la víctima.

Artículo 15. *Servicios de justicia restaurativa.*

1. Las víctimas podrán acceder a servicios de justicia restaurativa, en los términos que reglamentariamente se determinen, con la finalidad de obtener una adecuada reparación material y moral de los perjuicios derivados del delito, cuando se cumplan los siguientes requisitos:

a) el infractor haya reconocido los hechos esenciales de los que deriva su responsabilidad;

b) la víctima haya prestado su consentimiento, después de haber recibido información exhaustiva e imparcial sobre su contenido, sus posibles resultados y los procedimientos existentes para hacer efectivo su cumplimiento;

c) el infractor haya prestado su consentimiento;

d) el procedimiento de mediación no entrañe un riesgo para la seguridad de la víctima, ni exista el peligro de que su desarrollo pueda causar nuevos perjuicios materiales o morales para la víctima; y

e) no esté prohibida por la ley para el delito cometido.

2. Los debates desarrollados dentro del procedimiento de mediación serán confidenciales y no podrán ser difundidos sin el consentimiento de ambas partes. Los mediadores y otros profesionales que participen en el procedimiento de mediación, estarán sujetos a secreto profesional con relación a los hechos y manifestaciones de que hubieran tenido conocimiento en el ejercicio de su función.

3. La víctima y el infractor podrán revocar su consentimiento para participar en el procedimiento de mediación en cualquier momento.

Artículo 16. *Justicia gratuita.*

Las víctimas podrán presentar sus solicitudes de reconocimiento del derecho a la asistencia jurídica gratuita ante el funcionario o autoridad que les facilite la información a la que se refiere la letra c) del artículo 5.1, que la trasladará, junto con la documentación aportada, al Colegio de Abogados correspondiente.

La solicitud también podrá ser presentada ante las Oficinas de Asistencia a las Víctimas de la Administración de Justicia, que la remitirán al Colegio de Abogados que corresponda.

Artículo 17. *Víctimas de delitos cometidos en otros Estados miembros de la Unión Europea.*

Las víctimas residentes en España podrán presentar ante las autoridades españolas denuncias correspondientes a hechos delictivos que hubieran sido cometidos en el territorio de otros países de la Unión Europea.

En el caso de que las autoridades españolas resuelvan no dar curso a la investigación por falta de jurisdicción, remitirán inmediatamente la denuncia presentada a las autoridades competentes del Estado en cuyo territorio se hubieran cometido los hechos y se lo comunicarán al denunciante por el procedimiento que hubiera designado conforme a lo previsto en la letra m) del artículo 5.1 de la presente Ley.

Artículo 18. *Devolución de bienes.*

Las víctimas tendrán derecho a obtener, de conformidad con lo dispuesto en la Ley de Enjuiciamiento Criminal, la devolución sin demora de los bienes restituibles de su propiedad que hubieran sido incautados en el proceso.

La devolución podrá ser denegada cuando la conservación de los efectos por la autoridad resulte imprescindible para el correcto desarrollo del proceso penal y no sea suficiente con la imposición al propietario de una obligación de conservación de los efectos a disposición del Juez o Tribunal.

Asimismo, la devolución de dichos efectos podrá denegarse, conforme a lo previsto en la legislación que sea de aplicación, cuando su conservación sea necesaria en un procedimiento de investigación técnica de un accidente.

TÍTULO III. PROTECCIÓN DE LAS VÍCTIMAS

Artículo 19. *Derecho de las víctimas a la protección.*

Las autoridades y funcionarios encargados de la investigación, persecución y enjuiciamiento de los delitos adoptarán las medidas necesarias, de acuerdo con lo establecido en la Ley de Enjuiciamiento Criminal, para garantizar la vida de la víctima y de sus familiares, su integridad física y psíquica, libertad, seguridad, libertad e indemnidad sexuales, así como para proteger adecuadamente su intimidad y su dignidad, particularmente cuando se les reciba declaración o deban testificar en juicio, y para evitar el riesgo de su victimización secundaria o reiterada.

En el caso de las víctimas menores de edad, la Fiscalía velará especialmente por el cumplimiento de este derecho de protección, adoptando las medidas adecuadas a su interés superior cuando resulte necesario para impedir o reducir los perjuicios que para ellos puedan derivar del desarrollo del proceso.

Artículo 20. *Derecho a que se evite el contacto entre víctima e infractor.*

Las dependencias en las que se desarrollen los actos del procedimiento penal, incluida la fase de investigación, estarán dispuestas de modo que se evite el contacto directo entre las víctimas y sus familiares, de una parte, y el sospechoso de la infracción o acusado, de otra, con arreglo a la Ley de Enjuiciamiento Criminal y sin perjuicio de lo dispuesto en los artículos siguientes.

Artículo 21. *Protección de la víctima durante la investigación penal.*

Las autoridades y funcionarios encargados de la investigación penal velarán por que, en la medida que ello no perjudique la eficacia del proceso:

a) Se reciba declaración a las víctimas, cuando resulte necesario, sin dilaciones injustificadas.

b) Se reciba declaración a las víctimas el menor número de veces posible, y únicamente cuando resulte estrictamente necesario para los fines de la investigación penal.

c) Las víctimas puedan estar acompañadas, además de por su representante procesal y en su caso el representante legal, por una persona de su elección, durante la práctica de aquellas diligencias en las que deban intervenir, salvo que motivadamente se resuelva lo contrario por el funcionario o autoridad encargado de la práctica de la diligencia para garantizar el correcto desarrollo de la misma.

d) Los reconocimientos médicos de las víctimas solamente se lleven a cabo cuando resulten imprescindibles para los fines del proceso penal, y se reduzca al mínimo el número de los mismos.

Artículo 22. *Derecho a la protección de la intimidad.*

Los Jueces, Tribunales, Fiscales y las demás autoridades y funcionarios encargados de la investigación penal, así como todos aquellos que de cualquier modo intervengan o participen en el proceso, adoptarán, de acuerdo con lo dispuesto en la Ley, las medidas necesarias para proteger la intimidad de todas las víctimas y de sus familiares y, en particular, para impedir la difusión de cualquier información que pueda facilitar la identificación de las víctimas menores de edad o de víctimas con discapacidad necesitadas de especial protección.

Artículo 23. *Evaluación individual de las víctimas a fin de determinar sus necesidades especiales de protección.*

1. La determinación de qué medidas de protección, reguladas en los artículos siguientes, deben ser adoptadas para evitar a la víctima perjuicios relevantes que, de otro modo, pudieran derivar del proceso, se realizará tras una valoración de sus circunstancias particulares.

2. Esta valoración tendrá especialmente en consideración:

a) Las características y circunstancias personales de la víctima y en particular:

1.º Si se trata de una persona con discapacidad o si existe una relación de dependencia entre la víctima y el supuesto autor del delito.

2.º Si se trata de víctimas menores de edad o de víctimas necesitadas de especial protección o en las que concurran factores de especial vulnerabilidad.

El apartado 2 ha sido modificado por la Ley Orgánica 10/2022, de 6 de septiembre.

b) La naturaleza del delito y la gravedad de los perjuicios causados a la víctima, así como el riesgo de reiteración del delito. A estos efectos, se valorarán especialmente las necesidades de protección de las víctimas de los siguientes delitos:

1.º Delitos de terrorismo.

2.º Delitos cometidos por una organización criminal.

3.º Delitos cometidos sobre el cónyuge o sobre persona que esté o haya estado ligada al autor por una análoga relación de afectividad, aun sin convivencia, o sobre los descendientes, ascendientes o hermanos por naturaleza, adopción o afinidad, propios o del cónyuge o conviviente.

4.º Delitos contra la libertad o indemnidad sexual.

5.º Delitos de trata de seres humanos.

6.º Delitos de desaparición forzada.

7.º Delitos cometidos por motivos racistas, antisemitas u otros referentes a la ideología, religión o creencias, situación familiar, la pertenencia de sus miembros a una etnia, raza o nación, su origen nacional, su sexo, orientación o identidad sexual, enfermedad o discapacidad.

c) Las circunstancias del delito, en particular si se trata de delitos violentos.

3. A lo largo del proceso penal, la adopción de medidas de protección para víctimas menores de edad tendrá en cuenta su situación personal, necesidades inmediatas, edad, género, discapacidad y nivel de madurez, y respetará plenamente su integridad física, mental y moral.

4. En el caso de víctimas de algún delito contra la libertad sexual se aplicarán en todo caso las medidas expresadas en los párrafos a), b), c) y d) del artículo 25.1.

El apartado 4 ha sido modificado por la Ley Orgánica 10/2022, de 6 de septiembre.

Artículo 24. *Competencia y procedimiento de evaluación.*

1. La valoración de las necesidades de la víctima y la determinación de las medidas de protección corresponden:

a) Durante la fase de investigación del delito, al Juez de Instrucción o al de Violencia sobre la Mujer, sin perjuicio de la evaluación y resolución provisionales que deberán realizar y adoptar el Fiscal, en sus diligencias de investigación o en los procedimientos sometidos a la Ley Orgánica de Responsabilidad Penal de los Menores, o los funcionarios de policía que actúen en la fase inicial de las investigaciones.

b) Durante la fase de enjuiciamiento, al Juez o Tribunal a los que correspondiera el conocimiento de la causa.

La resolución que se adopte deberá ser motivada y reflejará cuáles son las circunstancias que han sido valoradas para su adopción.

Se determinará reglamentariamente la tramitación, la constancia documental y la gestión de la valoración y sus modificaciones.

2. La valoración de las necesidades de protección de la víctima incluirá siempre la de aquéllas que hayan sido manifestadas por ella con esa finalidad, así como la voluntad que hubiera expresado.

La víctima podrá renunciar a las medidas de protección que hubieran sido acordadas de conformidad con los artículos 25 y 26.

3. En el caso de las víctimas que sean menores de edad o personas con discapacidad necesitadas de especial protección, su evaluación tomará en consideración sus opiniones e intereses.

4. Los servicios de asistencia a la víctima solamente podrán facilitar a terceros la información que hubieran recibido de la víctima con el consentimiento previo e informado de la misma. Fuera de esos casos, la información solamente podrá ser trasladada, en su caso, y con carácter reservado, a la autoridad que adopta la medida de protección.

5. Cualquier modificación relevante de las circunstancias en que se hubiera basado la evaluación individual de las necesidades de protección de la víctima, determinará una actualización de la misma y, en su caso, la modificación de las medidas de protección que hubieran sido acordadas.

Artículo 25. *Medidas de protección.*

1. Durante la fase de investigación podrán ser adoptadas las siguientes medidas para la protección de las víctimas:

a) Que se les reciba declaración en dependencias especialmente concebidas o adaptadas a tal fin.

b) Que se les reciba declaración por profesionales que hayan recibido una formación especial para reducir o limitar perjuicios a la víctima, así como en perspectiva de género, o con su ayuda.

c) Que todas las tomas de declaración a una misma víctima le sean realizadas por la misma persona, salvo que ello pueda perjudicar de forma relevante el desarrollo del proceso o deba tomarse la declaración directamente por un Juez o un Fiscal.

d) Que la toma de declaración, cuando se trate de alguna de las víctimas a las que se refieren los números 3.º y 4.º de la letra b) del apartado 2 del artículo 23 y las víctimas de trata con fines de explotación sexual, se lleve a cabo por una persona que, además de cumplir los requisitos previstos en la letra b) de este apartado, sea del mismo sexo que la víctima, cuando esta así lo solicite, salvo que ello pueda perjudicar de forma relevante.

Los apartados 1.b) y d) han sido modificados por la Ley Orgánica 10/2022, de 6 de septiembre.

2. Durante la fase de enjuiciamiento podrán ser adoptadas, conforme a lo dispuesto en la Ley de Enjuiciamiento Criminal, las siguientes medidas para la protección de las víctimas:

a) Medidas que eviten el contacto visual entre la víctima y el supuesto autor de los hechos, incluso durante la práctica de la prueba, para lo cual podrá hacerse uso de tecnologías de la comunicación.

b) Medidas para garantizar que la víctima pueda ser oída sin estar presente en la sala de vistas, mediante la utilización de tecnologías de la comunicación adecuadas.

c) Medidas para evitar que se formulen preguntas relativas a la vida privada de la víctima que no tengan relevancia con el hecho delictivo enjuiciado, salvo que el Juez o Tribunal consideren excepcionalmente que deben ser contestadas para valorar adecuadamente los hechos o la credibilidad de la declaración de la víctima.

d) Celebración de la vista oral sin presencia de público. En estos casos, el Juez o el Presidente del Tribunal podrán autorizar, sin embargo, la presencia de personas que acrediten un especial interés en la causa.

Las medidas a las que se refieren las letras a) y c) también podrán ser adoptadas durante la fase de investigación.

3. Asimismo, también podrá acordarse, para la protección de las víctimas, la adopción de alguna o algunas de las medidas de protección a que se refiere el artículo 2 de la Ley Orgánica 19/1994, de 23 de diciembre, de protección a testigos y peritos en causas criminales.

Artículo 26. *Medidas de protección para menores, personas con discapacidad necesitadas de especial protección y víctimas de violencias sexuales.*

1. En el caso de las víctimas menores de edad, víctimas con discapacidad necesitadas de especial protección y víctimas de violencias sexuales, además de las medidas previstas en el artículo anterior se adoptarán, de acuerdo con lo dispuesto en la Ley de Enjuiciamiento Criminal, las medidas que resulten necesarias para evitar o limitar, en la medida de lo posible, que el desarrollo de la investigación o la celebración del juicio se conviertan en una nueva fuente de perjuicios para la víctima del delito. En particular, serán aplicables las siguientes:

a) Las declaraciones recibidas durante la fase de investigación serán grabadas por medios audiovisuales y podrán ser reproducidas en el juicio en los casos y condiciones determinadas por la Ley de Enjuiciamiento Criminal.

b) La declaración podrá recibirse por medio de personas expertas.

La rúbrica y el apartado 1 han sido modificados por la Ley Orgánica 10/2022, de 6 de septiembre.

2. El Fiscal recabará del Juez o Tribunal la designación de un defensor judicial de la víctima, para que la represente en la investigación y en el proceso penal, en los siguientes casos:

a) Cuando valore que los representantes legales de la víctima menor de edad o con capacidad judicialmente modificada tienen con ella un conflicto de intereses, derivado o no del hecho investigado, que no permite confiar en una gestión adecuada de sus intereses en la investigación o en el proceso penal.

b) Cuando el conflicto de intereses a que se refiere la letra a) de este apartado exista con uno de los progenitores y el otro no se encuentre en condiciones de ejercer adecuadamente sus funciones de representación y asistencia de la víctima menor o con capacidad judicialmente modificada.

c) Cuando la víctima menor de edad o con capacidad judicialmente modificada no esté acompañada o se encuentre separada de quienes ejerzan la patria potestad o cargos tutelares.

3. Cuando existan dudas sobre la edad de la víctima y no pueda ser determinada con certeza, se presumirá que se trata de una persona menor de edad, a los efectos de lo dispuesto en esta Ley.

TÍTULO IV. DISPOSICIONES COMUNES

CAPÍTULO I. Oficinas de Asistencia a las Víctimas

Las Oficinas de Asistencia a las Víctimas del Delito se han regulado por el Real Decreto 1109/2015, de 11 de diciembre (BOE del 30).

Artículo 27. *Organización de las Oficinas de Asistencia a las Víctimas.*

1. El Gobierno y las Comunidades Autónomas que hayan asumido competencias en materia de Justicia organizarán, en el ámbito que les es propio, Oficinas de Asistencia a las Víctimas.

2. El Ministerio de Justicia o las Comunidades Autónomas podrán celebrar convenios de colaboración con entidades públicas y privadas, sin ánimo de lucro, para prestar los servicios de asistencia y apoyo a que se refiere este Título.

Artículo 28. *Funciones de las Oficinas de Asistencia a las Víctimas.*

1. Las Oficinas de Asistencia a las Víctimas prestarán una asistencia que incluirá como mínimo:

a) Información general sobre sus derechos y, en particular, sobre la posibilidad de acceder a un sistema público de indemnización.

b) Información sobre los servicios especializados disponibles que puedan prestar asistencia a la víctima, a la vista de sus circunstancias personales y la naturaleza del delito de que pueda haber sido objeto.

c) Apoyo emocional a la víctima.

d) Asesoramiento sobre los derechos económicos relacionados con el proceso, en particular, el procedimiento para reclamar la indemnización de los daños y perjuicios sufridos y el derecho a acceder a la justicia gratuita.

e) Asesoramiento sobre el riesgo y la forma de prevenir la victimización secundaria o reiterada, o la intimidación o represalias.

f) Coordinación de los diferentes órganos, instituciones y entidades competentes para la prestación de servicios de apoyo a la víctima.

g) Coordinación con Jueces, Tribunales y Ministerio Fiscal para la prestación de los servicios de apoyo a las víctimas.

2. Las Oficinas de Asistencia a las Víctimas realizarán una valoración de sus circunstancias particulares, especialmente en lo relativo a las circunstancias a las que se refiere el apartado 2 del artículo 23, con la finalidad de determinar qué medidas de asistencia y apoyo deben ser prestadas a la víctima, entre las que se podrán incluir:

a) La prestación de apoyo o asistencia psicológica.

b) El acompañamiento a juicio.

c) La información sobre los recursos psicosociales y asistenciales disponibles y, si la víctima lo solicita, derivación a los mismos.

d) Las medidas especiales de apoyo que puedan resultar necesarias cuando se trate de una víctima con necesidades especiales de protección.

e) La derivación a servicios de apoyo especializados.

3. El acceso a los servicios de apoyo a las víctimas no se condicionará a la presentación previa de una denuncia.

4. Los familiares de la víctima podrán acceder a los servicios de apoyo a las víctimas conforme a lo que se disponga reglamentariamente, cuando se trate de delitos que hayan causado perjuicios de especial gravedad.

5. Las víctimas con discapacidad o con necesidades especiales de protección, así como en su caso sus familias, recibirán, directamente o mediante su derivación hacia servicios especializados, la asistencia y apoyo que resulten necesarios.

Artículo 29. *Funciones de apoyo a actuaciones de justicia restaurativa y de solución extraprocesal.*

Las Oficinas de Asistencia a las Víctimas prestarán, en los términos que reglamentariamente se determine, apoyo a los servicios de justicia restaurativa y demás procedimientos de solución extraprocesal que legalmente se establezcan.

CAPÍTULO II. Formación

Artículo 30. *Formación en los principios de protección de las víctimas.*

1. El Ministerio de Justicia, el Consejo General del Poder Judicial, la Fiscalía General del Estado y las Comunidades Autónomas, en el ámbito de sus respectivas competencias, asegurarán una formación general y específica, relativa a la protección de las víctimas en el proceso penal, en los cursos de formación de Jueces y Magistrados, Fiscales, Secretarios judiciales, Fuerzas y Cuerpos de Seguridad, médicos forenses, personal al servicio de la Administración de Justicia, personal de las Oficinas de Asistencia a las Víctimas y, en su caso, funcionarios de la Administración General del Estado o de las Comunidades Autónomas que desempeñen funciones en esta materia.

En estos cursos de formación se prestará particular atención a las víctimas necesitadas de especial protección, a aquellas en las que concurran factores de especial vulnerabilidad y a las víctimas menores o con discapacidad.

2. Los Colegios de Abogados y de Procuradores impulsarán la formación y sensibilización de sus colegiados en los principios de protección de las víctimas contenidos en esta Ley.

Artículo 31. *Protocolos de actuación.*

El Gobierno y las Comunidades Autónomas en el marco de sus competencias, con el fin de hacer más efectiva la protección de las víctimas y de sus derechos reconocidos por esta Ley, aprobarán los Protocolos que resulten necesarios para la protección de las víctimas.

Asimismo, los Colegios profesionales que integren a aquellos que, en su actividad profesional, se relacionan y prestan servicios a las víctimas de delitos, promoverán igualmente la elaboración de Protocolos de actuación que orienten su actividad hacia la protección de las víctimas.

CAPÍTULO III. Cooperación y buenas prácticas

Artículo 32. *Cooperación con profesionales y evaluación de la atención a las víctimas.*

Los poderes públicos fomentarán la cooperación con los colectivos profesionales especializados en el trato, atención y protección a las víctimas.

Se fomentará la participación de estos colectivos en los sistemas de evaluación del funcionamiento de las normas, medidas y demás instrumentos que se adopten para la protección y asistencia a las víctimas.

Artículo 33. *Cooperación internacional.*

Los poderes públicos promoverán la cooperación con otros Estados y especialmente con los Estados miembros de la Unión Europea en materia de derechos de las víctimas de delito, en particular mediante el intercambio de experiencias, fomento de información, remisión de información para facilitar la asistencia a las víctimas concretas por las autoridades de su lugar de residencia, concienciación, investigación y educación, cooperación con la sociedad civil, asistencia a redes sobre derecho de las víctimas y otras actividades relacionadas.

Artículo 34. *Sensibilización.*

Los poderes públicos fomentarán campañas de sensibilización social en favor de las víctimas, así como la autorregulación de los medios de comunicación social de titularidad pública y privada en orden a preservar la intimidad, la imagen, la dignidad y los demás derechos de las víctimas. Estos derechos deberán ser respetados por los medios de comunicación social.

Modificado por la Ley Orgánica 10/2022, de 6 de septiembre.

CAPÍTULO IV. Obligación de reembolso

Artículo 35. *Obligación de reembolso.*

1. La persona que se hubiera beneficiado de subvenciones o ayudas percibidas por su condición de víctima y que hubiera sido objeto de alguna de las

medidas de protección reguladas en esta Ley, vendrá obligada a reembolsar las cantidades recibidas en dicho concepto y al abono de los gastos causados a la Administración por sus actuaciones de reconocimiento, información, protección y apoyo, así como por los servicios prestados con un incremento del interés legal del dinero aumentado en un cincuenta por ciento, si fuera condenada por denuncia falsa o simulación de delito.

2. El procedimiento de liquidación de la anterior obligación de reembolso y la determinación de las cuantías que puedan corresponder a cada concepto se determinarán reglamentariamente.

3. Esta disposición se aplicará sin perjuicio de lo previsto en la Ley de Asistencia Jurídica Gratuita.

Disposición adicional primera. *Evaluación periódica del sistema de atención a las víctimas del delito en España.*

El funcionamiento de las instituciones, mecanismos y garantías de asistencia a las víctimas del delito será objeto de una evaluación anual, que se llevará a cabo por el Ministerio de Justicia conforme al procedimiento que se determine reglamentariamente.

Estas evaluaciones, cuyos resultados serán publicados en la página web, orientarán la mejora del sistema de protección y la adopción de nuevas medidas para garantizar su eficacia.

El Gobierno remitirá a las Cortes Generales un informe anual con la evaluación y las propuestas de mejora del sistema de protección de las víctimas y de las medidas que garanticen su eficacia.

Disposición adicional segunda. *Medios.*

Las medidas incluidas en esta Ley no podrán suponer incremento de dotaciones de personal, ni de retribuciones ni de otros gastos de personal.

Disposición transitoria única. *Aplicación temporal.*

Las disposiciones contenidas en esta Ley serán aplicables a las víctimas de delitos a partir de la fecha de su entrada en vigor, sin que ello suponga una retroacción de los trámites que ya se hubieran cumplido.

Disposición derogatoria única. *Derogación normativa.*

Quedan derogadas todas las normas de rango igual o inferior en cuanto contradigan lo dispuesto en la presente Ley.

La Disposición final primera de esta Ley ha modificado varios preceptos de la Ley de Enjuiciamiento Criminal a efectos de la transposición de algunas de las disposiciones contenidas en la Directiva 2012/29/UE del Parlamento Europeo y del Consejo, de 25 de octubre de 2012, por la que se establecen normas mínimas sobre los derechos, el apoyo y la protección de las víctimas de delitos.

Se trata de los arts. 109, 109 bis, 110, 261, 281, 284, 301, 301 bis, 433, 448, 544 quinquies, 636, 680, 681, 682, 707, 709, 730, 773, 779, 785 y 791 LECRIM. No se recogen aquí, sino en su lugar oportuno en esta edición, indicando en nota al artículo reformado la oportuna referencia

Disposición final segunda. *Modificación de la Ley Orgánica 10/1995, de 23 de noviembre, del Código Penal.*

Se modifica el apartado 2 del artículo 126 de la Ley Orgánica 10/1995, de 23 de noviembre, del Código Penal, que queda redactado como sigue:

«2. Cuando el delito hubiere sido de los que sólo pueden perseguirse a instancia de parte, se satisfarán las costas del acusador privado con preferencia a la indemnización del Estado. Tendrá la misma preferencia el pago de las costas procesales causadas a la víctima en los supuestos a que se refiere el artículo 14 de la Ley del Estatuto de la Víctima del Delito.»

Disposición final tercera. *Título competencial.*

Esta Ley se dicta al amparo de la competencia exclusiva en materia de legislación penal y procesal atribuida al Estado por el artículo 149.1.6.ª de la Constitución Española. Se exceptúa de lo anterior el Título IV, que se dicta al amparo de la competencia exclusiva en materia de Administración de Justicia atribuida al Estado por el artículo 149.1.5.ª de la Constitución Española, así como lo dispuesto en el Título I, que se dicta al amparo de la competencia exclusiva en materia de regulación de las condiciones básicas que garanticen la igualdad de todos los españoles en el ejercicio de los derechos y en el cumplimiento de los deberes constitucionales, atribuida al Estado por el artículo 149.1.1.ª de la Constitución Española.

Disposición final cuarta. *Habilitación al Gobierno para el desarrollo reglamentario.*

Se habilita al Gobierno para que apruebe las disposiciones reglamentarias precisas para el desarrollo de lo dispuesto en la presente Ley.

Disposición final quinta. *Adaptación de los Estatutos Generales de la Abogacía y de la Procuraduría.*

Los Colegios y Consejos Generales de Abogados y Procuradores adoptarán las medidas necesarias para adaptar sus respectivos Estatutos a lo establecido en el apartado 2 del artículo 8 de la presente Ley, en un plazo máximo de un año desde su entrada en vigor.

Disposición final sexta. *Entrada en vigor.*

La presente Ley entrará en vigor a los seis meses de su publicación en el «Boletín Oficial del Estado».

Se publicó en el BOE del 28 de abril de 2015.

4. LEY DEL JURADO

Ley 5/1995, de 22 de mayo, del Tribunal del Jurado (BOE de 23 de mayo)

EXPOSICIÓN DE MOTIVOS[1]

I. FUNDAMENTO CONSTITUCIONAL

El artículo 125 de la Constitución española de 1978 establece que «los ciudadanos podrán participar en la Administración de Justicia mediante la institución del Jurado, en la forma y con respecto a aquellos procesos penales que la ley determine».

Nuestro texto constitucional cumple con ello lo que puede considerarse una constante en la historia del derecho constitucional español; cada período de libertad ha significado la consagración del jurado; así en la Constitución de Cádiz de 1812, y en las de 1837, 1869 y 1931, y por el contrario cada época de retroceso de las libertades públicas ha eliminado o restringido considerablemente ese instrumento de participación ciudadana, en paralelo y como complemento a las restricciones del conjunto de sus derechos y de los instrumentos de participación en los asuntos públicos.

Se retoma por tanto un instrumento de indiscutible raigambre liberal, y se hace desde el dato indiscutible de que, desde el primer esbozo de 1820 hasta su suspensión en el año de 1936, pocas instituciones jurídicas han padecido —y por tanto han sido enriquecidas— con una depuración crítica tan acentuada como el Tribunal del Jurado, lo que ha permitido extraer la masa ingente de datos sueltos, experiencias y precedentes que han facilitado la captación íntegra de la Institución.

Por encima de concepciones pro o antijuradistas, nuestra Norma Fundamental enlaza el instrumento del jurado, de forma indiscutible, con dos derechos fundamentales: La participación directa de los ciudadanos en los asuntos públicos, del artículo 23.1 de la Constitución española, y el derecho al juez ordinario predeterminado por la ley del 24.2 de nuestro texto fundamental.

---

1 Los apartados II, III, V y VII de la Exposición de Motivos se han modificado por el art. 1.1.a.5 de la Ley Orgánica 8/1995, de 16 de noviembre.

En efecto, nos encontramos, de una parte ante una modalidad del ejercicio del derecho subjetivo a participar en los asuntos públicos, perteneciente a la esfera del «status activae civitatis», cuyo ejercicio no se lleva a cabo a través de representantes, sino que se ejercita directamente al acceder el ciudadano personalmente a la condición de jurado. De ahí que deba descartarse el carácter representativo de la Institución y deba reconocerse exclusivamente su carácter participativo y directo.

Por ello, puede predicarse que el Instituto que se regula difiere de otros modelos por la forma peculiar en que se articula el derecho-deber del ciudadano a participar de manera directa en un poder real del Estado; nos encontramos ante un derecho-deber, lo que tiene reflejo en el texto legal al adoptar medidas coercitivas que aseguren el cumplimiento de la obligación y, consiguientemente, el establecimiento de aquellas otras encaminadas a mitigar, en lo posible, la excesiva onerosidad del cumplimiento del deber, a través de la retribución de la función y la indemnización de los gastos ocasionados por su ejercicio. La Ley parte de la concepción de que el Estado democrático se caracteriza por la participación del ciudadano en los asuntos públicos. Entre ellos no hay razón alguna para excepcionar los referidos a impartir justicia, sino que por el contrario se debe establecer un procedimiento que satisfaga ese derecho constitucional de la forma más plena posible.

No se trata, en definitiva, de confiar en la capacidad de los ciudadanos, como si fuera tolerable en un sistema democrático la alternativa negativa. Se trata sólo de tener por superadas cualesquiera razones explicativas no ya de su discutible fracaso histórico, sino de su autoritaria y antidemocrática suspensión.

Pero la institución del Jurado es al mismo tiempo y de forma complementaria, una manifestación del artículo 24 de la Constitución que declara que todos tienen derecho al Juez ordinario predeterminado por la Ley; cumple por tanto una función necesaria para el debido proceso, pero lo hace desde una óptica distinta a la que tenía atribuida en su recepción en el Estado liberal burgués; no hay reticencia alguna al Juez profesional; no se trata de instaurar una Justicia alternativa en paralelo y menos aún en contradicción a la de los Jueces y Magistrados de carrera a que se refiere el artículo 122 de la Constitución, sino de establecer unas normas procedimentales que satisfagan al mismo tiempo y en paralelo todas las exigencias de los procesos penales con el derecho-deber de los ciudadanos a participar directamente en la función constitucional de juzgar.

El artículo 125 de la Constitución supone en definitiva un inequívoco emplazamiento constitucional que fuerza el largo paréntesis de limitadas vivencias y expectativas de participación del ciudadano en los asuntos públicos, y en el que la institución del Jurado reaparece con una renovada carga de sugerencias y matices capaces de dar sentido y proyección a la realidad social, hoy suficientemente contrastada, que demanda un cambio urgente en los modos de administrar justicia.

Su desarrollo no es, en consecuencia, tan sólo un imperativo constitucional, sino que es una urgente necesidad en cuanto que pieza decisiva de una reforma en profundidad del conjunto de la Administración de Justicia, que es sentida como necesidad inaplazable por buena parte de los ciudadanos.

Esta realidad ha sido también reconocida por el Consejo General del Poder Judicial. Así, en las memorias elaboradas en los años 1991 y 1992 y en la Relación Circunstanciada de las Necesidades de la Administración de Justicia para el año 1993, en el epígrafe referente a las modificaciones legislativas que estimaba convenientes para el adecuado ejercicio de la potestad jurisdiccional tendentes a conseguir una agilización de los procesos, al referirse al proceso penal, destaca que «la implantación del Jurado, prevista en el artículo 125 de la Constitución española, requerirá una sustancial modificación de la institución mediante su incardinación en el sistema procesal, sin que ello suponga un elemento retardatario de la justicia penal».

Con la aprobación de esta Ley se da un paso cualitativo más, desde una perspectiva técnico-legal, encaminada a cerrar el modelo básico de la Justicia diseñado por la Constitución y la Ley Orgánica del Poder Judicial, facilitando la participación de los ciudadanos en la Administración de Justicia. El establecimiento del Tribunal del Jurado debe ser considerado como uno de los contenidos constitucionales aún pendientes de desarrollo. Con su regulación en esta Ley se da cumplimiento a un mandato constitucional tantas veces diferido y se establece una de las piezas básicas en el funcionamiento de la Administración de Justicia diseñado por el constituyente.

II. LOS CIUDADANOS JURADOS

Ya hemos advertido que la presente Ley parte de que el Jurado implica una manifestación del derecho de participación, y ello determina sin duda que las cuestiones verdaderamente esenciales a dilucidar sean la del ámbito de conocimiento del Tribunal del Jurado y, dentro de éste, la función que viene reconocida a los ciudadanos participantes.

Una elemental prudencia aconseja la graduación en el proceso de instauración de la Institución, tanto a la hora de seleccionar el número de asuntos, cuanto la naturaleza de éstos. Razones para su adecuada implantación aconsejan que todos los que han de intervenir en este tipo de procesos se familiaricen con sus peculiaridades tan distintas a la actual manera de celebrarse los juicios. La concreción del objeto del juicio, las alegaciones de las partes, el material probatorio a atender, el lenguaje a utilizar, el contenido mismo de las resoluciones deben variar sustancialmente.

La Ley tiene muy en cuenta que el juicio por Jurados constituye expresión plena de los principios básicos procesales de inmediación, prueba formada con fundamento en la libre convicción, exclusión de pruebas ilegales, publicidad y oralidad. Por ello se han seleccionado aquellos delitos en los que la acción típica carece de excesiva complejidad o en los que los elementos normativos integrantes son especialmente aptos para su valoración por ciudadanos no profesionalizados en la función judicial.

El ámbito competencial correspondiente al Tribunal del Jurado se fija en el artículo 1. Sin embargo, el legislador en el futuro valorará sin duda, a la vista de la experiencia y de la consolidación social de la institución, la ampliación progresiva de los delitos que han de ser objeto de enjuiciamiento.

La conformación del colegio decisor dentro del Tribunal del Jurado requiere una respuesta legislativa cuyo acierto no pasa necesariamente por resolver la vieja cuestión lógica sobre la escindibilidad entre el hecho y el derecho.

Los autores de nuestra vieja Ley de Jurado, vinculando el origen histórico del instituto al testimonio de los vecinos como fórmula de decidir el litigio, patrocinaron para el ciudadano jurado una intervención limitada a la proclamación del hecho probado.

Tal origen es discutible y, además, no siempre es posible decidir sobre la veracidad de una afirmación histórica, presupuesto típico del delito, sin pensar en valoraciones jurídicas. Pero, en todo caso, y ello es lo más relevante, el modelo ahora propuesto en la Ley alcanza una profundidad legitimadora entonces inatendida. Por eso, en la Ley, el Jurado no se limita a decidir si el hecho está o no probado, sino que valora aspectos como son los componentes normativos que dan lugar a la exención o no de la responsabilidad penal.

En la Ley, la opción adoptada respecto al proceso selectivo de los jurados es coherente con la consideración de que su participación constituye un derecho-deber. La ciudadanía, en las condiciones que habilitan para el pleno ejercicio de los derechos cívicos, constituye el índice de la capacidad presunta no necesitada de otras exclusiones o acreditaciones de capacidad probada, salvo aquellas que notoriamente impedirían el ejercicio de la función de enjuiciamiento.

La conveniencia de una participación lo más aceptada posible, lleva a reconocer un régimen de excusas generoso y remitido a la prudencia de la jurisdicción que ha de apreciarlas.

El sistema selectivo se caracteriza: a) por la sucesión de etapas que permitan garantizar la presencia de candidatos en número adecuado para evitar suspensiones en los señalamientos y el anticipado conocimiento por aquéllos de su eventual llamada a intervenir; b) por la transparencia y publicidad del proceso selectivo en que se insertan no sólo los mecanismos que permitan detectar las causas de exclusión, sino las garantías jurisdiccionales tanto para el candidato como, en momento ulterior, para las partes en el juicio; c) por el sorteo a partir de las listas censales como sistema, no sólo democrático en cuanto excluye criterios elitistas —ni aún a fuero de científicos—, sino coherente con el fundamento mismo de la participación.

Se ha considerado que, si se admitiese en esta Ley un criterio de exclusión, diverso del antes indicado, so pretexto de alcanzar un plus de capacidad sobre la presunta derivada de la inclusión en el censo, se estaría distorsionando el concepto mismo de pueblo.

Pero ello no debe impedir una cierta conciliación entre el derecho a participar en el sorteo con el derecho de las partes a procurar un cierto pluralismo en el colegio jurisdicente.

En alguna medida a ello tiende el número de jurados a designar (nueve), pero lo hace aún más la posibilidad de que las partes puedan recusar sin necesidad de alegar causa atendiendo a subjetivas valoraciones acerca de los criterios de decisión del candidato. Aunque esta posibilidad haya de someterse a fuertes limitaciones de número que eviten los funestos resultados producidos en la experiencia histórica.

III. NECESARIAS REFORMAS PROCESALES COMO GARANTIA DE LA VIABILIDAD DEL FUNCIONAMIENTO DEL JURADO

1. En la denominada fase intermedia

Algunos han proclamado que cualquier especialidad procedimental debe comenzar allí donde empieza la intervención del Jurado, esto es, en la fase de juicio oral. Se ha sostenido que si el Jurado se limita a intervenir en el juicio oral, no debe modificarse el modelo acusatorio formal o mixto de la Ley de Enjuiciamiento Criminal.

Tal opinión hace caso omiso de obligadas consideraciones:

a) El actual sistema de enjuiciamiento mediante jueces técnicos se sustenta sobre premisas normativas difícilmente trasladables al juicio oral ante el Tribunal del Jurado, que de mantenerse podría determinar el fracaso del enjuiciamiento por ciudadanos no profesionalizados. Las modificaciones necesarias deberán inexorablemente proyectarse sobre la fase preparatoria del juicio oral.

b) Nuestro Tribunal Constitucional ha venido estableciendo un cuerpo de doctrina que no sólo resulta enriquecedora, por enervar tradicionales defectos de nuestra ley procesal, sino que sería difícilmente tolerable ignorarla en la Ley.

Se quejaba Alonso Martínez de la costumbre, tan arraigada de nuestros Jueces y Tribunales, de dar escaso o ningún valor a las pruebas del plenario, buscando principal o casi exclusivamente la verdad en las diligencias sumariales practicadas a espaldas del acusado. La presente Ley concibe que el juicio oral ante el Tribunal del Jurado debe culminar la erradicación de esa malformación procesal mediante la práctica ante él de toda la prueba.

El consiguiente riesgo de prolongación excesiva del acto del juicio aconseja la introducción de mecanismos de simplificación. De ellos el más esencial es la precisa definición del objeto del enjuiciamiento que habrá de efectuarse en la fase precedente al mismo.

El vigente sistema de resolución sobre la apertura del juicio oral se manifiesta bajo dos modalidades procedimentales diferentes —según se trate de procedimiento ordinario o abreviado— aunque, en ambas, se limita a una decisión meramente negativa que resulta disfuncional para el enjuiciamiento por jurado. Por ello, el modelo debía optar por uno u otro procedimiento, siendo difícilmente explicable que, transcendiendo la fase intermedia o juicio de acusación a la de juicio, la unidad procedimental de ésta no exigiese igual unidad en aquélla.

De otra parte, el carácter meramente negativo de la decisión sobre la apertura del juicio oral resulta poco apto para la precisa definición del objeto del juicio, presupuesto imprescindible para asegurar un desarrollo de éste que garantice la ausencia de confusión de los hechos a probar, que evite las dilaciones inherentes a aquella falta de precisión objetiva y que, con la información adecuada e imparcialmente elaborada, permita prescindir de la no deseada «reproducción» del sumario o diligencias previas.

También ha proclamado nuestro Tribunal Constitucional la exigencia de promover, en la fase intermedia del procedimiento, el debate procesal en condiciones que respeten la contradicción e igualdad de acusación y defensa.

Con tales precedentes la Ley ha considerado oportuno:

a) Optar por una resolución sobre la apertura del juicio oral precisa y fundada. Desde luego, conforme venía advirtiendo una parte de la doctrina, difícilmente puede efectuarse un control jurisdiccional sobre la apertura del juicio oral sin la previa formalización de la acusación. De esta manera el control judicial previo sobre la razonabilidad de la acusación no se limita al reenvío. Por el contrario, el ámbito de decisión atribuido al órgano jurisdiccional se incrementa pudiendo adoptar la decisión de sobreseimiento por cualquiera de sus motivos.

b) Tal control culmina no sólo decidiendo una genérica viabilidad del juicio oral sino precisando que hechos concretos, de los múltiples posibles alegados por acusación y defensa, deben constituir objeto de la actividad probatoria y determinantes para su resolución en el juicio.

Debe retenerse que el contenido de la anterior decisión se erige en una de las más relevantes condiciones del éxito o fracaso de la Institución.

c) A su vez el contenido y función de tal resolución se relaciona, en mutua exigencia, con la exclusión del auto de procesamiento, que vendría exigido por la necesaria unidad de sistema en lo concerniente a la inculpación.

2. *En la fase de instrucción*

La opción que acoge la Ley sobre el sistema para adoptar la decisión que remite a juicio oral, se proyecta sobre la fase del procedimiento que le precede:

a) Por la garantía de imparcialidad del órgano jurisdiccional que se refuerza especialmente. Así deberá valorarse la suficiencia y aún el éxito de la investigación, pero atendiendo, a la vez, a pretensiones y resistencias contrapuestas o de signo contrario, formuladas las unas por la acusación, las otras por la defensa. Se valorará, asimismo, la probabilidad de veracidad de unas afirmaciones históricas y aun de la transcendencia en cuanto a la calificación jurídica.

El modelo que se adopta exige, por elemental coherencia, permitir, tan pronto como conste la imputación de un hecho justiciable determinado a persona concreta, la reubicación del Juez de Instrucción que luego habrá de resolver sobre la apertura del juicio oral, en una reforzada posición de imparcialidad, con la función de controlar la imputación del delito mediante la previa valoración de su verosimilitud y con la facultad de investigar de forma complementaria sobre los hechos afirmados por las partes.

Lo que es ineludible es que una excesiva tendencia hacia pesquisas generales, inacabables en el tiempo, no contribuya al fracaso de la viabilidad del enjuiciamiento por Jurado.

De otra parte, mal puede admitirse el reproche de que el sistema que acoge la Ley dejase sin mecanismo de efectividad el principio de obligatoriedad de la acción penal. Dejando a un lado lo que hay de acusación indiscriminada sobre una posible actitud de inhibición del Ministerio Fiscal, tal reproche olvida que para iniciarse este procedimiento tiene que haber precedido denuncia o querella de alguien que, de no ser el Ministerio Fiscal, bien puede, dada la afortunada previsión constitucional de la acción popular, suplir la falta de instancia del acusador público. Y a tal fin tiende la convocatoria a la acción pública que el Juez discrepante puede hacer al modo previsto para la fase intermedia en nuestra Ley de Enjuiciamiento Criminal dentro del procedimiento ordinario.

Se olvida cuando se reprocha la habilitación del Juez instructor en la determinación del hecho y persona a investigar, que otro tanto ocurre en el actual sistema de la Ley de Enjuiciamiento Criminal, en la que, en definitiva, sólo será objeto y sujeto pasivo en el juicio oral cuanto venga determinado previamente por la acusación. La Ley sigue en este punto idéntico principio al acogido por la vigente legislación procesal.

b) Por la exigencia de imputación judicial previa a toda acusación, ya que la decisión sobre la apertura del juicio oral exige como presupuesto que se haya formalizado tal exigencia.

Ya denunciaba el Tribunal Constitucional cómo durante casi un siglo el sistema procesal permitía, entre nosotros, que el Juez Instructor inquiriese sin comunicar lo que buscaba e interrogase a un sospechoso sin hacerle saber de qué y por qué sospechaba de él, sin hacer posible su autodefensa y sin proveerle de asistencia de letrado. La Constitución de 1978 y la reforma de la Ley de Enjuiciamiento Criminal por Ley 53/1978 obligaron a un sesgo crucial. El Tribunal Constitucional reconoció la nueva categoría de imputado a toda persona a quien se atribuya, más o menos fundadamente, un acto punible.

La presentación de denuncia o querella o la existencia de una actuación procesal en curso de la que derive la atribución de un hecho delictivo a persona determinada, ha de ser objeto de una imprescindible valoración circunstanciada por el Juez para decidir sobre el seguimiento de causa penal. Tal decisión no podrá demorarse arbitrariamente, debiendo sancionarse, conforme a aquella doctrina, como nulas e ilícitas las investigaciones verificadas sin esa previa comunicación, cuando correspondiera.

La relación de la referida doctrina con la que promueve el debate en condiciones de igualdad y con la que exige que quien va a realizar funciones de enjuiciamiento no formule acusaciones, han determinado que la Ley se decante por una instrucción que, desde el momento en que el hecho justiciable y la persona sean determinadas y corresponda este procedimiento, obliga a:

a) que alguien ajeno al Juez formule una imputación, precisamente antes de iniciar la investigación,

b) que la prosecución de ésta exija una valoración por un órgano jurisdiccional precedida de la oportunidad de debate entre las partes,

c) que durante la investigación que el Juez estime razonable seguir, éste mantenga una posición diferenciada de la de las partes, y

d) que sea este Juez, así preservado en una cierta imparcialidad, el que controle la procedencia de la apertura o no del juicio oral, de manera positiva y no solo negativa, con precisión del objeto del juicio y decisión de la información necesaria a remitir al Tribunal del Jurado que, sin embargo, impida la disposición del material sumarial que podría limitar la efectiva incidencia de los principios de oralidad, inmediación y celeridad necesarios en dicho enjuiciamiento.

IV. EL JUICIO ORAL

1. Cuestiones previas

La preocupación por una adecuada preparación del juicio oral obstinadamente dirigida a impedir su fracaso, lleva en la Ley a intensificar el papel asignado al Magistrado en ese preámbulo de la celebración del juicio oral ya abierto.

La decisión, adoptada por el Instructor sobre la apertura del juicio oral, puede, sin duda, ser objeto de la discrepancia de las partes. La que concierne a la procedencia o no del juicio recibe un tratamiento en la Ley similar al de la Ley de Enjuiciamiento Criminal; apelación contra el sobreseimiento e irrecurribilidad de la apertura, sin perjuicio de que en este último supuesto las partes al personarse puedan plantear las cuestiones previas o excepciones a que se refiere el artículo 36 de la Ley.

Pero la discrepancia puede suscitarse en relación a aspectos particulares de la resolución referidos al objeto del juicio y en este supuesto la técnica del recurso resulta innecesariamente dilatoria, ya que el mismo objetivo puede lograrse mediante el planteamiento de la reclamación como cuestión previa al Magistrado que ha de presidir el Tribunal.

Esa facultad revisora se complementa en la Ley con la de dirección del debate que se traduce en la formulación, ajustada a la estructura del veredicto de su objeto.

La decisión sobre la admisión de la prueba, supeditada a su pertinencia, viene atribuida en la Ley al Magistrado que anteriormente ya ha configurado el objeto del juicio y con ello los hechos objetivos de prueba, y a él también le corresponde valorar la imposibilidad del aplazamiento que exija la práctica anticipada y, en definitiva, resolver sobre las eventuales alegaciones de ilicitud probatoria.

2. Constitución del Tribunal del Jurado

El Tribunal del Jurado no constituye, y ello es una de sus notas más definidoras, un órgano jurisdiccional permanente, lo que exigió siempre el señalamiento del período durante el cual el constituido iba a conocer. De esa manera las causas a conocer se determinaban en función de dos datos: el tiempo para el que se había conformado el Tribunal y el Partido Judicial de procedencia de las causas.

El primer criterio ha sido sustituido en la Ley por la conformación de un Jurado para cada causa acentuándose así la nota de temporalidad del órgano judicial. Varias razones aconsejan esta solución. La primera que, al menos, en el inicio de la reinstauración de la Institución, no se haga recaer sobre unos pocos Jurados la carga de examinar todas las causas a enjuiciar en un período, repartiéndose entre más ciudadanos esa labor. La segunda que, de la forma propuesta se contribuya, por efecto de una mayor rotación en el desempeño de la función, al logro de uno de los efectos más beneficiosos de la Institución, a saber: que la experiencia del ejercicio de la función de juzgar actúe como escuela de ciudadanía para el mayor número posible de ciudadanos.

Mantener una disposición que fija los períodos de sesiones ha perdido hoy su carácter necesario. Sin embargo, mantiene con ella no solo el efecto simbólico, recordando esa transitoriedad de la función judicial en el ciudadano, sino también una pauta de organización de señalamientos. Conforme a ella podrá efectuarse el sorteo con tiempo suficiente para un determinado período en un solo acto. Al mismo tiempo, nada impedirá, al conformarse Jurados por cada causa que, la naturaleza y circunstancias de ésta, aconsejen un sorteo preconstituyente del Tribunal en fecha a señalar prudentemente por el Magistrado-Presidente.

No menor transcendencia tiene la segunda opción adoptada en la Ley en relación con el origen de los candidatos a jurado. La vecindad ha sido históricamente una de las notas esenciales de los llamados a juzgar como jurados. De ahí que éstos hayan de ser, si no de la localidad o del partido judicial, al menos de la provincia en cuyo territorio el hecho ha tenido lugar.

La prudencia aconseja la apertura de tiempos hasta donde sea posible que permitan la anticipada comunicación de cualquier causa que pueda implicar el defecto de número de jurados hábiles el día señalado para el juicio. A ello responde en la Ley con la ausencia de rígidas preclusiones y la anticipación en la formación de listas de candidatos a jurado, así como, la previsión de la reiteración de sorteos antes de dicho día.

La Ley prevé la posible recusación por las partes presentes en el inicio de las sesiones. El fundamento de la recusación admitida, incluso sin alegación de causa por el recusante, no es otro que el de lograr, no ya la imparcialidad de los llamados a juzgar, sino que tal imparcialidad se presente como real ante los que acuden a instar la Justicia. Pero tal ideal, que exigiría la inexistencia de límites en la recusación, ha de conciliarse con las exigencias de que la Institución no se vea frustrada en su funcionamiento efectivo.

3. El debate

Aun cuando la Ley apenas se limita a una remisión a las normas comunes, sería un error olvidar que precisamente en la dirección del debate del juicio oral se encuentra una de las claves esenciales de éxito o fracaso de la Institución. Si hubiere de fracasar, quizás fuere tan imputable a la falta de acierto del Juez técnico en la preparación del juicio a que le emplaza la Ley, como al ciudadano no profesional que carezca de la aptitud necesaria para el desempeño de la función que aquélla le asigna.

La brevedad de la remisión en este apartado viene permitida porque antes, como se expuso, la Ley se ha preocupado de resolver aspectos esenciales. De una parte, la minuciosa precisión del «thema probandi», rígida e inteligible referencia que debe guiar inexorablemente lo que en el juicio oral pueda ocurrir. Aquella determinación del objeto del juicio, precisamente articulada en la forma en que debe ser examinada la prueba para la emisión del veredicto, y en lenguaje inteligible al ciudadano no profesional, se presenta en la Ley como preferible a las experiencias de ilustración al Jurado mediante notas o relaciones.

De otra, la exclusión de la presencia, incluso física, del sumario en el juicio oral evita indeseables confusiones de fuentes cognoscitivas atendibles, contribuyendo así a orientar sobre el alcance y la finalidad de la práctica probatoria a realizar en el debate.

La oralidad, inmediación y publicidad en la prueba que ha de derogar la presunción de inocencia lleva en la Ley a incidir en una de las cuestiones que más polémica ha suscitado cual es la del valor probatorio dado a las diligencias sumariales o previas al juicio y que se veta en el texto del mismo.

Un aspecto que merece especial consideración es la participación del Jurado en la actividad probatoria. De la misma manera que nuestra Ley de Enjuiciamiento Criminal ha optado por una transacción entre el principio de aportación de parte y el de investigación de oficio, autorizando al Tribunal a contribuir a la producción de medios de prueba en el juicio oral, se traslada esa posibilidad al Jurado que es precisamente quien tiene ahora la responsabilidad de la valoración probatoria sobre la veracidad de la imputación.

4. La disolución del Jurado

La disolución del Jurado, sin duda, constituye una de las más llamativas novedades respecto de nuestra experiencia histórica. La proclamación constitucional del derecho fundamental a la presunción de inocencia no podía dejar de proyectar su influencia en la Ley proyectada. Una influencia que es tributaria en buena parte del modelo en que aquella garantía constitucional surgió.

Como antecedente en el derecho comparado, cabe así citar la previsión de las reglas federales para el procedimiento criminal en los Estados Unidos de América que permiten instar la disolución del Jurado después de terminada la prueba de ambas partes, si dicha prueba fuera insuficiente para sostener la convicción por dicho delito o delitos.

Sin duda el alcance y efectos del derecho que garantiza el artículo 24.2 de nuestra Constitución es discutible y discutido. La Ley parte de dos premisas: a) la distinción en el contenido de la garantía de un aspecto objetivo concerniente a la existencia de una verdadera prueba y otro, subjetivo, referido al momento de valoración de aquélla; y b) la distribución de funciones entre el Magistrado y los Jurados, atribuyendo al primero el control de aquella dimensión objetiva como cuestión jurídica.

Tal control se resuelve en la Ley en consideraciones sobre la licitud u observancia de garantías en la producción probatoria. Aunque también en la apreciación objetiva sobre la existencia de elementos incriminadores. No tanto de la suficiencia para justificar la condena. Esta forma parte también del contenido del derecho fundamental pero exige ya la labor de valoración del medio de prueba lo que corresponde al Jurado.

En definitiva, el criterio que separa la valoración de la existencia de prueba respecto del de la suficiencia de la misma, puede ser el imperante en la jurisprudencia del ámbito cultural del que es oriunda la garantía: no existirá prueba si, ni aún en la interpretación de la practicada más favorable a las tesis de la acusación, ésta habría de ser rechazada.

Limitada la atribución del Magistrado a un aspecto tan evidente, no resulta extemporánea al final del debate. Cierto que antes ya se habrá valorado por el Juez la existencia de indicios que justificaron la apertura del juicio oral, por lo que puede caerse en el error de creer que la mínima actividad probatoria, lícita y de cargo ha sido ya alcanzada. Una tesis tal desconocería que hasta el juicio oral no existe verdadera prueba, que la valoración de su existencia como tal corresponde al órgano del juicio y, lo importante, que en el juicio, durante todo él, se pueda poner de manifiesto la ilegalidad o la absoluta falta de fuerza incriminadora de los medios de prueba de que se dispuso.

También aconseja tal medida la experiencia histórica que da noticia de uno de los reproches más generalizados respecto al funcionamiento del Jurado: la emisión de veredictos sorprendentes. Una vez más la Ley deposita un alto grado de confianza en la magistratura como garantía del buen funcionamiento de la Institución.

V. EL VEREDICTO

1. *El objeto*

Entendió Alonso Martínez que extender la competencia al «nomen iuris» del delito era manifestación de la confusión entre el hecho y el derecho y, aún más, suponía la invasión por el Jurado de facultades del legislador. Ni esto último parece fácilmente compatible, ni la escisión de lo histórico y lo normativo en el enjuiciamiento es fácil. Por otro lado, ha sido constante el reproche por la ausencia de motivación hacia sistemas organizativos del jurado que admiten la emisión de veredicto por sólo ciudadanos.

A una y otra objeción trata de dar prudente respuesta la Ley. De una parte, porque el hecho no se estima concebible desde una reduccionista perspectiva naturalista, sino, precisa y exclusivamente, en cuanto jurídicamente relevante. Un hecho, en una concreta selección de su proteica accidentalidad, se declara probado sólo en tanto en cuanto jurídicamente constituye un delito.

Privar al Jurado de la toma en consideración de ese inescindible vínculo entre la configuración del dato histórico y su consecuencia normativa es, por un lado, inútil ya que el debate le habrá advertido de la consecuencia de su decisión sobre la verdad proclamada y no podrá omitir en su decisión la referencia de las consecuencias de su veredicto pretendidamente sólo fáctico.

Pero, además, con tal escisión se reproduciría una de las causas de mayor reproche al Tribunal del Jurado en nuestra experiencia. La difícil articulación de las cuestiones, con exclusión de los proscriptos aspectos de técnica jurídica, produjo constantes debates sobre la corrección de los veredictos y sentencias.

También era necesario optar entre el sistema de respuesta única o articulación secuencial. Aquella fórmula se acomoda más a una concepción ajena al de plena vigencia y supremacía del principio de legalidad. Allí donde el Jurado puede, desde la irresponsabilidad, sustituir el genérico y apriorístico criterio del legislador por su concepción en el caso concreto, el apodíctico veredicto no está necesitado ni de articulación ni de motivación.

En nuestro sistema el Jurado debe sujetarse inexorablemente al mandato del legislador. Y tal adecuación sólo es susceptible de control en la medida en que el veredicto exterioriza el curso argumental que lo motivó.

Y a ello tiende la Ley:

a) Confirmando al Magistrado la articulación racional de los hechos a proclamar como probados en una secuencia lógica.

b) Reclamando como criterio la necesaria inequivocidad de la cuestión.

c) Permitiendo al Jurado una flexibilidad, que, sin abdicar de la obligada respuesta a la cuestión que le es formulada, pueda introducir las matizaciones o complementos que permita adecuar el veredicto a su conciencia en el examen del hecho. Lo que, además, conseguirá evitar previsibles veredictos sorprendentes de inculpabilidad a que llevaría la rigidez en la exigencia de respuesta que situase al Jurado en insoportables incomodidades para expresar su opinión. Con ello se elude el catálogo de preguntas a contestar con monosílabos, porque éste no puede recoger la total opinión del Jurado, pero se evita el sistema ya rechazado por una doctrina cualificada de conferir a éste la carga de la redacción del hecho probado.

d) Exigiendo del Jurado que su demostrada capacidad para decidirse por una u otra versión alcance el grado necesario para la exposición de sus motivos. Bien es cierto que la exposición de lo tenido por probado explicita la argumentación de la conclusión de culpabilidad o inculpabilidad. Pero hoy, la exigencia constitucional de motivación no se satisface con ello. También la motivación de esos argumentos es necesaria. Y desde luego posible si se considera que en modo alguno requiere especial artificio y cuenta en todo caso el Jurado con la posibilidad de instar el asesoramiento necesario.

e) Añadiendo a ese contenido el pronunciamiento sobre la valoración que el hecho merece en función de su tipificación legal. Para tal pronunciamiento, no estribará tanto la dificultad en una tarea de calificación técnica del hecho, como en optar en las diversas versiones de éste. Una vez más la prudencia y buen hacer del Magistrado viene a constituir una garantía del éxito del modelo.

f) La conformación del objeto del veredicto no puede prescindir de la consideración del objeto del proceso como vinculado a las alegaciones de todas las partes, a los intereses de la defensa y de la acusación y, también, al derecho de éstas a participar en la definitiva redacción mediando la oportuna audiencia.

2. Instrucciones

En ellas radica otra de las condiciones del éxito o fracaso del enjuiciamiento por Jurado. Pero su justificación, que no es otra que suplir las deficiencias que puedan derivarse del desconocimiento técnico de la Ley, impide que puedan extenderse a aspectos en los que los Jurados deben y pueden actuar con espontaneidad.

Por ello se estima adecuado suprimir entre sus contenidos uno cuya inclusión determinó una gran polémica en nuestra pasada experiencia histórica: el resumen de la prueba practicada.

Sin embargo el asesoramiento técnico no puede prescindir de la advertencia de no atendibilidad de aquellas actividades probatorias que adolezcan de defectos legales que obligan a desecharlas. En la medida en que las instrucciones tienen consustancial transcendencia en la determinación del veredicto, parece oportuno que se sometan al control de las partes para que éstas resulten convencidas de la imparcialidad de aquéllas y, si no, dispongan de la oportunidad de combatir la infracción.

Necesidad de instrucción y espontaneidad del Jurado son objetivos que pueden estorbarse y que hacen necesaria su conciliación. Así, aun cuando el Jurado debe reunirse para deliberar sin interferencias mediatizadoras, no se ha querido prescindir de la permanente disponibilidad de acceso al asesoramiento que, libremente, quieran exigir.

Especial consideración merece la posibilidad que se permite en la Ley para que, aun sin mediar petición de los Jurados, pueda el Magistrado impartir aquellas instrucciones que tienden a evitar una innecesaria prolongación de la deliberación. Se trata de evitar que la inexperiencia de los deliberantes unida a su reticencia a instar la instrucción, produzca una injustificada dilación en la emisión del veredicto que afectaría al prestigio de la Institución.

3. *Deliberación y votación*

El secreto de la deliberación no ha de impedir la imprescindible responsabilidad de los jurados. Por ello la votación se impone nominal lo que permite identificar la abstención prohibida en la Ley.

Sin duda la regla de decisión que exige la unanimidad en el sentido de la misma para tener por producido el veredicto, se presenta como la más adecuada para compeler a los jurados a un debate más rico. Sin embargo tal regla lleva implícito un elevadísimo riesgo de fracaso de no alcanzarse tal unanimidad. Una adecuada transacción entre los objetivos de una deliberación indirectamente orientada a la votación desde su inicio, por formación de fáciles mayorías simples, y la evitación de excesivas disoluciones del Jurado, que puedan venir motivadas por la simple e injustificable obstinación de uno o pocos jurados, ha aconsejado, al menos en el inicio del funcionamiento de la Institución, una regla de decisión menos exigente.

Para el adecuado funcionamiento de la Institución la Ley rechaza la posibilidad, históricamente admitida, de devolución del veredicto por discrepancia en el sentido del mismo. Pero ello no debe impedir que la presencia en él de defectos, de los que darían lugar a su revocación por vía de recurso dada su oposición a la Ley, pueda subsanarse mediante la intervención del Magistrado, con la presencia de las partes, haciendo presente dichos defectos e indicando lo necesario al Jurado para dicha subsanación.

VI. SENTENCIA

La vinculación del Magistrado por el veredicto se refleja en la recepción que de éste ha de hacerse en la sentencia y en el sentido absolutorio o condenatorio del fallo. El Magistrado, vinculado también por el título jurídico de la condena, procederá a la calificación necesaria para determinar el grado de ejecución, participación del condenado y sobre la procedencia o no de las circunstancias modificativas de la responsabilidad y, en consecuencia, a la concreción de la pena aplicable.

Es de resaltar que la preocupación en la Ley por la motivación de la resolución lleva también a exigir al Magistrado que, con independencia de la motivación que los jurados hagan de la valoración de la prueba existente, aquél ha de motivar por qué consideró que existía dicha prueba sobre la que autorizó el veredicto. De esta suerte pretende la Ley obstar las críticas suscitadas en torno a la fórmula de separación del colegio decisor, tanto en lo relativo a la inescindibilidad del hecho y del derecho, como en lo concerniente a la supuesta irresponsabilidad por falta de motivación en el veredicto y sentencia, que, se dice, deberían ser inherentes a dicho sistema.

VII. MODIFICACIONES DE CUERPOS LEGALES Y ESPECIALIDADES PROCESALES

1. Modificación de la Ley Orgánica del Poder Judicial

Los criterios contenidos en la Ley recogen sustancialmente los principios que el artículo 83.2 de la Ley Orgánica 6/1985, de 1 de julio, remitía a la futura Ley del Jurado, por lo que aprobada la completa regulación de esta Institución, resulta innecesaria tal previsión. Dado que la doctrina constitucional ha venido exigiendo un texto normativo unitario para el desarrollo del artículo 122.1 de la Constitución, se ha procedido a modificar el referido precepto de la Ley Orgánica del Poder Judicial, en la medida que la presente Ley afecta a las competencias y funciones de los órganos jurisdiccionales, estableciendo en el artículo 83.2 la obligada referencia a la Ley Orgánica del Tribunal del Jurado.

2. El Ministerio Fiscal en la fase de instrucción

Si bien debe corresponder al Juez la realización de los actos sumariales, las peculiaridades que deben presidir el procedimiento ante el Jurado y la oportunidad de que se consolide el principio acusatorio, hacen necesaria la potenciación de las atribuciones del Ministerio Fiscal. De esta forma, la incoación y su adaptación al nuevo procedimiento, así como la constitución del Ministerio Fiscal junto al Juez instructor y la inmediata puesta en conocimiento de la imputación, en los términos previstos en los artículos 24 y 25 de la Ley, tienen también su marco procesal mediante la incorporación de sendas previsiones en el artículo 309, para el procedimiento ordinario, y en los artículos 780 y 789.3 de la Ley de Enjuiciamiento Criminal, para el abreviado.

Resulta coherente, por otra parte, con la remisión del artículo 36 de la Ley a los artículos 668 a 677 de la Ley de Enjuiciamiento Criminal para la tramitación de incidentes por el planteamiento de cuestiones previas, adicionar al artículo 678 de la misma la exclusión de la posibilidad —en los procedimientos ante el Jurado— de reproducir en el juicio oral las cuestiones desestimadas. La misma coherencia se predica de la sustitución del recurso procedente contra el auto resolutorio de la declinatoria o de la admisión de las excepciones del artículo 666 de la Ley de Enjuiciamiento Criminal, que introduce el de apelación, en congruencia con la recurribilidad prevista contra las sentencias de la Audiencia Provincial.

3. Medidas cautelares

La introducción de un nuevo artículo 504 bis 2 en la Ley de Enjuiciamiento Criminal, respecto a la adopción de medidas cautelares de privación o restricción de la libertad, incorpora una necesaria audiencia del Ministerio Fiscal, las partes y el imputado asistido de letrado, inspirada en el principio acusatorio, y suprime la exigencia de ratificación del auto de prisión. De esta forma, la limitación de la iniciativa judicial se equilibra con la instauración de los beneficios del contradictorio, sin perjuicio del carácter reformable de las medidas adoptadas durante todo el curso de la causa.

4. Recursos de apelación y casación

El nuevo Libro V de la Ley de Enjuiciamiento Criminal denominado «De los recursos de apelación, casación y revisión», está encaminado a extender la apelación contra autos y sentencias derivados del procedimiento ante el Tribunal del Jurado, así como para determinadas resoluciones del penal ordinario en los supuestos del artículo 676 de la norma procesal. La nueva apelación aspira a colmar el derecho al «doble examen», o «doble instancia», en tanto su régimen cumple suficientemente con la exigencia de que tanto el fallo condenatorio como la pena impuesta sean sometidas a un tribunal superior, en función del carácter especial del procedimiento ante el Jurado, y sin perjuicio de la función propia que debe desempeñar, respecto de todos los delitos, el recurso de casación.

Para ello, la Ley adecua los motivos de impugnación previstos a ese carácter especialísimo del procedimiento y atribuye la competencia resolutiva a las Salas de lo Civil y Penal de los Tribunales Superiores de Justicia, lo cual, aparte de los necesarios ajustes en medios personales, responde a una ya antigua aspiración en la delimitación competencial para el conocimiento de la apelación.

CAPÍTULO I. DISPOSICIONES GENERALES

Artículo 1. *Competencia del Tribunal del Jurado*[2].

1. El Tribunal del Jurado, como institución para la participación de los ciudadanos en la Administración de Justicia, tendrá competencia para el enjuiciamiento de los delitos atribuidos a su conocimiento y fallo por esta u otra Ley respecto de los contenidos en las siguientes rúbricas:

a) Delitos contra las personas.

---

[2] En el art. 1 hay que tener en cuenta que:
– Se suprime la letra e) de los apartados 1 y 2 y se renumeran por la disposición final 3 de la Ley Orgánica 1/2015, de 30 de marzo.
– Se modifica el apartado 2 por la disposición final 2 de la Ley Orgánica 10/1995, de 23 de noviembre.
– Se modifican los 3 apartados por el art. 1.6 y .7 de la Ley Orgánica 8/1995, de 16 de noviembre.

b) Delitos cometidos por los funcionarios públicos en el ejercicio de sus cargos.

c) Delitos contra el honor.

d) Delitos contra la libertad y la seguridad.

2. Dentro del ámbito de enjuiciamiento previsto en el apartado anterior, el Tribunal del Jurado será competente para el conocimiento y fallo de las causas por los delitos tipificados en los siguientes preceptos del Código Penal:

a) Del homicidio (artículos 138 a 140).

b) De las amenazas (artículo 169.1º).

c) De la omisión del deber de socorro (artículos 195 y 196).

d) Del allanamiento de morada (artículos 202 y 204).

e) De la infidelidad en la custodia de documentos (artículos 413 a 415).

f) Del cohecho (artículos 419 a 426).

g) Del tráfico de influencias (artículos 428 a 430).

h) De la malversación de caudales públicos (artículos 432 a 434).

i) De los fraudes y exacciones ilegales (artículos 436 a 438).

j) De las negociaciones prohibidas a funcionarios (artículos 439 y 440).

k) De la infidelidad en la custodia de presos (artículo 471).

3. El juicio del Jurado se celebrará sólo en el ámbito de la Audiencia Provincial y, en su caso, de los Tribunales que correspondan por razón del aforamiento del acusado. En todo caso quedan excluidos de la competencia del Jurado los delitos cuyo enjuiciamiento venga atribuido a la Audiencia Nacional y aquellos cuya competencia haya sido asumida por la Fiscalía Europea.

Artículo 2. *Composición del Tribunal del Jurado*[3].

1. El Tribunal del Jurado se compone de nueve jurados y un Magistrado integrante de la Audiencia Provincial, que lo presidirá.

Si, por razón del aforamiento del acusado, el juicio del Jurado debe celebrarse en el ámbito del Tribunal Supremo o de un Tribunal Superior de Justicia, el Magistrado-Presidente del Tribunal del Jurado será un Magistrado de la Sala de lo Penal del Tribunal Supremo o de la Sala de lo Civil y Penal del Tribunal Superior de Justicia, respectivamente.

---

[3] Se modifica el apartado 1 del art. 2 por el art. 1.8 de la Ley Orgánica 8/1995, de 16 de noviembre.

2. Al juicio del Jurado asistirán, además, dos jurados suplentes, a los que les será aplicable lo previsto en los artículos 6 y 7.

Artículo 3. *Función de los jurados*[4].

1. Los jurados emitirán veredicto declarando probado o no probado el hecho justiciable que el Magistrado-Presidente haya determinado como tal, así como aquellos otros hechos que decidan incluir en su veredicto y no impliquen variación sustancial de aquél.

2. También proclamarán la culpabilidad o inculpabilidad de cada acusado por su participación en el hecho o hechos delictivos respecto de los cuales el Magistrado-Presidente hubiese admitido acusación.

3. Los jurados en el ejercicio de sus funciones actuarán con arreglo a los principios de independencia, responsabilidad y sumisión a la Ley, a los que se refiere el artículo 117 de la Constitución para los miembros del Poder Judicial.

4. Los jurados que en el ejercicio de su función se consideren inquietados o perturbados en su independencia, en los términos del artículo 14 de la Ley Orgánica del Poder Judicial, podrán dirigirse al Magistrado-Presidente para que les ampare en el desempeño de su cargo.

Artículo 4. *Función del Magistrado-Presidente.*

El Magistrado-Presidente, además de otras funciones que le atribuye la presente Ley, dictará sentencia en la que recogerá el veredicto del Jurado e impondrá, en su caso, la pena y medida de seguridad que corresponda.

También resolverá, en su caso, sobre la responsabilidad civil del penado o terceros respecto de los cuales se hubiera efectuado reclamación.

Artículo 5. *Determinación de la competencia del Tribunal del Jurado*[5].

1. La determinación de la competencia del Tribunal del Jurado se hará atendiendo al presunto hecho delictivo, cualquiera que sea la participación o el grado de ejecución atribuido al acusado. No obstante, en el supuesto del artículo 1.1.a) sólo será competente si el delito fuese consumado.

---

[4] Se modifica el apartado 4 del art. 3 por el art. 1.10 de la Ley Orgánica 8/1995, de 16 de noviembre.

[5] Se modifican los apartados 1 y 2 del art. 5 por el art. 1.10 y .11 de la Ley Orgánica 8/1995, de 16 de noviembre.

2. La competencia del Tribunal del Jurado se extenderá al enjuiciamiento de los delitos conexos, siempre que la conexión tenga su origen en alguno de los siguientes supuestos: a) Que dos o más personas reunidas cometan simultáneamente los distintos delitos; b) que dos o más personas cometan más de un delito en distintos lugares o tiempos, si hubiere precedido concierto para ello; c) que alguno de los delitos se haya cometido para perpetrar otros, facilitar su ejecución o procurar su impunidad.

No obstante lo anterior, y sin perjuicio de lo previsto en el artículo 1 de la presente Ley, en ningún caso podrá enjuiciarse por conexión el delito de prevaricación, así como aquellos delitos conexos cuyo enjuiciamiento pueda efectuarse por separado sin que se rompa la continencia de la causa.

3. Cuando un solo hecho pueda constituir dos o más delitos será competente el Tribunal del Jurado para su enjuiciamiento si alguno de ellos fuera de los atribuidos a su conocimiento.

Asimismo, cuando diversas acciones y omisiones constituyan un delito continuado será competente el Tribunal del Jurado si éste fuere de los atribuidos a su conocimiento.

4. La competencia territorial del Tribunal del Jurado se ajustará a las normas generales.

CAPÍTULO II. Los jurados

SECCIÓN 1ª. Disposiciones generales

Artículo 6. *Derecho y deber de jurado.*

La función de jurado es un derecho ejercitable por aquellos ciudadanos en los que no concurra motivo que lo impida y su desempeño un deber para quienes no estén incursos en causa de incompatibilidad o prohibición ni puedan excusarse conforme a esta Ley.

Artículo 7. *Retribución y efectos laborales y funcionariales del desempeño de la función de jurado.*

1. El desempeño de las funciones de jurado será retribuido e indemnizado en la forma y cuantía que reglamentariamente se determine[6].

---

6 El régimen retributivo e indemnizatorio del desempeño de las funciones de Jurado se ha regulado por el Real Decreto 385/1996, de 1 de marzo (BOE del 14).

2. El desempeño de la función de jurado tendrá, a los efectos del ordenamiento laboral y funcionarial, la consideración de cumplimiento de un deber inexcusable de carácter público y personal.

SECCIÓN 2ª. Requisitos, incapacidades, incompatibilidades, prohibiciones y excusas

Artículo 8. *Requisitos para ser jurado*[7]. Son requisitos para ser jurado:

1. Ser español mayor de edad.
2. Encontrarse en el pleno ejercicio de sus derechos políticos.
3. Saber leer y escribir.
4. Ser vecino, al tiempo de la designación, de cualquiera de los municipios de la provincia en que el delito se hubiere cometido.
5. Contar con la aptitud suficiente para el desempeño de la función de jurado. Las personas con discapacidad no podrán ser excluidas por esta circunstancia de la función de jurado, debiéndoseles proporcionar por parte de la Administración de Justicia los apoyos precisos, así como efectuar los ajustes razonables, para que puedan desempeñar con normalidad este cometido.

Artículo 9. *Falta de capacidad para ser jurado.* Están incapacitados para ser jurado:

1. Los condenados por delito doloso, que no hayan obtenido la rehabilitación.
2. Los procesados y aquellos acusados respecto de los cuales se hubiera acordado la apertura de juicio oral y quienes estuvieren sufriendo detención, prisión provisional o cumpliendo pena por delito.
3. Los suspendidos, en un procedimiento penal, en su empleo o cargo público, mientras dure dicha suspensión.

Artículo 10. *Incompatibilidad para ser jurado*[8].

Serán incompatibles para el desempeño de la función de jurado:

---

[7] Se modifica el apartado 5 de este precepto por el art. único.1 de la Ley Orgánica 1/2017, de 13 de diciembre, de modificación de la Ley Orgánica 5/1995, de 22 de mayo, del Tribunal del Jurado, para garantizar la participación de las personas con discapacidad sin exclusiones. Antes fue modificado por la LO 8/1995.

[8] Se modifican los apartados 7, 8 y 9 del art. 10 por el art. 1.13.14 y .15 de la Ley Orgánica 8/1995, de 16 de noviembre.

1. El Rey y los demás miembros de la Familia Real Española incluidos en el Registro Civil que regula el Real Decreto 2917/1981, de 27 de noviembre, así como sus cónyuges.

2. El Presidente del Gobierno, los Vicepresidentes, Ministros, Secretarios de Estado, Subsecretarios, Directores generales y cargos asimilados. El Director y los Delegados provinciales de la Oficina del Censo Electoral. El Gobernador y el Subgobernador del Banco de España.

3. Los Presidentes de las Comunidades Autónomas, los componentes de los Consejos de Gobierno, Viceconsejeros, Directores generales y cargos asimilados de aquéllas.

4. Los Diputados y Senadores de las Cortes Generales, los Diputados del Parlamento Europeo, los miembros de las Asambleas Legislativas de las Comunidades Autónomas y los miembros electos de las Corporaciones locales.

5. El Presidente y los Magistrados del Tribunal Constitucional. El Presidente y los miembros del Consejo General del Poder Judicial y el Fiscal general del Estado. El Presidente y los miembros del Tribunal de Cuentas y del Consejo de Estado, y de los órganos e instituciones de análoga naturaleza de las Comunidades Autónomas.

6. El Defensor del Pueblo y sus adjuntos, así como los cargos similares de las Comunidades Autónomas.

7. Los miembros en activo de la Carrera Judicial y Fiscal, de los Cuerpos de Secretarios Judiciales, Médicos Forenses, Oficiales, Auxiliares y Agentes y demás personal al servicio de la Administración de Justicia, así como los miembros en activo de las unidades orgánicas de Policía Judicial. Los miembros del Cuerpo Jurídico Militar de la Defensa y los Auxiliares de la Jurisdicción y Fiscalía Militar, en activo.

8. Los Delegados del Gobierno en las Comunidades Autónomas, en las Autonomías de Ceuta y Melilla, los Delegados insulares del Gobierno y los Gobernadores civiles.

9. Los letrados en activo al servicio de los órganos constitucionales y de las Administraciones públicas o de cualesquiera Tribunales, y los abogados y procuradores en ejercicio. Los profesores universitarios de disciplinas jurídicas o de medicina legal.

10. Los miembros en activo de las Fuerzas y Cuerpos de Seguridad.

11. Los funcionarios de Instituciones Penitenciarias.

12. Los Jefes de Misión Diplomática acreditados en el extranjero, los Jefes de las Oficinas Consulares y los Jefes de Representaciones Permanentes ante Organizaciones Internacionales.

Artículo 11. *Prohibición para ser jurado*[9].

Nadie podrá formar parte como jurado del Tribunal que conozca de una causa en la que: 1. Sea acusador particular o privado, actor civil, acusado o tercero responsable civil.

2. Mantenga con quien sea parte alguna de las relaciones a que se refiere el artículo 219, en sus apartados 1 al 8, de la Ley Orgánica del Poder Judicial que determinan el deber de abstención de los Jueces y Magistrados.

3. Tenga con el Magistrado-Presidente del Tribunal, miembro del Ministerio Fiscal o Secretario Judicial que intervenga en la causa o con los abogados o procuradores el vínculo de parentesco o relación a que se refieren los apartados 1, 2, 3, 4, 7, 8 y 11 del artículo 219 de la Ley Orgánica del Poder Judicial.

4. Haya intervenido en la causa como testigo, perito, fiador o intérprete.
5. Tenga interés, directo o indirecto, en la causa.

Artículo 12. *Excusa para actuar como jurado*[10]. Podrán excusarse para actuar como jurado:

1. Los mayores de sesenta y cinco años y las personas con discapacidad.

2. Los que hayan desempeñado efectivamente funciones de jurado dentro de los cuatro años precedentes al día de la nueva designación.

3. Los que sufran grave trastorno por razón de las cargas familiares.

4. Los que desempeñen trabajo de relevante interés general, cuya sustitución originaría importantes perjuicios al mismo.

5. Los que tengan su residencia en el extranjero.

6. Los militares profesionales en activo cuando concurran razones de servicio.

7. Los que aleguen y acrediten suficientemente cualquier otra causa que les dificulte de forma grave el desempeño de la función de jurado.

---

9 Se modifica el apartado 3 del art. 11 por el art. 1.16 de la Ley Orgánica 8/1995, de 16 de noviembre.

10 Se modifica el numeral 1 de este precepto por el art. único 1.2 de la Ley Orgánica 1/2017, de 13 de diciembre, de modificación de la Ley Orgánica 5/1995, de 22 de mayo, del Tribunal del Jurado, para garantizar la participación de las personas con discapacidad sin exclusiones.

SECCIÓN 3ª. Designación de los jurados

Artículo 13. *Listas de candidatos a jurados.*

1. Las Delegaciones Provinciales de la Oficina del Censo Electoral efectuarán un sorteo por cada provincia, dentro de los quince últimos días del mes de septiembre de los años pares, a fin de establecer la lista bienal de candidatos a jurados[11].

A tal efecto, los Presidentes de las Audiencias Provinciales, con una antelación mínima de tres días a la fecha prevista para el sorteo, determinarán y comunicarán al Delegado de aquella Oficina el número de candidatos a jurados que estimen necesario obtener por sorteo dentro de la provincia. Dicho número se calculará multiplicando por 50 el número de causas que se prevea vaya a conocer el Tribunal del Jurado, en estimación hecha atendiendo a las enjuiciadas en años anteriores en la respectiva provincia, más su posible incremento.

2. Los candidatos a jurados a obtener por sorteo se extraerán de la lista del censo electoral vigente a la fecha del sorteo, ordenada por municipios, relacionada, dentro de éstos, alfabéticamente y numerada correlativamente dentro del conjunto de la provincia. Dicha lista se remitirá para su anticipada exposición durante siete días a los respectivos Ayuntamientos.

El sorteo, que se celebrará en sesión pública previamente anunciada en un local habilitado al efecto por la correspondiente Audiencia Provincial, se desarrollará en la forma que reglamentariamente se determine.

3. Dentro de los siete días siguientes a la celebración del sorteo, cualquier ciudadano podrá formular, ante la Audiencia Provincial, reclamación contra el acto de sorteo.

La Audiencia, constituida por el Presidente y el Magistrado más antiguo y más moderno de los destinados en el Tribunal, y actuando como Secretario el del Tribunal o, en su caso, el de la Sección Primera, procederá a recabar informe del Delegado provincial de la Oficina del Censo Electoral y practicar las diligencias que estime pertinentes.

Antes del quince de octubre, resolverá por resolución motivada no susceptible de recurso, comunicando lo decidido a la Delegación Provincial de la Oficina del Censo Electoral para que, si así se resuelve, reitere el sorteo.

---

11 El sorteo Sorteo para la formación de las listas de candidatos a Jurados se ha regulado por el Real Decreto 1398/1995, de 4 de agosto (BOE del 5).

4. La Delegación Provincial de la Oficina del Censo Electoral enviará la lista de los candidatos a jurados a la respectiva Audiencia Provincial quien la remitirá a los Ayuntamientos y al «Boletín Oficial» de la provincia correspondiente, para su debida exposición o publicación, respectivamente, durante los quince últimos días del citado mes de octubre. Igualmente, en dicho plazo, se procederá por el Secretario de la Audiencia Provincial, mediante oficio remitido por correo, a notificar a cada candidato a jurado su inclusión en la referida lista, al tiempo que se le hará entrega de la pertinente documentación en la que se indicarán las causas de incapacidad, incompatibilidad y excusa, y el procedimiento para su alegación.

Artículo 14. *Reclamaciones contra la inclusión en las listas.*

1. Durante los quince primeros días del mes de noviembre, los candidatos a jurados, si entendieren que concurre en ellos la falta de requisitos establecidos en el artículo 8, o una causa de incapacidad, incompatibilidad o excusa, podrán formular reclamación ante el Juez Decano de los de Primera Instancia e Instrucción del partido judicial al que corresponda el Municipio de su vecindad a efectos de su exclusión de la lista.

También podrá formular dicha reclamación cualquier ciudadano que entienda que alguno de los candidatos a jurados carece de los requisitos, de la capacidad o incurre en las causas de incompatibilidad a que se refieren los artículos 8, 9 y 10 de esta Ley.

2. Culminado el período de exposición, los Secretarios de los Ayuntamientos remitirán al Juez Decano de los del partido judicial relación de personas que, incluidas en la lista de candidatos a jurados, pudieran, en esa fecha, estar incursas en la falta de requisitos o causa de incapacidad o incompatibilidad a que se refieren los artículos 8, 9 y 10 de esta Ley.

Artículo 15. *Resolución de las reclamaciones.*

El Juez Decano dará traslado de la reclamación o advertencia, en su caso, al interesado no reclamante, por tres días. Practicará las diligencias informativas que le propongan y las que estime imprescindibles y dictará resolución motivada sobre cada una de las reclamaciones o advertencias efectuadas antes del día 30 del mismo mes de noviembre.

Si alguna fuese estimada, mandará hacer las rectificaciones o exclusiones que corresponda, comunicando su resolución a la Delegación Provincial de la

Oficina del Censo Electoral y notificándola al interesado. Contra dicha resolución no cabe recurso.

Artículo 16. *Comunicación y rectificación de las listas definitivas.*

1. Ultimada la lista definitiva por cada provincia, la Delegación Provincial de la Oficina del Censo Electoral la enviará al Presidente de la Audiencia Provincial respectiva, quien remitirá copia al Presidente del Tribunal Superior de Justicia correspondiente y al Presidente de la Sala de lo Penal del Tribunal Supremo. Asimismo, remitirá copia a los Ayuntamientos de la respectiva provincia para su exposición durante los dos años de vigencia de la citada lista.

2. Los incluidos en la lista de candidatos a jurados podrán ser convocados a formar parte del Tribunal del Jurado durante dos años a contar del uno de enero siguiente. A tal efecto, tendrán la obligación de comunicar a la Audiencia Provincial cualquier cambio de domicilio o circunstancia que influya en los requisitos, en su capacidad o determine incompatibilidad para intervenir como jurado.

3. Asimismo, cualquier ciudadano podrá comunicar a la Audiencia Provincial las causas de incapacidad o incompatibilidad en que, durante el citado período, pueda incurrir el candidato a jurado. También el Alcalde del Ayuntamiento respectivo deberá comunicar esa incidencia, si de ella existiera constancia.

4. La Audiencia Provincial, con la composición prevista en el apartado 3 del artículo 13, practicará las diligencias informativas que estime oportunas y, tras oír, en su caso, al interesado no reclamante, resolverá motivadamente, sin que contra su resolución quepa recurso, notificándolo al interesado y efectuando, en su caso, la exclusión oportuna en la lista de candidatos a jurados.

Artículo 17. *Alardes de causas y períodos de sesiones.*

Las Audiencias Provinciales, y, en su caso, la Sala de lo Civil y Penal de los Tribunales Superiores de Justicia y la Sala Segunda del Tribunal Supremo, efectuarán, antes del cuadragésimo día anterior al período de sesiones correspondiente, un alarde de las causas señaladas para juicio oral, en las que hayan de intervenir jurados.

A ese efecto, los períodos de sesiones serán: 1) desde el 1 de enero al 20 de marzo; 2) desde el 21 de marzo al 10 de junio; 3) desde el 11 de junio al 30 de septiembre, y 4) del 1 de octubre al 31 de diciembre.

Artículo 18. *Designación de candidatos a jurados para cada causa*[12].

Con anticipación de al menos treinta días al día señalado para la primera vista de juicio oral, habiendo citado a las partes, el Magistrado que, conforme a las normas de reparto, haya de presidir el Tribunal del Jurado, dispondrá que el Secretario, en audiencia pública, realice el sorteo, de entre los candidatos a jurados de la lista de la provincia correspondiente, de 36 candidatos a jurados por cada causa señalada en el período de sesiones siguiente. El sorteo no se suspenderá por la inasistencia de cualquiera de dichas representaciones.

Artículo 19. *Citación de los candidatos a jurados designados para una causa*[13].

1. El Secretario del Tribunal ordenará lo necesario para la notificación a los candidatos a jurados de su designación y para la citación a fin de que comparezcan el día señalado para la vista del juicio oral en el lugar en que se haya de celebrar.

2. La cédula de citación contendrá un cuestionario, en el que se especificarán las eventuales faltas de requisitos, causas de incapacidad, incompatibilidad o prohibición que los candidatos a jurados designados vienen obligados a manifestar así como los supuestos de excusa que por aquéllos puedan alegarse.

3. A la cédula se acompañará la necesaria información para los designados acerca de la función constitucional que están llamados a cumplir, los derechos y deberes inherentes a ésta y la retribución que les corresponda.

Artículo 20. *Devolución del cuestionario*[14].

Dentro de los cinco días siguientes a la recepción del cuestionario, los candidatos a jurados designados lo devolverán al Magistrado que haya de presidir el Tribunal del Jurado, por correo con franqueo oficial, debidamente cumplimentado, haciendo constar, en su caso, aquellas circunstancias personales asociadas a situaciones de discapacidad que pudieran presentar y que fueran

---

12 Se modifica el art. 18 por el art. 1.17 de la Ley Orgánica 8/1995, de 16 de noviembre.

13 Se modifica el título, apartados 1, 2 y se suprime el 4 del art. 19 por el art. 1.18 y .19 de la Ley Orgánica 8/1995, de 16 de noviembre.

14 Se modifica este precepto por el art. único.1.3 de la Ley Orgánica 1/2017, de 13 de diciembre, de modificación de la Ley Orgánica 5/1995, de 22 de mayo, del Tribunal del Jurado, para garantizar la participación de las personas con discapacidad sin exclusiones. Antes fue modificado por la LO 8/1995.

relevantes para el ejercicio regular de esta función; asimismo acompañarán las justificaciones documentales que estimen oportunas y concretarán la solicitud de los medios de apoyo y ajustes razonables que necesiten para desempeñar su función.

Artículo 21. *Recusación*[15].

El Ministerio Fiscal y las demás partes, a quienes se ha debido entregar previamente el cuestionario cumplimentado por los candidatos a jurados, podrán formular recusación, dentro de los cinco días siguientes al de dicha entrega, por concurrir falta de requisitos o cualquiera de las causas de incapacidad, incompatibilidad o prohibición previstas en esta Ley. También propondrán la prueba de que intenten valerse.

Cualquier causa de recusación de la que se tenga conocimiento en ese tiempo, que no sea formulada, no podrá alegarse posteriormente.

Artículo 22. *Resolución de las excusas, advertencias y recusaciones*[16].

El Magistrado-Presidente señalará día para la vista de la excusa, advertencia o recusación presentada, citando a las partes y a quienes hayan expresado advertencia o excusa. Practicadas en el acto las diligencias propuestas, resolverá dentro de los tres días siguientes.

Artículo 23. *Nuevo sorteo para completar la lista de candidatos a jurados designados para una causa*[17].

1. Si, como consecuencia de la resolución anterior, la lista de candidatos a jurados designados para una causa quedase reducida a menos de veinte, el Magistrado-Presidente dispondrá que el Secretario proceda al inmediato sorteo, en igual forma que el inicial, de los jurados necesarios para completar dicho número, entre los de la lista bienal de la provincia correspondiente, previa convocatoria de las partes, citando a los designados para el día del juicio oral.

2. A los candidatos a jurados así designados les será, asimismo, de aplicación lo dispuesto en los artículos 19 a 22 de esta Ley.

---

[15] Se modifica el párrafo 1 del art. 21 por el art. 1.21 de la Ley Orgánica 8/1995, de 16 de noviembre.

[16] Se modifica el art. 22 por el art. 1.22 de la Ley Orgánica 8/1995, de 16 de noviembre.

[17] Se modifica el art. 23 por el art. 1.23 de la Ley Orgánica 8/1995, de 16 de noviembre.

CAPÍTULO III. Del procedimiento para las causas ante el Tribunal del Jurado

SECCIÓN 1ª. Incoación e instrucción complementaria

Artículo 24. *Incoación del procedimiento ante el Tribunal del Jurado*[18].

1. Cuando de los términos de la denuncia o de la relación circunstanciada del hecho en la querella, y tan pronto como de cualquier actuación procesal, resulte contra persona o personas determinadas la imputación de un delito, cuyo enjuiciamiento venga atribuido al Tribunal del Jurado, previa valoración de su verosimilitud, procederá el Juez de Instrucción a dictar resolución de incoación del procedimiento para el juicio ante el Tribunal del Jurado, cuya tramitación se acomodará a las disposiciones de esta Ley, practicando, en todo caso, aquellas actuaciones inaplazables a que hubiere lugar.

2. La aplicación de la Ley de Enjuiciamiento Criminal será supletoria en lo que no se oponga a los preceptos de la presente Ley.

Artículo 25. *Traslado de la imputación*[19].

1. Incoado el procedimiento por delito cuyo enjuiciamiento venga atribuido al Tribunal del Jurado, el Juez de Instrucción lo pondrá inmediatamente en conocimiento de los imputados. Con objeto de concretar la imputación, les convocará en el plazo de cinco días a una comparecencia así como al Ministerio Fiscal y demás partes personadas. Al tiempo de la citación, dará traslado a los imputados de la denuncia o querella admitida a trámite, si no se hubiese efectuado con anterioridad. El imputado estará necesariamente asistido de letrado de su elección o, caso de no designarlo, de letrado de oficio.

2. Si son conocidos los ofendidos o los perjudicados por el delito no personados, se les citará para ser oídos en la comparecencia prevista en el apartado anterior y, al tiempo de la citación, se les instruirá por medio de escrito, de los derechos a que hacen referencia los artículos 109 y 110 de la Ley de Enjuiciamiento Criminal, si tal diligencia no se efectuó con anterioridad. Especialmente se les indicará el derecho a formular alegaciones y solicitar lo que estimen oportuno si se personan en legal forma en dicho acto y a solicitar, en

---

18 Se modifica el apartado 1 del art. 24 por el art. 1.24 de la Ley Orgánica 8/1995, de 16 de noviembre.

19 Se modifica el apartado 1 del art. 25 por el art. 1.25 de la Ley Orgánica 8/1995, de 16 de noviembre.

las condiciones establecidas en el artículo 119 de aquella Ley, el derecho de asistencia jurídica gratuita.

3. En la citada comparecencia, el Juez de Instrucción comenzará por oír al Ministerio Fiscal y, sucesivamente, a los acusadores personados, quienes concretarán la imputación. Seguidamente, oirá al letrado del imputado, quien manifestará lo que estime oportuno en su defensa y podrá instar el sobreseimiento, si hubiere causa para ello, conforme a lo dispuesto en los artículos 637 ó 641 de la Ley de Enjuiciamiento Criminal. En sus intervenciones, las partes podrán solicitar las diligencias de investigación que estimen oportunas.

Artículo 26. *Decisión sobre la continuación del procedimiento*[20].

1. Oídas las partes, el Juez de Instrucción decidirá la continuación del procedimiento, o el sobreseimiento, si hubiera causa para ello, conforme a lo dispuesto en los artículos 637 ó 641 de la Ley de Enjuiciamiento Criminal.

2. Si el Ministerio Fiscal y demás partes personadas instan el sobreseimiento, el Juez podrá adoptar las resoluciones a que se refieren los artículos 642 y 644 de la Ley de Enjuiciamiento Criminal.

El auto por el que acuerde el sobreseimiento será apelable ante la Audiencia Provincial.

Artículo 27. *Diligencias de investigación*[21].

1. Si el Juez de Instrucción acordase la continuación del procedimiento, resolverá sobre la pertinencia de las diligencias solicitadas por las partes, ordenando practicar o practicando por sí solamente las que considere imprescindibles para decidir sobre la procedencia de la apertura del juicio oral y no pudiesen practicarse directamente en la audiencia preliminar prevista en la presente Ley.

2. También podrán, las partes, solicitar nuevas diligencias dentro de los cinco días siguientes al de la comparecencia o al de aquel en que se practicase la última de las ordenadas. Esta circunstancia será notificada a las partes al objeto de que puedan instar lo que a su derecho convenga.

---

[20] Se modifica el apartado 1 del art. 26 por el art. 1.22 de la Ley Orgánica 8/1995, de 16 de noviembre.

[21] Se modifica el art. 27 por el art. 1.28 a .30 de la Ley Orgánica 8/1995, de 16 de noviembre.

3. Además podrá el Juez ordenar, como complemento de las solicitadas por las partes, las diligencias que estime necesarias, limitadas a la comprobación del hecho justiciable y respecto de las personas objeto de imputación por las partes acusadoras.

4. Si el Juez considerase improcedentes las solicitadas y no ordenase ninguna de oficio, conferirá nuevo traslado a las partes a fin de que insten, en el plazo de cinco días, lo que estimen oportuno respecto a la apertura del juicio oral, formulando escrito de conclusiones provisionales. Lo mismo mandará el Juez cuando estime innecesaria la práctica de más diligencias, aun cuando no haya finalizado la práctica de las ya ordenadas.

Artículo 28. *Indicios de distinto delito*[22].

Si de las diligencias practicadas resultaren indicios racionales de delito distinto del que es objeto de procedimiento o la participación de personas distintas de las inicialmente imputadas, se actuará en la forma establecida en el artículo 25 de esta Ley o, en su caso, se incoará el procedimiento que corresponda si el delito no fuese de los atribuidos al Tribunal del Jurado.

Artículo 29. *Escrito de solicitud de juicio oral y calificación*[23].

1. El escrito solicitando la apertura del juicio oral tendrá el contenido a que se refiere el artículo 650 de la Ley de Enjuiciamiento Criminal.

2. De dicho escrito se dará traslado a la representación del acusado, quien formulará escrito en los términos del artículo 652 de la Ley de Enjuiciamiento Criminal. 3. En ambos casos, se podrá hacer uso de las alternativas previstas en el artículo 653 de la Ley de Enjuiciamiento Criminal.

4. En sus respectivos escritos, las partes podrán proponer diligencias complementarias para su práctica en la audiencia preliminar, sin que puedan ser reiteradas las que hayan sido ya practicadas con anterioridad.

5. Las partes, cuando entiendan que todos los hechos delictivos objeto de acusación no son de los que tienen atribuido su enjuiciamiento al Tribunal del Jurado, instarán en sus respectivos escritos de solicitud de juicio oral la pertinente adecuación del procedimiento.

---

22 Se modifica el art. 28 por el art. 1.31 de la Ley Orgánica 8/1995, de 16 de noviembre.

23 Se modifica el apartado 5 del art. 29 por el art. 1.32 de la Ley Orgánica 8/1995, de 16 de noviembre.

Si estiman que la falta de competencia ocurre sólo respecto de alguno de los delitos objeto de la acusación, la solicitud se limitará a la correspondiente deducción de testimonio suficiente, en relación con el que deba excluirse del procedimiento seguido para ante el Tribunal del Jurado, y a la remisión al órgano jurisdiccional competente para el seguimiento de la causa que corresponda.

SECCIÓN 2ª. Audiencia preliminar

Artículo 30. *Convocatoria de la audiencia preliminar*[24].

1. Una vez presentado el escrito de calificación de la defensa, el Juez señalará el día más próximo posible para audiencia preliminar de las partes sobre la procedencia de la apertura del juicio oral, salvo que estén pendientes de practicarse las diligencias de investigación solicitadas por la defensa del imputado y declaradas pertinentes por el Juez. Una vez practicadas éstas, el Juez procederá a efectuar el referido señalamiento. Al tiempo resolverá sobre la admisión y práctica de las diligencias interesadas por las partes para el acto de dicha audiencia preliminar.

Si el Juez no acordare la convocatoria de la audiencia preliminar, las partes podrán acudir en queja ante la Audiencia Provincial.

2. La audiencia preliminar podrá ser renunciada por la defensa de los acusados, aquietándose con la apertura del juicio oral, en cuyo caso, el Juez decretará ésta, sin más, en los términos del artículo 33 de la presente Ley. Para que dicha renuncia surta efecto ha de ser solicitada por la defensa de todos los acusados.

Artículo 31. *Celebración de la audiencia preliminar.*

1. En el día y hora señalados se celebrará la audiencia preliminar comenzando por la práctica de las diligencias propuestas por las partes.

2. Las partes podrán proponer en este momento diligencias para practicarse en el acto. El Juez denegará toda diligencia propuesta que no sea imprescindible para la adecuada decisión sobre la procedencia de la apertura del juicio oral.

3. Terminada la práctica de las diligencias admitidas, se oirá a las partes sobre la procedencia de la apertura del juicio oral y, en su caso, sobre la

---

[24] Se modifica el apartado 1 del art. 30 por el art. 1.33 de la Ley Orgánica 8/1995, de 16 de noviembre.

competencia del Tribunal del Jurado para el enjuiciamiento. Las acusaciones pueden modificar los términos de su petición de apertura de juicio oral, sin que sea admisible la introducción de nuevos elementos que alteren el hecho justiciable o la persona acusada.

Artículo 32. *Auto de sobreseimiento o de apertura de juicio oral*[25].

1. Concluida la audiencia preliminar, en el mismo acto o dentro de los tres días siguientes, el Juez dictará auto por el que decidirá la apertura o no del juicio oral. Si decide la no apertura del juicio oral acordará el sobreseimiento. Podrá asimismo decretar la apertura del juicio oral y el sobreseimiento parcial en los términos del artículo 640 de la Ley de Enjuiciamiento Criminal si concurre en alguno de los acusados lo previsto en el artículo 637.3.o de la Ley de Enjuiciamiento Criminal.

2. La resolución por la que acuerda el sobreseimiento es apelable ante la Audiencia Provincial. La que acuerda la apertura del juicio oral no es recurrible, sin perjuicio de lo previsto en el artículo 36 de la presente Ley.

3. También podrá el Juez ordenar la práctica de alguna diligencia complementaria, antes de resolver, si la estimase imprescindible de resultas de lo actuado en la audiencia preliminar.

4. En su caso, podrá el Juez ordenar la acomodación al procedimiento que corresponda cuando no fuese aplicable al regulado en esta Ley. Si considera que el que corresponde es el regulado en el Título II del Libro IV de la Ley de Enjuiciamiento Criminal, acordará la apertura del juicio oral, si la estima procedente, y remitirá la causa a la Audiencia Provincial o al Juez de lo Penal competente para que prosigan el conocimiento de la causa en los términos de los artículos 785 y siguientes de dicha Ley.

Artículo 33. *Contenido del auto de apertura del juicio oral*[26].

El auto que decrete la apertura del juicio oral determinará:

a) El hecho o hechos justiciables de entre los que han sido objeto de acusación y respecto de los cuales estime procedente el enjuiciamiento.

---

[25] Se modifica el apartado 4 del art. 32 por la disposición final 1.1 de la Ley 38/2002, de 24 de octubre.

[26] Se modifica la letra c) del art. 33 por el art. 1.34 de la Ley Orgánica 8/1995, de 16 de noviembre.

b) La persona o personas que podrán ser juzgadas como acusados o terceros responsables civilmente.

c) La fundamentación de la procedencia de la apertura del juicio con indicación de las disposiciones legales aplicables.

d) El órgano competente para el enjuiciamiento.

Artículo 34. *Testimonios*[27].

1. En la misma resolución, el Juez acordará que se deduzca testimonio de:

a) Los escritos de calificación de las partes.

b) La documentación de las diligencias no reproducibles y que hayan de ser ratificadas en el juicio oral.

c) El auto de apertura del juicio oral.

2. El testimonio, efectos e instrumentos del delito ocupados y demás piezas de convicción, serán inmediatamente remitidos al Tribunal competente para el enjuiciamiento.

3. Las partes podrán pedir, en cualquier momento, los testimonios que les interesen para su ulterior utilización en el juicio oral.

Artículo 35. *Emplazamiento de las partes y designación del Magistrado-Presidente.*

1. El Juez mandará emplazar a las partes para que se personen dentro del término de quince días ante el Tribunal competente para el enjuiciamiento.

2. Recibidas las actuaciones en la Audiencia Provincial, se designará al Magistrado que por turno corresponda.

SECCIÓN 3ª Cuestiones previas al juicio ante el Tribunal del Jurado

Artículo 36. *Planteamiento de cuestiones previas.*

1. Al tiempo de personarse las partes podrán:

a) Plantear alguna de las cuestiones o excepciones previstas en el artículo 666 de la Ley de Enjuiciamiento Criminal o alegar lo que estimen oportuno sobre la competencia o inadecuación del procedimiento.

b) Alegar la vulneración de algún derecho fundamental.

---

27 Se modifica el apartado 1 del art. 34 por el art. 1.35 de la Ley Orgánica 8/1995, de 16 de noviembre.

c) Interesar la ampliación del juicio a algún hecho respecto del cual hubiese inadmitido la apertura el Juez de Instrucción.

d) Pedir la exclusión de algún hecho sobre el que se hubiera abierto el juicio oral, si se denuncia que no estaba incluido en los escritos de acusación.

e) Impugnar los medios de prueba propuestos por las demás partes y proponer nuevos medios de prueba.

En este caso, se dará traslado a las demás partes para que en el término de tres días puedan instar por escrito su inadmisión.

2. Si se plantease alguno de estos incidentes se le dará la tramitación establecida en los artículos 668 a 677 de la Ley de Enjuiciamiento Criminal.

Artículo 37. *Auto de hechos justiciables, procedencia de prueba y señalamiento de día para la vista del juicio oral*[28].

Personadas las partes y resueltas, en su caso, las cuestiones propuestas, si ello no impidiese el juicio oral, el Magistrado que vaya a presidir el Tribunal del Jurado dictará auto cuyo contenido se ajustará a las siguientes reglas:

a) Precisará, en párrafos separados, el hecho o hechos justiciables. En cada párrafo no se podrán incluir términos susceptibles de ser tenidos por probados unos y por no probados otros. Excluirá, asimismo, toda mención que no resulte absolutamente imprescindible para la calificación.

En dicha relación se incluirán tanto los hechos alegados por las acusaciones como por la defensa. Pero, si la afirmación de uno supone la negación del otro, sólo se incluirá una proposición.

b) Seguidamente, con igual criterio, se expondrán en párrafos separados los hechos que configuren el grado de ejecución del delito y el de participación del acusado, así como la posible estimación de la exención, agravación o atenuación de la responsabilidad criminal.

c) A continuación, determinará el delito o delitos que dichos hechos constituyan.

d) Asimismo, resolverá sobre la procedencia de los medios de prueba propuestos por las partes y sobre la anticipación de su práctica.

---

[28] Se añade una nueva letra c) y se reordenan las anteriores c) y d) que pasan a ser d) y e) del art. 37 por el art. 1.36 de la Ley Orgánica 8/1995, de 16 de noviembre.

Contra la resolución que declare la procedencia de algún medio de prueba no se admitirá recurso. Si se denegare la práctica de algún medio de prueba podrán las partes formular su oposición a efectos de ulterior recurso.

e) También señalará día para la vista del juicio oral adoptando las medidas a que se refieren los artículos 660 a 664 de la Ley de Enjuiciamiento Criminal.

SECCIÓN 4ª. Constitución del Tribunal del Jurado

Artículo 38. *Concurrencia de los integrantes del Tribunal del Jurado y recusación de candidatos a jurados*[29].

1. El día y hora señalado para el juicio se constituirá el Magistrado que haya de presidir el Tribunal del Jurado con la asistencia del Secretario y la presencia de las partes. Si concurriesen al menos veinte de los candidatos a jurados convocados, el Magistrado-Presidente abrirá la sesión. Si no concurriese dicho número, se procederá en la forma indicada en el artículo siguiente.

2. El Magistrado-Presidente interrogará nuevamente a los jurados por si en ellos concurriera falta de requisitos, alguna causa de incapacidad, incompatibilidad, prohibición o excusa prevista en esta Ley. También podrán las partes por sí o a través del Magistrado-Presidente interrogar a los jurados respecto a las materias relacionadas en el párrafo anterior.

3. También las partes podrán recusar a aquellos en quienes afirmen concurre causa de incapacidad, incompatibilidad o prohibición.

Las recusaciones se oirán y resolverán en el propio acto por el Magistrado-Presidente, ante la presencia de las partes y oído el candidato a jurado afectado.

4. El Magistrado-Presidente decidirá sobre la recusación, sin que quepa recurso, pero sí protesta a los efectos del recurso que pueda ser interpuesto contra la sentencia.

Artículo 39. *Forma de completar el número mínimo de candidatos a jurados y posibles sanciones*[30].

1. Si, como consecuencia de la incomparecencia de algunos de los candidatos a jurados convocados, o de las exclusiones que se deriven de lo dispues-

---

29 Se modifican los apartados 1 y 2 del art. 38 por el art. 1.37 de la Ley Orgánica 8/1995, de 16 de noviembre.

30 Se modifica el título y los apartados 1 a 3 del art. 39 por el art. 1.38 de la Ley Orgánica 8/1995, de 16 de noviembre.

to en el artículo anterior, no resultasen al menos veinte candidatos a jurados, se procederá a un nuevo señalamiento dentro de los quince días siguientes. Se citará al efecto a los comparecidos y a los ausentes y a un número no superior a ocho que serán designados por sorteo en el acto de entre los de la lista bienal. Si las partes alegasen en ese momento alguna causa de incapacidad, incompatibilidad o prohibición de los así designados que fuese aceptada por el Magistrado-Presidente sin protesta de las demás partes no recusantes, se completará con un nuevo sorteo hasta obtener la cifra de los ocho complementarios.

2. El Magistrado-Presidente impondrá la multa de 25.000 pesetas al candidato a jurado convocado que no hubiera comparecido a la primera citación ni justificado su ausencia. Si no compareciera a la segunda citación, la multa será de 100.000 a 250.000 pesetas.

Al tiempo de la segunda citación, el Magistrado-Presidente acordará que se les advierta de la sanción que les puede corresponder si no comparecen.

En la determinación de la cuantía de la segunda multa se tendrá en cuenta la situación económica del jurado que no ha comparecido.

3. Si en la segunda convocatoria tampoco se obtuviera el número mínimo de jurados concurrentes, se procederá de igual manera que en la primera a sucesivas convocatorias y sorteos complementarios, hasta obtener la concurrencia necesaria.

4. En todo caso, se adoptarán las medidas necesarias respecto de los medios de prueba propuestos para hacer posible su práctica una vez constituido el Tribunal del Jurado.

Artículo 40. *Selección de los jurados y constitución del Tribunal*[31].

1. Si concurriese el número suficiente de jurados, se procederá a un sorteo sucesivo para seleccionar a los nueve jurados que formarán parte del Tribunal, y otros dos más como suplentes.

2. Introducidos los nombres de los jurados en una urna, serán extraídos, uno a uno, por el Secretario quien leerá su nombre en alta voz.

3. Las partes, después de formular al nombrado las preguntas que estimen oportunas y el Magistrado-Presidente declare pertinentes, podrán recusar sin

---

[31] Se modifican los apartados 1 y 3 del art. 40 por el art. 1.40 y .41 de la Ley Orgánica 8/1995, de 16 de noviembre.

alegación de motivo determinado hasta cuatro de aquéllos por parte de las acusaciones y otros cuatro por parte de las defensas.

Si hubiere varios acusadores y acusados, deberán actuar de mutuo acuerdo para indicar los jurados que recusan sin alegación de causa. De no mediar acuerdo, se decidirá por sorteo el orden en que las partes acusadoras o acusadas pueden formular la recusación, hasta que se agote el cupo de recusables.

El actor civil y los terceros responsables civiles no pueden formular recusación sin causa.

4. A continuación se procederá de igual manera para la designación de los suplentes. Cuando sólo resten dos para ser designados suplentes, no se admitirá recusación sin causa.

5. Culminado el sorteo, del que el Secretario extenderá acta, se constituirá el Tribunal.

Artículo 41. *Juramento o promesa de los designados*[32].

1. Una vez que el Tribunal se haya constituido, se procederá a recibir juramento o promesa a los seleccionados para actuar como jurados. Puestos en pie el Magistrado-Presidente dirá:

«¿Juran o prometen desempeñar bien y fielmente la función del jurado, con imparcialidad, sin odio ni afecto, examinando la acusación, apreciando las pruebas y resolviendo si son culpables o no culpables de los delitos objeto del procedimiento los acusados..., así como guardar secreto de las deliberaciones?».

2. Los jurados se irán aproximando, de uno en uno, a la presencia del Magistrado-Presidente y, colocados frente a él, dirán: «sí juro» o «sí prometo», y tomarán asiento en el lugar destinado al efecto.

3. El Magistrado-Presidente, cuando todos hayan jurado o prometido, mandará comenzar la audiencia pública.

4. Nadie podrá ejercer las funciones de jurado sin prestar el juramento o promesa indicados. Quien se negase a prestarlo será conminado con el pago de una multa de 50.000 pesetas que el Magistrado-Presidente impondrá en el acto. Si el llamado persiste en su negativa se deduciría el oportuno tanto de culpa y en su lugar será llamado el suplente.

---

32 Se modifican los apartados 1 y 3 del art. 41 por el art. 1.42 de la Ley Orgánica 8/1995, de 16 de noviembre.

SECCIÓN 5ª. El juicio oral

Artículo 42. *Aplicación de la Ley de Enjuiciamiento Criminal.*

1. Tras el juramento o promesa, se dará comienzo a la celebración del juicio oral siguiendo lo dispuesto en los artículos 680 y siguientes de la Ley de Enjuiciamiento Criminal.

2. El acusado o acusados se encontrarán situados de forma que sea posible su inmediata comunicación con los defensores.

Artículo 43. *Celebración a puerta cerrada.*

Para la decisión de celebración a puerta cerrada, el Magistrado-Presidente, oídas las partes, decidirá lo que estime pertinente, previa consulta al Jurado.

Artículo 44. *Asistencia del acusado y del abogado defensor*[33].

La celebración del juicio oral requiere la asistencia del acusado y del abogado defensor. Este último estará a disposición del Tribunal del Jurado hasta que se emita el veredicto, teniendo el juicio oral ante este Tribunal prioridad frente a cualquier otro señalamiento o actuación procesal sea cual sea el orden jurisdiccional ante el que tenga lugar.

No obstante, si hubiere varios acusados y alguno de ellos deja de comparecer, podrá el Magistrado-Presidente acordar, oídas las partes, la continuación del juicio para los restantes. La ausencia injustificada del tercero responsable civil citado en debida forma no será por sí misma causa de suspensión del juicio, ni de su enjuiciamiento.

Artículo 45. *Alegaciones previas de las partes al Jurado.*

El juicio comenzará mediante la lectura por el Secretario de los escritos de calificación. Seguidamente el Magistrado-Presidente abrirá un turno de intervención de las partes para que expongan al Jurado las alegaciones que estimen convenientes a fin de explicar el contenido de sus respectivas calificaciones y la finalidad de la prueba que han propuesto. En tal ocasión podrán proponer al Magistrado-Presidente nuevas pruebas para practicarse en el acto, resolviendo éste tras oír a las demás partes que deseen oponerse a su admisión.

---

33 Se modifica el párrafo 1 del art. 44 por el art. 1.44 de la Ley Orgánica 8/1995, de 16 de noviembre.

Artículo 46. *Especialidades probatorias.*

1. Los jurados, por medio del Magistrado-Presidente y previa declaración de pertinencia, podrán dirigir, mediante escrito, a testigos, peritos y acusados las preguntas que estimen conducentes a fijar y aclarar los hechos sobre los que verse la prueba.

2. Los jurados verán por sí los libros, documentos, papeles y demás piezas de convicción a que se refiere el artículo 726 de la Ley de Enjuiciamiento Criminal.

3. Para la prueba de inspección ocular, se constituirá el Tribunal en su integridad, con los jurados, en el lugar del suceso.

4. Las diligencias remitidas por el Juez Instructor podrán ser exhibidas a los jurados en la práctica de la prueba.

5. El Ministerio Fiscal, los letrados de la acusación y los de la defensa podrán interrogar al acusado, testigos y peritos sobre las contradicciones que estimen que existen entre lo que manifiesten en el juicio oral y lo dicho en la fase de instrucción. Sin embargo, no podrá darse lectura a dichas previas declaraciones, aunque se unirá al acta el testimonio que quien interroga debe presentar en el acto.

Las declaraciones efectuadas en la fase de instrucción, salvo las resultantes de prueba anticipada, no tendrán valor probatorio de los hechos en ellas afirmados.

Artículo 47. *Suspensión del procedimiento.*

Cuando, conforme a la Ley de Enjuiciamiento Criminal, haya de suspenderse la celebración del juicio oral, el Magistrado-Presidente podrá decidir la disolución del Jurado, que acordará, en todo caso, siempre que dicha suspensión se haya de prolongar durante cinco o más días.

Artículo 48. *Modificación de las conclusiones provisionales y conclusiones definitivas*[34].

1. Concluida la práctica de la prueba, las partes podrán modificar sus conclusiones provisionales.

---

[34] Se modifica el apartado 2 del art. 48 por la disposición final 1.2 de la Ley 38/2002, de 24 de octubre.

2. El Magistrado-Presidente requerirá a las partes en los términos previstos en el apartado 3 del artículo 788 de la Ley de Enjuiciamiento Criminal, estándose, en su caso, a lo dispuesto en el apartado 4 del citado precepto.

3. Aun cuando en sus conclusiones definitivas las partes calificasen los hechos como constitutivos de un delito de los no atribuidos al enjuiciamiento del Tribunal del Jurado, éste continuará conociendo.

Artículo 49. *Disolución anticipada del Jurado.*

Una vez concluidos los informes de la acusación, la defensa puede solicitar del Magistrado-Presidente, o éste decidir de oficio, la disolución del Jurado si estima que del juicio no resulta la existencia de prueba de cargo que pueda fundar una condena del acusado.

Si la inexistencia de prueba de cargo sólo afecta a algunos hechos o acusados, el Magistrado-Presidente podrá decidir que no ha lugar a emitir veredicto en relación con los mismos.

En tales supuestos se dictará, dentro de tercero día, sentencia absolutoria motivada.

Artículo 50. *Disolución del Jurado por conformidad de las partes.*

1. Igualmente, procederá la disolución del Jurado si las partes interesaren que se dicte sentencia de conformidad con el escrito de calificación que solicite pena de mayor gravedad, o con el que presentaren en el acto, suscrito por todas, sin inclusión de otros hechos que los objeto de juicio, ni calificación más grave que la incluida en las conclusiones provisionales. La pena conformada no podrá exceder de seis años de privación de libertad, sola o conjuntamente con las de multa y privación de derechos.

2. El Magistrado-Presidente dictará la sentencia que corresponda, atendidos los hechos admitidos por las partes, pero, si entendiese que existen motivos bastantes para estimar que el hecho justiciable no ha sido perpetrado o que no lo fue por el acusado, no disolverá el Jurado y mandará seguir el juicio.

3. Asimismo, si el Magistrado-Presidente entendiera que los hechos aceptados por las partes pudieran no ser constitutivos de delito, o que pueda resultar la concurrencia de una causa de exención o de preceptiva atenuación, no disolverá el Jurado, y, previa audiencia de las partes, someterá a aquél por escrito el objeto del veredicto.

Artículo 51. *Disolución del Jurado por desistimiento en la petición de condena.*

Cuando el Ministerio Fiscal y demás partes acusadoras, en sus conclusiones definitivas, o en cualquier momento anterior del juicio, manifestasen que desisten de la petición de condena del acusado, el Magistrado-Presidente disolverá el Jurado y dictará sentencia absolutoria.

CAPÍTULO IV. Del veredicto

SECCIÓN 1ª. Determinación del objeto del veredicto

Artículo 52. *Objeto del veredicto*[35].

1. Concluido el juicio oral, después de producidos los informes y oídos los acusados, el Magistrado-Presidente procederá a someter al Jurado por escrito el objeto del veredicto conforme a las siguientes reglas:

a) Narrará en párrafos separados y numerados los hechos alegados por las partes y que el Jurado deberá declarar probados o no, diferenciando entre los que fueren contrarios al acusado y los que resultaren favorables. No podrá incluir en un mismo párrafo hechos favorables y desfavorables o hechos de los que unos sean susceptibles de tenerse por probados y otros no.

Comenzará por exponer los que constituyen el hecho principal de la acusación y después narrará los alegados por las defensas. Pero si la consideración simultánea de aquéllos y éstos como probados no es posible sin contradicción, sólo incluirá una proposición.

Cuando la declaración de probado de un hecho se infiera de igual declaración de otro, éste habrá de ser propuesto con la debida prioridad y separación.

b) Expondrá después, siguiendo igual criterio de separación y numeración de párrafos, los hechos alegados que puedan determinar la estimación de una causa de exención de responsabilidad.

c) A continuación incluirá, en párrafos sucesivos, numerados y separados, la narración del hecho que determine el grado de ejecución, participación y modificación de la responsabilidad.

d) Finalmente precisará el hecho delictivo por el cual el acusado habrá de ser declarado culpable o no culpable.

---

[35] Se modifica los apartados 1 g) y 2 del art. 52 por el art. 1.44 y .45 de la Ley Orgánica 8/1995, de 16 de noviembre.

e) Si fueren enjuiciados diversos delitos, efectuará la redacción anterior separada y sucesivamente por cada delito.

f) Igual hará si fueren varios los acusados.

g) El Magistrado-Presidente, a la vista del resultado de la prueba, podrá añadir hechos o calificaciones jurídicas favorables al acusado siempre que no impliquen una variación sustancial del hecho justiciable, ni ocasionen indefensión.

Si el Magistrado-Presidente entendiese que de la prueba deriva un hecho que implique tal variación sustancial, ordenará deducir el correspondiente tanto de culpa.

2. Asimismo, el Magistrado-Presidente recabará, en su caso, el criterio del jurado sobre la aplicación de los beneficios de remisión condicional de la pena y la petición o no de indulto en la propia sentencia.

Artículo 53. *Audiencia a las partes.*

1. Antes de entregar a los jurados el escrito con el objeto del veredicto, el Magistrado-Presidente oirá a las partes, que podrán solicitar las inclusiones o exclusiones que estimen pertinentes, decidiendo aquél de plano lo que corresponda.

2. Las partes cuyas peticiones fueran rechazadas podrán formular protesta a los efectos del recurso que haya lugar contra la sentencia.

3. El Secretario del Tribunal del Jurado incorporará el escrito con el objeto del veredicto al acta del juicio, entregando copia de ésta a las partes y a cada uno de los jurados, y hará constar en aquélla las peticiones de las partes que fueren denegadas.

Artículo 54. *Instrucciones a los jurados*[36].

1. Inmediatamente, el Magistrado-Presidente en audiencia pública, con asistencia del Secretario, y en presencia de las partes, procederá a hacerles entrega a los jurados del escrito con el objeto del veredicto. Al mismo tiempo, les instruirá sobre el contenido de la función que tienen conferida, reglas que rigen su deliberación y votación y la forma en que deben reflejar su veredicto.

---

36 Se modifica el apartado 2 del art. 54 por el art. 1.46 de la Ley Orgánica 8/1995, de 16 de noviembre.

2. También les expondrá detenidamente, en forma que puedan entender, la naturaleza de los hechos sobre los que haya versado la discusión, determinando las circunstancias constitutivas del delito imputado a los acusados y las que se refieran a supuestos de exención o modificación de la responsabilidad. Todo ello con referencia a los hechos recogidos en el escrito que se les entrega.

3. Cuidará el Magistrado-Presidente de no hacer alusión alguna a su opinión sobre el resultado probatorio, pero sí sobre la necesidad de que no atiendan a aquellos medios probatorios cuya ilicitud o nulidad hubiese sido declarada por él. Asimismo informará que, si tras la deliberación no les hubiese sido posible resolver las dudas que tuvieran sobre la prueba, deberán decidir en el sentido más favorable al acusado.

SECCIÓN 2ª. Deliberación y veredicto

Artículo 55. *Deliberación del Jurado.*

1. Seguidamente el Jurado se retirará a la sala destinada para su deliberación.

2. Presididos inicialmente por aquél cuyo nombre fuese el primero en salir en el sorteo, procederán a elegir al portavoz.

3. La deliberación será secreta, sin que ninguno de los jurados pueda revelar lo en ella manifestado.

Artículo 56. *Incomunicación del Jurado*[37].

1. La deliberación tendrá lugar a puerta cerrada, sin que les sea permitida comunicación con persona alguna hasta que hayan emitido el veredicto, adoptándose por el Magistrado-Presidente las medidas oportunas al efecto.

2. Si la deliberación durase tanto tiempo que fuese necesario el descanso, el Magistrado-Presidente, de oficio o a petición del Jurado, lo autorizará, manteniendo la incomunicación.

Artículo 57. *Ampliación de instrucciones.*

1. Si alguno de los jurados tuviere duda sobre cualquiera de los aspectos del objeto del veredicto, podrá pedir, por escrito y a través del Secretario, la presencia del Magistrado-Presidente para que amplíe las instrucciones. La

---

[37] Se modifica el apartado 2 del art. 56 por el art. 1.47 de la Ley Orgánica 8/1995, de 16 de noviembre.

comparecencia de éste se hará en audiencia pública, asistido del Secretario y en presencia del Ministerio Fiscal y demás partes.

2. Transcurridos dos días desde el inicio de la deliberación sin que los jurados hicieren entrega del acta de la votación, el Magistrado-Presidente podrá convocarles a la comparecencia prevista en el apartado anterior. Si en dicha comparecencia ninguno de los jurados expresara duda sobre cualquiera de los aspectos del objeto del veredicto, el Magistrado-Presidente emitirá las instrucciones previstas en el apartado 1 del artículo 64 de esta Ley con los efectos atribuidos en la misma a la devolución del acta.

Artículo 58. *Votación nominal.*

1. La votación será nominal, en alta voz y por orden alfabético, votando en último lugar el portavoz.

2. Ninguno de los jurados podrá abstenerse de votar. Si alguno insistiere en abstenerse, después de requerido por el portavoz, se hará constar en acta y, en su momento, será sancionado por el Magistrado-Presidente con 75.000 pesetas de multa. Si, hecha la constancia y reiterado el requerimiento, persistiera la negativa de voto, se dejará nueva constancia en acta de la que se deducirá el testimonio correspondiente para exacción de la derivada responsabilidad penal.

3. En todo caso, la abstención se entenderá voto a favor de no considerar probado el hecho perjudicial para la defensa y de la no culpabilidad del acusado.

Artículo 59. *Votación sobre los hechos.*

1. El portavoz someterá a votación cada uno de los párrafos en que se describen los hechos, tal y como fueron propuestos por el Magistrado-Presidente. Los jurados votarán si estiman probados o no dichos hechos. Para ser declarados tales, se requiere siete votos, al menos, cuando fuesen contrarios al acusado, y cinco votos, cuando fuesen favorables.

2. Si no se obtuviese dicha mayoría, podrá someterse a votación el correspondiente hecho con las precisiones que se estimen pertinentes por quien proponga la alternativa y, nuevamente redactado así el párrafo, será sometido a votación hasta obtener la indicada mayoría.

La modificación no podrá suponer dejar de someter a votación la parte del hecho propuesta por el Magistrado-Presidente. Pero podrá incluirse un párrafo nuevo, o no propuesto, siempre que no suponga una alteración sustancial ni determine una agravación de la responsabilidad imputada por la acusación.

Artículo 60. *Votación sobre culpabilidad o inculpabilidad, remisión condicional de la pena y petición de indulto*[38].

1. Si se hubiese obtenido la mayoría necesaria en la votación sobre los hechos, se someterá a votación la culpabilidad o inculpabilidad de cada acusado por cada hecho delictivo imputado.

2. Serán necesarios siete votos para establecer la culpabilidad y cinco votos para establecer la inculpabilidad.

3. El criterio del Jurado sobre la aplicación al declarado culpable de los beneficios de remisión condicional de la pena, así como sobre la petición de indulto en la sentencia, requerirán el voto favorable de cinco jurados.

Artículo 61. *Acta de la votación*[39].

1. Concluida la votación, se extenderá un acta con los siguientes apartados:

a) Un primer apartado, iniciado de la siguiente forma: «Los jurados han deliberado sobre los hechos sometidos a su resolución y han encontrado probados, y así lo declaran por (unanimidad o mayoría), los siguientes...».

Si lo votado fuera el texto propuesto por el Magistrado-Presidente, podrán limitarse a indicar su número.

Si el texto votado incluyese alguna modificación, escribirán el texto tal como fue votado.

b) Un segundo apartado, iniciado de la siguiente forma: «Asimismo, han encontrado no probados, y así lo declaran por (unanimidad o mayoría), los hechos descritos en los números siguientes del escrito sometido a nuestra decisión». Seguidamente indicarán los números de los párrafos de dicho escrito, pudiendo reproducir su texto.

c) Un tercer apartado, iniciado de la siguiente forma: «Por lo anterior, los jurados por (unanimidad o mayoría) encontramos al acusado... culpable/no culpable del hecho delictivo de...».

---

38 Se modifica el apartado 1 del art. 60 por el art. 1.48 de la Ley Orgánica 8/1995, de 16 de noviembre.

39 Se modifica el apartado 1 c) del art. 61 por el art. 1.48 de la Ley Orgánica 8/1995, de 16 de noviembre.

En este apartado harán un pronunciamiento separado por cada delito y acusado. De la misma forma se pronunciarán, en su caso, sobre el criterio del Jurado en cuanto a la aplicación al declarado culpable de los beneficios de remisión condicional de la pena que se impusiere, para el caso de que concurran los presupuestos legales al efecto, y sobre la petición o no de indulto en la sentencia.

d) Un cuarto apartado, iniciado de la siguiente forma: «Los jurados han atendido como elementos de convicción para hacer las precedentes declaraciones a los siguientes:...». Este apartado contendrá una sucinta explicación de las razones por las que han declarado o rechazado declarar determinados hechos como probados.

e) Un quinto apartado en el que harán constar los incidentes acaecidos durante la deliberación, evitando toda identificación que rompa el secreto de la misma, salvo la correspondiente a la negativa a votar.

2. El acta será redactada por el portavoz, a no ser que disienta del parecer mayoritario, en cuyo caso los jurados designarán al redactor.

Si lo solicitara el portavoz, el Magistrado-Presidente podrá autorizar que el Secretario o un oficial le auxilie, estrictamente en la confección o escrituración del acta. En los mismos términos podrá solicitarlo quien haya sido designado redactor en sustitución de aquél.

3. El acta será firmada por todos los jurados, haciéndolo el portavoz por el que no pueda hacerlo por sí. Si alguno de los jurados se negara a firmar, se hará constar en el acta tal circunstancia.

Artículo 62. *Lectura del veredicto.*

Extendida el acta, lo harán saber al Magistrado-Presidente entregándole una copia. Este, salvo que proceda la devolución, conforme a lo dispuesto en el artículo siguiente, convocará a las partes por un medio que permita su inmediata recepción para que, seguidamente, se lea el veredicto en audiencia pública por el portavoz del Jurado.

Artículo 63. *Devolución del acta al Jurado.*

1. El Magistrado-Presidente devolverá el acta al Jurado si, a la vista de la copia de la misma, apreciase alguna de las siguientes circunstancias:

a) Que no se ha pronunciado sobre la totalidad de los hechos.

b) Que no se ha pronunciado sobre la culpabilidad o inculpabilidad de todos los acusados y respecto de la totalidad de los hechos delictivos imputados.

c) Que no se ha obtenido en alguna de las votaciones sobre dichos puntos la mayoría necesaria.

d) Que los diversos pronunciamientos son contradictorios, bien los relativos a los hechos declarados probados entre sí, bien el pronunciamiento de culpabilidad respecto de dicha declaración de hechos probados.

e) Que se ha incurrido en algún defecto relevante en el procedimiento de deliberación y votación.

2. Si el acta incluyese la declaración de probado de un hecho que, no siendo de los propuestos por el Magistrado, implique una alteración sustancial de éstos o determine una responsabilidad más grave que la imputada, se tendrá por no puesta.

3. Antes de devolver el acta se procederá en la forma establecida en el artículo 53 de la presente Ley.

Artículo 64. *Justificación de la devolución del acta.*

1. Al tiempo de devolver el acta, constituido el Tribunal, asistido del Secretario y en presencia de las partes, el Magistrado-Presidente explicará detenidamente las causas que justifican la devolución y precisará la forma en que se deben subsanar los defectos de procedimiento o los puntos sobre los que deberán emitir nuevos pronunciamientos.

2. De dicha incidencia extenderá el Secretario la oportuna acta.

Artículo 65. *Disolución del Jurado y nuevo juicio oral.*

1. Si después de una tercera devolución permaneciesen sin subsanar los defectos denunciados o no se hubiesen obtenido las necesarias mayorías, el Jurado será disuelto y se convocará juicio oral con un nuevo Jurado.

2. Si celebrado el nuevo juicio no se obtuviere un veredicto por parte del segundo Jurado, por cualquiera de las causas previstas en el apartado anterior, el Magistrado-Presidente procederá a disolver el Jurado y dictará sentencia absolutoria.

Artículo 66. *Cese del Jurado en sus funciones.*

1. Leído el veredicto, el Jurado cesará en sus funciones.

2. Hasta ese momento los suplentes habrán permanecido a disposición del Tribunal en el lugar que se les indique.

CAPÍTULO V. De la sentencia

Artículo 67. *Veredicto de inculpabilidad.*
Si el veredicto fuese de inculpabilidad, el Magistrado-Presidente dictará en el acto sentencia absolutoria del acusado a que se refiera, ordenando, en su caso, la inmediata puesta en libertad.

Artículo 68. *Veredicto de culpabilidad.*
Cuando el veredicto fuese de culpabilidad, el Magistrado-Presidente concederá la palabra al Fiscal y demás partes para que, por su orden, informen sobre la pena o medidas que debe imponerse a cada uno de los declarados culpables y sobre la responsabilidad civil. El informe se referirá, además, a la concurrencia de los presupuestos legales de la aplicación de los beneficios de remisión condicional, si el Jurado hubiere emitido un criterio favorable a ésta.

Artículo 69. *Acta de las sesiones.*
1. El Secretario extenderá acta de cada sesión haciendo constar de forma sucinta lo más relevante de lo acaecido y de forma literal las protestas que se formulen por las partes y las resoluciones del Magistrado-Presidente respecto de los incidentes que fuesen suscitados.
2. El acta se leerá al final de cada sesión, y se firmará por el Magistrado-Presidente, los jurados y los abogados de las partes.

Artículo 70. *Contenido de la sentencia.*
1. El Magistrado-Presidente procederá a dictar sentencia en la forma ordenada en el artículo 248.3 de la Ley Orgánica del Poder Judicial, incluyendo, como hechos probados y delito objeto de condena o absolución, el contenido correspondiente del veredicto.
2. Asimismo, si el veredicto fuese de culpabilidad, la sentencia concretará la existencia de prueba de cargo exigida por la garantía constitucional de presunción de inocencia.
3. La sentencia, a la que se unirá el acta del Jurado, se publicará y se archivará en legal forma, extendiendo en la causa certificación de la misma.

DISPOSICIONES ADICIONALES

Disposición adicional primera. *Supresión del antejuicio.*

Quedan derogados el artículo 410 de la Ley Orgánica 6/1985, de 1 de julio, del Poder Judicial, y el Título II del Libro IV de la Ley de Enjuiciamiento Criminal.

Disposición adicional segunda. *Infracciones penales.*

1. Los jurados que abandonen sus funciones sin causa legítima, o incumplan las obligaciones que les imponen los artículos 41.4 y 58.2 de esta Ley incurrirán en la pena de multa de 100.000 a 500.000 pesetas.

2. Los jurados que incumplan las obligaciones impuestas en el apartado 3 del artículo 55, incurrirán en la pena de arresto mayor y multa de 100.000 a 500.000 pesetas.

Disposición adicional tercera. *Provisión de los medios de apoyo*[40].

Las Administraciones Públicas competentes proveerán los medios de apoyo necesarios en los Tribunales de Justicia para que las personas con discapacidad puedan ejercer su derecho a ser jurado.

DISPOSICIONES TRANSITORIAS

Disposición transitoria primera. *Causas penales en tramitación.*

Los procesos penales incoados o que se incoen por hechos acaecidos con anterioridad a la entrada en vigor de esta Ley se tramitarán ante el órgano jurisdiccional competente conforme a las normas vigentes en el momento de acontecer aquéllos.

Disposición transitoria segunda. *Régimen de recursos.*

El régimen de recursos previsto en esta Ley será de aplicación únicamente a las resoluciones judiciales que se dicten en los procedimientos incoados con posterioridad a su entrada en vigor.

---

40 Añadida por el art. único.1.4 de la Ley Orgánica 1/2017, de 13 de diciembre, de modificación de la Ley Orgánica 5/1995, de 22 de mayo, del Tribunal del Jurado, para garantizar la participación de las personas con discapacidad sin exclusiones.

Disposición transitoria tercera. *Primera lista de candidatos a jurados.*

La primera lista de candidatos a jurados, que extenderá su eficacia hasta el 31 de diciembre de 1996, se obtendrá aplicando las previsiones contenidas en los artículos 13, 14, 15 y 16 de la presente Ley, si bien las referencias que en ellos se hace a los meses de septiembre, octubre y noviembre se entenderán hechas, respectivamente, a los tres meses correlativos siguientes a la entrada en vigor de la presente disposición transitoria.

DISPOSICIONES FINALES

Disposición final primera. *Modificación de la Ley Orgánica del Poder Judicial.*

1. La letra c) del apartado 3 del artículo 73 de la Ley Orgánica 6/1985, de 1 de julio, del Poder Judicial, cuyo actual contenido pasa a ser la letra d) del mismo apartado, queda redactada en los siguientes términos:

«c) El conocimiento de los recursos de apelación en los casos previstos por las leyes.»

2. El apartado 2 del artículo 83 de la Ley Orgánica 6/1985, de 1 de julio, del Poder Judicial, queda redactado en los siguientes términos:

«2. La composición y competencia del Jurado es la regulada en la Ley Orgánica del Tribunal del Jurado.»

Disposición final segunda. *Modificación de la Ley de Enjuiciamiento Criminal*[41].

Disposición final tercera. *Carácter de la Ley.*

La presente Ley tiene naturaleza de orgánica a excepción del capítulo III, la disposición transitoria segunda y los apartados 1, 2, 3, 4, 8, 9, 10, 11, 12, 13, 14, 15, 16 y 17 de la disposición final segunda que tienen el carácter de ley ordinaria.

Disposición final cuarta. *Futuras reformas procesales*[42].

En el plazo de un año, desde la aprobación de la presente Ley, el Gobierno enviará a las Cortes Generales, un proyecto de Ley de modificación de la Ley de

[41] Las modificaciones han sido introducidas en los lugares correspondientes.

[42] Añadido el título por el art. 1.49 de la Ley Orgánica 8/1995, de 16 de noviembre.

Enjuiciamiento Criminal, generalizando los criterios procesales instaurados en esta Ley y en el que se establezca un procedimiento fundado en los principios acusatorio y de contradicción entre las partes, previstos en la Constitución, simplificando asimismo el proceso de investigación para evitar su prolongación excesiva.

Asimismo, en dicho plazo, se adoptarán las reformas legales necesarias que adapten a tal procedimiento el Estatuto y funciones del Ministerio Fiscal, y se habilitarán por las Cortes Generales y el Gobierno los medios materiales, técnicos y humanos necesarios.

Disposición final quinta. *Entrada en vigor.*

La presente Ley Orgánica entrará en vigor a los seis meses de su publicación en el «Boletín Oficial del Estado», con excepción de lo prevenido en su capítulo II y en su disposición transitoria tercera, que entrará en vigor a los dos meses de dicha publicación.

ÍNDICE ANALÍTICO[1]

— A —

ABOGADO DEFENSOR
- Asistencia a la diligencia de inspección ocular: 333.
- Asistencia al detenido o preso: 523.
- Asistencia al procesado: 384.
- Asistencia al reconocimiento pericial del cuerpo del delito: 336.
- Asistencia en procedimiento abreviado: 767, 768, 784.1, y 786.1.
- Asistencia en procedimiento para enjuiciamiento rápido: 796.1, 2ª.
- Corrección disciplinaria por incomparecencia injustificada a la vista de recursos de casación: 894.
- Corrección disciplinaria por revelación del secreto del sumario: 301.
- Contenido de la asistencia al detenido y preso: 520.6
- De detenido o preso en incomunicación: 527.
- Defensor. Prohibición de prestar informe pericial: 464.
- Defensor en alguna de las partes. Causa de recusación del personal de los órganos jurisdiccionales: 54.4º.
- Defensa gratuita:
  * En recurso de queja por denegación del testimonio para recurrir en casación: 868.
  * Examen de la procedencia del recurso de casación. Nombramiento de segundo abogado: 876.
  * Para interponer recurso de casación: 874 y 876.
- Defensa del perjudicado: 761.2.
- Derecho del detenido o preso a designarlo: 520.2.c).
- Designación al detenido o preso: 420. 5
- Designación al detenido extranjero: 520.3
- Designación al detenido o preso menor de edad: 520.4.
- Designación de oficio: 118, 527. a), 652. y 767.
  * Al procesado rebelde: 845.
  * En recurso de queja por denegación de testimonio para recurrir en casación: 868.
  * En sustanciación de recurso de casación para defensa del procesado: 881.
  * Para interponer recurso de casación: 860.
- Emisión de dictamen sobre el proceso o incidencias. Causa de recusación de personal de los órganos jurisdiccionales: 54. 4.º
- Enfermedad. Suspensión del juicio oral: 746.4.º, 747 y 749.
- Exención del deber de declarar como testigo: 416.2.º y 707.
- Exención del deber de denunciar: 263.
- Firma en escritos:
  * De calificaciones: 651.
  * De interposición de recursos de apelación, queja, reforma y casación: 221 y 874.
  * De preparación de recurso de casación: 856.

[1] Índice elaborado por Juan-Luis Gómez Colomer, puesto al día por el autor y por Andrea Planchadell Gargallo, Catedrática de Derecho Procesal de la Universitat Jaume I de Castellón. Los artículos sin referencia son de la LECRIM. Cuando se trate de un artículo de la Constitución española (CE), de la Ley del Jurado (LJ) y del Estatuto de la Víctima (EstVD), se indica expresamente.

* De proposición de inhibición: 33.
* De queja por denegación de testimonio para recurrir en casación: 867.
* De querella: 277.
* De recusación contra jueces y magistrados: 57; Excepción: 58.
– Habilitación judicial al procesado menor de edad: 384.
– Honorarios. Abono por el declarado con asistencia jurídica gratuita al abogado de su elección: 121.
* De cuenta del Procurador: 121.
* Derecho a su percepción: 121.
* Forma de acreditarlos y percepción: 242.
* Integran las costas: 241.3.°.
– Informe en el juicio oral: 685, 734 a 737.
– Informe en las vistas de la apelación: 230.
– Informe en recurso de casación: 896 y 897.
– Intervención en la conformidad con la pena: 655.1, 694, 784.3 y 787.
– Libertad para articular la defensa: 683.
– Nombramiento para práctica anticipada de prueba testifical: 448.
– Para ejercitar el derecho de defensa: 118.
– Renuncia del detenido o preso: 520.8.
– Único en litisconsorcio activo: 113.

ABOLICIÓN DE LA PENA DE MUERTE EN TIEMPOS DE PAZ
– Art. 15 CE

ABONO
– Del tiempo de condena como consecuencia de sentencia de revisión: 960.1.

ABSOLUCIÓN
– En sentencia recurrida en casación. Soltura de preso: 861. bis, a).
– Extensión: 142.4ª y 5ª.
– Ha de ser libre: 144.
– No cabe imponer las costas: 240.2º.
– Puesta en libertad del procesado: 983.

ABSTENCIÓN
– De los representantes del Ministerio fiscal por concurrir causa de recusación: 96.
(Vid. Inhibición)

ACCIÓN CIVIL
– Objeto: 100.
– Del fiador de libertad provisional: 543.
– Eficacia de la renuncia: 107.
– Ejercicio conjunto con la penal: 108, 111 y 113; Presunción: 112.
(Vid. Actor civil)
– Ejercicio sin la penal en delitos perseguibles sólo a instancia de parte; extinción de aquélla: 112.
– Ejercicio tras la extinción de la penal: 115 y 116.
– En procedimiento abreviado: 773.
– Extinción por renuncia: 106 y 108.
– No es preciso su ejercicio previo para la penal: 114.
– No se extingue por haberse extinguido la penal. Excepción: 116.
– Ofendido. Derecho a mostrarse parte. Instrucción: 109.
– Ofendido menor de edad o con capacidad judicialmente modificada. Derecho a mostrarse parte. Instrucción: 109.
(Vid. Perjudicado).
– Presunción: 112.
– Renuncia: 106, 108 y 112.
– Reserva: 112 y 843.

ACCIÓN PARTICULAR
(Vid. Víctima del delito, Ofendidos y Perjudicados).

ACCIÓN PENAL
– Carácter público: Acción popular: 101 y 270.
– Concepto legal: 100.
– Ejercicio por la Administración local: 109 bis, 2, II.

- Ejercicio por asociación de víctimas: 109 bis, 3.
- Ejercicio por persona jurídica legitimada para la defensa de los derechos de las víctimas: 109 bis, 3.
- Ejercicio por el Ministerio fiscal; 105 y 271.
- Ejercicio por querella: 270.
- Ejercicio conjunto con la civil: 108, 111 y 113.
  * Presunción 112.
- En procedimiento abreviado: 773.
- Extinción: 106 y 115.
- Legitimación para su ejercicio: 101, 104, 109 y 270.
  * Prohibición general de ejercicio: 102.
  * Prohibición por razón de parentesco: 103.
- No es preciso el ejercicio previo de la acción civil: 114.
- No se extingue por la extinción de la civil: 117.
- Renuncia: 106 y 107.

ACCIÓN POPULAR
- Ejercicio: 101, 270 y 761.1.

ACLARACIÓN DE SENTENCIAS
- A instancia de parte: 161.
- Concepto: 161.
- De oficio: 161.
- Momento: 161.

ACTA
- Consignación de preguntas a testigos que se haya prohibido contestar: 709.
- De apertura de objetos remitidos por el juez instructor: 626.
- De denuncia verbal: 267.
- Del juicio por delito leve: 743 y 972.
- Del juicio oral: 743 y 746.
- Del procedimiento abreviado: 788.6.
- Del juicio por delitos de injuria o calumnia: 815.
- De registro domiciliario: 569.

ACTA DE VOTACIÓN
(Vid. Tribunal del Jurado)

ACTO DE CONCILIACIÓN
- Previo a la admisión de querella en los delitos perseguibles sólo a instancia de parte: 278.
- Previo a la admisión de querella en los delitos de calumnia e injuria contra particulares: 804.

ACTOR CIVIL
- Asistencia al interrogatorio del procesado: 385.
- Condena en costas por obrar con mala fe o temeridad: 240.3º.
- Constancia en encabezamiento de la sentencia: 142.1ª.
- Depósito para recurrir en casación: 875.
- Intervención en el sumario: 320.
- Legitimación para interponer recurso de casación: 854.
- Notificación del auto de conclusión del sumario: 623.
- Omisión de su citación a juicio oral. Motivo de casación: 850.2º.
- Resolución por auto de incidentes o puntos esenciales que le afecten: 141.
- Traslado por el LAJ de la causa para calificación: 651 y 780.

ACTOS DE COMUNICACIÓN
(Vid. Citaciones, Emplazamientos, Notificaciones, Requerimientos).

ACTUACIONES JUDICIALES
- Actos de comunicación. Tiempo: 207 a 210.
- Comisión de diligencias de prueba: 147.2º.
- Delegación de diligencias de recusación de personal auxiliar: 86.
- Recogida de autos: 215.
- Remisión de diligencias al competente cuando conste fuero principal: 15.

– Remisión de originales en recurso de apelación admitido en ambos efectos: 224.
– Remisión de actuaciones en recurso de casación: 861.
– Reservadas. No se da vista al apelante ni a las demás partes: 226 y 229.
– Sumario. Días hábiles: 201.
– Tiempo: 197 y 198.
– Transcurso del plazo. Continuación de oficio: 215.
(Vid. Archivo de actuaciones).

ACUSACIÓN
– Adhesión de la víctima: 109 bis, 110.
– Al recusante. Causa de recusación del personal de los órganos jurisdiccionales: 54.5ª.
– Por alguna de las partes. Causa de recusación del personal de los órganos jurisdiccionales: 54.3ª.

ACUSADO
– En juicio por delito leve. Inasistencia. Sanción: 971.
– En el procedimiento abreviado:
* Celebración del juicio en su ausencia: 775, 786.1.
* Derecho a nombrar Abogado: 784.1.
* Escrito de conformidad: 784.3, 787.
* Escrito de defensa: 784.
* Solicitud de juicio oral o sobreseimiento: 627, 780 y 800.
* Traslado de escrito de acusación por el LAJ: 784.1.
(Vid. Inculpado, Procesado).

ACUSADOR
– Asistencia a la declaración de procesados: 385.
– Audiencia en inhibitorias: 37.
– Citación a juicio verbal en procesos de injuria y calumnia por el LAJ: 808.
– Comunicación de la causa por el LAJ para formular calificaciones: 649, 651, 784.1.
– Concurrencia al acto pericial: 476.
– Condena en costas para obrar en mala fe o temeridad: 240.3º.
– Constancia en encabezamiento de la sentencia: 142.1ª.
– Contenido del escrito de calificación: 650.
– Declaración de procesados a su instancia: 385.
– Depósito para recurrir en casación: 875.
– En juicio por delito leve: 969.
– Escrito de acusación en el procedimiento abreviado: 781.
– Examen de las piezas de convicción: 629.
– Interposición de recursos de casación. Legitimación: 854.
– Legitimación para recusar: 53.
– Nombramiento de un perito a su costa: 471.
– Notificación del auto acordando libertad provisional y fianza: 529.
– Notificación del auto de conclusión del sumario: 623.
– Notificación del auto elevando la detención a prisión: 501.
– Notificación del nombramiento de peritos: 466.
– Omisión de su citación a juicio oral. Motivo de casación: 850.2º.
– Orden de proceder contra él en auto de sobreseimiento: 638.
– Promoción de cuestiones de competencia: 19.5º.
– Resolución por auto de incidentes o puntos esenciales que le afecten: 141.
– Solicitud de juicio oral o sobreseimiento: 627 y 780.
– Sometimiento al órgano jurisdiccional competente para conocer de la querella: 274.
– Su presencia no obsta para el ejercicio de la acción penal por el Ministerio fiscal: 105 y 108.
– Traslado de diligencias previas: 780.

ADHESIÓN
- A la casación: 861; Interposición 874.

ADMISIÓN
- Del recurso de casación: 882 a 893.
- De hechos en el proceso abreviado (reconocimiento): 779.1-5ª.

(Vid. Recurso de apelación, Recurso de casación, Recurso de queja, Recurso de reforma, Recurso de revisión, Recurso de súplica).

AFORAMIENTOS
- Causas competencia del TS: 21, II y III.
- Competencia, suplicatorio, causas por delito: 750.
- Declaraciones por escrito de aforados: 412.
- Delincuentes *in fraganti*, detención, procesamiento, comunicación a las Cortes, elección como parlamentario de procesado: 751.
- Denegación, sobreseimiento: 754.
- Derecho de defensa de diputados y senadores: 118 bis.
- Forma de la declaración de los aforados: 413.
- Procesamiento estando las Cortes en interregno parlamentario o siendo electo: 752.
- Suplicatorio, testimonio, dictamen del Fiscal y peticiones de particular: 755.
- Suspensión del procedimiento por el LAJ: 753.
- Suspensión tras procesamiento y prisión: 348 bis.

AGENTE DE BOLSA
- Enajenación de valores constituyentes de fianza de libertad provisional: 536.

AGENTE ENCUBIERTO
- Actuación: 282 bis.
- Agente encubierto informático: 282 bis.6
- Autorización para obtener imágenes: 282 bis. 7, I
- Autorización para grabar conversaciones: 282 bis. 7, II
- En comunicaciones por medio de la red: 282 bis. 6 y 7
- Exención de responsabilidad criminal: 282 bis, 5.

AGENTES JUDICIALES
- Correcciones disciplinarias por dilaciones: 198 y 199.
- Correcciones disciplinarias por morosidad en actos de comunicación: 181.
- Mandamiento para llevar a efecto el auto de prisión: 505.
- Notificaciones, citaciones o emplazamientos:
  * Entrega de cédula: 208.
  * Firma: 171.
  * Práctica: 166 y 175.
- Son policía judicial: 238.8°.

ALCALDES
- Son policía judicial: 283.3°.

AMISTAD
- Intima:
  * Causa de recusación de peritos: 468.3°.12
  * Causa de recusación del personal de los órganos jurisdiccionales: 54.10.
- Pronunciamiento del testigo: 436 y 708.

AMNISTÍA
- Artículo de previo pronunciamiento: 666.4ª.
- Desestimación. Reproducción en el juicio oral: 678.
- Estimación. Sobreseimiento libre: 675.

AMONESTACIÓN
(Vid. Menores)

ANÁLISIS CLÍNICOS
- Honorarios e indemnización: 358 y 361.1.
  * Nota: 359.
  * Pago: 360 y 361.
  * Regulación: 359 y 360.

– Obligación de efectuarlos: 357.
– Peritos que lo practican: 356 y 357.
– Restricción de su práctica: 363.

ANTECEDENTES PENALES
– Aportación al sumario de los del procesado: 379.
– Aportación en el procedimiento abreviado: 785.2.
– Inexistencia o cancelación. Libertad del inculpado: 504.

ANULACIÓN
(Vid. Recurso de anulación).

APÁTRIDAS
– Art. 13.4 CE

APERCIBIMIENTO
– De multa. Comunicación de cambio de domicilio del testigo: 446.
– Del procesamiento. En cédulas de citaciones: 175.5°.

APODERAMIENTO
(Vid. Poder).

ARCHIVO DE ACTUACIONES
– Comunicación a la víctima: 779.1.
– Comunicación a herederos o representante legal en caso de muerte o desaparición de la víctima: 779.1.
– Comunicación en oficina diplomática o consular española en caso de ciudadanos residentes fuera de la Unión Europea cuya dirección se desconoce: 779.1
– De las diligencias de ejecución sometidas al Juzgado de instrucción: 998.
– Del procedimiento por demencia sobrevenida tras la conclusión del sumario: 383.
– En el procedimiento abreviado: 779.1.
– Por rebeldía del procesado: 840 y 841.

ARTÍCULOS DE PREVIO PRONUNCIAMIENTO
– Concepto: 666.
– Contestación de las demás partes: 669.
– Desestimación: 676 y 679.
– En procedimiento abreviado: 786.2.
– Estimación: 674.1, 675 y 677.
– Modo de sustanciar las declinatorias: 45.
– Plazo de proposición: 667.
– Recibimiento a prueba: 671.
– Reclamación de documentos de archivos u oficinas: 668.1, 669 y 672.
– Recursos: 676 y 677.
– Reproducción en el juicio oral: 678.
– Requisitos de proposición: 668.
– Resolución. Orden: 674.
– Vista: 673.

ATESTADO
– Consideración de denuncia 297.
– En los nombramientos de peritos: 460 y 461.
– Firma: 293.
– Formación: 292.
– En el procedimiento abreviado: 772.2.
– En el procedimiento por enjuiciamiento rápido: 796.
– En el procedimiento por delito leve: 962.
– Sustitución por relación verbal: 294.

AUDIENCIA NACIONAL
– Competencia: 14.4ª.

AUDIENCIA PROVINCIAL
– Auto de inhibición: 25.
– Competencia objetiva: 14.4°.
– Libro-registro de procesados en rebeldía: 256.
– Nombramiento de instructor especial: 304.
– Número de magistrados para dictar resoluciones: 145.
– Promoción de cuestiones de competencia: 19.3° y 25.
– Resolución de cuestiones de competencias: 20.2°.

AUDIENCIA AL REBELDE
(Vid. Rebeldía, Proceso contra reos ausentes y Recurso de anulación).

AUDIENCIA PRELIMINAR
(Vid. Comparecencia de imputación y Proceso abreviado).

AUDIENCIA PÚBLICA
- De la vista de recurso de casación: 894.
- De las sesiones del juicio oral: 680.
- Lectura de la sentencia por el ponente: 147.5°.

(Vid. Publicidad).

AUSENCIA
- De acusado: 746, 747 y 789

(Vid. Recurso de anulación).
(Vid. Proceso contra reos ausentes).

AUTO DE PROCESAMIENTO
- En procesos por delitos de injuria y calumnia: 807, 810 y 812.
- En procesos contra bandas armadas y rebeldes: 384 bis.
- En procesos por delitos de terrorismo: 384 bis.
- Habilitación de defensor y representante al menor: 384.
- Momento para ejercitar el derecho de defensa: 118.
- Orden de procesar. De la Audiencia al instructor: 384.
- Procedencia: 384.
- Recursos contra él: 384.
- Recursos contra su denegación: 384.
- Reproducción de la solicitud de procesamiento ante la Audiencia: 384.

AUTOPSIA
- En el procedimiento abreviado: 778.4.
- Práctica: 353.
- Procedencia e informes: 343.

AUTORIDADES Y FUNCIONARIOS
- Comunicación judicial con los que no intervengan en el proceso: 187.
- Consignación y apreciación de circunstancias adversas y favorables al inculpado: 2.
- Deber de instrucción al inculpado: 2.
- Encargados de la seguridad pública. Son policía judicial: 282.
- Obligación de no dilatar privaciones de libertad: 528.

AUTORIZACIÓN ADMINISTRATIVA PARA PROCESAR
- A Diputados y Senadores: 750, 754 y 755.
- Artículo de previo pronunciamiento: 666.5ª.
- Denegación. Nulidad de lo actuado. Sobreseimiento: 677.
- Desestimación. Reproducción en el juicio oral: 678.
- Procedencia. Suspensión de la causa: 677.

AUTORIZACIÓN JUDICIAL
- Para proceder por injuria o calumnia vertida en juicio: 279 y 805.

AUTOS
- Firma: 156.
  * Plazo: 204.1 y 205.
- Forma: 141.
- Formación de Sala. Número de magistrados: 145.
- Libros de autos: 162.
- Mayoría para su aprobación: 153.
  * Falta. Discordia: 163 y 164
- Plazo para dictarlos: 204.1 y 205.
- Procedencia de recurso de casación: 848.
- Publicación de los de inadmisión de recurso de casación: 888.
- Recursos contra los dictados en los Juzgados de Instrucción: 217, 218 y 787.7.
- Recursos contra los dictados en Tribunales: 236 y 237.
- Redacción: 147.4°.
- Resolución sobre costas en los que pongan fin a un proceso o a un incidente: 239.
- Resolutorios de incidentes. Notificación: 160.
- Supuestos en general: 141.

* Acordando o denegando pedir la extradición: 830.
* Admitiendo o rechazando las pruebas propuestas para el juicio oral: 659.1 y 785.1.
* Calificando la suficiencia de las fianzas: 596.
* Considerando falta el hecho: 624 y 779.1.2ª.
* De admisión o denegación de prueba: 141.
* En incidente de recusación: 66.
* De admisión o denegación de recusación: 59.
* De ampliación de la fianza o embargo: 611.
* De apertura de juicio oral: 633 y 783.3.
* De conformidad o revocación del de conclusión del sumario: 630.
* De conclusión del sumario: 622 y 623.
* De decisión de la recusación: 69, 90, 91 y 141.
* De detención y apertura de correspondencia: 583.
* De entrada y registro domiciliario: 550 y 558.
* De fianza de libertad provisional: 529 y 539.
* De incomunicación: 408.
* De inhibición de órganos unipersonales: 25.
* De inhibición en favor de jurisdicción especial: 12.
* De Juzgados de distrito en cuestión de competencia por inhibitoria: 27 y 30.
* De Juzgados de instrucción en declinatoria: 32.
* De prisión: 141.
* De reducción de la fianza o embargo: 612.
* De resolución del incidente de recusación de peritos: 662.
* De sobreseimiento: 632, 636 y 783.3.
* De sobreseimiento por la víctima: 636, VI.
* De soltura del preso: 141.
* De suspensión del juicio oral: 748.
* De Tribunales en cuestión de competencia por inhibitoria: 35, 37, 40 y 43.
* Decisión de competencias: 141.
* Decisión de incidentes: 141.
* Declarando el secreto de las sesiones del juicio oral: 681.
* Decretando fianza y embargo para cubrir responsabilidad civil: 589.
* Denegando la admisión del recurso de casación: 888.
* Denegando la práctica de diligencias sumariales: 311 y 312.
* Denegando la preparación del recurso de casación: 858.
* Denegando la reposición: 141.
* Denegando sobreseimiento en procedimiento abreviado 783.3.
* Elevando la detención a prisión: 501.
* En incidente de ocupación y restitución de bienes: 621.
* En incidente de responsabilidad civil de terceros: 621 y 794.
* En resolución del recurso de apelación: 232.
* En resolución del recurso de queja: 235.
* Fijando el máximo de cumplimiento de penas impuestas en procesos distintos seguidos por delitos conexos: 988.
* Para ordenar la comparecencia de testigo sumarial residente fuera del término o partido judicial: 422.1.
* Notificación: 664
* Resolviendo artículos de previo pronunciamiento: 674.

AUXILIARES

– Correcciones disciplinarias por dilaciones: 198 y 199.

– Mandamiento judicial para comunicación con ellos: 186.
– Recusación: 84 a 92.
(Vid. Oficiales)

AUXILIO JUDICIAL
– En procedimiento abreviado: 762.
– Entre jueces y Tribunales: 183 y ss.
– Internacional: 193 y 194.
– Práctica de diligencias: 322.
(Vid. Exhorto, Mandamiento, Suplicatorio).

— B —

BOLETÍN OFICIAL DE LA PROVINCIA
– Inserción de cédula de citación a testigos: 432.
– Inserción de cédula de citación, emplazamiento o notificación en el de última residencia, si no fuere habido: 178.
– Publicación de requisitorias: 512.

BOLETÍN OFICIAL DEL ESTADO
– Inserción de cédula de citación de testigos: 432.
– Inserción de cédula de citación, emplazamiento o notificación si no fuere habido: 178.
– Inserción de cédulas de citación en procedimiento abreviado: 762.3ª.
– Publicación de edictos llamando a interesados en el ejercicio de la acción penal: 643.
– Publicación de requisitorias: 512.
– Publicación de requisitorias en procedimiento abreviado: 762.4ª.

BUQUE
– De guerra extranjero. Autorización para diligencia de entrada y registro; 561.
– Del Estado español. Lugar público a efecto de entrada y registro: 547.4º.
– Mercante español. Consideración de domicilio a efecto de entrada y registro: 554.3º.
– Mercante extranjero. Autorización para diligencia de entrada y registro: 561.

— C —

CADENA DE CUSTODIA
– Garantía del análisis en caso de test de alcoholemia, drogas o estupefacientes: 796.1-7ª.

CAJA GENERAL DE DEPÓSITOS
– Depósitos de bienes embargados para asegurar la responsabilidad civil: 600.
– Depósitos para recurrir en casación: 875.

CALIFICACIÓN PROVISIONAL
– Anticipación probatoria: 657.
– Auto de admisión de pruebas: 659.I y II.
 * Recursos: 659.
– Diligencia del LAJ teniendo por realizada la calificación: 658.
– Comunicación por el LAJ al actor civil: 651.
– Comunicación por el LAJ al acusador particular: 651.1.
– Comunicación al Ministerio fiscal: 649.
– Comunicación al procesado por el LAJ: 652.
– Conformidad con el escrito de acusación: 784.3 y 787.
– Conformidad del procesado: 655.
– Contenido del escrito de calificación: 650.
 * En procedimiento abreviado: 781.1, 784.
 * Emplazamiento: 784.1.
 * Modificación: 793.7.
 * Remisión de actuaciones por el LAJ: 784.5.
– Examen de las piezas de convicción: 654.

– Examen por el Ponente de las pruebas propuestas: 658.
– Lectura en el juicio oral: 701.
– Manifiesto error. Tesis del Tribunal: 733.
– Modificación de las conclusiones: 732.
– Preclusión para mostrarse parte el ofendido: 110.
– Proposición de prueba: 656, 657.
– Redacción en forma alternativa: 653.
– Tras desestimación de artículos de previo pronunciamiento: 679.

CAPACIDAD MENTAL
– Apreciación en el sumario de la del procesado: 381 y 382.
– Demencia sobrevenida a comisión del delito: 383.
– En ejecución de sentencias: 991 a 994.

CAPITÁN
– De buques extranjeros. Autorización para entrada y registro: 561.

CAPTACIÓN Y GRABACIÓN DE COMUNICACIONES ORALES MEDIANTE UTILIZACIÓN DE DISPOSITIVOS ELECTRÓNICOS
– Cese: 588 bis j; 588 quater e.
– Control judicial: 588 bis g; 588 quater d.
– Destrucción de los registros: 588 bis k.
– Duración: 588 bis e; 588 quinquies c.
  * Prórroga: 588 bis f.
– Espacios públicos: 588 quinquies a.
– Especialidad: 588 bis a. 2
– Excepcionalidad: 588 bis a. 4.
– Grabación de comunicaciones orales directas: 588 quater a.
– Hallazgos casuales: 588 bis i.
– Idoneidad: 588 bis a. 3.
– Necesidad: 588 bis a. 4.
– Presupuestos: 588 quater b.
– Principios rectores: 588 bis a.
– Proporcionalidad: 588 bis a. 5
– Resolución judicial: 588 bis c.
  * Contenido: 588 bis c. 3; 588 quater c.
– Secreto: 588 bis d.
– Solicitud de autorización judicial: 588 bis b.
  * Contenido: 588 bis b.2.
– Terceros afectados: 588 bis h.
– Utilización de dispositivos o medios técnicos de seguimiento y localización: 588 quinquies b.
– Utilización de la información en otros procedimientos: 588 bis i.

CAREO
– Dación de fe: 453.
– Práctica: 452, 454 y 713.
– Práctica en el juicio oral sin haberse propuesto: 729.1º.
– Supuesto: 451 y 455.

CASACIÓN
(Vid. Recurso de casación)

CÉDULA
(Vid. Citaciones, Emplazamientos, Notificaciones).

CELADORES Y AGENTES MUNICIPALES
– Son policía judicial: 283.5º.

CERTIFICACIÓN
– De antecedentes penales *(Vid. Antecedentes penales)*.
– De bautismo. Para acreditar la edad del procesado: 375.
– De la segunda sentencia de casación para su ejecución: 986.
– De nacimiento:
  * En procedimiento abreviado: 762.7ª.
  * Casos en que puede prescindirse: 762.7ª.
– De votos particulares. Remisión al Tribunal Supremo en casación: 861.
– Incorporación a los autos en procedimiento abreviado: 785.1.

CIRCULACIÓN O ENTREGA VIGILADA DE DROGAS
– Exime de la obligación de denunciar: 263 bis.

CIRCUNSTANCIAS
- Agravantes, atenuantes o eximentes:
  * Contenido de los escritos de calificación: 650.4°.
  * Contenido en los considerando de las sentencias: 142.4ª. 3°.

CITACIÓN PREVENTIVA
- De la persona a quien se impute un delito: 486.
- Del Ministerio Fiscal: 773.2.

CITACIONES
- Cédula. Contenido específico: 175.
- Corrección disciplinaria al funcionario que le practique por morosidad: 181.
- De oficio a peritos y testigos en procedimiento abreviado 781.1 y 784.2.
- De peritos por el LAJ: 660.
  * Nombramiento: 460, 660 y 661.1.
- De procesados y fiadores a juicio oral: 664.
- De procuradores: 182.
- De testigos por el LAJ: 426, 430.1, 660 y 661.
- Del interesado a la diligencia de apertura de correspondencia: 584.
- Domicilio desconocido del citado: 178.
- En territorio distinto del órgano jurisdiccional: 177.
- En el extranjero: 177.
- En juicio rápido: 796.
- En procedimiento abreviado: 775.
- Habilitación judicial de agentes de policía para práctica de citaciones a testigos: 431.
- Incomparecencia del citado: 176.
- Obligación de concurrir: 175 y 176.
- Omisión de las partes a juicio oral, motivo de casación: 850.2°.
- Nulidad: 180.
- Para la vista en recusación: 67.
- Por correo con acuse de recibo: 166.1.
- Práctica en general: 175 y 179.
- Subsanación de la nulidad: 180.
- Tiempo: 207 a 209.
- Unión de la cédula a los autos: 179.
- Verbales a peritos: 461.
- Verbales a testigos: 430.

COLECCIÓN LEGISLATIVA
- Publicación de autos de admisión de recursos de casación: 888.
- Publicación de sentencias de casación: 905.

COLEGIO DE ABOGADOS
- Comunicación de designación de abogado por detenido o preso: 520.5.
- Nombramiento de abogado al detenido o preso por no aceptar el designado: 520.5.

COMPAÑÍA ASEGURADORA
- Afianzamiento en procedimiento abreviado: 764.3.

(Vid. Responsable civil).

COMPARECENCIA DE IMPUTACIÓN
- En procedimiento abreviado: 775.
- Realización: 309 bis.

(Vid. Tribunal del Jurado).

COMPETENCIA OBJETIVA Y FUNCIONAL
- Para conocimiento y fallo:
  * Regla general: 14.
  * Supuestos particulares:
  * Para conocer de delitos conexos: 16.
  * Para decretar la prisión provisional: 502.
  * Para delitos conexos: 17, 17 bis y 18.
  * Para delitos menos graves: 14.3°.
  * Para el juicio por delito leve: 14.1.° y 963.
  * Para el recurso de apelación: 220.
  * Para el recurso de apelación en juicio por delito leve: 976.
  * Para el recurso de casación: 859 y 873 y ss.
  * Para el recurso de queja: 220.

* Para el recurso de queja por denegación de testimonio para recurrir en casación: 862.
* Para el recurso de reforma: 220.
* Para el recurso de revisión: 957.
* Para el supuesto de concurrencia de inculpados aforados: 11.
* Para la extradición: 828.
* Para la prevención de procedimientos contra aforados: 12.
* Para las cuestiones de competencia: 20 y 46.
* Para las recusaciones: 63, 68, 69 y 86.
* Para los incidentes: 9.
– Para la ejecución:
* De sentencias en juicio por delito leve: 984.
* De sentencias en procedimiento abreviado: 794.
* De sentencias en procesos ordinarios. Reglas generales: 985, 986 y 990.
* En general: 9.
– Para la instrucción de sumarios: 14.2°. y 303.
– Para la instrucción y resolución de recusaciones: 63, 68, 69.1 y 86.
(Vid. Cuestiones de competencia).

COMPETENCIA TERRITORIAL
– En delitos conexos: 18 bis.
– Fuero general. Lugar de comisión de la infracción: 14.
– Fueros supletorios excluyentes: 15.
– Improrrogabilidad del fuero: 8.
– Remisión de diligencias cuando conste el fuero principal: 15.
(Vid. Cuestiones de competencia).

COMPULSA DE DOCUMENTOS
– En artículos de previo pronunciamiento: 672.
– Unión a los autos: 711.

COMUNICACIÓN DEL PROCEDIMIENTO
– Al inculpado. Momento para ejercitar el derecho de defensa: 118.

CONCLUSIÓN DEL SUMARIO
– Confirmación del auto de conclusión: 630 y 632.
– Consideración del hecho como falta: 624, 625.
– Examen del Magistrado ponente: 626.
– Instrucción de las partes: 384.VI, 627 y 629.
– Notificación del auto en que se acuerde: 623.
– Pase de los autos al ponente con los escritos de las partes en instrucción: 628.
– Procedencia: 622.
– Recursos de apelación pendientes: 622.
– Revocación del auto de conclusión: 630 y 631.
* Por estimar alguna apelación pendiente: 622.

CONCLUSIONES DEFINITIVAS
– Constancia en la sentencia: 142.3ª.
– Formulación y extensión en procedimiento abreviado: 788.3.
– Formulación y extensión en el proceso ordinario: 732.
– Modificación de las sentadas en los escritos de calificación: 732 y 788.4 y 5.

CONDENA EN COSTAS
– Al declarar desierto el recurso de casación por decreto del LAJ: 878.
– Al declarar desierto el recurso de queja por denegación de testimonio para recurrir en casación por decreto del LAJ: 866.
– A quien promueva recusación en caso de denegarse ésta: 70 y 89.
* Exceptuando el Ministerio Fiscal: 70.
– En inhibitoria, habiendo empleado la declinatoria: 33.
– Está exento el Ministerio Fiscal: 901.
– Imposición facultativa a las partes que hubieran sostenido o impugnado con notoria temeridad la competencia por inhibitoria: 44.

- Por desestimar el recurso de casación: 901.
- Por desestimar el recurso de queja por denegación de testimonio para recurrir en casación: 870.
- Reintegración del papel de oficio: 122.
- Supuestos generales: 240.2° y 3°.
- Vista de la tasación al condenado y al Ministerio Fiscal: 243.

(Vid. Costas y Tasación y Exacción de las costas).

CONDENADO
- Legitimación para interponer recurso de casación: 854.
- Legitimación para promover recurso de revisión: 955.
- Solicitud de extradición: 824.
- Traslado al lugar donde se instruya causa contra él: 988.

CONEXIÓN DE DELITOS
(Vid. Competencia y Delitos conexos).

CONFESIÓN
- Del procesado. No dispensa de continuar con las diligencias: 406.
- De procesados y responsables civiles en el juicio oral: 688 y ss.
- Del reo arrancada con violencia. Recurso de revisión: 954.1, a).
- En procesos por delitos cometidos por medios mecánicos de publicación: 820.

CONFORMIDAD DEL ACUSADO
- Con las calificaciones: 652.
- Con las penas solicitadas: 655.
- En el juicio oral: 688 a 700.
- En juicio rápido: 800.2.
- En el procedimiento abreviado: 784.3, 787 y 801.

CONGRESO DE DIPUTADOS
- Exposiciones para prestación de auxilio a la Administración de Justicia: 196.
- Solicitud de autorización para proceder a sus miembros: 750 y ss.

CONSORCIO DE COMPENSACIÓN DE SEGUROS
- Afianzamiento de responsabilidad civil en procedimiento abreviado: 764.3

CÓNSULES
- Autorización para entrada y registro en buques mercantes de su nación: 561.
- Comunicación de detención o prisión de sus nacionales: 520.2.e).
  * De menores o incapacitados: 520.4.
- Entrada y registro de sus habitaciones: 562.

(Vid. Representantes diplomáticos).

CONTRADICCIÓN
- Entre las declaraciones testificales del sumario y las del juicio oral: 714 y 715.
- Entre los hechos declarados probados. Motivo de casación: 851.1°.

CÓNYUGES
- Exención del deber de declarar como testigos: 461.1° y 707.
- No están obligados a denuncia (conviviente en análoga relación de afectividad): 261.1°.
- Prohibición de ejercicio de acciones penales y excepciones: 103.
- Promoción de recurso de revisión: 955 y 961.

COOPERACIÓN JURISDICCIONAL
(Vid. Auxilio judicial).

COPIAS
- Certificada del auto denegando la preparación del recurso de casación: 858 y 863.
- De cédulas de notificaciones, citaciones y emplazamientos: 169 y 175.
- De escrito de queja y auto denegatorio de testimonio para recurrir en casación: 867.
- De escrito de querella en proceso por injuria o calumnia: 811.

– De escrito promoviendo artículo de previo pronunciamiento y documentos: 688.
– De escritos y documentos en procedimiento abreviado: 762.5ª.
– De las listas de peritos y testigos propuestos para el juicio oral: 657.
– De notificaciones en estrados: 166.II.
– De requisitoria. Fijación en forma de edictos: 512.
– Del atestado. Remisión al Ministerio fiscal en procedimiento abreviado: 772.2.
– Del testimonio de resolución recurrida y escrito de interposición del recurso de casación: 874.
  * Entrega a las partes: 880.
  * Su falta produce la desestimación: 874.
– En recurso de reforma: 222.
– Entrega al notificado, citado o empleado: 170.

CORRECCIONES DISCIPLINARIAS
– A abogados por no concurrir a la vista del recurso de casación: 894.
– A funcionarios por morosidad en actos de comunicación: 181.
– A los funcionarios de policía judicial: 295 y 298.
– A los no funcionarios por revelación del secreto del sumario: 301.
– Al Juez por no suspender el interrogatorio del procesado: 394.
– Al Juez o Tribunal por demora en el cumplimiento de exhorto: 192.
– Al tribunal que se extralimite en sustanciación y decisión de competencias: 44.
– Aplicación de las normas de la Ley de Enjuiciamiento civil al respecto: 258.
– Por dilaciones en la sustanciación de la apelación: 230.
– Práctica de actuaciones fuera de plazo: 198 y 199.
(Vid. Multa).

CORREOS Y TELÉGRAFOS
– Copias de telegramas. Entrega al instructor: 582.
– Detención de la correspondencia por sus funcionarios: 580 y 581.
– Práctica de citaciones por correo con acuse de recibo: 166.1.

CORRESPONDENCIA
– Examen en trámite de calificaciones: 654.
(Vid. Detención y apertura de correspondencia).

COSA JUZGADA
– Artículo de previo pronunciamiento: 666.2ª.
– Desestimación. Reproducción en el juicio oral: 678.
– Estimación. Sobreseimiento libre: 675.

COSTAS
– Abono de las causadas en la pieza separada de fianza de libertad provisional: 532 y 535.
– Contenido de la resolución: 240.
– Declaración de oficio: 242.
– Integración del concepto: 121.
– Pago por el recurrente que desiste en casación: 861 bis c).
– Partidas que comprenden: 241.
– Resolución preceptiva sobre ellas: 142.4ª 4º y 239.
– Se declaran de oficio al estimar el recurso de casación: 901.
– Se declaran de oficio en inhibitoria cuando no se hiciere especial condena: 44.
(Vid. Condena en costas, Tasación y exacción de las costas).

CRIADOS
– Entrega de cédulas en actos de comunicación: 172, 173 y 175.

CUERPO DEL DELITO
– Análisis químicos: 356 a 359 y 363.
  * Honorarios por ellos: 360 a 362.

– Conservación de objetos: 338.
– Descripción de persona o cosa objeto del delito: 335.
– Descripción y recogida de armas, instrumentos o efectos: 334.
(Vid. Recogida de armas, instrumentos o efectos).
– Examen de personas que puedan declarar sobre el delito o alteraciones de armas, instrumentos o lugares: 337.
– Identificación de cadáveres:
  * Exposición al público en el depósito: 341.
  * Guarda de objetos y prendas: 342.
  * Testigos: 340.
(Vid. Autopsia).
– Lesiones. Partes: 355.
– Muerte por accidente de ferrocarril: 354.
– No se admiten en el sumario reclamaciones o tercerías: 367.
– Preexistencia de las cosas: 364.
– Reconocimiento pericial: 336, 339 y 365.
  * Asistencia del procesado: 336.
– Reseña de la posición del interfecto en procedimiento abreviado: 770.4ª.
– Se pone de manifiesto al procesado en el interrogatorio para que lo reconozca: 391.
– Son diligencias preferentes: 366.
– Sellado de objeto: 338.

CUESTIONES DE COMPETENCIA
– Cuando no esté determinado el lugar de comisión del delito: 15.
– Deber del órgano jurisdiccional de promoverla: 25.
– Durante el sumario o en cualquier momento de la instrumentación: 23.
– Entre jurisdicción ordinaria y especial: 47.
– Entre Juzgados de instrucción: 22.
– Inhibición de oficio a favor del órgano competente: 25.
– Legitimación para promoverlas: 19.
– Medios de las partes para promoverlas: 26.
– Momento procesal: 19.
– Negativas. Tramitación: 46.
– No caben contra el Tribunal Supremo ni puede él promoverlas: 21.
– Resolución: 20.
– Terminado el sumario. Efecto: 24.
(Vid. Declinatoria, Inhibitoria).

CUESTIONES PREJUDICIALES
– Concepto y extensión: 3.
– Devolutivas con carácter necesario: 5.
– Efectos de la resolución de las cuestiones devolutivas necesarias: 5.
– Normas aplicables por el Tribunal penal para su resolución: 7.
– Plazo para acudir a otro orden jurisdiccional: 4.
– Referidas a derechos reales: 7.
– Suspensivas si son determinantes de la culpabilidad o inocencia: 4.

CURADURÍA
– De alguna de las partes. Causa de recusación de personal jurisdiccional: 54.6º.
– Haber estado bajo la guarda de alguna de las partes. Causa de recusación del personal jurisdiccional: 54.7º.

— D —

DACIÓN DE CUENTA
– Al Juez o Tribunal por el LAJ: 206, 214, 701 y 896.

DEBIDO PROCESO LEGAL
(Vid. Derecho al proceso con todas las garantías).

DECOMISO
– Citación a juicio de tercero afectado: 803 ter b.
– Intervención de terceros: 803 ter a.
  * Notificación de sentencia: 803 ter c.

* Especialidades de la intervención: 803 ter b.
* Impugnación de sentencia: 803 ter c.
– Incomparecencia: 803 ter d.

DECOMISO AUTÓNOMO
(Vid. Procedimiento de decomiso autónomo)

DECLARACIÓN DE PROCESADOS
– Contestación escrita: 390.
– Contradicción con declaraciones anteriores: 405.
– Cuerpo de escritura: 391.
– Dictada: 397.
– Examen en el lugar de los hechos: 399.
– Finalidad: 389.
– Forma de las preguntas: 389.
– Lectura de la declaración: 402.
– Negativa a declarar. Continuación de la instrucción: 392.
– Plazo caso de estar detenido: 386.
– Prestación. Forma: 390, 396 y 401.
– Primera declaración. Indagatoria: 388.
– Procedencia. No hay limitación de número: 385 y 400.
– Protesta de incompetencia: 395.
– Que no sepan castellano: 398.
– Reconocimiento del cuerpo del delito: 391.
– Sordomudos: 398.
– Suspensión del interrogatorio: 393.
– Valor: 406.

DECLARACIÓN TESTIFICAL
– Citación edictal. Averiguación de paradero. Domicilio desconocido: 432.
– Citación judicial: 421, 426, 430 y 431.
* De funcionario o empleado público: 425.
* De residente en el extranjero: 424.
* De residente fuera del partido o término municipal: 422.
* Testigos de ciertas profesiones: 422 y 423.
– Citación por auxilio:
* Extremos que ha de constar: 427.
* Cédula: 428.
– Confrontación visual: 707.
– Deber de concurrir: 410 y 702.
– Deber de veracidad: 433.
– Declaración secreta y separada: 435 y 704.
– Dispensa: 416
– Documentación de declaraciones: 445.
– Examen del testigo dependiente de jurisdicción militar: 429.
– Exención del deber de comparecer: 412.
* Declaración de estas personas: 413.
* Resistencia a declarar: 414.
* Sustitución de la declaración por informe: 415.
– Exención del deber de comparecer y declarar: 411.
– Exención del deber de declarar: 416, 417 y 418.
– Forma de la declaración: 436.II y 437.
– Grabación de la declaración: 433.
– Identificación. Datos personales: 436.1.
– Idioma del testigo:
* Desconocimiento del castellano: 440
* Intérprete: 441 y 785.1ª.
– Impedimento físico para comparecer: 419.
– Infracción de los deberes testificales. Correcciones: 420.
– Juramento: 433 y 434.
– Lectura de la declaración y firma: 443 y 444.
– Libertad de declaración: 439.
– Preguntas: 439.
– Prueba anticipada: 448 y 449.
– Reconocimiento de objetos o lugares por el testigo: 438.
– Sustitución de la declaración testifical por informe: 415.11 y 703.
– Tachaduras o enmiendas: 450.
– Testigo menor de edad o personas con la capacidad judicialmente modificada: 433.
– Testigo sordomudo. Intérprete: 442.

- Tienen tal valor las prestadas por la policía judicial referidas a hechos de conocimiento propio: 297 y 717 (Vid. Prueba testifical, Testigos).
- Víctima: 433.

DECLINATORIA
- Artículo de previo pronunciamiento: 666.1ª.
- Modo de distanciarse la cuestión de competencia: 45.
- No cabe reproducirla en el juicio oral: 678.
- Proposición: 26.
- Recurso de la cuestión previa: 676.
- Remisión de los autos al competente: 674.
- Resolución previa a la de los demás artículos de previo pronunciamiento: 674.
- Sustanciación ante el Juzgado de Distrito: 32.

DEFENSA
- Derecho de defensa: 118.
- Contenido: 118.
- Nacimiento del derecho: 118.
(Vid. Derecho de defensa).
- Requisitos de ejercicio. Representación y defensa técnicas: 118. 3
- Comunicación abogado investigado o encausado: 118.4

DELEGACIÓN DE FUNCIONES
- De entrada y registro: 563.
- De prueba: 147.2°.
- De prolongación de la detención: 520 bis.
- De recusación de personal auxiliar: 86.
- En ejecución de sentencias: 987.
- Presidencia de los actos periciales: 477.
- Sumariales: 303 y 310.

DELIBERACIÓN DEL JURADO
(Vid. Tribunal del Jurado)

DELITOS CONEXOS
- Competencia objetiva por sumisión excepcional a otro fuero: 272.
- Competencia territorial: 18.
- Concepto legal: 17.
- Condena en distintos procesos. Fijación del límite de cumplimiento de las penas: 988.
- Conocimiento de la jurisdicción ordinaria: 16.
- En juicio rápido: 795.2.
- Enjuiciamiento por el procedimiento abreviado: 762.6ª.
- Se comprenden en una sola causa: 17

DELITOS CONTRA LA HACIENDA PÚBLICA: ESPECIALIDADES PROCESALES
- Medidas cautelares: Art. 614 bis
- No suspensión de la ejecución del acto de liquidación salvo orden judicial: Art. 621 bis
- Efectos de la suspensión: Art. 621 ter
- Ejecución de sentencias: Art. 999

DELITO DE DENEGACIÓN DE AUXILIO
- Apercibimiento a peritos y testigos por no comparecencia: 175.
- Apercibimiento en cédulas de citaciones: 175.5°.
- Procesamiento a peritos y testigos por incomparecencia: 661.
- Procesamiento a testigos por negarse a comparecer: 420.

DELITO DE DESOBEDIENCIA
- Por resistencia a presenciar la diligencia de registro: 569.
- Procesamiento por negarse a prestar declaración como testigo: 420 y 716.
- Procesamiento por negativa a exhibir objetos y papeles en diligencia de registro: 575.
- Procesamiento por no devolver las actuaciones, despachadas en su caso: 215.

DELITOS FLAGRANTES
- Autorizan el registro por agentes de policía de lugar habitado: 553.
- Detención de diputados y senadores: 751.

– Detención del delincuente: 490.2º y 492.1º.
– En juicio rápido: 795.1.1ª.
– Prisión provisional de aforados: 309.
– Querella: 273.

DELITOS DE INJURIA Y CALUMNIA CONTRA PARTICULARES
(Vid. Proceso por delitos de injuria y calumnia contra particulares).

DELITOS DE TERRORISMO
– Especialidades procesales: 14, 384 bis, 520 bis, 553 y 579.

DELITOS PERSEGUIBLES DE OFICIO
– Acción penal: 105 y 106.
– Cuantía del depósito para recurrir en casación: 875.
– Expedición de oficio de suplicatorios, exhortos y mandamientos: 188.
– Intervención inmediata de la policía judicial: 282 y 284.
– Presupuesto para declarar secreto el sumario: 302.

DELITOS PERSEGUIBLES SOLO A INSTANCIA DE PARTE
– Apartamento de la querella por no instar el curso del procedimiento: 275.
– Expedición de suplicatorios, exhortos y mandamientos: 188.
– Funciones de la policía judicial cuando se les requiera: 282.
– Manifestaciones: 104.
– No puede el Tribunal plantear una tesis propia: 733.

DEMENCIA
– Del condenado. Actuaciones: 991 a 994.
– Del procesado. Actuaciones: 381 a 383.
(Vid. Capacidad mental).

DENUNCIA
– Admisión. Puesta en conocimiento del inculpado: 118.
– Consecuencias. Comprobación del hecho: 269.
– Constancia de la identidad del denunciador: 268.
– Deber de denuncia: 259, 262 y 264.
– Del recusante. Causa de recusación del personal de los órganos jurisdiccionales: 54.5º.
– Del Ministerio Fiscal cuando el agraviado es menor en delitos perseguibles a instancia del agraviado: 105.2.
– Exención del deber de denunciar: 260, 262 y 263.
– Forma: 265.
  * Por escrito. Requisitos: 266.
  * Verbal. Requisitos: 267.
– Los atestados y manifestaciones de la policía judicial tienen tal consideración: 297.
– Obligaciones del denunciante: 264.1.
– Órgano ante quien se puede formular: 259, 262 y 264.
– Por alguna de las partes. Causa de recusación del personal de los órganos jurisdiccionales: 54.3º.
– Responsabilidad del denunciante: 264. II.

DEPÓSITO PARA RECURRIR EN CASACIÓN
– Condena a su pérdida por denegación de la admisión: 890.
– Condena a su pérdida por desestimación del recurso: 901.
– Cuantía: 875.
– Devolución: 901.
– Interposición en el último día. Constitución: 875.
– Promesa de constituirlo: 857.

DERECHO A COMUNICAR O RECIBIR LIBREMENTE INFORMACIÓN VERAZ POR CUALQUIER MEDIO DE DIFUSIÓN: ART. 20.1, D), I CE
– Límites: Art. 20.3 y 20.4 CE
– Secuestro de publicaciones: Art. 20.5 CE

DERECHO A EXPRESAR Y DIFUNDIR LIBREMENTE LOS PENSAMIENTOS, IDEAS Y OPINIONES MEDIANTE LA PALABRA, EL ESCRITO O CUALQUIER OTRO MEDIO DE REPRODUCCIÓN
- Art. 20.1, a) CE

DERECHO A LA ASISTENCIA LETRADA O TÉCNICA
- Art. 24.2 CE

DERECHO A LA INTEGRIDAD CORPORAL
- Art. 15 CE

DERECHO A LA INTIMIDAD PERSONAL Y FAMILIAR
- Art. 18.1 CE

DERECHO A LA INVIOLABILIDAD DE DOMICILIO
- Art. 18.2 CE
- Límites: Art. 18.2 CE

DERECHO A LA LIBERTAD
- Art. 17.1 CE

DERECHO A LA LIBERTAD DE CÁTEDRA
- Art. 20.1, c) CE

DERECHO A LA LIBERTAD DE CIRCULACIÓN
- Art. 19, I CE

DERECHO A LA LIBERTAD DE CONCIENCIA
- Art. 20.1, d), II CE

DERECHO A LA LIBERTAD DE RESIDENCIA
- Art. 19, I CE

DERECHO A LA LIBERTAD RELIGIOSA
- Art. 16.1 CE

DERECHO A LA OBJECIÓN DE CONCIENCIA MILITAR
- Art. 30 CE

DERECHO A LA PRESUNCIÓN DE INOCENCIA
- Art. 24.2 CE

DERECHO A LA PRODUCCIÓN Y CREACIÓN LITERARIA, ARTÍSTICA, CIENTÍFICA Y TÉCNICA
- Art. 20.1, b) CE

DERECHO A LA PROPIA IMAGEN
- Art. 18.1 CE

DERECHO A LA SEGURIDAD
- Art. 17.1 CE

DERECHO A LA TUTELA JUDICIAL EFECTIVA
- Art. 24.1 CE

DERECHO A NO CONFESARSE CULPABLE
- Art. 24.2 CE

DERECHO A NO DECLARAR CONTRA SÍ MISMO
- Art. 24.2 CE

DERECHO A NO DECLARAR POR RAZÓN DE PARENTESCO O DE SECRETO PROFESIONAL SOBRE HECHOS PRESUNTAMENTE DELICTIVOS
- Art. 24.2 CE

DERECHO A NO DECLARAR SOBRE IDEOLOGÍA, RELIGIÓN O CREENCIAS
- Art. 16.2 CE

DERECHO A SER INFORMADO DE LA ACUSACIÓN
- Art. 24.2 CE

DERECHO A TRASLADARSE AL EXTRANJERO Y REGRESAR A ESPAÑA
- Art. 19, II CE

DERECHO AL PROCESO CON TODAS LAS GARANTÍAS (PROCESO JUSTO, EQUITATIVO O DEBIDO)
- Art. 24.2 CE

DERECHO A UN PROCESO PÚBLICO SIN DILACIONES INDEBIDAS
- Art. 24.2 CE

DERECHO A UTILIZAR LOS MEDIOS DE PRUEBA PERTINENTES PARA LA DEFENSA (DERECHO A LA PRUEBA)
- Art. 24.2 CE

DERECHO AL HONOR
- Art. 18.1 CE

DERECHO AL JUEZ ORDINARIO PREDETERMINADO POR LA LEY
- Art. 24.2 CE

DERECHO AL PROCESO CON TODAS LAS GARANTÍAS (PROCESO JUSTO, EQUITATIVO O DEBIDO)
- Art. 24.2 CE

DERECHO AL SECRETO DE LAS COMUNICACIONES, ESPECIALMENTE LAS POSTALES, TELEGRÁFICAS Y TELEFÓNICAS
- Art. 18.3 CE
- Límites: Art. 18.3 CE

DERECHO AL SECRETO PROFESIONAL
- Art. 20.1, d), II CE

DERECHO A LA TRADUCCIÓN E INTERPRETACIÓN
- Comprobación de la traducción: 124.3
- Del detenido o preso: 520.2 h).
- Del imputado. Momento a partir del cual se puede ejercer: art. 118.1.e).
- Del imputado o acusado que no hable o entienda el castellano: 123.
- En el juicio oral: 123.2
- Exención de la obligación de declarar a favor del intérprete o traductor: 416.3
- Gastos: 123.1, II
- Grabación oral de las interpretaciones orales o en lengua de signos: 123.6
- Necesidad apreciada por el Presidente del Tribunal o Juez: 124
- Designación de traductor e intérprete: 124
- Personas con discapacidad sensorial: 127
- Queja o protesta ante la denegación de traducción o imprecisión de la misma: 125.2
- Recurso ante denegación: 125.2
- Renuncia: Requisitos: 126
- Supuestos: 123.1
- Traducción simultánea: 123.2
- Traducción de las actuaciones: 123
- Videoconferencia: 123.5

DERECHO DE ASOCIACIÓN
- Art. 22.1 CE
- Límites: Arts. 22.3 y 22.4 CE
- Prohibiciones: Asociaciones delictivas (art. 22.2 CE), secretas y paramilitares (art. 22.5 CE)

DERECHO DE ACCESO A CARGO PÚBLICO
- Art. 23.2 CE
- Límites para extranjeros: Art. 13.2 CE

DERECHO DE DEFENSA
- Art. 24.2 CE
- Cambio relevante en el objeto de investigación y hechos imputados. Información al imputado: 775.2
- Del detenido o preso: 520.2.
- Ejercicio: 118.

DERECHO DE ELECCIÓN MEDIANTE SUFRAGIO UNIVERSAL
- Art. 23.1 CE
- Límites para extranjeros: Art. 13.2 CE

DERECHO DE PARTICIPACIÓN EN ASUNTOS PÚBLICOS
- Art. 23.1 CE
- Límites para extranjeros: Art. 13.2 CE

DERECHO DE PETICIÓN
- Art. 29 CE

DERECHO DE REUNIÓN
- Art. 21.1 CE
- Límites: Art. 21.2 CE

DERECHOS DE LOS EXTRANJEROS EN ESPAÑA
- Art. 13

DESISTIMIENTO
- Del recurso de casación: 861 bis c).

DETENCIÓN
- De diputados y senadores: 751.1.
- Derechos del detenido: 520
- Derechos del detenido en espacios marinos: 520 ter
- Derecho del detenido de acceso a los elementos de las actuaciones que sean esenciales para impugnar la legalidad de la detención o privación de libertad: 420.1 d).
- Derechos del detenido en incomunicación: 520 bis y 527.
- Designación de abogado: 520.5.
- Detención gubernativa. Procedencia: 492.
- Detención judicial: 494.
- Detención por particulares:
  * Procedencia: 490.
  * Requisitos: 491.
- Detenido menor de edad o incapacitado: 520.4.
- Duración: 520.1.
- Elevación de la detención a prisión o puesta en libertad: 497 y 499.
- Entrega del detenido al Juez: 496.
- Entrega del detenido al Juez que no está conociendo: 498.
- En juicio rápido: 783.2.
- En procedimiento abreviado: 763.
- Forma de practicarse: 520.1.
- Información al detenido de sus derechos: 520.2.
- Información al detenido de sus derechos de forma comprensible y accesible: 520.2 bis.
- Interdicción general de la detención: 489.
- Menor de edad o persona con la capacidad judicialmente complementada: 520.3
- Momento para ejercitar el derecho de defensa: 118.
- Nota de la Autoridad o agente de policía judicial caso de no proceder a la detención: 493.
- Notificación del auto elevando la detención a prisión: 501.
- Por delinquir durante las sesiones del juicio oral: 684.
- Por incomparecencia del citado preventivamente: 487.
- Recurso contra el auto elevando la detención a prisión: 501.
- Remisión del detenido a donde debiera cumplir su condena: 500.
- Renuncia a la asistencia de abogado (delitos contra la seguridad del tráfico): 520.8.
- Solicitud de adopción, modificación, suspensión o cancelación en escritos de calificaciones en procedimiento abreviado: 781.1; Resolución: 783.2.
- Solicitud en querella: 277.6º.

DETENCIÓN PREVENTIVA O PROVISIONAL
- Art. 17 CE
- Duración: Art. 17.2 CE
- Derechos del detenido (información, razón de su detención y a no declarar): Art. 17.3 CE
- Derecho a la asistencia letrada: Art. 17.3 CE

DETENCIÓN Y APERTURA DE CORRESPONDENCIA
- Diligenciamiento: 588.
- Entrega de la no relacionada con la causa: 587.
- Exención de autorización judicial: 579.4
- Extensión: 583.
- Hallazgo casual: 579 bis
- Práctica de la detención: 580, 584 y 586.
- Presencia del procesado: 585.
- Procedencia: 579.

– Prórroga: 579.2
– Remisión al Juez de la correspondencia detenida: 581.
– Urgencia: 579.3

DETENIDO
– Asistencia a diligencia de inspección ocular: 333.II.
– Comunicaciones y ocupaciones: 522.
– Derechos: 520.
– Medidas de seguridad: 525.
– Medios de correspondencia y comunicación: 524.
– Plazo para recibirle primera declaración: 386.1.
– Separación de otros: 521.
– Visitas: 523.
– Visitas del instructor y del fiscal: 526.

DIGNIDAD DE LA PERSONA
– Art. 10 CE

DÍAS HÁBILES
– Para actuaciones sumariales los son todos: 201.

DILACIONES INDEBIDAS
– Art. 24.2 CE

DILIGENCIAS DEL LETRADO DE LA ADMINISTRACIÓN DE JUSTICIA
– Teniendo por hecha la calificación: 658.

DILIGENCIAS PREVIAS
– Contenido: 774, 779.

DILIGENCIAS SUMARIALES
(Vid. Careo, Citación preventiva, Conclusión del sumario, Cuerpo del delito, Declaraciones de los procesados, Declaraciones de testigos, Detención, Detención y apertura de correspondencia, Entrada y registro, Identificación del delincuente, Informe pericial, Inspección ocular, Libertad Provisional, Prisión provisional y Sumario).

DILIGENCIAS URGENTES
– Práctica durante la sustanciación de cuestiones de competencia: 22 y 23.
– Práctica en los procesos perseguibles sólo a instancia de parte, sin celebrar o intentar la conciliación: 278.
– Práctica en tramitación de recusación: 61.
– Práctica por jueces de instrucción en delitos cometidos por aforados: 303.
– Remisión al Juzgado de instrucción de las practicadas en el de distrito: 307.
(Vid. Primeras diligencias).

DIRECTOR
– De establecimiento penitenciario:
 * Mandamiento de ratificación del auto de prisión o de soltura: 517.
 * Mandamiento para recibir al preso provisional: 505.
 * Precauciones para evitar desfiguramiento de presos al objeto de su identificación: 372.
 * Relaciones con el Tribunal en incidente de demencia en ejecución de sentencias: 991, 992 y 994.

DISCORDIA
(Vid. Votación de sentencias).

DISCRECIONALIDAD
– Actuaciones solicitadas por actor civil: 320.
– Privación provisional del permiso de conducir: 539 bis.
– Pagos a víctimas: 765.1.

DISOLUCIÓN DEL JURADO
(Vid. Tribunal del Jurado).

DOCUMENTO NACIONAL DE IDENTIDAD
– Reseña de los declarantes en procedimiento abreviado: 762.7ª.

DOCUMENTOS
– Declarados falsos. Motivo de revisión: 954.1, a).

– Designación preparación del recurso de casación: 855.
  * Error de hecho en la apreciación de la prueba. Motivo casacional: 849.2º.
  * Inadmisibilidad del recurso si no lo son: 884.6º.
(*Vid. Prueba documental*).

— E —

ECLESIÁSTICOS
(*Vid. Religiosos*).

EDICTOS
– Fijación de requisitorias: 512 y 762.4ª.
  * En procedimiento contra ausentes: 838.
– Llamamientos a interesados en ejercicio de la acción penal: 643.

EDIFICIOS Y LUGARES PÚBLICOS
– Consideración de edificios públicos: 547.
– Entrada y registro: 546.
(*Vid. Entrada y registro*).

EJECUCIÓN DE MEDIDAS SANCIONADORAS
(*Vid. Menores*)

EJECUCIÓN DE SENTENCIAS
– Comisión de diligencias: 987, 997 y 998.
– Contra las que queda recurso de casación. Suspensión: 861 bis a).
– Delitos conexos enjuiciados en distintos procesos. Límite del cumplimiento de las penas: 988.
– Demencia del condenado: 991 a 994.
– Diligencia del órgano jurisdiccional para el ingreso en prisión del condenado: 990.
– En juicio por delito leve: 984.
– En proceso por delito: 985.
  * De la segunda sentencia en casación: 986.
– En procedimiento abreviado: 794.
– Exclusividad de la competencia judicial hasta el ingreso en prisión: 990.
– Investigación del patrimonio afecto al pago de responsabilidades civiles: 990
– Libertad del procesado absuelto: 983.
– Se produce a ellas tras la declaración preceptiva de firmeza: 998.
– Sobre responsabilidad civil: 989.
– Sustanciación de las tercerías: 996.

EJECUTORIA
– Concepto: 141.
– Forma: 143.

EMBAJADORES
– Autorización para entrada y registro en buques de guerra de su nación: 561.
– Exención de testificar: 411.II.

EMBARGO
– Ampliación: 611.
– De bienes del responsable civil: 615.
– De bienes muebles: Depósito: 600.
– De los bienes del querellado. Solicitud en la querella: 277.6º.
– No se alza por suspensión y archivo de los autos por rebeldía: 843.
– Normas supletorias de aplicación: 614.
– Orden: 598.
– Para cubrir la responsabilidad civil. Resolución: 589.
– Por falta de prestación de fianza: 597.
– Realización: 613.
– Reducción: 612.
– Señalamiento de bienes: 598.
  * Insuficiencia: 599.

EMPLAZAMIENTOS
– A procuradores: 182.
– Ante la Audiencia tras dictar auto de conclusión del sumario: 623 y 794.
– Contenido específico de la cédula: 175.
– Corrección disciplinaria al funcionamiento por morosidad: 181.
– De acusado y tercero responsable en procedimiento abreviado 784.1.

– Domicilio desconocido del emplazado: 178.
– En apelación: 224, 227.
 * Del juicio por delito leve: 976.
 * En el procedimiento abreviado 790.
– En distinto territorio: 177.
– En el extranjero: 177.
– Nulidad: 180.
– Para comparecer ante Juzgado de Distrito por reputar el hecho falta: 625.
– Para comparecer ante el Tribunal Supremo. En recurso de casación: 859 y 861.
 * En recurso de queja por denegación de testimonio para recurrir en casación: 863.
– Por correo con acuse de recibo: 166.
– Práctica en general: 175.
– Subsanación de la nulidad: 180.
– Tiempo: 207 a 209.
– Unión de la cédula a los autos: 179.

ENCAUSADO
– Sustituyendo al término imputado: 141; 325; 502; 503; 504; 505; 506; 507; 508; 511; 529; 530; 539; 544 ter; 762; 764; 765; 766; 773; 780; 784; 797.
(Vid. Acusado, Imputado y procesado).

ENEMISTAD MANIFIESTA
– Causa de recusación de peritos: 468.3°.
– Causa de recusación del personal de los órganos jurisdiccionales: 54.11.

ENFERMEDAD
– De abogados, fiscales o magistrados. Suspensión del juicio oral: 746.4° y 747.
– De testigos. Práctica de la declaración: 448, 449, 718 y 719.
– Del procesado. Suspensión del juicio oral: 746.5°. 746 y 747.
(Vid. Suspensión del juicio oral).

ENTRADA Y REGISTRO EN LUGAR CERRADO
– Auto de entrada y registro: 558.
– Comisión de la diligencia: 563.
– Competencia para decretarla: 546 y 550.
– Consentimiento del interesado: 550 y 551.
– Diligencia de registro: Constancia: 572.
– En buques extranjeros: 561.
– En domicilios: 566.
 * Concepto: 554 y 557.
– En edificios y lugares públicos: 564 y 565.
 * Concepto: 547.
– En habitaciones y oficinas de representantes diplomáticos: 559, 560 y 562.
– En lugares religiosos: 549.
– En Palacios de las Cortes Generales: 548.
– En Palacios reales: 555 y 556.
– Entrada: 568.
– Interdicción general: 545.
– Por agentes de policía de propia autoridad: 553.
– Práctica: 552, 567 a 575.
– Presencia del LAJ: 569.IV.
– Registro: 569 y 570.
– Suspensión: 570 y 571.
– Vigilancia del lugar: 567.
(Vid. Registro de libros y papeles).

ENTREGA VIGILADA DE DROGAS
– Requisitos: 263 bis.

ENTREVISTA
– Del detenido o preso con su abogado: 520.6.c) y 523.
 * Excepción: 527.c).

EQUIPO TÉCNICO
(Vid. Menores)

ERROR
– En la apreciación de la prueba:
 * Apelación: 790. 2
 * Motivo de casación: 849.2°.
 * Designación en la preparación del recurso: 855.

– En la calificación de delito. Tesis del Tribunal: 733 y 788.3.
– En las diligencias del sumario. Subsanación: 450.

ESCENA DEL CRIMEN
(Vid. Cuerpo del delito, Inspección ocular y Primeras diligencias).

ESCRITO DE ACUSACIÓN
– En juicio rápido: 800.2.
– En procedimiento abreviado: 781.1.
(Vid. acusación)

ESCRITO DE DEFENSA
– En juicio rápido: 800.2.
– En procedimiento abreviado: 784.
(Vid. defensa).

ESCRITO DE CALIFICACIÓN
(Vid. Calificación provisional).

ESTABLECIMIENTOS DE HOSTELERÍA
– Consideración a efectos de diligencia de entrada y registro: 557.

ESTADÍSTICA JUDICIAL
– Libro-registro de penados: 253.
– Libro-registro de procesados en rebeldía: 255 y 256.
– Obligación de los jueces en Juzgados de instrucción: 248.
– Obligación de los Presidentes de Audiencias Provinciales: 249.
– Obligación de los Presidentes de Audiencias Territoriales: 250.
– Obligación de la Sala 2ª. del Tribunal Supremo: 251.
– Remisión de sentencias de condena al Registro Central de Penados y Rebeldes: 252.
– Remisión de testimonio de sentencias condenatorias por la Audiencia al Juzgado de Instrucción: 253.
– Servicio de estadística: 257.

ESTADO ESPAÑOL
– Abono de indemnizaciones por absolución en sentencias de revisión: 960.
– Adjudicación de la fianza de libertad provisional: 535, 537 y 542.

EXHORTO
– A Tribunales extranjeros: 193.
– Cumplimentación: 191.
– De Tribunales extranjeros: 194.
– Demora en cumplimiento. Suplicatorio: 192.
– Devolución: 191.
– Entrega al interesado para su cumplimentación: 188.
 * Presentación: 189.
– Expedición de oficio: 188.1.
 * Acuse de recibo: 190.
– Expedición para actos de comunicación en territorio distinto: 177.
– Para citaciones a peritos y testigos: 660.
– Plazo de entrega o remisión: 208.
– Supuesto: 184.

EXPOSICIONES
– A Ministros y a las Cortes Generales: 196.
– Comunicación judicial con otros órganos: 187.

EXPULSIÓN
– Del acusado de las sesiones del juicio oral: 687.

EXTRADICIÓN
– Art. 13.3 CE

EXTRADICIÓN ACTIVA
– Competencia para solicitarla: 828.
– Documentos a acompañar: 832.
– Forma: 831 y 833.
– Momento: 829.
– Personas de quien se puede pedir extradición: 829.
– Procedencia de la petición de extradición: 827.
– Requisito. Auto de prisión o sentencia de condena: 825.
– Solicitud: 824.

EXTRANJEROS
- Comunicaciones de su detención o prisión: 520.2.e).
  * De menores o incapacitados: 520.3.
- Declaraciones testificales: 410 y 702.
- Delitos cometidos en el extranjero:
  * Prolongación del plazo máximo de prisión provisión: 504.
  * Solicitud de extradición activa: 826.1º y 2º.
- Detenidos o presos. Intérprete: 520.2.f)
- Interposición de querella:
  * Fianza: 270; Exención de fianza: 281.
- Solicitud de extradición activa: 826.3º.
- Testigos y residentes en el extranjero: 424 y 427.

— F —

FALTAS
(*Derogadas. Vid. Juicio por delito leve*).

FIADOR PERSONAL
- Citación a juicio oral: 664.
- Requisitos: 592.

FIANZA EN GENERAL
- Del querellante particular: 280.
  * Excepciones: 281.
- Del responsable civil: 615.
- En la detención:
  * Del procesado para concurrir al llamamiento judicial: 492.3º.
- En la detención por faltas: 495.
- En la libertad provisional: 529, 531 a 544.
- No se cancela por suspensión y archivo de los autos por rebeldía: 843.
- Para ausentarse de España el inculpado en procedimiento abreviado: 765.2.
- Para interponer querella los extranjeros: 270 y 281.

FIANZA DE LIBERTAD PROVISIONAL
- Acción de fiador: 543.
- Adjudicación al Estado: 537 y 542.
- Cancelación: 541.
- Destino: 532.
- Determinación y fijación: 529 y 531.
- Falta de prestación. Prisión: 540.
- Realización:
  * Supuesto: 535.
  * Venta de bienes: 536.
  * Vía de apremio: 536.
- Reforma del auto: 539.
- Solicitud en la querella: 227.6º.
- Sustanciación: 544.

FIANZA DE RESPONSABILIDAD CIVIL
- Ampliación: 611.
- En procedimiento abreviado: 764.2 y 3.
- Falta de prestación. Embargo: 597.
- Fianza hipotecaria: 594 y 595.
  * Sustitución por metálico o efectos: 593.
- Fianza personal: 592.
- Normas supletorias: 614.
- Procedencia: 589.
- Realización: 613.
- Reducción: 612.
- Recurso: 596.
- Sustanciación: 590.
- Tipos y constitución: 591.

FIRMA
- De la diligencia de apertura de correspondencia: 588.
- De la diligencia de careo: 453.
- De la diligencia de detención: 498.
- De la diligencia de inspección ocular: 332.
- De la diligencia de sellado de instrumentos, armas y efectos: 338.
- De la interposición de recursos de reforma, apelación o queja: 221.
- De la interposición de recursos de casación: 874.
- De la preparación de recursos de casación: 856.
- De la proposición de inhibición ante la Audiencia: 33.
- De la querella: 277.

– De la recogida de armas, instrumentos y efectos: 338.
– De las actas de juicio abreviado: 788.6 y 743
– De las actas de registro domiciliario: 569.
– De las actas en denuncia oral: 743 y 815.
– De las actas en denuncia oral: 267.
– De las cédulas: 167, 175 y 208.
– De las declaraciones del procesado: 404.
– De las declaraciones testificales: 444.
– De las providencias, autos y sentencias: 141, 156, 158 y 203 a 205.
– De los atestados: 293.
– De los escritos de calificación: 651.
– De los escritos promoviendo la recusación: 57.
– Del apelante de juicio por delito leve en la interposición del recurso: 975.
– Del denunciante en denuncia por escrito: 266.
– Del querellante en la querella si el procurador no tiene poder especial: 277.7º.

FIRMEZA
– De las sentencias: 141.
– Ejecutoria: 988.
– Revisión: 954.

FISCAL
(Vid. Ministerio fiscal).

FUEROS
– Improrrogabilidad: 8.
– Lugar de la comisión del delito: 14 y 15.
– Para conocimiento de delitos conexos: 18.
– Supletorios: 15.

FUGA
– Búsqueda por requisitoria del Juzgado: 835.2º.
– Detención del fugado: 490.3º. a 6º. y 492.1º.

FUNCIONARIOS DE PRISIONES
– Son policía judicial: 283.7º.

FUNCIONARIOS PÚBLICOS
– Aviso al superior al citarle como testigo: 425.
– Exención del deber de declarar como testigo: 417.2º y 707.
– Omisión del deber de denunciar. Efectos: 262.
– Procesos por injuria o calumnia contra ellos: 810.
– Revelación del secreto del sumario: 301.

— G —

GOBIERNO
– Declaraciones testificales: 412.
– Solicitud de extradición activa: 824.

GUARDAS JURADOS
– Son policía judicial: 283.6º.

GUARDIA CIVIL
– Es policía judicial: 283.4º.

— H —

HABEAS CORPUS
– Art. 17.4 CE

HEREDEROS
– Del perjudicado. Exención de fianza para interponer querella. 281.1º.
– Del querellante. Entrada en el proceso: 276.
– Legitimación para interponer recursos de casación: 854.
– Percepción de indemnizaciones por absolución de causante en recurso de revisión: 960.
(Vid. Parientes).

HALLAZGOS CASUALES
- Utilización de la información en proceso distinto: 579 bis y 588 bis i.

HOMBRES BUENOS
- Formación del sumario con su intervención en casos urgentes y extraordinarios: 321.

HOMICIDIO
- Exención de fianza de parientes para interponer querella: 281.2°

HONORARIOS
(Vid. Abogado, Peritos).

HORAS HÁBILES
(Vid. Días hábiles).

— I —

IDENTIFICACIÓN
- De cadáveres:
  * Supuestos y modos: 340 a 343 y 353.

(Vid. Autopsia, Cuerpo del delito).

IDENTIFICACIÓN DEL DELINCUENTE
- Antecedentes penales: 379.
- Constancia de señas personales: 374.
- Demencia sobrevenida a la comisión del delito: 383.
- Edad. Justificación y averiguación: 375 y 376.
- En procedimiento abreviado. Reglas particulares: 777.
- Indicios de enajenación mental: 381.
- Información sobre moralidad y conducta: 377 y 378.
- Informe sobre capacidad mental: 382.
- Práctica del reconocimiento:
  * Rueda: 369.
  * Identificación por varias personas: 370.
- Precauciones para evitar desfiguramiento: 371 y 372.
- Reconocimiento a presencia judicial: 368.

IMPÚBERES
- No están obligados a denunciar: 260.

IMPUTACIÓN
- Denuncia y querella: 118.5, 390 bis.
- Derecho de defensa: 767.
- Persona jurídica: 119 y 409 bis.

(Vid. Auto de procesamiento).

IMPUTADO
(Vid. Acusado, Encausado, Inculpado, Procesado).

INCAPACITACIÓN
- Del detenido o preso. Notificaciones de su situación: 520.3.
- Del querellante. Se tiene por abandonada la querella si no comparecen sus representantes: 276.
- Dispensa del deber de declarar como testigo: 417.3° y 707.

INCIDENTES
- Competencia: 9.
- Cuestiones de competencia: 19 y ss.
- Recusación de peritos: 662 y 723.
- Recusación de personal de los órganos jurisdiccionales: 57 y ss.
- Se resuelven por auto: 141.
- Suspensión del juicio oral para resolverlos: 746.1° y 747.

(Vid. Pieza separada).

INCOMUNICACIÓN DE DETENIDOS O PRESOS
- Asistencia a diligencias periciales: 506.II.
- Auto de incomunicación, notificación: 408.
- Consecuencias de la misma: 527.
- De procesados: 407.
- Duración: 506.1 y 507.
- Libros y efectos: 509 y 510.
- Proposición verbal de recusación: 58.
- Recepción y envío de cartas o papeles: 511.
- Segunda incomunicación: 508.

INCULPADO
- Audiencia del Tribunal requerido en cuestión de competencia por inhibitoria: 37.
- Instrucción por autoridades y funcionarios: 2.
- Legitimación para recusar: 53.
- Reclamación de la incompetencia del instructor ante el tribunal superior: 23.

(Vid. Acusado, Procesado).

INDAGATORIA

(Vid. Declaración de procesados).

INDEFENSIÓN
- Provoca la nulidad del juicio. Procedimiento abreviado: 795.2.

INDEMNIZACIONES
- A peritos: 358 y 465.
- A testigos:
  * Derecho a percibirlas: 121 y 722.1.
  * Integran las costas: 241.4º.
  * Percepción y cómputo: 242 y 722.
  * Fijadas por el LAJ mediante decreto: 722.
- Acción del fiador contra el procesado: 543.
- Al condenado que resulte absuelto en recurso de revisión: 960.
- De daños y perjuicios:
  * Por inutilización de piezas de convicción: 635 y 742.
  * Por práctica de actuaciones fuera de plazo: 198.

INDICIOS
- Auto de procesamiento: 384.
- De enajenación mental: 381.
- Orden de protección: 544 ter.1.
- Principios rectores actos de investigación garantizados: 588 bis a.5.

INDULTO
- Artículo de previo pronunciamiento: 664.4ª.
- Desestimación. Reproducción en el juicio oral: 678.
- Estimación. Sobreseimiento libre: 675.
- Proposición de la Sala de lo penal del Tribunal Supremo: 902.

INFORMACIÓN SUPLETORIA
- En recurso de revisión: 958.

INFORME PERICIAL
- Acto de reconocimiento. Celebración: 476, 477, 479, 480 y 482.
- Asistencia del procesado: 476.
  * Incluso incomunicado: 506.
- Contenido: 478.
- Del médico forense para acreditar la edad del procesado: 375.
- Deliberación y redacción de conclusiones: 481 y 482.
- Discordia: 484.
- En análisis químicos: 358.
- En diligencia de inspección ocular: 328.
- En el juicio oral: 724 y 725.
- Facilitación de los medios necesarios: 485.
- Juramento: 474.
- Nombramiento de peritos por las partes: 471 a 473.
- Nombramiento y obligatoriedad de desempeño de la función: 460 a 463.
- Número de peritos: 459 y 778.
- Preguntas y aclaraciones del informe: 483.
- Procedencia: 456.
- Prohibición de emitir informe: 464.
- Proposición. Presentación de lista de peritos: 656 y 657.
- Reconocimiento del cuerpo del delito: 336.
- Reconocimiento para estimar el valor de una cosa: 365.
- Señalamiento del objeto del informe: 475.
- Sobre desaparición del cuerpo del delito o sobre pruebas: 339.

INFORMES
- De las partes en la vista de la apelación en procedimiento abreviado: 791.2.

– De moralidad y conducta: 377, 378 y 762.10.
– Del Juez al Tribunal en recurso de queja: 233.
– Del ponente al Tribunal: 147.1º y 2º.
– En recurso de queja por denegación de testimonio para recurrir en casación: 869.
– Del Ministerio Fiscal y abogados en apelación: 230.
– Del Ministerio Fiscal y abogados en el juicio oral: 734 a 737.
– Del Ministerio Fiscal y abogados en la vista de recursos de casación: 896.
– En la vista de los artículos de previo pronunciamiento: 673.
– Incorporación a la causa al inicio del juicio oral en el procedimiento abreviado: 785.1.
– Sobre preexistencia de la cosa sustraída o defraudada: 364.
– Solicitud en caso de impugnación de honorarios: 244.

INHIBICIÓN
– De jurisdicción ordinaria por delitos cometidos por aforados: 12 y 782.
– Por concurrir causa de recusación, de oficio a instancia de parte: 55.
– Por incompetencia: 25.

INHIBITORIA
– Denegación de la inhibitoria: 39.
– Proposición: 26.
– Proposición ante la Audiencia. Forma y contenido: 33.
– Recursos contra la resolución de la cuestión: 31.
– Recursos contra los autos dictados en el incidente por los Juzgados de distrito: 27 y 30.
– Remisión de la causa: 38.
– Sustanciación de la propuesta ante los Juzgados de distrito: 27 a 31.

INSOLVENCIA
– Constancia en certificación de sentencia para recurrir en casación: 857.
– En recurso de casación: 874 y 876.
– En recurso de queja por denegación de testimonio para recurrir en casación: 868.
– Nombramiento por el Tribunal Supremo de testimonio o certificación del auto denegatorio en preparación del recurso de casación: 860.
– Responde de la cantidad que habría de depositar para recurrir en casación si viene a mejor fortuna: 875.

INSPECCIÓN OCULAR
– Descripción de los vestigios del delito: 328.
– En el juicio oral: 727.
– Extensión de las diligencias: 332.
– Falta de huellas o vestigios. Constancia del motivo: 330.
– Falta de huellas por la naturaleza del delito: 331.
– Levantamiento de plano, retrato de víctima y copia de efectos o instrumentos: 327.
– Modo de practicarse: 326.
  * Junto con declaración: 329.
– Por el instructor: 326 y ss.
– Presencia del detenido o preso: 333.
– Presencia del procesado: 333.
– Procedencia: 326.
– Son diligencias sumariales preferentes: 366.

INSTRUCCIÓN
– Al inculpado de sus derechos: 2.
– Al ofendido. Para mostrarse parte por el LAJ: 109 y 783.
– Complementaria: *(Vid. Sumaria instrucción complementaria)*.
– Del ponente *(Vid. Magistrado Ponente)*.
– En el recurso de casación: 882.1.
– Nueva, ordenada en sentencia de revisión: 958.

(Vid. Diligencias Previas, Diligencias sumariales, Sumario).

INSTRUCTOR
- Causa de recusación del personal de los órganos jurisdiccionales: 54.12.
- Citación de testigos: 421.
- De pieza separada de recusación: 63.
- Del sumario. Instructores especiales: 303 a 305.
- Firma de diligencia de apertura de correspondencia: 588.
- Formación del sumario: 306 y ss.
- Identificación del delincuente. Reconocimiento: 368.
- Inspección ocular: 326.
- No cambia aunque se modifique el procedimiento: 760.
- Orden de informe pericial: 456.
- Práctica de la diligencia de careo: 452 y 454.
- Práctica de las diligencias sumariales: 326 y ss.
- Presidencia del acto pericial: 477.
- Recepción de declaraciones testificales: 435.
- Recogida de instrumentos, efectos y armas: 334.
- Remisión de testimonios al Ministerio fiscal: 646.
- Se le remite testimonio de la parte dispositiva de la sentencia firme de condena: 253.
- Visita a detenidos y presos: 526.

(Vid. Delegación de funciones).

INTERCEPTACIÓN DE COMUNICACIONES TELEFÓNICAS Y TELEMÁTICAS
- Acceso a los datos para identificación de usuarios, terminales y dispositivos de conectividad:
  * Identificación mediante captación de códigos de identificación (del aparatos y sus componentes): 588 ter l.
  * Identificación mediante número IP: 588 ter k.
  * Identificación titulares o terminales o dispositivos de conectividad: 588 ter m.
- Acceso de las partes a las grabaciones: 588 ter i.
- Ámbito: 588 ter b.
- Bandas armadas: 588 ter d. 3.
- Cese: 588 bis j.
- Colaboración: 588 ter e.
- Contenido 588 ter d. 2.
- Control judicial: 588 bis g y 599 ter f.
- Destrucción de los registros: 588 bis k.
- Duración: 588 bis e; 588 ter g.
  * Prórroga: 588 bis f; 588 ter. H.
- Especialidad: 588 bis a. 2
- Excepcionalidad: 588 bis a. 4.
- Hallazgos casuales: 588 bis i.
- Idoneidad: 588 bis a. 3.
- Incorporación al proceso de datos electrónicos de tráfico o asociados: 588 ter. j.
- Necesidad: 588 bis a. 4.
- Presupuestos: 588 ter a
- Principios rectores: 588 bis a.
- Proporcionalidad: 588 bis a. 5
- Resolución judicial: 588 bis c.
  * Contenido: 588 bis c. 3.
- Secreto: 588 bis d.
- Solicitud de autorización judicial: 588 bis b y 588 ter d.
  * Contenido: 588 bis b.2 y 588 ter d. 1.
- Terceros afectados: 588 bis h y 588 ter c.
- Terrorismo: 588 ter d. 3.
- Urgencia: 588 ter d. 3.
- Utilización de la información en otros procedimientos: 588 bis i.

INTERÉS
- Colectivo. Prolongación del plazo de prisión provisional si el delito les afecta: 504.
- Directo o indirecto:
  * Causa de recusación del personal de los órganos jurisdiccionales: 54.9°.
  * Causa de recusación de peritos: 468.2°.

INTERPRETACIÓN DE LENGUAS, OFICINA DE
- Traducción de interrogatorios a testigos y respuestas: 441.
- Traducción de preguntas y respuestas de procesados: 398.

INTERPRETACIÓN SUPRANACIONAL DE LAS NORMAS RELATIVAS A LOS DEECHOS FUNDAMENTALES
- Art. 10.2

INTÉRPRETE
- Al detenido o preso extranjero: 520.2.e).
- Al imputado o procesado: 118.1.e), 123 a 127.
- Al procesado que no sepa castellano o fuera sordomudo: 398.
- Al testigo que no sepa castellano o fuera sordomudo: 440 y 442.
- En procedimiento abreviado: 762.8ª.
- Exención de la obligación de declarar: 416.3
- Nombramiento: 441 y 442.

INTERROGATORIO
(Vid. Acusado, Derecho de defensa, Testigos y Peritos).

INVESTIGADO
- Sustituyendo al término imputado: 120; 141; 309 bis; 325; 502; 503; 504; 505; 506; 507; 508; 511; 529; 530; 539; 544 ter; 760; 762; 764; 765; 766; 771; 773; 775; 780; 784; 797; 798; 967.

(Vid. Acusado, Encausado, Imputado y Procesado).

—J—

JEFATURA CENTRAL DE TRÁFICO
- Permisos de circulación y conducción: 798. 2ª.
- Su personal constituye policía judicial: 283. 9ª.

JUECES DE INSTRUCCIÓN
- Calificación a los miembros de la policía judicial: 298.
- Comisión de diligencias en ejecución de sentencias: 987 y 997.
- Competencia: 14.1 y 2.
- Competencia para instrucción de sumarios: 14.2° y 303.
- Comunicación al Presidente de la Audiencia de la formación de sumarios: 308.
  * Partes semanales: 324.
- Correcciones disciplinarias: 258.
- Cuestiones de competencia en procedimiento abreviado: 759.
- Declaración de testigos ante él: Corrección disciplinaria: 435.
- Delegación de diligencias y actos: 310 y 563.
- Delegación para asistir a la diligencia de autopsia: 353.
- Delitos de especial gravedad. Traslado al lugar de los hechos: 318.
- Estado y adelantos de sumarios a los fiscales: 324.
- Firma en la diligencia de inspección ocular: 332.
- Formación de sumarios: 306 y ss.
  * Ante el LAJ: 321.
- Instrucción y fallo de la pieza separada de recusación de personal auxiliar: 86.
- Libro-registro de penados: 254.
- Libro-registro de procesados en rebeldía: 255.
- Medidas de precaución en casos urgentes en delitos cometidos por aforados: 303.
- Posibilidad de ser recusados: 52.
- Práctica de prueba por comisión: 147.2°.
- Prohibición de ejercicio de la acción penal y excepciones: 103.3°.
- Promoción de cuestiones de competencia: 19.2° y 25.
- Recepción de denuncias: 259, 262 y 264.

- Recibe declaración domiciliaria al testigo impedido: 419.
- Recurso de apelación contra los autos de inhibición que dicte: 25.
- Recursos contra sus resoluciones: 216 y ss.
- Recusación. Tramitación: 57 y ss.
- Remisión mensual al Presidente de la Audiencia del estado de los sumarios: 248.
- Resolución de competencias entre Juzgados de distrito: 20.1°.
- Responsabilidad por falta de celo y actividad en los sumarios: 325.
- Rúbrica en providencias: 141.
- Rubrica las páginas de los libros-registro de penados y de procesados en rebeldía: 254 y 255.
- Sustanciación de cuestión de competencia empeñada entre dos órganos: 22.

(Vid. Instructor).

JUECES DE LO PENAL
- Apelación sentencias en procedimiento abreviado: 790.1.
- Competencia: 14.
- Cuestiones de competencia: 759.
- Ejecución sentencias en procedimiento abreviado: 794.
- Recursos: 766 y 790.1.
- Sentencia en procedimiento abreviado: 789.

JUECES DE PAZ
- Competencia: 14.1ª.

JUICIO POR DELITO LEVE
- Acta de juicio: 972.
- Asistencia del Ministerio Fiscal: 969.2
- Asistencia letrada: 966.
- Ausencia del acusado: 971.
- Celebración: 969.
- Celebración inmediata de juicio: 963.
- Celebración en ausencia del imputado: 964.2.b)
- Citación del denunciado: 962.
- Citaciones: 966.
- Competencia: 963.
- Convocatoria a juicio verbal: 962, 963.
- Ejecución de la sentencia: 974, 984.
- Firmeza de la sentencia: 975.
- Instrucción de derechos al ofendido o perjudicado: 962
- Momento y lugar de celebración: 963, 968.
- Multa por incomparecencia: 967.
- Notificación de sentencia: 973.2
- Plazo para dictar y firmar las sentencias: 203, 973.
- Principio de oportunidad (sobreseimiento y archivo): 963.1
- Recurso de apelación: 976.
- Residencia del denunciado fuera del término municipal.
- Segunda instancia:
  * Apelación: 976.
  * Notificación: 976
  * No cabe ulterior recurso: 977.

JUICIO ORAL
- Actas en soporte apto para la grabación: 743.
- Apertura de las sesiones: 688.
- Apertura del juicio oral: 632 y 633.
- Celebración a puerta cerrada: 680, 681 y 682.
- Celebración de los debates con publicidad: 680.
- Citación a procesados y fiadores: 664.
- Citaciones de peritos y testigos: 660 y 661.
- Comportamiento de los concurrentes: 685 a 687.
- Conclusión para sentencia: 740.
- Conclusiones definitivas: 732.
- Constitución de una Sección en localidad distinta: 665.
- Criterios para el señalamiento de fecha: 659.
- Dirección de los debates: 683.
- Facultades del Presidente: 684.
- Fijación por el Secretario del comienzo de las sesiones: 659.

– En juicio rápido: 802.
– En el procedimiento abreviado: 783 y ss.
– Informe pericial: 724 y 725.
– Informes del Ministerio fiscal y de las partes: 734 a 738.
– Lectura de diligencias sumariales: 730.
– Lectura de declaraciones prestadas durante la fase de investigación por las víctimas menores de edad y a las víctimas con discapacidad necesitadas de especial protección: 730
– Medidas para la protección de la intimidad de la víctima: 301 bis, 681.2.
– Nuevo juicio por suspensión: 749.
– Modo de proceder: 701.
– Preclusión para la recusación de LAJ y personal auxiliar: 92.
– Pregunta sobre conformidad al acusado y defensor: 688 a 700.
– Proposición de diligencias pedidas y denegadas en el sumario: 314.
– Prueba de inspección ocular: 727.
– Prueba documental: 726.
– Prueba testifical: 702 a 722.
– Pruebas a practicar: 728 y 729.
– Publicidad para las partes en todo caso: 681.
– Recusación de peritos: 662 y 663.
– Reproducción de pretensiones sobre responsabilidad civil y ocupación y restitución de bienes: 621.
– Restricción de acceso a los medios de comunicación: 682.
– Sentencia: 741 y 742.
– Suspensión: 744 a 748.
– Tesis del Tribunal: 733.
– Traslado de procesados presos a la población donde se celebre el juicio: 564.
– Ultima palabra del procesado: 739.
(Vid. Informe pericial, Inspección ocular, Prueba, Prueba documental, Prueba de testigos, Suspensión del juicio oral).

JUICIO JUSTO (EQUITATIVO)
– Art. 24.2 CE
(Vid. Derecho al proceso con todas las garantías).

JUICIO RÁPIDO
(Vid. Proceso rápido para el enjuiciamiento de determinados delitos)

JUICIO VERBAL
– En juicio por delito leve: 962, 963.
– En proceso por delitos de injuria y calumnia: 808, 809 y 812.

JUNTA DE GOBIERNO DE COLEGIO PROFESIONAL
– Informe por impugnación de la partida de honorarios: 244.

JURADO
(Vid. Proceso especial ante el Tribunal del Jurado).

JURAMENTO
– De hombres buenos que intervienen en casos urgentes y extraordinarios en la formación del sumario: 321.
– De peritos: 474.
– De testigos: 433 y 706.
– Del intérprete del procesado o testigos: 398, 416.3, 440.1, 442 y 711.
– Forma: 434.
– No se exige al procesado en sus declaraciones: 387.

JURISDICCIÓN MILITAR
– Examen de testigos en régimen castrense: 429.

JURISDICCIÓN ORDINARIA
– Carácter preferente: 10.
– Competencia para prevenir los procedimientos por delitos cometidos por delitos cometidos por aforados: 12.1.
– Conocimiento de procesos con personas aforadas. Vis atractiva: 11.
– Cuestiones de competencia negativas con jurisdicciones especiales: 47.
– Cuestiones de competencia entre Tribunales ordinarios y especiales: 50.

– Remisión de las actuaciones tras instituir las primeras diligencias a la jurisdicción especial: 12.

JUZGADOS CENTRALES DE INSTRUCCIÓN
– Competencia: 14.2ª.

JUZGADO DE GUARDIA
– Competencia objetiva: 14.3º.
– Instrucción en proceso por juicios rápidos: 795, 797.
– Juicio por delito leve: 962, 963, 965.

JUZGADOS DE INSTRUCCIÓN
(Vid. Jueces de instrucción).

JUZGADOS DE LO PENAL
(Vid. Jueces de lo penal).

JUZGADO DE VIOLENCIA SOBRE LA MUJER
– Competencia objetiva: 14-5º.
– Competencia por conexión: 17 bis.
– Competencia territorial: 15 bis.
– Juicio por delito leve: especialidades: 962.5.
– Juicios rápidos: especialidades: 797 bis.
– Notificación de las sentencias por el LAJ: 160, 789.5 y 6.
– Orden de protección: 544 ter.
– Registro Central: 544 ter.10

— L —

LETRADO DE LA ADMINISTRACIÓN DE JUSTICIA
– Acompaña al Juez en diligencia de recusación verbal de incomunicados: 58.
– Acta del estado de las piezas de convicción: 626.
– Acta del estado de las piezas de convicción: 626.
– Ante él se forma el sumario: 321.I.
– Archivo por el LAJ de las diligencias cometidas en ejecución: 998.
– Asistencia a la diligencia de entrada y registro: 569.
– Asistencia al acto pericial: 477.
– Autorización de declaraciones testificales: 444.
– Autorización de diligencia de declaración de procesados: 404.
– Auxilio a magistrado imposibilitado para dar su voto: 154.
– Consignación en acta de la pregunta que se prohíbe contestar al testigo o se desestima: 709 y 721.
– Constancia por diligencia de la entrega de las copias en artículos de previo pronunciamiento: 668.
– Correcciones disciplinarias por dilaciones: 198 y 199.
– Da fe de la autopsia: 353.
– Dación de cuenta al Juez o Tribunal: 206, 214, 701 y 896.
– Dación de fe y firma de la diligencia de careo: 453.
– Decreto:
 * Fijando indemnización a testigos: 722.
 * Declarando desierto el recurso de casación por decreto del LAJ: 878.
 * Declarando desierto el recurso de queja por denegación de testimonio para recurrir en casación por decreto del LAJ: 866.
– Documentación del informe pericial: 478.
– Expedición y firma de cédulas de notificaciones, citaciones y emplazamientos: 167, 175, 208 y 428.
– Extiende las actas del juicio oral: 743.
 * Soporte apto para la grabación: 743.1.
 * Firma electrónica reconocida: 743.2.
 * Contenido: 743.3.
– Firma en la diligencia de apertura de la correspondencia: 588.
– Firma en la diligencia de inspección ocular: 332.
– Firma en las providencias: 141.

– Formación de nota en recursos de casación: 880.
– Lectura de declaraciones de procesados: 402.
– Lectura de declaraciones de testigos: 443.
– Lectura de declaraciones en diligencia de careo: 452.
– Lectura de los escritos de calificación y listas al inicio de las sesiones del juicio oral: 701 y 786.2
– Nota de presentación: 206.II.
– Presencia las declaraciones de testigos: 435.
– Recusación: 84 a 93.
– Responsabilidad de la recogida de autos: 215.
– Rubrica las páginas de los libros-registro de penados y procesados en rebeldía: 254 y 255.
– Suscripción de diligencias de notificación: 166.
– Tasación de costas: 242.
– Testimonio en apelación admitida en un efecto: 225.
– Toma de razón cuando el procesado se finja loco, sordo o mudo o se niegue a contestar: 392.

LIBERTAD
– Del procesado absuelto:
 * Durante la tramitación del recurso de casación: 861 bis a).
 * En sentencia firme: 983.
– Del procesado al estimar artículos de previo pronunciamiento: 675.

LIBERTAD PROVISIONAL
– Adjudicación de la fianza por incomparecencia: 542.
 * Acción del fiador: 543.
– Cancelación de la fianza de libertad provisional: 541.
– Destino de la fianza: 532.
– Incomparecencia: 534.
 * Búsqueda por requisitoria: 835.3º.
– No constitución de la fianza: 540.
– No presentación del rebelde por fiador personal o dueño de los bienes: 535.
– Obligación de comparecer: 530.
– Prestación de fianza: 529.
– Prevención durante el juicio oral: 731.
– Privación provisional del permiso de conducir: 529 bis.
– Procedencia: 503.2ª, 504 y 528.
– Realización de la fianza: 536 a 538.
– Reforma de oficio del auto en que se acuerde: 539.
– Se decreta por auto: 141, 529 y 539.
– Sentencia firma de condena. Adjudicación de la fianza por no presentación: 542.
– Solicitud de adopción, modificación, suspensión o cancelación en escrito de calificaciones de procedimiento abreviado 781.1.
– Sustanciación: 544.

LIBRE VALORACIÓN
– En sentencia: 741.

LIBROS
– De autos: 162.
– De sentencias: 159 y 162.
– De votos reservados: 156.
– Examen en trámite de calificaciones: 654.
– Examen por el Tribunal: 726.
– Registro de penados: 254.
– De procesados en rebeldía: 255 y 256.
(Vid. Registro de libros y papeles).

LIMITACIONES DE LA INFORMÁTICA PARA FAVORECER EL DERECHO AL HONOR Y A LA INTIMIDAD DE LOS CIUDADANOS Y EL PLENO EJERCICIO DE SUS DERECHOS
– Art. 18.4 CE

LIMITACIONES DE LA LIBERTAD DE PRENSA PARA FAVORECER EL DERECHO AL HONOR Y A LA INTIMIDAD DE LOS CIUDADANOS Y EL PLENO EJERCICIO DE SUS DERECHOS
– Art. 20.4 CE

— M —

MAGISTRADO PONENTE
- Designación por el LAJ: 626.
- Designación por el LAJ en recursos de casación: 880.
- En cada proceso: 146.
- Examen de las pruebas propuestas para el juicio oral: 658.
- Expresión en la sentencia: 142.1ª.
- Funciones: 147.
- Informe en recurso de queja por denegación de testimonio para recurrir en casación. 869.
- Informe sobre admisibilidad de recursos de casación: 883.
- Instrucción en recurso de casación: 883.
- Orden en la votación de las sentencias: 151.
- Pase de los autos, concluso el sumario: 626.
- Pase de los autos devueltos por el LAJ y de los escritos en fase intermedia: 628.
- Pase del rollo en recurso de queja por denegación de testimonio para recurrir en casación: 867.
- Proposición de reclamación de la causa a la Audiencia en recursos de casación: 899.
- Turno: 146.

MAGISTRADOS
- Constitución de Sala: 145; En recursos de casación: 898.
- Enfermedad. Suspensión del juicio oral: 746.4º., 747 y 749.
- Firma de resoluciones: 156 y 158.
- Imposibilitado tras la vista. Votación: 154.
- Instrucción de pieza separada de recusación: 63 y 86.
- Instructor especial: 303; Comisión de diligencias: 303.
- Menor número del exigido para dictar sentencia. Motivo de casación: 851.5º.
- Orden en la votación de sentencias: 151.
- Ponente. Turno: 146.
- Posibilidad de ser recusados: 52.
- Prohibición de ejercicio de la acción penal y excepciones: 102.
  - * Recusación. Sustanciación: 57 y ss.
  - * Concurrencia a dictar sentencia. Motivo de casación: 851.6º.
- Redacción de sentencia por disconformidad del ponente: 147.4º.
- Votación de los procesos a cuya vista haya asistido: 155.

MALA FE
(Vid. Temeridad).

MANDAMIENTO
- Al Registrador de la Propiedad para inscribir la fianza hipotecaria constituida apud acta: 595.
- De prisión. Autoriza al registro por agentes de policía de lugar habitado: 553.
- Entrega al interesado para su cumplimentación: 188.
- Expedición al Director de establecimiento penitenciario tras dictarse auto de rectificación de prisión o soltura: 517.
- Expedición de oficio: 188.1.
- Acuse de recibo: 190.
- Expedición de mandamientos para llevar a efecto el auto de prisión: 505.
- Para ordenar libramientos de certificaciones, testimonios u otra diligencia. Supuestos: 186.
- Plazo de entrega o remisión: 208.

MAYORÍA DE EDAD
- De dieciséis años. Inhibición: 779.1.3ª.
- Del detenido o preso. Notificación de su situación: 520.3.
- Del procesado. Declaraciones: 409.
- Ejercicio de la acción penal: 102.1º.

MEDIACIÓN
- Justicia restaurativa: 15 EstVD.

MÉDICO
– Auxilio al perjudicado por el delito. Orden de la policía judicial: 770.1ª.
– Cooperación con médico forense: 348.
– Designación por el procesado para intervenir en asistencia al paciente: 350.
– Discusiones en el tratamiento de pacientes: 351.
– En lesiones. Partes: 355.
– Omisión del deber de denunciar. Sanción: 262.
– Reconocimiento del procesado previo a la suspensión del juicio oral: 746.5º.
– Sustitución del médico forense: 346.

MÉDICO FORENSE
– Asistencia a lesionados: 350 y 352.
– Funciones: 34.
  * Realización: 349.
– Indicios de enajenación mental del procesado. Observación: 381.
– Informe para acreditar la edad del procesado: 375.
– Informe sobre capacidad mental del procesado: 382.
– Nombramiento de médico cooperador: 348.
– Obligaciones: 347.
– Práctica de autopsia: 343 y 353.
– Reconocimiento al detenido o preso: 520.2. g).
– Residencia: 345.
– Sustituciones: 346.
– Tratamiento a pacientes. Discrepancias: 351 y 352.

MEDIDAS CAUTELARES
(Vid. cada una de ellas en particular).

MEJOR FORTUNA
– Abono del depósito para recurrir en casación: 857, 890 y 901.

MENORES
– Declaración: 448 III; 707 II
– Declaración por videoconferencia: 731 bis.
– Instrucción de derechos en la detención: 520.3.
– Evitar confrontación visual: 707, II
– Lectura de declaraciones prestadas durante la fase de investigación por las víctimas menores de edad y a las víctimas con discapacidad: 730

MILITARES
– Declaración testifical sumarial: 429.

MINISTERIO DE ASUNTOS EXTERIORES
– Comisiones rogatorias y exhortos: 177, 193 y 194.

MINISTERIO DE JUSTICIA
– Comunicación de la denegación de practicar entrada y registro en edificios de representaciones diplomáticas: 560.
– Comunicación de la resistencia de Embajadores o representantes diplomáticos a recibir al Juez o declarar como testigos: 414.
– Orden al Ministerio fiscal para interponer recurso de revisión: 956.
– Para promover recurso de revisión: 955.
– Queja en caso de no abstención del Ministerio fiscal: 99.
– Recepción de estados trimestrales de estadística judicial: 250 y 251.
– Remisión de exposiciones por su conducto: 196.
– Remisión de interrogatorio para su contestación por vía diplomática por Embajadores y representantes diplomáticos: 415.
– Servicio de estadística judicial: 257.
– Suplicatorio de petición de extradición: 831 y 833.

MINISTERIO FISCAL
– Abstención cuando concurra causa de recusación: 96.
– Archivo de actuaciones en procedimiento abreviado. Comunicación a la víctima: 773.2

- Asistencia obligatoria a las vistas en apelación: 894.
- Asistencia obligatoria a las vistas en apelación: 230.
- Audiencia en cuestiones de competencia en procedimiento abreviado: 782.
- Audiencia en declinatoria promovida ante Juzgados de distrito: 32.
- Audiencia en inhibitoria promovida ante Juzgados de distrito: 27 y 31.
- Audiencia en inhibitoria propuesta ante Tribunales: 34 y 37.
- Audiencia en recurso de revisión: 959.
- Audiencia para fijar el límite de cumplimiento de las penas impuestas en distintos procesos seguidos por delitos conexos: 988.
- Audiencia para rechazar pruebas propuestas por el acusador particular: 659.
- Competencia en el procedimiento abreviado: 773.
- Consulta a la Superioridad en procedimiento abreviado: 781.3.
- Contenido de la calificación: 650 y 781.1.
- Dación de cuenta de detenidos o presos menores o incapacitados: 520.3.
- Debe velar por el cumplimiento de los plazos de sustanciación de la apelación: 230.
- Declaraciones de procesados a su instancia: 385.
- Dictamen en recurso de queja: 234.
- Ejercicio de la acción penal: 105.
  * Mediante querella: 271.
- Enfermedad. Suspensión del juicio oral: 746.4°, 747 y 749.
- Entrega de escrito de queja y auto denegatorio de testimonio para recurrir en casación: 867.
- Examen de los títulos de las fincas ofrecidas en la fianza hipotecaria: 594.
- Exceptuando de imposición de costas en casación: 901.
- Exceptuando de imposición de costas y multa en recusación de jueces y magistrados: 70.
- Firma en diligencia de inspección ocular: 332.
- Informe en apelación: 230.
- Informe en el juicio oral: 685.
- Informe en recurso de casación: 896 y 897.
- Inspección de sumarios: 306.
- Insta la conclusión del sumario: 622.
- Instrucción de derechos a la víctima: 773. 2
- Instrucción en apelación. Vista: 229.
- Instrucción sobre admisibilidad de recursos de casación: 882.
- Interposición de recursos de revisión: 956 y 961.
- Intervención en caso de delito de especial gravedad, alarma o difícil comprobación: 319.
- Intervención en cuestiones prejudiciales devolutivas: 4.
- Intervención en el procedimiento como tal. Causa de recusación del personal de los órganos jurisdiccionales: 54.4°
- Intervención en enajenación de bienes de fianza de libertad provisional y entrega al Estado: 538.
- Intervención en juicio por delito leve: 962, 967, 969.
- La policía judicial es su auxiliar: 283.
- Legitimación para recusar: 53.
- Notificación del auto de libertad provisional y fianza: 529.
- Pase de la causa para calificación: 649 y 780.
- Pase de los autos para instrucción en fase intermedia: 627.
- Petición a órganos jurisdiccionales para proponer al Gobierno que solicite la extradición: 824.
- Preparación e interposición de recursos de casación: 879.
- Promoción de cuestiones de competencia: 19.4°. y 26.1.

– Proposición de diligencias sumariales: 311.
– Puesta en conocimiento del auto de conclusión del sumario: 623.
– Puesta en conocimiento del auto elevando la detención a prisión: 501.
– Queja al superior por falta de excusa: 99.
– Recepción de denuncias: 262 y 264.
– Recepción de testimonios del Juez instructor: 646.
* Acuse de recibo: 647.
– Recurso de queja por denegación de diligencias: 311.
– Registro de testimonios: 648.
– Relaciones con la policía judicial: 287 a 291.
– Se le comunica por los jueces la perpetración de delitos: 308.
– Se le pone de manifiesto lo actuado para solicitar diligencias: 780.
– Solicitud de aclaración, adición o rectificación de sentencias: 161.
– Solicitud de adición de particulares en testimonio para la apelación: 225.
– Solicitud de juicio oral o sobreseimiento: 627 y 780.
– Visita a detenidos y presos: 526.
– Visita de la tasación de costas: 243.

MINISTROS
– Deber de concurrir al juicio oral para declarar como testigos: 702.
– Exención del deber de comparecer como testigo sumarial: 412.2.1.º
– Exposiciones para prestación de auxilio a la Administración de Justicia: 196.
– Práctica de la declaración testifical sumarial: 413 y 414.

MINISTROS DE CULTOS
(Vid. Religiosos).

MINUTA
– Para acreditar honorarios: 242.IV.
(Vid. Abogados, Peritos).

MUERTE
– Cadáver en vía pública o lugar inadecuado. Facultades de la policía judicial en procedimiento abreviado: 770.4ª.
– Cancelación de fianza de libertad provisional: 541.1º.
– Del querellante. Se tiene por abandonada la querella si no comparecen sus herederos: 276.
– Por accidente de ferrocarril: 354.
– Violenta o sospecha. Autopsia: 343 y 353.
* Identificación del cadáver: 340 a 342.

MULTA
– A funcionarios de policía judicial por demora en comunicación de diligencias: 295.
– A los parientes y abogado del procesado que presten informe pericial: 464.
– A los peritos por incomparecencia: 661, 966.
– A los peritos que se nieguen a realizar análisis químicos: 357.
– A los que no sean funcionarios por revelación del secreto del sumario: 301.
– A los que se nieguen a exhibir libros y papeles en diligencia de registro: 575.
– A los testigos instrumentales en actos de conciliación, por negarse a firmar: 171.
– A los testigos por negativa a comparecer: 420, 661 y 966.
– A los testigos por negativa a declarar: 420 y 716.
– Al citado por no concurrir al primer llamamiento: 175. II.
– Al médico que no asista al perjudicado, por orden de la policía judicial: 770.1ª.
– Al médico que se niegue a sustituir al forense: 346. II.
– Al receptor de cédula en actos de comunicación que no la entregue de inmediato: 173.

– Al recurrente en queja por denegación del testimonio para recurrir en casación por falsedad de los hechos: 870. III.
– Apercibimiento a testigos de comunicar cambio de domicilio: 446.
– Corrección disciplinaria a funcionarios por morosidad en actos de comunicación: 181.
– Imposición por desestimación de la recusación: 70.
– Por alterar al orden en las sesiones del juicio oral: 684.1.
– Por no devolver las actuaciones, despachadas en su caso: 215.II y III y 798.II.
– Por omisión del deber de denunciar: 259 y 262.

—N—

NE BIS IN IDEM
(Vid. Cosa juzgada).

NOTARIOS
– Comunicación judicial por mandamiento: 186.
– Intervención en la formación de sumario en casos urgentes extraordinarios, a falta de LAJ: 321.
– Registro de su protocolo. 578.

NOTIFICACIONES
– A fiadores del comienzo del juicio oral: 664.
– A los procuradores: 182.
– Cédula:
  * Contenido: 167.
  * Copias: 169.
  * Entrega de la copia al notificado: 166 y 170.
  * Entrega de la copia a terceros: 172 y 173.
  * Nota de expedición: 168.
  * Unión a los autos: 179.
– Concepto: 170.
– Corrección disciplinaria al funcionario por morosidad: 181.
– De sentencias: 160.I y II.
– De auto admitiendo o denegando la recusación del Juez: 59.
– De auto de conclusión del sumario: 623.
– De auto que acuerde la entrada y registro: 564 a 566.
– De auto resolutorio de incidentes: 160.
– De la remesa o entrega de los autos en preparación del recurso de casación: 861.
– Del auto de prisión: 517.
– Del nombramiento de peritos: 466.
– Diligencia de notificación. Contenido y firma: 166 y 171.
– Domicilio desconocido del notificado: 178.
– En distinto territorio: 177.
– En el extranjero: 177.
– En los estrados. Forma: 166.
– Fuera de los estrados: 166.
– Imposibilidad de practicarla. Constancia: 174.
– Nulidad: 180.
– Por correo con acuse de recibo: 166.
– Subsanación de la nulidad: 180.
– Tiempo: 207 a 209.

NULIDAD
– De las acusaciones. Por denegación de la autorización administrativa para procesar: 677.
– De los debates del juicio oral por falta de publicidad: 680.
– De notificaciones, citaciones o emplazamientos: 180.
– Del juicio. En procedimiento abreviado: 790.2.

NUMERACIÓN
– De los recursos de casación: 877.

—O—

OBJETO DEL VEREDICTO
(Vid. Tribunal del Jurado)

OFENDIDOS
(Vid. Perjudicados).

OFICIALES
– Correcciones disciplinarias por dilaciones: 198 y 199.
* Por morosidad en actos de comunicación: 181.
– Mandamiento judicial para comunicación con ellos: 186.
– Notificaciones, citaciones o emplazamientos:
* Entrega de cédulas: 208.
* Firma: 171.
* Práctica: 166 y 175.
– Recusación: 84 a 92.
– Suscripción de diligencia de notificación: 166.

OFICINA CONSULAR
(Vid. Requerimiento de inhibición).

OFICINAS DE ASISTENCIA A LAS VÍCTIMAS
(Vid. Víctima del Delito).

OFICINA JUDICIAL
(Vid. Letrado de la Administración de Justicia y Actos de comunicación).

OFICIOS
– A miembros de las Fuerzas Armadas: 195.
– Comunicación judicial con otros órganos: 187.
– Nombramiento de peritos: 460.
– Para diligencia de entrada y registro 564.
(Vid. principio de oralidad).

ORDEN DE PROTECCIÓN
– En general: 544 bis.
– Medidas de protección para menores de edad o personas con capacidad judicialmente complementada: 544 quinquies
– Primeras diligencias: 13.
– Régimen en caso de violencia de género: 544 ter.

— P —

PALACIOS REALES
– Requisitos para su registro: 555 y 556.
– Se reputan domicilio a efecto de la diligencia de entrada y registro: 554.1°.

PAPEL DE OFICIO
– Extensión del atestado de la policía judicial: 292.
– Para presentación de querella: 277.
– Utilización en el proceso penal: 122.

PARIENTES
– Causa de recusación de peritos: 468.1°.
– Causa de recusación de personal judicial: 541.1° y 2°.
– Comunicación de la detención y del lugar de custodia: 520.2.e).
– De la víctima. Exención de fianza para interponer querella: 281.1° y 2°.
– Entrega de cédula en actos de comunicación: 172, 173 y 175.
– Excepción por incomunicación: 527. b).
– Exención del deber de declarar como testigos: 416.1°, 418 y 707.
– Legitimación para interponer recurso de revisión: 955 y 961.
– No están obligados a denunciar (colaterales hasta segundo grado): 261.2°.
– Prohibición de ejercicio de la acción penal: 103.
– Prohibición de prestar informe pericial los del procesado: 464.
– Pronunciamiento del testigo acerca del parentesco con el imputado: 436 y 708.
– Requerimiento para señalamiento de bienes a embargar: 598.
– Visita a detenidos y presos: 523.

PARTE CIVIL
(Vid. Acción civil, Actor civil).

PENA
– Constancia en los escritos de calificación: 650.5°.

– Ejecución: 988 y ss.
– Motivo de casación: 851.4º.
– Por delito más grave que el acusado: 714.3. Motivo de casación: 851.4º.
(Vid. Conformidad).

PENSIÓN PROVISIONAL
– Para atender a la víctima y personas a su cargo en procedimiento abreviado: 765.

PERMISO DE CIRCULACIÓN Y DE CONDUCIR
– Retención en procedimiento abreviado: 464.4.
– Retención por Política Judicial: 770.6ª.
– Reseña: 762.11ª.

PERITOS
– Apercibimiento de procesarle por delitos de denegación de auxilio por no comparecencia: 175.
– Celebración del acto de reconocimiento: 476, 477, 479, 480 y 182.
– Citación por el Secretario al juicio oral: 660 y 661.
– Discordia y nombramiento de perito tercero: 484.
– En diligencia de inspección ocular: 328.
– Honorarios:
 * Derecho a percibirlos: 121.
 * Forma de acreditarlos y percepción: 242.
 * Integran las costas: 241.3º.
– Honorarios e indemnizaciones: 465.
– Informe. Contenido y aclaraciones: 478 y 483.
– Intervención en el procedimiento como tal. Causa de recusación del personal de los órganos jurisdiccionales: 54.4º.
– Juramento: 474.
– Listas:
 * Copias: 657.
 * Lectura en el juicio oral: 701.
 * Presentación: 656.
– Nombramiento: 460 y 461.
– Nombramiento de peritos por las partes: 471 a 473.
– Notificación del nombramiento de peritos: 466.
– Número: 459. Único en punto abreviado: 778.1 y 788.2.
– Obligatoriedad del cargo: 462.
 * Responsabilidad: 463.
– Prohibición de emitir informe. Supuestos: 464.
– Reconocimiento del cuerpo del delito: 336.
– Reconocimiento para estimar el valor de una cosa: 365.
– Recusación en el sumario: 467 a 470.
– Sanciones por incomparecencia: 661, 966.
– Señalamiento del objeto del informe: 475.
– Tasador de los bienes de las fianzas: 594.
– Titulares. Preferencia: 457 y 458.
– Único en punto abreviado: 778.1 y 788.2.
(Vid. Análisis clínicos, Informe pericial, Recusación de peritos y Protección a testigos y peritos).

PERJUDICADOS
– Derecho a mostrarse parte en el proceso: 109.
 * Momento procesal: 110.
– Exención de fianza para interponer querella: 281.1º.
– Instrucción de sus derechos en el procedimiento abreviado: 771.1ª.
– Instrucción de derechos por el LAJ: 105; 761.2.
– Notificación de la sentencia aunque no se haya mostrado parte en la causa: 742.
– Se le ofrece el procedimiento si el Ministerio fiscal pide el sobreseimiento: 642 y 643.
(Vid. Actor Civil y Acción Civil).

PERSONA JURÍDICA
- Citación: 119
- Comparecencia para imputación: 119
- Competencia: 14, 14 bis
- Conformidad (en procedimiento abreviado): 787.8
- Declaración (a través del representante designado por ella): 409 bis, 786 bis
- Domicilio: 554, 4º
- Imputación: 119
- Medidas cautelares: 544 quáter
- Rebeldía: 839 bis
- Suspensión del juicio oral: 746, último párrafo.

PERSONAS CON CAPACIDAD JUDICIALMENTE COMPLEMENTADA
- Modalidades de protección: 544 quinquies.

(Vid. Menores).

PIEZA SEPARADA
- De constitución de fianza de libertad provisional: 523 y 544.
- De las diligencias de fianza de responsabilidad civil y embargo: 590.
- De las diligencias de libertad provisional: 544.
- De las diligencias de prisión provisional: 519, 544 y 763.
- De ocupación y restitución de objetos: 619.
- De pensión provisional en procedimiento abreviado: 765.1.
- De recusación: 60, 86.
- De responsabilidad de terceros: 619 y 764.
- En el enjuiciamiento de delitos conexos por el procedimiento abreviado: 762.6ª.
- Para sustanciar incidente de pobreza: 129.

(Vid. Incidentes).

PIEZAS DE CONVICCIÓN
- Archivo por declaración de rebeldía: 840.
- Devolución a sus dueños: 635 y 844.
- Devolución al instructor por revocación del auto de conclusión del sumario: 631.
- Examen de trámite de conclusiones: 654.
- Examen por las partes en fase intermedia: 629.
- Examen por el Tribunal: 726.
- Inutilización por entrañar peligro: 635 y 742.
- Recibo por el ponente: 626.
- Reconocimiento por el testigo en el juicio oral: 712.
- Remisión por el instructor a la Audiencia por conclusión del sumario: 622.I.
- Retención por el Tribunal por reclamación de tercero: 635.
- Se colocan en el local del Tribunal: 688.

(Vid. Cuerpo del delito. Recogida de armas, instrumentos, efectos o pruebas).

PLANO
- Levantamiento en inspección ocular: 327.

PLAZOS
- Dación de cuenta al Juez o Tribunal de su vencimiento: 214.
- De comunicación de la resolución o devolución de los autos en apelación: 232.
- De duración de la detención: 520.1.
- De emplazamiento por el LAJ a las partes en procedimiento abreviado: 784.1.
- De emplazamiento por el LAJ para comparecer en casación: 859.
- De emplazamiento por el LAJ para la apelación de juicio por delito leve: 976.
- De incomunicación en prisión provisional: 506, 507 y 508.
- De instrucción de las partes en fase intermedia: 628.
- De instrucción en apelación: 229 y 766.2 y 790.4, 5 y 6.

– De presentación de abogado para asistir al detenido o preso: 520.4.
– De la prueba en artículos de previo pronunciamiento: 671.
– De resolución en procedimiento abreviado 787.
– De resolución de cuestiones de competencia en procedimiento abreviado: 754.2ª.
– De resolución del recurso de reforma: 222.
– De la vista a la parte de la justificación del responsable civil: 617.
– De vista de la tasación de costas: 243.
– En la recusación de peritos para el juicio oral: 662.
– En la tramitación de los sumarios: 324.
– Improrrogabilidad: 202.
– Máximo de duración del carácter secreto del sumario: 302.
– Máximo de duración de la prisión provisional: 504.
– Máximo de retención de los autos en el Juzgado de distrito: 307.
– Para calificación de partes en procedimiento abreviado: 780.
– Para celebrar juicio por delito leve: 964.
– Para celebrar juicio por injuria o calumnia: 809.
– Para comparecer ante la Audiencia, concluso el sumario: 623.
– Para comunicar al Presidente de la Audiencia la formación de sumario: 308.
– Para contestar a los artículos de previo pronunciamiento: 669.
– Para celebrar vista en apelación: 230.
– Para dictamen del Ministerio fiscal en recursos de queja: 234.
– Para dictamen del Ministerio fiscal sobre procedencia del recurso de queja por denegación de testimonio para recurrir en casación: 867.
– Para dictar sentencia en apelación de procedimiento abreviado: 792.1.
– Para dictar sentencia en juicio por delito leve: 973.
– Para dictar sentencia en procedimiento abreviado: 789.1.
– Para dictar y firmar autos y providencias: 204 y 205.
– Para dictar y firmar sentencias: 203.
– Para elevar la detención a prisión: 497 y 499.
– Para elevar la detención en apelación de procedimiento abreviado: 795.
– Para entender abandonada la querella: 275 y 276.
– Para examen por el ponente de las pruebas propuestas para el juicio oral: 658.
– Para expedir testimonio en apelación admitida en un efecto: 225.
– Para expedir testimonio por el LAJ para recurrir en casación: 859.
– Para formalizar recurso de queja por denegación de testimonio para recurrir en casación: 868.
– Para formar la nota el LAJ en recurso de casación: 880.
– Para formular impugnación de admisión de recurso de casación: 882.
– Para instrucción de ponente en admisión de recurso de casación: 883.
– Para interponer recurso de apelación en procedimiento abreviado: 790.1.
– Para interponer recurso de casación: 873.
Para interponer recurso de queja: 213.
– Para interponer recursos de reforma o súplica: 211.
– Para personarse en apelación: 224, 227.
– Para practicar notificaciones, citaciones o emplazamientos: 207 a 209.
– Para preparar recurso de casación: 212 y 856.
– Para presentar escrito de calificaciones: 649, 651 y 652.
– Para promover artículos de previo pronunciamiento: 667.
– Para que la policía judicial dé conocimiento a la autoridad judicial o Ministerio fiscal de las diligencias: 295.

– Para recibir primera declaración al procesado: 386.
– Para resolver recurso de casación: 899.I.
– Para solicitar adición de particulares en testimonio en apelación: 225.
– Para sustanciar la apelación: 230.
– Para tener por preparado recurso de casación: 858.
– Prórroga del establecimiento para expedir testimonio en apelación: 225.
– Resolución sobre juicio oral o sobreseimiento: 632.
– Suspensión y reapertura: 202.

PODER
– Apoderamiento para comparecer a juicio por delito leve: 970.
– Del procurador:
 * Especial para presentar querella: 277.
 * Para desistir de recurso de casación: 861 bis. c).
 * Para interponer recurso de casación: 874.

POLICÍA JUDICIAL
– Actos de investigación en procedimiento abreviado: 770.
– Agente encubierto: 282 bis.
– Atestados y manifestaciones. Consideración de denuncias: 297.
– Atestado en caso de autor desconocido: 284.2.
– Composición: 283.
– Comunicación a la autoridad judicial o Ministerio fiscal de diligencias: 295 y 296.
– Comunicación a la autoridad judicial o Ministerio fiscal de la perpetración de delito perseguible de oficio: 284.
– Correcciones disciplinarias: 295 y 298.
– Delegación de diligencia de entrada y registro: 563.
– Delegación del Juez para asistencia a la autopsia: 353 y 477.
– Facultades en procedimiento abreviado: 770.
– Facultades en juicios rápidos: 796.
– Facultades en juicios de faltas: 962.
– Finalización de las diligencias de prevención: 286.
– Firma del atestado: 292.
– Funciones: 282.
– Instrucción de derechos a la víctima: 282
– Mandamiento judicial para comunicar con ellos: 186.
– Nota de las circunstancias del no detenido. Entrega al Juez: 493.
– Obligación de detener: 492.
– Observancia de las formalidades legales en su actuación: 297.
– Orden de búsqueda al que haya de ser notificado, citado o emplazado sin domicilio conocido: 178.1.
– Práctica sin dilación de las diligencias encomendadas: 287.
– Protección a la víctima: 282
– Puesta a disposición judicial de detenidos: 286.
– Recepción de denuncias: 262.I y 264.
– Registro por propia autoridad de lugar habitado: 553.
– Registro reservado sobre su comportamiento: 298.
– Relaciones de sus funcionarios con los jueces y el Ministerio fiscal: 288 a 291.
– Sustitución del atestado por relación verbal: 294.
– Valor de sus declaraciones: 297 y 717.

POLICÍA LOCAL
– Es policía judicial: 283.5°.

POLICÍA NACIONAL
– Es policía judicial: 283.2°.

PREDETERMINACIÓN DEL FALLO
– Motivo de casación: 851.1°.

PREJUDICIALIDAD
– Penal sobre el proceso civil: 111 y 114.
(Vid. Cuestiones prejudiciales).

PRESCRIPCIÓN DEL DELITO
- Artículo de previo pronunciamiento: 66.3ª.
- Desestimación. Reproducción en el juicio oral: 678.
- Estimación. Sobreseimiento libre: 675.

PRESIDENTE DEL CONGRESO DE LOS DIPUTADOS
- Autorización para diligencia de entrada y registro en el Palacio: 548.
- Declaración testifical: 412.2.2.º.

PRESIDENTE DEL CONSEJO DE ESTADO
- Declaración testifical: 412.5.7.º.

PRESIDENTE DEL GOBIERNO
- Declaración testifical: 412.2.1.º.

PRESIDENTE DEL SENADO
- Autorización para diligencia de entrada y registro en el Palacio: 548.
- Declaración testifical: 412.2.2.º.

PRESIDENTE DEL TRIBUNAL
- Aceleración para terminación de sumarios: 324.II.
- Actuación como ponente: 146.
- Custodia del registro de sentencias: 159.II.
- Declaración de apertura de las sesiones del juicio oral: 688.
- Facultades de dirección en el juicio oral: 683 a 687.
- Facultades de dirección en recursos de casación: 897.
- Impulso en la tramitación de la apelación: 230.
- Instrucción de pieza separada de recusación: 63.
- Reclamación por el instructor de recibo de remisión de autos en apelación: 228.
- Remisión trimestral al Presidente de la Audiencia Territorial de la estadística judicial: 249.
- Rúbrica de los libros de autos y sentencias: 162.
- Rúbrica en las providencias: 141.
- Se le comunica la formación de sumarios: 308.
- Solicitud de esclarecimiento en las vistas del recurso de casación 897.

PRESIDENTE DEL TRIBUNAL SUPREMO
- Se le comunica por el instructor la falta de recibo de remisión de los autos en apelación: 228.

PRESO
- Asistencia a la diligencia de inspección ocular: 333.
- Asistencia a diligencia pericial: 476.
- Comodidades y ocupaciones: 522.
- Derechos: 520.
- Incomunicado: 506.
- Medidas de seguridad: 525.
- Medios de correspondencia y comunicación: 524.
- Separación de otros: 521.
- Visita de instructor y del fiscal: 526.
- Visitas: 523.

PRESUPUESTOS DE LA PRIVACIÓN DE LIBERTAD
- Art. 17.1 CE

PRIMERAS DILIGENCIAS
- Cese: 12
- Contenido: 13.
- Competencia: 273.
- Practicadas en Juzgado de distrito. Remisión al de instrucción: 307.
- Prevención en procedimiento contra aforados: 12 y 309.

(Vid. Diligencias urgentes).

PRÍNCIPE HEREDERO
- Exención del deber de comparecer y declarar como testigo: 411 y 702.

PRINCIPIO DE IGUALDAD
- Arts. 1, 9 y 14 CE

PRINCIPIO DE JERARQUÍA NORMATIVA
- Art. 9.3 CE

PRINCIPIO DE JUSTICIA
- Art. 1 CE

PRINCIPIO DE LEGALIDAD
- Art. 9.3 CE
- En el proceso penal: 1.

PRINCIPIO DE LEGALIDAD PENAL
- Art. 25.1 CE

PRINCIPIO DE LIBERTAD
- Arts. 1 y 9 CE

PRINCIPIO DE ORALIDAD
(Vid. Juicio oral).

PRINCIPIO DE SEGURIDAD JURÍDICA
- Art. 9.3 CE

PRINCIPIOS BÁSICOS DE LA DEMOCRACIA ESPAÑOLA
- Art. 1 CE

PRINCIPIOS DE LA EJECUCIÓN PENAL
- Art. 25.2 CE
- Prohibiciones: Trabajos forzados, sanciones administrativas privativas de libertad: Arts. 25.2, y 25.3 CE

PRISIÓN PROVISIONAL
- Audiencia para determinación: 505
- Alegaciones en la audiencia: 505
- Cancelación de la fianza: 541.2º.
- Comparecencia para imposición: 504 bis 2.
- Competencia para decretarla: 502.
- De aforados: 309.
- Designación de abogado: 520.4.
- Duración máxima: 504.
- Elevación de la detención: 497, 499 y 501.
- Forma de practicarse: 520.1.
- Impugnación por abogado: 505.3
- Información al preso de sus derechos: 520.2.
- Mantenimiento: 528.
- Plazo celebración audiencia de determinación: 505
- Por no presentar o ampliar la fianza: 540.
- Práctica. Mandamientos: 505.
- Preso menor de edad o incapacitado: 520.3.
- Prisión atenuada: 505.
- Prisión incomunicada: 506 y 507.
  * Derechos del preso: 527.
  * Supuestos: 509.1
  * Reiteración: 508.
  * Situación del preso: 509 a 511.
- Procedencia. Supuestos generales: 503 y 504.
- Ratificación o reposición del auto de prisión: 516.
  * Notificación y recursos: 517.
- Recursos: 518.
- Requisitoria: 512 a 151.
- Resolución por auto: 141.
- Solicitud de adopción, modificación, suspensión o cancelación en escrito de calificaciones de procedimiento abreviado: 790.5.
- Solicitud de extradición: 825.
- Solicitud en la querella: 277.6º.
- Sustanciación de las diligencias en pieza separada: 519 y 544.

PROCEDIMIENTO ABREVIADO
(Vid. Proceso abreviado).

PROCEDIMIENTO PARA EL ENJUICIAMIENTO RÁPIDO DE DETERMINADOS DELITOS
(Vid. Proceso rápido para el enjuiciamiento de determinados delitos).

PROCEDIMIENTO DE DECOMISO AUTÓNOMO
- Acumulación subjetiva: 803 ter t.
- Asistencia letrada: 803 ter i.
- Citación a juicio: 803 ter j.
- Comparecencia
  * Del encausado rebelde: 803 ter k, 1.
  * Del encausado con capacidad modificada judicialmente: 803 ter k, 2.

– Competencia: 803 ter f.
– Contestación a la demanda: 803 ter m.
– Demanda: 803 ter l.
– Incomparecencia: 803 ter s.
– Investigación del Ministerio Fiscal: 803 ter q.
– Juicio: 803 ter o.
– Legitimación:
 * Activa: Ejercicio de la acción exclusivo por Ministerio Fiscal: 803 ter h.
 * Pasivo: 803 ter j.
– Nueva solicitud de decomiso: 803 ter u.
– Objeto: 803 ter e.
– Prueba: 803 ter n.
– Procedimiento: 803 ter g.
– Sentencia: 803 ter o.
 * Efectos: 803 ter p.
 * Recursos: 803 ter r. 1
 * Revisión de sentencia firme: 803 ter r. 2
– Vista: 803 ter n.

PROCESADO
– Adquisición de tal calidad: 384.
– Asistencia a la diligencia de inspección ocular: 333.
– Asistencia al reconocimiento pericial del cuerpo del delito: 336.
– Citación a juicio verbal en procesos por injuria o calumnia por el LAJ: 808.
– Citación por el LAJ a juicio oral: 664.
– Búsqueda por requisitoria en extradición: 835.
– Conformidad con la pena. Ratificación: 655.
– Conformidad en el juicio oral: 688 a 700.
– Constancia en encabezamiento de la sentencia: 142.1ª.
– Concurrencia al acto pericial: 476.
 * Estando incomunicado: 506.
– Depósito para recurrir en casación: 875.
– Derecho a la última palabra: 739.
– Desconocedor del castellano: 398.
– Designación de abogado y procurador: 118, 527, 652.
 * En casación al rebelde: 845.
– Detención. Supuestos: 492.2º y 3º.
– Diligencia de careo: 451 a 455.
– Edad. Justificación y averiguación: 375 y 376.
– Expulsión del juicio: 687.
– Indicios de enajenación mental: 381.
– Informe sobre su moralidad y conducta: 377 y 378.
– Informe sobre su capacidad mental: 382.
– Legitimación para interponer recurso de casación: 854.
– Nombramiento de médico para asistencia a lesionado: 350.
– Nombramiento de un perito a su costa: 471.
– Notificación del auto de conclusión del sumario: 623.
– Notificación del auto elevando la detención a prisión: 501.
– Notificación del auto de libertad provisional y fianza: 529.
– Notificación del nombramiento de peritos: 466.
– Omisión de citación a juicio oral. Motivo de casación: 664 y 850.2º.
– Participación en los hechos. Determinación en el escrito de calificación: 650.3º.
– Pase de los autos por el LAJ para calificación: 652.I y 797.
– Promoción de cuestiones de competencia: 19.6º.
– Rebelde:
 * Declaración: 834 y 839.
 * Detención: 490.7º y 492.1º.
– Resolución por auto de incidentes o puntos esenciales que le afecten: 141. II.
– Solicitud de extradición: 824.
– Sordomudo. Declaraciones: 398.
– Suspensión del juicio oral por incomparecencia: 746.5º y 747.
 * Excepciones: 746.

(Vid. Acusado, Inculpado).

PROCESAMIENTO
(Vid. Auto de procesamiento).

PROCESO ABREVIADO
– Acciones penal y civil: 761.
– Aplicación: 757 y 758.
– Asistencia a las víctimas: 776.1.
– Asistencia letrada: 767, 768, 784.1.
– Autos: 779.
– Cambio de procedimiento: 760.
– Cambio relevante en el objeto de investigación y hechos imputados. Información al imputado: 775.2
– Conformidad: 784.3, 787, 801.
– Cuestiones de competencia: 759.
– Derechos del ofendido o perjudicado: 761.2 y 776.
– Detención: 763.
– Diligencias previas: 774 a 779.
 * Diligencias de investigación: 776.3 y 777.
 * Imputado: 775.
 * Informe pericial: 778.
 * Primera comparecencia: 775.
– Ejecución de la sentencia: 794.
– Escrito de acusación: 781.
– Escrito de defensa: 784.
– Impugnación de la sentencia: 790 a 793.
– Juicio en ausencia: 775, 786.
– Juicio oral: 780 a 793.
– Medidas cautelares: 764 y 765.
– Policía Judicial: 769 a 773.
 * Atestado: 772.2.
 * Auxilio de otros Cuerpos y Fuerzas de Seguridad: 772.1.
 * Diligencias a instancias del Ministerio Fiscal: 773.
 * Diligencias a practicar: 770, 771.
– Procurador: 768, 784.1.
– Prueba:
 * Anticipada: 777.2.
 * Práctica: 788.
– Recurso de apelación: 766, 790.
– Recurso de reforma: 766.
– Sentencia: 789 a 794.
– Sobreseimiento:
 * Libre: 779.1ª, 783.1.
 * Provisional: 779.1ª, 783.1.
 - Comunicación a la víctima: 636, II; 779.1.
 - Comunicación a herederos o representante legal en casos de muerte o desaparición: 636, III; 779.1.
 - Comunicación en oficina diplomática o consular española en caso de ciudadanos residentes fuera de la Unión Europea cuya dirección se desconoce: 636, I; 779.1.
 - Recurrible por la víctima: 636, VI; 779.1.

PROCESO CONTRA REOS AUSENTES
– Contenido de las requisitorias: 837.
– Declaración de rebeldía del procesado: 834 y 839.
– Devolución de piezas de convicción: 844.
– Juicio oral. Suspensión y archivo: 841.
– Litisconsorcio de procesados. Rebeldía de algunos: 842.
– Procedencia de las requisitorias: 835 y 836.
– Publicidad de las requisitorias: 838.
– Reapertura de la causa: 846.
– Recurso de casación en rebeldía. Tramitación: 845.
– Reserva de la acción civil: 843.
– Tramitación del sumario en rebeldía: 840.
(Vid. Rebeldía, Recurso de anulación y Requisitoria).

PROCESO CONTRA SENADORES Y DIPUTADOS
– Autorización de la Cámara: 750.
– Delito flagrante: 751.
– Forma de la solicitud de autorización: 755.
– Sobreseimiento por falta de autorización: 754.

– Suspensión del procedimiento por el LAJ: 753.
(*Vid. Artículos de previo pronunciamiento*).

PROCESO ESPECIAL ANTE EL TRIBUNAL DEL JURADO
– Audiencia preliminar:
 * Convocatoria: 30 LJ.
 * Celebración: 31 LJ.
– Auto de hechos justiciables: 37. a) y b) LJ.
– Auto de sobreseimiento o apertura de juicio oral: 32 LJ.
 * Contenido del auto de apertura de juicio oral: 33 LJ.
– Comparecencia de imputación: 25 LJ.
– Competencia: 14-3, II y 1 LJ.
 * Determinación de la competencia: 5 LJ.
– Composición: 2 LJ.
– Constitución del Tribunal del Jurado:
 * Concurrencia y recusación de candidatos a jurados: 38 LJ.
 * Incomparecencia de los candidatos a jurados: 39 LJ.
 * Juramento o promesa de los designados: 41 LJ.
 * Sanciones: 39 LJ.
 * Selección de jurados: 40 LJ.
– Cuestiones previas: 36 LJ.
– Emplazamiento de las partes y designación del Magistrado- Presidente: 35 LJ.
– Función de los Jurados: 3 LJ.
– Función del Magistrado-Presidente: 4 LJ.
– Incoación del procedimiento: 309 bis. LECRIM
– Juicio oral:
 * Abogado: 44 LJ.
 * Acusado: 44 LJ.
 * Alegaciones previas. 45 LJ.
 * Aplicación de la LECRIM: 42 LJ.
 * Conclusiones provisionales y definitivas: 48 LJ.
 * Disolución anticipada del Jurado: 49, 50 y 51 LJ.
 * Especialidades probatorias: 46 LJ.
 * Suspensión del procedimiento: 47 LJ.
– Jurados:
 * Derecho y deber de jurado: 6 LJ.
 * Designación de los jurados: 13 a 23 LJ.
 * Efectos laborales y funcionariales: 7 LJ.
 * Incapacidades para ser jurado: 9 LJ.
 * Incompatibilidades: 10 LJ.
 * Prohibiciones: 11 LJ.
 * Requisitos para ser jurado: 8 LJ.
 * Retribución de la función de jurado: 7 LJ.
– Normativa constitucional: 125 CE.
– Procedencia y anticipación de la prueba: 37, c) LJ.
– Procedimiento para las causas ante el Tribunal del Jurado:
 * Decisión sobre la continuación del procedimiento: 26 LJ.
 * Diligencias de investigación: 27 LJ.
 * Escrito de solicitud de juicio oral y calificación: 29 LJ.
 * Incoación del procedimiento: 24 LJ.
 * Indicios de distinto delito: 28 LJ.
 * Traslado de la imputación: 25 LJ.
– Recurso de apelación: 846 bis a) a 846 bis f) LECRIM.
(*Vid. Recurso de casación*).
– Sentencia:
– Acta de las sesiones: 69 LJ.
 * Contenido: 70 LJ.
 * De culpabilidad: 68 LJ.
 * De inculpabilidad: 67 LJ.
– Señalamiento de día para la vista del juicio oral: 37, d) LJ.
– Testimonios: 34 LJ.
– Veredicto:
 * Acta de la votación: 61 LJ.
 * Ampliación de instrucciones: 57 LJ.
 * Audiencia a las partes: 53 LJ.
 * Cese del Jurado en sus funciones: 66 LJ.

* Deliberación del Jurado y veredicto: 55 LJ.
* Determinación del objeto del veredicto: 52 LJ.
* Devolución del acta al Jurado: 63, 64 y 65 LJ.
* Incomunicación del Jurado: 56 LJ.
* Instrucciones a los jurados: 54 LJ.
* Lectura del veredicto: 62 LJ.
* Votación nominal: 58 LJ.
* Votación sobre los hechos: 59 LJ.
* Votación sobre la culpabilidad o inculpabilidad, remisión condicional de la pena y petición de indulto: 60 LJ.

PROCESO POR ACEPTACIÓN DE DECRETO
- Asistencia letrada: 803 bis g.
- Autorización: 803 bis e.
- Citación de comparecencia: 803 bis f.
- Comparecencia: 803 bis h.
- Contenido: 803 bis c.
- Conversión en sentencia condenatoria: 803 bis i.
- Ineficacia del decreto: 803 bis j.
- Notificación del auto: 803 bis f.
- Objeto: 803 bis b.
- Remisión al Juzgado de Instrucción: 803 bis d.
- Requisitos: 803 bis a.

PROCESO POR DELITOS COMETIDOS POR MEDIOS MECÁNICOS DE PUBLICACIÓN
- Averiguación del autor: 816.
  * Declaración del director, redacción y tipógrafos: 817.
  * Reclamación de original: 817.
- Confesión de culpabilidad. Consecuencias: 820.
- Dirección del procedimiento contra los responsables subsidiarios: 819.
  * Sentencia: 820.
- En una publicación suelta. Declaraciones: 818.
- Finalización del sumario. Diligencias que lo integran: 823.
- Instrumentos o efectos del delito: 822.
- Secuestro de ejemplares: 816.
- Sobreseimiento respecto del procesado: 821.

PROCESO POR DELITOS DE INJURIA Y CALUMNIA CONTRA PARTICULARES
- Acta del juicio: 743 y 815.
- Acto de conciliación previo: 804.
- Ausencia del querellado: 814.
- Contra funcionarios: 810.
- Copia de la querella: 811.
- Juicio verbal: 808, 809 y 812.
- No se admiten testigos de referencia: 813.
- Procesamiento del querellado: 807 y 812.
- Por escrito: 806.
- Reconocimiento por el responsable: 807.
- Vertidas en juicio. Autorización: 805.

PROCESO RÁPIDO PARA ENJUICIAMIENTO DE DETERMINADOS DELITOS
- Actuaciones de la Policía Judicial: 796.
- Aplicación: 795.
- Asistencia de abogado: 796.1.2ª.
- Autos:
  * De continuación del procedimiento rápido: 798.2.1º.
  * De cambio a diligencias previas: 798.2.2º.
- Conformidad: 800.
- Delitos conexos: 795.2.
- Diligencias urgentes ante el Juzgado de Guardia: 797 a 799.
- Escrito de acusación: 800.
- Escrito de defensa: 800.
- Impugnación de la sentencia: 803.
- Medidas cautelares: 798.1 y 3, 800.
- Preparación del juicio oral: 802, 786 a 788.
- Prueba anticipada: 797.2.
- Sentencia: 802.3.

PROCURADOR
- Corrección disciplinaria por revelación del secreto del sumario: 301.
- Del querellante. Pase de los autos para instrucción en fase intermedia: 627.
- Designación de oficio: 118, 652.
  * Al procesado rebelde en casación: 845.
  * En casación para defensa del procesado: 881.
  * En recurso de queja por denegación de testimonio para recurrir en casación: 868, 7.1.2º.
  * Para interponer recurso de casación: 860, 870 y 876.
- Exención del deber de denunciar: 263.
- Firma en escrito de interposición de recurso de casación: 874.
- Firma en escrito de preparación de recurso de casación: 856.
- Firma en escrito de queja por denegación de testimonio para recurrir en casación: 867.
- Firma en escritos de calificaciones: 651.
- Firma preceptiva en escritos de recusación de jueces y magistrados: 57.
  * Excepción: 58.
- Habilitación judicial al procesado menor: 384.
- No preceptiva su representación para presentar escrito de recusación de peritos: 496.
- Notificación de autos y sentencias: 160.
- Para ejercitar el derecho de defensa: 118.
- Obligación de satisfacer los honorarios de abogados: 121.
- Percepción de sus derechos: 121.
  * Integran las costas: 241.2º.
  * Percepción: 242.
- Poder bastante:
  * Para interponer recurso de casación: 874.
  * Para presentación de querella: 277.
- Ratificación para desistir en casación: 861 bis c).
- Recepción de notificaciones, citaciones o emplazamientos: 182.
- Representación en procedimiento abreviado: 768 y 784.1.
- Único en litisconsorcio activo: 113.

PROHIBICIÓN DE INDEFENSIÓN
- Art. 24.1 CE

PROHIBICIÓN DE IRRETROACTIVIDAD DE LAS DISPOSICIONES SANCIONADORAS NO FAVORABLES O RESTRICTIVAS DE DERECHOS INDIVIDUALES
- Art. 9.3 CE

PROHIBICIÓN DE LA CENSURA PREVIA
- Art. 20. CE

PROHIBICIÓN DE LA ARBITRARIEDAD DE LOS PODERES PÚBLICOS
- Art. 9.3 CE

PROHIBICIÓN DE LA TORTURA
- Art. 15 CE

PROHIBICIÓN DE PENAS DEGRADANTES E INHUMANAS
- Art. 15 CE

PROHIBICIÓN DE TRIBUNALES DE HONOR
- Art. 26 CE

PROHIBICIÓN DE TRATOS DEGRADANTES E INHUMANOS
- Art. 15 CE

PUBLICIDAD DE LAS NORMAS
- Art. 9.3 CE

PROMESA
- De constituir depósito en recurso de casación. Consignación en escrito de preparación: 857.

PROTESTA EN PREPARACIÓN DE RECURSO DE CASACIÓN
- Constancia en escrito de interposición: 847.3.º.

– Por desestimación de preguntas a testigos que declaran fuera de la sede: 721.
– Por no permitir contestación de preguntas al testigo: 709.
– Por rechazar o denegar la práctica de diligencia de prueba: 659.
– No se admite la de presentación del poder del procurador para interponer recurso de casación: 874.
– Reclamando la subsanación de la falta para recurrir en casación. Inadmisibilidad: 884.5.º.

PROVIDENCIAS
– Admitiendo recurso de casación: 893.
– Concepto: 141.
– Designando ponente y ordenado al LAJ formar nota y entregar copias del recurso de casación a las partes: 881.
– Firma: 156.
  * Plazo: 204 y 205.
– Forma: 141.
– Formación de Sala. Número de magistrados: 145.
– Mayorías para dictarlas: 153.
  * Falta. Discordia: 163.
– Para permitir libros y efectos y recado de escribir al preso incomunicado: 510.
– Plazo para dictarlas: 204 y 205.
– Prorrogando el plazo para expedir testimonio en apelación: 225.

PRUEBA
– Acordada de oficio. Practicada en el juicio oral: 729.
– Admisión o denegación por auto: 141 y 659.
– Admisión en procedimiento abreviado: 785.
– Anticipación al juicio oral de la propuesta en calificaciones: 657, 659 y 790.5.
– Anticipación en abreviado: 777.2.
– Anticipación en juicio rápido: 797.2.
– Apreciación: 741.
– Anticipación de la testifical en el sumario: 448 y 449.
– Citación por el LAJ de peritos y testigos para el juicio oral: 660 y 661.
– Comisión de diligencias a jueces: 147.2.º.
– Denegación de diligencia de prueba. Motivo de casación: 785.1.
– Denegación de su práctica. Reproducción de la petición en procedimiento abreviado: 792.
– En apelación. Admisible sólo la documental: 231.
– En incidente de exculpación del responsable civil: 616 a 618.
– En incidente de recusación: 65.
– En recurso de apelación contra la sentencia de procedimiento abreviado: 790.3.
– En recurso de revisión: 954.1.a)
– Error de hecho en su apreciación. Motivo de casación: 849.2.º.
– Examen por el ponente de la propuesta: 147.2.º y 658.
– Falta de preparación de prueba. Suspensión del juicio oral: 745.
– Nuevas. En procedimiento abreviado: 795.
– Nuevos elementos que evidencia la inocencia del condenado. Recurso de revisión: 954.1.a)
– Práctica en el juicio por delito leve: 969.
– Práctica en el juicio oral: 701 y ss.
– Práctica en el procedimiento abreviado: 788.
– Práctica por el ponente. Supuesto: 147.2.º.
– Proposición: 656, 657.I y 784.
– Pruebas no propuestas: 728 y 729.
– Recibimiento en artículos de previo pronunciamiento: 671.
– Recusación de peritos: 662 y 663.
(Vid. Informe pericial, Inspección ocular, Prueba documental, Prueba de testigos).

PRUEBA DOCUMENTAL
– En artículos de previo pronunciamiento: 668 a 672.
– En el juicio oral: 726.

– En recusación de peritos: 469 y 470.
– Único medio admisible en apelación: 231.

PRUEBA DE TESTIGOS
– Anticipada en el juicio oral: 657.
– Anticipada en el sumario: 448 y 449.
– Careos: 713.
– Contradicción con declaraciones sumariales. Falso testimonio: 714 y 715.
– Deber de comparecencia: 702.
– Deber de declarar: 707.
* Exenciones: 416 a 418 y 707.
– Declaración escrita. Informe: 702 y 703.
– Declaración falsa. Recurso de revisión: 954.1, a).
– Declaraciones de autoridades y funcionarios de policía judicial: 717.
– Desestimación de preguntas: 721.
– En recusación de peritos. Ofrecimiento: 469 y 470.
– Imposibilidad de asistir:
* Declaración domiciliaria: 718.
* Exhorto o mandamiento: 719.
* Recurso de casación: 850.3.° y 4.°.
– Incomunicación antes de declarar: 704 y 705.
– Indemnizaciones fijadas por el LAJ mediante decreto: 722.
– Interrogatorio: 708, 709 y 710.
– Intimidad de la víctima: 709.
– Juramento: 706.
– Negativa a declarar. Sanciones: 716.
– No se admite en artículos de previo pronunciamiento: 672.
– Proposición. Presentación de listas: 656 y 657.
– Reconocimiento de piezas de convicción, instrumentos, efectos o lugares: 712 y 720.
– Testigos sordomudos: 711.
(Vid. Declaración testifical y testigos).

PRUEBA DE PERITOS
(Vid. Informe pericial y Peritos).

PRUEBA PRECONSTITUIDA
– Requisitos: 449 bis.
– Procedencia: 449 ter
– Reproducción: 703 bis, 730, 788.2.
– Valoración: 777.3

PRUEBA PROHIBIDA (O ILÍCITA)
– Dispensa de declarar del cónyuge: 416.1.
– Prohibición de coacciones o amenazas: 389 y 391
(Vid. cada uno de los medios de prueba).

PUBLICIDAD
– Comprobación en proceso por delito de injurias o calumnias escritas: 807.
– De las requisitorias: 512 y 838.
– De todas las actuaciones. Desde la apertura de juicio oral: 649.
– En los debates de juicio oral: 680.
– Para las partes en el juicio oral: 681.
(Vid. Secreto).

PUERTA CERRADA
– Celebración de las sesiones del juicio oral: 680 a 682.
– Restricción de acceso al juicio a los medios de comunicación: 682.
– Votación de sentencias: 150.
(Vid. Secreto).

— Q —

QUERELLA
– Abandono en caso de muerte o incapacidad del querellante: 276.
– Admisión. Puesta en conocimiento del inculpado: 118.
– Apartamiento de la querella: 274.
– Calumniosa. Declaración en sentencia: 142.4.° y 5.°.
– De extranjeros: 270.
– Desestimación. Recurso: 313.
– Ejercicio de la acción penal por el Ministerio fiscal: 271.
– Ejercicio de la acción popular por ciudadanos españoles: 270.

– En los procesos por delitos perseguibles sólo a instancia de parte:
  * Abandono: 275.
  * Acto de conciliación: 278.
  * Licencia del Juez o Tribunal en calumnia o injuria causadas en juicio: 279.
– Fianza del querellante: 280.
  * Exención 281.
– Forma: 277.
– Interposición en delitos flagrantes o casos de urgencia: 273.
– Interposición ante órgano jurisdiccional competente: 272.
– No precisa formularla el perjudicado para mostrarse parte en el procedimiento: 761.2.
– No tiene por qué formularla el denunciante: 264.I.

QUERELLANTE
(Vid. Acusador).

— R —

REBELDÍA
– Del acusado en procedimiento abreviado: 784.4.
– Del inculpado en procedimiento abreviado: 762.
– Del procesado:
  * Declaración: 834 y 839.
  * Apertura de correspondencia: 585.
  * Entrega de la correspondencia: 587.
– Del procesado o condenado. Detención del rebelde: 490.7.° y 492.1.°.
(Vid. Proceso contra reos ausentes).

RECIPROCIDAD
– En actos de comunicación a realizar en el extranjero: 177.
– Exhortos a Tribunales extranjeros: 193.
– Exhortos de Tribunales extranjeros: 194.
– Para extinción de fianza a querellante extranjero: 281.
– Para la petición de extradición: 827.3.°.

RECOGIDA DE ARMAS, INSTRUMENTOS, EFECTOS O PRUEBAS
– Con ocasión de la diligencia de registro: 574.
– Cuerpo del delito: 334.
– Comunicación de la incautación de los pertenecientes a la víctima: 284
– Conservación de muestras en caso de destrucción: 367 ter
– Destrucción: 367 ter.
– Destino del producto de la realización: 367 quinquies.
– Extensión de diligencia o reportaje gráfico: 284.
– Entrega al juez: 284, 286.
– Función de la policía judicial: 282, 284.
– Incautación: 284
– Localización, la conservación y la administración: 367 septies.
– Oficina de Recuperación y Gestión de activos: 367 quáter, 367 quinquies. 367 septies.
– Por el instructor: 326.
– Realización: 367 quáter, 367 quinquies
– Recurso frente a incautación: 284, 334.
– Secuestro de la policía judicial en procedimiento abreviado: 786.
– Utilización provisional: 367 sexies.

RECONOCIMIENTO PERICIAL
– Antes de la devolución de las piezas de convicción por rebeldía: 844.
– En el juicio oral: 725.
– Junto con diligencia de registro: 577.
– Médico. Derecho del detenido o preso: 520.2.g) y 520.6.a).
(Vid. Informe pericial, Perito).

RECONOCIMIENTO DE HECHOS
– En el procedimiento abreviado: 779.1.5ª.

RECURSO DE ANULACIÓN
- Regulación: 790.2.

RECURSO DE APELACIÓN
- Acuse de recibo al Juzgado: 228.
- Admisión: 217 y 223.
- Admisión en ambos efectos:
  * Devolución de los autos y acuse de recibo: 232.
  * Remisión de los autos: 224 y 766.
- Admisión en un efecto:
  * Inclusión de particulares: 225.
  * Plazo de expedición del testimonio: 225.
  * Regla general de admisión: 217.
  * Testimonio 225.I.
  * Vista de los autos: 226.
- Casación: 792.4.
- Celebración de la vista: 230.
- Competencia: 220; 846 ter
- Comunicación al instructor de la firmeza: 232.
- Contra sentencias del Jurado: 846 bis a) a f)
  * Competencia: 846 bis a).I.
  * Legitimación: 846 bis b).
  * Motivos: 846 bis c).
  * Procedimiento: 846 bis d).
  * Vista: 846 bis e).
  * Sentencia: 846 bis f).
- Directamente sin necesidad de reforma: 384.
- Ejercicio previo del de reforma: 222; Interposición subsidiaria: 222, 384 y 787.
- Emplazamiento: 224 y 227.
- Falta de personación del apelante: 228.I.
- Instrucción: 229.
- Interposición: 219.I.
  * Forma: 221.
- Interposición por el Ministerio fiscal en el sumario: 647.
- Imposibilidad de agravar condena impuesta en primera instancia: 792. 2
- Imposibilidad de condenar al encausado absuelto: 792. 2
- Pendientes al concluir el sumario: 622. III y IV.
- Plazo de tramitación: 230.
- Plazo para interponerlo: 212.
- Presentación de documentos: 231.
- Procedencia: 217.
- Prohibición de suspensión: 230.
- Señalamiento de día para la vista: 230.I.
- Sólo es admisible la prueba documental: 231.
- Supuestos: Contra autos:
  * Calificando la insuficiencia de las fianzas: 596.
  * De inadmisión de la querella: 220.
  * De inhibición de la jurisdicción ordinaria en favor de la especial: 12.
  * De inhibición de órganos unipersonales: 25.
  * De libertad provisional y fianza: 529.III.
  * De finalización del proceso por falta de jurisdicción: 846 ter. 1
  * De Juzgado de instrucción acordando o denegando pedir extradición: 830.
  * De sobreseimiento: 846 ter 1.
  * Decretando procesamiento: 384.
  * Del Juzgado de Instrucción o de lo Penal en abreviado: 766.
  * Denegatorio de artículos de previo pronunciamiento: 676.
  * Denegatorio de diligencias sumariales: 311, 384.
  * Denegatorio de pretensiones sobre la situación del procesado: 384.
  * Denegatorio de prisión o soltura: 518.
  * Denegatorio de la reforma del procesamiento: 384.
  * Desestimatorio de la querella: 313.
  * Ratificando la prisión o soltura de preso: 517.
  * Resolviendo la declinatoria: 32.
- Contra sentencias en juicios rápidos: 803.

– Contra sentencias dictadas en juicio por delito leve:
  * Admisión: 975.
  * Intervención del Ministerio Fiscal: 977.
  * Remisión de los autos y emplazamiento: 976.
  * Señalamiento de día para la vista: 977.
– Contra sentencias dictadas en procedimiento abreviado: 790; 792.
  * Alegación de error en valoración de la prueba: 790.2
– Contra sentencias dictadas por Audiencias Provinciales en primera instancia: 846 ter 1.
– Contra sentencias dictadas por la Sala del Penal de la Audiencia Nacional en primera instancia: 846 ter 1.

RECURSO DE CASACIÓN
– Decisión:
  * Constitución de la Sala: 898.
  * Desestimación de quebrantamiento de forma: 901 bis b).
  * Desestimación del recurso. Consecuencia: 901.
  * Estimación de infracción de ley. Segunda sentencia: 902.
  * Estimación de quebrantamiento de forma: 901 bis a).
  * Estimación del recurso. Consecuencia: 901.
  * Favorable. Aprovecha a coprocesados no recurrentes: 903.
  * Orden de preferencia en las vistas: 895.
  * Proposición de indulto: 902.II.
  * Resolución: 899; Contenido: 901.
  * Irrecurribilidad: 904.
  * Publicación: 905 y 906.
  * Redacción de las sentencias: 900.
  * Sin vista: 893 bis a) y 893 bis b).
  * Vista: 894, 896 y 897.
– Desistimiento del recurso. Efectos: 861 bis c).
– Interposición:
  * Adhesión: 873.II.
  * Competencia: 873.
  * Depósito: 875.
  * Escrito. Contenido: 874.
  * Numeración de recursos: 877.
  * Por el Ministerio Fiscal: 879.
– Legitimación para interponerlo: 854.
– Motivos por infracción de ley: 849, 852.
– Motivos por quebrantamiento de forma: 850 y 851.
– No cabe la discordia: 165.
– Preparación:
  * Adhesión al recurso: 861.
  * Designación de documento auténtico: 855.
  * Designación de la falta cometida y reclamada: 855.
  * Documentos a remitir al Tribunal Supremo: 861.
  * Emplazamiento por el LAJ ante el Tribunal Supremo: 859.
  * Escrito. Contenido: 856 y 857.
  * Mandamiento de expedición del testimonio: 859.
  * Manifestación de la clase de recurso: 855.
  * Plazo: 212.
  * Por alguno de los procesados: 861 bis b).
  * Puesta en libertad del acusado absuelto: 861 bis.a).
  * Queja por denegación del testimonio: 862 y ss.
  * Recurrente defendido como pobre o insolvente: 860.
  * Remisión de certificación de votos reservados: 861.
  * Resolución del Tribunal: 858.
  * Solicitud de testimonio de la resolución: 855.
  * Suspensión del plazo para la ejecución: 861 bis a).
– Procedencia. En general: 847 y 848.
– Rebeldía del reo. Sustanciación: 845.
– Sustanciación:

  * Auto de denegación de admisión: 888 y 892.
  * Causas de inadmisibilidad: 884.
  * Designación de magistrado ponente por el LAJ: 880.
  * Destino de depósito: 890.
  * Formulación de resolución sobre admisibilidad: 887.
  * Impugnación de la admisión del recurso o de la adhesión: 882.
  * No necesidad de vista: 882 bis.
  * Nombramiento de abogado y procurador al procesado no recurrente: 881.
  * Nota del LAJ: 880.
  * Pase de los autos al ponente e informe: 883.
  * Providencia declarando la admisibilidad: 893.
  * Unanimidad: 889.
- Supuestos:
  * Contra auto de Audiencia decidiendo la recusación: 69.
  * Contra auto de Audiencia denegando el requerimiento de inhibición: 35.
  * Contra auto de cuestión de competencia por inhibitoria: 31.
  * Contra auto de estimación de artículo de previo pronunciamiento: 676.III.
  * Contra auto de inhibición de Audiencias: 25 y 37.
  * Contra auto de sobreseimiento: 636.
  * Contra auto que rechace o deniegue la práctica de prueba en el juicio oral: 659.
  * Contra resolución de cuestión de competencia suscitada en Juzgados de distrito: 31 y 32.
  * En tramitación de inhibitoria entre Tribunales: 35, 37.II 40.II y 43.II.

RECURSO DE QUEJA
- Competencia: 220.
- Dictamen del Ministerio Fiscal: 233.
- Efectos: 235.
- Informe del Juez al Tribunal: 233.
- Interposición: 219.
  * Forma: 21.
- Interpuesto por el Ministerio Fiscal por denegación de diligencias sumariales: 311.
- Para instar la pronta terminación del sumario: 384.
- Plazo para interponerlo: 213.
- Procedencia: 218.
- Resolución: 235.
- Por denegación de testimonio para recurrir en casación:
  * Comparecencia. Escritos con los fundamentos de queja: 867.
  * Desestimación de la queja: 870.
  * Incomparecencia. Deserción del recurso: 866.
  * Nombramiento de abogado y procurador de oficio: 868.
  * Posibilidad de impugnación de contrario: 867 bis.
  * Procedencia: 862.
  * Remisión de copia y emplazamiento ante el Tribunal Supremo por el LAJ: 863 y 864.
  * Resolución por el Tribunal Supremo: 869 y 871.
  * Revocación del auto desestimatorio: 870.

RECURSO DE REFORMA
- Competencia: 220.
- Ejercicio previo al de apelación: 222.
  * Interposición subsidiaria: 222, 384 y 766.1.
- Interposición: 219.I.
  * Forma: 221.
- Plazo de interponerlo: 211.
- Presentación de copias: 222.
- Procedencia: 217.
  * Contra auto de procesamiento: 384.
  * Contra auto denegatorio de procesamiento: 384.VI.

* Contra autos en procedimiento abreviado: 766; En extradición: 12.3.
– Resolución por auto: 141.
* Plazo: 222.

RECURSO DE RESPONSABILIDAD
– Por dilaciones indebidas en actuaciones judiciales: 200.

RECURSO DE REVISIÓN
– Abono de la privación de libertad: 960.I.
– Autorización o denegación de la interposición: 957.
– Contenido de las resoluciones estimatorias: 958.
– Contra decreto del LAJ declarando desierto el recurso de queja: 866.
– Contra decreto del LAJ declarando desierto el recurso de casación: 873, I.
– En proceso abreviado: 792.4.
– Interposición por el Ministerio fiscal: 956 y 961.
– Legitimación: 955 y 961.
– Motivos: 954 1.
– No cabe la discordia: 165.
– Orden de interposición al Ministerio Fiscal: 956.
– Procedencia. Causas: 954.
– Rehabilitación de la memoria del condenado difunto: 961.
– Se da contra sentencias firmes: 954.
– Sentencia absolutoria del condenado. Derecho a indemnización: 960.
– Sustanciación y decisión: 959.

RECURSO DE SÚPLICA
– Plazo para interponerlo: 211.
– Procedencia: 236.
– Procedimiento: 238.

RECUSACIÓN
– Regulación: 52 y ss.

RECUSACIÓN DE PERITOS
– Causas: 468.
– En el juicio oral:
* Plazo: 662 y 663.
* Recibimiento a prueba del incidente: 662.
* Supuestos: 662.
* Sustanciación: 723.
* Traslado del escrito: 662.
* Vista y resolución: 662.
– En el sumario:
* Formalización: 469.
* Supuestos: 467.
* Tramitación: 470.

REDACTORES DE PRENSA
– Declaración en proceso por delito cometido por medios mecánicos de comunicación: 817.

REFORMA
– De oficio de los autos de prisión, libertad provisional y fianza: 539.
(Vid. Recurso de reforma).

REGENTE
– Exención del deber de comparecer y declarar como testigo: 411 y 702.

REGISTRADORES DE LA PROPIEDAD
– Comunicación judicial por mandamiento: 186.

REGISTRO CIVIL
– Diligencia de registro de sus libros: 578.

REGISTRO DE LA PROPIEDAD
– Diligencia de registro de sus libros: 578.
– Inscripción de la fianza hipotecaria: 595.

REGISTRO DE DISPOSITIVOS DE ALMACENAMIENTO MASIVO DE INFORMACIÓN Y REGISTRO REMOTO SOBRE EQUIPOS INFORMÁTICOS
– Acceso a dispositivos incautados fuera del domicilio investigado: 588 sexies b.
– Cese: 588 bis j.
– Conservación de datos: 588 octies.
– Control judicial: 588 bis g.

– Destrucción de los registros: 588 bis k.
– Duración: 588 bis e.
* Prórroga: 588 bis f.
– Especialidad: 588 bis a. 2
– Excepcionalidad: 588 bis a. 4.
– Hallazgos casuales: 588 bis i.
– Idoneidad: 588 bis a. 3.
– Motivación individualizada: 588 sexies a.
– Necesidad: 588 bis a. 4.
– Principios rectores: 588 bis a.
– Proporcionalidad: 588 bis a. 5
– Registro remoto
* Contenido de la autorización judicial: 588 septies a. 2.
* Deber de colaboración: 588 septies b.
* Duración: 588 septies c.
* Presupuestos: 588 septies a.
– Resolución judicial: 588 bis c.
* Contenido: 588 bis c. 3; 588 sexies c.
– Secreto: 588 bis d.
– Solicitud de autorización judicial: 588 bis b.
* Contenido: 588 bis b.2.
– Terceros afectados: 588 bis h.
– Urgencia: 588 sexies c 4.
– Utilización de la información en otros procedimientos: 588 bis i.

REGISTRO DE LIBROS Y PAPELES
– De los Registros de la propiedad, civil y mercantil: 578.
– De protocolo notarial: 578.
– Negativa de la exhibición: 575.
– Práctica: 552, 569 y 576.
– Procedencia: 573.
– Recogida de libros y papeles: 574.
– Reconocimiento pericial simultáneo: 577.

REGISTRO MERCANTIL
– Diligencia de registro de sus libros: 578.

REHABILITACIÓN
– De la memoria del condenado difunto. Recurso de revisión: 961.

RELIGIOSOS
– Exención del deber de declarar como testigos: 417.1.º y 707.
– Exención del deber de denunciar: 263.
– Visita a detenidos y presos: 523.

RENUNCIA
– De la acción civil: 106 y 108.
* Requisitos: 110.
– De la acción penal renunciable: 106.
– De la acción penal por perjudicado no implica renuncian al derecho de restitución, reparación o indemnización que a su favor puede acordarse en sentencia firme: 110.
– Del derecho de restitución, reparación o indemnización: Expresa: 110.

REO
(Vid. Condenado).

REPOSICIÓN
– De actuaciones al declarar la nulidad en procedimiento abreviado: 790.2.
– De la causa al estimar recurso de casación por quebrantamiento de forma: 901 bis a).
– De providencias. Resolución por auto: 141.
– Del auto elevando la detención a prisión. Solicitud oral o escrita: 501.
(V. Recurso de reforma).

REPRESENTANTES DIPLOMÁTICOS
– Declaración escrita en el juicio oral: 702.
– Entrada y registro de oficinas o habitación: 559 y 560.
– Exención del deber de declarar como testigos en el sumario: 411.II.

REPRESENTANTES LEGALES
– Del perjudicado. Exención de fianza para interponer querella: 281.1.º.

- Del querellante incapacitado. Entrada en el proceso: 276.

REQUERIMIENTO
- De inhibición: 27 a 29 y 34 a 36.
- Para nombrar abogado y procurador en procedimiento abreviado: 784.4.
- Para señalar los bienes a embargar para cubrir la responsabilidad civil: 597 y 598.I.

REQUISITORIA
- Comunicación a la policía judicial: 515.
- Contenido: 513 y 837.
- En procedimiento abreviado: 784.4ª.
- Procedencia: 512, 835 y 836.
- Publicación: 512 y 838.

RESERVA
- De la acción civil: 112 y 843.

RESOLUCIONES JUDICIALES
- Clases: 141.

RESPONSABILIDAD DE LOS PODERES PÚBLICOS
- Art. 9.3 CE

RESPONSABILIDAD PERSONAL SUBSIDIARIA
- Por impago de multas impuestas en incidente de recusación: 71.

RESPONSABLE CIVIL
- Conformidad. Confeso: 700.
- Ejecutoriedad de las resoluciones: 621.
- Embargo: 615.
- Escrito de descargo: 616.
- Fianza: 615.
- Notificación del auto de conclusión del sumario: 623.
- Provisión de oficio de abogado y procurador en trámite de calificaciones: 652.II.
- Prueba y resolución: 618.
- Supuestos: 615.
- Sustanciación en pieza separada: 619.
- Vista del escrito de descargo a la parte interesada: 617.

RESTITUCIÓN DE INSTRUMENTOS Y EFECTOS DEL DELITO
- Ejecutoriedad de las resoluciones: 621.
- Sustanciación de la pretensión: 619 y 620.

RESULTANDOS
- Concepto y contenido: 142.2.ª.
- En autos: 141.
- En sentencias: 142.2.ª y 3.ª.
- Se desechan en casación y revisión los que no reúnan mayoría: 165.

RETRATO
- En inspección ocular: 327.

REY
- Encabezamiento de ejecutorias: 143.
- Exención de comparecer y declarar como testigo: 411 y 702.

RUEDA DE PRESOS
- Diligencia de identificación. Práctica 369 y 370.

— S —

SALAS DE GOBIERNO
- Nombramiento de instructor especial: 304.

SALARIO
(Vid. Sueldo).

SANA CRÍTICA
(Vid. Libre valoración).

SANIDAD DEL LESIONADO
- En procedimiento abreviado: 778.2.

SECRETARIO JUDICIAL
(Vid. Letrado de la Administración de Justicia).

SECRETO
- De las actuaciones. No se da vista al apelante ni a las demás partes: 226 y 229.
- De las declaraciones testificales: 435.
- De las diligencias sumariales para terceros: 301.
- De las sesiones del juicio oral: 680 a 682.
- Del sumario para las partes. Declaración y plazo máximo de duración: 302. II.
- En juicios rápidos: 795.3.
- Profesional: 263, 416, 417 y 707.
- Respeto en las diligencias de entrada y registro: 552.

SECUESTRO
- De ejemplares impresos y molde en delitos cometidos por medios mecánicos de reproducción: 816.

SEGURO OBLIGATORIO DE RESPONSABILIDAD CIVIL
- De uso y circulación de vehículos de motor. En procedimiento abreviado: 764.3.

SELLO
- Apertura en el Tribunal por el ponente: 626.
- De instrumentos, armas y efectos que constituyen cuerpo del delito: 338.
- De la correspondencia detenida y abierta: 586.
- De libros y papeles en diligencia de registro: 574.
- De local o muebles por suspensión de la diligencia de registro: 570.

SENADO
- Exposiciones para prestación de auxilio a la Administración de Justicia: 196.

SENTENCIAS
- Aclaración, adición o rectificación: 161.
- Anulación en recursos de revisión: 958.
- Cancelación de fianza de libertad provisional: 541.3.º.
- Concepto: 141.
- Concurrencia a dictarla de magistrado recusado. Motivo de casación: 851.6.ª.
- Contenido: 742.
- Declaración de firmeza en el procedimiento abreviado: 789.2.
- Dictada por menor número de magistrados. Motivo de casación: 851.5.º.
- Discusión y votación: 149, 150 y 152.
- Ejecución: 983 y ss.
(Vid. Ejecución de sentencias).
- En casación: 900.
- En el proceso abreviado: 789. Terminación sin sentencia: 788.5.
- En el proceso ordinario por delitos graves: 741.
- En apelación de procedimiento abreviado: 779.1 Y 2.
- En la segunda instancia del juicio por delito leve: 976.
- Falta de resolución de todos los puntos. Motivo de casación: 851.3.º.
- Faltas en relación con los hechos probados. Motivo de casación: 851.1.º y 2.º.
- Firma: 156 y 158; Plazo: 203.
- Firmes:
  * Concepto: 141.
  * Declaración por quien las hubiese dictado: 988.
  * Lo es la recaída en casación: 845 y 904.
  * Para solicitar extradición: 825.
  * Por no interponer en tiempo recurso de casación: 873.
- Forma: 142.
- Formación de Sala:
  * En recursos de casación: 898.
  * Número de magistrados: 145.
- Invariabilidad una vez firmadas: 161.
- Lectura en audiencia pública por el ponente: 147.5.º
  * Momento: 160.

– Libro de sentencias: 159 y 162.
– Mayorías: 153.
– Momento de redacción y firma: 149, 150 y 203.
– Notificación: 160.
– Notificación por el LAJ a ofendidos y perjudicados: 742.
– Orden de la votación: 151.
– Penalidad por delito más grave. Motivo de casación: 851.4.º.
– Plazo para dictarlas: 203 y 973.
– Procedencia de recurso de casación: 905 y 906.
– Redacción: 147.4.º.
– Registro: 159.
– Resolución sobre costas en las que ponen fin al proceso o a un incidente: 239.
– Segunda sentencia en casación: 902.

SERENOS
– Son policía judicial: 283.5.º.

SILENCIO
– Derecho a guardarlo por el detenido o preso: 520.2.a).

SOBRESEIMIENTO
– Con intervención de acusador: 645.
– Cancelación de fianza de libertad provisional: 541.3.º.
– En proceso por delito de imprenta. Respecto del procesado cuando aparezca alguno con prelación de responsabilidad: 821.
– Libre:
 * En juicio rápido: 800.1.
 * En procedimiento abreviado: 779.1ª, 782.1 y 2 b), 783.I.
 * Los autos se consideran definitivos a fines de casación: 848.
 * Por denegación de autorización administrativa para procesar: 677.
 * Por estimación de artículos de previo pronunciamiento: 675.
 * Procedencia: 637, 639 y 640.
 * Pronunciamientos: 638.
– Momento: 632.
– No cabe acordarlo en la sentencia: 742.I.
– Por negativa del Congreso o Senado de la autorización para proceder contra sus miembros: 754.
– Provisional. Procedencia: 779.1ª.
– Puesta en conocimiento de interesados la petición fiscal de sobreseimiento: 642 y 643.
– Recursos contra los autos de sobreseimiento: 636; 779.
– Remisión de causa al fiscal de la Audiencia por considerar improcedente la petición fiscal de sobreseimiento: 644.
– Solicitud: 627.
 * Efectos en procedimiento abreviado: 782.
– Tipos: 634.

SOLTURA
– Notificación del auto: 517.
– Recursos: 518.
– Resolución por auto: 141.
– Tras sentencia absolutoria recurrida en casación: 861 bis a).

SORDOMUDO
– Procesado. Práctica de interrogatorio: 398.
– Testigo:
 * En el juicio oral: 711
 * Práctica de interrogatorio: 442.

SUBASTA
– Enajenación de bienes constitutivos de fianza de libertad provisional: 536.

SUELDO
– En orden de fijar indemnizaciones a testigos: 722.

SUJECIÓN DE LAS PERSONAS AL ORDENAMIENTO JURÍDICO
– Art. 9.1 CE

SUMARIA INSTRUCCIÓN COMPLEMENTARIA
– Dilaciones. Citación por el LAJ para nuevo juicio: 749.

– Procedencia. Suspensión del juicio oral: 746.6.º.

SUMARIO
– Competencia para su formación: 303.I.
– Comunicación al Presidente de la Audiencia de su formación: 308.
– Concepto y finalidad: 299.
– Conclusión: 622 y ss.; 324.5
(Vid. Conclusión del sumario).
– Conocimiento para las partes de lo actuado: 302.
– Constancia de diligencias: 315.
– Corrección disciplinaria por revelación del secreto: 301.
– Declaración de secreto total o parcial. Tiempo máximo de duración: 302.
– Delito de especial gravedad, alarma o difícil comprobación. Deberes del instructor y Ministerio Fiscal: 318 y 319.
– Delegación de diligencias en Juzgado de distrito: 310.
– Denegación de diligencias perdidas. Recursos: 311 y 312.
– Días hábiles para las actuaciones: 201.
– Diligencias secretas para terceros: 301.
– Duración: 324.
  * Prórroga: 324. 4
– Finalización en proceso por delito cometido por medios mecánicos de publicación: 823.
– Finalización en proceso por delito de injuria o calumnia: 807, 810 y 812.
– Formación ante LAJ: 321.
– Inculpado aforado. Práctica de las primeras diligencias: 309.
– Inspección por el Ministerio fiscal: 306.
– Intervención del actor civil: 320.
– Nombramiento de instructor especial: 303, 304 y 305.
– Orden de practicar las diligencias propuestas: 312.
– Práctica de diligencias fuera de la circunscripción del juzgado: 322 y 323.
– Proposición de diligencias: 311.
– Proposición de diligencias pedidas y denegadas: en el juicio oral: 314.
– Remisión al Juzgado de instrucción de las diligencias urgentes practicadas en el de distrito: 307.
– Revelación del secreto por funcionario: 301.
– Suspensión y archivo por rebeldía del procesado: 840.
(Vid. Diligencias sumariales).
– No suspensión en caso de faltar algún procesado. Motivo de casación: 850.5.º.

SUPERIOR JERÁRQUICO
– Actos de comunicación: 184.
– Deber de comparecer a declarar en el juicio oral: 702.
– Demora en cumplimiento de exhortos. Apremio: 192.
– Exención del deber de comparecer como testigo sumarial: 412.5.º.
– Libertad para escribirles los detenidos y presos: 524.
– Para decidir cuestiones de competencia: 20 y 46.
– Práctica de la declaración testifical sumarial: 413 y 414.I.
– Sustitución de la declaración por informe: 415 y 703.

SUPLICATORIO
Al extranjero para pedir declaración a testigo: 424.
– Cumplimentación: 191.
– Demora en cumplimiento. Recurso: 192.I.
– Devolución: 191.
– Entrega al interesado para su cumplimiento: 188.
  * Presentación: 189.
– Expedición de oficio: 188.I.
  * Acuse de recibo: 190.
– Expedición para actos de comunicación: 177.
– Petición de extradición: 831 y 833.

– Para solicitar autorización de las Cámaras legislativas para proceder contra sus miembros: 755.
– Plazo de entrega o remisión: 208.
– Por demora un cumplimiento de exhorto: 192.
– Supuesto: 184.

SUSPENSIÓN DEL JUICIO ORAL
– Citación por el LAJ a nuevo juicio: 749.
– De oficio: 747.
– En procedimiento abreviado: 786.
– Para estudiar la tesis planteada por el Tribunal: 733 y 788.4.
– Plazo: 748.
– Por declaración de rebeldía: 841.
– Por práctica de reconocimiento pericial: 725.
– Supuestos: 745 y 746.

SUSPENSIÓN
– Alzamiento: 4.
– De la diligencia de registro: 570.
– De la vista de recursos de casación: 894.
– Del acto pericial; Por recusación: 470.
– Del interrogatorio del procesado: 393.
– Del plazo para dictar sentencia en casación: 899.
– Del proceso civil por la promoción de proceso penal sobre el mismo hecho: 114.
– Durante la tramitación de la autorización de las Cámaras legislativas para proceder contra sus miembros, correspondiéndole al LAJ: 753.
– Excepcionalmente por la tramitación de la recusación: 62.
– Por el planteamiento de cuestión prejudicial: 4 y 5.
– Por la promoción de cuestión de competencia: 24.

SUSPENSIÓN DE LOS DERECHOS FUNDAMENTALES
– Art. 55 CE
– Límites y extensión en caso de estado de excepción o sitio: Art. 55.1 CE
– En caso de terrorismo, bandas armadas o criminalidad organizada: Art. 55.2, I CE
– Responsabilidad por extralimitación: Art. 55.2, II CE

SUSTITUCIÓN
– Del auxiliar recusado: 87.
– Del juez o magistrado recusado: 61.I.

— T —

TACHADURAS O ENMIENDAS
– En declaraciones de procesados: 403.
– En declaraciones de testigos: 450.

TASACIÓN Y EXACCIÓN DE LAS COSTAS
– Aprobación o reforma de la tasación: 244.
– Exacción por vía de apremio: 242 y 245.
– Impugnación de honorarios por excesivos o ilegítimos: 242 y 244.
Orden y preferencia en el pago: 246.
– Tasación: 242.
– Vista de la tasación: 243.

TELEGRAMAS
– Remisión de copias por el Servicio de Telégrafos en diligencia de detención de correspondencia: 582.

TEMERIDAD
– Criterio de imposición de las costas:
* Al querellante o actor civil: 240.3°.
* En inhibitoria: 44.
– Criterio de imposición de multa en recusación de jueces y magistrados: 70.

TENIENTES DE ALCALDE
– Son policía judicial: 283.3.ª.

TERCERÍA
– En ejecución de sentencias. Sustanciación: 996.

– Para pretender la devolución de lo que constituye cuerpo del delito. No se admite en el sumario: 367.

TESIS DE DESVINCULACIÓN DEL TRIBUNAL
– Consignación en la sentencia: 142.3.ª.
– En procedimiento abreviado: 788.3.
– En recursos de casación: 897.
– Supuesto general: 733.

TESTIGOS
– Apercibimiento de procesamiento por delito de denegación de auxilio por incomparecencia: 175.
– Citación a juicio verbal en procesos por injuria y calumnia: 808.
– Citación por el LAJ al juicio oral: 660 y 661.
– Citación edictal: 432.
– Citación judicial: 421, 426, 430 y 431.
 * Supuestos especiales: 422 a 425.
– Comunicación al Juzgado de los cambios de domicilio: 446 y 447.
– Correcciones por infracción de deberes testificales: 420, 966.
(Vid. Testigos de referencia).
– De referencia: 710.
– Deber de comparecencia y declaración y excepciones: 410 a 419, 702 y 707.
– Deber de veracidad: 433.
– Declaración: 435 a 437 y 708 a 710.
– Declaración por exhorto en juicio por delito leve: 967.
– Desestimación de preguntas. Motivo de casación: 850.4.º.
– Diligencia de careo: 451 a 455 y 713.
– En notificaciones, citaciones y emplazamientos: 171 y 175.
– En reconocimiento de cadáveres: 340.
– Examen del dependiente de jurisdicción militar: 429.
– Falsedad en la declaración. Recurso de revisión: 954.1. a).
– Identificación: 436.I.
– Impedimento físico para comparecer: 419.
– Imposibilidad de comparecer: 718 y 719.
– Incomparecencia al juicio oral. Suspensión de éste: 746.3.º.
– Incomunicación antes de declarar: 704 y 705.
– Indemnizaciones. Derecho a percibirlas: 121 y 722.
 * Integran las costas: 241.4.º.
 * Percepción y cómputo: 242.
– Instrumentales. En diligencia de identificación del detenido y de quien lo detuvo, se entrega a juez incompetente: 498.II.
– Intervención en el procedimiento como tal. Causa de recusación del personal de los órganos jurisdiccionales: 54.4.º.
– Juramento: 433, 434 y 706.
– Lectura de la declaración y firma: 443 y 444.
– Lengua. Intérprete: 440 y 711.
– Listas:
 * Copias: 657.I y II.
 * Lectura en el juicio oral: 701.
 * Presentación: 656.
– Negativa del Presidente a que conteste a preguntas. Motivo de casación: 721 y 850.3.º.
– No confrontación visual con el inculpado: 448 y 707.
– No se admiten en proceso por injuria o calumnia verbal: 813.
– Peligro de muerte inminente: 449.
– Presencia en diligencia de entrada y registro: 569.
– Prueba anticipada: 448 y 449.
– Reconocimiento de piezas de convicción, instrumentos, efectos o lugares: 712 y 720.
– Sanciones por incomparecencia: 661.
– Sanciones por negativa a declarar: 716.
– Sordomudo: 442 y 711.
(Vid. Protección a testigos y peritos y Prueba testifical).

TESTIGOS DE REFERENCIA
– Valor probatorio: 710.

TESTIMONIO
– A remitir con suplicatorio o comunicación en extradición: 832.
– Contenido del que ha de acompañar al oficio inhibitorio de Tribunales: 36.
– De la resolución a recurrir en casación:
 * Orden de expedición: 859.
 * Presentación: 874.II.
 * Solicitud: 855.I.
– De las diligencias sumariales necesarias. Para recurrir en queja por su denegación: 311.
– De los cargos. Remisión a las Cámaras legislativas junto al suplicatorio para proceder contra sus miembros: 755.
– De sentencia. No constan los votos reservados: 157.
– En relación. Para la inspección de sumarios: 306.
– Especiales, remitidos al fiscal por el LAJ: 646.
– Para recurrir en apelación admitida en un efecto: 225.

TRAJE
– Del detenido. Conservación para su identificación: 371 y 372.

TRIBUNAL DEL JURADO
(Vid. Proceso especial ante el Tribunal del Jurado)

TRIBUNAL SUPREMO
– Comunicación de la resistencia de los eximidos de comparecer como testigos sumariales a recibir al juez a declarar: 414.I.
– Imposibilidad de promover cuestión de competencia: 21.
– No cabe promover contra él cuestión de competencia: 21.
– Nombramiento por la Sala de Gobierno de instructor especial: 304.
– Número de magistrados para dictar resoluciones: 145.
– Orden de remisión de asunto cuando entienda ser competente: 21.
– Remisión de estados trimestrales al Ministerio de Justicia: 251.
– Resolución de cuestiones de competencia: 20.4.º, 20 y 46.
– Resolución de recursos de casación: 859, 873 y ss.
– Resolución de recursos de queja por denegación de testimonio para recurrir en casación: 862.
– Resolución de recursos de casación: 957 y ss.

TUTELA
– De alguna de las partes. Causa de recusación del personal de los órganos jurisdiccionales: 54.6.º.
– Haber estado bajo la tutela de una parte. Causa de recusación del personal de los órganos jurisdiccionales 54.7.º.

TUTELA JUDICIAL EFECTIVA
– Art. 24.1 CE.

— U —

UNANIMIDAD
– Para denegar la admisión del recurso de casación: 889.
– Para prescindir de trámite de vista en casación: 893 bis a).

UTILIZACIÓN DE DISPOSITIVOS TÉCNICOS DE SEGUIMIENTO, LOCALIZACIÓN Y CAPTACIÓN DE LA IMAGEN
– Cese: 588 bis j.
– Control judicial: 588 bis g.
– Destrucción de los registros: 588 bis k.
– Duración: 588 bis e.
 * Prórroga: 588 bis f.
– Especialidad: 588 bis a. 2
– Excepcionalidad: 588 bis a. 4.
– Hallazgos casuales: 588 bis i.
– Idoneidad: 588 bis a. 3.
– Necesidad: 588 bis a. 4.
– Principios rectores: 588 bis a.

- Proporcionalidad: 588 bis a. 5
- Resolución judicial: 588 bis c.
  * Contenido: 588 bis c. 3.
- Secreto: 588 bis d.
- Solicitud de autorización judicial: 588 bis b.
  * Contenido: 588 bis b.2.
- Terceros afectados: 588 bis h.
- Utilización de la información en otros procedimientos: 588 bis i.

—V—

VACACIONES
- Días hábiles para actuaciones sumariales: 201.

VECINOS
- Asistencia a diligencia de entrada y registro: 566 y 569.
- Entrega de cédulas en actos de comunicación: 172, 173 y 175.

VEHÍCULO
- Intervención en procedimiento abreviado: 764.4. c); Por la policía judicial: 770.6ª.

VEREDICTO
(*Vid. Proceso penal especial ante el tribunal del jurado*).

VÍA DE APREMIO
- Para el abono de ciertos gastos causados a instancia de parte: 242.
- Para hacer efectiva la responsabilidad civil: 613.
- Para la exacción de las costas: 245.
- Para realizar las fianzas de libertad provisional: 536.

VÍA DIPLOMÁTICA
- Actos de comunicación a realizar en el extranjero: 177.
- Contestación de interrogatorio por embajadores y representantes extranjeros: 415.
- Exhortos a Tribunales extranjeros: 193.
- Para recibir declaración a testigo residente en el extranjero: 424.

VÍCTIMA DEL DELITO
- Concepto general de víctima: Art. 2 EstVD
- Cooperación internacional: Art. 33 EstVD
- Derechos de las víctimas: Art. 3 EstVD
  * Derecho a entender y ser entendida: Art. 4 EstVD
  * Derecho a la información desde el primer contacto con las autoridades competentes: art. 5 EstVD
  * Derechos de la víctima como denunciante: Art. 6 EstVD
  * Derecho a recibir información sobre la causa penal: Art. 7 EstVD
  * Artículo 8. Período de reflexión en garantía de los derechos de la víctima: Art. 8 EstVD
  * Derecho a la traducción e interpretación: Art. 9 EstVD
  * Derecho de acceso a los servicios de asistencia y apoyo: Art. 10 EstVD
- Formación de profesionales que atienden y ayudan a las víctimas: Arts. 30 y 31 EstVD
- Obligación de reembolso: Art. 35 EstVD
- Oficinas de asistencia a las víctimas: Art. 27 EstVD
  * Funciones de las Oficinas de Asistencia a las Víctimas: Art. 28 EstVD
  * Funciones de apoyo a actuaciones de justicia restaurativa y de solución extraprocesal: Art. 29 EstVD
- Participación en el proceso penal: Art. 11 EstVD
  * Comunicación y revisión del sobreseimiento de la investigación a instancia de la víctima: Art. 12 EstVD.
  * Participación de la víctima en la ejecución: Art. 13 EstVD

* Reembolso de gastos: Art. 14 EstVD
* Servicios de justicia restaurativa: Art. 15 EstVD
* Justicia gratuita: Art. 16 EstVD
* Víctimas de delitos cometidos en otros Estados miembros de la Unión Europea: Art. 17 EstVD
* Devolución de bienes: Art. 18 EstVD
* Protección de las víctimas: Art. 19 EstVD
* Derecho a que se evite el contacto entre víctima e infractor: Art. 20 EstVD
– Protección de la víctima durante la investigación penal: Art. 21 EstVD
* Derecho a la protección de la intimidad: Art. 22 EstVD
* Evaluación individual de las víctimas a fin de determinar sus necesidades especiales de protección: Art. 23 EstVD
* Competencia y procedimiento de evaluación: Art. 24 EstVD
* Medidas de protección: Art. 25 EstVD
* Medidas de protección para menores y personas con discapacidad necesitadas de especial protección: Art. 26 EstVD

VÍCTIMAS
– Citación para la vista: 791.2
– Comunicación de incautación de objetos: 284
– Comunicación de día y hora de celebración de la vista: 785.3
– Derechos como testigo: 433.
– Designación por el juez de abogado y representante único: 109 bis, 2.
– Ejercicio de la acción penal: 109 bis, 1.
– Evitar preguntas innecesarias durante el interrogatorio para proteger su intimidad: 709
– Medidas de protección: 544 bis.
– Medidas de protección en la declaración: 707
– Instrucción por el LAJ de la fecha y lugar de celebración del juicio: 659.VI; 791.1
– Instrucción de derechos a la víctima: 282
– Medidas de protección «provisionales»: 282
– Medidas de protección de la intimidad de la víctima y sus familiares: 301 bis, 681.
– Orden de protección: 13, 544 ter
– Medidas de protección para menores de edad o personas con capacidad judicialmente complementada: 544 quinquies
– Personación con «su» abogado y procurador: 109 bis. 2.
– Primeras diligencias: 13.
– Recurso frente a la incautación: 334.
– Restitución a la víctima de los efectos incautados: 334.
– Seguridad: 109.
– Testigo: 433

VÍCTIMAS VULNERABLES
(Vid. Menores y Personas con capacidad judicialmente complementada).

VIGILANCIA
– Con ocasión de diligencia de entrada y registro: 560, 567 y 571.

VIOLENCIA DE GÉNERO
(Vid. Juzgado de Violencia sobre la Mujer y Orden de protección).

VINCULACIÓN DE LOS PODERES PÚBICOS A LOS DERECHOS Y LIBERTADES CONSTITUCIONALES: ART. 53 CE
– Respeto de su contenido esencial: Art. 53.1 CE
– Legitimación de los ciudadanos para reclamar su cumplimiento por la vía ordinario o recurso de amparo: Art. 53.2 CE

– Efecto vinculante de los derechos fundamentales: Art. 53.3 CE
– Defensa por el Defensor del Pueblo: Art. 54 CE

VISITAS
– De familiares y religiosos a detenidos y presos: 523.
– Del instructor y autoridades judiciales a detenidos y presos: 526.
– Del abogado del detenido o preso: 520.6.c).

VISTAS
– En apelación: 230.
– En artículos de previo pronunciamiento: 673.
– En casación:
  * Celebración: 896 y 897.
  * Constitución de la Sala: 898.
  * Incomparecencia de defensores: 894.
  * Manifestación de las partes sobre su necesidad: 882 bis.
  * No celebración: 893 bis a) y 893 bis b).
  * Orden de celebración: 895.
  * Solicitud de esclarecimiento. Tesis del Tribunal: 897.
– En recusación: 67.

VOTACIÓN DE SENTENCIAS
– A puerta cerrada: 150.
– Contenido: 149.
– De magistrado asistente, aun trasladado, jubilado, separado o suspendido: 155.
– De magistrado imposibilitado tras la vista: 154.
– Discordia:
  * Concepto: 154 y 163.
  * Modo de dirimirse: 164.
  * No cabe en recursos de casación y revisión: 165.
– En caso de magistrado imposibilitado: 154.
– Menor número de votos. Motivo de casación: 851.5.°.
– Momento de discusión y votación: 148 a 150.
– No cabe interrumpirla una vez comenzada: 156.
– Orden: 151.
– Resumen previo: 152.
– Votos necesarios: 153.

VOTO PARTICULAR
– Apertura de la certificación en casación: 876.
– Concepto: 156.
– Formulación por el ponente que disintió: 147.4.°.
– Remisión al Tribunal Supremo en recurso de casación: 157 y 861.